基本刑法II

各論

第2版

大塚裕史・十河太朗・塩谷毅・豊田兼彦［著］

日本評論社

第2版　はしがき

　本書の初版を上梓してから3年が経過したが、幸いにも予想外の多くの読者を得ることができた。しかも、本書は、姉妹編である『基本刑法I──総論（第2版）』と共に、司法試験や予備試験をめざす学生諸君の基本書として利用されているばかりでなく、学部で刑法を学び始めた学生諸君のナビゲーターとしての役割を果たしているとのことである。これは、本書が「判例実務」の視点から刑法を学ぶ新しいタイプの教科書であるだけでなく、「具体的事例を通して刑法を理解する」というスタイルが評価されたことによるものと思われる。

　しかし、この3年の間に、極めて大きな法改正があっただけでなく、学習上欠かせない重要な判例がいくつか出され、学説においても新たな展開がみられた。そこで、読者の皆さんに最新の情報を提供するため、旧版の内容を見直し、全面的な改訂を行うことにした。

　具体的には、第1に、2017（平成29）年6月に「刑法の一部を改正する法律」が成立し、翌月に施行された。これにより、強姦罪は強制性交等罪と改められ、監護者わいせつ罪および監護者性交等罪が新設され、強盗強姦罪も強盗・強制性交等罪と改められ、性犯罪の処罰範囲が著しく拡大した。そこで、旧版の該当部分を全面的に見直し、新法の内容をわかりやすく説明した。

　第2に、詐欺罪の分野では、近時、最決平26・3・28刑集68巻3号582頁をはじめとしていくつかの重要判例が出されている。これにより、交付の判断の基礎となる重要な事項を偽るという欺罔行為の定義が判例実務において定着するようになった。そこで、これらの状況を踏まえ、詐欺罪の成立要件を再検討し、最新の判例実務の考え方を具体的かつ詳細に説明した。

　第3に、これら以外の分野についても、例えば、同時傷害の特例、参考人の虚偽供述など注目すべき判例が出されているので、このような最新の判例をフォローするとともに、本書を用いて大学で授業を担当した経験を踏まえ、読者が刑法の正確な理解が得られるよう従来の記述を見直し、わかりやすく書き改めたところも少なくない。

　本書の基本的な考え方は、初版と全く変わっていない。本書は、法曹実務家を志す学生諸君を主たる対象として、判例実務の考え方に従って、条文を解釈し、具体的事例を解決できる事案処理能力を養成できるようにさまざまな工夫を凝らしたいわば実務刑法学のテキストである。詳細は「初版　はし

がき」を参照していただきたい。

　本書の最大の特徴は、具体的事例を通して刑法各論を理解できるという点にある。解釈上問題となる点にはすべて事例問題を提供しているので、読者の皆さんは「事例」や「設問」をどのように解決すべきかという問題意識を常にもって本書を熟読していただきたい。ある程度勉強が進んだ読者には、日本評論社のウェブサイトに本書の設問を収録した「簡易問題集」が掲載されているので、それをダウンロードして活用されることをお勧めしたい。この問題集の問題が自力ですべて解決でき、それを説明できるようになれば刑法各論の基礎力は盤石なものになったと判断してよいであろう。

　なお、本書は実務刑法学の視点に立った教科書ではあるが、それは決して判例実務の結論に無批判に従うことを推奨しようとするものではないことに留意されたい。判例の考え方に賛成するか反対するかを考える前に、判例実務の立場を正しく理解することが刑法学の学習の出発点になる。そして、判例の立場を深く正確に理解するためには、それと対立する学説をしっかり学ぶ必要がある。こうした学習に欠けると、表面的な知識しか身につかず、具体的な事例問題を縦横に解決できる実践的応用力に欠ける結果になりかねない。本書は、便利なマニュアル本ではなく、実務刑法学の基礎をがっちり固める基本書であり、本物の力をつけたいと願う読者のバイブル的存在になることを希望している。

　本書の改訂作業も、4人の執筆者が相互に意見交換を重ね、最終的には合議によって行った。また、いつもながら日本評論社編集部の田中早苗さんにも大変お世話になった。改訂部分だけでなく第2版のすべての原稿を何度も読み返していただき、執筆者が見落としている細かな点についても的確な助言を数多くいただいた。編集者としての熱意と努力には本当に頭が下がる思いで、この場を借りて、心より御礼申し上げたい。

　本書が、刑法学を学ぼうとする読者の皆さんの期待に応えることができるならば、執筆者としてこれにまさる喜びはない。

2018年2月

執筆者を代表して
大塚裕史

初版　はしがき

　本書は、主として司法試験をめざして法科大学院や法学部等で刑法各論を学習しようとする読者を対象に、「判例実務」の視点から刑法を学ぶ新しいタイプの教科書であり、既刊の『基本刑法Ⅰ──総論』（日本評論社、2012年）の姉妹編をなすものである。

　本書を執筆するにあたっての基本的な考え方は、『基本刑法Ⅰ──総論』と同様である。これまで出版されている刑法の教科書のほとんどは、著者が自ら拠って立つ刑法理論の立場から刑法のさまざまな問題について論述するもので、判例も、学説と同様、著者の学問的視点から分析の対象となる。こうした教科書は、著者の刑法研究の成果を著した体系書であり、学問的意義は高いものの、初学者には難解である場合が少なくない。しかも、こうした理論刑法学を中心とした教科書は、刑法学を学問として修得しようとする者には最適であっても、必ずしも実務家をめざす諸君のニーズに合致したものではない。

　これに対し、本書は、法曹実務家を志す学生諸君を対象に、基本的な条文解釈力と判例実務の考え方に従って具体的事例を解決できる事案処理能力を養成できるようにさまざまな工夫を凝らした、いわば実務刑法学のテキストである。そのため、従来の学説中心の教科書とは異なり、さまざまな論点をあくまでも判例実務の立場から分析・検討する姿勢を貫き、学説は、判例を理解し、あるいは判例の結論を説明するためのツールと位置づけている。これはわが国の法律実務が、判例を中心として動いていることに鑑み、判例に賛成するか反対するかはともかく、まずは判例実務の考え方をしっかり理解することが肝要であると考えたためである。

　本書の共同執筆者は、それぞれ独自の学問的立場に立ちその研究成果を学界に向けて発信している気鋭の研究者であるが、本書の執筆にあたっては、それぞれの学問的個性を排除し、常に判例実務の立場からの説明を心がけたので、共著本にありがちな執筆者の個性による内容的齟齬は本書には全く存在しない。

　本書の基本的特徴は以下の3点である。

　第1に、本書は、「判例から学ぶ刑法各論」のテキストである。本書の読者対象は、法科大学院生、法学部生、司法試験・予備試験等各種の受験生である。これらの者にとって最低限必要なことは、刑法の「条文」と「判例」

の内容を正しく理解することである。本書は、この目標達成にとって必要不可欠な事柄に絞り込み、メリハリをつけた解説を施すことによって、読者の学習効率を図ろうとした点に大きな特徴がある。特に、さまざまな問題点について、判例がどのような立場に立っているかを意識的に明らかにすることによって、判例実務の考え方が少しでも理解できるよう配慮するとともに、ある論点について判例が存在しない分野については、オーソドックスな通説の立場から解説を加えるようにした。

　第2に、本書は「事例から学ぶ刑法各論」のテキストである。刑法各論の主な学習の対象は各犯罪類型の成立要件であるが、それらを機械的に暗記しても意味がない。本書は、具体的な事例を多く掲げ、その事例に即して各犯罪類型の成立要件について解説を加えることによって、抽象的な法概念のもつ意味を正しく理解し、基本的な事項を使いこなせる応用力が身につくよう配慮している。特に、本書に収録されている【設問】は、刑法の基礎的な力をつける上で重要な問題であるから、これらを自ら解説できる程度に繰り返して学習することが必要である。なお、本書の【設問】だけを集めた簡易問題集を日本評論社のHPに掲載しているのでぜひ活用してほしい。

　第3に、本書は「読者の目線に立った刑法各論」のテキストである。本書は、日頃から法科大学院・学部の刑法教育に従事する執筆者たちが、定期的に研究会を開催し、何をどのように教えるのが適切かについて長時間の議論を経て執筆されたものであり、徹頭徹尾、読者の理解に役立つような細かな工夫が随所で施されている。例えば、本書は、重要性の高い犯罪については「基本構造」と「重要問題」の2段階構成をとっている。これは、各犯罪の基本部分と応用部分が混在して説明されている従来の各論の教科書の学習のしにくさを克服するために、まずは、「基本構造」を何度も読んで各犯罪の骨格部分（全体像）を頭に入れた後に、「重要問題」で発展的な内容を理解することによって、「木を見て森を見ざる」ことのないようにするとともに、重要論点について深く正しい理解に到達できるように配慮したものである。

　このように本書は、基本的な事例を通して、できるだけわかりやすく、判例実務の立場を理解できるように配慮された実務刑法学のテキストである。したがって、法科大学院や学部の授業の予復習や、司法試験・予備試験の受験テキストとして、「自習」が十分に可能な内容となっている。

　本書の活用法については、「本書の使い方」を熟読していただきたい。

　既刊の『基本刑法Ⅰ──総論』は、幸いにも多くの読者に恵まれ、特に、司法試験合格者の皆さんから、司法試験用の基礎固めはこれ1冊で十分であ

り、あとは判例集と事例演習本による演習を行えばよいという声が多く寄せられている。刑法各論を扱った本書が、総論同様に、読者の皆さんの期待に応えることができるならば、執筆者としてこれにまさる喜びはない。

　本書の刊行にも、日本評論社編集部の田中早苗さんには大変お世話になった。滞りがちな原稿執筆に対して常に温かい激励の言葉をかけていただいただけでなく、大阪や京都で行われた本書の研究会には毎回必ずお付き合いをいただき、内容面でも随所に適切な助言をいただいた。田中さん抜きには本書の完成はありえなかったといえよう。また、神戸大学、同志社大学、岡山大学、関西学院大学の学生諸君には、本書のモニタリングにご協力いただき、あるいは、読者の立場から有益なアドバイスをいただいた。この場を借りて、心より御礼申し上げたい。

2014年10月

執筆者を代表して
大塚裕史

本書の使い方

1　本書の全体構成と読み方

　刑法各論の教科書の一般的な例にならい、本書も、対象となる犯罪を大きく個人的法益に対する罪、社会的法益に対する罪、国家的法益に対する罪の3つに分け、個人的法益に対する罪から順に解説するというスタイルをとっている。

　個人的法益に対する罪には身近なものが多く、その構造は一般に単純で理解が容易であるから、初めて刑法各論を学ぶ読者は、個人的法益に対する罪から順に通読するとよいであろう。もっとも、刑法各論の体系は、現行刑法を前提とした分類的なものにすぎないので、前から読まずに、興味のあるところや、特に重要と思われるところから読んでもかまわない。

2　本書の工夫と活用法

(1)　「基本構造」と「重要問題」の2段階構成

　刑法各論を「基本から応用へ」と段階的に学べるように、本書では、各講の本論部分を「基本構造」と「重要問題」の2段階構成にした（その必要のない講を除く）。

　「基本構造」の部分では、【事例】（典型事例）を使いながら、各犯罪の基本事項を解説している。いわゆる論点はひとまず措いて、まずは各犯罪の成立要件（構成要件要素）を一通り押さえ、その基本構造を理解しようというのが、その狙いである。次の「重要問題」の部分では、各犯罪の主要な論点を取り上げ、各論点につき、【設問】の事例（限界事例）を主な素材として検討を加えている。ここでは、各犯罪の主要な論点を解決する力を得ること、さらには、未知の問題にも対応できる応用力を身につけることがめざされる。

　初めて刑法各論を学ぶ読者や基本知識に自信のない読者は、「基本構造」の部分を熟読して各犯罪の全体像をつかんでから、「重要問題」に進んで論点を検討するとよいであろう。勉強が進んだ読者は、「基本構造」はざっと

目を通すにとどめるか、あるいは読み飛ばして、「重要問題」の部分に力を入れるとよいであろう。ただし、くれぐれも論点の暗記に走らないように。論点については考え抜くことが大切である。また、基本知識をおろそかにしないでほしい。真の応用力は、基本を踏まえながら論点について考え抜くことによってしか身につかないであろう。

(2) その他の工夫と活用法

読者をサポートするために、本書でも、『基本刑法Ⅰ——総論』と同様の工夫をしてみた。これを活かせば、より効率的かつ効果的に本書を読むことができるであろう。

① 「学習のポイント」

各講の冒頭に「学習のポイント」を掲げた。本文を読む前に「学習のポイント」を確認し、これを目標に本文を読み進めるとよい。また、各講を読み終えた後、冒頭に戻って、「学習のポイント」を理解できたかを確認するのもよいであろう。

② 活字の大きさ・字体

活字の大きさを大小2つに分けた。本書は、大活字の部分を読めば刑法各論の基本部分を一通り学べるようになっている。したがって、大活字の部分に重点を置いて繰り返し読んでほしい。

キーワード・キーフレーズは太字にした。キーワードのうち、刑法各論の基本概念・用語については、正確に理解した上で、「使える知識」として記憶しておきたい。

③ 【事例】と【設問】

抽象的で難しいことも、具体例があるとわかりやすい。学んだことを「使える知識」とするためにも、具体例の使用は効果的である。そこで、本文中に適宜【事例】や【設問】を挿入した。

【事例】は、主に、基本的な概念・理論を理解するための典型例からなる。抽象的な概念・理論も、典型例で考えるとわかりやすいであろう。

【設問】は、主に、論点に関する典型例や判例の事案を素材として、論点の理解を問うものである。本書は、論点について、【設問】の解答の道筋を示しながら具体的に説明するという方法をとっている。これを読めば、刑法各論の重要論点についての理解が深まるとともに、概念・理論の使い方を具体的に学ぶことができ、概念・理論を、単に抽象的にではなく、具体的な事例に応用できる「使える知識」として身につけることができるであろう。

理解度を確認するために【事例】や【設問】を活用するのもよい。抽象的

な概念・理論を【事例】を使って自分の言葉で具体的に説明できるようになり、概念・理論を使って【設問】に答えられるようになれば、理解度は十分であると考えてよいであろう。

なお、【設問】を抜粋してまとめたものを日本評論社のウェブサイト http://www. nippyo. co. jp/ に掲載している。簡易な問題集として活用するとよいであろう。

④　図　表

抽象的な概念・理論も、図表で視覚的に把握できると理解しやすい。そこで、読者の理解の手助けとなるよう適宜図表を挿入した。

⑤　コラム

補足説明、用語解説、学習上の注意点などは、本文と別にコラムとして囲っておいた。コラムを読まなくても本文は理解できるようになっているので、初めて刑法各論を学ぶ読者や本書を早く通読したい読者は、コラムを後回しにしてかまわない。

⑥　判例の引用

判例を引用するにあたり、判例の重要度を示した。最重要判例には◎、重要判例には○を付してある。判例を参照するときは、これを参考に優先順位や時間配分のメリハリを付けるとよいであろう。

また、判例と併せて判例教材も引用しておいた。引用した判例教材は、山口厚＝佐伯仁志編『刑法判例百選Ⅱ各論（第7版）』（有斐閣、2014年）、大谷實編『判例講義刑法Ⅱ各論（第2版）』（悠々社、2011年）、成瀬幸典＝安田拓人＝島田聡一郎編『判例プラクティス刑法Ⅱ各論』（信山社、2012年）の3つで、それぞれ「百」、「講」、「プ」と略して引用してある。略語に続く数字は、各判例教材における判例の番号である。引用判例を学ぶ際に活用してほしい。

●基本刑法Ⅱ（第2版）──各論　目次

第2版　はしがき
初版　はしがき
本書の使い方

序論　刑法各論の意義と体系

1　刑法各論の意義　1
2　刑法各論の体系　1
3　刑法各論の考え方──分析視角　2

Ⅰ　個人的法益に対する罪

第1講　生命に対する罪……………………………………………… 6

1　総　説　6
（1）生命・身体に対する罪の概観　6
（2）人の始期──出生　7
（3）人の終期──死亡　8
2　殺人の罪　9
（1）殺人罪　9
　ア　成立要件　9　　イ　未遂・予備　10　　ウ　罪　数　10
（2）自殺関与・同意殺人罪　10
　ア　自殺関与・同意殺人罪の基本構造　10　　a　成立要件　11／b　未　遂　11／c
　罪　数　11　　イ　自殺関与・同意殺人罪の重要問題　11　　a　行為者による被害者
　の承諾の認識の有無　論点1　11／b　自殺の不処罰根拠と自殺関与罪の処罰根拠
　論点2　12／c　自殺関与罪の実行の着手時期　論点3　13
（3）殺人罪と自殺関与罪の区別　13
　ア　同意能力の欠如　13　　イ　合意による心中と偽装心中　14　　ウ　強制（威
　迫）による自殺追込み　15
3　堕胎の罪　15
（1）堕胎罪総説　15

ア　成立要件　15　　イ　現　状　16　　ウ　罪　数　16

　(2)　堕胎罪の類型　16

ア　自己堕胎罪　16　　イ　同意堕胎罪・同致死傷罪　16　　ウ　業務上堕胎・同致死傷罪　17　　エ　不同意堕胎・同致死傷罪　17

　(3)　胎児性致死傷　17

4　遺棄の罪　19

　(1)　遺棄罪　19

ア　遺棄罪の基本構造　19　　イ　遺棄罪の重要問題　21　a　遺棄罪の罪質 **論点1**　21／b　遺棄罪の保護法益 **論点2**　21／c　遺棄の概念 **論点3**　22／d　保護責任の発生根拠 **論点4**　23／e　ひき逃げ **論点5**　24

　(2)　遺棄致死傷罪　25

ア　保護責任者遺棄致死罪と殺人罪の区別　25　　イ　救命可能性と保護責任者遺棄致死罪の成否　26

コラム　生命の形成プロセス　7
コラム　臓器移植法　9
コラム　生命保続可能性（生育可能性）　17

第2講　身体に対する罪 ……………………………………………… 27

1　傷害の罪　27

　(1)　暴行罪　28

ア　暴行罪の基本構造　28　a　行　為　28／b　故　意　28　　イ　暴行罪の重要問題　29　a　被害者の身体への接触の要否 **論点1**　29／b　傷害の危険の要否 **論点2**　30

　(2)　傷害罪　30

ア　傷害罪の基本構造　30　a　行為・結果　30／b　故　意　31　　イ　傷害罪の重要問題　31　a　傷害の意義 **論点1**　31／b　暴行によらない傷害 **論点2**　32／c　傷害罪の故意 **論点3**　32

　(3)　傷害致死罪　33

　(4)　現場助勢罪　34

　(5)　同時傷害の特例　35

ア　同時傷害の特例の基本構造　35　　イ　同時傷害の特例の重要問題　36　a　適用範囲1——傷害罪以外への適用 **論点1**　36／b　適用範囲2——承継的共犯 **論点2**　36

　(6)　凶器準備集合罪・同結集罪　37

ア　凶器準備集合罪の基本構造　37　a　保護法益と罪質　37／b　共同加害目的　38／c　客体——凶器　38／d　行　為　38　　イ　凶器準備集合罪の重要問題　38　a　本罪の保護法益・罪質 **論点1**　38／b　凶器の意義 **論点2**　40

2　過失傷害の罪　40

　(1)　過失傷害罪　40

　(2)　過失致死罪　40

（3）　業務上過失致死傷罪　41

ア　業務上過失致死傷罪の基本構造　41　a　成立要件　41／b　罪　数　41　イ
業務上過失致死傷罪の重要問題　41　a　刑の加重根拠　論点1　41／b　業務の意
義　論点2　42

（4）　重過失致死傷罪　43

（5）　過失運転致死傷罪　44

コラム　暴行概念の相対性　28

第3講　意思決定および場所的移動の自由に対する罪……………45

1　自由の刑法的保護　45

2　脅迫・強要の罪　45

（1）　脅迫罪　45

ア　保護法益　46　イ　客　体　46　ウ　行　為　46　a　抽象的危険犯　47／
b　第三者による加害　47／c　「一般に人を畏怖させるに足る程度」の判断方法
48／d　一般人なら恐怖心が生じない程度の害悪の告知　48　エ　加害の対象　48
オ　告知の内容——特に犯罪性の要否　49　カ　告知の方法　50　キ　罪　数
50

（2）　強要罪　50

ア　保護法益　51　イ　客　体　51　ウ　手段（行為）　51　エ　結　果　51
オ　未　遂　52　カ　罪　数　52

3　逮捕・監禁の罪　52

（1）　逮捕・監禁罪　52

ア　逮捕・監禁罪の基本構造　53　a　保護法益　53／b　客　体　53／c　「不法
に」　53／d　行為1——逮捕　53／e　行為2——監禁　54／f　罪　数　55
イ　逮捕・監禁罪の重要問題　56　a　意思能力の要否　論点1　56／b　欺罔によ
る監禁　論点2　56

（2）　逮捕・監禁致死傷罪　57

4　略取・誘拐の罪　58

（1）　総　説　58

（2）　未成年者拐取罪　58

ア　未成年者拐取罪の基本構造　58　a　保護法益　58／b　主　体　59／c　客
体　59／d　行　為　59／e　故　意　59／f　未遂・既遂　59／g　罪　数　59
イ　未成年者拐取罪の重要問題　60　a　保護法益と罪質　論点1　60／b　監護者
による拐取　論点2　61

（3）　営利・わいせつ・結婚・加害目的拐取罪　62

ア　目的犯　62　a　営利目的　62／b　わいせつ目的　62／c　結婚目的　62／d
加害目的　63　イ　身分犯　63　ウ　客　体　63　エ　行　為　63　オ　罪
数　63

（4）　身の代金目的拐取罪　63

ア　身の代金目的拐取罪の基本構造　64　a　成立要件　64／b　未遂・予備　64／
c　罪　数　64　イ　身の代金目的拐取罪の重要問題——安否を憂慮する者の意義

論点1 64

(5) 身の代金要求罪 66

ア 拐取者身の代金要求罪 66 イ 収受者身の代金要求罪 66

(6) その他 66

ア 所在国外移送目的拐取罪 66 イ 人身売買罪 67 ウ 被拐取者等所在国外移送罪 67 エ 被拐取者収受等罪 67 オ 被拐取者の解放と刑の必要的減軽 68 カ 親告罪 68

コラム 脅迫概念の相対性 50

第4講 性的自由に対する罪・住居侵入罪 ································· 70

1 性的自由に対する罪 70

(1) 総 説 70

(2) 強制わいせつ罪 71

ア 客 体 71 イ 行 為 71 a 暴行・脅迫の程度 71／b 暴行自体がわいせつ行為である場合 72／c わいせつな行為 72 ウ 主観的要件 73 a 故 意 73／b 主観的違法要素（傾向犯） 73 エ 罪 数 74

(3) 強制性交等罪 74

ア 客 体 74 イ 主 体 74 ウ 行 為 75 エ 未 遂 76 オ 罪 数 76

(4) 準強制わいせつ罪・準強制性交等罪 76

ア 準強制わいせつ罪・準強制性交等罪の基本構造 77 a 意 義 77／b 抵抗困難な状態 77 イ 準強制わいせつ罪・準強制性交等罪の重要問題——承諾と錯誤 **論点1** 78

(5) 監護者わいせつ罪・監護者性交等罪 79

ア 意 義 79 イ 主体と客体の関係 79 ウ 客 体 80 エ 行 為 80

(6) 強制わいせつ・強制性交等致死傷罪 81

ア 意 義 81 イ わいせつ等に随伴する死傷 81 ウ 死傷結果の認識がある場合（刑のバランス） 82 a 傷害結果につき故意がある場合 82／b 死亡結果につき故意がある場合 82

2 住居侵入罪 83

(1) 保護法益 83

(2) 住居侵入罪の基本構造 83

ア 客 体 84 a 住居等の意味 84／b 占拠の適法性 84／c 居住（共同生活）離脱者の立入り 85／d 集合住宅の共用部分 85／e 囲繞地 85／f 囲障自体の建造物性 86 イ 行 為 86 ウ 「正当な理由がないのに」 87 エ 罪 質 87 オ 未遂・既遂 87 カ 罪 数 87

(3) 住居侵入罪の重要問題 87

ア 侵入概念 **論点1** 87 イ 現実の承諾の有効性 **論点2** 88 ウ 推定的（包括的）承諾の有効性 **論点3** 89 エ 意思対立 **論点4** 90 オ ビラ配布目的での集合住宅の共用部分への立入り **論点5** 91

(4) 不退去罪　93

　　ア　意　義　93　　イ　客　体　93　　ウ　行　為　94　　エ　未遂・既遂　94

　　コラム　2017年刑法一部改正の概要　70

第5講　人格的法益に対する罪 …………………………………………… 95

1　秘密に対する罪　95

(1) 総　説　95

(2) 信書開封罪　95

(3) 秘密漏示罪　96

2　名誉に対する罪　97

(1) 総　説　97

(2) 名誉毀損罪の基本構造　97

　　ア　名誉毀損罪　97　a　客　体　98／b　行　為　98／c　親告罪　99　　イ　死
　　者の名誉毀損罪　99　　ウ　事実証明　100　a　意　義　100／b　公共の利害に関
　　する事実（事実の公共性）　100／c　目的の公益性　101／d　特　則　101／e　真
　　実性の証明　102／f　真実性の証明の効果　103

(3) 名誉毀損罪の重要問題　103

　　ア　公然性の意義　論点1　103　　イ　真実性の誤信（証明の失敗）　論点2　104

(4) 侮辱罪　107

第6講　信用および業務に対する罪 ……………………………………… 109

1　信用毀損罪　109

2　業務妨害罪　110

(1) 業務妨害罪の基本構造　110

　　ア　業　務　110　　イ　手　段　111　　ウ　妨　害　112　　エ　罪　数　112

(2) 業務妨害罪の重要問題──公務の業務性　論点1　113

(3) 電子計算機損壊等業務妨害罪　116

　　ア　意　義　116　　イ　成立要件　116　　ウ　未　遂　117

第7講　財産犯総説・窃盗罪 ……………………………………………… 118

1　財産犯総説　118

(1) 財産犯の行為客体　118

　　ア　財物（物）　118　　イ　財産上の利益　119

(2) 財産犯の保護客体　119

　　ア　個別財産に対する罪　119　　イ　全体財産に対する罪　119

(3) 行為態様による区別　120

　　ア　毀棄罪　120　　イ　領得罪　120　a　直接領得罪と間接領得罪　120／b　移
　　転罪と非移転罪　120／c　盗取罪と交付罪　120

2　窃盗罪の基本構造　121
⑴　保護法益　122
⑵　客観的要件　122
　　ア　客　体　122　a　他人の所有物　122／b　他人の占有物　124　　イ　行　為　126　　ウ　結　果　126
⑶　主観的要件　126
　　ア　故　意　126　　イ　不法領得の意思　126
⑷　未遂・既遂　127
　　ア　未遂（実行の着手期）　127　　イ　既遂（既遂時期）　128
⑸　罪　数　128

3　窃盗罪の重要問題　129
⑴　占有移転罪（窃盗・強盗・詐欺・恐喝罪）の保護法益　論点1　129
　　ア　問題の所在　129　　イ　保護法益をめぐる学説状況　130　　ウ　見解の対立を理解するための5つの事例　131　　エ　判例の立場　133
⑵　占有の有無　論点2　136
　　ア　考慮要素　136　　イ　裁判例の傾向　137
⑶　占有の帰属　論点3　139
　　ア　対等者間の場合　139　　イ　上下・主従関係がある場合　140　　ウ　支配関係がある場合　140　　エ　封緘物の場合　140
⑷　死者の占有　論点4　141
　　ア　死亡と無関係の第三者が財物を領得した場合　142　　イ　財物を領得する意思で被害者を殺害して財物を領得した場合　142　　ウ　殺害後に初めて財物を領得する意思が生じて財物を領得した場合　142
⑸　不法領得の意思　論点5　144
　　ア　不法領得の意思の内容　144　　イ　使用窃盗の不可罰性と権利者排除意思　145　ウ　権利者排除意思の有無の認定　146　　エ　窃盗罪と毀棄罪の区別　147　　オ　利用処分意思の有無の認定　148

4　不動産侵奪罪　150
⑴　保護法益　150
⑵　客観的要件　150
　　ア　客　体　150　　イ　行　為　151　　ウ　結　果　153
⑶　主観的要件　153
⑷　未遂・既遂　153

5　親族相盗例　153
⑴　244条の趣旨　153
⑵　親族関係の範囲　154
⑶　親族関係の錯誤　154

第8講　強盗罪の基本類型……………………………………………156

1　総　説 156

2　強盗罪（1項強盗罪）の基本構造 157

(1)　保護法益　158

(2)　客観的要件　158

　ア　客　体　158　　イ　行　為　158　a　暴行・脅迫　158／b　強　取　159
ウ　結　果　160

(3)　主観的要件　160

(4)　未遂・既遂　160

(5)　罪　数　161

3　強盗罪（1項強盗罪）の重要問題 161

(1)　強盗と恐喝の区別——暴行・脅迫の認定　論点1　161

　ア　強盗罪における暴行・脅迫の意義　161　　イ　暴行・脅迫の判断基準　161
ウ　暴行・脅迫の有無の認定方法　161　a　暴行・脅迫の態様（何をしたのか）
161／b　行為者および被害者の状況（誰が誰に）　162／c　日時・場所・周囲の状
況（いつどこで）　162／d　被害者の対応（どのように）　162／e　まとめ　163

(2)　ひったくり行為と強盗罪の成否　論点2　163

　ア　問題の所在　163　　イ　強盗罪の成否　163　　ウ　恐喝罪・窃盗罪の成否
164

(3)　財物取得後の暴行・脅迫　論点3　165

(4)　暴行・脅迫後の領得意思　論点4　166

　ア　問題の所在　166　　イ　判例・通説の立場　167　　ウ　新たな暴行・脅迫
167　　エ　強制性交等罪・強制わいせつ罪と新たな暴行・脅迫　168

(5)　反抗抑圧の要否　論点5　170

　ア　強盗未遂説（通説）　171　　イ　強盗既遂説（判例）　171

4　強盗利得罪（2項強盗罪）の基本構造 172

(1)　保護法益　172

(2)　客観的要件　173

　ア　客　体　173　　イ　行　為　174　　ウ　結　果　174

(3)　主観的要件　174

(4)　未遂・既遂　174

(5)　罪　数　175

5　強盗利得罪（2項強盗罪）の重要問題 175

(1)　不法な利益　論点6　175

(2)　財産的利益の具体性　論点7　176

　ア　相続により財産を承継する利益　176　　イ　経営上の権益　177　　ウ　預貯金
口座から預貯金の払戻しを受けうる地位　178

(3)　処分行為の要否　論点8　179

(4) 利益移転の現実性　論点9　179

　　ア　債権に関する証拠が残っていない場合　180　　イ　債権に関する証拠が残って
　　いる場合　180

(5) 先行する財物取得罪と後行する2項強盗罪の関係　論点10　182

　　ア　詐取した財物の代金を暴行・脅迫により免脱した場合　182　　イ　財物窃取後、
　　被害者による返還請求を暴行・脅迫により免脱した場合　183

　　コラム　窃盗罪と強盗罪の関係　157
　　コラム　強取の意義　172
　　コラム　移転性のある利益であることは必要か　173
　　コラム　利益の移転と実行行為の関係　182

第9講　強盗罪の拡張類型——準強盗罪等　186

1　事後強盗罪の基本構造　186

(1) 立法趣旨　187

(2) 保護法益　188

(3) 法的性格　188

(4) 客観的要件　188

　　ア　窃盗　189　　イ　暴行・脅迫　189　　a　窃盗の機会　189／b　相手方　189
　　／c　程度　189

(5) 主観的要件　191

　　ア　故意　191　　イ　目的　191

(6) 未遂・既遂　191

(7) 予備　192

(8) 罪数　192

2　事後強盗罪の重要問題　192

(1) 窃盗の機会　論点1　192

　　ア　逃走追跡型　193　　イ　現場滞留型　194　　ウ　現場回帰型　194

(2) 強盗と事後強盗の区別　論点2　197

　　ア　1項強盗と事後強盗の区別　197　　イ　2項強盗と事後強盗の区別　198

(3) 事後強盗と共犯　論点3　199

　　ア　身分犯説によるアプローチ　200　　a　加減的身分説　200／b　構成的身分説
　　201　　イ　結合犯説によるアプローチ　201

(4) 事後強盗の予備罪の成否　論点4　203

3　昏酔強盗罪　205

(1) 立法趣旨　205

(2) 保護法益　206

(3) 客観的要件　206

　　ア　客体　206　　イ　行為　206　　a　昏酔させる行為　206／b　財物を盗取
　　する行為　207　　ウ　結果　207　　エ　因果関係　207

(4) 主観的要件　207

(5) 罪　　数　208

4　強盗予備罪　208

(1) 立法趣旨　208

(2) 客観的要件　208

(3) 主観的要件　208

(4) 予備の中止　209

(5) 罪　　数　209

コラム　「強盗として論ずる」の意味　187

コラム　暴行・脅迫の規範定立の際に注意すべきこと　190

第10講　強盗罪の加重類型──強盗致死傷罪等……………………… 210

1　強盗致死傷罪の基本構造　210

(1) 立法趣旨　211

(2) 保護法益　211

(3) 法的性格　211

(4) 客観的要件　211

ア　主　体 211　イ　客　体 212　ウ　行　為 212　エ　結　果 213

(5) 主観的要件　213

ア　死傷について故意がある場合を含むか（上限の問題）213　イ　暴行の故意が必要か（下限の問題）213

(6) 未遂・既遂　214

(7) 罪　　数　214

2　強盗致死傷罪の重要問題　214

(1) 240条の法的性格　論点1　214

(2) 死傷結果の原因行為　論点2　216

ア　学説状況 216　イ　「強盗の機会」の認定 218

(3) 240条における「負傷」の意義　論点3　221

(4) 脅迫による傷害　論点4　221

(5) 未遂・既遂　論点5　225

3　強盗・強制性交等罪・同致死罪の基本構造　226

(1) 立法趣旨　226

(2) 保護法益　226

(3) 客観的要件　227

ア　主　体 227　イ　行　為 227　ウ　結　果 227

(4) 主観的要件　228

(5) 減軽・免除事由　228

(6) 罪　　数　229

4 強盗・強制性交等罪・同致死罪の重要問題 229

(1) 強盗・強制性交等「致傷」の場合 **論点1** 229

(2) 強盗・強制性交等「殺人」の場合 **論点2** 230

コラム 強盗致死傷罪における「強盗」の論じ方 212
コラム 「強盗の機会」性と「因果関係」の判断 213
コラム 「原因行為性」に関する論述の仕方 218

第11講 詐欺の罪 233

1 総 説 233

2 1項詐欺罪・2項詐欺罪の基本構造 234

(1) 1項詐欺罪の成立要件 234

ア 客 体 234 イ 行為・結果 234 ウ 主観的要件 235

(2) 2項詐欺罪の成立要件 235

ア 客 体 236 イ 行為・結果 236 ウ 主観的要件 236

(3) 未遂・既遂 237

(4) 違法性阻却事由 237

(5) 罪 数 237

3 1項詐欺罪・2項詐欺罪の重要問題 238

(1) 詐欺罪の成立要件(1)――欺罔行為 **論点1** 238

(2) 詐欺罪の成立要件(2)――処分（交付）行為 **論点2** 239

ア 処分（交付）行為の機能 239 イ 欺罔者・被欺罔者（処分権者）・被害者
241 ウ 処分意思の要否 241 エ 直接性の要件 244

(3) 詐欺罪の成立要件(3)――財産的損害 **論点3** 245

ア 形式的個別財産説と実質的個別財産説 245 イ 財産的損害の判断方法 248
ウ 交付時期の変更 251

(4) 詐欺罪の諸類型(1)――国の財産的利益の詐取 **論点4** 252

ア 国や地方公共団体の財産的利益の詐取 252 イ 文書の不正取得 253 a
詐欺罪の成立が否定される場合 253／b 詐欺罪の成立が肯定される場合 254

(5) 詐欺罪の諸類型(2)――訴訟詐欺 **論点5** 255

(6) 詐欺罪の諸類型(3)――クレジットカードの不正使用 **論点6** 256

ア 自己名義のクレジットカードの不正使用 256 イ 他人名義のクレジットカ
ードの不正使用 258

(7) 詐欺罪の諸類型(4)――キセル乗車 **論点7** 259

ア 問題の所在 260 イ 乗車駅での行為 260 ウ 下車駅での行為 261

(8) 詐欺罪の諸類型(5)――不法原因給付物と詐欺罪 **論点8** 262

4 準詐欺罪 262

(1) 総 説 263

(2) 成立要件 263

ア 客 体 263 イ 行為・結果 263 ウ 主観的要件 263

5 電子計算機使用詐欺罪　263

(1) 総　説　264

(2) 成立要件　264

ア　客　体　264　イ　行為・結果　265　ウ　主観的要件　267

(3) 未遂・既遂　267

(4) 罪　数　267

コラム　無銭飲食　244
コラム　実質的個別財産説と法益関係的錯誤説　251
コラム　自動改札　261

第12講　恐喝の罪 ……………………………………………………… 268

1 総　説　268

2 1項恐喝罪・2項恐喝罪の基本構造　268

(1) 1項恐喝罪の成立要件　268

ア　客　体　269　イ　行為・結果　269　a　恐喝による財物の交付　269／b　恐　喝　270／c　畏怖に基づく交付行為　271　ウ　主観的要件　271

(2) 2項恐喝罪の成立要件　271

ア　客　体　272　イ　行為・結果　272　ウ　主観的要件　272

(3) 未遂・既遂　272

(4) 違法性阻却事由　272

(5) 罪　数　273

3 1項恐喝罪・2項恐喝罪の重要問題——権利行使と恐喝罪 論点1 　273

(1) 自己所有の特定物の取戻し　274

(2) 債務の弁済の受領　275

第13講　横領の罪 ……………………………………………………… 277

1 総　説　277

(1) 意　義　277

(2) 保護法益　277

2 横領罪（委託物横領罪・単純横領罪）の基本構造　278

(1) 意　義　278

(2) 成立要件　278

ア　主　体　278　イ　客　体　279　a　「物」　279／b　「自己の占有」　279／c　委託信任関係　280／d　物の他人性　280　ウ　行　為　281　エ　主観的要件　282

(3) 既　遂　282

(4) 罪　数　283

3 横領罪の重要問題　283

(1) 横領罪における占有(1)——不動産の占有 論点1 　283

(2) 横領罪における占有(2)——預金による金銭の占有 [論点2] 285

ア 自己名義の口座の預金と法律上の支配 285　イ 他人名義の口座の預金と法律上の支配 286　ウ 預金による金銭の占有と横領罪・移転罪 287

(3) 振り込め詐欺・恐喝 [論点3] 288

ア 振り込め詐欺・恐喝と預金による金銭の占有 288　イ 出し子の刑事責任 289

(4) 誤振込み [論点4] 289

(5) 他人性(1)——金銭の他人性 [論点5] 291

(6) 他人性(2)——所有権留保・譲渡担保 [論点6] 293

ア 所有権留保 293　イ 譲渡担保 294

(7) 他人性(3)——不法原因給付 [論点7] 294

(8) 盗品等の領得・盗品等の処分代金の着服 [論点8] 296

(9) 横領・不法領得の意思(1)——毀棄・隠匿の意思 [論点9] 297

ア 越権行為説と領得行為説 297　イ 不法領得の意思の意義 298

(10) 横領・不法領得の意思(2)——一時使用の意思 [論点10] 299

ア 使用横領 299　イ 金銭の一時流用 300

(11) 横領・不法領得の意思(3)——専ら本人のためにする意思 [論点11] 301

(12) 二重売買 [論点12] 302

ア 売主における横領罪の成否 303　a 不動産の二重売買 303／b 動産の二重売買 304　イ 第2譲受人における横領罪の共犯の成否 304　ウ 売主における詐欺罪の成否 306

(13) 横領後の横領 [論点13] 307

ア 旧判例 307　イ 新判例 308

(14) 後見人による横領と親族相盗例 [論点14] 309

4 業務上横領罪 310

(1) 意 義 310

(2) 業 務 311

(3) 共 犯 311

5 占有離脱物横領罪（遺失物等横領罪） 312

(1) 意 義 312

(2) 成立要件 312

ア 客 体 312　イ 行 為 313　ウ 主観的要件 313

(3) 罪 数 313

コラム 単純悪意者の共犯成立を否定する理論的根拠 306

コラム 部分横領と全部横領 309

第14講 背任の罪 ·· 314

1 総 説 314

2 背任罪の基本構造 315

(1) 成立要件 315

　ア　主　体 315　　イ　行　為 316　　ウ　財産上の損害 317　　エ　主観的要件 318

(2) 未遂・既遂 318

(3) 罪　数 318

3　背任罪の重要問題 319

(1) 背任罪の本質 `論点1` 319

(2) 他人の事務処理者の意義(1)――他人の事務と自己の事務 `論点2` 321

　ア　他人の事務と自己の事務 321　　イ　二重抵当 323

(3) 他人の事務処理者の意義(2)――事務の内容 `論点3` 325

　ア　包括的・裁量的事務 325　　イ　財産上の事務 325

(4) 図利・加害目的の意義 `論点4` 326

　ア　図利・加害の認識の程度 326　　イ　行為者の動機 327　　ウ　図利・加害目的における「利益」「損害」の意義 330

(5) 背任罪と共犯 `論点5` 330

(6) 背任罪と横領罪の関係 `論点6` 332

　ア　問題の所在 332　　イ　両罪の関係 333　　ウ　従来の学説 334　　エ　検討の手順 335　　オ　横領概念の限界 337　　カ　具体的適用 338

　コラム　本人の利益のための不良貸付 330
　コラム　背任行為の相手方の共同正犯成立を否定する理論的根拠 332
　コラム　権限逸脱と権限濫用 335
　コラム　横領罪と背任罪はどちらが重いか 336

第15講　盗品等に関する罪……………………………………………… 340

1　総　説 340

(1) 本罪の特徴 340

(2) 保護法益・罪質 341

　ア　追求権 341　　イ　本犯助長性 342　　ウ　まとめ 343

2　盗品等関与罪の基本構造 343

(1) 客　体 343

(2) 行　為 345

　ア　無償譲受け 346　　イ　運　搬 346　　ウ　保　管 346　　エ　有償譲受け 346　　オ　有償処分のあっせん 346

(3) 盗品性の認識 347

(4) 罪　数 347

　ア　各行為相互の関係 347　　イ　本犯の正犯・共犯との関係 347　　ウ　他罪との関係 348

3　盗品等関与罪の重要問題 348

(1) 客体の同一性 `論点1` 348

- (2) 不法原因給付物・禁制品 論点2　349
- (3) 有償処分あっせん罪の成立時期 論点3　350
- (4) 盗品等保管罪における知情の時期 論点4　351
- (5) 被害者を相手方とする場合 論点5　351
- **4　親族等の間の犯罪に関する特例** 352
- (1) 趣　旨　353
- (2) 適用範囲　353

第16講　毀棄・隠匿の罪 ·· 354

- **1　総　説** 354
- (1) 罪質と種類　354
- (2) 毀棄の意義　354
- **2　公用文書等毀棄罪** 355
- (1) 公用文書・電磁的記録　355
- (2) 毀　棄　355
- **3　私用文書等毀棄罪** 356
- (1) 私用文書・電磁的記録　356
- (2) 毀　棄　356
- **4　建造物等損壊罪・同致死傷罪** 356
- (1) 他人の建造物・艦船　356
- (2) 損　壊　357
- (3) 建造物等損壊致死傷罪　357
- **5　器物損壊罪** 357
- (1) 他人の物　358
- (2) 損壊・傷害　358
- **6　信書隠匿罪** 358
- (1) 他人の信書　358
- (2) 本罪の位置づけ　358
- **7　境界損壊罪** 359
- (1) 総　説　359
- (2) 構成要件　359

II　社会的法益に対する罪

第17講　放火・失火の罪 ·· 362

- **1　総　説** 363

(1) 保護法益・罪質　363

(2) 犯罪類型　363

　　ア　放火罪　363　　イ　延焼罪　364　　ウ　失火罪　364　　エ　その他の罪　364

(3) 罪　数　364

2　放火罪の基本構造　364

(1) 共通の成立要件　365

　　ア　放　火　365　　イ　焼　損　365

(2) 現住建造物等放火罪　366

　　ア　総　説　366　　イ　客　体　366　　a　建造物等　366／b　人の現住性・現在性　367／c　建造物の1個性（一体性）　368　　ウ　行為・結果　368　　エ　故意　369　　オ　未遂・予備　369　　カ　罪　数　369

(3) 非現住建造物等放火罪　370

　　ア　総　説　370　　イ　他人所有非現住建造物等放火罪（109条1項）　370　　a　客体　370／b　行為・結果　371／c　故　意　371／d　未遂・予備　371　　ウ　自己所有非現住建造物等放火罪（109条2項）　371

(4) 建造物等以外放火罪　371

　　ア　総　説　372　　イ　客　体　372　　ウ　行為・結果　372　　エ　公共の危険　372　　オ　故　意　372　　カ　未遂・予備　373

3　放火罪の重要問題　373

(1) 焼　損　論点1　373

　　ア　焼損の意義　373　　イ　燃焼の要否　374

(2) 建造物の1個性（一体性）　論点2　375

　　ア　複合建造物の1個性　376　　a　問題の所在　376／b　平安神宮事件　376／c　物理的一体性（構造上の一体性・延焼可能性）　377／d　機能的一体性（使用上の一体性）　378／e　物理的一体性と機能的一体性の関係　378　　イ　不燃性・難燃性建造物の1個性　379

(3) 公共の危険　論点3　381

　　ア　「公共の危険」の意義　381　　a　学　説　382／b　判　例　383　　イ　「公共の危険」の判断基準　384　　ウ　「公共の危険」の認識の要否　385　　a　判　例　386／b　学　説　386

4　関連犯罪　387

(1) 延焼罪　387

(2) 失火罪　388

(3) 消火妨害罪　389

(4) 激発物破裂罪・過失激発物破裂罪　389

(5) ガス漏出等罪・同致死傷罪　389

　　コラム　罪名に注意　367

第18講　文書偽造の罪 ………………………………………… 391

1　総　説　392

(1)　保護法益　392

　　(2)　犯罪類型　392

　　　　ア　客体による分類　392　　　イ　行為による分類　392

　2　**文書偽造罪（広義）の基本構造**　393

　　(1)　共通の成立要件　393

　　　　ア　文　書　393　　a　意思・観念の表示　393／b　可視性・可読性　394／c　永
　　　　続性　394／d　名義人の認識可能性　394／e　確定性　395／f　原本性　395
　　　　イ　偽　造　396　　a　偽造（有形偽造）の定義　396／b　名義人と作成者　397／
　　　　c　真正文書の外観の作出　398　　ウ　変造・虚偽作成・行使　399　　a　変　造
　　　　399／b　虚偽作成（無形偽造）　400／c　行　使　401

　　(2)　公文書偽造・行使等罪　402

　　　　ア　詔書偽造等罪　402　　イ　公文書偽造等罪　402　　a　総　説　403／b　客
　　　　体　403／c　行　為　403／d　主観的要件　404／e　罪　数　404　　ウ　虚偽公
　　　　文書作成等罪　404　　エ　公正証書原本不実記載等罪　405　　a　総　説　405／b
　　　　客　体　405／c　行　為　406／d　罪　数　406　　オ　偽造公文書行使等罪　407

　　(3)　私文書偽造・行使等罪　407

　　　　ア　私文書偽造等罪　407　　a　総　説　407／b　客　体　408／c　行　為　408／
　　　　d　主観的要件　408／e　罪　数　409　　イ　虚偽診断書等作成罪　409　　ウ
　　　　偽造私文書等行使罪　409

　　(4)　電磁的記録不正作出罪・同供用罪　410

　　　　ア　総　説　410　　イ　電磁的記録不正作出罪　410　　a　客　体　410／b　行
　　　　為　411／c　主観的要件　411　　ウ　不正作出電磁的記録供用罪　411　　エ　罪
　　　　数　411

　3　**文書偽造罪の重要問題**　412

　　(1)　コピーの文書性 `論点1`　412

　　(2)　公文書偽造・虚偽公文書作成罪の重要問題　413

　　　　ア　補助公務員の作成権限 `論点2`　413　　イ　虚偽公文書作成罪の間接正犯 `論点3`
　　　　415

　　(3)　私文書偽造罪の重要問題　416

　　　　ア　作成者の意義 `論点4`　416　　イ　作成者の特定——名義人の承諾 `論点5`　417
　　　　ウ　名義人の特定　419　　a　通称の使用 `論点6`　419／b　偽名の使用 `論点7`　420
　　　　／c　肩書・資格の冒用 `論点8`　421／d　代理・代表名義の冒用 `論点9`　422

　　　　コラム　形式主義と実質主義　400
　　　　コラム　偽造の2つの定義をどう使うか　423

第19講　その他の社会的法益に対する罪 ……………………………… 425

　1　**公共危険犯（放火・失火の罪を除く）**　425

　　(1)　総　説　425

　　(2)　騒乱の罪　425

　　　　ア　総　説　425　　イ　騒乱罪　426　　a　保護法益　426／b　多　衆　426／c
　　　　暴行・脅迫　426／d　集団犯　427／e　罪　数　428　　ウ　多衆不解散罪　428

(3) 出水・水利に関する罪　428

　ア　総　説　428　　イ　現住建造物等浸害罪　429　　ウ　非現住建造物等浸害罪
429　　エ　水防妨害罪　429　　オ　過失建造物等浸害罪　430　　カ　出水危険罪
430　　キ　水利妨害罪　430

(4) 往来を妨害する罪　430

　ア　総　説　430　　イ　往来妨害罪・同致死傷罪　431　　a　往来妨害罪　431／b
往来妨害致死傷罪　431　　ウ　往来危険罪　432　　エ　汽車転覆等罪・同致死傷罪
433　　a　汽車転覆等罪　433／b　汽車転覆等致死罪　434　　オ　往来危険による
汽車転覆等罪　434　　カ　過失往来危険罪　435

(5) 公衆の健康に対する罪　435

　ア　総　説　435　　イ　飲料水に関する罪　436　　a　浄水汚染罪　436／b　水道
汚染罪　436／c　浄水毒物等混入罪　436／d　浄水汚染等致死傷罪　437／e　水
道毒物等混入罪・同致死罪　437／f　水道損壊罪・同閉塞罪　437

2　取引等の安全に対する罪（文書偽造の罪を除く）　437

(1) 総　説　437

(2) 通貨偽造の罪　438

　ア　総　説　438　　イ　通貨偽造罪・同行使等罪　439　　a　通貨偽造罪　439／b
偽造通貨行使等罪　439　　ウ　外国通貨偽造罪・同行使等罪　440　　エ　偽造通貨
等収得罪　441　　オ　収得後知情行使等罪　441　　カ　通貨偽造等準備罪　441

(3) 有価証券偽造の罪　442

　ア　総　説　442　　イ　有価証券偽造罪・同虚偽記入罪　442　　a　客　体　442／
b　行　為　443／c　作成権限の濫用・逸脱　444　　ウ　偽造有価証券行使等罪
445

(4) 支払用カード電磁的記録に関する罪　446

　ア　総　説　446　　イ　支払用カード電磁的記録不正作出等罪　446　　a　総　説
446／b　客　体　446／c　行　為　447　　ウ　不正電磁的記録カード所持罪　448
エ　支払用カード電磁的記録不正作出準備罪　448

(5) 印章偽造の罪　448

　ア　総　説　448　　イ　共通の成立要件　448　　a　印章・署名・記号　448／b
偽造・使用　449　　ウ　犯罪類型　449　　a　御璽偽造罪・同不正使用等罪　449／
b　公印偽造罪・同不正使用等罪　450／c　公記号偽造罪・同不正使用等罪　450／
d　私印偽造罪・同不正使用等罪　450

(6) 不正指令電磁的記録に関する罪　450

　ア　総　説　450　　イ　不正指令電磁的記録作成等罪　451　　ウ　不正指令電磁的
記録取得等罪　452

3　風俗に対する罪　452

(1) 総　説　452

(2) わいせつ・重婚の罪　452

　ア　総　説　452　　イ　わいせつの意義　453　　ウ　公然わいせつ罪　453　　エ
わいせつ物頒布等罪　454　　a　総　説　454／b　客　体　454／c　行　為　455／
d　共　犯　456　　オ　淫行勧誘罪　456　　カ　重婚罪　456

(3) 賭博・富くじに関する罪　456

　ア　総　説　456　　イ　賭博罪（単純賭博罪）　457　　ウ　常習賭博罪　457　　エ　賭博場開張等図利罪　458　　オ　富くじ発売等罪　458

(4) 礼拝所・墳墓に関する罪　459

　ア　総　説　459　　イ　礼拝所不敬罪　459　　ウ　説教等妨害罪　459　　エ　墳墓発掘罪　460　　オ　死体損壊等罪　460　　カ　墳墓発掘死体損壊等罪　460　　キ　変死者密葬罪　461

Ⅲ　国家的法益に対する罪

第20講　賄賂罪··464

1　収賄罪の基本構造　464

(1) 立法趣旨　465

(2) 保護法益　465

(3) 成立要件　465

　ア　主　体　465　　イ　職務関連性　466　　ウ　客　体　467　　エ　行　為　468　　オ　主観的要件　468

(4) 罪　数　469

(5) 没収・追徴　469

　ア　趣　旨　469　　イ　必要的没収　469　　ウ　必要的追徴　470

2　収賄罪の諸類型　470

(1) 加重類型　470

　ア　受託収賄罪　470　　イ　加重収賄罪　471

(2) 修正類型　472

　ア　事前収賄罪　472　　イ　事後収賄罪　472　　ウ　第三者供賄罪　473　　エ　あっせん収賄罪　473

3　贈賄罪の基本構造　474

(1) 趣　旨　474

(2) 主　体　474

(3) 客　体　474

(4) 行　為　475

(5) 主観的要件　475

4　賄賂罪の重要問題　475

(1) 賄賂罪の保護法益　論点1　475

(2) 一般的職務権限の理論　論点2　477

(3) 将来の職務と賄賂罪　論点3　479

(4) 公務員の転職と賄賂罪　論点4　480

(5) 職務密接関連行為の理論　論点5　482

(6) 社交的儀礼の賄賂性　論点6　483

(7) 恐喝・詐欺罪と賄賂罪の関係　論点7　485

　　ア　職務執行の意思がない場合（第1類型）485　イ　職務執行の意思がある場合（第2類型）486

　　コラム　賄賂罪の本質をめぐる2つの立法形式　465

　　コラム　事例問題における収賄罪の成否の判断方法　466

第21講　公務の執行を妨害する罪……………………………………487

1　総　説　487

2　公務執行妨害罪の基本構造　487

(1) 意　義　488

(2) 成立要件　488

　　ア　客　体　488　　イ　行　為　489　a　「職務を執行するに当たり」489／b　暴行・脅迫　490　　ウ　故　意　492

(3) 既　遂　492

(4) 罪　数　492

3　公務執行妨害罪の重要問題　493

(1) 職務の範囲　論点1　493

(2) 職務執行の範囲　論点2　493

(3) 職務の適法性　論点3　495

　　ア　適法性の要件　495　　イ　適法性の判断基準　497

(4) 適法性の錯誤　論点4　499

4　職務強要罪・辞職強要罪　500

(1) 意　義　501

(2) 行　為　501

(3) 目　的　501

(4) 罪　数　501

5　封印等破棄罪　502

(1) 意　義　502

(2) 客　体　502

　　ア　命令・処分の意義　503　　イ　封印・差押えの表示　503　　ウ　適法性の要件　503

(3) 行　為　503

(4) 故　意　503

(5) 罪　数　504

6　強制執行妨害目的財産損壊等罪　504

(1) 意　義　504

(2) 主　体　505

(3) 目　的　505

(4) 行　為　506

　　ア　1号の行為　506　　イ　2号の行為　507　　ウ　3号の行為　507

7　強制執行行為妨害等罪　507

(1) 1項の罪　507

　　ア　意　義　507　　イ　成立要件　508

(2) 2項の罪　508

　　ア　意　義　508　　イ　成立要件　508

8　強制執行関係売却妨害罪　509

(1) 意　義　509

(2) 成立要件　509

　　ア　客　体　509　　イ　行　為　510

9　加重封印等破棄等罪　510

(1) 意　義　510

(2) 成立要件　510

10　公契約関係競売等妨害罪　511

(1) 意　義　511

(2) 成立要件　511

　　ア　客　体　511　　イ　行　為　512

11　談合罪　512

(1) 意　義　512

(2) 成立要件　513

　　ア　目　的　513　　イ　行　為　513

　　コラム　占有屋　502

第22講　犯人蔵匿罪・証拠隠滅罪 ·· 514

1　総　説　514

2　犯人蔵匿等罪の基本構造　515

(1) 成立要件　515

　　ア　客　体　515　　イ　行　為　516　　ウ　故　意　516

(2) 既　遂　517

(3) 罪　数　517

3　犯人蔵匿等罪の重要問題　517

(1) 「罪を犯した者」の意義　論点1　517

(2) 既に逮捕・勾留されている犯人の身代わり　論点2　518

　　ア　本罪の客体　519　　イ　隠避の意義　519

（3） 犯人による蔵匿隠避 論点3　520

4　**証拠隠滅等罪の基本構造**　522

（1） 成立要件　522

　ア　客　体　522　イ　行　為　523　ウ　故　意　523

（2） 罪　数　523

5　**証拠隠滅等罪の重要問題**　524

（1） 参考人の虚偽供述 論点1　524

　ア　内容虚偽の供述書　524　　イ　参考人の虚偽供述　524　　ウ　内容虚偽の供述
調書の作成　525

（2） 犯人による証拠隠滅 論点2　526

　ア　犯人による証拠隠滅教唆　526　　イ　犯人に対する証拠隠滅教唆　527

（3） 他人の証拠と自己の証拠 論点3　527

6　**親族による犯罪に関する特例**　530

（1） 意　義　530

（2） 成立要件　530

（3） 共犯関係　531

　ア　親族と第三者との共犯関係　531　　イ　親族と犯人・逃走者との共犯関係　532

7　**証人等威迫罪**　533

（1） 意　義　533

（2） 成立要件　534

　ア　客　体　534　イ　行　為　534　ウ　故　意　534

（3） 罪　数　534

　コラム　共同正犯の成立可能性　521

第23講　その他の国家的法益に対する罪⋯⋯⋯⋯⋯⋯⋯⋯⋯⋯⋯⋯⋯⋯ 535

1　**国家の存立に対する罪**　535

（1） 総　説　535

（2） 内乱に関する罪　535

　ア　内乱罪　535　a　保護法益　536／b　目的犯　536／c　行　為　536／d　必
要的共犯　536／e　処罰の態様　536／f　未　遂　537／g　罪　数　537　イ
内乱予備・陰謀罪、内乱等幇助罪　537

（3） 外患に関する罪　537

　ア　外患誘致罪　537　　イ　外患援助罪　538

2　**国交に関する罪**　538

（1） 総　説　538

（2） 国交に関する罪　538

　ア　外国国章損壊等罪　538　a　客　体　539／b　行　為　539／c　罪　数　539
／d　親告罪　539　イ　私戦予備・陰謀罪　539　　ウ　中立命令違反罪　540

3　逃走の罪　540

(1)　総　説　540

(2)　単純逃走罪　540

　　ア　主　体　540　　イ　行　為　541　　ウ　未遂・既遂　541

(3)　加重逃走罪　542

　　ア　主　体　542　　イ　行　為　542　　ウ　未　遂　543

(4)　被拘禁者奪取罪　543

　　ア　客　体　543　　イ　行　為　544

(5)　逃走援助罪　544

　　ア　意　義　544　　イ　客　体　544　　ウ　行　為　544　　エ　未　遂　545

(6)　看守者等による逃走させる罪　545

4　偽証の罪　545

(1)　総　説　545

(2)　偽証罪の基本構造　545

　　ア　主　体　546　　イ　行　為　547　　ウ　共犯関係　547

(3)　偽証罪の重要問題　547

　　ア　虚偽の陳述の意義　論点1　547　　イ　犯人自身による偽証教唆　論点2　549

(4)　自白による刑の減免　550

(5)　虚偽鑑定等罪　550

5　虚偽告訴の罪　550

(1)　総　説　550

(2)　保護法益　551

(3)　虚偽告訴等罪　551

　　ア　行　為　551　　イ　故　意　552　　ウ　目　的　552　　エ　既　遂　553

(4)　自白による刑の減免　553

6　職権濫用の罪　553

(1)　総　説　553

(2)　公務員職権濫用罪　554

　　ア　主　体　554　　イ　行　為　554　　ウ　結　果　555

(3)　特別公務員職権濫用罪　555

(4)　特別公務員暴行陵虐罪　556

(5)　特別公務員職権濫用等致死傷罪　556

事項索引　557

判例索引　564

凡　例

▽法令名
・法令名を明記していない条文は刑法である。
刑訴法＝刑事訴訟法
道交法＝道路交通法

▽判例集等
刑集＝最高裁判所刑事判例集・大審院刑事判例集
刑録＝大審院刑事判決録
判時＝判例時報
判タ＝判例タイムズ
裁判集刑＝最高裁判所裁判集刑事
高刑集＝高等裁判所刑事判例集
下刑集＝下級裁判所刑事裁判例集
刑月＝刑事裁判月報
東高刑時報＝東京高等裁判所刑事判決時報
高刑速＝高等裁判所刑事裁判速報集
裁時＝裁判所時報
判特＝高等裁判所刑事判決特報
裁特＝高等裁判所刑事裁判特報
家月＝家庭裁判所月報
新聞＝法律新聞
裁判所 Web ＝裁判所ウェブサイト　裁判例情報
LEX/DB ＝ TKC 法律情報データベース

▽文献
総論＝大塚裕史・十河太朗・塩谷毅・豊田兼彦『基本刑法Ⅰ　総論（第 2 版）』（日本評
　論社、2016年）
百＝山口厚・佐伯仁志編『刑法判例百選Ⅱ　各論（第 7 版）』（有斐閣、2014年）
講＝大谷實編『判例講義刑法Ⅱ　各論（第 2 版）』（悠々社、2011年）
プ＝成瀬幸典・安田拓人・島田聡一郎編『判例プラクティス刑法Ⅱ　各論』（信山社、
　2012年）

▽その他
・引用においては、学習上の便宜を図るため、旧字を新字にし、漢数字をアラビア数
　字にし、促音等は現代仮名遣いで表記している。また、引用中に著者の注記を入れ
　る場合は、〔　〕を付している。

序論　刑法各論の意義と体系

1　刑法各論の意義

　刑法総論は、刑法典「第1編　総則」（1条～72条）を対象として、各犯罪に共通する犯罪成立の一般的要件を解明することをその任務としている。これに対して、刑法各論は、刑法典「第2編　罪」（77条～264条）を対象として、各犯罪の文理を基礎としつつ、保護法益や他の条文との関係も考慮しながら、各犯罪に固有の成立要件を検討し、明らかにすることをその任務としている。違法性阻却事由や責任阻却事由は、犯罪ごとに特殊性をもつことはほとんどないので、刑法各論における考察の中心は、各犯罪に固有の構成要件の解釈である。

　犯罪と刑罰を定めた法規は、刑法典以外にも、軽犯罪法のような特別刑法や、道交法のような行政刑法があり、その数は極めて多数に上っている。しかしながら、古典的な主要犯罪は、刑法典にほぼ含まれており、これらを解明すれば刑法各論の学習として十分であるから、本書では叙述の範囲を刑法典の犯罪に限定する。

2　刑法各論の体系

　刑法典の犯罪は、その主たる保護法益の帰属する主体が何であるかに応じて、個人的法益に対する罪、社会的法益に対する罪、国家的法益に対する罪の3つに区分される。私益と公益に2分類するなど、別の分類方法もあるが、3分類するのが今日では一般的である。

　個人は社会生活上のすべての価値の根源であり、個人的法益の保護は刑法の最も重要な役割である。個人的法益に対する罪は、生命・身体に対する罪

（殺人、傷害等）、自由に対する罪（逮捕・監禁等）、人格的法益に対する罪（名誉毀損等）、信用・業務に対する罪（業務妨害等）、財産に対する罪（窃盗、強盗、詐欺、恐喝、横領、背任等）に分類できる。

　また、刑法で保護されるべき利益の中には、個人の利益としては捉えきれない生活共同体としての社会の利益もある。これを保護するのが社会的法益に対する罪である。社会的法益に対する罪は、公共危険犯（放火・失火、往来妨害等）、取引等の安全に対する罪（通貨偽造、文書偽造等）、風俗に対する罪（わいせつ・重婚、賭博等）に大別できる。

　さらに、国家は、人の存立・共同生活・共同体を支える法的組織として固有の意義を有する。そこで、刑法は、国家の存立や作用を、個人的法益や社会的法益に還元できない固有の法益として保護している。国家的法益に対する罪は、国家の存立に対する罪（内乱・外患）、国交に関する罪（外国国章損壊等）、国家の作用に対する罪（公務執行妨害、逃走、犯人蔵匿・証拠隠滅、偽証、虚偽告訴、賄賂等）に大別できる。

　日本国憲法は、個人主義（憲法13条）に立脚している。個人主義とは、あらゆる人間社会における価値の根源は個人にあり、個々人は国政の上で最大限に尊重されるべきであるという原則である。この観点から考えると、個人的法益に対する罪から論じられるべきである。刑法典は、国家的法益に対する罪から始めて、ほぼ逆の順序で各犯罪を規定しているが、今日では上の順序で論じるのが一般的であり、本書もそれに従うことにする。

3　刑法各論の考え方──分析視角

　個別の犯罪の成立要件を検討する際には、まず、その保護法益を明らかにすることが重要である。刑法の機能（目的）として最も重要なものの1つが法益保護機能であり、法益侵害は処罰の必要性を基礎づけるものであるからである（総論1講2）。保護法益が何かについて争いがない犯罪もあるが、争いがある犯罪もある。例えば、殺人罪（199条）の保護法益は「生命」であるということに争いはないが、窃盗罪（235条）の保護法益は「所有権その他の本権」と考える見解と「占有」と考える見解の間で争いがある（本書7講3(1)）。後者のような場合、保護法益の理解の仕方によって具体的事例の解決に影響が出る場合が多いので、何がその罪の保護法益なのかを特定することが重要なのである。

　次に、どのような侵害手段で保護法益を侵害した場合に処罰されるのかを明らかにする必要がある。刑法は、あらゆる法益侵害を処罰するのではな

く、あらかじめ明文で規定された侵害手段を用いて保護法益を侵害した場合のみ処罰するからである。刑法の機能（目的）として最も重要なものの1つに自由保障機能があるが、刑法は人の行動の自由を保障するために、法律で禁止した行為をしなければ処罰されることはないと保障しているのである（総論1講2）。侵害手段の特定は、各犯罪の「行為」の内容を明らかにする作業である。例えば、公務執行妨害罪（95条）は、公務員の公務の円滑な遂行を妨害する行為をすべて処罰するのではなく、暴行および脅迫を手段とする妨害行為のみを処罰している（本書21講2(2)）。したがって、威力や偽計によって公務の遂行を妨害しても本罪では処罰されないのである。このように、処罰の対象となる侵害手段を明確化することが重要になるのである。

　以上の観点を基礎とし、各講の「学習のポイント」で示された着眼点も参考にしながら、各犯罪の成立要件を検討するとよい。

I 個人的法益に対する罪

　個人は社会生活上のすべての価値の根源であり、その法益を保護することは、刑法の最も基本的かつ重要な役割である。

　個人的法益に対する罪は、生命・身体に対する罪（殺人、傷害等）、自由に対する罪（逮捕・監禁等）、人格的法益に対する罪（名誉毀損等）、信用・業務に対する罪（業務妨害等）、財産に対する罪（窃盗、強盗、詐欺、恐喝、横領、背任等）に分類できる。いずれの罪も重要であるが、とりわけ重要なのは「財産に対する罪」（財産犯）である。財産犯についての正確な理解を得ることが、個人的法益に対する罪の学習における最大の課題である。

第1講　生命に対する罪

◆学習のポイント◆

1　生命に対する罪では、①殺人罪と自殺関与罪の区別、②胎児性致死傷、③遺棄罪が特に重要である。

2　殺人罪と自殺関与罪の区別については、同意能力欠如の場合、錯誤がある場合、強制が加えられた場合のそれぞれについて判例を押さえておき、特に偽装心中を素材にして学説の対立を理解しておく必要がある。

3　胎児性致死傷については、熊本水俣病事件を素材にして、（過失）傷害罪肯定説・否定説の論拠を正確に理解することが重要である。

4　遺棄罪については、ひき逃げなどを素材にして、保護責任の発生根拠をよく学習しておくことが必要である。

1　総　説

(1)　生命・身体に対する罪の概観

　生命・身体に対する罪は、人または胎児の生命・身体を侵害し、または危険にする行為を内容とする犯罪であり、①殺人の罪、②傷害の罪、③過失傷害の罪、④堕胎の罪、⑤遺棄の罪によって構成されている。行為の客体は、堕胎の罪のみは胎児であるが、それ以外はすべて「人」である。ここでの人は、自然人のことであり、法人は含まれない。人に対しては、生命を故意で侵害する犯罪として殺人の罪、身体を故意で侵害する犯罪として傷害の罪、生命および身体を過失で侵害する犯罪として過失傷害の罪、（判例・通説によれば）生命および身体を故意に危険にする犯罪として遺棄の罪が定められている。

　堕胎の罪が、胎児の生命を故意で侵害する犯罪であるのか、それとも胎児の生命・身体を故意で侵害する犯罪であるのかは争いがある。同様に、遺棄の罪が、人の生命を故意に危険にする犯罪であるのか、それとも人の生命・身体を故意に危険にする犯罪であるのかも争われている。本書では、それら

の犯罪を生命に対する罪の中に入れて解説することにする。また、過失傷害の罪は、身体に対する罪の中に入れて解説することにする。

人の生命・身体に対する犯罪と堕胎の罪の限界は、客体が人か胎児かによって定まるのであるから、人の始期としての出生時期がまず重要になる。また、人が死亡した後は、死体損壊罪（190条）等によって処罰されるにすぎなくなる。死者自身は法益主体たりえないので、これらの犯罪は生命・身体に対する罪という個人的法益に対する罪ではなく社会的法益に対する罪ということになる。そこで、人の終期としての死亡時期も重要な問題になる。まず、出生時期から考察を始めよう。

●コラム● 生命の形成プロセス

生命の形成プロセスは以下のようになる。精子と卵子の結合により形成された受精卵は、子宮内膜に着床して発育する。この着床から出生までが胎児である。それゆえ、①「受精から着床まで」の間に加えられる攻撃（例えば子宮への着床を妨げる行為）は不可罰である（もっとも、受精卵の入った試験管を壊した場合、試験管のみでなく受精卵についても器物損壊罪の成立を認める見解があるが、ヒトの生命は物ではないと批判されている）。②「着床から出生まで」の胎児の段階は、堕胎の罪において保護される。③「出生から死亡まで」は人として、殺人罪などによって、故意のみならず過失の生命侵害・身体傷害からも保護される。④「死亡したのち」は、死体損壊罪などが成立するにすぎない。

---

(2) 人の始期──出生

【事例1】出産阻止事例
　Xは、愛人Bの出産を阻止しようとして、Bが自宅で出産する際、母体から赤ちゃんAの頭部が出たときにAの首を絞めて殺した。

出生は、胎児と人を区別する概念であり、堕胎罪と殺人罪などとの限界を画するものである。刑法上、出生とはどの時点をいうのかについては争いがある。判例は、母体から一部露出した嬰児の面部を強圧して殺害した（ただし、全部露出後にも殺害行為が行われた）事案につき、**母体から一部を露出した以上母体に関係なく外部より死亡を来すべき侵害を加えることが可能である**として殺人罪で処断しており（大判大 8 ・12・13刑録25輯1367頁〈プ1〉）、一部露出説の立場をとるといわれている。

学説上も、一部露出説がわが国の通説である。この説は、一部露出中の胎児の肢体に直接侵害を加えたか否かを基準とすることにより堕胎罪と殺人罪の区別を明確にしうるので、胎児の体の一部が外部に露出したときから人に

なるとする。母体を通さない、胎児への直接の攻撃可能性を重視するのである。この説からは、【事例1】はAの体の一部が母体から出た段階で殺害しているので「人」を殺害したことになり、Xには殺人罪（199条）が成立する。この説に対しては、一旦体の一部が母体外に出たあと母体内に戻ってしまったら人であったものが人でなくなってしまうことになる、直接の攻撃可能性というなら母親の胎内にあっても器具を差し込んで直接攻撃することも可能であるなどの批判が向けられている。

　そこで、全部露出説も有力になっている。この説は、権利主体たる人といえるためには身体全部が母体外に出た時点を重視すべきであるとする。この説からは、【事例1】はAの体の全部が母体から出る前にAを殺しているので「胎児」を殺害したことになり、Xには不同意堕胎罪（215条）が成立する。この説に対しては、全部露出の前後で生命の価値が異なるとは思えない、母体からほぼ全身が露出した（一部母体内に残っている）嬰児を斬殺するのが堕胎であることになり人の生命に対する保護が遅きに失するなどの批判が向けられている。

(3)　人の終期——死亡

> **【事例2】交通事故事例**
> 　Aは、交通事故に遭って脳死状態になったが、生命維持装置により呼吸と脈拍は維持されていた。Aの妻Xは、Aに対する恨みからAの身体にナイフを突き刺し、Aの呼吸と脈拍を停止させた。

　死亡は、人と死体を区別する概念であり、殺人罪と死体損壊罪などとの限界を画するものである。人の死をどのように考えるかについては三徴候説と脳死説の対立がある。三徴候説は、心拍停止、呼吸停止、瞳孔反射の喪失の3点から人の死を認定する。すなわち、心臓の血液循環機能、肺の呼吸機能、脳幹の生命維持機能の3つを基準にするのである。この説からは、【事例2】はAの呼吸と脈拍が停止する前にナイフを突き刺しているので「人」に攻撃を加えて殺害したことになり、Xには殺人罪（199条）が成立する。これに対して、脳死説は、全脳の死（少なくとも脳幹の死）をもって人の死とする。この説からは、【事例2】はAが脳死状態になった後にナイフを突き刺しているので「死体」に攻撃を加えたことになり、Xには死体損壊罪（190条）が成立する。この説が主張されるようになったのは、主として、脳死した者の身体から心臓を含む臓器を臓器移植目的のために摘出してよいか

ということが問題になったためである。

●コラム● 臓器移植法

　わが国では、1968（昭和43）年に札幌医大で初めて心臓移植が試みられて以来、心臓移植は長くタブーとされてきたが、さまざまな紆余曲折を経て1997（平成 9 ）年に臓器移植法が成立した。

　特に注目すべきなのは、**本人の意思表示**と**遺族（家族）の意思表示**の要件である。臓器移植法成立以前の「角膜・腎臓移植法（1979〔昭和54〕年）」は、特定の臓器に限ってであるが、摘出・移植の要件としてわが国の慣習を考慮し、遺体については遺族の処分権限が死者本人の意思に優越するとしていた。これには、死者の自己決定権、人格権が軽視されているとして批判が強く、将来的には本人の意思をこそ重視する考え方がとられるべきであるといわれてきた。臓器移植法は、そういう議論を重視し、当初は、本人の生前の「書面による意思表示」を摘出のための不可欠の要件としていた。しかし、このことがドナー不足の決定的な要因になっていたので、何とかこの要件を緩和できないかという意見に押され、2009（平成21）年には、本人の書面による意思表示がない場合でも、遺族（家族）の同意によって臓器摘出を可能とする法改正が行われた。また、15歳未満の者からの臓器摘出も可能となった。

2　殺人の罪

　殺人の罪は、故意に他人の生命を侵害する犯罪であり、殺人罪（199条）、殺人予備罪（201条）、自殺関与・同意殺人罪（202条）に分けて規定されているが、その保護法益は**人の生命**である。

（1）　殺人罪

199条　ⓐ**人を**ⓑ**殺した**者は、死刑又は無期若しくは 5 年以上の懲役に処する。

未遂（203条）　第199条及び前条の罪の未遂は、罰する。
予備（201条）　第199条の罪を犯す目的で、その予備をした者は、 2 年以下の懲役に処する。ただし、情状により、その刑を免除することができる。

ア　成立要件

　本罪は普通殺人などとも呼ばれる。なお、2004（平成16）年の改正で有期刑の下限が 3 年から 5 年に引き上げられた。

　客体は、人であり、行為者を除く自然人である（下線ⓐ）。他人のみが本条の客体なので、自殺は本条の構成要件に該当しない。

　行為は、殺すこと、すなわち、**自然の死期に先だって人の生命を断絶する**ことである（下線ⓑ）。

　故意について、人を殺すことの認識・認容を必要とする。

第 1 講　生命に対する罪　9

イ　未遂・予備

本罪は未遂が処罰される。着手時期は、**故意に人を死亡させる現実的危険性を含む行為を開始したとき**である。例えば、殺人の意思で被害者の首を絞めるとか、銃で狙いを定める行為をした場合などである。

また、本罪は予備も処罰される。殺人の予備とは、殺人の実行を目的としてなされる準備行為であって、未だ実行の着手に至らない行為である。例えば、殺人に必要な凶器を用意したり、犯行現場の下見をしたりすることである。また、人を殺傷する以外の目的が考えられないサリンを製造すれば、殺人予備になる。自己予備（単独犯としてあるいは共犯者とともに殺人を自ら遂行する目的でその準備をすること）のみ殺人予備になる。他人予備（他人が行う殺人行為のための準備をすること）は殺人予備に当たらず、殺人罪の幇助になる。

ウ　罪　数

罪数について、各個人の生命は一身専属的でありそれぞれ独立した価値をもつから、個々の客体ごとに罪数の評価がなされる。すなわち、1個の行為によって数人を殺したときは、被害者の数に応じて数個の殺人罪が成立し、観念的競合になる。1人を殺す意思でなされた殺人予備罪、殺人未遂罪、同一機会になされた同一客体に対する数個の殺害行為は、包括されて殺人一罪になる。例えば、殺人の意思で毒殺しようとしたが、被害者に気づかれたので首を絞めて殺した場合、毒物による殺人未遂は絞首による殺人既遂に包括されて一罪になる（大判昭13・12・23刑集17巻980頁）。

(2)　自殺関与・同意殺人罪

> 202条　ⓐ人をⓑ教唆し若しくはⓒ幇助して自殺させ、又はⓓ人をⓔその嘱託を受け若しくはⓔその承諾を得て殺した者は、6月以上7年以下の懲役又は禁錮に処する。

未遂（203条）　第199条及び前条の罪の未遂は、罰する。

ア　自殺関与・同意殺人罪の基本構造

本罪は、前段に自殺教唆・自殺幇助という自殺関与を、後段に嘱託殺人・承諾殺人という同意殺人を定めている。4つの類型に共通するのは、被害者が生命処分に納得しているということであり、同条は被害者が生命処分の意思をもつ場合に199条に比べて軽く処罰するための規定である。

a 成立要件

客体は、人であり、自殺の意味を理解し、**自由な意思決定の能力を有する者**である（下線ⓐ）。したがって、幼児や心神喪失者は含まれない（その場合には、殺人罪の問題になる。後述(3)参照）。

行為は、以下の４つである。自殺教唆とは、自殺意思のない者を唆して自殺を決意させ、自殺を行わせることである（下線ⓑ）。自殺幇助とは、自殺の決意を有する者の自殺行為を援助し、自殺を遂行させることである（下線ⓒ）。嘱託殺人とは、被害者の方から自分を殺してくれと行為者に依頼し、それに従って行為者が被害者を殺すことである（下線ⓓ）。承諾殺人とは、行為者の方から被害者に殺害を申し込み、被害者がそれに納得した上で、行為者が被害者を殺すことである（下線ⓔ）。

故意について、自殺教唆は、被害者に自殺を決意させ被害者が自殺することの認識、自殺幇助は、自殺を援助し被害者が自殺することの認識が必要である。嘱託殺人・承諾殺人の場合は、人を殺すことの認識が必要であり、意思表示説をとる場合は、被害者の嘱託・承諾の認識も必要である（**論点1**〔行為者による被害者の承諾の認識の有無〕）。

b 未　遂

本罪は未遂が処罰される。着手時期は、自殺教唆・自殺幇助については、自殺の不処罰根拠と関連して争いがあるが（**論点2**〔自殺の不処罰根拠と自殺関与罪の処罰根拠〕）、通説によれば、**被害者が自殺行為を行ったとき**である（**論点3**〔自殺関与罪の実行の着手時期〕）。これに対して、嘱託殺人・承諾殺人については、行為者が被害者の殺害に着手したときである。

c 罪　数

罪数について、人を教唆して自殺を決意させ、さらに嘱託を受けて人を殺したときは、自殺教唆未遂罪は嘱託殺人罪に吸収されて嘱託殺人罪のみが成立する。

イ　自殺関与・同意殺人罪の重要問題

a　行為者による被害者の承諾の認識の有無　**論点1**

【事例3】積極的錯誤事例
　Xは、Aが実際には殺されることに納得していないのに、納得してくれていると誤解してAを殺害した。

【事例4】消極的錯誤事例
　Xは、Aが実際には殺されることに納得しているのに、それに気づかず、Aを殺害した。

まず、【事例3】のような積極的錯誤の場合について、判例・通説は、38条2項により同意殺人罪が成立するとしている（大判明43・4・28刑録16輯760頁）。行為の客観面は普通殺人であるが、主観面は同意殺人罪の故意なので、これを抽象的事実の錯誤と捉え、構成要件の重なり合う限度で202条が成立するとするのである（総論9講）。

では、【事例4】のような消極的錯誤の場合はどうなるのであろうか。この点、まず、①殺人罪説は、202条の同意殺人罪の規定の文言が「承諾を得て」となっているので、これは行為者が承諾の存在を認識していることを予定しているとし、行為者が承諾を認識していなかった場合には202条は適用できず199条が成立するとする。この説からは、【事例4】のXには殺人罪が成立することになる。次に、②殺人未遂罪説は、殺人の故意で殺人行為を行ったが、被害者は殺されることに納得していたので客観的には殺人罪の結果（意思に反する被害者の死）が欠けている場合であるから、結局のところ殺人罪の未遂が成立するとする。この説からは、【事例4】のXには殺人未遂罪が成立することになる。これらに対して、通説の③同意殺人罪説は、被害者が殺されることに納得している以上、被害者の意思に反して命を奪う危険性がないので199条の実行行為性は認められないとしている。この説からは、【事例4】のXには同意殺人罪が成立することになる。裁判例は、③の立場に立っており、**客観的に被害者の真意に基づく嘱託が存在する以上、仮に被告人がそのことを意識していなくても嘱託殺人罪が成立する**としている（○大阪高判平10・7・16判時1647号156頁）。

b　自殺の不処罰根拠と自殺関与罪の処罰根拠　**論点2**

202条は自殺関与を処罰するが、自殺そのものは処罰の対象とはされていない。それでは、自殺が処罰されないのはどのような理由によるのであろうか。この点、自殺適法説は、自殺者は自己の生命について処分の自由を有するから自殺には違法性がないとする。これに対して、自殺違法説（自殺責任阻却説）は、自殺は違法な行為であるが、類型的に期待可能性がないので責任が欠けるとする。

では、自殺が犯罪とはされないのに自殺関与はなぜ処罰されるのであろうか。この点、自殺適法説は、自殺自体は自己の法益処分行為であり違法ではないが、他人の生命の否定（自殺）に関与する行為は独自の違法性を有するとして、自殺関与は正犯の違法に従属しない特殊な可罰的な共犯という独立犯罪類型であると説明する。これに対して、自殺違法説（自殺責任阻却説）は、自殺は違法であるが責任が阻却されるために処罰されないだけであり、

それに関与する行為は通説である制限従属性説（総論20講3）から正犯の違法に従属して当然に可罰的な共犯であると説明する。

c 自殺関与罪の実行の着手時期 論点3

> 【事例5】自殺唆し事例
> Xは、借金で苦しんでいるAに首を吊って自殺するよう唆したところ、Aは一旦その気になったが、結局怖くなり自殺しなかった。

203条によれば、202条の未遂も処罰されることになっている。同条後段の同意殺人の実行の着手時期は、殺人行為の着手であるということに争いはないが、前段の自殺関与の実行の着手時期については争いがある。

この点、教唆・幇助行為基準説は、202条が他人の死の原因を作る行為を独立して処罰する点を重視し、教唆・幇助行為をもって実行の着手とする。したがって、関与者が被害者に自殺を教唆し、被害者が自殺に着手しなかったとしても202条の未遂が認められる。この説からは、【事例5】のXには自殺教唆の未遂罪が成立する。これは、主として、自殺関与を独立犯罪類型とみる自殺適法説の立場から主張されている。同意殺人罪の実行の着手時期とのバランスからこの説のように考えるのは実行の着手時期が早すぎるのではないかという批判が向けられている。

これに対して、通説である自殺行為基準説は、共犯従属性（総論20講3参照）の観点から共犯が成立するためには正犯者が少なくとも実行に着手していることを要するとし、**被害者が自殺行為に着手したときをもって実行の着手とする**。この説からは、【事例5】のXには自殺教唆の未遂罪が成立せず、無罪となる。これは、主として、自殺違法説の立場から主張されている。

(3) 殺人罪と自殺関与罪の区別

同意能力の欠如や意思の瑕疵がある不自由な自殺の場合は、202条ではなく199条（被害者を利用した殺人の間接正犯）が成立するのではないかが問題になる。自殺関与罪が成立するためには、被害者が自殺の意味を理解し自殺について自由な意思決定の能力を有する者でなければならず、かつ、自殺意思が任意および真意に出たものでなければならないからである。

ア 同意能力の欠如

202条の生命処分意思は死の意味を理解した上で為されたものである必要がある。そのため、死の意味を理解しうる能力が被害者に存在することが202条適用の前提条件になる。**同意能力の欠如によって202条の構成要件該当**

第1講 生命に対する罪 13

性が失われる場合は、被害者が精神障害者である場合と年少者（幼児）である場合が考えられる。前者の例として、相当強度の統合失調症患者である被害者に縊首の方法を教えて死亡させた事案（最決昭27・2・21刑集6巻2号275頁）があり、後者の例として、親子心中のケースで当時5歳11カ月の幼児の嘱託を受けて殺害した事案（大判昭9・8・27刑集13巻1086頁）があり、両者とも202条ではなく199条によって処断されている。

　イ　合意による心中と偽装心中

【設問1】偽装心中事件
　Xが恋人Aに別れ話を持ちかけたところ、Aはそれに応じずXに心中を申し出た。Xは途中から心中する気がなくなったのに、Aが自分を愛して追死してくれるものと信じ込んでいるのを利用して、追死するごとく装い、青酸ソーダをAに与えて自殺せしめた。Xの罪責を論じなさい。

　合意による心中において、どちらか一方が死にきれなかったとき、裁判例は202条を適用している。例えば、妻子のある43歳の男性が将来を悲観して愛人との心中を決意し、彼女の要求に応じて牛刀で刺殺した事案では、202条後段の嘱託殺人が適用されている（福島地判昭34・5・20下刑集1巻5号1269頁）。

　これに対して、殺害行為もしくは自殺関与行為を行う時点で自殺する意思がなかった偽装心中では、判例は一貫して199条を適用している。例えば、**【設問1】**とほぼ同様の事案で、最高裁は、被害者は被告人の欺罔の結果被告人の追死を予期して死を決意したのであり、「その決意は真意に添わない重大な瑕疵ある意思」であるから普通殺人罪に該当すると判示している（◎最判昭33・11・21刑集12巻15号3519頁〈百1・講1・プ2〉）。学説においても、追死してくれるというのが嘘だということがわかっていれば自殺しなかったはずであるから承諾は無効であるとする見解が有力に主張されている（殺人罪説・承諾無効説）。この説からは、**【設問1】**のXには殺人罪が適用されることになる。このように、欺罔と承諾の間に条件関係がある場合には承諾は無効であるとするのは、重大な錯誤説の立場である（総論11講3(3)）。

　これに対して、法益に関係する錯誤のみが承諾を無効にすると説明する法益関係的錯誤説の立場からは、追死についての欺罔は動機の錯誤を発生させるにすぎず、死ぬこと自体について錯誤はないので被害者の生命処分はなお有効であり、自殺関与罪が成立することになる（自殺教唆罪説・承諾有効

説）。この説からは、【設問１】のＸには自殺関与罪が適用されることになるのである。

ウ　強制（威迫）による自殺追込み

　被害者の意思決定の自由を失わせる程度の威迫があれば承諾は無効となり、202条ではなく199条が適用されることになる。裁判例として、被告人である夫が妻の浮気を邪推し、妻が自殺するであろうことを予見しながら暴行・脅迫を繰り返した結果、妻が首をくくって自殺した事案で、一般論として、**自殺決意が自殺者の自由意思によるのであれば自殺関与罪、その程度を超える威迫を加えたのであれば殺人罪になる**とした上で、本件では未だ自由意思を失わせるほどであったとはいえないとして自殺教唆罪を適用したものがある（広島高判昭29・6・30高刑集７巻６号944頁〈プ５〉）。他方、被告人が独り暮らしの老女からお金を借りてその返済のめどが立たなかったので彼女を自殺させようとして、欺罔や威迫を繰り返すことによって彼女が自殺するようにしむけた事案では、欺罔と威迫が入り交じったなかでどちらかというと威迫による自殺追込みの点が重視され199条が適用されている（◎福岡高宮崎支判平元・3・24高刑集42巻２号103頁〈百２、講２、プ３〉）。さらに、最高裁も、暴行・威迫により保険金を掛けた被害者に車ごと海中に転落することを強要した事案で、「被害者をして、被告人の命令に応じて車ごと海中に飛び込む以外の行為を選択することができない精神状態に陥らせていた」として、殺人罪の実行行為性を認めている（○最決平16・1・20刑集58巻１号１頁〈プ４〉）。

3　堕胎の罪

(1)　堕胎罪総説

ア　成立要件

　保護法益は、第一次的には**胎児の生命**であり、副次的には**母体の生命・身体**である。212条では胎児の生命のみが法益であるが、213条と214条はそれに加えて母親の生命・身体も法益に含まれる。さらに、215条と216条はそれらに加えて母親の出産に対する自己決定権も保護法益とされている。

　行為は堕胎である。堕胎とは、判例によれば、①**胎児の母体内での殺害**と②**自然の分娩期に先立つ胎児の母体外への排出**である（大判明44・12・8刑録17輯2183頁）。①の場合は胎児の生命に対する侵害犯であるが、②の場合は胎児の死亡は要件ではなく、胎児の生命に対する危険犯として理解されていることになる。明治の頃に②も堕胎に含められたのは、未熟児医療がまだ発達していなかったときには母体外に未熟状態で排出された胎児

はほぼ必然的に死亡していたからであろうといわれている。現在は排出された胎児の生存可能性が高まっているので危険犯まで処罰する必要はないとして、胎児に攻撃を加え母体内または母体外で死亡させる行為を堕胎とする見解が有力になっている。

イ　現　状

現状では、堕胎のほとんどが母体保護法により正当化されている。人工妊娠中絶の95％程度が社会経済的理由による母体の健康への危険を理由としたもので、しかもそれを判断するのは指定医師であって実質上のチェックは皆無という状況なので運用上の濫用が懸念されている。

ウ　罪　数

罪数につき、判例は、胎児を早期に排出したが生命機能を有していたため作為で殺害した事案で堕胎罪と殺人罪の併合罪になるとしている（大判大11・11・28刑集1巻705頁〈プ59〉）。また、妊娠26週・1000gの胎児を排出して出生した未熟児を放置し54時間後に死亡させた被告人（医師）に、業務上堕胎罪のほかに、保護責任者遺棄致死罪を認め、両者を併合罪としている（後掲・最決昭63・1・19）。この事件では、設備の整った病院の治療を受けさせれば短期間に死亡することなく生命が保続する可能性（生育可能性）があったのであり、また、医師が自己の意思に基づき要扶助者に対する排他的支配を獲得していることなどから保護責任が認められたと考えられている。

(2)　堕胎罪の類型

ア　自己堕胎罪

212条　妊娠中の女子が薬物を用い、又はその他の方法により、堕胎したときは、1年以下の懲役に処する。

本罪は、妊娠している女性が薬物その他の方法で自ら堕胎する場合である。本罪は堕胎罪の中で最も法定刑が軽いが、妊婦自身の自損行為という側面があることと妊婦の心理状態から期待可能性が低いということがその理由として挙げられている。

妊婦が他人と共同して堕胎した場合には、妊婦には自己堕胎罪が、他人には同意堕胎罪が成立し、両者は共同正犯になる（大判大8・2・27刑録25輯261頁）。妊婦に産婆を紹介したりして自己堕胎を幇助した者は、自己堕胎罪の従犯になる（大判昭10・2・7刑集14巻76頁）。

イ　同意堕胎罪・同致死傷罪

213条　女子の嘱託を受け、又はその承諾を得て堕胎させた者は、2年以下の懲役に処する。よって女子を死傷させた者は、3月以上5年以下の懲役に処する。

本罪は、妊娠している女性の嘱託もしくは承諾を得て他人が堕胎させる場合である。堕胎致傷罪における傷害は、堕胎に必然的に伴う傷害では足りずそれ以上の傷害でなければならない。堕胎が未遂にとどまった場合にも堕胎致死罪の成立を認めた判例があるが（大判大13・4・28新聞2263号17頁）、規定の文言上無理があるので本罪は成立しないとする消極説が通説になっている。

ウ　業務上堕胎・同致死傷罪

> **214条**　医師、助産師、薬剤師又は医薬品販売業者が女子の嘱託を受け、又はその承諾を得て堕胎させたときは、3月以上5年以下の懲役に処する。よって女子を死傷させたときは、6月以上7年以下の懲役に処する。

本罪は、医師その他業務上の身分のある者が妊婦の嘱託もしくは承諾を得て堕胎させる場合であり、213条の加重類型（不真正身分犯）ということになる。

エ　不同意堕胎・同致死傷罪

> **215条1項**　女子の嘱託を受けないで、又はその承諾を得ないで堕胎させた者は、6月以上7年以下の懲役に処する。
>
> **216条**　前条の罪を犯し、よって女子を死傷させた者は、傷害の罪と比較して、重い刑により処断する。

未遂（215条2項）　前項の罪の未遂は、罰する。

本罪は、妊婦の嘱託も承諾も得ずに堕胎させた場合で、一般人と業務者との区別はない。本罪についてのみ、未遂が処罰される。

●コラム●　生命保続可能性（生育可能性）

母体外に生きて排出された生命保続可能性のない胎児は人に当たるかについて、①肯定説は、母体外の生命体はやはり人であるとし、作為によって積極的に危害を加える行為は違法であり殺人罪等が成立するとしている。しかし、生命保続可能性がないので医師に延命義務はなく不作為犯は成立しないとする。これに対して、②否定説は、肯定説によると母体保護法上許容される中絶により胎児が生命を保ったまま排出された場合に殺人罪や遺棄致死罪が成立してしまうおそれがあるので、このような場合はそもそも人に当たらないとしている。

---

(3)　胎児性致死傷

【設問2】熊本水俣病事件
　Xは日本窒素の社長であるが、同社は塩化メチル水銀を含む排水を水俣湾に垂れ流しその海域の魚介類を汚染したことによって、その魚を食べた多くの人を水

第1講　生命に対する罪　17

俣病に罹患させた。母親Bが妊娠中に汚染された魚を摂取したことによって子どもAが障害をもって生まれてきて、その十数年後に死亡した。Xの罪責を論じなさい。

　胎児に（故意または）過失により危害を加えたところ障害をもって生まれてきた場合、刑法上どのように扱うべきであろうか。胎児に侵害を加えている点で堕胎の問題のように思われるかもしれないが、胎児を殺したのではなく、自然の分娩期に先立って排出したわけでもなく、胎児に傷害を加えたにすぎない以上、堕胎にはならないことに注意が必要である。

　【設問2】のような事案が問題になった熊本水俣病事件において、第1審判決は、胎児性致死について、①胎児は「人」の萌芽であり胎児と人は価値的に差がないということ、および②致死結果が発生した時点で客体である「人」が存在すればよく、過失行為時に「人」が存在している必要はないことを理由に業務上過失致死罪を認定した（子死傷説、熊本地判昭54・3・22判時931号6頁〈プ55〉）。②の論拠は、落とし穴事例（落とし穴を掘ったときにはまだ生まれていなかったが、その後生まれてきた幼児が落とし穴に落ちてけがをすれば落とし穴を掘った行為者に傷害罪が成立しうる）との関連でよく引用される。しかし、②の論拠に対しては、たしかに実行行為の時に人が存在している必要はないが、少なくともその侵害作用が及ぶ時点では人が存在していなければならず、結果発生時に人が存在すれば足りるというものではないという批判が向けられた。すなわち、落とし穴事例と【設問2】は、（どちらも、行為時に客体は「胎児」であり、結果発生時に客体は「人」であるが）侵害作用時の客体に関して落とし穴事例は「人」であり【設問2】は「胎児」であるという点で異なるのである。また、控訴審判決は、過失行為による侵害は、一部露出時点まで継続的に母体を介して及んでいたから、人に対する過失傷害になるとした（福岡高判昭57・9・6判時1059号17頁）。

　これに対して、最高裁は、胎児に傷害を負わせることは母体（人）に傷害を負わせることにほかならず、胎児が出生し人となった後に死亡すれば「人」に病変を発生させて「人」に死亡の結果をもたらしたことになるから、病変発生時に客体が人であることを要するとしても有罪は変わらないとした（母体傷害説）。すなわち、胎児は母体の一部であり、胎児に病変を発生させることは人である母体の一部に対するものとして人に病変を発生させることにほかならないとしたのである（◎最決昭63・2・29刑集42巻2号314頁

〈百3、講4、プ54〉。これに対しては、胎児傷害が母体傷害ならば自己堕胎は自傷行為として不可罰とすべきであるが、現行法は自己堕胎を処罰しているので（212条）、体系的に矛盾すると批判されている。

学説上は、有罪とする理由づけの正当性を疑い、犯罪成立を否定する見解（否定説）が有力である。この説は、刑法は堕胎の罪によって胎児の生命を保護しているのであるから、実行行為の時に胎児であった者については堕胎の罪以外に成立する余地はないとし、現代社会においては薬物やX線などで胎児を傷つける可能性が大きくなっており、それらを広く処罰するのは妥当でないと考えているのである。

なお、近年の実務では、最高裁の見解に依拠して、交通事故による胎児性致死傷について過失運転致死傷罪の成立が認められている。妊娠7カ月の女性が交通事故に遭い、胎盤が剥離し、帝王切開で生まれた子どもが全治不明の傷害を負った事案では、母親に対する業務上過失傷害罪（当時）だけでなく、子どもに対する業務上過失傷害罪（当時）の成立も認められている（鹿児島地判平15・9・2 LEX/DB28095497〈プ57〉。なお、両罪は観念的競合とされている）。

4　遺棄の罪

(1)　遺棄罪

> 217条　ⓐ老年、ⓑ幼年、ⓒ身体障害又はⓓ疾病のためにⓔ扶助を必要とする者をⓕ遺棄した者は、1年以下の懲役に処する。
> 218条　ⓐ老年者、ⓑ幼年者、ⓒ身体障害者又はⓓ病者をⓔ保護する責任のある者がこれらの者をⓗ遺棄し、又はⓘその生存に必要な保護をしなかったときは、3月以上5年以下の懲役に処する。

ア　遺棄罪の基本構造

本罪は、判例によれば、**抽象的危険犯**である（ 論点1 〔遺棄罪の罪質〕）。

法益は、判例によれば、被遺棄者の**生命・身体の安全**である（ 論点2 〔遺棄罪の保護法益〕）。

客体は、要扶助者である。「要扶助者」とは、老年（下線ⓐ）、幼年（下線ⓑ）、身体障害（下線ⓒ）、疾病（下線ⓓ）のために扶助を必要とする者である。「扶助を必要とする者」とは、他人の保護によらなければ自ら日常生活を営む動作をすることが不可能もしくは著しく困難な者のことをいう（下線

第1講　生命に対する罪　19

ⓔ。なお、218条は明文で「扶助を必要とする」と書かれていないが、同じ遺棄罪である以上同様に解すべきであると考えられている）。扶助を必要とする原因は限定列挙であるから、例えば道に迷っている者や手足を縛られて行動できない者、熟睡中の者などはこの中に入らない。幼年（下線ⓑ）について、旧刑法336条1項は8歳未満と規定していたが、現行法は具体的な規定を欠くため実質的に判断せざるをえない。下級審判例には、母親が2歳から14歳まで4人の実子をマンションに置き去りにした事案に遺棄罪の成立を認めたものがある（東京地判昭63・10・26判タ690号245頁）。疾病（病者、下線ⓓ）について、身体上の病気のほか精神病なども含まれるといわれている。また、判例は、高度の酩酊者は病者に含まれるとしている（最決昭43・11・7判時541号83頁〈プ62〉）。なお、泥酔状態の内妻が水風呂に入っているのを放置して死亡せしめた事案で、泥酔者の場合でも直ちに介護しなければ生命・身体に危険があるという客観的状況がなければならないとして遺棄罪の成立を否定し、重過失致死罪の成立を認めたものがある（東京高判昭60・12・10判時1201号148頁）。

　行為は、217条は遺棄（下線ⓕ）であり、218条は遺棄（下線ⓗ）と不保護（下線ⓘ）である。「遺棄」とは**主体と客体の場所的離隔の生じるもの**であり、それは移置と置き去りに分けられる。「移置」とは、**要扶助者を危険な場所に移転させること**をいう。「置き去り」とは、**行為者が離れていって要扶助者を危険な場所に放置すること**をいう。「不保護」とは、**間近にいて世話をしないこと**である。判例によれば、217条の遺棄は移置であり、218条前段の遺棄は移置のほか置き去りも含むとされている（論点3〔遺棄の概念〕）。

　単純遺棄罪（217条）は、主体の限定がない。これに対して、保護責任者遺棄罪（218条）の主体は、保護責任者である（下線ⓔ。論点4〔保護責任の発生根拠〕）。保護責任は、遺棄については加減的身分であり、不保護については構成的身分である（総論24講1(1)**ウ**）。特に、ひき逃げについて、人を轢いた後そのまま逃走する単純なひき逃げの場合には保護責任は発生せず、排他的支配が認められる場合にのみ保護責任が発生するという見解が、学説において有力である（論点5〔ひき逃げ〕）。

　　＊　遺棄罪での処罰はほとんどが保護責任者遺棄罪であり、単純遺棄罪で有罪になった例は最近ではほとんどない。単純遺棄罪での処罰例としては、肺結核を患った従業員を解雇したがまだ被告人宅で寝ていたので道路に追い出した事案（大判明45・7・16刑録18輯1083頁）や厳寒の夜に泥酔者を

下半身裸のまま飯場内から屋外に連れ出し放置した事案（名古屋地判昭36・
5・29裁時332号5頁）などがある。

イ　遺棄罪の重要問題

a　遺棄罪の罪質　論点1

> **【事例6】警察署の門前の捨て子事例**
> 　Xは、警察署の門前に、目につきやすい形でわが子Aを捨てて、警察官が捨て子に気づくのを確認してから、その場を立ち去った。

　遺棄罪は、典型的には、介護老人の遺棄（姥捨て）や親が行う子捨てなどの行為を処罰するものである。遺棄罪は人の生命・身体が実際に害されることまで必要としない危険犯であるが、要求される危険の程度については争いがある。通説は、条文上具体的危険の発生が要求されていないこと、被遺棄者の保護の徹底を図る必要があること、もし具体的危険犯とすると生命に対する具体的危険の認識が必要となり故意の点で殺人と区別できなくなることなどから本罪は抽象的危険犯であるとしている（抽象的危険犯説）。判例も、同様の立場であるとみられている（大判大4・5・21刑録21輯670頁〈プ61〉）。抽象的危険犯説の中でも、遺棄行為があれば一般的に法益侵害の危険が存在すると擬制されていると解する擬制説からは、**【事例6】**において、Xは遺棄行為を行っているのでXには遺棄罪が成立することになる。これに対して、遺棄概念は明確さを欠くので処罰範囲を限定的に解する必要があるとの問題意識から被遺棄者に対する危険が具体化した段階で初めて遺棄罪の成立を認める見解がある（具体的危険犯説）。この見解からは、**【事例6】**のXには遺棄罪が成立しないことになる。しかし、この説は、遺棄罪の文言に危険が明示されていない以上、このような理解には無理があると批判されている。なお、抽象的危険犯説からも、遺棄罪の法益を生命の安全に限定する立場から本罪を準抽象的危険犯と解するなどして、**【事例6】**のXには遺棄罪が成立しないとする説も有力であり、両説の差は実際にはあまり大きくないといわれている。

b　遺棄罪の保護法益　論点2

　本罪は危険犯であるが、生命に対する危険犯なのか、生命・身体に対する危険犯なのかについて争いがある。これは、例えば、幼児を遺棄し栄養失調に陥らせたが生命の危険は全くなかったというような場合に遺棄罪が成立するかなどに関連して問題になる。この点、通説は、遺棄罪が傷害の罪の後に

置かれているという体系的な位置、致死罪だけでなく致傷罪も219条によって処罰されていること、基本犯の法定刑が比較的軽いことなどから、生命のみならず身体の安全の保護も法は予定していると解している（生命・身体の安全説）。判例も、同様の立場であるとみられている（前掲・大判大4・5・21）。これに対して、身体まで含めると処罰範囲が広範になってしまうので処罰の限定の必要があること、218条は「生存に必要な保護をしなかったとき」と規定していることなどから、生命の安全のみが保護法益であるとする説も有力である（生命の安全説）。

　c　遺棄の概念　**論点3**

> 【事例7】移置・作為事例
> 　Xは、病気のAを車で山まで運んで捨ててきた。
> 【事例8】置き去り・不作為事例
> 　Xは、登山して遭難した際、Aを山中に置いて帰ってきた。
> 【事例9】移置・不作為事例
> 　Xは、目の不自由なAが横断歩道の信号が赤であるにもかかわらず横断しようとしているのを見て止めなかった。
> 【事例10】置き去り・作為事例
> 　Xは、Aが山中で道に迷っているときに、下山するための唯一の手段である吊り橋を切り落とした。
> 【事例11】不保護・不作為事例
> 　Xは、家で一緒に暮らしている寝たきりのAに食事を与えず放置した。

　遺棄の意味をどのように解するかについては学説上争いがある。通説は、①移置・置き去り二分説をとっている。これによると、「遺棄」とは**主体と客体の場所的離隔の生じるもの**であり、それは移置と置き去りに分けられる。「移置（狭義の遺棄ともいう）」とは、**要扶助者を危険な場所に移転させる**ことをいう。「置き去り」とは、場所的移転を伴わず被遺棄者を危険な場所に置いて立ち去ること、すなわち、**行為者が離れていって要扶助者を危険な場所に放置する**ことをいう。移置と置き去りを合わせて「広義の遺棄」という。また、「不保護」とは、**主体と客体の場所的離隔の生じないもの**、すなわち、**間近にいて世話をしないこと**である。

　通説からは、217条の遺棄は狭義の遺棄、すなわち移置のみであり、218条前段の遺棄は広義の遺棄、すなわち移置のほか置き去りも含むとされている。判例も、同様の立場であるとみられる（◎最判昭34・7・24刑集13巻8号1163頁〈講9、プ63〉）。これに対しては、【**事例9**】のような不作為の移

置は、移置である以上217条で処罰されることになるが、親が子を救わなかった場合と違って赤の他人なら（倫理的な非難はともかくとして）処罰すべきではない、また、【事例10】の作為の置き去りは、置き去りである以上218条でしか処罰されず保護責任者でない赤の他人なら処罰できないことになるが、むしろ処罰すべきである、217条と218条で同じ遺棄という概念を使っているのに違う意味で解釈するのは不当であるという批判が向けられている。

* そこで、以下の反対説も有力である。②作為・不作為二分説は、217条の遺棄は「作為による移置・置き去り」であり、218条前段の遺棄は「作為による移置・置き去り」と「不作為による移置・置き去り」であるとする。217条は保護義務が規定されていないので不作為は処罰されないが、【事例10】のように安全な場所や保護者への接近を遮断するような場合は作為による置き去りといえるので217条の遺棄に含まれるとするのである。これに対しては、「作為による置き去り」という表現はそもそも誤りであり、その事例を橋を切り落とす作為というなら【事例8】も立ち去る作為ということになる、置き去りとは安全な場所に移動することをしない犯罪であり身体運動があっても静止している場合でもすべて不作為というべきである、217条と218条で同じ遺棄という概念を使っているのに違う意味で解釈するのは不当であるという批判が向けられている。

③不作為217条包含説は、217条と218条前段の遺棄は両者とも「作為および不作為による移置・置き去り」であるとする。この立場からは「不作為による置き去り」が217条に該当しうることになる。不作為は作為義務が条文上明示されていなくても処罰できるとするのである（不真正不作為犯）。これに対しては、保護義務がない者が不作為の移置や置き去りをした場合にまで217条で処罰することになるがそれは不当である、この説からは217条の作為義務と218条の保護義務は別ということになるが実質的に区別するのは困難であるなどの批判が向けられている。後者の批判に対しては、保護責任は親権者や介護義務者を典型とする要扶助者に対する継続的保護の特別な義務を負う者に限定されるが、217条の作為義務は先行行為や一時的な保護の引受けからでも生じるので両者は区別できるとする反論がある。

④不作為不保護説は、217条と218条前段の遺棄は、両者とも「作為による移置」のみをいうとし、「不作為による移置、置き去り」は「純粋な不保護」とともに不保護罪になるとする。218条が遺棄と不保護を区別しているのは、不作為態様のものを不保護とする趣旨であると考えるのである。これに対しては、従来の不保護の概念とかけ離れすぎており、概念の混乱を生じてしまうという批判が向けられている。

d 保護責任の発生根拠 **論点4**

保護責任の発生根拠は、伝統的には、**法律、契約、事務管理、先行行為、**

第1講 生命に対する罪 23

慣習、条理という形式的な根拠が挙げられてきた。①法律を根拠としたものとしては、道交法の救護義務を根拠とした事案（前掲・最判昭34・7・24）などがある。②契約を根拠としたものとしては、養子契約を根拠とした事案（大判大5・2・12刑録22輯134頁）がある。③事務管理を根拠としたものとしては、義務なく病人を自宅に引き取り同居させた事案（大判大15・9・28刑集5巻387頁）がある。④先行行為を根拠としたものとしては、産婦人科医が堕胎行為を行ったことを根拠とした事案（○最決昭63・1・19刑集42巻1号1頁〈百9、講8、プ58〉）や被害者への覚せい剤注射を根拠とした事案（○最決平元・12・15刑集43巻13号879頁）、走行中の車から飛び降りた同乗者を置き去りにした場合において、下車を求められたのにこれに応じず車を走行させた先行行為を根拠とした事案（東京高判昭45・5・11判タ252号231頁〈プ64〉）などがある。⑤慣習を根拠としたものとしては、雇い主は従業者が病気になったときは適切な保護をする慣習があるとして保護責任を認めた事案（大判大8・8・30刑録25輯963頁）がある。⑥条理を根拠としたものとしては、同行中の同僚が喧嘩をして重傷を負ったのに放置して立ち去った事案（岡山地判昭43・10・8判時546号98頁〈プ66〉）や3日間同棲した男が相手の女性の3歳の連れ子を女性と共謀して東名高速に置き去りにした事案（東京地判昭48・3・9判タ298号349頁〈プ65〉）がある。

　ただし、現在では、このような形式的根拠から直ちに保護責任を認めるのではなく、要扶助者の生命・身体に対する**排他的支配**という実質的根拠から保護責任の有無を判断する見解が有力になっている（総論6講2）。判例においても、保護責任が認められた事案の多くは、被告人に要扶助者の生命・身体に対する排他的支配が認められるものである。例えば、親が赤ちゃんを放置して餓死させるような家庭内の虐待において親に保護責任が認められるのは、親権者の監護義務（民法820条）や親族の扶養義務（民法877条以下）という法令上の根拠が認められるというだけでなく、家庭内の出来事であるだけに他人が介入しにくく、親のみが要扶助者を救助しうるからなのである。

　e　ひき逃げ　論点5

【設問3】ひき逃げ事件
　Xは、歩行者Aを車で轢いて転倒させ、約3カ月の入院加療を要する傷害を負わせたが、Aが歩けないので救助のために一旦自分の車に乗せて約30分運転したあと、医者を呼んでくるとだまして雪の降る薄暗い車道上にAを放置して逃走し

た。Ｘに保護責任者遺棄罪は成立するか。

　人を轢いた後、何もせずそのまま逃走するような「単純なひき逃げ」について、被害者を轢いたという自己の過失的先行行為を根拠として、あるいは法令（道交法上の救護義務）を根拠として保護責任を直ちに認める見解も一部には存在する。しかし、そのような場合に、救助義務違反罪を超えて常に保護責任者遺棄罪（死亡すれば遺棄致死罪）に当たるとするのは問題があると一般にいわれている。学説上は、被害者を一旦車に乗せて運んだ場合のように、救助の引受けあるいは排他的支配がある場合にのみ本罪の成立を認める見解が有力である（総論6講2参照）。判例においても、保護責任が認められているのは、単純なひき逃げではなく、被害者を自動車に乗せるなどして排他的支配を設定したような事案がほとんどである。例えば、【設問3】のような事案において、最高裁は、被害者は病者に当たるとし、旧道路交通取締法24条（現道交法72条）の救護義務に基づいて保護義務が発生するとして保護責任者遺棄罪の成立を認めているが（前掲・最判昭34・7・24）、本件は、救助のために一旦Ａを車に乗せることによってＸに排他的支配が認められる事案だったのである。

(2) 遺棄致死傷罪

> **219条** 前2条の罪を犯し、よって人を死傷させた者は、傷害の罪と比較して、重い刑により処断する。

ア 保護責任者遺棄致死罪と殺人罪の区別

　遺棄致死罪と殺人罪の区別について、死の結果発生の認識をもって遺棄し被害者を死なせた場合は何罪が成立するのだろうか。この点、判例・通説は、殺人罪説をとっている（大判大4・2・10刑録21輯90頁〈プ69〉）。これによれば、219条は、217条と218条の結果的加重犯であり、そうであるならば重い結果について故意のある場合は含まれないので、殺意があれば219条でなく不作為の殺人罪が成立することになる。

　　＊　これに対して、遺棄致死罪説も有力である。この説は、殺人罪の作為義務と保護責任者遺棄罪の作為義務は程度が異なるとし、置き去りが客観的に殺人罪の実行行為と同価値とみなされないならば、たとえ故意があっても219条が成立するとしている。

第1講　生命に対する罪　　25

イ　救命可能性と保護責任者遺棄致死罪の成否

　被害者の救命可能性と保護責任者遺棄致死罪の成否との関係が問題になる。まず、①救命可能性が全くなかった場合、通説は、「法は不可能を強いることはできない」との理解から、保護責任は認められず、保護責任者遺棄罪も同致死罪も成立しないとしている。

　次に、②救命可能性はあるが、救命が確実であるとも言い切れない場合、少なくとも保護責任者遺棄罪は成立しうるが、保護責任者遺棄致死罪まで成立するかが問題になる。不作為犯における因果関係について、判例は、期待された作為がなされていれば合理的な疑いを超える程度に確実に結果は発生しなかったであろうといえることが必要であるとしている（前掲・最決平元・12・15。総論6講3）。これを前提にすれば、救命可能性はあるが、救命が確実であるとも言い切れない場合は死亡との因果関係が否定されるので、保護責任者遺棄致死罪は成立せず、保護責任者遺棄罪のみが成立することになる。裁判例においても、実母から頭部を階段に打ちつけられて出血している妻を、夫（被告人）が発見したが放置した事案において、被告人がとるべき救命措置を施したとしても被害者が救急車で搬送される途中で死亡した可能性を否定できないとして、保護責任者遺棄致死罪の成立を否定し、保護責任者遺棄罪の成立のみを認めたものがある（札幌地判平15・11・27判タ1159号292頁）。

第 2 講　身体に対する罪

◆学習のポイント◆
1　身体に対する罪では、①暴行罪と傷害罪、②同時傷害の特例の適用
　範囲が特に重要である。
2　暴行罪と傷害罪については、判例が採用する暴行概念と傷害概念を
　具体的事例に則して理解することが重要である。
3　同時傷害の特例については、特に承継的共犯の場合の考え方の対立
　をよく理解しておくことが重要である。

1　傷害の罪

　傷害の罪は、他人の身体を侵害する犯罪であり、保護法益は人の身体の安
全である。刑法は、傷害の罪として、傷害罪（204条）、傷害致死罪（205
条）、暴行罪（208条）を規定し、このほか傷害事件に複数人が関与した場合
の特則として、現場助勢罪（206条）と同時傷害の特例（207条）を定めてい
る。さらに、1958（昭和33）年には凶器準備集合・結集罪（208条の2）が
加えられた。

　　＊　なお、自動車運転による致死傷について、近年、法改正が相次いだ。ま
　　　ず、2001（平成13）年に、自動車の無謀運転による悪質・重大な交通事犯
　　　に対処するために危険運転致死傷罪が刑法208条の2として新設された。こ
　　　こでは、5つの危険運転行為による致死傷が処罰の対象とされたが、酩酊
　　　運転致死傷罪と信号無視運転致死傷罪の2つが処罰の中心であった。その
　　　後、2007（平成19）年に、自動車運転過失致死傷罪が刑法211条2項として
　　　新設された。人を死傷させた者に対する罰則の強化という趣旨によって、
　　　本罪の法定刑の上限は業務上過失致死傷罪より重い7年の懲役とされた。
　　　さらに、2013（平成25）年に、自動車運転の悪質性や危険性などに応じた
　　　処罰ができるように罰則の整備を行うために「自動車運転死傷行為処罰法」
　　　が成立した。新法において、新たに加えられた犯罪類型は以下の4つであ
　　　る。①高速道路を逆走するなど、通行禁止道路を自動車で進行し、人を死
　　　傷させる。②アルコールや病気などの影響で、正常な運転に支障が生じる

おそれがある状態で自動車を運転し、人を死傷させる。③アルコールなどの影響で正常な運転に支障が生じるおそれがある状態で自動車を運転し人を死傷させた場合に、さらにアルコールを飲むなどして、アルコールなどの影響の程度がわからないようにする。④危険運転致死傷罪や過失運転致死傷罪が成立する場合に、無免許運転であれば刑が加重される。なお、新法の成立に伴い、従来からの危険運転致死傷罪と自動車運転過失致死傷罪は刑法典から削除され、新法に移されることになった。また、後者は過失運転致死傷罪に名称が変更された（**2**(5)）。

(1) 暴行罪

> **208条** ⓐ暴行を加えた者が人を傷害するに至らなかったときは、2年以下の懲役若しくは30万円以下の罰金又は拘留若しくは科料に処する。

ア 暴行罪の基本構造

a 行 為

行為は、暴行であり、**人の身体に対する不法な有形力（物理力）の行使**である（下線ⓐ）。判例は暴行概念を非常に広く解しており、蹴る・殴る・引っ張るなどの典型的な暴行以外に、病原菌、毒物、麻酔薬の作用、さらには光、電気、熱、音の物理力を行使する場合も含まれるとしている。ただし、その場合には暴行と評価できるだけの程度が必要である。例えば、音の作用による暴行が認められた例として、部屋を閉め切った上で身辺で大太鼓やシンバルなどを連打し意識朦朧たる気分にさせたという事案がある（○最判昭29・8・20刑集8巻8号1277頁〈プ7〉）。しかし、詐称誘導（朽ちた木の橋を歩かせて落下させるなど）は相手方の心理に働きかける無形力の行使であるから、暴行罪には当たらない（ただし、そこから傷害結果が発生し、傷害の故意もあった場合には傷害罪が成立する）。暴行について、判例は、一方で被害者の身体への接触を不要とし（**論点1**〔被害者の身体への接触の要否〕）、他方で傷害の危険を不要としている（**論点2**〔傷害の危険の要否〕）。

b 故 意

故意は、人の身体に対して有形力を行使することを認識することである。本罪は故意犯であるから、例えば、不注意で他人の足を踏んでも不可罰である。

●コラム● 暴行概念の相対性

暴行という用語はさまざまな犯罪において使用されているが、暴行が加えられる対象

（方向性）に応じて以下の3つに分類される。まず、①内乱罪（77条）などにおける暴行は、人に対する物理力の行使以外に「物に対する」物理力の行使をも含み、例えば、行為が行われている周辺の建造物などに対して暴行が向けられる場合もこれに含まれる（23講1(2)）。次に、②公務執行妨害罪（95条）などにおける暴行は、「人に対する」物理力の行使であり、人の身体に対して直接的に加えられるもの以外に間接的な物理力の行使をも含む。すなわち、物を壊す行為が同時に公務員の身体に物理的な影響を与え、職務執行を妨害するに足りる程度のものである場合は、間接暴行としてこれに含まれる。例えば、押収してトラックに積み込まれた煙草を公務員がいる路上に投げ捨てるような場合も含まれるのである（21講2(2)）。これに対して、③暴行罪（208条）における暴行は、上記のとおり「人の身体に対する」直接的な物理力の行使でなければならない。

　また、暴行は、犯罪によって特別な程度のものであることが必要とされることがある。④強盗罪（236条）における暴行は、人の反抗を抑圧する程度のものであることが必要とされるのである（8講2(2)）。

イ　暴行罪の重要問題

a　被害者の身体への接触の要否　**論点1**

> **【事例1】投石事例**
>
> 　Xは、Aを驚かす目的で、夜間40mほど手前からAの数歩手前を狙って投石した。現実にも石はAに当たらなかった。

　暴行罪は未遂処罰規定がないので既遂にならなければ処罰されないが、物理力が被害者の身体に接触しなかった場合に暴行罪が成立するかについては争いがある。この点、通説の接触不要説は、暴行罪は傷害未遂も含む趣旨なので、**被害者に接触しなくても傷害の危険を有する有形力の行使があれば暴行罪は成立する**としている。これに対して、接触必要説は、暴行罪は結果犯であり、被害者の身体の周囲の空間への侵入行為は（不可罰の）暴行未遂にすぎず、暴行罪は成立しないとする。たしかに、投石が帽子に当たった場合など、厳密には被害者の皮膚への接触がなくても暴行と認められる場合はあるが、全く当たらなかった場合にまで暴行罪成立を認めるのは単なる心理的な不安感からの保護まで暴行罪に含めることになってしまい不当であるとするのである。【事例1】は、接触不要説からは暴行罪が成立するが、接触必要説からは（脅迫罪は成立しても）暴行罪は成立しないことになる。

　判例は接触不要説に立っている。下級審では、【事例1】のような事案で、投げた石が仮に相手方の身体に触れないでも暴行罪は成立すると述べたもの（○東京高判昭25・6・10高刑集3巻2号222頁〈プ12〉。ただし、この事案では石がAの頭部に当たりAに傷害を負わせた）や、車両による幅寄せ、追

第2講　身体に対する罪　29

越し、進路妨害等は身体や車両に直接接触しなくても暴行に当たるとした事案（東京高判平16・12・１判時1920号154頁〈プ11〉）がある。また、最高裁も、被告人は被害者を脅す目的で狭い室内で日本刀の抜き身を振っていたが、そのうちに誤って被害者の腹に刀が突き刺さり被害者が死亡した事案で、狭い室内で日本刀の抜き身を数回振り回すのは暴行に当たるとし、傷害致死罪の成立を認めている（後掲・最決昭39・１・28）。

　　ｂ　傷害の危険の要否　　論点2

【事例2】塩まき事件
　　Ｘは、腹立ち紛れに「お清め」と称してＡに塩を振りかけ、それがＡの頭や顔に降りかかった。

　暴行罪の成立にとって、暴行に傷害の危険が必要か否かは争われている。この点、危険不要説は、例えば他人の肌にいきなりペンキをかけるような行為も、被害者の身体の不可侵性が害されるので暴行罪として処罰に値するのであり、傷害の危険は不要であるとする。これに対して、危険必要説は、暴行罪の成立範囲を限定するために、傷害の危険を必要であるとする。【事例2】のＸには、危険不要説からは暴行罪が成立しうるが、危険必要説からは暴行罪は成立しないことになる。

　裁判例は、**暴行はその性質上傷害を生ぜしめるものである必要がない**として、危険不要説の立場に立っている。電車に乗ろうとしている人の服を引っ張って電車への搭乗を妨げようとした場合に暴行罪成立を認めた事案（大判昭８・４・15刑集12巻427頁）のほか、【事例2】のような事案で、相手方をして不快嫌悪の情を催させるに足りるので暴行罪に当たるとしたものがある（○福岡高判昭46・10・11判時655号98頁〈プ8〉）。

（2）　傷害罪

204条　人の身体を@傷害した者は、15年以下の懲役又は50万円以下の罰金に処する。

ア　傷害罪の基本構造

ａ　行為・結果

　行為は、傷害であり、判例・通説は、**人の生理機能を侵害すること**であるとしている（下線@、論点1〔傷害の意義〕）。傷害は、通常、殴る・蹴るなどの暴行によってなされるが、傷害結果を生じさせる方法であれば、**無形的**

方法でもかまわない。判例でも、無言電話による嫌がらせ等で**暴行によらない傷害**が認められている（ 論点2 〔暴行によらない傷害〕）。

　ｂ　故　意

　故意について、判例・通説は、**有形的方法（暴行）による場合**は、傷害の故意がある場合のほか、暴行の故意しかない場合も含み、**無形的方法による場合**は、傷害の故意が必要であるとしている（ 論点3 〔傷害罪の故意〕）。

イ　傷害罪の重要問題

　ａ　傷害の意義　 論点1

【事例３】完全性侵害事件
　Ｘは、女性Ａの頭髪を剃刀で根元から切断した。
【事例４】生理機能侵害事件
　Ｘは、Ａを湖に突き落とし、水中の寒気と疲労のため、かなりの長時間失神させた。Ａに外傷は生じなかった。

　判例・通説は、①傷害とは人の**生理機能を侵害**することまたは健康状態を不良に変更することであり、それがあれば外部的完全性を損なわなくても傷害であるとしている（**生理機能侵害説**）。この説は、身体の機能的側面を重視する見解である。これに対して、②傷害とは人の身体の完全性を侵害することであるとする説がある（**完全性侵害説**）。この説は、身体の外部的な完全性や外形上の変化を重視する見解である。さらに、③傷害とは人の生理機能を侵害することおよび身体の外貌に重要な変化を加えることであるとする説もある（**折衷説**）。この説は①と②をあわせてそれぞれはみ出す部分もすべて拾おうという見解である。通常は①と②は重なることがほとんどであり、身体の完全性が害されると生理機能も害され、その逆に生理機能が害されれば身体の完全性も害される。問題は、**【事例３】**のように外形上の完全性を害するが生理機能は害されない場合と、反対に**【事例４】**のように生理機能を害するが外部的完全性を損なわない場合である。**【事例３】**は①からは傷害にならないが②からは傷害になる。これに対して、**【事例４】**は①からは傷害になるが②からは傷害にならない。③からはいずれも傷害になる。

　判例は①の立場に立っており、**【事例３】**とほぼ同様の事案で傷害ではなく暴行にすぎないとしたものがあり（大判明45・6・20刑録18輯896頁〈プ14〉）、他方、**【事例４】**のような事案では傷害になるとしている（大判昭8・9・6刑集12巻1593頁）。

第2講　身体に対する罪　31

傷害の具体例としては、創傷や打撲傷のような外傷以外に、めまい、失神、嘔吐、中毒、病気の罹患、疲労倦怠、胸部疼痛なども傷害である。一時的な精神的苦痛やストレスだけなら傷害に当たらないが、不眠などの過覚醒症状や再体験症状などが一定期間持続する外傷後ストレス障害（PTSD）は、傷害に当たる（富山地判平13・4・19判タ1081号291頁）。さらに、近時の判例として、睡眠薬等による約6時間の意識障害も、傷害に当たるとされている（◎最決平24・1・30刑集66巻1号36頁〈百5〉）。

b　暴行によらない傷害　論点2

【設問1】奈良騒音事件
　Xは、精神的ストレスによる障害を生じさせるかもしれないことを認識しながら、隣家のAに向けて、1年半余りもの間、ラジオの音声や目覚まし時計のアラーム音を大音量で執拗に鳴らし続け、Aに慢性頭痛症や睡眠障害を生じさせた。Xの罪責について論じなさい。

傷害は、通常、殴る・蹴るなどの暴行によってなされるが、刑法は傷害の方法に限定を加えていない。したがって、**傷害結果を生じさせる方法であれば、有形的方法のみならず、無形的方法でもかまわない**（暴行によらなくてもかまわない）ことになる。ただし、その場合には、傷害の故意が必要である。暴行によらない傷害を認めた最初の最高裁判例は、自己の性器を被害者の性器に押し当て、性病を感染させた事案であるが、「暴行によらずに病毒を他人に感染させる場合」にも傷害罪が成立するとされた（最判昭27・6・6刑集6巻6号795頁〈プ18〉）。また、嫌がらせの無言電話によって精神衰弱症にかからせた事案（東京地判昭54・8・10判時943号122頁〈プ19〉や嫌がらせ行為により不安および抑うつ状態に陥れた事案（名古屋地判平6・1・18判タ858号272頁〈プ20〉）も暴行によらない傷害の例であり、傷害罪が認められている。さらに、近時の判例として、【設問1】のような事案で、個々の騒音の程度は未だ暴行には当たらないとされながらも傷害罪の成立が認められており、これも暴行によらない傷害の例である（◎最決平17・3・29刑集59巻2号54頁〈百6、講3、プ17〉）。

c　傷害罪の故意　論点3

暴行の故意で傷害結果を発生させた場合（暴行致傷）、傷害罪は成立するのであろうか。この点、判例・通説は、結果的加重犯包含説をとっている。この説によれば、**204条は傷害の結果犯のほかに暴行の結果的加重犯も含む**

ことになる。208条は、「暴行を加えた者が人を傷害するに至らなかったとき」と規定しているので、文言から出発する限り傷害するに至ったときはこれには該当しない。そうだとすると、もし暴行致傷が204条に該当しなければ過失傷害罪（209条）にしか当たらないことになるが、それでは刑が罰金になってしまい、傷害に至った暴行が傷害に至らない暴行より刑がかえって軽くなってしまう。そこで、判例・通説は、暴行致傷は傷害罪（204条）に含まれるとするのである。そして、**傷害罪の故意として、有形的方法による場合は暴行の故意で足りるが、無形的方法による場合は傷害の故意を必要とする**とされている。無形的方法による場合は暴行を経由しないので、暴行の故意が考えられない以上、傷害の故意が必要になるからである。

> ＊ これに対して、故意犯説は、204条の法律の文言は「人の身体を傷害した」となっていて「暴行の結果人を傷害するに至った」とはなっていないので、204条は単純な結果犯であり、結果的加重犯は安易に認めるべきではないとし、暴行致傷は暴行罪と過失傷害罪の観念的競合になるとしている。しかし、暴行致傷が暴行罪に該当するというのは文言上無理があると批判されている。

(3) 傷害致死罪

> **205条** 身体を傷害し、よって人を死亡させた者は、3年以上の有期懲役に処する。

【設問2】日本刀振回し事件
　Xは、Aを脅す目的で、狭い室内で日本刀の抜き身を振っていたが、そのうちに誤ってAの腹に刀が突き刺さり、Aが死亡した。Xの罪責を論じなさい。

傷害致死罪は傷害罪の結果的加重犯であるが、判例・通説によれば、暴行罪の二重の結果的加重犯（暴行致死）の場合も含まれる。判例として、**【設問2】**のような事案では、たとえ日本刀で切りつけるという傷害の故意がなくとも、狭い室内で日本刀を振り回すことは暴行に当たり、そのことを認識していたのであるから暴行の故意が認められ、暴行致死の場合であるので、本罪の成立が認められたのである（◎最決昭39・1・28刑集18巻1号31頁〔日本刀振り回し事例〕〈百4、プ9〉）。すなわち、**傷害致死罪の故意は、暴行の故意か傷害の故意のいずれかがあればよいのである。**

> ＊ 傷害の故意による場合は、暴行（有形力）を手段とする場合のほかに、暴行によらない無形力を手段とする場合も含まれる。例えば、詐称誘導で

第2講　身体に対する罪　　33

落とし穴に落下させて死亡させた場合、落とし穴に落としてけがをさせるという故意があれば本罪が成立する。

加重結果の致死について、判例は、基本犯である傷害行為との間に因果関係がありさえすればよく過失は不要であるとしている（最判昭26・9・20刑集5巻10号1937頁）。これに対して、通説は、責任主義の観点から、因果関係のほかに過失（予見可能性）も必要であるとしている。

なお、近時の裁判例として、被害者から殺害の嘱託を受け、暴行または傷害の故意で死亡させた場合に、法定刑の不均衡の観点から嘱託殺人罪が成立するとした原判決を破棄し、規定の体系的位置や文言から傷害致死罪が成立するとしたものがある（○札幌高判平25・7・11高刑速平25号253頁）。

(4) 現場助勢罪

> **206条** ⓐ前2条の犯罪が行われるに当たり、ⓑ現場において勢いを助けた者は、自ら人を傷害しなくても、1年以下の懲役又は10万円以下の罰金若しくは科料に処する。

傷害罪または傷害致死罪が行われた場合に、その現場において勢いを助ける罪が本罪である。典型的には、闘争現場における野次馬的声援である（下線ⓑ）。本犯が暴行または傷害を開始した時点から被害者に傷害または死亡の結果が発生するまでの間に助勢行為が行われることが必要である（下線ⓐ）。本犯が暴行にとどまった場合には、本罪は成立しない。また、殺人や強盗致死傷などの場合も、文理からして本条の適用はない。

> **【事例5】一方応援事例**
> Xは、AとBが喧嘩（けんか）している現場において、Aに向かって「もっとやれ」と叫んで、Aのみを応援した。

本罪の性質について、判例・通説は独立罪説をとり、本来は従犯として処罰する程度には達しない幇助行為をも本罪は把握するものであり、この種の行為は正犯者を刺激し凶暴にする危険があるため独立に処罰することにしたものであるとする。いわば通常の幇助に対する処罰拡張事由であるとみるのである。そして、一方のAのみを応援して、Aの傷害罪等への従犯が成立する場合には、本罪ではなく傷害罪等の幇助犯が成立するとしている（大判昭2・3・28刑集6巻118頁〈プ21〉）。これに対して、減軽類型説は、本来は従犯となる行為のうち現場助勢という形態のものを群集心理を顧慮して特に軽く処罰することにしたものであるとする。いわば通常の幇助に対する処罰縮小事由であるとみるのである。【事例5】のXには、独立罪説からは傷害罪の幇助犯が成立し、減軽類型説からは現場助勢罪が成

立することになる。

(5) 同時傷害の特例

> **207条** ⓐ2人以上で暴行を加えて人を傷害した場合において、ⓑそれぞれの暴行による傷害の軽重を知ることができず、又はその傷害を生じさせた者を知ることができないときは、ⓒ共同して実行した者でなくても、共犯の例による。

ア 同時傷害の特例の基本構造

本条は、同時犯としての暴行による傷害について、処罰の特例を定めたものであり、同時犯（意思の連絡なく、同一の機会に別々に行われた行為で、たまたまその行為が競合して結果が発生した場合）を、一定の場合に共同正犯（共謀があって共同で実行することによって、一部実行の全部責任が発生し、他人の行為についてもお互いに責任を負うことになる場合。総論22講）とみなす規定である。例えば、XとYが同一の機会に意思の連絡なく別々に暴行を行い、被害者が傷害の結果を負った場合、その傷害の原因がXとYのどちらの暴行によるものなのかわからないとすると、「疑わしきは被告人の利益に」という原則から2人とも暴行罪にとどまることになってしまう。被害者は現に傷害を負っているのに、傷害の責任を問われる者が1人もいないのはおかしい。そこで、本条を使って両者を共犯とみなし、共同責任を認めて両者共に傷害の責任を負わせるのである。それゆえ、傷害罪で処罰されることを免れるためには、被告人が積極的に自分の暴行が原因でないことを立証しなければならず、それに成功しなければ傷害罪で処罰されることになる。通常、因果関係を含む犯罪事実の立証責任は検察官にあるので、この場合には立証責任が転換されていることになる。

本条の適用要件は以下の4つである。第1は、複数人で意思の連絡なく同一人に対し故意で暴行を加えたことである（下線ⓐⓒ）。これに対して、共謀して被害者に暴行を加えたのであれば、総則の共犯規定（60条）が適用され、本条の適用はない。第2は、傷害の原因となる暴行が特定できないことである（下線ⓑ）。例えば3人で暴行を加え、そのうち1人の暴行が傷害の原因でないことが明確ならば、残された2名にのみ本条の適用がある。第3は、各暴行が当該傷害を生じさせうる危険性を有するものであることである（◎最決平28・3・24刑集70巻3号1頁）。第4は、各暴行が外形的には共同実行に等しいと評価できるような状況において行われたこと、すなわち、同一の機会に行われたものであることである（前掲・最決平28・3・24）。厳

密な意味で同時である必要はなく、順次に暴行が行われた場合であってもよいが、同時犯の暴行の時間的・場所的同時性または接着性がない限り本条は適用されないのが原則である（札幌高判昭45・7・14判時625号114頁〈プ22〉）。

判例は、傷害罪以外に傷害致死罪の場合にも本条の適用を認めている（**論点1**〔適用範囲1──傷害罪以外への適用〕）。これに対して、殺人罪や強盗致死傷罪、強制性交等致死傷罪には適用されない。また、承継的共犯の場合に、承継的共犯を否定しつつ本条の適用を認めるか否かについて、裁判例は分かれている（**論点2**〔適用範囲2──承継的共犯〕）。

イ　同時傷害の特例の重要問題

a　適用範囲1──傷害罪以外への適用　**論点1**

判例は、被害者保護や立証の困難回避という本条の立法趣旨は傷害致死罪の場合でも当てはまることから、傷害致死罪の場合にも本条の適用を肯定している（前掲・最判昭26・9・20）。この場合、各人の暴行と死亡との間の因果関係を直接問題にするのではなく、各人の暴行と死因となった傷害との間の因果関係が問題になるのであり、これが不明な場合には本特例の適用により傷害の共同正犯が成立し、その結果各人に傷害致死罪の共同正犯が成立する（前掲・最決平28・3・24）。

これに対して、「傷害した場合」という文言からしても、また本条は刑法の例外規定であることから限定的に解すべきであるということからも、傷害罪以外に拡大して適用することはできないとして、本条の適用を否定する見解も有力である。

なお、裁判例は、強盗致死傷罪（東京地判昭36・3・30判時264号35頁）や強制性交等致傷罪（当時の強姦致傷罪）（仙台高判昭33・3・13高刑集11巻4号137頁）については、本条の適用を否定している。

b　適用範囲2──承継的共犯　**論点2**

【事例6】承継的共犯事例

　XがAに暴行を加えているとき、途中からYが加担して意思を通じて共同して暴行し、その結果Aに傷害を負わせたが、Aの傷害がXの単独暴行時のものかYの加担後の共同暴行によるものか不明であった。

さらに、承継的共犯の場合に本条の適用があるかも争われている。この場合、①承継的共同正犯肯定説をとれば、【事例6】は、60条によってXもY

も傷害罪になるが、承継的共同正犯否定説をとる場合にはさらに本条の適用がありうるかが争われている（なお、近時の最高裁判例では、傷害罪について承継的共同正犯が否定されている。◎最決平24・11・6刑集66巻11号1281頁。総論26講1⑵ウ）。②207条適用肯定説は、本条は共犯類似現象に対処する規定なので共犯関係があれば当然適用してよいとする。客観的には本条の要件を満たし、意思の連絡がない場合にすら適用があるのに、途中からでも意思の連絡がある場合に適用を否定するのは不自然であると考えるのである。そうすると、承継的共同正犯を否定しても、【事例6】は、207条によってXもYも傷害罪の共同正犯になる。これに対して、③207条適用否定説は、207条は誰も傷害の罪責を負わなくなる不都合を回避するための例外規定であり、【事例6】は、少なくとも先行者Xが傷害罪の罪責を負うので、本条を適用しなくても不都合はないとする。本条の例外規定性を考慮すれば適用範囲の拡張には慎重であるべきであると考えるのである。この説からは、先行者Xは傷害罪になるが、途中から加わった後行者Yは暴行罪にとどまることになる。

　下級審判例として、②の立場に立ち、承継的共犯を否定しつつも、本条の適用を肯定したもの（○大阪地判平9・8・20判タ995号286頁〈プ26〉）がある一方で、③の立場に立ち、承継的共犯を否定し、本条の適用も否定して、後行者は暴行罪の共同正犯にとどまるとしたもの（大阪高判昭62・7・10判時1261号132頁〈プ24〉）もある。

⑹　凶器準備集合罪・同結集罪

> **208条の2第1項**　2人以上の者が他人の生命、身体又は財産に対し⑧共同して害を加える目的で集合した場合において、⑨凶器を⑥準備して又はその準備があることを知って⑩集合した者は、2年以下の懲役又は30万円以下の罰金に処する。
> **2項**　前項の場合において、凶器を準備して又はその準備があることを知って人を⑨集合させた者は、3年以下の懲役に処する。

ア　凶器準備集合罪の基本構造

a　保護法益と罪質

　保護法益は、判例によれば、個人の生命、身体、財産という個人的法益だけでなく**公共的な社会生活の平穏**も含まれるとされている（○最決昭45・12・3刑集24巻13号1707頁〈百8、講7、プ39〉）。判例は、後者の側面を非常に重視している（**論点1**〔本罪の保護法益・罪質〕）。本罪は集合状態が継続する限り成立する**継続犯**であり、**抽象的危険犯**である。

b　共同加害目的

　共同加害目的とは、他人の生命・身体または財産に対して他の者と共同して害を加えようとする目的をいう（下線ⓐ）。共同加害目的は、判例によれば、集合者の全員またはその大多数の者の集団意思である必要はなく、集団者のうちの2人以上の者にこの目的があればよいとされている（○最判昭52・5・6刑集31巻3号544頁〈プ46〉）。また、この目的は、明示の統一した意思連絡がなかったとしても、漸次波及的に共同加害意思を有するに至った黙示的な意思連絡であってもよい。この目的は、積極的加害の場合だけでなく、相手方が襲撃してきたら迎え撃つという条件つきの迎撃目的の場合も含まれる（前掲・最判昭52・5・6）。その場合には、行為者が相手方の襲撃の蓋然性・切迫性を認識していなくても、襲撃がありうると予想し、その際には迎撃して共同加害する意思があれば、共同加害目的があるとされている（最判昭58・11・22刑集37巻9号1507頁）。

c　客体──凶器

　凶器は、日本刀などそれ自体人の殺傷用に作られた性質上の凶器のほかに、プラカードなど用い方次第では人の殺傷用にも使用できる用法上の凶器も含まれる（下線ⓑ、論点2〔凶器の意義〕）。

d　行　為

　行為について、1項は、凶器を準備してまたは凶器の準備が既にあることを認識して集合することである。「準備する」とは、凶器を必要に応じていつでも加害目的を実現するために使用できる状態にしておくということである（下線ⓒ）。「集合する」とは、2人以上の者が時間と場所を同じくすることである（下線ⓓ）。集合は、共同加害目的がある者が凶器を準備して参集する場合が通常であるが、判例によれば、既に一定の場所に集まっている2人以上の者がのちに共同加害目的をもつに至り、凶器の準備があることを知りながら離脱しない場合もこれに当たるとされている（前掲・最決昭45・12・3）。凶器の準備場所と行為者の集合場所は、必ずしも一致していなくてもよい（東京高判昭39・1・27判時373号47頁）。

　2項の行為は、凶器を準備してまたはその準備があることを知って人を集合させたことである。「集合させた」とは、主導的役割でもって、他人に働きかけ、2人以上の者を共同加害の目的で時と場所を同じくさせることをいう（下線ⓔ）。

　なお、2項は主導的役割を果たした者を処罰し、1項は一般の集合者を処罰する規定である。2項が単純に1項の教唆犯であるとしたら2項の方が1項より法定刑が重いという点を説明できないからである。

イ　凶器準備集合罪の重要問題

a　本罪の保護法益・罪質　論点1

　本罪の保護法益について、判例と通説の間に争いがある。判例は、本罪

の社会的法益の側面を重視し、本条は個人的法益だけでなく、公共的な社会生活の平穏も保護法益とするとして公共危険罪的な性格の犯罪であるとする（前掲・最決昭45・12・3）。凶器を持った集団の抗争によって、これと無関係な不特定多数の生命・身体・財産が巻き添えを食って侵害される危険に対処するための規定であると考えるのである（公共危険罪説）。これに対して、通説は、本罪の個人的法益の側面を重視し、本条は少なくとも第一次的には個人の生命・身体・財産を保護するものであり、それらに対する罪についての共同加害行為の特別な予備罪的性格のものであるとする（予備罪説）。このような保護法益の理解の相違は、本罪の終了時期や主観的要件などさまざまな問題に異なった解決を与えることになる。

　①本罪の終了時期との関連で、抗争開始後に集団に参加した者（開始前に集団にいたことを立証できない場合も含む）にも本罪を適用しうるかが問題になる。この点、公共危険罪説は、本罪は継続犯であり、集団が存続する限り公共の危険は存続するし、乱闘が開始されれば公共の危険はむしろ増加するのであるから当然本罪は成立するとしている。これに対して、予備罪説は、実行に移行した以上、もはや予備罪としての本罪が成立する可能性はなく、後から加わった者は現に実行されている犯罪の共同正犯か幇助犯になるとする。最高裁は、公共危険罪説の立場をとっている（前掲・最決昭45・12・3）。

　②本罪の主観的要件との関連で、集団に単に助勢の意思で加わった者に本罪を適用できるかが問題になる。公共危険罪説は、単に助勢の意思でそのグループに加わるだけでも公共の危険は高まるとしてこれを肯定するが、予備罪説は、本罪は予備罪的性格を有するから、共同加害目的は各自有していなければならないとしてこれを否定する。最高裁は、公共危険罪説の立場をとっている（前掲・最判昭52・5・6）。

　③罪数との関連で、目的とされた加害行為（傷害罪など）が成立する場合、本罪とどのような罪数関係になるかについても争いがある。公共危険罪説は、傷害罪などが成立しても、本罪とは法益が異なるから併合罪になるとするが、予備罪説によれば、傷害罪などが成立すれば本罪は予備罪として吸収されるかもしくは牽連犯の関係に立つことになる。最高裁は、公共危険罪説の立場をとっている（最決昭48・2・8刑集27巻1号1頁〈ブ40〉）。

　④本罪の罪質との関連で、迎撃目的での集合において相手方からの襲撃の客観的可能性が全くない場合に本罪が成立するかについても争いがある。公共危険罪説は、本罪を抽象的危険犯と解し、必ずしも相手方からの襲撃の蓋然性・切迫性が存在する必要はなく、凶器準備集合の状況が社会生活の平穏を害していれば本罪は成立するとしている。これに対して、予備罪説は、本罪を具体的危険犯と解し、その場合には本罪は成立しないとしている。最高裁は、公共危険罪説の立場をとっている（最判昭58・6・23刑

第2講　身体に対する罪　39

集37巻5号555頁）。

　b　凶器の意義　論点2

　最も問題になるのが、凶器とはどのようなものをいうのかという点である。性質上の凶器、すなわち銃砲や刀剣類のようにそれ自体が殺傷用に作られたものが凶器に該当することについて異論はない。問題は、用法上の凶器、すなわち包丁や鎌やハンマーなど、本来は料理や農作業、スポーツなどに使う目的で作られたものであるが、使い方によっては殺傷用にも十分使用できるもののどこまでが凶器に含まれるかである。特に、学生運動などとの関連で、プラカードや旗竿、角材などが凶器に含まれるかが争われた。用法上の凶器のうちどこで限界が引かれるべきかについて、裁判例は「社会通念に照らし人の視聴覚上直ちに危険性を感ぜしめるもの」という基準を示している（東京地判昭46・3・19判時648号49頁〈プ45〉）。判例は、長さ1m前後の角棒やプラカードについて凶器であることを肯定している（前者は、前掲・最決昭45・12・3、後者は前掲・東京地判昭46・3・19）。他方、対立する暴力団の襲撃を予想して、それに備えるために被告人等（暴力団員2人）がダンプカーに乗り、同車を発進させて人を死亡させるために運転手がエンジンをかけたまま発進できる状態にしていたという事案で、エンジンをかけたダンプカーは人を殺傷する用具として利用される外観を呈していたものとまではいえず、社会通念に照らし直ちに他人をして危険感を抱かせるには足りないとして凶器性が否定されている（○最判昭47・3・14刑集26巻2号187頁〈プ43〉）。

2　過失傷害の罪

(1)　過失傷害罪

> **209条1項**　過失により人を傷害した者は、30万円以下の罰金又は科料に処する。
> **2項**　前項の罪は、告訴がなければ公訴を提起することができない。

　本罪は、過失で人を傷害した場合の規定である。211条との対比から、本罪の過失は単純過失と呼ばれる。法定刑は罰金・科料だけで、非常に軽くなっている。また、本罪は親告罪である。

(2)　過失致死罪

> **210条**　過失により人を死亡させた者は、50万円以下の罰金に処する。

　本罪は、過失で人を死亡させた場合の規定である。211条との対比から、本罪の過失は単純過失と呼ばれる。法定刑は罰金だけで、懲役・禁錮が規定されておらず、非常に軽くなっている。

(3) 業務上過失致死傷罪

> **211条前段** ⓐ業務上必要な注意を怠り、よって人を死傷させた者は、5年以下の懲役若しくは禁錮又は100万円以下の罰金に処する。

ア 業務上過失致死傷罪の基本構造

a 成立要件

本罪は、行為者の過失が業務上のものであることを根拠とする過失傷害罪および過失致死罪の加重類型である。加重根拠は、通説によれば、業務者は人の生命・身体に危害を加えがちな立場にあるので政策的に高度の注意義務を課すことが必要だからである（**論点1**〔刑の加重根拠〕）。本罪の業務は、判例によれば、「人が社会生活上の地位に基づき、反復継続して行う行為であって、他人の生命、身体等に危害を加えるおそれのあるもの」である（**論点2**〔業務の意義〕）。

主体は、過失により人の死傷を惹起しがちな業務に従事する者であり、身分犯である。

行為は、業務上必要な注意を怠って人を死傷させることであり、「業務上必要な注意を怠り」とは、その業務を行う際に要求される注意義務に違反することである（下線ⓐ）。

b 罪数

罪数について、本罪と各種行政取締法規違反との関係で、後者の違反行為自体を前者の行為として評価できるときは観念的競合になる。

イ 業務上過失致死傷罪の重要問題

a 刑の加重根拠 **論点1**

業務上過失致死傷罪は、過失傷害罪や過失致死罪と異なって、懲役刑や禁錮刑が科されることがあるが、このように業務であることによって刑が加重されるのはなぜだろうか。この点、通説である特別義務説は、業務者は人の生命・身体に危害を加えがちな立場にあるのでこれを防止するためには政策的に高度の注意義務を課すことが必要であると説明する。しかし、同じ危険行為をするときに課される注意義務は業務者か否かで変わりはないはずであり、この説は行政的な取締目的や犯罪の一般予防という政策を加重処罰のために援用する点で責任主義に反すると批判されている。

これに対して、有力反対説である重大過失説は、業務者は類型的に注意能力が高くその知識や経験から通常人より容易に結果を予見・回避しうるの

で、形式的に業務に該当すれば本罪に該当すると説明する。しかし、現実には業務者であっても通常人より常に注意能力が高いとは限らないという批判が向けられている。

　　b　業務の意義　論点2

　判例は、本罪にいう業務を「人が社会生活上の地位に基き反覆継続して行う行為」であって、「他人の生命身体等に危害を加える虞あるもの」であるとしている（最判昭33・4・18刑集12巻6号1090頁〈プ47〉）。また、本罪の業務には「人の生命・身体の危険を防止することを義務内容とする業務も含まれる」とされている（最決昭60・10・21刑集39巻6号362頁〈プ48〉）。すなわち、危険なものを管理するなどして人の生命・身体の危険を防止することを業務内容とする場合も含まれるのであり、例えば、不注意で腐敗した材料で調理した食事を提供しそれを食べた者が食中毒を起こした場合にも業務性が認められる。このように解すると、営利目的かどうかや免許を有しているかどうか、適法かどうかなどの観点は問題にならないことになる。判例の定義からは、業務でないのは主婦の家事や自転車の運転のようなものだけになるのである。

　判例の業務概念は3つの要素から成り立っている。まず、①**社会生活上の地位に基づく**ことである。裁判例は、娯楽のための狩猟行為にも業務性を認め（前掲・最判昭33・4・18）、また、無免許医療についても業務性を認めている（福岡高判昭25・12・21高刑集3巻4号672頁）ため、この要件を不要とする見解もある。この要件はほとんど限定的な意味を失っているが、家庭生活における炊事や育児を本罪の業務から除くという限りでなお意義を有しているといわれている。

　次に、②**反復継続性**が必要である。反復継続性は、特別義務説からは死傷結果を惹起する可能性の高さを根拠づける要素とされ、重大過失説からは注意能力の高さを根拠づける要素とされている。この要件は、特に重大過失説の立場から重視される要件である。また、反復継続性要件に関して、反復継続の事実まで必要か、それとも反復継続する意思があれば足りるかについては争いがある。特別義務説は反復継続する意思がある以上、警告して心理的強制を加え結果発生を抑止する政策的必要があるとして意思があれば足りるとする。他方、重大過失説からは、反復継続した事実がなければ、これから反復継続する意思だけでは注意能力が高いとはいえないので、業務性は否定されることになる。裁判例は、特別義務説の立場に親和的である。過去に空き地で2回運転の練習をした者が、公道上で初めて練習のために自動車を運

42

転したが、反復・継続の意思があった場合に業務性を認め（福岡高宮崎支判昭38・3・29判タ145号199頁〈プ50〉）、他方で、平素は自転車などで商品の配達をしている者が、1回だけ自動車を運転し、反復・継続の意思が認められない場合に業務性を否定している（東京高判昭35・3・22判タ103号38頁〈プ49〉）。なお、自動車の運転上の過失は、2018年3月現在、業務上過失としてではなく自動車運転過失として過失運転致死傷罪で扱われていることに注意が必要である。

　最後に、③生命・身体に対し危険な行為であることが必要である。この要件は、特に特別義務説の立場から重視される要件である。例えば、自転車の走行は、一般的にみれば人の生命・身体に対して類型的に危険な行為とまではいえないため業務から除外されることになるのである。

(4)　重過失致死傷罪

> 211条後段　ⓐ重大な過失により人を死傷させた者も、同様とする。

　本罪は、戦後の1947（昭和22）年の刑法改正で新設されたものである。ここでいう重大な過失（重過失）とは、裁判例によれば、注意義務に違反する程度が著しいということであり、結果が重大とか結果の発生すべき可能性が高いということではない（下線ⓐ、東京高判昭57・8・10刑月14巻7＝8号603頁）。旧過失論からは、結果の予見が極めて容易な場合や結果の予見は可能であるにすぎなくても酩酊などの著しい注意義務違反のために結果を予見しなかった場合がこれに当たるとされている。これに対して、新過失論からは、基準行為からの逸脱が著しい場合がこれに当たることになる（旧過失論・新過失論については、総論10講2）。

　本罪が規定されるまで業務上過失致死傷罪が拡大適用され、本罪が新設された後もその傾向が続いているので、本罪の適用事例はあまり多くない。裁判例に現れた重過失の具体例としては、自転車にけんけん乗りをして赤信号を見落とし横断歩道上の歩行者につっこみ傷害を負わせた事案（前掲・東京高判昭57・8・10）や、病的酩酊の素質を有し、飲酒酩酊して心神喪失・心神耗弱の状態に陥り、人に暴行を加える習癖があることを自覚する者が、飲酒酩酊して人に傷害を負わせた事案（福岡高判昭28・2・9高刑集6巻1号108頁）、ふすまの背後に妻または長男がいることを、極めてわずかの注意を払うことによって気づきえたにもかかわらず、配慮を欠いたままふすまを日本刀で突き刺して、背後にいた長男を失血死させた事案（神戸地判平11・2・1判時1671号161頁〈プ51〉）などがある。

第2講　身体に対する罪　43

(5) 過失運転致死傷罪

> **自動車運転死傷行為処罰法**
> 5条 ⓐ自動車の運転上必要な注意を怠り、よって人を死傷させた者は、7年以下の懲役若しくは禁錮又は100万円以下の罰金に処する。ただし、その傷害が軽いときは、情状により、その刑を免除することができる。

　本罪は、自動車運転の危険性の高さを理由に、自動車運転中の過失による死傷事案を特に重く処罰するものである。この種の事案は、かつては業務上過失致死傷罪によって処罰されていたが、悪質または重大なものについては同罪による処罰では十分でない場合があった。そこで、本講冒頭＊のとおり、2007（平成19）年の刑法改正により本罪が新設され（旧211条2項）、2013（平成25）年に危険運転致死傷罪（旧208条の2）とともに自動車運転死傷行為処罰法に移された。本罪は、自動車運転自体の危険性を根拠とする過失致死傷罪の加重類型であるから、運転者の職務、運転資格、運転経験、反復継続の意思等を問わず、自動車運転による過失致死傷事案のすべてに適用される。

　「自動車の運転上必要な注意」とは、自動車運転を行う上で必要とされる注意義務をいう（下線ⓐ）。「自動車」とは、原動機により、レールまたは架線を用いないで走行する車両をいい、いわゆる原付（道交法上の原動機付自転車）も含まれる。「運転」とは、自動車運転者が自動車を発進させてから停止するまでの行為をいう。道路上で行われる必要はない。自動車を停止させる行為、信号待ちの一時停車は運転に含まれるが、停止後降車するためにドアを開ける行為は運転に含まれない。

　傷害が軽微な場合には、刑の免除が可能である（本条但書）。これは、自動車運転中の過失致傷事案で、傷害が軽い場合には、示談等の条件が整えば、ほとんどが起訴猶予で処理されてきたという実務の運用を追認したものである。

第3講　意思決定および場所的移動の自由に対する罪

> ◆学習のポイント◆
> 1　逮捕・監禁罪では、保護法益に関連づけて、被害者の意思能力の要否の問題を検討し、また、欺罔による監禁についての判例の考え方をよく理解しておくことが重要である。
> 2　略取・誘拐罪では、未成年者拐取罪の保護法益に関連づけて、被拐取者の承諾のある拐取や監護者による拐取の問題を検討し、また、身の代金目的拐取罪における安否を憂慮する者の意義について、判例の考え方の特徴をよく理解しておく必要がある。

1　自由の刑法的保護

　人の自由は、生命・身体につぐ重要な個人的法益である。しかし、刑法においては、自由一般ではなく、断片的に、限られた内容の自由のみが保護の対象になっている。刑法で保護される自由は、まず、①意思決定（意思活動）の自由があり、これは脅迫罪（222条）と強要罪（223条）の規定によって保護されている。次に、②場所的移動の自由があり、これは逮捕・監禁罪（220条）と略取・誘拐・人身売買罪（224条以下）の規定によって保護されている。後者は、場所的移動の自由とともに、（判例によれば）監護者の監護権をも保護するものである。さらに、③性的自己決定の自由があり、これは強制性交等罪（177条）や強制わいせつ罪（176条）などの規定によって保護されている。最後に、④住居等に誰を入れるかの自由があり、これは住居侵入罪（130条）の規定によって保護されている。まず、本講では、①意思決定の自由と②場所的移動の自由に対する罪を扱うことにする。

2　脅迫・強要の罪

(1)　脅迫罪

222条1項　ⓐ生命、身体、自由、名誉又は財産に対しⓑ害を加える旨を告知し

45

て©人を⓪脅迫した者は、2年以下の懲役又は30万円以下の罰金に処する。

2項　⑥親族の生命、身体、自由、名誉又は財産に対し害を加える旨を告知して人を脅迫した者も、前項と同様とする。

ア　保護法益

脅迫罪の保護法益については、①意思決定の自由と解する説と②私生活の安全感あるいは法的安全の意識と解する説の間で争いがある。①説は、2年以下の懲役という法定刑は単に安全感を害したことに対する刑としては重すぎる、②説からは吉凶禍福の告知が脅迫罪に当たることになってしまうがそれは妥当でないということを主な論拠とする。これに対して、②説は、脅迫罪は生命、身体、自由、名誉、財産といった法益が侵害されるのではないかという恐怖感を抱かせるところに犯罪の実質があり、それが意思決定に影響を及ぼしたことは要件になっていないということを主な論拠としている。裁判例は、①の立場に立っている（大阪高判昭61・12・16判時1232号160頁〈講13、プ84〉）。

*　なお、近年では、①説と②説は排他的関係にあるのではなく、それぞれ問題の一面を捉えるにすぎないとして、両者を総合的に捉え、安全感を害することによって意思決定の自由を危険にすることが本罪の罪質であるとする③折衷説も有力になっている。

イ　客　体

客体は、人である（下線©）。ここでいう人に自然人以外に法人も含まれるかについては争いがある。肯定説は、法益を意思決定の自由と解することを前提として、法人も機関を媒介として意思決定をなしうるということを論拠とする。これに対して、否定説は、法益を私生活の安全感とする立場から、法人には感情がないので被害者は自然人に限られるとする。この点、裁判例は法人に対する脅迫罪の成立を否定している（前掲・大阪高判昭61・12・16、高松高判平8・1・25判時1571号148頁）。その理由は明らかではないが、たとえ法益を意思決定の自由と解する立場に立ったとしても、222条が1項で「生命、身体」を、また、2項で「親族」を客体としていることから、本条の「人」は「自然人」を指すと考えるのが自然だからという説明が考えられる。

ウ　行　為

行為は、脅迫であり、「ぶっ殺すぞ」と怒号する場合のように、一般に人を畏怖させるに足りる害悪を告知することである（下線⓪）。

a　抽象的危険犯

> **【事例1】脅迫罪の罪質**
> 　Xは、Aに殺害予告の手紙を出し、Aはこの手紙を受領して一読したが、剛胆な性格であったために畏怖しなかった。

　本罪は、抽象的危険犯である。例えば、殺害予告の手紙を投函したが、相手方は差出人が記載されていなかったため不審に思って読まずに廃棄した場合は、相手方が害悪の告知を認識していないので脅迫罪は成立しない（なお、脅迫罪は未遂が処罰されない）。これに対して、**【事例1】**のような場合は、脅迫罪は侵害犯ではなく抽象的危険犯なのであるから、Aが害悪の告知を認識している以上、たとえ現実に畏怖しなくても畏怖する危険があったので本罪が成立するのである。判例も、**脅迫罪は害悪の告知が相手に伝わったことで既遂が成立し、その結果相手が現実に畏怖したかどうかを問わない**としている（大判明43・11・15刑録16輯1937頁〈プ82〉）。

b　第三者による加害

> **【事例2】第三者による加害**
> 　Xは、Aに対して、「おまえを恨んでいる者は俺だけではない。ダイナマイトでおまえを殺すと言っている者もある」と告げた。

　脅迫罪にとっては、告知者にとって支配可能な害悪が加えられるという印象を被害者に抱かせることが重要なので、第三者による加害でも告知者がそれに影響を与えうると思わせるならば本罪が成立する。判例として、**【事例2】**のような事案で、**被告人自身または被告人が影響を与えうる第三者による加害の告知**であるとして脅迫罪成立が認められている（最判昭27・7・25刑集6巻7号941頁）。これに対して、日本共産党員が警察官らに対して、人民政府が組織されれば人民裁判にかけられ絞首台に上がらなければならなくなると告げた事案では、告知内容は被告人自身または被告人が影響を与えうる第三者による加害の告知と解することはできず単なる警告にすぎないとして脅迫罪の成立が否定されている（広島高松江支判昭25・7・3高刑集3巻2号247頁〈プ86〉）。

第3講　意思決定および場所的移動の自由に対する罪　47

c 「一般に人を畏怖させるに足る程度」の判断方法

【事例3】一般に人を畏怖させるに足る程度——出火見舞事件
　Xは、町村合併をめぐる対立抗争中にAと親しい者の名義で「出火お見舞い申し上げます。火の元にご用心」と書いた葉書をA宛に投函し、Aがこれを受領して一読した。

　脅迫は、警告や単なる嫌がらせと区別されなければならない。害悪の告知が脅迫に当たるかどうかは、相手方の年齢、性別、職業などの相手方の事情や加害者と相手方との人間関係など具体的な諸事情を考慮して、周囲の客観的状況に照らして判断されなければならない（最判昭29・6・8刑集8巻6号846頁）。【事例3】のような事案について、最高裁は、2つの派の抗争が熾烈になっている時期に、一方の派の中心人物宅に、現実に出火もないのに出火見舞いの葉書が舞い込めば、火をつけられるのではないかと畏怖するのが通常であるから、一般に人を畏怖させるに足る性質のものであり脅迫罪が成立するとしている（◎最判昭35・3・18刑集14巻4号416頁〈百11、講12、プ83〉）。
　d　一般人なら恐怖心が生じない程度の害悪の告知

【事例4】脅迫の程度
　Xは、他人からの評判を極度に気にするAに対して、一般人ならば気にかけないような些細なことであるがAならばこの程度でも恐怖心を抱くと考えて、「君がしたことをみんなに話すぞ」と告げた。

　脅迫の程度に関し、【事例4】のような場合に脅迫罪が成立するかについて、争いがある。主観説は、相手方の性質を知って行為した以上、そのような相手方にとっては十分畏怖させるに足りる手段なので脅迫罪が成立するとする。これに対して、客観説は、一般人が畏怖するような行為を禁圧する犯罪類型が脅迫罪であるので、一般人が畏怖しない程度の害悪の告知は脅迫罪にならないとする。この問題についての判例は、今のところ見当たらない。
　エ　加害の対象
　加害の対象は、1項は相手方の生命、身体、自由、名誉または財産であり（下線ⓐ）、2項は相手方の親族の生命、身体、自由、名誉または財産である。加害の対象が生命から財産までの制限列挙であるのか、それともこれらは例示列挙にすぎないかについて争いがある。通説は制限列挙であるとす

る。その場合でも、「貞操」は自由か名誉に、「信用」は財産に含まれるとされるので、個人的法益はほぼカバーされると解されている。なお、村八分（集団的共同絶交）の告知について、判例は他人と交際する自由と名誉に対する加害の告知として脅迫に当たるとしている（大判明44・9・5刑録17輯1520頁、大阪高判昭32・9・13判時135号32頁〈プ87〉）。

また、2項の親族は、民法上の親族（民法725条）であり、通説によれば、内縁の妻は含まれない（下線ⓔ）。さらに、例えば「恋人を殺すぞ」というような相手方と親族以外に対する加害の告知は処罰されない。

オ 告知の内容――特に犯罪性の要否

告知される害悪の内容は、所定の法益にこれから「害を加える」という告知なのであるから、将来の害悪なのであって、既に害を加えたという過去の害悪の告知では足りない（下線ⓑ）。

また、それは告知者が直接・間接にその惹起を支配しうるものでなければならない。告知者の意思では左右しえない事項（天変地異や吉凶禍福）の告知は「警告」であって「脅迫」でない。

【事例5】告知内容の犯罪性
　スーパーの店員Xは、スーパーで万引きした女性Aに対して、応じなければ警察に言うぞと脅して肉体関係を迫った。

通告される害は犯罪であることを要するかについては争いがある。犯罪性必要説は、通告する害自体が犯罪でないのにそれの告知が犯罪であるというのは奇妙であるので、犯罪に限定すべきであるとする。この説からは、**【事例5】**のXの通告内容は告訴するという犯罪ではない事柄なので脅迫に当たらないことになる。これに対して、犯罪性不要説は、犯罪でなくてもよいが少なくとも違法性は必要であるとする。この説からは、**【事例5】**のXの通告内容は犯罪ではないが、不当な要求を伴う告訴は権利の濫用であり違法であるので脅迫に当たることになる（この事例では、Aに義務のないことを行わせようとしているので強要未遂罪が成立することになる。後掲(2)参照）。判例は、後者の立場に立っており、傍論ではあるが、実際には告訴の意思がないのに畏怖させる目的で告訴すると告げた場合には脅迫罪に当たるとされている（大判大3・12・1刑録20輯2303頁〈プ85〉。ただし、本件では実際に告訴する意思があったので脅迫罪が否定されている）。

カ　告知の方法

告知の方法については、法文上何の制限もなく、判例・学説も制限を加えていない。文書による場合、口頭で告げる場合、態度で示す場合、いずれでもかまわない。文書による場合、告知名義人は虚無人・偽名であってもよい（前掲・大判明43・11・15）。また、加害の告知は、明示的であっても黙示的であってもよい。

さらに、行為者が直接に相手方に告知する場合だけでなく、第三者を介して間接的に相手方に告知する場合も含まれる。脅迫状を人の発見しやすい場所に置いておき、これを持ち帰った第三者を通して相手方がこれを認識した場合にも、脅迫罪の成立が認められている（大判大8・5・26刑録25輯694頁）。

キ　罪　数

罪数について、①監禁中に暴行・脅迫がなされても、監禁状態の維持のためではなく憤激からなされた場合には監禁罪に吸収されず、別罪を構成する（最判昭28・11・27刑集7巻11号2344頁）。②暴行後に、引き続き同内容の暴行を加える旨の脅迫がなされた場合は、脅迫は先の暴行罪によって包括的に評価され、別罪を構成しない（東京高判平7・9・26判時1560号145頁〈プ89〉）。

●コラム●　脅迫概念の相対性

脅迫という用語はさまざまな犯罪において使用されているが、学説は以下の3つに分類している。まず、①公務執行妨害罪（95条）などにおける脅迫は、単に害悪を告知すれば足り、害悪の内容・性質・程度を問わない。次に、②脅迫罪（222条）などにおける脅迫は、相手方またはその親族の生命、身体、自由、名誉、財産に対し害悪を加えることを告知することである。最後に、脅迫は、犯罪によっては特別な程度のものであることが必要とされることがある。③強盗罪（236条）における脅迫は、相手方の反抗を抑圧する程度の畏怖心を惹起するような害悪を告知することである。

---

(2)　強要罪

> 223条1項　生命、身体、自由、名誉若しくは財産に対し害を加える旨を告知して@脅迫し、又は⑥暴行を用いて、ⓒ人に@義務のないことを行わせ、又は⑧権利の行使を妨害した者は、3年以下の懲役に処する。
>
> 2項　親族の生命、身体、自由、名誉又は財産に対し害を加える旨を告知して脅迫し、人に義務のないことを行わせ、又は権利の行使を妨害した者も、前項と同様とする。

未遂（223条3項）　前2項の罪の未遂は、罰する。

ア　保護法益

保護法益は、意思決定に基づく意思活動（行動）の自由である。

イ　客体

客体は人である（下線ⓒ）。ここでいう人に自然人以外に法人も含むかについては争いがあるが、通説は、脅迫罪の場合と同様に、強要罪においても法人は被害者にはなりえないとしている。しかし、法人の役員・従業員を介して法人の意思決定・意思活動（行動）を観念することが可能であることから、法人も強要罪の被害者になりうるとする見解も有力に主張されている。この説からは、法人の営業に対する加害を告知することにより謝罪広告を出させるような場合は強要罪が成立することになる。

ウ　手段（行為）

強要とは、脅迫または暴行という手段を用いて、人に義務のないことを行わせ、権利行使を妨害するという結果を発生させることである。脅迫または暴行という手段が本罪の行為である。本罪の脅迫とは、脅迫罪における脅迫である（下線ⓐ）。本罪の暴行とは、強要の手段たりうるものであればよいので、相手方の身体に対するものだけでなく、相手方に向けられていれば対物暴行も含まれる（下線ⓑ）。

本罪の脅迫は、被強要者またはその親族の生命、身体、自由、名誉または財産に対し害を加える旨を告知することである。本罪の暴行は、被強要者が恐怖心を抱き、そのため行動の自由が侵害される程度の有形力（物理力）の行使である。被強要者に対して直接に暴行が加えられる必要はなく、被強要者に対して向けられていれば、物に対する暴行でも、それが被強要者に恐怖心を抱かせる程度であればよい。

223条2項は、手段として脅迫のみを規定し、暴行を規定していない。しかし、例えば相手方の目の前でその子どもに暴行を加える行為は、要求を聞かなければさらに子どもに加害を継続するという意味で2項の脅迫に当たるとする見解が有力である。

第三者に対する暴行・脅迫も本罪の手段になりうるか、すなわち、暴行・脅迫の相手方と被強要者は同一人物でなければならないかは争われている。第三者に加えられた暴行・脅迫でも、被強要者に恐怖心を抱かせ行動を左右するものであれば本罪の手段になりうるという見解が有力である。これに対して、2項が加害対象の拡張を親族に限定していることから、そのような考え方に反対し、暴行・脅迫の相手方と被強要者は同一人物でなければならないとする説も有力に唱えられている。

エ　結果

本罪の結果は、実際に義務のないことを行わせ、権利行使を妨害したことである。「義務のないことを行わせ」とは、例えば謝罪文を書かせる場合

のように、相手にその義務がないのに作為、不作為、忍受を強制すること
をいう（下線ⓓ）。「権利の行使を妨害する」とは、例えば告訴権者の告訴
を行わせない場合のように、公法上・私法上の権利行使を妨害することを
いう（下線ⓔ）。

　強要罪は、実際に義務のないことを行わせ、権利行使を妨害したという
結果を発生させることが必要であり、侵害犯である。

　判例に表れた「義務のないことを行わせ」の具体例としては、雇い人で
ある13歳の少女に水入りバケツ等を数十分から数時間胸のあたりや頭上に
支持させる行為（大判大8・6・30刑録25輯820頁）、理由なく謝罪文を書
かせる行為（大判大15・3・24刑集5巻117頁）などがある。「権利の行使
を妨害した」の具体例としては、告訴を中止させる行為（大判昭7・7・
20刑集11巻1104頁）、競技大会への出場をやめさせる行為（岡山地判昭43・
4・30下刑集10巻4号416頁）などがある。

　強要罪は結果犯であり、暴行・脅迫行為と結果との間には因果関係がな
ければならない。例えば、脅迫行為を行ったが相手方が恐怖心を抱かず、
憐憫の情から義務のないことを行った場合には、強要未遂罪になる。

　本罪の権利・義務は法律上のものに限られるかについては争いがある。
法的権利・義務限定説は、たとえ社会倫理上謝罪などをすることが当然で
あったとしても、暴行・脅迫を用いてこれを強要するときは法律上の義務
がないことをさせたとして強要罪の成立を認める。これに対して、無限定
説は、本罪でいう権利・義務は法的なものに限定されないとして、社会倫
理上謝罪などをすることが当然であったときは義務があったとして、強要
罪の成立を否定している。

オ　未　遂

　暴行・脅迫を開始したときに実行の着手があり、結果を発生させること
ができなかった（相手方が要求に応じなかった）ときは、本罪の未遂犯に
なる（223条3項）。

カ　罪　数

　罪数について、①義務のない行為の内容に応じて、恐喝罪や強盗罪、強
制性交等罪、職務強要罪などが成立する場合は法条競合の関係に立ち、本
罪は成立しない。②強要罪が成立する場合は、手段である暴行罪または脅
迫罪は法条競合により成立しない。

3　逮捕・監禁の罪

(1)　逮捕・監禁罪

220条　ⓐ不法にⓑ人をⓒ逮捕し、又はⓓ監禁した者は、3月以上7年以下の懲役

に処する。

ア　逮捕・監禁罪の基本構造

a　保護法益

保護法益は、人の場所的移動（身体活動）の自由である。「場所的移動の自由」の具体的内容については争いがあるが、判例は、可能的自由（移動しようと思えば移動できる自由）としている（**論点1**〔意思能力の要否〕）。

b　客　体

客体は、人であり、場所的移動（身体活動）の自由を有する自然人をいう（下線ⓑ）。行動能力のない嬰児や意識喪失状態の者は含まれない。これに対して、意思能力の要否については争いがあるが、裁判例によれば、意思能力があることは必要でなく、幼児や精神障害者も本罪の客体になる（**論点1**〔意思能力の要否〕）。また、場所的移動の自由が剥奪されていることについての被害者による現実の認識は不要であるとしている。

c　「不法に」

「不法に」とは、法令行為（刑訴法上の逮捕等）や被害者の承諾など、一般的な違法性阻却事由がないということである（下線ⓐ）。特に、被害者の承諾の有効性について、判例は、「被害者が本当のことを知れば場所的移動の自由の喪失に承諾しなかったであろう」場合には被害者の承諾は無効であるとする立場に立っている（**論点2**〔欺罔による監禁〕）。

d　行為1——逮捕

【事例6】ロープによる拘束
　Xは、ロープなどを使って、Aの胸部や足部を木材に縛りつけた。

逮捕罪の行為は、人を逮捕することである。「逮捕」とは、羽交い締めにしたり縄で縛って動けなくするなどのように、直接的な強制作用を加えて場所的移動の自由を奪うことをいう（下線ⓒ）。【事例6】のような事案では、「監禁とは、人をして一定の区域外に出ること得ざらしめることを指し、逮捕とは、直接に人の身体の自由を拘束することを指す」のであるから、Xの行為は監禁には該当せずむしろ逮捕の典型的な場合であるとされている（大阪高判昭26・10・26高刑集4巻9号1173頁）。

逮捕は短時間ながら多少の時間的継続を必要とし、瞬時の束縛は暴行になる。わら縄で両足を縛って約5分間引きずり回した事案では、逮捕罪の成立

が認められている（大判昭7・2・29刑集11巻141頁）。

なお、両腕だけを縄で縛るなどの行為は、場所的移動の自由を奪うものではないから暴行罪にとどまるといわれている。

e　行為2——監禁

【事例7】外囲いの要否——オートバイ監禁事件
　Xは、Aをオートバイの後部荷台に乗せ、時速約40kmで疾走し、Aが降ろしてほしいと言っても同速度のまま走り続けた。

【事例8】脱出の困難性——夜の船舶監禁事件
　Xは、Aを強制性交した後、発覚を恐れて沖合に停泊中の船舶に一晩閉じ込めた。Aは海に飛び込み岸まで泳ぐことによって脱出することが不可能ではなかったが、著しく困難であった。

監禁罪の行為は、人を監禁することである。「監禁」とは、一定の区域（場所）から脱出できないようにして場所的移動の自由を奪う（場所的移動を不可能・困難にする）ことをいい（下線ⓓ）、典型的には部屋に閉じ込めて出られなくするような場合である。

一定の区域（場所）は、必ずしも壁などによって囲まれた場所である必要はない。【事例7】のような事案では、後部荷台に外囲いはないが監禁罪の成立が認められている（〇最決昭38・4・18刑集17巻3号248頁〈講10、プ78〉。なお、本件では、Aがオートバイから飛び降りてけがをしたので、監禁致傷罪の成立が認められている）。

脱出は、全く不可能ではなくても、**著しく困難であればよい**。【事例8】のような事案では、陸上の一区画に閉じ込めた場合とは異なって、脱出しようと思えば深夜に岸まで泳ぐほかに方法はなかったので、脱出は全く不可能ではなかったにしても著しく困難であったとして監禁罪の成立が認められている（最判昭24・12・20刑集3巻12号2036頁〈プ77〉）。

脱出の可否および困難性は、物理的障害の有無や程度、被害者の年齢・性別・体力・犯人との関係などの具体的事情の下で、一般人を基準にして客観的に判断される。したがって、例えば、被害者がたまたま施錠破りの名人だったために容易に脱出できたとしても、**一般人には脱出不可能・困難であったのであれば監禁罪が成立する**。

監禁の方法としては、部屋に閉じ込める場合のように被害者の「外部」に場所的移動を不可能・困難にするような状況を作り出す場合のほかに、被害者の「身体に作用」して物理的移動を不可能・困難にさせる場合もある。後

者の例として、被害者をだまして睡眠薬を飲ませ、眠らせて室内にとどめおいた事案で監禁罪の成立が認められている（東京高判平11・9・1東高刑時報50巻1〜12号81頁〈プ80〉）。

　監禁の方法としては、暴行（有形的・物理的方法）を用いる場合のほかに、脅迫（無形的・心理的方法）を用いる場合もある。例えば、「そこを動くと殺すぞ」と脅迫して脱出できなくした場合のように、**脅迫によって被害者に恐怖心による心理的拘束を加えて脱出を不可能・困難にする場合も監禁になる**。被害者をスパイ活動容疑で査問し脱出できないようにした事案で、最高裁は、仮に昼間監視人がいないときに脱出できたとしても、後難を恐れてあえて逃亡することができないようにしたのであるから監禁罪が成立するとしている（最決昭34・7・3刑集13巻7号1088頁〈プ79〉）。また、脅迫による監禁罪が成立するためには、その脅迫は、被害者をして一定の場所から立ち去ることができない程度のものでなければならないとされている（最大判昭28・6・17刑集7巻6号1289頁）。

　入浴中の女性の衣服を持ち去り羞恥心のため脱出できないようにした場合のように、被害者に羞恥心による心理的拘束を加えて脱出を不可能・困難にする場合も通説は監禁になるとする。しかし、この結論を疑問とし、極めて特殊な状況でなければこういう場合は監禁罪には当たらないという見解も有力である。

　なお、監禁罪は、**継続犯**であり（総論4講2(1)）、自由の拘束が続いている限り犯罪が継続しており、その間は共犯が可能である。身柄の解放があったときから公訴時効が進行する。

　f　罪　数

　罪数について、①人を逮捕し引き続き監禁したときは包括的に観察して220条の包括一罪が成立する。②人を略取して引き続いて監禁したときは、略取罪と監禁罪は牽連犯になる。③逮捕・監禁の手段としての暴行・脅迫は、逮捕・監禁罪に吸収され別罪を構成しないが、逮捕・監禁が未遂（不可罰）に終わったときは、暴行罪・脅迫罪が成立する。④人を監禁して引き続き強制性交したときは（例えば、被害者を車に引きずり込んで連行した上強制性交したなど）、観念的競合説、牽連犯説、併合罪説に分かれている。

第3講　意思決定および場所的移動の自由に対する罪　55

イ　逮捕・監禁罪の重要問題
a　意思能力の要否　論点1

【設問1】熟睡者の監禁
　Ｘは、熟睡しているＡを寝室の外から施錠して閉じ込めた。熟睡中のＡに対する監禁罪が成立するかを論じなさい。

　泥酔している者や睡眠中の者にも監禁罪は成立するのであろうか。また、監禁されていることを理解しない幼児や精神障害者など意思能力のない者については どうか。この点、①可能的自由（意思能力不要）説は、**移動しようと思えば移動できる自由**が法益であるとし、**被害者に意思能力は不要であり、被害者に場所的移動の自由が剥奪されていることの現実の認識は不要である**とする。睡眠中の者でもいつ起きるかわからず、酔っぱらっている者でもいつ覚めるかもしれない、また、幼児であっても動き回れる範囲内においては本罪が成立すると考えるのである。この説からは、**【設問1】**のＸには、施錠した時から監禁罪が成立する。これに対して、②現実的自由（意思能力必要）説は、現実に移動しようと思ったときに移動できる自由が法益であるとし、被害者に意思能力は必要であり、場所的移動の自由が剥奪されていることを被害者が現実に認識することが必要であるとする。この説からは、**【設問1】**のＸには、Ａが熟睡中の間は監禁罪は成立しないが、Ａが目を覚まして部屋から出たいと考えたにもかかわらず出ることができなかったときから監禁罪が成立する。

　裁判例は、可能的自由説の立場に立っている。生後1年7カ月の幼児を監禁した事案では、自然的、事実的意味において任意に行動しうる者である以上、幼児のように意思能力が欠如している場合でも監禁罪の保護に値する客体になるとして監禁罪の成立が認められている（◎京都地判昭45・10・12判時614号104頁〈百10、講11、プ73〉）。また、認知症の母親を緊縛し、誤って窒息死させた事案では、逮捕監禁致死罪の成立が認められている（甲府地判平14・12・11LEX/DB28085212〈プ74〉）。

b　欺罔による監禁　論点2

【設問2】同乗への錯誤に基づく承諾
　Ｘは自己の経営するキャバクラのホステスＡが逃げたので連れ戻そうとし、入院中のＡの母親の下に行くとＡを誤信させて、あらかじめＸ宅へ行くように指示してあったタクシーに乗り込ませ、Ａがだまされたのに気づいて車外に逃げ出す

まで走行させた。Aが、だまされたのに気づかずに同乗していた間も監禁罪が成立しているかを論じなさい。

　場所的移動の自由が失われることに被害者が承諾を与えているが、この承諾が行為者の欺罔によって得られたものであった場合に、逮捕・監禁罪が成立するかが問題になる。この点、重大な錯誤説は、「**被害者が本当のことを知れば場所的移動の自由の喪失に承諾しなかったであろう**」場合には、被害者の承諾は無効であるとする（総論11講3(3)）。この説からは、**【設問2】**のXには、Aがタクシーに乗車した時から監禁罪が成立し、Aがだまされたのに気づかずに同乗していた間も監禁罪が成立していることになる。これに対して、法益関係的錯誤説（法益を現実的自由と理解する場合）は、車に同乗して車が走行している間は場所的移動の自由が喪失しているということ自体についての錯誤はなく、ただ車への同乗の動機についてのみ錯誤があるにすぎないのであるから、被害者が同乗に対して現実に異議を唱えない限り監禁罪は成立しないとする（総論11講3(3)）。この説からは、**【設問2】**のXには、Aが異変に気づいて降車を要求したときから監禁罪が成立し、Aがだまされたのに気づかずに同乗していた間は監禁罪は成立しないことになる。

　判例は、重大な錯誤説の立場に立っている。**【設問2】**のような事案で、最高裁は、Aがだまされたのに気づかずに同乗していた間も監禁罪が成立していることを認め、タクシーに乗車させた時点からの監禁罪の成立を肯定している（○最決昭33・3・19刑集12巻4号636頁〈プ71〉）。また、Xが強制性交目的を秘して被害者Aの承諾を得て同人を自動車に同乗させた事案において、脱出を困難ならしめようとする積極的な方法を講じていなくても、また、AがXの意図に気づかなかったとしても、Xの行為は監禁罪に該当するとされている（広島高判昭51・9・21判時847号106頁〈プ72〉）。

(2)　逮捕・監禁致死傷罪

> 221条　前条の罪を犯し、よって人を死傷させた者は、傷害の罪と比較して、重い刑により処断する。

　本罪は、逮捕・監禁罪の結果的加重犯である。

　死傷結果は、逮捕・監禁の手段として用いた暴行・脅迫から生じた場合のほかに、逮捕・監禁という事実から生じた場合も含まれる。例えば、監禁中に被害者が逃げようとしてけがをした場合も本罪が成立する。裁判例として、監禁された被害者が拘束の恐怖から窓から飛び降りて死亡した事

第3講　意思決定および場所的移動の自由に対する罪　57

案では、監禁致死罪の成立が認められている（東京高判昭55・10・7判時1006号109頁）。

　これに対して、監禁中に被害者の態度に立腹して殴り傷害を負わせた場合のように、監禁中に加えられた暴行であっても、その暴行が監禁の手段ではなく、単に監禁の機会になされたものであって、それにより死傷結果が生じたときは、本罪ではなく、傷害罪などの犯罪が別途成立し、それと逮捕・監禁罪が併合罪になる（最決昭42・12・21判時506号59頁）。

4　略取・誘拐の罪

(1)　総　説

　略取・誘拐の罪は、人を本来の生活環境から不法に離脱させ、自己または第三者の実力的支配下に移して場所的移動の自由を奪う罪である。刑法典は、略取・誘拐の罪として、未成年者を客体とした場合にいかなる目的で行われた場合であっても処罰する①未成年者拐取罪、未成年者または成年者に対して一定の目的をもって行われた場合を処罰する②営利目的等拐取罪、特に身の代金目的で行われた場合に重く処罰する③身の代金目的拐取罪、④身の代金要求罪、⑤その他（人身売買罪等）を定めている。

　略取・誘拐の罪の中核的な行為は、略取または誘拐することであり、両方をあわせて拐取という。略取とは、暴行または脅迫を手段として、人を本来の生活環境から不法に離脱させ、自己または第三者の実力的支配下に移すことである。誘拐とは、欺罔（虚偽の事実を告知すること）または誘惑（甘言を用いて判断を誤らせること）を手段として、人を本来の生活環境から不法に離脱させ、自己または第三者の実力的支配下に移すことである。

(2)　未成年者拐取罪

> **224条**　ⓐ未成年者をⓑ略取し、又はⓒ誘拐した者は、3月以上7年以下の懲役に処する。

未遂（228条）　第224条、第225条、第225条の2第1項、第226条から第226条の3まで並びに前条第1項から第3項まで及び第4項前段の罪の未遂は、罰する。

ア　未成年者拐取罪の基本構造

a　保護法益

　保護法益は、判例によれば、被拐取者の自由と監護者の監護権である。この立場からは、被拐取者と監護者の双方が被害者ということになるので、たとえ承諾能力のある被拐取者（未成年者）が承諾しても、監護者が承諾しな

いときは、監護者の監護権を侵害したとして本罪が成立する。また、罪質は、通説によれば、継続犯である（論点1〔保護法益と罪質〕）。

　b　主　体

　主体について、未成年者の監護者が本罪の主体となりうるかは争いがあるが、判例・通説はなりうるとしている（論点2〔監護者による拐取〕）。

　c　客　体

　客体は、未成年者であり、20歳未満の者をいう（民法4条、下線ⓐ）。行動能力を欠く嬰児も含まれる。判例によれば、被拐取者の自由も法益であるので、保護監督者がいない未成年者も本罪の客体になる。

　　　＊　なお、婚姻による成年擬制（民法753条）が本条にも適用され、客体から除外されるかについては争いがある。保護法益として監護権を強調する立場は、結婚によって独立した以上本条との関係でも成年とすべきであって客体から除外されるとする。これに対して、保護法益として被拐取者の自由および安全を強調する立場は、婚姻後も生理的には未成年であることに変わりはないとして、本罪の客体に含まれるとしている。

　d　行　為

　行為は、略取および誘拐である。略取とは、暴行または脅迫を手段として行う場合である（下線ⓑ）。誘拐とは、欺罔または誘惑を手段として行う場合である（下線ⓒ）。なお、これらの手段は、直接被拐取者に対して用いられる必要はなく、保護者・監護者に対するものであってもよい。監護者を欺いて監護者の承諾を得て未成年者を連れ出す行為は誘拐になる（大判大13・6・19刑集3巻502頁〈プ92〉）。また、被拐取者の場所的移転は必ずしも必要ではなく、保護者・監護者の保護を排除することによっても可能である。

　e　故　意

　故意は、客体が未成年者であることおよび自己の行為が拐取に当たることの認識である。未成年者を成人と誤認した場合は、本罪の故意は認められず、営利等の目的がなければ犯罪は成立しない。

　f　未遂・既遂

　拐取の手段を用いれば実行の着手が認められる。例えば、親権者を欺いて未成年者の子どもを連れ去ろうとしたが、親権者が欺罔に気づいて取り返された場合は未遂である。拐取行為によって被拐取者を自己または第三者の実力支配内に移したときに既遂となる。

　g　罪　数

　①略取の手段として行われた暴行・脅迫は略取罪に吸収される。②略取の

手段として逮捕・監禁が行われた場合は略取罪に吸収されず、逮捕・監禁罪が成立し、本罪と観念的競合になる。③拐取後に引き続いて監禁すれば、新たな行為によって監禁罪が成立し、本罪と監禁罪は併合罪になる。

イ　未成年者拐取罪の重要問題
a　保護法益と罪質　論点1

> **【設問3】被拐取者の承諾のある誘拐事件**
> 　Xは、Aの下で養育されている未成年者Bを誘惑してその承諾を得て、Aが知らない間にAの意思に反してBをその生活環境から離脱させ、Xの実力支配内に移した。Xの罪責を論じなさい。

　本罪の保護法益は何かについて学説の対立がある。まず、①被拐取者の自由説は、被拐取者の自由のみが保護法益であるとし、被拐取者の自由の侵害が続く限り本罪は継続するとする（継続犯）。この説からは、被拐取者の承諾があれば違法性が阻却されることになり、【設問3】のXには未成年者拐取罪は成立しない。この説は、嬰児のような行動能力を欠く者の拐取を説明できないと批判されている。次に、②人的保護関係説は、親権者など監護者の監護権のみが保護法益であるとし、被拐取者を自己の支配下に置いた時点で監護権侵害があって犯罪は終了し、後はその違法状態が続くだけであるとする（状態犯）。この説からは、監護者が承諾していなければ本罪が成立することになり、【設問3】のXには未成年者拐取罪が成立する。この説は、被拐取者の意思を問題にしないことに問題があると批判されている。さらに、③折衷説は、被拐取者の自由と監護者の監護権の双方が保護法益であるとし、本罪は被拐取者の自由の侵害がある限り継続する継続犯であるとする。この説からは、被拐取者の承諾と監護者の承諾の双方が必要であり、監護者が承諾していない場合は監護権の侵害があるので本罪は成立することになり、【設問3】のXには未成年者拐取罪が成立する。この説は、監護者の虐待から守るための奪取も処罰されるおそれがあると批判されている。最後に、④被拐取者の安全説は、被拐取者の自由と安全が保護法益であるとする。この説は、被拐取者の安全に力点を置いて本罪を状態犯であるとする者と、被拐取者の自由に力点を置いて継続犯であるとする者に分かれる。なお、嬰児のような行動能力を欠く者の拐取は、被拐取者の安全の侵害として本罪が成立すると説明されている。この説からは、被拐取者の承諾があれば違法性が阻却されることになり、【設問3】のXには未成年者拐取罪は成立

しない。この説は、拐取行為自体が常に身体の安全の侵害を伴うわけではないと批判されている。

判例は、③折衷説の立場に立っている（前掲・大判大13・6・19）。【設問3】のような事案でも、裁判所は、**本罪の保護法益は被拐取者の自由のみでなく監護者の監護権**にもあり、監護者も被害者として独自の告訴権を有するとし、また、たとえ被拐取者の承諾があっても監護者が承諾していなければ行為の違法性は阻却されないとしている（○福岡高判昭31・4・14裁特3巻8号409頁〈講14、プ93〉）。

b　監護者による拐取　論点2

【設問4】監護者による拐取事件

夫Xは、別居中で離婚係争中の妻Aの下で養育されていてAの下に居たがっている5歳の実子Bを、隙をついて自動車に乗せて無理やり連れ去った。Xの罪責を論じなさい。

親権者など監護者が本罪の主体になりうるのであろうか。このことは、監護者が複数いる場合に一方の監護者が他方の監護者の意思に反して拐取した場合によく問題になる。まず、①被拐取者の自由説によると、Bの意思に反して自由を侵害している以上、【設問4】のXには未成年者拐取罪が成立することになる。次に、②人的保護関係説によると、監護者Aの監護権を侵害しているので、【設問4】のXには未成年者拐取罪が成立することになる。さらに、③折衷説によると、Bの意思に反して自由を侵害しており、Aの監護権も侵害しているので、【設問4】のXには未成年者拐取罪が成立することになる。最後に、④被拐取者の安全説によると、Bの意思に反して自由を侵害している以上、【設問4】のXには未成年者拐取罪が成立することになる。このようにいずれの説に立っても構成要件該当性は否定できない。被告人が監護者であるという事情は違法性のレベルで考慮されることになる。最高裁も、【設問4】のような事案で、「その行為が未成年者略取罪の構成要件に該当することは明らかであり、被告人が親権者の1人であることは、その行為の違法性が例外的に阻却されるかどうかの判断において考慮されるべき事情である」としている（◎最決平17・12・6刑集59巻10号1901頁〈百12、講16、プ94〉）。この事案では、Xの行為態様が粗暴で強引なものであることや被拐取者Bの年齢などの理由から違法性の阻却が認められなかった。

なお、親族間の紛争から祖父母が未成年者の孫を誘拐した事案では、その

第3講　意思決定および場所的移動の自由に対する罪　61

ような場合の刑の量定は「継続的な関係にある親子間の紛争という事案の性質に照らし、被害者である未成年者の福祉を踏まえつつ、将来的な解決の道筋なども勘案しながら、刑事司法が介入すべき範囲、程度につき慎重に検討する必要がある」とされている（最判平18・10・12判時1950号173頁〈プ96〉）。

(3) 営利・わいせつ・結婚・加害目的拐取罪

> 225条　ⓐ営利、ⓑわいせつ、ⓒ結婚又はⓓ生命若しくは身体に対する加害の目的で、ⓔ人をⓕ略取し、又はⓖ誘拐した者は、1年以上10年以下の懲役に処する。

未遂（228条）　第224条、第225条、第225条の2第1項、第226条から第226条の3まで並びに前条第1項から第3項まで及び第4項前段の罪の未遂は、罰する。

ア　目的犯

本罪は、目的犯である。被拐取者が成年のときは、目的は可罰性を基礎づける要素となり、未成年のときは、224条に対して刑を加重する要素となる。目的を遂げなくても既遂になる。

a　営利目的

営利目的とは、拐取行為により自ら財産上の利益を得、または第三者に得させる目的をいう（下線ⓐ）。営業的であることは必要ではない。継続的に利益を得る目的であることは必要でなく、一時的に利益を得る目的であってもよい。また、踊り子として引き渡すために誘拐して報酬をもらうように、第三者から報酬を得る場合も含む（最決昭37・11・21刑集16巻11号1570頁〈プ97〉）。利益を取得することが動機となって拐取する場合とすると、被拐取者から財物を盗む目的でも含まれてしまうことになる。しかし、立法者が考えていたのは被拐取者に売春させて利益を得るなど被拐取者の直接的な利用によって、その者の犠牲によって利益を得る場合なのである。

b　わいせつ目的

わいせつ目的とは、姦淫その他被拐取者の性的自由を侵害する目的をいう（下線ⓑ）。

c　結婚目的

結婚目的とは、行為者または第三者と結婚させる目的をいう（下線ⓒ）。法律婚だけでなく、事実婚（内縁）も含む。ただし、通常の夫婦生活の実質を備えない肉体関係の継続という一時的な享楽は「わいせつの目的」である（岡山地判昭43・5・6判時524号89頁）。

d　加害目的

生命もしくは身体に対する加害の目的とは、被拐取者を殺害し、傷害し、または暴行を加える目的をいう（下線ⓓ）。例えば、臓器摘出目的で誘拐したときは、たとえ臓器売買などによる営利目的がなくても本目的に該当する。さらに、暴力団員が暴行または傷害の目的で略取・誘拐するような場合も含まれる。

イ　身分犯

上記の目的は、人的関係である特殊の地位または状態を示すものであるから、判例によれば、一種の身分に当たるとみられている。本罪は身分犯の規定である。客体が成年ならば上記の目的がなければ処罰されないので真正身分犯であり、客体が未成年ならば刑の加重理由になるので不真正身分犯である（総論24講１(1)）。

ウ　客体

客体は、人であり、成年と未成年の両方を含む（下線ⓔ）。

エ　行為

行為は、略取および誘拐である。略取とは、暴行または脅迫を手段として、行う場合である（下線ⓕ）。誘拐とは、欺罔または誘惑を手段として、行う場合である（下線ⓖ）。

オ　罪数

①未成年者を営利目的で誘拐した場合は、未成年者拐取罪は営利目的拐取罪に吸収され、本罪のみが成立する。②わいせつの目的で被害者を拐取し強制わいせつ行為を行えば本罪と強制わいせつ罪の牽連犯となる。

⑷　身の代金目的拐取罪

> **225条の２第１項**　ⓐ近親者その他略取され又は誘拐された者の安否を憂慮する者のⓑ憂慮に乗じてその財物をⓒ交付させる目的で、ⓒ人をⓓ略取し、又はⓔ誘拐した者は、無期又は３年以上の懲役に処する。

未遂（228条）　第224条、第225条、第225条の２第１項、第226条から第226条の３まで並びに前条第１項から第３項まで及び第４項前段の罪の未遂は、罰する。

予備（228条の３）　第225条の２第１項の罪を犯す目的で、その予備をした者は、２年以下の懲役に処する。ただし、実行に着手する前に自首した者は、その刑を減軽し、又は免除する。

本罪は、身の代金目的による略取・誘拐事案の悪質性に鑑みて、1964（昭和39）年に新たに追加されたものである。それまで、この種の犯罪は、営利目的等拐取罪もしくは恐喝罪で処理されていた。しかし、この種の事案の有

害性や被害の残酷性はこれら2つの犯罪と異質のものであるので、新たに立法されたのである。危険性の高さを考慮して、重い法定刑とされている。

ア　身の代金目的拐取罪の基本構造

a　成立要件

「安否を憂慮する者」とは、判例によれば、単なる同情から被拐取者の安否を気遣うにすぎない者は含まれないが、近親者以外でも、**被拐取者の安否を親身になって憂慮するのが社会通念上当然とみられる特別な関係にある者**も含まれる（下線ⓐ、論点1〔安否を憂慮する者の意義〕）。

本罪は、目的犯である（下線ⓑ）。行為者に「憂慮に乗じてその財物を交付させる目的」があれば足りるから、現実に憂慮する者が存在しなくてもよい。「憂慮に乗じて」とは、憂慮・心配を利用してということである。「その財物」は、憂慮する者が処分しうるものであればよく、憂慮する者の所有物である必要はない。「財物」とされているので、財産上の利益は含まれない。

客体は、人であり、成年と未成年の両方を含む（下線ⓒ）。

行為は、略取および誘拐である。略取とは、暴行または脅迫を手段として、行う場合である（下線ⓓ）。誘拐とは、欺罔または誘惑を手段として行う場合である（下線ⓔ）。

b　未遂・予備

未遂（228条）のほか、予備（228条の3）も処罰される。ただし、実行に着手する前に自首した場合は、刑が減軽・免除される。なお、「捜査機関に発覚する前に自首したとき」（42条）という限定はない。

c　罪　数

罪数について、①営利目的拐取罪と本罪は法条競合（吸収関係）に立ち、本罪だけが成立する。②わいせつ・結婚目的拐取罪と本罪は罪質が異なるため、観念的競合になる。③身の代金目的で誘拐した後、被拐取者を監禁した場合は併合罪になる（最決昭58・9・27刑集37巻7号1078頁）。

イ　身の代金目的拐取罪の重要問題——安否を憂慮する者の意義　論点1

【設問5】佐賀相互銀行事件

　お金に窮したXは、佐賀相互銀行代表取締役社長Aを略取し、車でホテルの一室に連れ込み、監禁して、同銀行専務Bらに電話をかけて身の代金を要求したが、逮捕されて身の代金取得には至らなかった。AとBの間には、業務の遂行を通じて築かれた深い人間関係があった。Xに身の代金目的略取罪が成立するかを論じなさい。

「近親者その他略取され又は誘拐された者の安否を憂慮する者」の意義は必ずしも明確ではなく、学説に争いがある。最も広い①非限定説は、親族に限らず知人その他であっても被拐取者の安否を憂慮する者はすべて含むとする。この説からは、Ｂは安否を憂慮する者に当たるので、Ｘには身の代金目的略取罪が成立することになる。これに対して、②中間説は、近親者のように親身になって被拐取者の安否を憂慮する者をいうとする。単に同情する第三者は含まれないが、親族関係は必要ではなく、里子に対する里親や住込み店員に対する店主なども含まれるとする。この説からは、ＢはＡとの間に深い人間関係があり親身になって憂慮する者であるので安否を憂慮する者に当たり、Ｘには身の代金目的略取罪が成立することになる。これに対して、最も狭い③限定説は、被拐取者を事実上保護していた者に限るとする。この説からは、ＢはＡの事実上の保護者ではないので安否を憂慮する者に当たらず、Ｘには身の代金目的略取罪が成立しないことになる。

　判例は、被拐取者との緊密な人的関係という事実的要素だけでなく、**憂慮することが社会通念上当然だとみられるという規範的要素を考慮してその点を重視する**ことによって、安否を憂慮する者をかなり広く解している。【設問5】のような事案で、最高裁は、「安否を憂慮する者」には近親でなくても「被拐取者の安否を親身になって憂慮するのが社会通念上当然とみられる特別な関係にある者」も含むとして同銀行幹部Ｂも含まれるとしている（◎最決昭62・3・24刑集41巻2号173頁〈百13、講15、プ98〉）。本件の調査官解説によれば、「被拐取者の安全を回復するためにはいかなる財産的犠牲をもいとわないというような、いわばゲマインシャフト的な、打算を超えた特別の人間関係にある者のみに限る理由はなく、いわばゲゼルシャフト的、すなわち、経済的な側面や自己の体面あるいは社会的信用というような、必ずしも純粋とはいえない動機からのものであっても、社会通念としてはそれなりに真摯な憂慮をせざるを得ない立場にあるとみられる者」も含まれるとされている。さらに、末端の銀行員を拐取して銀行の頭取に身の代金を要求した事案では、安否を憂慮する者であるかどうかは、**被拐取者との個人的関係を離れ、社会通念に従って客観的類型的に判断すべきだ**として、銀行頭取と当該銀行員の間に個人的に密接な接触がなかったにもかかわらず、銀行頭取は安否を憂慮する者に当たるとされている（東京地判平4・6・19判タ806号227頁）。

(5)　身の代金要求罪

ア　拐取者身の代金要求罪

> 225条の2第2項　ⓐ人を略取し又は誘拐した者が近親者その他略取され又は誘拐された者の安否を憂慮する者のⓑ憂慮に乗じて、その財物を交付させ、又はⓒこれを要求する行為をしたときも、前項と同様とする。

　本罪は、当初身の代金を目的とせずに人を拐取した者が、拐取後に身の代金を交付させ、または要求する行為を、225条の2第1項と同様に処罰するものである。

　主体は、「人を略取し又は誘拐した者」である（下線ⓐ、身分犯）。略取・誘拐は、犯罪が成立する場合に限るとする見解が有力である。

　行為は、安否を憂慮する者の心配を利用して、財物を交付させ、またはこれを要求することである。「財物を交付させ」とは、相手方に財物を提供させることである（下線ⓑ）。財物の交付が実際に憂慮に基づくことが必要である。また、「これを要求する行為をする」とは、財物の交付を求める意思表示をすることであり、意思表示をすればそれで既遂に達し、相手方にそれが到達する（相手方がその意思表示を知りうる状態に達する）必要はない（下線ⓒ）。未遂形態が取り込まれているため、未遂処罰規定は置かれていない。

　罪数について、①身の代金目的拐取罪を犯した者が本罪を行えば牽連犯である（前掲・最決昭58・9・27）。②その他の拐取罪を犯した者が本罪を行えば併合罪になる（最決昭57・11・29刑集36巻11号988頁）。

イ　収受者身の代金要求罪

> 227条第4項後段　ⓐ略取され又は誘拐された者を収受した者が近親者その他略取され又は誘拐された者のⓑ安否を憂慮する者の憂慮に乗じて、その財物を交付させ、又はこれを要求する行為をしたときも、同様とする。

　主体は、「略取され又は誘拐された者を収受した者」である（下線ⓐ、身分犯）。

　行為は、財物を交付させ、またはこれを要求することである（下線ⓑ）。

(6)　その他

ア　所在国外移送目的拐取罪

> 226条　ⓐ所在国外に移送する目的で、ⓑ人を略取し、又は誘拐した者は、2年以上の有期懲役に処する。

　未遂（228条）　第224条、第225条、第225条の2第1項、第226条から第226条の3まで並びに

前条第1項から第3項まで及び第4項前段の罪の未遂は、罰する。

　本罪は、人が現に所在する国の領土、領海または領空外に運び出すという目的で行われることが必要である（下線ⓐ、目的犯）。客体である「人」には、その所在地の国民だけでなく、旅行者も含まれる（下線ⓑ）。

イ　人身売買罪

> 226条の2第1項　人を買い受けた者は、3月以上5年以下の懲役に処する。
> 2項　未成年者を買い受けた者は、3月以上7年以下の懲役に処する。
> 3項　営利、わいせつ、結婚又は生命若しくは身体に対する加害の目的で、人を買い受けた者は、1年以上10年以下の懲役に処する。
> 4項　人を売り渡した者も、前項と同様とする。
> 5項　所在国外に移送する目的で、人を売買した者は、2年以上の有期懲役に処する。

未遂（228条）　第224条、第225条、第225条の2第1項、第226条から第226条の3まで並びに前条第1項から第3項まで及び第4項前段の罪の未遂は、罰する。

　人身売買とは、有償で人身に対する不法な支配を移転することをいう。買受け罪と売渡し罪は必要的共犯である（総論20講1(2)）。人を買い受けた者は、出費回収のため被害者の自由を強く拘束することが見込まれるため、買受け行為自体が処罰される。

ウ　被拐取者等所在国外移送罪

> 226条の3　ⓐ略取され、誘拐され、又はⓑ売買された者を所在国外にⓒ移送した者は、2年以上の有期懲役に処する。

未遂（228条）　第224条、第225条、第225条の2第1項、第226条から第226条の3まで並びに前条第1項から第3項まで及び第4項前段の罪の未遂は、罰する。

　本罪は、略取され、誘拐され、または売買された者を所在国外に移送した場合に成立する。「略取され、誘拐され」た者とは、拐取行為の被害者のことである（下線ⓐ）。「売買された者」とは、人身売買によって授受された者のことである（下線ⓑ）。「移送」とは、他の場所に移すことであり、所在国の領地等の外に出たときに既遂となる（下線ⓒ）。

エ　被拐取者収受等罪

> 227条1項　第224条、第225条又は前3条の罪を犯した者をⓐ幇助する目的で、略取され、誘拐され、又は売買された者をⓑ引き渡し、ⓒ収受し、ⓓ輸送し、ⓔ蔵匿し、又はⓕ隠避させた者は、3月以上5年以下の懲役に処する。
> 2項　第225条の2第1項の罪を犯した者を幇助する目的で、略取され又は誘拐された者を引き渡し、収受し、輸送し、蔵匿し、又は隠避させた者は、1年以上10年以下の懲役に処する。

第3講　意思決定および場所的移動の自由に対する罪　67

> **3項** 営利、わいせつ又は生命若しくは身体に対する加害の目的で、略取され、誘拐され、又は売買された者を引き渡し、収受し、輸送し、又は蔵匿した者は、6月以上7年以下の懲役に処する。
>
> **4項前段** 第225条の2第1項の目的で、略取され又は誘拐された者を収受した者は、2年以上の有期懲役に処する。
>
> **4項後段** 略取され又は誘拐された者を収受した者が近親者その他略取され又は誘拐された者の安否を憂慮する者の憂慮に乗じて、その財物を交付させ、又はこれを要求する行為をしたときも、同様とする。

未遂（228条） 第224条、第225条、第225条の2第1項、第226条から第226条の3まで並びに前条第1項から第3項まで及び第4項前段の罪の未遂は、罰する。

　本罪は、各種の拐取罪を犯した者を事後的に幇助し、被拐取者に対する支配の状態を継続・助長する行為を処罰するものである。「幇助する目的」とは、拐取状態を継続させる目的のことである（下線ⓐ）。「引き渡し」とは、被害者の支配を他者に移すことをいう（下線ⓑ）。「収受」とは、被拐取者を受け取り自己の支配下に置くことをいう（下線ⓒ）。「輸送」とは、被拐取者の身柄を移転することをいう（下線ⓓ）。「蔵匿」とは場所を与えて被拐取者の発見を妨げることをいい（下線ⓔ）、「隠避」とは蔵匿以外の方法で被拐取者の発見を妨げることをいう（下線ⓕ）。

オ　被拐取者の解放と刑の必要的減軽

> **228条の2** 第225条の2又は第227条第2項若しくは第4項の罪を犯した者が、公訴が提起される前に、略取され又は誘拐された者をⓐ安全な場所に解放したときは、その刑を減軽する。

　本条は、被拐取者の安全に配慮した政策的規定である。「安全な場所」とは、被拐取者の生命、身体に実質的に危険がなく、かつ、救出、発見が容易な場所をいう（下線ⓐ、最決昭54・6・26刑集33巻4号364頁〈プ99〉）。

カ　親告罪

> **229条** 第224条の罪及び同条の罪を幇助する目的で犯した第227条第1項の罪並びにこれらの罪の未遂罪は、告訴がなければ公訴を提起することができない。

　未成年者略取・誘拐に係る罪については、例えば監護者による子の拐取の場合に、監護者も未成年者拐取罪の主体になりうるところ、監護者が被害に遭った未成年者のその後の成長に影響を与えうるので、処罰を求めるか否かの判断を被害者やもう一方の監護者の意思に委ねるべきとの配慮から親告罪とされている。告訴権は、被拐取者およびその法定代理人に認められる（刑訴法230条・231条1項）。事実上の監護者は、保護法益に監護権を含むと解する立場からは告訴権者となるが、被拐取者の自由（および安

全）を保護法益と解する立場からは告訴権者とならない。

　なお、旧規定では、わいせつ目的および結婚目的の略取・誘拐に係る罪は、被拐取者の名誉を保護する観点から親告罪となっていたが、2017（平成29）年の法改正によって非親告罪とされることになった。これは、強制性交等罪などを、親告罪であることに伴う被害者の精神的負担を考慮して非親告罪化する以上、同様の配慮から非親告罪とした方が良いと考えられたためである。

　また、旧規定では、法律婚の保護を図るために、「略取され、誘拐され、又は売買された者が犯人と婚姻をしたときは、婚姻の無効又は取消しの裁判が確定した後でなければ、告訴の効力がない」とする但書があった。しかし、略取・誘拐された未成年者が犯人と婚姻したにもかかわらず犯人を告訴する場合というのは、被拐取者にそもそも婚姻する意思がなかったか、あるいは婚姻関係が破綻しているような場合であり、告訴の効力との関係で法律婚の保護が図られるべき状況であるとは考えられないので、2017年の法改正によって但書は削除された。

第3講　意思決定および場所的移動の自由に対する罪　69

第4講　性的自由に対する罪・住居侵入罪

◆学習のポイント◆
1　性的自由に対する罪では、欺罔に基づく準強制わいせつ罪・準強制
性交等罪の成否の問題を中心に学習しておくとよい。
2　住居侵入罪では、①保護法益と②侵入概念についての判例の変遷を
踏まえた上で、③違法目的を秘しての立入り（現実的承諾と推定的承
諾の有効性）と④ビラ配布目的での集合住宅の共用部分への立入りの
問題を中心にして、判例と学説を検討しておくことが重要である。

1　性的自由に対する罪

(1)　総　説

　刑法典第22章「わいせつ、強制性交等及び重婚の罪」は、今日の通説によ
れば、「性的自由に対する罪（強制わいせつ罪と強制性交等罪等）」と「性的
風俗に対する罪（公然わいせつ罪とわいせつ物頒布罪）」に大別される。前
者は個人の性的自由を侵害する罪で個人的法益に対する罪であるが、後者は
性的風俗を侵害する罪で社会的法益に対する罪である。本講で扱うのは前者
である。

　強制わいせつ罪等の保護法益は、通説によれば、**性的自由（性的羞恥心を
抱くような性的事項についての自己決定の自由）**である。

●コラム●　2017年刑法一部改正の概要

　近年における性犯罪の実情等に鑑みて、事案の実態に即した対処をするため、2017（平
成29）年に刑法の一部改正が行われた。その内容は、①強姦罪（当時）の構成要件の見直
し、②法定刑の引上げ、③集団強姦罪（当時）等の廃止、④非親告罪化、⑤監護者わいせ
つ罪・性交等罪の新設、⑥強盗強姦罪（当時）の構成要件の見直しに分かれる。

　①強姦罪（当時）では、性交のみが処罰され、客体は女性に限定されていたが、強制性
交等罪では、肛門性交および口腔性交も含み、また客体に男性も含まれることになった。

　②強姦罪（当時）の法定刑の下限は懲役3年とされていたが、強制性交等罪の法定刑の
下限は懲役5年に引き上げられた。また、強姦等致死傷罪（当時）の法定刑の下限は懲役
5年とされていたが、強制性交等致死傷罪の法定刑の下限は懲役6年に引き上げられた。

---

③集団強姦罪（当時）の法定刑の下限は懲役4年であったが、強制性交等罪の法定刑の下限が引き上げられ、集団強姦罪（当時）の法定刑の下限を上回ることになった。また、集団強姦等致死傷罪（当時）の法定刑の下限は懲役6年であったが、強制性交等致死傷罪の法定刑の下限が引き上げられ、集団強姦等致死傷罪（当時）の法定刑の下限と同じになった。そこで、集団強姦罪および同罪にかかる致死傷罪は廃止された。

④旧規定では、強姦罪（当時）など一部の性犯罪は親告罪とされており、被害者の名誉保護のために、刑事裁判にかけるか否かを被害者の意思にかからしめていた。しかし、被害者が告訴したことによって被告人から報復を受けるのではないかとの不安をもつ場合があるなどの理由から、被害者の精神的負担を解消するために非親告罪化された。

⑤18歳未満の者を現に監護する者（実親、養親等）が、その影響力があることに乗じてわいせつな行為または性交等をした場合に、強制わいせつ罪または強制性交等罪と同様の法定刑で処罰する規定が新設された。

⑥強盗強姦罪（当時）では、強盗犯人が強姦をした場合に成立するが、強姦犯人が強盗をした場合には成立せず、後者は強姦罪と強盗罪の併合罪となるとされていた。しかし、同一の機会に、強盗行為と強制性交等の行為の双方を行うにもかかわらず、先後関係の違いでもって刑に大きな差異があるのは不合理であることから、強盗・強制性交等罪では、それらの行為の先後関係を問うことなく成立することになった。

(2) 強制わいせつ罪

> 176条　ⓐ13歳以上の者に対し、ⓑ暴行又は脅迫を用いてⓒわいせつな行為をした者は、6月以上10年以下の懲役に処する。ⓓ13歳未満の者に対し、わいせつな行為をした者も、同様とする。

未遂（180条） 第176条から前条までの罪の未遂は、罰する。

ア 客 体

客体は、男女の双方である。13歳以上の者（男女）（下線ⓐ）の場合は、暴行または脅迫を手段とすることが必要である。これに対して、13歳未満の者（男女）（下線ⓓ）の場合は、手段はどのようなものであってもよい。また、後者の場合は、たとえ被害者が承諾していたとしても本罪が成立する。13歳未満の者は一般的・類型的に性的自由に対して承諾能力を欠くとされたからである。

イ 行 為

行為は、13歳以上の男女の場合は、暴行または脅迫を手段としてわいせつな行為をすることである。これに対して、13歳未満の男女の場合は、わいせつな行為をすることであり、手段を問わない。

a 暴行・脅迫の程度

本罪における暴行・脅迫は、通説によれば、被害者の反抗を著しく困難ならしめる程度のものであることが必要である（下線ⓑ）。わいせつ行為にお

第4講　性的自由に対する罪・住居侵入罪　71

ける被害者の承諾の有無の認定は微妙なので、被害者の意思に反したか否か
を判断するために、反抗を著しく困難にする程度のものであることが必要と
されるのである。裁判例として、かつての部下Aに対して暴行・脅迫を加え
てわいせつ行為をした事案で、暴行・脅迫自体は必ずしも強度のものとはい
えず、Aが完全に反抗を抑圧された状態にまで至っていたとはいえないが、
本罪の暴行・脅迫は被害者の意に反してわいせつ行為をする程度で足りると
して強制わいせつ罪の成立を認めたものがある（神戸地判平17・9・
16LEX/DB25410659〈プ102〉）。
　b　暴行自体がわいせつ行為である場合

【事例1】暴行自体がわいせつ行為である事例
　Xは、酒宴の席においてふざけ合っていたところ、他人YがA女を押し倒した
のに乗じて、Aの意思に反してAの陰部に指を挿入し、陰部にけがを負わせた。

　判例・通説によれば、手段たる暴行がわいせつ行為とは別に行われる必要
はなく、暴行自体がわいせつ行為である場合にも本罪が成立する。したがっ
て、例えばすれ違いざまに女性の胸を触るような「瞬間タッチ」行為にも本
罪が成立する。この場合、不意の性的暴行であれば、被害者は反抗が困難で
あると考えられるからである。
　判例として、【事例1】のような事案において、わいせつ行為に先立って
暴行をX自身が加えたわけではないが、陰部に指を挿入するという暴行自体
がわいせつ行為であるとしてXに強制わいせつ致傷罪の成立が認められてい
る（大判大7・8・20刑録24輯1203頁〈プ101〉）。
　c　わいせつな行為
　「わいせつな行為」とは、**徒に性欲を興奮または刺激せしめ、かつ普通人
の正常な性的羞恥心を害し、善良な性的道義観念に反する行為**をいう（下線
ⓒ）。例えば、無理やりキスしたり、陰部に手を触れたり、裸にして写真を
撮ったりすることである。
　本罪のわいせつは、個人の性的自由との関係が重要なので、性的風俗との
関係が問題になる公然わいせつ罪におけるわいせつよりも広い概念である。
例えば、公然わいせつ罪との関係では、不特定または多数人がその様子を見
てどのように感じるかが重要なので、現代においては「相手方の意思に反し
て人前でキスすること」がわいせつだとはされないであろうが、強制わいせ
つ罪との関係では、相手方がどのように感じるかが重要なので、「相手方の

意思に反して人前でキスすること」はわいせつであるとして強制わいせつ罪が成立するのである（東京高判昭32・1・22判時103号28頁）。

ウ　主観的要件

a　故　意

本罪の故意は、客体や行為といった客観的要件を認識していることである。13歳未満の男女の場合は、相手が13歳未満であることの認識も必要である。13歳未満の者を13歳以上であると誤信して、承諾を得てわいせつな行為を行ったときは、事実の錯誤として故意を阻却する（総論7講2(2)）。

b　主観的違法要素（傾向犯）

【事例2】性的意図のない強制わいせつ事件

　Xは、Yから金を借りる条件として児童ポルノの送信を要求されたので、性的意図なく金を得る目的で、7歳の女児Aに対し、Xの陰茎を触らせ、口にくわえさせ、Aの陰部を触るなどのわいせつな行為をした。

さらに、本罪の成立のために、主観的違法要素としてわいせつ傾向（性的意図）が必要かについては、争いがある。性的意図なく、例えば報復目的で相手の性的羞恥心を害する行為をした場合、必要説は、暴行罪や強要罪にはなりえても強制わいせつ罪にはならないとする。例えば、産婦人科医の治療行為によって患者の女性は性的羞恥心を害されることがあるかもしれないが、産婦人科医が性的意図なく治療の意図で治療行為をしたのであれば強制わいせつ罪の構成要件該当性を認めるべきではない。このように治療行為との区別をするため、強制わいせつ罪成立には主観的違法要素として「性的意図」が必要であると考えるのである。この説からは、【事例2】のXには、強制わいせつ罪は成立せず、強要罪が成立することになる。これに対して、不要説は、被害者の性的自由・性的羞恥心は行為者の性的意図の有無と関わりなく害されうるのであるから、被害者の性的自由が害された以上は強制わいせつ罪が成立するとする。この説からは、【事例2】のXには、強制わいせつ罪が成立することになる。

判例はかつて必要説に立っていた。報復目的で23歳の女性を裸にして写真撮影したという事案において、強制わいせつ罪が成立するためには「犯人の性欲を刺戟興奮させまたは満足させるという性的意図のもとに行なわれることを要」するとして、強制わいせつ罪の成立を否定していたのである（最判昭45・1・29刑集24巻1号1頁〈百14、講18、プ104〉）。しかし、近年、判

例変更が行われ、不要説に立つことが明らかになった。【事例２】のような事案において、最高裁は、強制わいせつ罪の成立要件の解釈をするにあたっては、被害者の受けた性的な被害の有無やその内容、程度にこそ目を向けるべきであって、行為者の性的意図を同罪の成立要件とする昭和45年判例の解釈は、その正当性を支える実質的な根拠を見出すことが難しいとして、Xに児童ポルノ製造罪以外に、強制わいせつ罪の成立を認めた（最大判平29・11・29裁判所 Web。ただし、事案により性的意図を考慮すべき場合がありうることまでは否定していない）。

エ　罪　数

①13歳未満の男女に対し暴行または脅迫を手段としてわいせつ行為をした場合は端的に176条の罪が成立する。②強制わいせつ行為が公然と行われた場合には、強制わいせつ罪と公然わいせつ罪は観念的競合になる。

(3) 強制性交等罪

> **177条** ⓐ13歳以上の者に対し、暴行又は脅迫を用いてⓑ性交、肛門性交又は口腔性交（以下「性交等」という。）をした者は、強制性交等の罪とし、５年以上の有期懲役に処する。ⓒ13歳未満の者に対し、性交等をした者も、同様とする。

未遂（180条） 第176条から前条までの罪の未遂は、罰する。

ア　客　体

本罪の客体は、旧規定の強姦罪（当時）では女性に限られていた。しかし、性差の解消の観点から、強制性交等罪では、肛門性交や口腔性交、あるいは行為者の膣内に被害者の陰茎を入れる行為（挿入させる行為）なども対象とされたため、女性に限定されないことになった。

13歳以上の男女の場合は、暴行または脅迫を手段とすることが必要である（下線ⓐ）。これに対して、13歳未満の男女の場合は、手段はどのようなものであってもよい（下線ⓒ）。また、後者の場合は、たとえ被害者が承諾していたとしても本罪が成立する。13歳未満の場合は一般的・類型的に性的自由に対して承諾能力を欠くとされたからである。

イ　主　体

旧規定の強姦罪（当時）では、客体が女性に限られ、行為が姦淫に限られていたことから、単独犯として本罪を行う場合は、主体は男性に限られていた。しかし、性差の解消の観点から、現行の強制性交等罪では、行為者の膣

内に被害者の陰茎を入れる行為（挿入させる行為）も対象とされたため、単独犯として本罪を行う場合でも主体は男性に限定されないことになった。それゆえ、本罪は身分犯ではない。なお、本罪は男性器の挿入が必要なため、少なくとも行為者か被害者かのいずれかが男性であることが必要であるが、女性も、間接正犯や共同正犯の形態で男性と組めば、女性を被害者とする同罪の主体になることができる。

【事例3】配偶者間の強制性交事件
　Xは、妻Aと別居中であり、離婚調停手続中であったが、Aに脅迫および暴行を加えてその反抗を抑圧し、Aを強制性交した。

　判例・通説は「夫による妻の強制性交」も肯定しうるとしている。「婚姻関係があれば包括的承諾がある」と考えるべきではないからである。

　裁判例として、妻が夫から虐待を受けて夫との生活を拒絶していたため、夫が第三者と共謀して妻を輪姦した事案で、（第三者だけでなく）夫にも強制性交等罪（当時の強姦罪）の成立を認めたものがある（広島高松江支判昭62・6・18高刑集40巻1号71頁）。さらに、近時の裁判例として、**【事例3】**のような事案で、婚姻関係が実質的には破綻していたと認定し、XにはAに性交を求める権利は消滅しており、権利行使を理由として違法性阻却を求める余地はないとして強制性交等罪（当時の強姦罪）の成立を認めたものがある（東京高判平19・9・26判タ1268号345頁〈プ100〉）。

ウ　行　為

　行為は、客体が13歳以上の男女の場合は、暴行・脅迫を手段として性交等をすることであり、客体が13歳未満の男女の場合は、性交等をすることである。「性交等」とは、男性器（陰茎）を、女性器（膣）、肛門もしくは口腔のいずれかに挿入する、もしくは挿入させることである（下線ⓑ）。

　旧規定の強姦罪（当時）では、妊娠の危険などを根拠にして、本罪で176条に比べて加重処罰される性的行為を、「姦淫」すなわち「①男性器を②女性器に③挿入する」行為に限定していたが、肛門および口腔への挿入の場合も、男性器の体腔内への挿入という濃厚な身体的接触を伴う性行為を強いられるものであり、女性器への挿入と同等の悪質性があると考えられたことから、現行の強制性交等罪では②の「何に」挿入するかの部分が拡張されることとなった。これに対して、①の「何を」挿入するかの拡張（男性器以外に手指や器具を挿入するなど）も2017年の法改正では検討されたが、異物を肛

第4講　性的自由に対する罪・住居侵入罪　75

門に入れる行為の場合などに性的な意味をもたないことがありうるなどの理由から見送られた。それゆえ、例えば器具を女性器に挿入する行為などは、従来どおり、強制わいせつ罪に該当することになる。

また、自己が被害者と性交する場合以外に、第三者に被害者と性交させるような場合も本罪の対象になる。

さらに、加害者が女性で被害者が男性の場合に、自己の膣内、肛門内もしくは口腔内に相手方の陰茎を入れる行為、いわゆる「挿入させる行為」も、「性交等をした」の中に含まれる。挿入させる行為も、男性が被害者として自己の男性器を他人の体腔へ挿入するという濃厚な身体的接触を伴う性行為を強制されるのであり、挿入する行為と同等の悪質性があると考えられたため、本罪の対象とされることになったのである。このようにして、③も拡張された。

なお、手段としての暴行・脅迫の程度は「相手方の反抗を著しく困難にする程度」であることが必要である。

エ　未　遂

実行の着手は、典型的には、直接強制性交等に向けられた、被害者の反抗を抑圧する手段として用いられる暴行・脅迫の開始時点に認められるが、場合によっては、それよりも前の段階で認められる（総論17講3(3)）。判例として、強制性交目的で、必死に抵抗する女性をダンプカーの運転席に引きずり込み、6km近く離れた場所で強制性交した事案では、引きずり込みの時点で強制性交に至る客観的危険性が明らかに認められるとして実行の着手を認め、その際の暴行によって傷害が生じたとして強制性交等致傷罪（当時の強姦致傷罪）の成立が認められている（○最決昭45・7・28刑集24巻7号585頁）。

オ　罪　数

同一の被害者に対して強制わいせつに接着して強制性交等が行われた場合は、強制性交等罪（当時の強姦罪）の包括一罪になる（東京地判平元・10・31判時1363号158頁〈プ105〉）。

(4)　準強制わいせつ罪・準強制性交等罪

178条1項　人の@心神喪失若しくは⑥抗拒不能に乗じ、又は心神を喪失させ、若しくは抗拒不能にさせて、わいせつな行為をした者は、第176条の例による。
　2項　人の心神喪失若しくは抗拒不能に乗じ、又は心神を喪失させ、若しくは抗拒不能にさせて、性交等をした者は、前条の例による。

未遂（180条）　第176条から前条までの罪の未遂は、罰する。

ア　準強制わいせつ罪・準強制性交等罪の基本構造

a　意　義

本罪は、暴行または脅迫の手段を用いないが、被害者の抵抗困難な状態を利用して行われるわいせつ行為（178条1項）と強制性交等の行為（同条2項）を処罰するものである。例えば、第三者によって失神させられた被害者にわいせつな行為をしたり、熟睡中のように被害者自ら抵抗困難状態に陥ったときに被害者にわいせつな行為をしたような場合である。また、行為者が性的自由の侵害とは別の目的で被害者の抵抗困難状態を作り出した後にわいせつな意図を生じてわいせつな行為をしたような場合も含まれる。これに対して、行為者が当初から強制性交等の意図で暴行を用いて被害者を失神させた後、強制性交等した場合は、準強制性交等罪ではなく強制性交等罪が成立する。なお、2017年の法改正によって、178条2項の客体に女性以外に男性も含まれ、また、行為も性交以外に肛門性交などの強制性交行為にまで拡張されることになった。

b　抵抗困難な状態

「心神喪失」とは、責任能力における心神喪失とは異なり、睡眠や泥酔、失神などにより自己の性的自由が侵害されていることについての認識がない場合をいう（下線ⓐ）。また、「抗拒不能」とは、自己の性的自由が侵害されていることについての認識はあるが、手足を縛られているとか極度に畏怖しているなど物理的あるいは心理的に抵抗ができないか、または抵抗が著しく困難な場合をいう（下線ⓑ）。例えば、牧師が信者である少女に対し、自己の指示に従わなければ地獄に落ちて苦しむと説教し、少女の畏怖状態に乗じて強制性交した事案では準強制性交等罪（当時の準強姦罪）の成立が認められている（京都地判平18・2・21判タ1229号344頁）。これに対して、中学3年生の少女に対し、莫大な財産を有しているとか結婚してやるとか甘言を弄して、少女がそれを信じたのに乗じて強制性交した事案では、拒否することが不可能または著しく困難であったとは認められないとして準強制性交等罪（当時の準強姦罪）の成立が否定されている（岡山地判昭43・5・6判時524号89頁）。

また、欺罔を手段とする場合は心理的な「抗拒不能」状態での性的行為として準強制わいせつ罪や準強制性交等罪が成立するかが問題になるが、判例は、「**もし被害者が錯誤に陥っていなければ行為者に性的行為を許さなかっ**

第4講　性的自由に対する罪・住居侵入罪　77

たであろう」といえる場合には被害者の承諾は無効であるとしている（**論点1**〔承諾と錯誤〕）。

イ　準強制わいせつ罪・準強制性交等罪の重要問題──承諾と錯誤　**論点1**

【設問1】行為者の同一性（相手方）の錯誤
　Xは、A女が半睡半覚の状態のため、Xを夫と勘違いしているのを利用してAの承諾を得て性交した。Xの罪責を論じなさい。
【設問2】動機の錯誤
　芸能プロダクションの経営者Xは、モデル志願のA女（19歳）に対して、モデルになるためには全裸になって写真撮影されることも必要であると誤信させ、Aの承諾を得てAを全裸にして写真撮影をした。Xの罪責を論じなさい。

　13歳以上の男女に対しては、暴行や脅迫を手段として利用しなければ強制性交等罪や強制わいせつ罪は成立しないので、欺罔を手段とする場合は被害者の承諾を無効とすることによって、心理的な「抗拒不能」状態での性的行為として準強制わいせつ罪や準強制性交等罪が成立するかが問題になる。
　この点、重大な錯誤説は、「もし被害者が錯誤に陥っていなければ行為者に性的行為を許さなかったであろう」といえる場合には被害者の承諾は無効であるとする（総論11講3(3)）。この説からは、【設問1】のXには準強制性交等罪が成立し、【設問2】のXにも準強制わいせつ罪が成立することになる。これに対して、法益関係的錯誤説は、法益に関係する錯誤がある場合のみ承諾は無効になるとする（総論11講3(3)）。強制性交等罪や強制わいせつ罪の法益は性的自由であり、それには「性的行為をするかしないかについての自己決定の自由」とともに「誰と性的行為をするかについての自己決定の自由」も含まれると解されるので、相手方が夫なのか赤の他人なのかについての錯誤は法益関係的錯誤であり承諾は無効になる。したがって、この説からも【設問1】のXには準強制性交等罪が成立する。これに対して、性的行為を行うことの動機、目的についての錯誤はこの罪の法益関係的な錯誤ではない。モデルになるために全裸になって写真撮影されることが必要かどうかという点は、本罪の法益に関係しないので、法益関係的錯誤はなく承諾は有効である。この説からは、【設問2】のXには準強制わいせつ罪は成立しないことになる。
　裁判例は、重大な錯誤説の立場に立っている。【設問1】のような事案で、準強制性交等罪（当時の準強姦罪）の成立が認められており（広島高判昭33・12・24判時176号34頁）、【設問2】のような事案でも、準強制わいせつ

罪の成立が認められている（東京高判昭56・1・27刑月13巻1＝2号50頁）。また、詐言を用いて、強制性交を拒めば被害者の身近な者に危難が生じると誤信させ、強制性交に応じさせた事案では、詐言内容が不合理なものであったため通常の社会人ならば引っかからないようなものであったことから被害者を心理的な抵抗不能状態に追い込んだといえるかが問題になったが、被害者の年齢や生活状況など具体的事情を資料として当該被害者に即してその心理状態を基準にして判断すべきであり、一般的平均人を想定してその通常の心理を基準にして判断すべきではないとして、準強制性交等罪（当時の準強姦罪）の成立が認められている（東京高判平11・9・27東高刑時報50巻1〜12号93頁〈プ106〉）。

（5）　監護者わいせつ罪・監護者性交等罪

> **第179条1項**　ⓐ18歳未満の者に対し、その者をⓑ現に監護する者であることによるⓒ影響力があることに乗じてわいせつな行為をした者は、第176条の例による。
> **2項**　18歳未満の者に対し、その者を現に監護する者であることによる影響力があることに乗じて性交等をした者は、第177条の例による。

　未遂（180条）　第176条から前条までの罪の未遂は、罰する。

ア　意　義

　2017年の法改正以前には、被害者の意思に反して行われる親子間の性交が、強姦罪（当時）ではなく、児童福祉法違反等で処分されていた。しかし、被害者の意思に反して行われる性交の中には、暴行または脅迫を用いることなく、かつ心神喪失または抗拒不能に乗じるものでなくとも、強制性交等罪などと同等の悪質性、当罰性があるものが存在すると考えられていた。そこで、行為者が18歳未満の被害者を現に監護しているという関係がある場合には、被害者が監護者に精神的にも経済的にも依存していることにより、行為者が性交を求めたときに被害者はその意思に反して応じざるをえなくなるという影響力が類型的に認められることなどから、性的自由を侵害する行為として本規定が新設された。

イ　主体と客体の関係

　本罪の主体と客体の関係について、親子のような関係以外に、教師と生徒、医師と患者、スポーツのコーチと選手のような関係も含めるべきかが2017年の法改正において検討された。その結果、本罪の趣旨からいえば、被害者に性的行為について類型的に有効な承諾がないとみなせるような非常に

第4講　性的自由に対する罪・住居侵入罪　79

強い支配関係が必要であることから、教師と生徒などの関係では生活全般に
わたる関係ではなく、その関係性を利用した性交等が類型的に自由な意思決
定に基づいていないとまでは断ずることができないので、親子のような監護
関係に限定されることになった。

　ウ　客　体

　本罪の客体は、18歳未満の男女である（下線ⓐ）。本罪の成否にとって、
18歳未満の男女の性的行為に対する同意の有無は問題とならない。一般に、
18歳未満の男女は、精神的に未熟である上に、監護者に精神的にも経済的に
も依存していることから、監護者が影響力を利用して性交等を行った場合
は、被害者の自由な意思決定に基づくものとは考えられないためである。し
たがって、被害者の同意の有無に関する誤信も、故意の存否に影響しない。

　エ　行　為

　本罪の手段は、「現に監護する者であることによる影響力があることに乗
じ」ることであり、行為は、そのような手段を用いてわいせつな行為をする
（１項）、もしくは性交等をする（２項）ことである。

　「監護する」とは、民法に親権の効力として定められているところと同様
に、「監督し、保護する」ことを意味する。法律上の監護権に基づく場合は
もちろんのこと、そうでなくとも、事実上、現に18歳未満の者を監督し保護
する関係にあれば、本条にいう「現に監護する」には該当する（下線ⓑ）。
「現に監護する者」の具体例としては実親や養親がその典型であるが、養護
施設等の職員についてもこれに該当する場合がある。その場合、「現に監護
する」といえるためには、親子関係と同視しうる程度に、居住場所、生活費
用、人格形成などの生活全般にわたって、依存ないし保護関係が認められ、
かつその関係に継続性が認められることが必要である。具体的な判断要素と
しては、同居の有無、居住場所の関係、未成年者に対する指導状況、身の回
りの世話などの生活状況、生活費の支出などの経済的状況などが挙げられ
る。したがって、「経済的な支援以外は全くしていない場合」は、生活全般
にわたる依存関係がないので、「現に監護する者」には当たらない。

　「影響力があることに乗じる」とは、生活全般にわたって保護、依存関係
があることを自己に有利に用いることをいう（下線ⓒ）。必ずしも積極的・
明示的な作為であることを要せず、黙示や挙動による利用ということもあり
うる。しかし、「自らが犯人であることを被害者に隠すために監護者が覆面
をして犯行に及び、被害者に監護者であることを認識させなかった場合」
は、「影響力があることに乗じる」には当たらない。

(6) 強制わいせつ・強制性交等致死傷罪

> 181条1項　第176条、第178条第1項若しくは第179条第1項の罪又はこれらの罪の未遂罪を犯し、よって人を死傷させた者は、無期又は3年以上の懲役に処する。
> 　2項　第177条、第178条第2項若しくは第179条第2項の罪又はこれらの罪の未遂罪を犯し、よって人を死傷させた者は、無期又は6年以上の懲役に処する。

ア　意　義

本罪は、強制わいせつ罪等の結果的加重犯である。手段としての暴行・脅迫、またはわいせつ、強制性交等の各行為と死傷結果の間に相当因果関係が必要である。強制性交等をされそうになって被害者が逃走中に転倒して負傷した場合も、これらの行為と傷害結果の間に相当因果関係が認められるので強制性交等致傷罪（当時の強姦致傷罪）になる（最決昭46・9・22刑集25巻6号769頁）。しかし、被害者が強制性交されたことを苦に自殺した場合までは含まれないと一般に解されている。打撲や擦り傷などのほかに、病毒を感染させることも傷害になるので、例えば、女性を強制性交して性病を感染させた場合も強制性交等致傷罪になる。

強制性交が未遂でも死傷結果が生じれば強制性交等致死傷罪が成立する。また、死傷結果は、わいせつや強制性交行為自体から生じた場合のみでなく、手段である暴行または脅迫から生じた場合であってもよい。例えば、強制性交の意図で被害者の女性の反抗を著しく困難にしようと思って1回殴ったところ、同女に逃げられ強制性交はできなかったが、殴打行為によって全治1カ月のけがを負わせた場合、強制性交は未遂であり、強制性交行為からではなく手段としての暴行から傷害が発生しているが、強制性交等致傷罪が成立する。

イ　わいせつ等に随伴する死傷

> **【事例4】逮捕阻止目的の傷害**
> 　Xは、熟睡中のA女の心神喪失状態に乗じ、下着の上からその陰部を手指でもてあそんだところ、これに気づいて覚醒したA女に捕まりそうになったので、逃走のためにA女に暴行して傷害を負わせた。

わいせつや強制性交行為、あるいはその手段である暴行や脅迫から直接生じたのではなく、それら基本犯に随伴して行われた行為（逃走のための暴行

など）によって死傷結果が生じた場合、本罪は成立するのであろうか。

　この点、判例は、わいせつ行為などの基本犯に随伴して行われた行為による死傷でも本罪が適用されるとする。この立場からは、【事例４】のＸには、強制わいせつ致傷罪が成立することになる。最高裁は、【事例４】のような事案において、死傷結果は基本犯に随伴して生じたものであれば足りるとし、「随伴する」かどうかは、時間的場所的接着性があるか、意思の同一性があるかなどの諸要素を総合考慮して判断すべきとしている。そして、当該暴行は準強制わいせつ行為に随伴するものといえるとして強制わいせつ致傷罪の成立が認められている（○最決平20・1・22刑集62巻1号1頁〈講19、プ108〉）。

　これに対して、限定説は、「よって人を死傷させた」という文言からわいせつや強制性交行為自体、あるいは強制わいせつ罪等の手段である暴行・脅迫から直接死傷結果が生じた場合に本罪は限定されるとする。この説からは、【事例４】のＸには、逃走（逮捕阻止）目的で行った暴行から傷害結果が生じただけであり、強制わいせつ目的での暴行から傷害結果が生じたわけではないから、準強制わいせつ罪と傷害罪の併合罪が成立することになる。

ウ　死傷結果の認識がある場合（刑のバランス）

a　傷害結果につき故意がある場合

　この場合、強制性交等罪と傷害罪の観念的競合とすると、過失の場合は強制性交等致傷罪が成立するのと比較して、刑がかえって軽くなるという刑のアンバランスが生じる。そこで、通説は故意のある場合も強制性交等致傷罪になるとする。

b　死亡結果につき故意がある場合

　この場合、強制性交等罪と殺人罪の観念的競合とすると、過失の場合は強制性交等致死罪が成立するのと比較して、刑の下限がかえって低くなるという刑のアンバランスが生じる。また、故意のある場合も強制性交等致死罪のみが成立すると考えると、殺害の故意があるのに刑の上限が死刑ではなく無期懲役であることに疑問が生じる（普通殺人の場合の刑の上限が死刑であるのに、強制性交等殺人の場合の刑の上限が無期懲役であるのは不自然である）。したがって、死の二重評価（過失的に殺害すると同時に故意的に殺害したと評価することになってしまう）という問題はあるが、強制性交等致死罪と殺人罪の観念的競合になると考えるしかないであろう。この点、判例は強制性交等致死罪（当時の強姦致死罪）と殺人罪の観念的競合になるとしている（最判昭31・10・25刑集10巻10号1455頁）。

2　住居侵入罪

(1)　保護法益

本罪の保護法益の理解については、判例の変遷がある。古くは、大審院時代、法益は家父長の住居権という法的権利であるとされていた（①旧住居権説）。そして、住居権は「家長としての夫」にあるとする理解から、夫の不在中にその妻との姦通の目的で住居に立ち入った事案に本罪の成立が認められていたのである（大判大7・12・6刑録24輯1506頁〈プ114〉）。しかし、封建的な家父長権や古めかしい「家制度」と結びついた住居権概念は現行憲法の理念と合致しないとして、現在では、このような考え方は批判されている。

戦後、姦通事例について住居侵入罪の成立を認めることへの批判として、②平穏説が有力に主張された。平穏説は、事実上の住居の平穏が法益であるとする見解であり、出入りのコントロール（立入許諾権）以外に背後の実質的利益（生命、身体、自由、財産などの安全）にも配慮して本罪の法益を考える点に特色がある。平穏説は、戦後しばらくの間多数の学説によって支持され、判例も一時期これを認める方向を示した（平穏説に親和的なものとして、最判昭51・3・4刑集30巻2号79頁〈プ109〉）。しかし、この説に対しても、平穏という法益の内容が漠然としていて不明確である、住居権者の承諾の意義を軽視しすぎているなどの批判が向けられた。

そこで、今日の通説は、旧住居権説の問題点は夫にのみ住居権があるとしたことにすぎず、住居権という考え方自体は肯定できるとしている（③新住居権説）。判例も、学説のそのような動向を背景として、現在では、新住居権説の考え方を採用するようになっている（◎最判昭58・4・8刑集37巻3号215頁〈百16、プ115〉）。この説によれば、本罪の法益は、**住居に誰を立ち入らせ誰の滞留を許すかを決める自由**である。これによれば、家父長権とは無関係に、現に住居を管理し支配する事実上の状態が一種の権利なのであり、そこに居住する者はここにいう権利がある。以下、本書においては、住居権説といえばこの新住居権説のことを指すことにする。

(2)　住居侵入罪の基本構造

> **130条前段** ⓐ正当な理由がないのに、ⓑ人のⓒ住居若しくはⓓ人の看守するⓔ邸宅、ⓕ建造物若しくはⓖ艦船にⓗ侵入した者は、3年以下の懲役又は10万円以下の罰金に処する。

未遂（132条） 第130条の罪の未遂は、罰する。

ア　客　体

客体は、人の住居と人の看守する邸宅、建造物、艦船である。

a　住居等の意味

「住居」とは、通説によれば、起臥寝食に利用される建造物のことである（下線ⓒ）。具体的には、家やマンションなどである。また、部屋だけでなく、縁側やベランダも住居である。その使用は一時的なものであってもよいから、ホテルの１室も住居に当たる。さらに、１つの建物の中の区画された部屋も、それぞれ独立して住居に当たる。したがって、マンションの中の隣人の部屋に忍び込んだ場合はもちろん、例えば、料亭で宴会中の客が別室の他の客の話を盗み聞きするため、その隣の空き室に入れば住居侵入罪になる。

「邸宅」とは、空家や閉鎖中の別荘など、居住用の建造物で住居以外のもののことである（下線ⓔ）。

「建造物」とは、屋根を有し支柱などによって支えられた土地の定着物で、人が出入りすることのできる構造のものであり、学校や工場など、住居用以外の建造物一般のことである（下線ⓕ）。住居に隣接する物置小屋は、建造物である。

「艦船」とは、軍艦および船舶のことであり、大小を問わないが、人が侵入できる構造であることが必要である（下線ⓖ）。

また、現に居住する者は本罪の主体になりえないので、「人の」とは、「犯人自らが居住者ではない」という意味である（下線ⓑ）。また、死者には住居権がないので、住居権説からは人の中に死者は含まれず、殺害後に施錠されていた死者の住居に立ち入った場合に住居侵入罪は成立しない。

さらに、邸宅、建造物、艦船については、人の看守するものであることが必要である。「人の看守する」とは、人が事実上管理支配すること、すなわち侵入を防止する人的・物的設備を施すということである（下線ⓓ）。具体的には、守衛や監視人を置いたり、鍵をかけてそれを保管するような場合である。人がそこに現在していなくてもよい。立入禁止の看板を立てるだけでは実効性がないので看守したことにならない。なお、この場合の看守者は住居権者や建造物の管理権者であって、守衛や監視人ではない。

b　占拠の適法性

住居といえるためには適法に占拠されたものである必要があるのだろう

か。例えば、「家主Xは、借家人Aが賃貸借契約が解除された後も退去せず
に1年間居座っていたので、立退きを要求するため家屋に立ち入った」とい
う場合に、Xに住居侵入罪が成立するかが問題になる。

この点、判例は、**住居権は現に住居を平穏に管理支配しているという事実
を基礎とするものであるから、居住者の法律上の権限は不可欠なものではな
く、例えば賃貸借契約終了後も居座り続けているなど不適法な占拠も含まれ
る**としている（最決昭28・5・14刑集7巻5号1042頁）。したがって、Aに
無断で家屋に立ち入ったXには住居侵入罪が成立する。

　c　居住（共同生活）離脱者の立入り

過去その住居に居住（共同生活）していたが、家出などによって共同生活
から離脱した者が住居に立ち入る場合は本罪に当たるのであろうか。例え
ば、「Xは、約3年間家出していたが、強盗目的で父親A宅に侵入した」と
いう場合に、Xに住居侵入罪が成立するかが問題になる。

この点、「人の住居」とは自らが居住者でない他人の住居ということであ
るので、他人と共同生活を営んでいる間は自己の住居でもあるのだから本罪
には該当しない。しかし、Xは、約3年間の家出によってAとの共同生活か
ら既に離脱しているので、Aの家はもはやXにとって自分の家でなく、他人
の家に侵入したことになる。したがって、Xには住居侵入罪が成立する。

　d　集合住宅の共用部分

マンションなど集合住宅の各1室はそれぞれ独立した住居であるが、共用
玄関や通路、階段など共用部分は住居であろうか、それとも邸宅であろう
か。前者であれば「人の看取する」という要件は不要であるが、後者であれ
ばそれが必要となる。

この点、近時の最高裁判例で、反戦ビラ投函目的で自衛隊宿舎の敷地およ
び共用部分に立ち入った事案では、宿舎の1階出入口から各居室の玄関まで
の階段や廊下のような共用部分は邸宅に当たるとされている（◎最判平20・
4・11刑集62巻5号1217頁〈講21、プ110〉）。しかし、その後の判例で、政
治ビラ配布目的で分譲マンション共用部分に立ち入った事案では、第1審お
よび第2審が共用部分を住居であるとしていたのに対して、最高裁は、それ
を肯定も否定もせず、「刑法130条前段の罪が成立する」と述べ、住居なのか
邸宅なのかについて判断を留保した（◎最判平21・11・30刑集63巻9号1765
頁〈百17、プ118〉）。

　e　囲繞地（いにょうち）

住居、邸宅、建造物については、これに付属する囲繞地も含まれる。囲繞

第4講　性的自由に対する罪・住居侵入罪　85

地とは、垣根や塀、門など建物の周囲を囲む土地の境界を画する設備が施され、建物の付属地として建物利用に供されることが明示されている土地のことをいう（前掲・最判昭51・3・4）。具体的には、中に建物があって塀に囲われた庭や敷地などのことである。門塀のような強固で永続的な障壁によって物理的に立入制限が行われている場合が典型であるが、判例においては、一時的に敷地への立入りを阻止するため敷地を金網柵で囲った場合も、囲繞地と認められている（前掲・最判昭51・3・4）。

判例によれば、住居の囲繞地は、住居の一部ではなく、邸宅である（最判昭32・4・4刑集11巻4号1327頁）。邸宅の囲繞地は、邸宅の一部である（大判昭7・4・21刑集11巻407頁）。建造物の囲繞地は、建造物の一部である（最大判昭25・9・27刑集4巻9号1783頁）。

　f　囲障自体の建造物性

中庭を囲う塀などの囲障自体も建造物に含まれるのであろうか。例えば、「Xは、しばしば交通違反で検挙されたことがあったから、今後検挙されないよう覆面パトカーの車種やナンバーを確認しておきたいと思い、警察署の塀をよじ上って中庭を見た」という場合に、Xに建造物侵入罪が成立するかが問題になる。

この点、最高裁は、建物と囲繞地に加えて建物利用のために供されている工作物も建造物に当たるとし、**塀は建物と敷地を他から明確に画するとともに外部からの干渉を排除する機能を果たしており、建物の利用のために供されている工作物であるから建造物の一部を構成する**として、塀などの囲障自体が囲繞地であるとせずに直接に本罪の客体に当たるとしている（○最決平21・7・13刑集63巻6号590頁〈プ111〉）。したがって、Xは、塀を乗り越えて中庭に入ったり、警察署の建物に入ったわけではないが、建造物の一部である塀をよじ上っているので、Xには建造物侵入罪が成立することになる。

　イ　行　為

行為は、住居等に侵入することである。「侵入」の意義について、保護法益の理解に対応して争いがあるが、現在の判例によれば、**住居権者の意思に反する立入りである**（下線ⓗ、**論点1**〔侵入概念〕）。違法目的を秘しての立入りの場合、判例によれば、「**その目的を住居権者が知っていれば立入りを承諾しなかったであろう**」といえる限り住居権者の承諾は無効であり、**住居侵入罪が成立する**（**論点2**〔現実の承諾の有効性〕、**論点3**〔推定的（包括的）承諾の有効性〕）。また、住居権者が複数存在し、その内部で意思が対立している場合に住居侵入罪が成立するかについては、争いがある（**論点4**

〔意思対立〕)。さらに、集合住宅の共用部分に関して、立入りについて誰の承諾を必要とするかも問題になる（**論点5**〔ビラ配布目的での集合住宅の共用部分への立入り〕)。

ウ 「正当な理由がないのに」

「正当な理由がないのに」とは、違法性阻却事由が存在しないということである（下線ⓐ）。通説によれば、住居権者の承諾がある場合はそもそも「侵入」に当たらず、構成要件該当性が否定されるのであり、違法性が阻却されるのではない。したがって、この要件は、住居権者の意思に反した立入りであることを前提に、「法令行為（刑訴法に基づく捜索など）のような違法性阻却事由もない」という意味である。ここにおいて、法益侵害の程度や憲法適合性との関連で、違法性の阻却が問題になる（**論点5**〔ビラ配布目的での集合住宅の共用部分への立入り〕)。

裁判例として、騒音に対する苦情を申し入れる目的で、マンションの1室であるA方の玄関土間に立ち入った事案では、住居等へ立ち入った日時や立入態様など客観的な要素と、立入目的など主観的要素を総合考慮すれば、社会通念上相当な行為であるとして住居侵入罪の成立が否定されている（大阪高判平21・5・13LEX/DB25451122）。

エ 罪 質

罪質について、判例は、住居に侵入した後、退去するまで継続する**継続犯**であるとしている（最決昭31・8・22刑集10巻8号1237頁）。

オ 未遂・既遂

本罪は未遂も処罰される（132条）。身体を住居等に侵入させる行為を開始したときに実行の着手となる。

カ 罪 数

①住居侵入罪は、窃盗や殺人などの他の犯罪を実現する手段として犯される場合が多く、他の犯罪と住居侵入罪が客観的に手段・目的の関係にあるときは牽連犯となる。②殺人予備や強盗予備の目的で住居に侵入したときは、それら予備罪と住居侵入罪は観念的競合になる。

(3) 住居侵入罪の重要問題

ア 侵入概念 **論点1**

【設問3】大槌郵便局事件
　Xは、春闘におけるビラ貼りの目的で郵便局に立ち入った。郵便局長は事前に、そのような目的による立入りを拒否する意思を積極的に明示していなかっ

第4講　性的自由に対する罪・住居侵入罪　87

た。Xの罪責を論じなさい。

「侵入」とは何かについて、前述した保護法益の理解と関連して争いがある。この点、住居権説によれば、**住居権者の意思に反する住居への立入りである**（意思侵害説）。これに対して、平穏説によれば、事実上の住居の平穏を害する態様での住居への立入りである（平穏侵害説）。

【設問3】のような事案が問題になった大槌郵便局事件において、第1審は、平穏侵害説の見地から、建造物の平穏を害する立入りでないとして無罪とした。これに対して、第2審は、意思侵害説の見地から、管理権者の立入拒否の意思が外部的に表明されていなかったので、管理権者の意思に反する立入りとはいえないとして無罪とした。これに対して、最高裁は、意思侵害説の見地から、「**管理権者が予め立入り拒否の意思を積極的に明示していない場合であっても、該建造物の性質、使用目的、管理状況、管理権者の態度、立入りの目的などからみて、現に行われた立入り行為を管理権者が容認していないと合理的に判断されるとき**」は建造物侵入罪が成立するとした（前掲・最判昭58・4・8）。

イ　現実の承諾の有効性　論点2

【設問4】違法目的を秘しての立入事件
Xは、強盗の目的を秘して「こんばんは」と挨拶し、家人Aの「おはいりなさい」との返答を得た上でAの住居に立ち入った。Xの罪責を論じなさい。

住居権説の立場に立った場合には、被害者（居住者・管理者）の意思ないし推定的意思に反していることが重要なので、特に問題になるのが、違法目的を秘して住居に立ち入った場合に錯誤のある被害者の承諾の有効性をどのように判断するかである。

この点につき、重大な錯誤説は、**錯誤と承諾の間に因果関係がある場合は承諾が無効となるとする**（総論11講3(3)）。この説からは、【設問4】の場合、「Xに強盗の目的があることをAが知っていたならばAはXの立入りに承諾しなかったであろう」といえるのでAの承諾は無効となり、Xに住居侵入罪が成立することになる。この説に対しては、「友人が遊びに来たと思って家に入るのを承諾したら、実は借金の取立てにきたという場合」にも、借金の取立てに来たということがわかっていたならば家に入れなかったであろうといえるので住居侵入罪が成立することになるが、それは不当であるとい

う批判が向けられている。

　これに対して、法益関係的錯誤説は、法益に関係する錯誤がある場合のみ承諾が無効となるとする（総論11講3(3)）。この説からは、【設問4】の場合、AはXが立ち入ること自体には錯誤なく承諾しており、ただ、立入りの目的が強盗であるということを気づいていないにすぎない。立入りの動機・目的についての錯誤は本罪の法益（住居に誰を立ち入らせ誰の滞留を許すかを決める自由）とは関係のない錯誤にすぎないので承諾は有効であり、Xに住居侵入罪は成立しないことになる。

　判例は、重大な錯誤説の立場に立っている。強盗殺人目的で顧客を装って承諾を得た上で店内に立ち入った事案では、錯誤のある承諾を無効として住居侵入罪の成立が認められている（最判昭23・5・20刑集2巻5号489頁〈プ120〉）。また、【設問4】のような事案では、犯人が強盗の意図でその住居に入った以上、真意に基づく承諾がないから侵入に当たるとされている（最大判昭24・7・22刑集3巻8号1363頁）。

ウ　推定的（包括的）承諾の有効性　論点3

> **【設問5】包括的承諾の有効性──ATM 立入事件**
> 　Xは、銀行の現金自動預払機（ATM）を利用する客のカードの暗証番号や名義人氏名などを盗撮する目的で、行員が常駐しないA銀行支店出張所に営業中に立ち入った。Xの罪責を論じなさい。

　一般に開放されている場所（社会的営造物）に違法目的で立ち入った行為について、管理権者の推定的（包括的）な意思に反するものであることを理由にして建造物侵入罪が成立するのであろうか。

　この点、立入りの時点において、**違法目的が管理権者にわかっていたならばその立入りは拒否されていたはずであり、違法目的での立入りは、管理権者による包括的同意の範囲外である**とする見解がある。この説からは、【設問5】の場合、Xの立入りは違法目的があるので管理権者の事前の包括的同意の範囲外にあり、Xには建造物侵入罪が成立することになる。これに対して、一般に開放されている社会的営造物の立入りについては、通常の形態の立入りである限り、管理権者による包括的同意の範囲内にあるとする見解もある。行為が、立入りの許容された時間内に通常の形態で行われている場合には、たとえ、看守者が入口に立ってチェックしたとしても、その違法目的を知ることはできないので当然に立入りを許可したであろうから、本罪は成

立しないとするのである。この説からは、【設問5】の場合、Xの立入りは管理権者の事前の包括的同意の範囲内にあり、Xには建造物侵入罪は成立しないことになる。

判例は、前者の立場に立っており、社会的営造物への違法目的の立入りに広く建造物侵入罪の成立を認めている。例えば、発煙筒を発煙させる目的で皇居の一般参賀会場に入る行為（東京地判昭44・9・1判タ239号227頁）、議事妨害目的で虚偽氏名を記載した傍聴券を提示して参議院に立ち入る行為（東京高判平5・2・1判時1476号163頁）、国体開会式を妨害する目的で開会式場に入場券を所持して入場する行為（仙台高判平6・3・31判時1513号175頁）につき、建造物侵入罪の成立が認められている。さらに、【設問5】のような事案について、最高裁は、盗撮目的のXの立入りが「管理権者である銀行支店長の意思に反するものであることは明らかであるから、その立入りの外観が一般の現金自動預払機利用客のそれと特に異なるものでなくても、建造物侵入罪が成立する」としている（◎最決平19・7・2刑集61巻5号379頁〈百18、プ121〉）。

エ　意思対立　論点4

> **【設問6】現実的意思対立事例**
> 　Xは、恋人Aの家に遊びに行ったとき、2人の関係に反対するAの父親Bに家への立入りを拒否されたので、Aの手引きで勝手口から応接室に立ち入った。Xの罪責を論じなさい。

住居に現在する者の間で、ある者は行為者の立入りを承諾し、別の者が拒絶しているというように意思が対立している場合、住居侵入罪の成立を否定するためには、立入りについて誰の承諾が必要なのであろうか。

この点、1人承諾説は、1人の事実上の管理者による承諾があれば、他の者の意思に反する場合でも住居侵入罪は成立しないとする。1つの住居内でのプライバシーは、他の居住者との間で共有され彼らの意思との関係で制限された利益なので、1人が立入りを容認すれば他の者は利益を失うことになるからである。この説からは、【設問6】の場合、住居権者のうちの1人Aが承諾しているので、Xには住居侵入罪が成立しないことになる。これに対して、全員承諾説は、複数の居住者がいるならば、共同生活の利益を有する居住者全員の承諾が必要であり、1人が他の者に代わって承諾しうるのは他の者の意思に反しない場合でなければならないとする。この説からは、【設

問6】の場合、住居権者のうちの1人Bが反対しているので、Xには住居侵入罪が成立することになる。

> **【設問7】潜在的意思対立事例**
> 　Xは、人妻Aと親しくなり、Aの夫Bが出張中にAの承諾を得て姦通目的でB（A）宅に立ち入った。Xの罪責を論じなさい。

　次に、家に現在する者は立入りを認めているが、不在の者は立入りを認めないであろうという場合が問題になる。

　この点、1人承諾説からは、【設問7】も【設問6】と同じ結論になる。これに対して、全員承諾説の立場からは、不在者を含めた住居権者全員の承諾が必要と考えるか、それとも不在者を除いて現在者のみ全員の承諾が必要と考えるかによって、さらに2つに分かれる。住居権者全員承諾説は、住居権者全員の承諾がなくてはならず、その全員は平等に権利をもつと考えるので、【設問7】の場合、Bの推定的意思に反する（BにXの立入りを受忍することを期待できない）ことからXには住居侵入罪が成立することになる。これに対して、現在者全員承諾説（現在者優先説）は、「現在者の意思は不在者の意思に優先する」ので、不在者の推定的意思に反する立入りであっても現在者全員が承諾しているならば住居侵入罪は成立しないとする。住居の自由な使用の利益は事実的なものなので、現在する者の意思を基準とするべきであると考えるのである。この説からは、【設問7】の場合、現在者である妻Aの意思が不在者である夫Bの意思に優越するので、唯一の現在者Aの承諾を得ての立入りであるから、Xには住居侵入罪が成立しないことになる。この説は、なぜ現在者の意思は不在者の意思に優先するといえるのか根拠が明らかでないと批判されている。

　戦前の裁判例では、家長たる夫の意思に反する立入りに住居侵入罪の成立が認められていたが（前掲・大判大7・12・6）、戦後の裁判例では、妻の承諾があれば住居の平穏は害されないとして住居侵入罪の成立を否定したものがある（尼崎簡判昭43・2・29判時523号90頁）。

オ　ビラ配布目的での集合住宅の共用部分への立入り　論点5

> **【設問8】葛飾分譲マンション政治ビラ配布事件**
> 　Xは、ある政党が発行するビラを配布する目的で、7階建ての分譲マンションの共用部分である階段や7階から3階までの各階廊下に7分ほど立ち入った。当該マンションは、居住者によって管理組合が構成されており、その管理組合の名

第4講　性的自由に対する罪・住居侵入罪　91

義でチラシなどの配布を禁じる貼り紙を玄関ホール掲示板に掲示する措置がなされていた。Xの罪責を論じなさい。

　ビラ配布目的での集合住宅の共用部分への立入りと住居侵入罪の成否について、主要な論点は、①客体、②侵入、③法益侵害の程度、④憲法適合性の4つである。

　まず、①客体について、本罪の基本構造で既に論じたように（2(2)ア d）、最高裁は、【設問8】のような事案において、分譲マンションの共用部分が住居なのか邸宅なのかについては、判断を留保している（前掲・最判平21・11・30）。しかし、いずれにせよ、共用部分は刑法130条の客体に当たる。

　次に、②侵入（意思に反する立入り）について、集合住宅において各居室ではなく廊下や階段などの共用部分に立ち入るためには、誰の承諾が必要とされるのであろうか。この点、最高裁は、管理者（本件の場合は管理組合）の意思のみを問題にする。そして、本件マンションの構造・管理状況、玄関ホール内の状況、貼り紙の記載内容、本件立入りの目的などからみて、Xの立入りが管理組合の意思に反するものであることは明らかであり、侵入に当たるとしている。これに対して、学説上は、個々の居住者の意思にも着目する見解が有力である。管理者は、多様な考えをもった居住者の利害の調整役なので、管理権の恣意的な行使は許されないからである。そして、立入拒否の意思が来訪者に表示されて初めて侵入が基礎づけられることや、全居住者が立入拒否の意思を表明していたわけではないことなどを理由として、Xの行為は侵入に当たらないという見解が主張されている。

　さらに、③法益侵害の程度が可罰的違法性を欠くといえるかが問題になる。この点、最高裁は、（玄関ホールなどだけにとどまらず）Xの立入りが各階廊下等にまで及んでいることからすれば可罰的違法性を欠くほど法益侵害の程度が極めて軽微であるとはいえないとしている。これに対して、学説においては、Xの滞在時間が7分ほどであることや危険行為に及ぶ意図がXにあったわけではないことなどから法益侵害の程度は大きいとはいえないとする見解が主張されている。

　最後に、政治ビラの配布は表現の自由の行使とみられることから、そのこととの関連でXの行為は違法性が阻却されないかが問題になる（④憲法適合性）。この点、最高裁は、表現の自由も絶対的無制限に憲法21条1項によって保障されるわけではなく公共の福祉のため必要かつ合理的な制限を受けるのであり、他人の権利を不当に害するようなものは許されないとした上で、

Xの立入りは管理組合の管理権のみならず私生活の平穏をも侵害するものであるので、Xの処罰は違憲でないとしている。これに対して、学説上は、政治ビラの配布などの政治的表現は表現の自由の行使として手厚く保護される必要があり、適法な行為なのであって、Xを処罰することは憲法21条1項に違反するという見解が有力である。商業的な宣伝ビラ等の配布目的での無断立入りについては、本罪による処罰は行われていない。政治ビラ配布目的での無断立入りについて本罪で処罰することは、特定の表現を規制したものとみることができ、恣意的な刑罰権の行使がなされたのではないかという疑念が残るからである。

以上のようにして、最高裁は、【設問8】のような事案について刑法130条前段の罪の成立を認めているが、学説上は、不可罰とすべきであるとする見解も有力に唱えられている。

(4) 不退去罪

> **130条後段** ⓐ要求を受けたにもかかわらずⓑ人の住居若しくは人の看守する邸宅、建造物若しくは艦船からⓒ退去しなかった者は、3年以下の懲役又は10万円以下の罰金に処する。

未遂（132条） 第130条の罪の未遂は、罰する。

ア 意 義

住居権者の承諾を得て適法にまたは過失で住居等に入った者が、退去の要求を受けたにもかかわらず退去しない場合に本罪が成立する。本罪は、真正不作為犯である。住居侵入罪を継続犯と解する判例の立場からすれば、不退去罪は立入り時に住居侵入罪が成立しない場合に認められる補充的な犯罪である。判例は、建造物侵入罪が成立する場合に、同罪は退去するまで継続する犯罪であるから、退去しなくても別に不退去罪は成立しないとしている（前掲・最決昭31・8・22）。すなわち、住居侵入罪が成立したあと、退去しないでそのまま滞留したときは、不退去罪は住居侵入罪に吸収されるので成立しないのである。また、住居権や管理権に対する侵害は退去しない限り継続するので、不退去罪自体も継続犯である。

イ 客 体

客体は、「人の住居若しくは人の看守する邸宅、建造物若しくは艦船」である（下線ⓑ。それぞれの具体的意味については、住居侵入罪の客体を参照）。

ウ　行　為

　行為は、「要求を受けたにもかかわらず退去しなかった」ことである（下線ⓐⓒ）。

　退去の要求があったことが必要である。例えば、閉店間際に窃盗目的でデパートに入り、閉店時間を過ぎてもそのままトイレに隠れていたところを警備員に発見されたという場合、退去要求を受けていないのであるから不退去罪は成立しない。

　退去要求権者は、居住者、建造物などの看守者、およびそれらの者から授権された者である（大判昭5・12・13刑集9巻899頁）。退去要求は、言語や動作で、相手が明確に覚知しうる方法でなされなければならない。

エ　未遂・既遂

　要求があった後、退去に必要な時間が経過した時点で本罪は既遂となるから、多数説は、本罪の未遂が成立する余地はないとしている。

第5講 人格的法益に対する罪

◆学習のポイント◆
　人格的法益に対する罪については、名誉毀損罪における真実性の誤信の問題が特に重要であり、判例と代表的な学説をよく理解しておくことが必要である。

1　秘密に対する罪

(1)　総　説

　秘密とは、一定の主体に関係する事実で、一般には知られておらず、秘密の主体にそれを秘匿する意思があり、秘匿することについて利益が認められるもののことをいう。秘密は、その主体により、①国家機密、②企業秘密、③個人秘密に区別される。また、侵害の態様により、秘密の①探知、②漏示、③盗用に区別される。

　現行刑法は、秘密を限定的な形で保護している。信書開封罪（133条）において秘密の探知を、秘密漏示罪（134条）において秘密の漏示を処罰しているにすぎない。ただし、秘密の漏示や盗用は不正競争防止法などの多くの特別法で処罰の対象になっている。

(2)　信書開封罪

133条　ⓐ正当な理由がないのに、ⓑ封をしてあるⓒ信書をⓓ開けた者は、1年以下の懲役又は20万円以下の罰金に処する。

　客体は、「封をしてある信書」である。「信書」とは、特定人から特定人に対して自己の意思を伝達する文書をいう（下線ⓒ）。特定人には、自然人のみならず、法人その他の団体、地方公共団体、国も含まれる。ただし、本罪は個人的法益に対する罪であるから、発信者、受信者のどちらか一方が個人であれば、他方が地方公共団体や国であってもよいということであり、国または地方公共団体相互のものは含まれないといわれている。また、「封をしてある」とは、糊づけその他信書の内容を見られないために施された装置をいう（下線ⓑ）。したがって、単にクリップ止めするだけでは足り

95

ない。

　行為は、信書を開けることである。「開けた」とは、封緘を破棄して信書の内容を知りうる状態を作り出すことをいう（下線ⓓ）。信書の内容を読んだり、実際に了知することは必要でないとするのが通説であり、本罪は抽象的危険犯であると考えられている。

　信書の開封は「正当な理由がないのに」なされた場合でなければならない（下線ⓐ）。信書の開封が法令上認められている場合（例えば刑訴法111条など）や権利者が開封に承諾している場合には本罪は成立しない。親が子に宛てられた信書を親権の行使（民法820条）として開封することは、親権行使の範囲内にある限り違法性を阻却するとするのが多数説である。

　本罪は親告罪である（135条）。告訴権者は、発信者と受信者の双方である。

（3）　秘密漏示罪

134条1項　ⓐ医師、薬剤師、医薬品販売業者、助産師、弁護士、弁護人、公証人又はこれらの職にあった者が、ⓑ正当な理由がないのに、その業務上取り扱ったことについて知り得たⓒ人のⓓ秘密をⓔ漏らしたときは、6月以下の懲役又は10万円以下の罰金に処する。

2項　ⓕ宗教、祈祷若しくは祭祀の職にある者又はこれらの職にあった者が、正当な理由がないのに、その業務上取り扱ったことについて知り得た人の秘密を漏らしたときも、前項と同様とする。

　本罪の主体は、依頼者との信頼関係に基づいて人の秘密に接する機会の多い職業に従事する者であり、条文に列挙された者に限られる（下線ⓐⓕ）。本罪は、真正身分犯の規定である（総論24講1）。これらの主体に限定されている根拠は、これらの者は職業の性質上人の秘密に接する機会が多く、個人的な秘密を知ることによってサービスを提供することができるようになることから、被害者の秘密を保護する必要性があるという点にある。

【事例1】鑑定人の秘密漏示事件
　精神科医である被告人Xは、現住建造物放火等の少年Aの保護事件につき、家庭裁判所からAの精神鑑定を命じられてその作業を進めているときに、同事件を取材していたジャーナリストYにAの供述調書等を閲覧、謄写させた。

　本罪の主体に当たるか否かは関連法令に照らして形式的に判断される。【事例1】のような事案につき、XがAを患者として治療する立場にないことから主体としての「医師」に当たるかが問題となったが、最高裁は、医師が、医師としての知識、経験に基づく、診断を含む医学的判断を内容とする鑑定を命じられた場合には、その鑑定の実施は、医師がその業務とし

て行うものといえるとして、これを肯定している（○最決平24・2・13刑集66巻4号405頁）。

客体は、人の「秘密」であり、一般に知られていない非公知の事実である（下線ⓓ）。秘匿の意思や秘匿の利益が必要であるかには争いがあり、秘匿の意思があれば足りるとする主観説、秘匿の利益があれば足りるとする客観説、秘匿の意思と利益の双方が必要であるとする折衷説が対立している。もっとも、個人の秘密は、秘匿の意思があれば、特別の事情がない限り、秘匿の利益を肯定しうるといわれている。

「人」は、死者を除く自然人のほか、法人その他の団体を含むとするのが通説である（下線ⓒ）。ただし、本罪が個人のプライバシーを保護するものであることから自然人に限定すべきとする見解も有力である。

行為は、秘密を「漏らす」ことであり、秘密を知らない者に告知することである（下線ⓔ）。公然性は必要ないので、1人に告知することもこれに当たる。告知が相手方に到達すれば既遂になり、相手方が現に秘密を知ったことは必要でないとするのが多数説であり、抽象的危険犯であると考えられている。

秘密を漏らすことに「正当な理由」がある場合には違法性が阻却される（下線ⓑ）。例えば、訴訟手続において証人として証言をする場合などは違法性が阻却される。

本罪は親告罪である（135条）。

2　名誉に対する罪

(1)　総　説

名誉に対する罪としては、名誉毀損罪と侮辱罪がある。保護法益は「名誉」であるが、名誉の概念は、一般に、①内部的名誉（他者による評価とは独立した、絶対的な真実の人格的価値）、②外部的名誉（社会がその人に対して与える評価、社会的な評判・名声）、③主観的名誉（名誉感情、その人が自分自身に対してもつ主観的な価値意識）に区別されている。いわば、①内部的名誉は神様から、②外部的名誉は他人から、③主観的名誉は本人から与えられる評価である。このうち、内部的名誉は他者が傷つけることはできないから刑法的保護の対象にならない。判例および通説は、**名誉毀損罪および侮辱罪の法益を外部的名誉**と解している。

(2)　名誉毀損罪の基本構造

ア　名誉毀損罪

230条1項　ⓐ公然とⓑ事実を摘示し、ⓒ人のⓓ名誉をⓔ毀損した者は、ⓕその事

> 実の有無にかかわらず、３年以下の懲役若しくは禁錮又は50万円以下の罰金に処する。

a 客 体

客体は、人の名誉であるが、本罪の名誉は外部的名誉、すなわち、人についての事実上の積極的な社会的評価である（下線ⓐ）。虚名（社会的評価が不当に高すぎること）も保護され、摘示した事実が真実でも、真実性の証明によって不可罰とされない限り処罰の対象となる。

「人」には、自然人のほか、法人などの団体も含むとするのが判例（大判大15・３・24刑集５巻117頁）・通説である（下線ⓒ）。法人その他の団体も社会的活動を行っている以上、一定の社会的評価を有しており、その評価は法的保護に値するからである。ここでの「人」は、単一の評価が成立しうる団体でなければならないので「日本人」とか「関西人」などの不特定集団について本罪は成立しない（前掲・大判大15・３・24）。自然人には、幼児や精神障害者も含まれる。

b 行 為

行為は、公然と事実を摘示して人の名誉を毀損することである。

「公然と」とは、**摘示された事実を不特定または多数人が認識しうる状態**をいう（下線ⓐ。最判昭36・10・13刑集15巻９号1586頁）。不特定とは、相手方が限定されていないという意味であり、公開の場所での演説や雑誌における記事記載のような場合である。多数人とは、社会一般に知れわたる程度の人数という意味であり、相当の多数であることを必要とする。不特定と多数人の関係は、「または」であり、「かつ」ではない。不特定であれば少数人でもよく、多数人ならば特定の人でもよいが、特定かつ少数の人だけならば公然性はない。ただし、判例は、**摘示の直接の相手方が特定かつ少数の人であっても、その者らを通じて不特定または多数人へと広がっていくときには公然性が認められる**としている（◎最判昭34・５・７刑集13巻５号641頁〈百19、講25、プ125、133〉、**論点１**〔公然性の意義〕）。また、知りうる状態であれば足り、実際にそれらの人が認識したことまでは必要でない。

「事実の摘示」について、摘示される事実は、それ自体として人の社会的評価を低下させるような事実でなければならない（下線ⓑ）。また、事実証明の対象となりうる程度に具体的でなければならない。これが特に問題となるのはいわゆるモデル小説で、たとえ仮名を使ったとしても特定の実在の人物を指すと一般人にとって見当がつくところまで具体的であればよいとされ

ている。人の社会的評価に関係する事実であればよく、プライバシーに関わる事実も含まれると解されている。

> **【事例２】不倫暴露事例**
> 　Ｘは、既婚者であるＡが愛人Ｂと不倫関係にあることを知り、公衆の面前で「Ａは愛人Ｂと不倫している」と大声で話した。

　230条１項は「その事実の有無にかかわらず」、すなわち摘示された事実が虚偽であれ本当のことであれ名誉毀損罪成立を認めている（下線⑦）。例えば、公然と不倫を暴露するような行為は、ＡとＢの不倫という事実が実際にはなかった場合はもちろん、**【事例２】**のように、不倫という事実が実際にあった場合であっても、Ａの社会的評価を低下させるものである以上は名誉毀損罪が成立するのである。それゆえ、いわゆる「虚名」であっても、その名誉は保護されるのであり、隠されていた不正な真実を暴いて虚名を修正する場合であっても、人の社会的評価を低下させている以上は処罰されるのである。また、非公知の事実はもちろんのこと、公知の事実でもよいとされている（大判大５・12・13刑録22輯1822頁）。当該事実を知らない人にさらに伝播する可能性があり、社会的評価をさらに引き下げる可能性があるからである。なお、事実のうち、その人の経済的能力は「信用」という形で信用毀損罪（233条）で別に保護されるので、本罪の名誉からは除かれる。摘示の方法に限定はない。口頭、文書、図画等いずれでもよい。確定的な事実として摘示される必要はなく、噂や風聞の形で摘示される場合であってもよい。

　「毀損した」とは、人の社会的評価を害するおそれのある状態を生じさせたということである（下線⑥）。条文には「毀損した」とあるが、そもそも名誉は本当に傷ついたのかどうか判定しがたいものである。したがって、判例・通説によれば、本罪は抽象的危険犯であり、被害者の外部的名誉が具体的に侵害されたことを必要としないと解されている（大判昭13・２・28刑集17巻141頁）。

　ｃ　親告罪

　訴追することによってかえって被害者の名誉を侵害するおそれがあるから、本罪は親告罪とされている（232条）。

イ　死者の名誉毀損罪

> **230条２項**　死者の名誉を毀損した者は、⑧虚偽の事実を摘示することによってした場合でなければ、罰しない。

本罪の保護法益について、死者自身の名誉とする見解と死者に対する遺族の敬虔感情とする見解の間で争いがある。前者に対しては、死んでしまった者は法益主体になれないのではないかという批判が向けられており、後者に対しては、遺族がいない死者に対して本罪を成立させることができなくなるとの批判が向けられている。通説は、死者自身の名誉としている。
　行為は、虚偽の事実の摘示に限られる（下線ⓐ）。真実ならば歴史的批判の対象になるからである。

ウ　事実証明

230条の2第1項　前条第1項の行為がⓐ公共の利害に関する事実に係り、かつ、ⓑその目的が専ら公益を図ることにあったと認める場合には、事実の真否を判断し、ⓒ真実であることの証明があったときは、ⓓこれを罰しない。
2項　前項の規定の適用については、ⓔ公訴が提起されるに至っていない人の犯罪行為に関する事実は、公共の利害に関する事実とみなす。
3項　前条第1項の行為がⓕ公務員又は公選による公務員の候補者に関する事実に係る場合には、事実の真否を判断し、真実であることの証明があったときは、これを罰しない。

---

　a　意　義
　名誉毀損罪は、真実である事実を摘示した場合であっても成立する。しかし、報道・表現の自由や真実を述べる権利は保障されなければならない。そこで、「個人の名誉の保護」と「表現の自由の保障」との調和を図るために、日本国憲法の制定に伴い1947（昭和22）年に230条の2が追加されたのである。本条によれば、①事実の公共性と②目的の公益性が認められる場合に事実の真否を判断し、③真実性の証明がなされれば不可罰となる。同条2項と3項に特則が定められている。
　本条の法的性質は、立案当局者によれば、処罰阻却事由であり、真実性の証明がなければ免責の余地はないとされていた。判例も当初はそのような理解に従っていたが（前掲・最判昭34・5・7）、その後に判例変更され、真実性の誤信の場合でも免責の余地が肯定されるようになった（◎最大判昭44・6・25刑集23巻7号975頁〔夕刊和歌山時事事件〕〈百21、講27、プ129〉）。
　b　公共の利害に関する事実（事実の公共性）
　「公共の利害に関する事実」とは、市民が民主的自治を行う上で知る必要がある事実ということである（下線ⓐ）。ただし、部分社会のみの利害に関することであっても、その範囲に属する者との関係ではこれが肯定される

（大阪地判平 4・3・25 判タ 829 号 260 頁）。

> **【事例 3】月刊ペン事件**
> 　月刊誌の編集長 X は、同誌で某宗教団体を批判する際、同団体の会長 A の私的
> 行状を取り上げ、「A は自分と関係のあった女性を議員として国会に送り込んで
> いる」旨の記事を掲載し、頒布した。

　公共の利害と一般大衆の好奇心とは異なるので、個人のプライバシーに関
する私生活の行状は原則として公共性が否定される。しかし、当該人物が携
わる社会的活動の性質や影響力の程度などによっては、社会的活動に対する
評価の資料として公共性が認められることがある。判例として、**【事例 3】**
のような事案で公共性が認められたものがある（◎最判昭 56・4・16 刑集 35
巻 3 号 84 頁〈百 20、講 26、プ 128〉）。

　事実の公共性は、事実自体の内容や性質によって客観的に判断されるべき
ものであり、表現方法の不当性などによって左右されるものではない（前
掲・最判昭 56・4・16）。

　c　目的の公益性

　「その目的が専ら公益を図ることにあった」とは、公共の利益を増進させ
ることが主たる動機となって事実を摘示したということである（下線ⓓ。東
京地判昭 58・6・10 判時 1084 号 37 頁）。裁判例においては、読者の好奇心を
満足させる目的（東京高判昭 30・6・27 東高刑時報 6 巻 7 号 211 頁）や被害
の弁償を受ける目的（広島高判昭 30・2・5 裁特 2 巻 4 号 60 頁）であるとき
は目的の公益性が否定されている。また、判例によれば、事実摘示の表現方
法や事実調査の程度が、公益目的の有無の認定において考慮される（前掲・
最判昭 56・4・16）。

　学説においては、行為の動機、目的が違法性を左右することは問題である
として、この要件を不要とする見解も有力である。

　d　特　則

　本条 2 項は、起訴前の犯罪事実については、事実の公共性要件があるもの
とみなしている（下線ⓔ）。犯罪について捜査の端緒を与えるとともに、捜
査について国民の協力を容易にし、世論の監視の下に置いて捜査の怠慢など
に対する批判の自由を保障するためである。

　本条 3 項は、公務員または公選による公務員の候補者に関する事実につい
ては、事実の公共性要件と目的の公益性要件があるものとみなしている（下

線⒡）。公務員は国民全体の奉仕者であるから彼らに対する批判の自由は保障されるべきであり、また、公務員の選定・罷免権が国民固有の権利（憲法15条1項）であるからである。したがって、公務員に関する事実については事実証明が広く認められるが、公務員としての活動や資質に全く関係のない純粋の私事（公務員の身体的ハンディの指摘など）については、プライバシー保護の観点から本条の適用はないと解されている。

e　真実性の証明

真実性の証明は、事実の公共性要件と目的の公益性要件が満たされた場合に初めて許される。それ以外の場合には、プライバシー保護の見地から真実性の証明は許されないといわれている。法廷で事実の真否を明らかにすることにより被害者に再度の苦痛を与えるのは、やむをえない場合に限定されるべきだからである。裁判所も職権調査義務を負うが、立証責任（真偽不明の場合の不利益）は被告人が負う。事実の真否が判明しなければ、真実ではなかったとして被告人は不利益な判断を受けるのである。

【事例4】風聞形式での名誉毀損事件
　　Xは、市長Aの市政を批判するために、「人の噂であるから真偽は別として、Aが外国旅行に出かけるときに、BがAに対して50万円もの餞別を贈った」と記載したパンフレットを市内の多数の者に頒布した。

証明の対象は摘示された事実であり、その重要な部分について真実であるとの証明がなされれば足りる。特に、噂や風評の形式で事実が摘示された場合、証明の対象は何かについて争いがある。【事例4】のような事案において、弁護人は証明の対象は「風評の存在」であると主張したが、最高裁は、証明の対象は「風評の内容たる事実」であるとした（○最決昭43・1・18刑集22巻1号7頁〈プ127〉）。通説も同様に理解している。ただし、犯罪報道の場合には捜査能力をもたない新聞記者などの私人に犯罪事実の証明を要求するのは無理なので、噂・容疑の存在を証明対象にすべきであるとの見解が有力である。

証明の方法・程度については、厳格な証明による合理的疑いを容れない程度の証明を必要とするのが裁判例である（下線◎。東京高判昭59・7・18判時1128号32頁〈プ132〉）。しかし、私人の証拠収集能力を考慮して、証拠の優越で足りるとする見解も有力である。

102

f　真実性の証明の効果

　真実性の証明がなされれば不可罰となるが、「罰しない」とはどういう意味であるかについて見解の対立がある。処罰阻却事由説は、法文に忠実に、立証責任の転換との関連では犯罪の存否ではなく処罰阻却について被告人に立証責任を負わせたと解する方がよいとし、罰しないとは犯罪は成立しているが処罰はされないという意味であるとする。これに対して、違法性阻却事由説は、事実の公共性と目的の公益性を要件としているのは、本条における不処罰根拠を違法性判断に関係づけているからであり、表現の自由を重視する趣旨から、真実の証明があったときは違法性が阻却され、犯罪そのものが成立しないとしている（下線ⓐ）。

　また、摘示事実を真実であると考えていたが、それが真実でなかったり、または真実性の証明に成功しなかった場合、免責の余地はないかが問題になる。判例は、行為者が事実を真実であると誤信したことについて、確実な資料、根拠に照らし相当の理由があるときは、犯罪の故意がなく、名誉毀損罪が成立しないとしている（前掲・最大判昭44・6・25。論点2〔真実性の誤信（証明の失敗）〕）。

(3)　名誉毀損罪の重要問題
ア　公然性の意義　論点1

【設問1】公然性の意義──噂伝播事件
　Xは、自宅においてAの弟Bと村会議員Cに、また、Aの家でAの妻Dと娘Eその他3人の村人がいる前で「Aは放火犯だ」と言った。Xの罪責を論じなさい。

　「公然と」とは、摘示された事実を不特定または多数人が認識しうる状態をいうが、摘示の直接の相手方が特定かつ少数の人であっても、その者らを通じて不特定または多数人へと広がっていくときには公然性が認められるのであろうか。この点、伝播可能性説は、直接には特定かつ少数者に対して摘示した場合であっても、不特定または多数人に伝播する可能性があれば公然であるとしている。この説からは、【設問1】のXには、名誉毀損罪が成立する。

　これに対しては、そのように解すると公然性を要件とした意味が失われてしまうこと、伝播させるかどうかという相手方の意思により犯罪の成否が決まることになってしまい不当であることなどから、強い批判が向けられてい

第5講　人格的法益に対する罪　103

る。そこで、通説は、公然とは、不特定または多数人が直接に認識できる状態を意味するとしている。この説からは、【設問1】のXには、名誉毀損罪が成立しないことになる。

判例は伝播可能性説を採用し、公然性をかなり広く認めている。【設問1】のような事案で、「不定多数の人の視聴に達せしめ得る状態において事実を摘示したものであ」るとして公然性が認められている（前掲・最判昭34・5・7）。この事件では、相手方7名がそれ自体で不特定または多数人であると判断されたというより、噂が実際に村中に広まったことが特に指摘されていることから、7人からさらに多くの人に情報が伝わる可能性があったことが重視されたと考えられている。

これに対して、判例で公然性が否定されたものとしては、担当検事と検察事務官の2人以外は被害者のみが在室する検事取調室で被告人が腹いせに被害者をののしった事案（最決昭34・2・19刑集13巻2号186頁）や、教育委員長、学校長、PTA会長宛に被害者の名誉を毀損する投書を郵送した事案（東京高判昭58・4・27判時1084号138頁〈プ126〉）がある。これらは、関係者の職務上の守秘義務などとの関係で伝播可能性がなかったことから公然性を否定しており、伝播可能性を公然性の必要条件として、公然性を制約する要素として考慮したものと考えられている。

　イ　真実性の誤信（証明の失敗）　論点2

【設問2】夕刊和歌山時事事件
　　Xは、夕刊和歌山時事に新聞社を経営するAが和歌山市役所土木部の某課長に対して聞こえよがしの捨て台詞を吐いた上、上層の某主幹に対して凄んだという旨の記事を掲載し、頒布した。Aはその編集発行する和歌山特だね新聞に和歌山市民の私行に対して興味本位の暴露記事をしばしば載せており、Xは新聞人としての公憤からそのようなAの行為に対する批判記事を書いたのであった。Xは取材によって得た確実な資料に基づいて事実を真実であると確信していたが、裁判において真実性の証明に失敗した。Xの罪責を論じなさい。

Aが捨て台詞を吐いたり、凄んだりしたという事実の摘示はAの社会的評価を低下させるものである。また、そのような記事を新聞に掲載することは「公然」といえる。したがって、Xの行為は、名誉毀損罪（230条1項）の構成要件に該当する。

しかしながら、事実証明（230条の2）によってXの行為が違法性もしくは処罰を阻却されないかが次に問題になる。この点、Xは公憤からペンの暴

力を行使するＡへの批判記事を書いたのであり、摘示事実は公共の利害に関する事実であって、かつ、その目的も専ら公益を図るに出たものであるといえる。しかし、Ｘは裁判において真実性の証明に失敗しているから、230条の２を適用することはできない。

　しかしながら、Ｘは取材によって得た確実な資料に基づいて、事実を真実と確信して記事を掲載している。そこで、行為者が事実を真実と誤信し、その誤信したことについて確実な資料に照らし相当な理由がある場合、そのような錯誤が名誉毀損罪の成否にいかなる影響を及ぼすかが230条の２の法的性格と関連してさらに問題になる。

　このような真実性の誤信の問題について、まず、真実性の証明ができなかった以上Ｘは当然処罰されるという見解がある。この説は、230条の２の規定を処罰阻却事由と解し、真実性の錯誤は処罰阻却事由の錯誤であるから故意の成否に無関係であり、常に名誉毀損罪が成立するとしている。立案当局者は、この立場に立っており、真実性の証明がなされない限り免責の余地はないと考えていたのである。しかし、この説は、表現の自由の保護を不当に軽視するものであり、妥当でないと批判されている。

　他方、行為者が真実であると考えていた以上はすべて無罪にすべきであるという見解も主張されている。この説は、230条の２の規定を違法性阻却事由と解し、真実性の錯誤は違法性阻却事由に該当する事実の錯誤であるから、軽信した場合も含めてすべて故意が阻却されて無罪となるとしている。しかし、この説によれば、事実が真実であるかろくに確かめもしないまま真実であると軽信した場合まで処罰を否定することになってしまい、名誉の保護を不当に軽視することになるので妥当でないと批判されている。

　そこで、学説の多くは「誤信したことに相当な根拠がある（【設問２】のように確実な資料に基づいて真実であると誤信した）場合に処罰を否定し、これに対して、相当な根拠がない軽率な誤信の場合に処罰する」という結論をとっており、そのような結論に至る理論構成としては、①錯誤論のアプローチ、②違法論のアプローチ、③過失論のアプローチの３つがある。判例も、当初は、真実であることの証明ができなかったならば名誉毀損罪が成立するとしていた（前掲・最判昭34・5・7）が、その後、判例変更し、学説の多数説の結論と同様の立場をとるようになった。【設問２】のような事案について、最高裁は、230条の２の規定は個人の名誉の保護と正当な言論の保障との調和を図ったものであることを指摘し、たとえ真実性の証明がない場合でも「**行為者がその事実を真実であると誤信し、その誤信したことにつ**

いて、確実な資料、根拠に照らし相当の理由があるときは、犯罪の故意がなく、名誉毀損の罪は成立しない」として、錯誤論のアプローチを採用したのである（前掲・最大判昭44・6・25）。

　このように、①錯誤論のアプローチは、行為者が証明可能な程度の客観的な資料に基づいて摘示した事実を真実と思ったのであれば故意が阻却されるとする。230条の2は訴訟法的規定であり、その実体法上の免責要件は「事実の真実性」ではなく「証明可能な程度の真実性」であると考えるのである。すなわち、「真実であることの証明があったとき」というのは裁判時の話であり、これを行為時の話である実体法の要件に引き直すと「証明可能な程度に真実であること」という要件になるのである。この説によれば、【設問2】のXの行為は、確実な資料に基づいて事実を真実と誤信しているので名誉毀損罪の故意が否定されて無罪となる。しかし、この説は、客観的に相当な資料を要求するのでは故意論（錯誤論）を超えてしまい、そのような制約を課すことはできないと批判されている。

　そこで、②違法論のアプローチは、相当な資料、根拠に基づく言論は35条の正当行為として違法性が阻却されるとする。なお、230条の2の規定は、相当な根拠に基づかない言論が裁判時にたまたま真実性の証明に成功した場合の処罰阻却事由を定めたものであるとされる。この説によれば、【設問2】のXの行為は、確実な資料に基づいて事実を摘示しているので刑法35条の正当行為として違法性が否定されて無罪となる。しかし、この説によれば、相当な根拠に基づく事実の摘示であったと認められれば、証明に成功しても失敗してもいずれも違法性が阻却されるので真実性は判断しなくてよいことになってしまい妥当でなく、またそもそも虚偽の事実の摘示が違法でないとはいえないと批判されている。

＊　そこで、③過失論のアプローチは、230条の2の規定を違法性阻却事由と解し、230条の2が前提とする、事実の公共性と目的の公益性が認められる名誉毀損罪は、事実が虚偽の場合にのみ成立するが、その虚偽性という構成要件的結果について故意は必ずしも必要ではないが責任主義の観点から過失は必要であるとする。摘示事実を虚偽だと認識している場合のほかに、摘示事実を客観的な資料に基づかないで軽率にも真実だと誤信した場合は虚偽性について過失がある場合であるから処罰されるが、客観的な資料に基づいて真実だと誤信した場合は虚偽性について無過失であり責任が否定されて無罪となるとするのである。この説によれば、【設問2】のXの行為は、確実な資料に基づいて事実を真実と誤信しているので虚偽性について故意も過失も認められず責任が否定されて無罪となる。しかし、この説は、

230条の２は虚偽性を認識している故意の名誉毀損罪と虚偽性を認識しなかったことに過失がある過失の名誉毀損罪の２つの場合を規定しているとするが、故意犯と過失犯は別個に構成要件化するのが通常であり、同じ法定刑に服させるのは妥当でないと批判されている。

なお、近年、インターネットによる名誉毀損について、誤信の相当性の判断基準が問題になっている。自己の開設したウェブサイトにおいて被害者の名誉を毀損する文章を記載した事案につき、第１審は、被害者が加害者に対して反論することが容易であることや、インターネットによる名誉毀損の場合は発信された情報の信頼性が一般的に低いと受け止められていることから、「確実な資料、根拠に照らして相当な理由」がなかったとしても、インターネット上で情報を発信する際に個人利用者に対して要求される水準を満たす調査を行った上で事実を真実であると誤信したので名誉毀損罪の成立が否定されるとしていた。これに対して、最高裁は、インターネット上の情報が信頼性の低いものとして受け取られるとは限らないことや、被害者による反論によって名誉が十分に回復する保証があるわけではないことなどから、インターネットによる表現手段がその他の表現手段の場合より緩やかな要件で名誉毀損罪の成立を否定する根拠はなく、従来と同じ判断基準が妥当するとして、名誉毀損罪の成立を認めている（◎最決平22・３・15刑集64巻２号１頁〈プ131〉）。

（4） 侮辱罪

> **231条** ⓐ事実を摘示しなくても、公然とⓑ人をⓒ侮辱した者は、拘留又は科料に処する。

本罪の保護法益について、外部的名誉とする見解と主観的名誉とする見解の間で争いがある。通説は、名誉毀損罪と同様に**外部的名誉（社会的評価）が本罪の法益であり、法人や幼児にも社会的評価はあるから本罪は成立する**としている。この説は、名誉毀損罪と侮辱罪の法益は共通するので、両罪の違いは事実の摘示の有無であるとする。この見解に対しては、名誉毀損罪と侮辱罪の大きな法定刑の違いは事実の摘示の有無という単なる行為態様の違いでは十分説明できないし、死者にも社会的評価はあるからこの説からは死者の侮辱罪は犯罪とされてしかるべきなのに現実には犯罪とされていないという批判が向けられている。

そこで、本罪の法益は主観的名誉（名誉感情）であり、侮辱を感じない法

人や幼児には本罪は成立しないとする見解も有力に主張されている。しかし、この見解に対しては、名誉感情のみを問題にするのであれば本罪には「公然性」という要件は不要なはずである、名誉感情をもたない幼児や法人などに対する侮辱罪はありえないことになってしまうがその妥当性は疑問である、真実性の証明があって名誉毀損罪にならない場合に名誉感情を害したという理由で侮辱罪としては処罰されうることになってしまうという批判が向けられている。

【事例5】法人に対する侮辱事件

Xは、交通事故に関して、A保険会社と交渉を続けていたが、「A社は、悪徳弁護士と結託して、被害者を弾圧している」と記載したビラをA社のビル1階の玄関柱に糊で貼付した。

判例は、【事例5】のような事案について、「法人に対する侮辱罪」を肯定しており（○最決昭58・11・1刑集37巻9号1341頁〈百22、プ124〉）、人の中には法人も含まれるとしているので（下線ⓑ）、通説と同じ立場に立っている。

行為は「侮辱」することであり、人に対する侮蔑的価値判断を表示することをいう（下線ⓒ）。判例・通説によれば、名誉毀損罪との相違は具体的な事実摘示の有無であって、「事実を摘示しなくても」とは「事実を摘示しないで」（価値判断を発表する）ということである（下線ⓐ）。なお、摘示される事実は事実証明の対象となりうる程度に具体的なものでなければならない。【事例5】の「A社は、悪徳弁護士と結託して、被害者を弾圧している」というだけでは、具体性がないので、「事実の摘示」には当たらないのである。

第6講　信用および業務に対する罪

◆学習のポイント◆
　信用および業務に対する罪については、公務が業務妨害罪の客体に含まれるか（公務と業務の関係）という問題が特に重要である。

1　信用毀損罪

> 233条前段　ⓐ虚偽の風説を流布し、又はⓑ偽計を用いて、ⓒ人のⓓ信用をⓔ毀損した者は、3年以下の懲役又は50万円以下の罰金に処する。

　本罪の客体は、「信用」であるが、それは経済的側面における人の評価である（下線ⓓ）。人からの評価を問題にするという点で名誉毀損罪と隣接し、経済的側面が問題になっているという点で財産犯と隣接する犯罪である。判例は、かつて、人の支払能力または支払意思に対する信頼に限定していたが（大判明44・4・13刑録17輯557頁）、近年、商品の品質に対する社会的な信頼も含まれるとするようになった（最判平15・3・11刑集57巻3号293頁〈プ136〉）。なお、「人」には自然人のほか、法人その他の団体が含まれる（下線ⓒ）。

　行為は、虚偽の風説を流布し、または偽計を用いて人の信用を毀損することである。「虚偽の風説を流布し」とは、客観的真実に反する噂・情報を不特定または多数の人に伝播させることをいう（下線ⓐ）。例えば、客観的真実に反して、あの会社は倒産寸前であるとか、あの店は食中毒を出したなどの情報を流すような場合である。公然性は必要でなく、少数の者に噂を伝達する場合も含まれる（大判昭12・3・17刑集16巻365頁）。「偽計」とは、人を欺罔し、あるいは人の錯誤または不知を利用することをいう（下線ⓑ）。「（信用）毀損」とは、人の経済面における社会の信頼を低下させるおそれのある状態を作り出すことをいう（下線ⓔ）。現実に信用毀損の結果が生じたことは不要であり、本罪は危険犯だとするのが多数説である。

109

2 業務妨害罪

233条後段 　ⓐ虚偽の風説を流布し、又はⓑ偽計を用いて、ⓒ人のⓓ業務をⓔ妨害した者は、3年以下の懲役又は50万円以下の罰金に処する。
234条 　ⓕ威力を用いて人の業務を妨害した者も、前条の例による。

(1) 業務妨害罪の基本構造
ア 業　務

本罪の保護法益は、判例によれば業務活動そのものである。これに対して、有力説は、人の社会的活動の自由を本罪の法益とし、本罪を自由に対する罪の1つとしている。

本罪の客体は、「業務」であるが、それは、職業その他の社会生活上の地位に基づいて継続して従事する事務のことをいう（下線ⓓ、大判大10・10・24刑録27輯643頁〈プ137〉）。公務が本罪の業務に含まれるかについては争いがあるが、判例は、**強制力を行使する権力的公務は業務に含まれないが、それ以外の公務は業務に含まれる**としている（◎最決昭62・3・12刑集41巻2号140頁〈講22、プ143〉、[論点1]〔公務の業務性〕）。

職業としての経済活動を典型として社会生活上の活動であることが必要なので、娯楽目的での車の運転や趣味としてのスポーツなどの個人的活動、さらに、料理や洗濯など日常の家庭生活は含まれない。

継続的な事務であることが必要なので、自宅で開いた結婚披露宴のような一回的な行事は含まれない。判例も、団体の結成式について業務性を否定している（東京高判昭30・8・30判タ53号55頁〈プ138〉）。

【事例1】行政代執行によらない工事
　Xは、東京都が施行する道路環境整備工事を実力で阻止しようとして、路上生活者の段ボール小屋を撤去する工事を、工事車両の進入路に座り込むなどして妨害した。東京都は、本来、路上生活者に段ボール小屋の除去を命じ、その義務が不履行である場合には行政代執行の手続をとるべきであったが、相手方や目的物の特定等の点で困難があるので、そのような手続を踏まずに、都職員が撤去作業を行ったのであった。

業務は、**刑法的な保護に値するものであれば足り、違法なものでも本罪の業務に含まれる**。裁判例で業務性が肯定された事例として、知事の許可を受けていない者が行う浴場営業（東京高判昭27・7・3高刑集5巻7号1134

頁）や「風俗営業等の規制及び業務の適正化等に関する法律」（風営法）に
違反するパチンコ遊技客からの景品買入れ（横浜地判昭61・2・18判時1200
号161頁〈プ140〉）などがある。また、【事例１】のような事案について、最
高裁は、「やむを得ない事情に基づくものであって、業務妨害罪としての要
保護性を失わせるような法的瑕疵があったとは認められない」として業務性
を肯定している（◎最決平14・9・30刑集56巻7号395頁〈百24、講24、プ
141、146〉）。判例は、平穏に行われている限り刑法上の保護に値するとして
いるが、覚せい剤の販売でも平穏に行われていれば本罪の保護があるとする
のは不合理なので、反社会性・違法性が強度なものは本罪の業務から除外さ
れるとする説が有力である。

　なお、「人」には自然人のほか、法人その他の団体が含まれる（下線ⓒ）。

イ　手　段

　行為は、虚偽の風説を流布し、または偽計を用いて、または威力を用い
て、人の業務を妨害することである。妨害の手段は、①虚偽の風説の流布、
②偽計、③威力の３つである。

【事例２】ATM の占拠
　Xは、ATM を利用する客の暗証番号等を盗撮する目的で、盗撮用ビデオカメ
ラを設置し、１時間以上隣の ATM を占拠し続けた。
【事例３】弁護士の鞄の奪取と隠匿
　Xは、弁護士Aを困らせる目的で、Aが携帯していた訴訟日誌や訴訟記録など
が入った鞄を力づくで奪取して自宅に持ち帰り、２カ月余の間自宅に隠匿した。

---

　①「虚偽の風説を流布し」とは、客観的真実に反する噂・情報を不特定ま
たは多数の人に伝播させることをいう（下線ⓐ）。例えば、電気器具商の売
上げを減らす目的で「あの店が扱う商品は不良品ばかりだ」と虚偽の事実を
告げ、その噂を広めさせるような場合である。

　②「偽計」とは、人を欺罔し、あるいは人の錯誤または不知を利用するこ
とをいう（下線ⓑ）。例えば、弁当屋を困らせようとして、代金を支払う意
思もないのに弁当屋に電話をかけて弁当100個を注文し、架空の住所まで配
達させるような場合である。詐欺罪における欺罔行為より緩やかな概念であ
り、判例によって次第に拡張されている。判例で本罪における偽計手段と認
められたものとして、中華そば店に多数回の無言電話をかけた事案（東京高
判昭48・8・7高刑集26巻3号322頁〈プ155〉）や通話料金の計算を不可能
にするマジックホンを電話に取り付けた事案（○最決昭59・4・27刑集38巻

第6講　信用および業務に対する罪　111

6号2584頁〈百25、プ152〉）がある。また、【事例2】のような事案でも、ATMを利用する一般客であると勘違いさせる点に欺罔や錯誤・不知の利用があるので本罪における偽計手段として認められている（最決平19・7・2刑集61巻5号379頁〈百18、プ153〉）。このように、判例においては、非公然と行われる妨害手段が広く含まれるようになっている。

　③「威力」とは、人の意思を制圧するに足りる勢力を示すことである（下線ⓓ）。威力は暴行・脅迫より広く、緩やかな概念であり、暴行や脅迫はもちろん、それらに至らない程度の威迫行為も「威力」に該当する。例えば、デパートの食堂配膳部で蛇をまき散らしたり（大判昭7・10・10刑集11巻1519頁）、総会屋が株主総会の議場で怒号したり（東京地判昭50・12・26刑月7巻11=12号984頁）、猫の死骸を事務机の引き出し内に入れておいて被害者に発見させたり（○最決平4・11・27刑集46巻8号623頁〈プ150〉）、卒業式直前に保護者らに大声で呼びかけ、制止しようとした教頭に怒号するなどした（○最判平23・7・7刑集65巻5号619頁）ような場合である。さらに、【事例3】のような事案においても、最高裁は、「鞄を奪取し隠匿する行為」をひとまとめにして威力行為を肯定している（○最決昭59・3・23刑集38巻5号2030頁〈講23、プ149〉）。また、現に業務に従事している被害者に対して直接行使されることは必要でなく、店の前で集団でたむろし入店を妨げるように、被害者以外のものに対して行使される場合も含まれる。

　判例の立場からは、**公然と相手に障害の存在を誇示すれば威力であり、非公然とこっそり行われれば偽計である**。例えば、宅配ピザのバイクの座席に見えるように大量に釘を刺しておけば威力であり、見えないように釘を刺して座れば刺さるようにしておけば偽計というイメージである。

　ウ　妨　害

「妨害した」の意義について、判例は、現に業務妨害の結果が発生することを必要とせず、業務を妨害するおそれがある行為が行われれば足りるとしており、本罪を危険犯としている（下線ⓔ、最判昭28・1・30刑集7巻1号128頁〈プ147〉）。これに対して、学説では、文言どおり侵害犯であるとし、業務が妨害されて業務遂行に支障が生じたことを要求する説が有力である。

　エ　罪　数

①偽計および威力を用いて他人の業務を妨害したときは、233条と234条とに当たる単純一罪である。②同一の行為が業務を妨害するとともに背任になるときは、業務妨害罪と背任罪の観念的競合になる。③公務執行妨害罪と威力業務妨害罪が同時に成立するときは、法条競合により公務執行妨害罪のみ

が成立するというのが多数説である。

(2) 業務妨害罪の重要問題——公務の業務性　論点1

【事例4】暴行による権力的公務妨害事例
　Xは、警察官Aに職務質問された際、Aに暴行を加えて抵抗した。
【事例5】威力による権力的公務妨害事例
　Xは、警察官Aに職務質問された際、怒号して抵抗した。
【事例6】暴行による非権力的公務妨害事例
　Xは、A国立大学の入学試験実施業務を妨害しようとして、試験監督の同大学B教授に暴行を加え、教室への入室を阻止した。
【事例7】威力による非権力的公務妨害事例
　Xは、A国立大学の入学試験実施業務を妨害しようとして、同大学の試験会場になっている教室に多数の蛇をばらまいて入試を混乱させた。

　業務妨害罪（233条・234条）では、虚偽の風説の流布や偽計、威力といった比較的程度の弱い行為も処罰されているが、公務執行妨害罪（95条1項）では暴行または脅迫という強力な行為のみが処罰されることになっている。そこで、暴行・脅迫以外の虚偽の風説の流布や偽計、威力という手段によって公務が妨害されたときに公務執行妨害罪は成立しないが業務妨害罪で処罰されるのかが問題になる。これは、「公務は業務に含まれるのか」という問題である。

　まず、①無限定積極説は、公務はすべて業務に含まれるとする。公務も公務員としての社会的活動にほかならないから、公務の性質にかかわりなく業務に含まれるとするのである。そして、95条1項と233条・234条が競合する場合は、法条競合（特別関係）もしくは観念的競合になるとする。この説からは、前述した4つの事例はすべて業務妨害罪が成立し、【事例4】と【事例6】はそのほかに公務執行妨害罪も成立して業務妨害罪と法条競合（特別関係）もしくは観念的競合になる。この説に対しては、権力的公務は強力な抵抗排除力をもっているので威力などによる妨害まで保護する必要はないのに、この説からは【事例5】のような場合にまで業務妨害罪が成立することになってしまい妥当でないという批判が向けられている。

　次に、②消極説は、公務はすべて業務に含まれないとする。公務は非権力的な、民間類似のものでも、暴行または脅迫による妨害に限り、公務執行妨害罪によってのみ保護されるとするのである。この説からは、前述した4つの事例はすべて業務妨害罪が成立せず、【事例4】と【事例6】のみ公務執

第6講　信用および業務に対する罪　113

行妨害罪が成立することになる。この説に対しては、威力などによって公務が妨害された場合、業務の中に公務が含まれないので業務妨害罪は成立せず、暴行・脅迫を手段としていないので公務執行妨害罪も成立せず、【事例7】のような威力による非権力的公務妨害のときに処罰の間隙が生じてしまう、例えば私立大学の入試で蛇をばらまいて妨害した場合には業務妨害罪が成立するのに、国立大学の入試で同じことをしたときに無罪になるというのは不均衡であるという批判が向けられている。

　さらに、③限定積極説は、権力的公務は業務に含まれない（233条・234条は成立しない）が非権力的公務は業務に含まれるとし、後者は95条1項と233条・234条の両方が適用されるとする。この説からは、非権力的公務が対象となる【事例6】と【事例7】のみ業務妨害罪が成立し、また、【事例4】と【事例6】は公務執行妨害罪が成立し、【事例6】は95条1項と233条・234条の法条競合（特別関係）もしくは観念的競合になるとする。この説に対しては、【事例6】のような暴行による非権力的公務妨害について二重の保護を与える必要はなく、例えば私立大学の入試を試験監督の教授に暴行を加えて妨害した場合には業務妨害罪しか成立しないのに、【事例6】のように国立大学の入試で同じことをしたときに公務執行妨害罪を成立させるのは不均衡であるという批判が向けられている（なお、この批判は①説に対しても妥当する）。

　最後に、④公務区分説は、権力性などによって公務を区別して業務妨害罪の成立を認めるが、業務妨害罪が成立する公務は、たとえ手段が暴行・脅迫であっても95条1項の適用を認めないとする。権力的公務は威力に対して実力で排除する機能を備えているので保護する必要はないが、非権力的公務はこれらの機能をもたないので業務妨害罪で民間同様に保護されなくてはならないとするのである。すなわち、④説は、区別基準は③説とほぼ同様であるが、ただ、【事例6】のような場合に、公務執行妨害罪の成立を否定し、業務妨害罪のみの成立を認めるという点で③説と異なっている。この説からは、非権力的公務が対象となる【事例6】と【事例7】のみ業務妨害罪が成立し、【事例6】では業務妨害罪が成立するので公務執行妨害罪は成立しないが、業務妨害罪が成立しない【事例4】では公務執行妨害罪が成立するとする。この説に対しては、非権力的公務については公務執行妨害罪が成立しないとしているがそれは公務執行妨害罪の理解として妥当でなく、公務は公共の福祉を目的とするので民間の業務より厚く保護されるべきであるという批判が向けられている。

114

判例は、当初、警察官による検挙を威力により妨害した事案で公務は業務に含まれないという理由で業務妨害罪の成立を否定していた（最判昭26・7・18刑集5巻8号1491頁）。しかし、その後、判例変更が行われた。最高裁は、威力により国鉄職員の業務を妨害した事案につき、国鉄業務の非権力性などを理由に業務妨害罪の成立を肯定し（○最大判昭41・11・30刑集20巻9号1076頁〈プ142〉）、また、県議会委員会の条例案採決を威力で妨害した事案につき、「強制力を行使する権力的公務ではない」という理由で同罪の成立を肯定した（前掲・最決昭62・3・12）。他方、最高裁は、国鉄職員の非権力的な業務を暴行により妨害した場合に公務執行妨害罪の成立を認めているので（最決昭59・5・8刑集38巻7号2621頁〈プ481〉）、限定積極説に近い立場に立っている。

	【事例4】	【事例5】	【事例6】	【事例7】
①無限定積極説	公務○ 業務○	公務× 業務○	公務○ 業務○	公務× 業務○
②消極説	公務○ 業務×	公務× 業務×	公務○ 業務×	公務× 業務×
③限定積極説	公務○ 業務×	公務× 業務○	公務○ 業務○	公務○ 業務○
④公務区分説	公務○ 業務×	公務× 業務×	公務× 業務○	公務× 業務○

※表の「公務」は「公務執行妨害」、「業務」は「業務妨害」を指す。

【設問1】犯罪の虚偽予告

　Xは、自宅のパソコンから、そのような意図がないにもかかわらず、インターネットの掲示板に無差別殺人の虚偽予告を行った。これを閲覧した者からの通報を介して警察が警戒出動したことによって警察官の本来の業務が阻害された。Xの罪責を論じなさい。

　なお、犯罪の虚偽予告が偽計業務妨害罪に当たるかが問題になるが、【設問1】のような事案では、「妨害された警察の公務（業務）は、強制力を付与された権力的なものを含めて、その全体が、本罪による保護の対象になる」として偽計業務妨害罪の成立が認められている（○東京高判平21・3・12判タ1304号302頁〈プ144〉）。本件で業務妨害罪成立が認められた根拠はあまり明確ではないが、学説においては、妨害手段が威力の場合と偽計の場合で業務の範囲が異なるという観点から説明する見解が有力である。すなわち、この見解は、判例の「強制力をもつ権力的公務であるか否か」という基

準は威力によって妨害する場合を念頭に置いたものであると理解し、偽計によって妨害する場合には公務はすべて業務に含まれると考えるのである。なぜなら、偽計による場合には自力排除力が妨害を排除する機能をもたないからである。このような理解に対しては、妨害手段が威力か偽計かによって業務の範囲が異なるとするのは妥当でないという批判が向けられている。

(3) 電子計算機損壊等業務妨害罪

> 234条の2第1項　ⓐ人の業務に使用する電子計算機若しくはその用に供する電磁的記録をⓑ損壊し、若しくは人の業務に使用する電子計算機にⓒ虚偽の情報若しくはⓓ不正な指令を与え、又はⓔその他の方法により、電子計算機にⓔ使用目的に沿うべき動作をさせず、又はⓕ使用目的に反する動作をさせて、人のⓖ業務を妨害した者は、5年以下の懲役又は100万円以下の罰金に処する。

未遂（234条の2第2項）　前項の罪の未遂は、罰する。

ア 意 義

本罪は、1987（昭和62）年のコンピュータ犯罪立法の1つとして設けられたものである。本罪の法定刑は業務妨害罪より重いが、本罪の態様での業務妨害の結果の重大性が考慮されているからである。例えば、列車運行システムを制御する電子計算機が損壊されれば、その被害は甚大なものになるであろう。

イ 成立要件

本罪の保護法益は、電子計算機による業務の円滑な遂行である。

本罪の客体は、「人の業務に使用する電子計算機」であるが、それは、人の代替として独立的、自動的にある程度広範な業務を処理するものをいう（下線ⓐ）。機器に組み込まれているマイクロプロセッサーなどはこれに当たらない。裁判例として、パチンコ台に取り付けられたロムを不正に作成されたものと交換した事案では、パチンコ遊技台に取り付けられている電子計算機は単純な制御作用があるにすぎず、制御の及ぶ範囲も当該パチンコ台にとどまるとして「業務に使用する電子計算機」に該当しないとされた（福岡高判平12・9・21判時1731号131頁〈プ157〉。ただし、偽計業務妨害罪〔233条後段〕が成立するとされた）。

行為は、①器物等損壊（電子計算機もしくはその用に供する電磁的記録の損壊）、②情報処理阻害（虚偽の情報もしくは不正な指令の入力）、③その他の方法の3つの手段のいずれかを用いて、電子計算機の動作を阻害し、人の業務を妨害することである。「損壊」には、電磁的記録の消去も含まれる（下線ⓑ）。裁判例として、放送会社のウェブサイト内の天気予報画像を消去し、わいせつ画像に置き換えた事例でこれが認められている（大阪地判平9・10・3判タ980号285頁〈プ158〉）。「虚偽の情報若しくは不正な指

令の入力」の具体例は、虚偽のデータを入力したり、プログラムを改ざんしたり、コンピュータ・ウイルスを投与して発症させることなどである（下線ⓒ）。「その他の方法」とは、電源切断、温度などの動作環境の破壊、通信回線の切断などであり、直接電子計算機の動作阻害を引き起こすものでなければならないので、コンピュータ・ルームの占拠やオペレーターの拘束のようなものは含まれないと解されている（下線ⓓ）。

これらの行為によって、電子計算機の動作阻害という中間結果が発生することが必要である。「使用目的に沿うべき動作をさせず」とは、電子計算機設置者が当該電子計算機により実現しようとした目的に適合した動作をさせないことをいう（下線ⓔ）。例えば、電子計算機の作動を停止させるような場合をいう。「使用目的に反する動作をさせて」とは、電子計算機設置者の目的に反するような動作をさせることをいう（下線ⓕ）。例えば、予定とは異なった製品を製造させるような場合をいう。

そういう中間結果を経て、業務を妨害したといえることが必要である。「業務を妨害した」とは、電子計算機の動作阻害を通じて、電子計算機による業務の遂行に混乱を生ぜしめることをいう（下線ⓖ）。電子計算機の無権限使用や情報の不正入手などのように外形的な混乱を生じないものは本罪に当たらない。なお、立案当局は本罪を危険犯であるとしているが、学説では侵害犯であるとする見解が有力である。

ウ　未　遂

2011（平成23）年に本罪に未遂処罰規定が創設された。例えばコンピュータ・ウイルスを投与しただけで、まだ発症していないような場合が本罪の未遂になる。

第7講　財産犯総説・窃盗罪

◆学習のポイント◆
1　窃盗罪の保護法益に関する主要な見解を理解し、具体的事例に即して説明することができるようにしてほしい。また、保護法益の理解が、242条の解釈にどのように影響するかを理解しておくこと。
2　窃盗罪における「窃取」の定義を記憶するとともに、いかなる場合に「他人の占有」が認められるのか、占有の有無の認定方法を理解しておくこと。
3　人の死亡後に財物奪取意思を生じて財物を奪取した場合における窃盗罪の成否について、判例と学説がどのように対立するのかを説明できるようにしておくこと。
4　窃盗罪において故意とは別の主観的要件としてなぜ「不法領得の意思」が必要であるのか、その理論的根拠をしっかり押さえるとともに、不法領得の意思の有無について具体的事例に即して判断できるようにすること。
5　親族間の犯罪に関する特例の趣旨・適用要件について理解し、その概要を説明することができるようにしておくこと。

1　財産犯総説

　刑法典は、第2編「罪」の第36章ないし40章に個人の財産を侵害する各犯罪類型を規定している。これを財産犯という。財産犯は、刑法各論の学習にとって最重要の犯罪類型である。

(1)　財産犯の行為客体

　財産犯の客体である財産は、財物（物）と財産上の利益に分かれる。

ア　財物（物）

　財物は、すべての財産犯において客体とされている。財物（物）を客体とする財産犯を**財物罪**という。財物の意義については後に述べる（2(2)アa参照）。財物は、動産と不動産に区別され（民法86条）、窃盗罪（235条）は動

産のみを客体とし、不動産侵奪罪（235条の２）は不動産のみを客体としている。詐欺罪（246条１項）、恐喝罪（249条１項）、横領罪（252条以下）、盗品等関与罪（256条）、毀棄罪（258条以下）は動産も不動産もともに客体としている。

イ　財産上の利益

財産上の利益とは、財物以外の財産的利益の一切をいう。例えば、債権や担保権の取得、労務（サービス）の提供などの**積極的利得**のみならず、債務の支払免除、弁済の一時猶予等を得るような**消極的利得**も含まれる。財産上の利益を客体とする財産犯を**利益罪（利得罪）**という。

財産上の利益が客体とされているのは、強盗罪（236条２項）、詐欺罪（246条２項）、恐喝罪（249条２項）、背任罪（247条）だけである。このうち、前３者は、各条文の２項に規定されていることから**２項犯罪**と呼ばれることがある。

(2)　財産犯の保護客体

客体である財産は、個別財産として保護されるのか、それとも法益主体の財産全体として保護されるのかにより区分される。

ア　個別財産に対する罪

個別財産に対する罪とは、被害者の個々の物（金銭、パソコンなど）やその他の財産権（債権、特許権など）を侵害する罪（財物罪と利益罪の双方を含む）をいう。現行刑法では、背任罪以外の財産犯はすべて個別財産に対する罪である。

個別財産に対する罪では、個別財産を喪失することで犯罪が成立するので、例えば、他人の所有する時価100万円の美術品を欲しかった行為者が、150万円を置いて美術品を無断で持ち去ったとしても、所有者は美術品という個別財産を喪失している以上、窃盗罪が成立する。

イ　全体財産に対する罪

全体財産に対する罪とは、個々の財産ではなく、財産状態全体を侵害する犯罪をいう。現行刑法では、背任罪（247条）だけが全体財産に対する罪である。

全体財産に対する罪の場合、行為者の行為により被害者が失ったものと被害者が反対給付として得たものを考慮し、全体として財産が減少しなければ財産犯は成立しない。例えば、銀行の支店長が1000万円の融資をしたが、その代わり1000万円の担保付債権を取得したのであれば全体財産に減少はないので背任罪は成立しない。

(3) 行為態様による区別

財産侵害において、被害者の財産の効用を喪失させる場合と、それによらず行為者が財産から一定の効用を得る場合がある。前者を**毀棄罪**、後者を**領得罪**という。領得罪の方が毀棄罪よりも刑罰が重いのは、毀棄罪は他人の物を壊したり隠したりして被害者の利用を妨害することによって被害者の財産を侵害しているのに対し、領得罪は他人の財物の効用を取得することによって被害者の財産を侵害しているからである（この点は、3(5)エ参照）。

ア　毀棄罪

毀棄罪とは、他人の個別財産を毀損させる犯罪をいう。財産侵害のみが成立要件とされる。

毀棄罪は、刑法典第40章の「毀棄及び隠匿の罪」であり、具体的には、公用文書毀棄罪（258条）、私用文書毀棄罪（259条）、建造物損壊罪（260条）、器物損壊罪（261条）、信書隠匿罪（263条）などがある。

イ　領得罪

領得罪とは、他人の個別財産を取得する犯罪をいう。財物の効用を取得することによる財産侵害が成立要件とされる。領得罪が成立するためには、各条文に明記された要件のほかに、「不法領得の意思」（3(5)参照）が必要であるとするのが判例・通説である。

a　直接領得罪と間接領得罪

領得罪は、被害者から直接に財産を領得する**直接領得罪**と、直接領得罪の存在を前提として、いわば被害者から間接的に財産を領得する**間接領得罪**に分かれる。現行刑法で間接領得罪は、盗品等関与罪（256条）だけである。

b　移転罪と非移転罪

直接領得罪は、占有・利益移転を伴う**移転罪**と移転を伴わない**非移転罪**に分かれる。現行刑法で非移転罪は、横領罪（252条以下）だけである。横領罪は、既に自己の占有下にある他人の物を領得する犯罪である。

c　盗取罪と交付罪

移転罪のうち移転が**被害者の意思に反する罪を盗取罪**といい、現行刑法では、窃盗罪（235条）、不動産侵奪罪（235条の2）、強盗罪（236条）がこれに当たる。これに対し、移転が**被害者の瑕疵のある意思に基づく罪を交付罪**といい、現行刑法では、詐欺罪（246条）、恐喝罪（249条）がこれに当たる。

さまざまな財産犯を以上の分類に従い整理すると下図のようになる。この図は財産犯の見取り図であり、個々の犯罪について学習する際には常に参照し、最終的には自分でこの図を再現できるようになることが重要である。

【財産犯見取り図】

保護客体	行為態様				罪名	財物	利益
個別財産に対する罪	領得罪	直接領得罪	移転罪	盗取罪	窃盗罪	○	×
					不動産侵奪罪	○	×
					強盗罪	○	○
				交付罪	詐欺罪 恐喝罪	○	○
			非移転罪		横領罪	○	×
		間接領得罪			盗品等関与罪	○	×
	毀棄罪				器物損壊罪 など	○	×
全体財産に対する罪	領得罪・毀棄罪				背任罪	○	○

2　窃盗罪の基本構造

> 235条　ⓐ他人の財物をⓑ窃取した者は、窃盗の罪とし、10年以下の懲役又は50万円以下の罰金に処する。

> 未遂（243条）　第235条から第236条まで及び第238条から第241条までの罪の未遂は、罰する。

　窃盗罪は、「他人の財物を窃取した」場合に成立する。他人が占有する他人の財物を、その占有を排除して自らの占有下に移す罪である。最も古くから存在する財産犯の基本形態であり、財産犯の中で中心的な存在の犯罪類型である。財物の占有を移転させる犯罪（**占有移転罪**）の中で、被害者の意思に反して占有を移転させる点にその特徴がある。

　窃盗罪が成立する典型例は次のとおりである。

【事例1】財布を抜き取りキャッシュカードにより引き出した事例
　Xは、遊ぶ金欲しさから、公園のベンチで泥酔しているAの上着のポケットから財布を抜き取り、現金3万円、甲銀行のキャッシュカードおよび運転免許証を盗んだ。Xは、その後、甲銀行乙支店に行って、運転免許証に記載のあったAの生年月日から暗証番号を推測し、ATMから7万円を引き出した。

第7講　財産犯総説・窃盗罪　121

(1) 保護法益

窃盗罪の保護法益については、所有権その他の本権を保護法益とする**本権説**、占有を保護法益とする**占有説**、合理的な占有もしくは平穏な占有を保護法益とする**中間説**が対立している（**論点1**〔占有移転罪の保護法益〕）。

学説は、かつては本権説が通説であったが、現在では、中間説が多数説となっている。これに対し、判例は、大審院時代は本権説を採用していたが（大判大12・6・9刑集2巻508頁）、戦後、最高裁は占有説へとシフトした（後掲・最判昭35・4・26）。現在の判例の立場は、占有を保護法益としているので、占有侵害があれば窃盗罪の構成要件該当性を認め、例外的に（自己所有物を取り戻す場面で）、権利行使として違法性阻却の可能性を認めるというものである。

なお、窃盗罪の保護法益の問題は、窃盗罪だけでなく、占有の移転を伴う占有移転罪（窃盗、強盗、詐欺、恐喝）に共通の問題であることに注意してほしい。

(2) 客観的要件

ア 客体

本罪の客体は「他人の財物」である（下線ⓐ）。「他人の」というのは他人が所有権を有することを意味する。もっとも、「他人の財物」は「窃取」の対象となる物であり、窃取とは「他人が占有する」財物を占有者の意思に反して自己または第三者の占有に移転させることをいうので、「他人の財物」は他人が占有する財物でなければならない（この点は、窃盗罪の保護法益に「占有」が含まれるかどうかという議論とは無関係である）。したがって、「他人の財物」とは「他人が占有する他人の所有物」を意味することになる。

なお、企業秘密などの「情報」は財物ではないので、情報自体を盗んでも窃盗罪とはならない。もっとも、情報が紙やディスクなどに記録されれば当該秘密資料は「財物」（情報が化体された財物）となるので窃盗罪の対象となる。

a 他人の所有物

ⅰ）財物の意義

民法85条は、「『物』とは、有体物をいう」と規定しているので、刑法上も、財産的価値のある有体物（固体・液体・気体）であれば「財物」であるという点に異論はない。ガス等の気体を盗めば窃盗罪となる。他方、情報が財物でないことも争いがない。

問題は、財物は有体物に限るか（**有体性説**）、エネルギーのように無体物

122

であっても物理的に管理可能なものであればよいか（物理的**管理可能性説**）である。

物理的管理可能性説が主張されたきっかけは旧刑法下の電気窃盗事件であった。これは、電気を無断使用した事案において、大審院が、電気は可動的かつ管理可能であることを理由に窃盗罪の成立を認めたものである（大判明36・5・21刑録9輯874頁）。

しかし、その後、現行刑法245条は「電気は、財物とみなす」と規定したので電気窃盗の可罰性は明確になった。

学説の中には物理的管理可能性説も主張されているが、「電気は、財物とみなす」という規定は「電気は財物ではないが財物として扱う」という意味であり、判例も電気窃盗事件以外に無体物を財物とした例はない。物理的管理可能性説によれば、電気以外のエネルギーまでが財物に含まれることになり、利益窃盗を不可罰とする現行刑法の立場と矛盾するおそれもある。したがって、現在、通説は有体性説をとっており、裁判例もそれに従っている。

ⅱ）不動産

不動産は、有体物であるから、一般に財物に含まれる。したがって、不動産に対して詐欺罪、恐喝罪、横領罪は成立しうる。

これに対し、窃盗に関しては、不動産窃盗を処罰する不動産侵奪罪（235条の2）が存在するので、窃盗罪の客体である「財物」からは不動産は除外される。

窃盗罪と同じ盗取罪である強盗罪については、不動産強奪罪のような規定が存在しないので強盗罪の客体である「財物」には不動産が含まれるとする見解もあるが、不動産の占有自体を財産上の利益と考え2項強盗罪の対象となると解すればよいであろう。

ⅲ）所有権の対象

窃盗罪の客体は「他人の財物」であるから、誰の所有にも属していない物は窃盗罪の客体として保護する必要がない。したがって、有体物であっても所有権の対象とならないものは財物性が否定される。

空気、自然水、野生の動物のような**無主物**や**人体**は財物には当たらない。なお、死体、遺骨、遺髪、棺に納めてある物は、法定刑の軽い納棺物領得罪（190条後段）のみが成立し（大判大4・6・24刑録21輯886頁）、財物性は否定される。

麻薬、覚せい剤、銃砲刀剣類など法令上正当な理由がなければ私人による所有・所持が禁止されている**禁制品**が財物といえるかが問題となるが、一定

第7講　財産犯総説・窃盗罪　123

の場合には許可等を条件に所有・所持ができることから**所有権の対象となり**うるものであるので、判例・通説は禁制品の財物性を肯定している。

iv）経済的価値の要否

財物は、財産的価値のある物をいうので、一般に、経済的価値（金銭的交換価値）をもつのが普通である。しかし、経済価値がなくても財物といえる場合がある。判例は、財物とは「所有権の目的となり得べき物を言い、それが金銭的乃至経済的価値を有するや否やは問うところではない」としている（最判昭25・8・29刑集4巻9号1585頁）。

したがって、所有権の対象である以上、経済的価値がなく主観的価値しかないようなラブレターであっても財物である。

経済的にも主観的にも価値が認められないものは財物ではない。裁判例の中には「メモ1枚」（大阪高判昭43・3・4判タ221号224頁）、「ちり紙13枚」（東京高判昭45・4・6判タ255号235頁〈プ178〉）、「はずれ馬券」（札幌簡判昭51・12・6判時848号128頁）の財物性を否定し、窃盗未遂罪の成立しか認めなかったものもある。

b　他人の占有物

窃盗罪は占有移転罪であるから、同罪の対象となる財物は、他人が占有する物でなければならない。他人の占有が認められない財物は窃盗罪の対象とはならない。

具体的には、誰も占有していない他人の所有物を領得した場合には占有離脱物横領罪（254条）となる。領得者自身が占有している他人の所有物を領得した場合には、その占有が所有者との委託関係に基づくのであれば横領罪（252条）、業務上横領罪（253条）となり、委託関係に基づかないのであれば占有離脱物横領罪（254条）となる。

i）占有の意義

占有とは、財物に対する事実的支配をいう。刑法における占有が認められるためには、客観的要件として財物に対する**事実的支配（客観的支配ないし占有の事実）**が、主観的要件として財物に対する**支配意思（占有の意思）**が必要である。占有の有無は、両要件を総合的に考慮し社会通念に従って判断するが、事実的支配が圧倒的に重要であり、占有の意思は事実的支配を補充する役割を果たすにすぎない。ただし、支配意思がゼロになった死者には占有は認められない。

ii）事実的支配の有無

事実的支配が認められるためには、物を手に持っていること（握持）や監

視していることまでは必要でない。物が占有者の支配力の及ぶ範囲内の場所にあれば足りる。

支配力が及ぶ範囲か否かは、財物に対する実力的支配の可能性や排他性によって判断される。例えば、財物が住居のように排他性の強い閉鎖的な支配領域内にある場合には、当該財物の所在を失念していても占有は肯定される。これに対し、財物が公道のように排他性のない一般的な場所にある場合には、目の届く範囲内でのごく短時間の握持・監視の喪失にとどまる限りでのみ占有は肯定される（**論点2**〔占有の有無〕）。

なお、元の占有者が占有を喪失することによって当該領域を支配している者に占有が移る場合がある。例えば、宿泊客が旅館のトイレに置き忘れた財布については旅館主に占有があり（○大判大8・4・4刑録25輯382頁〔旅館内遺留財布領得事件〕〈プ184〉）、ゴルフ場内人工池のロストボールについてはゴルフ場管理者に占有がある（○最決昭62・4・10刑集41巻3号221頁〔ロストボール事件〕〈プ187〉）。

これに対し、電車の座席や網棚のように、一般人の自由な立入りが可能な場所については、管理者の占有は否定される（○大判大15・11・2刑集5巻491頁〔列車内遺留毛布領得事件〕〈プ185〉）。

ⅲ）占有の帰属

財物の保管に行為者を含めた複数人が関与している場合、その中の誰に占有が帰属しているかが問題となる。複数の保管者の間に、対等な関係が認められる場合にはそれぞれの保管者に占有（共同占有）が認められるが、上下・主従の関係が認められる場合には、原則として上位者に占有が認められ、占有補助者にすぎない下位者には占有は認められない。封緘物の占有については見解の対立がある（**論点3**〔占有の帰属〕）。

ⅳ）死者の占有

死者には支配意思（占有の意思）がないので財物に対する占有は認められない。したがって、路上に倒れている死体から単なる通行人が財布を抜き取ったとしても窃盗罪は成立せず、占有離脱物横領罪が成立する。

ただ、被害者を死亡させた犯人が、死亡後に領得の意思を生じて財物を領得した場合を占有離脱物横領罪とするか、窃盗罪にするかについては争いがある。なぜなら、自らの行為で被害者を死亡させ、その結果として被害者の占有を失わせておきながら、その状態を利用して財物を奪取する行為が（法定刑の軽い）占有離脱物横領罪にしかならないのは不合理ではないかという疑問があるからである。この点、判例は、被害者を死亡させた犯人との関係

では、被害者の死亡と時間的・場所的に近接した範囲にある限り、窃盗罪の成立を認めている（◎最判昭41・4・8刑集20巻4号207頁〈百29、講35、プ193〉）。これに対し、学説の多数は、財物取得の時点で被害者が死亡している以上占有離脱物横領罪しか成立しないとしている（**論点4**〔死者の占有〕）。

イ 行 為

窃盗罪の実行行為は、他人の財物の「窃取」である（下線ⓑ）。**窃取**とは、**他人の「占有」する財物を、占有者の意思に反して、その占有を侵害し自己または第三者の占有に移転させることをいう。**

占有を移転させたといえるためには、占有者が当該財物に対する占有を喪失し、行為者が当該財物に対して新たに占有を取得したことが必要である。

窃盗罪は、強盗罪、不動産侵奪罪とともに、**占有者の意思に反して財物の占有を移転させる犯罪（盗取罪）**である点で、詐欺罪や恐喝罪のような瑕疵はあるが占有者の意思に基づいて財物を移転させる犯罪（交付罪）とは異なる。専らメダルの不正取得を目的として体感器と称する電子機器を使用する意図の下にこれを身体に装着してパチスロ機で遊戯する行為は、通常予定された遊戯方法の範囲を逸脱するものであり、同機がパチスロ機に直接には不正の工作ないし影響を与えないものであっても、パチスロ店のメダル管理者の意思に反してその占有を侵害し自己の占有に移したものであるから「窃取」に当たる（◎最決平19・4・13刑集61巻3号340頁〔体感器事件〕〈講32、プ207〉）。

ウ 結 果

窃盗罪の実行行為は、窃取行為であるが、それにより「窃取した」という結果を発生させることが必要である（下線ⓑ）。「窃取した」といえるためには、行為者が財物の占有を取得することが必要である。

(3) 主観的要件

ア 故 意

故意とは犯罪事実の認識・認容をいうので、窃盗罪の故意とは、他人の財物を窃取することの認識・認容である。したがって、例えば、他人の傘を自分の傘だと思って持ち帰ったとしても、他人の傘を窃取する認識・認容がないので窃盗罪の故意は認められず窃盗罪は成立しない。

イ 不法領得の意思

判例・通説は、故意のほかに、条文に明記されていない要件（書かれざる構成要件要素）として不法領得の意思が必要であると解している。**不法領得**

の意思とは、判例によれば、「権利者を排除し他人の物を自己の所有物と同様にその経済的用法に従いこれを利用し又は処分する意思」である（◎最判昭26・7・13刑集5巻8号1437頁〔肥料船乗捨て事件〕〈プ213〉、◎大判大4・5・21刑録21輯663頁〔教育勅語事件〕〈プ218〉）。このように、判例・通説は、不法領得の意思の内容として、**権利者排除意思と利用処分意思の双方**を要求している（論点5〔不法領得の意思〕）。

　判例・通説が、不法領得の意思の内容として権利者排除意思を必要とするのは、窃盗罪と不可罰の使用窃盗とを区別するためである。使用窃盗というのは、他人の財物を無断で一時使用することをいい、被害者の被る侵害が軽微であるため不可罰とされている。このような不可罰の使用窃盗と窃盗罪とを区別するためには、「権利者を排除し他人の物を自己の所有物として」振る舞う意思（権利者排除意思）が必要である。

　不法領得の意思の内容として利用処分意思を必要とするのは、窃盗罪と毀棄罪とを区別するためである。物を損壊する毀棄罪の方が窃盗罪よりも法益侵害が大きいともいえるのに窃盗罪の方が法定刑が重いのは、窃盗罪が財物を利用しようという動機・目的をもっているためより強い非難に値し、犯罪予防の必要性が高いからである。そこで、窃盗罪と毀棄罪とを区別するためには、「経済的用法に従いこれを利用し処分する意思」（「財物から生ずる何らかの効用を享受する意思」）（利用処分意思）が必要である。

(4)　未遂・既遂

ア　未遂（実行の着手時期）

　実行の着手は、結果発生の現実的危険性のある行為を開始することをいう（実質的客観説）。実行の着手については、総論17講を参照してほしい。

　本罪の実行の着手は、判例によれば、「他人ノ財物ニ対スル事実上ノ支配ヲ犯スニ付密接ナル行為ヲ成シタルトキ」に認められ（大判昭9・10・19刑集13巻1473頁）、必ずしも占有侵害行為の開始までは必要とされているわけではない。

　目的物に手を触れる必要はなく、目的物に近寄ったか、少なくとも物色したときに着手が認められる。例えば、金品物色のためタンスに近づいたとき（前掲・大判昭9・10・19）、電気店に侵入後、なるべく現金を取りたいので煙草売場に向かって行きかけたとき（最決昭40・3・9刑集19巻2号69頁）等がこれに当たる。

　倉庫のように、内部に財物しか存在しない建物への侵入窃盗の場合は、当該建物に侵入しようとする行為の時点で着手が認められる。例えば、土蔵の

鍵を壊して侵入しようとしたとき（名古屋高判昭25・11・14高刑集3巻4号748頁）がこれに当たる。

また、駅の自動券売機の硬貨釣銭返却口に接着剤を塗り付け、釣銭の付着を待ちこれを回収して取得しようと接着剤を塗布した時点で、釣銭の占有取得に密接に結びついた行為であるので実行の着手が認められている（東京高判平22・4・20判タ1371号251頁）。

イ　既遂（既遂時期）

本罪の既遂は、本罪が盗取罪であることから、財物に関する他人の占有を侵害し自己または第三者の支配に移転させた時点、すなわち、行為者が占有を取得した時点に認められる（**取得説**）。

占有を取得したか否かは、財物の大小、財物の所在場所、搬出の容易性、窃取行為の態様などの要素を考慮して、いつ行為者の事実的支配の下に置かれたかによって判断する。

裁判例において、既遂が認められた代表的な事例として、万引きした靴下を一旦懐中に収めたとき（大判大12・4・9刑集2巻330頁）、機会を待って持ち去る目的で他人の家の浴室内に指輪を隠したとき（○大判大12・7・3刑集2巻624頁〔浴場指輪隠匿事件〕〈プ208〉）、スーパーマーケットで商品35点を買い物かごに入れたままレジを通過することなくレジの外側に持ち出したとき（◎東京高判平4・10・28判タ823号252頁〈百34、プ211〉）、自動車窃盗の目的で被害者の自動車を道路まで移動させエンジンを始動させていつでも発進可能な状態にしたとき（広島高判昭45・5・28判タ255号275頁〈プ210〉）、大型店舗家電売場のテレビをレジで精算せずトイレ内の洗面台下部の扉がついた収納棚の中に入れたとき（東京高判平21・12・22判タ1333号282頁）などがある。

（5）　罪　数

窃盗罪の罪数は、**占有侵害の個数**を基準として判断される。したがって、数人の所有物である数個の財物を1人が占有している場合において、1回でこれを全部窃取したときは窃盗罪一罪が成立する。また、時間的に近接して倉庫から米俵を3回にわたり持ち出しても包括して1個の窃盗罪が成立する（総論27講4(3)**イ**）。これに対し、マンションに侵入して同一の機会に数個の家庭から財物を窃取した場合、各家庭ごとに占有があるので、数個の窃盗罪が成立して併合罪となる。

なお、住居侵入罪と窃盗罪は、通例、手段・結果の関係にあるので牽連犯である（総論27講6(3)）。

【事例１】のＸが盗んだ現金３万円、キャッシュカード、運転免許証はいずれも「財物」に当たる。これら３つの財物はＡが占有する物であり、Ｘはその占有を一度に侵害してＸの占有下に移転したので「窃取した」といえる。また、Ｘは、それらの事実について認識・認容しているので窃盗の「故意」があるだけでなく、「Ａを排除しＡの物を自己の所有物として、その経済的用法に従いこれを利用し処分する意思」があるので不法領得の意思も認められる。財物は３つあるが占有は１つであり、１個の占有侵害があったにすぎないので（Ａに対する）１個の窃盗罪が成立する。

また、Ｘは、盗んだキャッシュカードを銀行のＡＴＭに挿入し現金７万円を引き出している。この７万円はＡＴＭを管理する甲銀行乙支店長が事実上支配する現金であり、Ｘはその占有を侵害してＸの占有に移転したので「窃取した」に当たり、窃盗の故意も不法領得の意思もあるので（銀行の支店長に対する）窃盗罪が成立する。これら２つの窃盗罪は併合罪（45条）となる。

3　窃盗罪の重要問題

(1)　占有移転罪（窃盗・強盗・詐欺・恐喝罪）の保護法益　論点１
ア　問題の所在

> 242条　自己の財物であっても、ⓐ他人が占有し、又は公務所の命令により他人が看守するものであるときは、この章の罪については、ⓑ他人の財物とみなす。

前述したように刑法235条の客体は「他人が占有する他人の所有物」である。ところが、242条は、自分が所有する物であっても他人が占有しているときは「他人の財物とみなす」（下線ⓑ）ことを規定している。なぜなら、自己に所有権があるとしても、他人が占有する財物をみだりに奪うことを許すと占有者の利益が侵害され財産秩序が維持できなくなるからである。したがって、242条の規定によって、窃盗罪の処罰範囲は、「他人が占有する自己の所有物」にまで拡張されることになる。

問題は、自己の所有物を他人が占有する場合、他人の「どのような占有」が保護されるべきか、すなわち、242条の「他人が占有し」をどのように解釈すべきかである。この点をめぐり、窃盗罪の保護法益に関するさまざまな考え方が主張されている。なお、この問題は、窃盗罪、強盗罪のほか、251

第7講　財産犯総説・窃盗罪　129

条が242条を準用していることから、詐欺罪、恐喝罪にも当てはまることに注意する必要がある。

イ　保護法益をめぐる学説状況

窃盗罪をはじめとする占有移転罪の保護法益については、本権説、占有説、および中間説の対立がある。

本権説とは、民法上保護される権利だけを刑法は保護すれば足りるとする見解（**民法従属性説**）を前提に、占有移転罪の保護法益を「所有権その他の本権」と解する見解である。本権とは、所有権、地上権、賃借権など、占有を正当ならしめる権原をいう。これに対し、**占有説**とは、民法上保護されていない利益であっても刑法的な要保護性が認められる場合があるとする見解（**刑法独立性説**）を前提に、占有移転罪の保護法益を「占有」と解する見解である。

両説の対立は、刑法242条の「他人が占有し」（下線ⓐ）の解釈に影響を与える。

本権説によれば、占有移転罪は本来「所有権」を保護するものであるが、242条によって保護法益は「本権」にまで拡大されたと理解する。つまり、242条は窃盗罪の処罰範囲を拡張する規定であって、同条の「占有」とは「**本権に基づく占有**」「**権原（法律上の原因）に基づく適法な占有**」だけを意味することになる。

他方、**占有説**によれば、占有移転罪は本来「占有」を保護するものであるから、所有権者であっても他人が占有している場合はその占有を侵害することは許されない。その意味では、242条は当然のことを規定した注意規定にすぎないと理解する。そこで、同条の「占有」とは文字どおり「**占有**」であって、「権原に基づく適法な占有」だけでなく「明らかに違法な占有」も含まれるとされる。

これに対し、今日の通説は、「権原に基づく適法な占有」では狭すぎ、「明らかに違法な占有」では広すぎるとして両説の中間に線を引く（**中間説**）。中間説は、本権説から出発して242条の占有を「**合理的理由のある占有**」にまで拡張する**修正本権説**と、占有説から出発し、242条の占有を「**平穏な占有**」にまで縮小する**修正占有説**に分かれる。

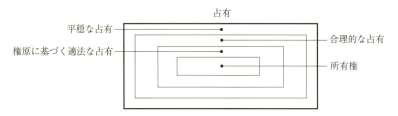

ウ　見解の対立を理解するための5つの事例

そこで、これらの見解が事案の解決にどのように影響するのかを5つの事例で確認することにしよう。

第1は、**禁制品を奪取した場合**である。

【事例2】禁制品の奪取事例
　Xは、Aが密輸入して所持していた麻薬を盗んだ。

前述のように、禁制品は「財物」ではある。しかし、禁制品は、法律によって所有も占有も認められていない。そこで、【事例2】の場合、**本権説**によれば、Aの占有は権原に基づく適法な占有ではないので、Xがこれを侵害しても法益侵害が存在しないため窃盗罪は成立しないことになる。これに対し、**占有説**によれば、Aは違法ではあっても麻薬を占有しており、Xはその占有を侵害して取得したので窃盗罪が成立することになる。

また、禁制品であってもこれを没収するには一定の手続が必要であり、その手続を踏まない限り没収されない利益がAにある。したがって、Aの占有は合理的な占有であり、**修正本権説**からも、Xの行為は窃盗罪となる。**修正占有説**からもAの占有は平穏な占有であるから同様に窃盗罪が成立する。

結局、この事例では、本権説だけが窃盗罪の成立を否定し、他の説からは窃盗罪が成立するとされる。

第2は、**窃盗犯人から所有者が盗品を取り戻した場合**である。

【事例3】窃盗犯人からの所有者奪取事例
　Xは、自分が所有するノートパソコンをAに盗まれたので、無断でAから取り戻した。

【事例3】は自救行為の事例である。**自救行為**とは、法益を侵害された者が、法律上の手続によることなく自力で権利の救済・実現を図る行為をいう。**占有説**によれば、Aの占有は違法なものであってもXに窃盗罪の構成要

件該当性が認められるとし、ただ、自救行為（総論11講2(3)イ）として違法性阻却の余地があるとする。これに対し、**本権説**によれば、Aの占有が権原に基づく適法な占有ではないのでXには窃盗罪は成立しない。また、**修正本権説**からも、Aの占有は明らかに違法であるから合理的な占有ではないとして窃盗罪の成立は否定され、**修正占有説**からも、Aの占有は所有者との関係では平穏な占有ではないとして窃盗罪の成立は否定される。

　結局、この事例では、占有説だけが窃盗罪の構成要件該当性を肯定するが、他の説からは窃盗罪の構成要件該当性が否定される。

　第3は、窃盗犯人から第三者が盗品を奪取した場合である。

【事例4】窃盗犯人からの第三者奪取事例
　Xは、AがBから盗んで占有しているBのノートパソコンを盗んだ。

　【事例4】は窃盗犯人が占有する他人の物を第三者が窃取した事例である。**本権説**からは、Aの占有は権原に基づく適法な占有ではないので窃盗罪は成立しない。これに対し、**占有説**からはAの占有は違法であっても窃盗罪が成立する。また、**修正本権説**からは、Aの占有はBとの関係では違法であるが、AもBからの要求に従って財物を返還する義務があり、それを履行する必要上その占有は無関係な第三者Xとの関係ではなお保護されるべきであるから合理的な占有であるとして窃盗罪の成立が認められる。**修正占有説**からも、Aの占有は第三者との関係では平穏な占有であるとして窃盗罪が成立する。

　結局、この事例では、本権説からは窃盗罪が成立しないが、他の説からは窃盗罪が成立するとされる。

　第4は、**賃貸借期間が経過した後に所有者が賃貸物を取り戻した場合**である。

【事例5】期限切れの賃貸物の取戻し事例
　Xは、Aに期限を定めてノートパソコンを賃貸したが、Aは期限が切れてもパソコンを返却しないので、Xは無断でパソコンを取り戻した。

　【事例5】は、適法な占有が違法な占有に転化した事例である。**本権説**によれば、Aの占有は権原に基づく適法な占有ではないので窃盗罪は成立しない。また、**修正本権説**によっても、返却期限到来後はAの占有はXの所有権に対抗できないのであるから合理的な占有ではなく窃盗罪は成立しない。他

方、**占有説**によれば、Aの占有は違法であっても窃盗罪が成立する。これに対し**修正占有説**によれば、Aの占有はもともとは適法な物であり返却期限到来後も平穏な占有が継続しているので窃盗罪が成立する。

結局、この事例は、修正本権説と修正占有説とで結論が分かれる点に特徴がある。

第5は、権利関係が不明な場合である。

【事例6】権利関係不明事例
　Xは、Aが長年占有する宝石を盗んだ。ところが、この宝石の所有権の帰属についてAとXの間で民事紛争が生じており、行為時点ではいずれに所有権があるかは不明であった。

【事例6】において、**本権説**によれば、AとXのいずれに宝石の所有権があるのかを確定しない限り窃盗罪の成否は決められない。これに対し、**占有説**によれば、Aの占有が権原に基づく適法な占有であるか否かが不明であっても窃盗罪が成立する。また、**修正本権説**によれば、Aの占有に一応の合理性があれば窃盗罪が成立し、**修正占有説**からも、Aは長年占有を続けてきたので平穏な占有が認められ窃盗罪が成立する。

この事例では、本権説以外の説からは窃盗罪の成立が認められる。次にみるように、判例が占有説に移行したのも、民事法上の権利関係の判断に踏み込むことを避けるためであると言われている。

	本権説	修　正 本権説	修　正 占有説	占有説
【事例2】禁制品の奪取事例	×	○	○	○
【事例3】窃盗犯人からの所有者奪取事例	×	×	×	○
【事例4】窃盗犯人からの第三者奪取事例	×	○	○	○
【事例5】期限切れの賃貸物の取戻し事例	×	×	○	○
【事例6】権利関係不明事例	？	○	○	○

エ　判例の立場

判例は、大審院時代、本権説を採用していた。例えば、恩給法によって担保にすることが禁止された恩給年金証書を担保として債権者に交付した債務者がこれを窃取もしくは詐取した事案において、窃盗罪・詐欺罪の規定は占有者が適法にその占有権を所有者に対抗できる場合に限って適用されるべき

第7講　財産犯総説・窃盗罪　133

ものであるとして、窃盗罪・詐欺罪は成立しないと判示した（大判大7・9・25刑録24輯1219頁〔恩給担保事件〕）。

ところが、戦後になって、最高裁は、本権説から占有説にシフトした。すなわち、債権者に担保に差し入れた国鉄年金証書を債務者が詐取した事案において、前掲・大判大7・9・25を変更し、占有説に従って詐欺罪の成立を認めた（○最判昭34・8・28刑集13巻10号2906頁〔国鉄年金証書担保事件〕〈プ161〉）。

その後、譲渡担保権者が、譲渡担保権の目的物で管財人が保管する自動車を持ち去った事案について、自動車の所有権の帰属が債務者による弁済の充当関係が不明確なため民事裁判によらなければ確定しがたい状態であった場合であっても、他人の事実上の支配下にある自動車を運び去った行為は窃盗罪に当たると判示した（○最判昭35・4・26刑集14巻6号748頁〔譲渡担保事件〕〈プ162〉）。

さらに、自動車金融業者である債権者が、債務者との間に買戻約款付自動車売買契約を締結して金員を貸し付け、債務者が買戻権を喪失した直後に、密かに作成したスペアキーを利用して債務者に無断で自動車を引き揚げたという事案において、「自動車は借主の事実上の支配内にあったことが明らかであるから、かりに被告人にその所有権があったとしても、被告人の引揚行為は、刑法242条にいう他人の占有に属する物を窃取したものとして窃盗罪を構成するというべきであり、かつ、その行為は、社会通念上借主に受忍を求める限度を超えた違法なものというほかはない」と述べ、窃盗罪の成立を肯定している（◎最決平元・7・7刑集43巻7号607頁〔自動車金融事件〕〈百26、講29、プ163〉）。

こうして、現在の判例は、占有侵害の存在により窃盗罪の構成要件該当性を認め、権利行使の側面は違法性阻却の場面で考慮するという考え方をとっているといってよい。

判例が「占有」を保護法益と考えるのは、近代法治国家では自力救済は禁止されており、権利の実現には国家の諸制度を利用すべきであるから、所有権その他の本権に基づかない占有であっても刑罰により保護することに合理的な理由があるからである（**占有保護の合理性**）。

このように、占有自体を保護法益に含めることにより、民事法上の権利関係の判断に踏み込むことなく**占有侵害の存在**によって窃盗罪の構成要件該当性を認め、権利行使による占有侵害行為の可罰性は、所有者の利益と占有者の利益が衝突する場面なので**違法性阻却**の問題として解決することになる。

134

このような判例の考え方は、占有侵害さえあれば窃盗罪の構成要件に該当するので占有説に位置づけられるが、学説の主張する占有説とは必ずしも同じではないことに注意する必要がある。

　判例によれば、242条は、単なる注意規定ではなく、235条の**処罰範囲を拡張する規定**である。

【事例7】森林窃盗事件

　Xは、Aの申請によって、P簡易裁判所の仮処分決定によりXの単独所有であるP市内の山林に対し、Xの占有を解き、Q地方裁判所P支部執行官にその保管を命じ、Xは右山林内に立ち入り工作してはならない旨の仮処分が執行されていることを知りながら、同裁判所支部執行官の占有保管する前記山林内に執行官の許可なく立ち入り、同山林に生育していた黒松、赤松（時価5万円相当）を伐採搬出した。なお、森林法197条は「森林においてその産物（人工を加えたものを含む。）を窃取した者は、森林窃盗とし、3年以下の懲役又は30万円以下の罰金に処する」と規定しているが、森林法には刑法242条に相当する規定は存在しない。

　【事例7】では、Xに森林法上の森林窃盗罪が成立するか否かが問題となっているが、判例は、「刑法242条は、同法36章の窃盗及び強盗の罪の処罰の範囲を拡張する例外規定であり、その適用範囲を『本章ノ罪ニ付テハ』と限定しているのであるから、森林法において右規定を準用する旨の明文の規定がないのにもかかわらず、これを同法197条の森林窃盗罪にも適用されるものと解することは、罪刑法定主義の原則に照らし許され」ないとしてXに森林窃盗罪の成立を否定している（最決昭52・3・25刑集31巻2号96頁〔森林窃盗事件〕）。

　学説の主張する占有説は、242条は単なる注意規定であり、それがなくても235条は占有をも保護していると解する。この立場に立つと、森林法の森林窃盗罪の事案でも被告人は執行官の占有を侵害しているので同罪が成立することになる。しかし、本判例は、窃盗罪は、本来、他人が占有する他人所有物を窃取する行為を処罰する犯罪類型であるから、他人が占有する自己所有物を取り戻す行為を処罰するためには特別の規定が必要であり、森林窃盗罪については、刑法242条を準用する規定がない以上、当該占有は保護の対象には含まれないと解し、被告人の行為を不可罰としたのである。

　そこで、窃盗罪の諸規定に関する判例の解釈は次のとおりである。まず、235条は「他人が占有する他人の所有物」を窃取した場合に窃盗罪の成立を

第7講　財産犯総説・窃盗罪　135

認める規定であり、その保護法益は「所有権」である。しかし、242条は、自己所有物であっても「他人が占有する物」であるときには235条の規定が適用され窃盗罪が成立するとしている。つまり、242条は「他人が占有する自己の所有物」にまで処罰範囲を拡張する特別規定である。そして、242条にいう「占有」は、本権に基づく占有、合理的な占有、平穏な占有であることまでは必要でなく、あらゆる占有が保護の対象となると解することによって、235条の窃盗罪の保護法益の範囲が「占有」にまで拡張されたのである。242条が存在しなければ、窃盗罪の保護法益に「占有」は含まれないことになる。

(2) 占有の有無 　論点2

窃盗罪は、他人が「占有」する財物の「占有」を移転しそれを取得したときに成立する。占有とは、財物に対する事実的支配をいう。他人に財物に対する占有があるかないかは、**財物に対する事実的支配（客観的支配ないし占有の事実）と支配意思（占有の意思）**を総合して、社会通念に従って判断される。

ア　考慮要素

財物に対する事実的支配の有無の判断の際に考慮すべき要素としては、①財物自体の特性、②財物の置かれた場所的状況、③時間的・場所的近接性、④置き忘れた場所の見通し状況、⑤被害者の認識・行動の5つがある。

①財物自体の特性では、財物の大小、形状、重さ、移動の容易性などに注目する。財物が小さくて軽く移動が容易な場合ほど占有は肯定しにくく、大きくて重く移動が困難であるほど占有を肯定しやすい。**②財物の置かれた場所的状況**については、容易に人が出入りできない場所や発見しにくい場所では占有を肯定しやすいのに対し、公道上等日常多くの人が出入りする場所は占有を肯定しにくい。**③時間的・場所的近接性**というのは、占有者が置き忘れた時点から行為者が領得した時点までの時間の経過および行為者が領得した時点における占有者と財物との距離のことで、時間的・場所的近接性が認められるほど占有は肯定しやすい。**④置き忘れた場所の見通し状況**については、占有者からの見通しが悪い状況にあると、占有者が置き忘れに気づいてもその時点で直ちに取り戻すことが困難であるため占有は認めにくくなる。**⑤被害者の認識・行動**については、被害者が財物を意図的に置いている場合は現実の支配を回復することが容易なので占有を肯定しやすいのに対し、どこに置いたか失念している場合は、思い出したとしても速やかに現実の支配を回復することが極めて困難であるから占有は認めにくい。

財物に対する事実的支配の有無は、具体的事案に即してこれらの考慮要素を総合的に判断して決する。

イ　裁判例の傾向

物の握持・監視が欠ける場合の占有の有無に関する裁判例の傾向を類型化して説明すると以下のとおりである。

①財物が住居内など**排他的支配の強い場所にある場合**（**閉鎖的支配領域内**）には、いつでも容易に財物を握持することが可能であり、かつ、そこに所在すると通常予想される財物すべてに管理者の包括的支配意思が及んでいるので、当該財物の所在を失念していても占有が肯定される。

②駐輪場に施錠をしないで自転車を置いておいた場合のように、（排他性は強くなくても）財物と場所との間に**特別の関係のある場所にある場合**（**置かれた場所の特殊性**）には、財物が意図的に置かれており、他人の事実的支配を推認せしめる状況にあるので占有が認められる。

これに対し、③公道に財物を置いた場合のように、財物が排他性のない一般的な場所にある場合には、**保管の実質を示す特別な措置**を施していない限り、原則として占有は否定される。例外として、握持・監視が欠けても占有が認められるのは、ⅰ）目の届く範囲内でのごく短時間の握持・監視の喪失にとどまる場合（**握持回復の容易性がある場合**）、ⅱ）家に帰る習性のある犬のように、物と占有者を結びつける特別な事情がある場合（**現場回帰の必然性がある場合**）である。

ⅰ）の事例として、バスに乗るために行列していた被害者がバスを待つ間にカメラを脇に置き、行列の移動につれて改札口近くに進んだ後、カメラを置き忘れたことに気づき直ちに引き返したところ、既にカメラは持ち去られていたが、その間時間にして5分、距離にして約20m離れたにすぎなかった事案において、被害者の占有は肯定される（◎最判昭32・11・8刑集11巻12号3061頁〔バス停カメラ置き忘れ事件〕〈プ180〉）。

ⅱ）の事例として、神社の境内の外に出た神社所有の鹿は、神社に帰還する習性があるので、飼主である神社の占有は肯定される（大判大5・5・1刑録22輯672頁）。

それでは、最後に、前述の考慮要素を手がかりに具体的事案の検討をしてみよう。

【設問1】大型スーパー財布置忘れ事件
Aは、スーパーマーケットの6階のベンチに財布を置き忘れたまま地下1階に

移動し、約10分後にそれに気づいて引き返したが、その間に、Xが財布を持ち去った。Xの罪責を論じなさい。

【設問１】では、Aが置き忘れた財布の占有がAにあればXに窃盗罪が成立し、占有が誰にもなければXに占有離脱物横領罪が成立する。

Aは財布を置き忘れたが同一スーパー建物内の地下１階に移動しただけで約10分後には置き忘れた場所に戻っている。Xが財布を持ち去ったのはその前であるから、Xが財布を持ち去った時点では時間的にも距離的にもさほど離れていなかったといえる（時間的・場所的近接性）。この点は、占有を肯定する方向に働く事情である。

しかし、客体は財布であり、比較的小さくて軽く移動も容易である（財物自体の特性）。また財布が置かれていた場所は開店中であって公衆が客などとして自由に立ち入ることのできるスーパーマーケットの６階のベンチであった（財物の置かれた場所的状況）。しかも、Aは当該財布を置き忘れたのであった（被害者の認識・行動）。そして、時間的・場所的近接性が認められても、財布を６階に置き忘れた状態でAは地下１階まで移動しており、両者の階層が異なるため、置き忘れた物を見通せる状況にはなかった（置き忘れた場所の見通し状況）。これらの事情は占有を否定する方向に働く事情である。

以上の諸事情を総合的に考慮すると、本問では、Aと財布の所在する階層が異なることが決定的であり、Aの現実的支配が**直ちにかつ容易に回復できる状態**にはないので、Aの占有は否定される（◎東京高判平３・４・１判時1400号128頁〔大型スーパー財布置忘れ事件〕〈プ182〉）。また、当該スーパーは、開店中であって公衆が客などとして自由に立ち入ることができるのでスーパーの店長にも置き忘れられた財布の占有は認められない。したがって、Xには占有離脱物横領罪（254条）が成立する。

【設問２】ポシェット置忘れ事件

Aは、公園のベンチにポシェットを置き忘れたまま、その場を離れ、公園出口の横断歩道橋を渡って約200m離れた駅の改札口付近まで２分ほど歩いたところで、ポシェットの置忘れに気づき、走って戻ったが、既になくなっていた。それは、隣のベンチからAの様子をうかがっていたXが、Aがベンチから約27m離れた同歩道橋の階段踊り場まで行ったのを見たときに、ポシェットを持ち去ったからであった。Xの罪責を論じなさい。

【設問2】では、ポシェットに対するAの占有が認められればXに窃盗罪が成立し、Aの占有が否定されれば占有離脱物横領罪が成立する。

まず、客体はポシェットであり、さほど大きなものではなく重さも軽く移動も容易である（財物自体の特性）。またポシェットが置かれていた場所は公衆が自由に立ち入ることのできる公園のベンチであった（財物の置かれた場所的状況）。しかも、Aは当該ポシェットをベンチに置き忘れたのであり、一時的に失念したまま現場から立ち去りつつあった（被害者の認識・行動）。これらは占有を否定する方向に働く事情である。

しかし、Aは上記ベンチから2分ほど歩いたところで、本件ポシェットを置き忘れたことに気づき直ちに走って戻っている（被害者の認識・行動）。また、Xがポシェットを持ち去ったのは、Aが27mの距離にある踊り場まで歩いた時点であった（時間的・場所的近接性）。しかも、財布を持ち去ろうとした時点でベンチの近くにいたXは歩道橋の階段踊り場にいるAを見ており、そのことから、歩道橋にいるAからも公園のベンチを見ることができたといえる（置き忘れた場所の見通し状況）。これらの事情は占有を肯定する方向に働く事情である。

以上の諸事情を総合的に考慮すると、本問では、Xの領得行為が、Aがベンチから約27mしか離れていない場所まで歩いて行った時点であったこと、しかも、Aが財物の置かれた場所を見通すことが可能であったことが決定的であり、Aの現実的支配は**直ちにかつ容易に回復できる状態**にあったといえるので、Aの占有は肯定される（◎最決平16・8・25刑集58巻6号515頁〔ポシェット置忘れ事件〕〈百28、講33、プ183〉）。したがって、Xには窃盗罪が成立する。

(3) 占有の帰属 <u>論点3</u>

財物の事実的支配に複数の者が関与している場合、占有は誰にあるのかが問題となる。この点は、窃盗罪と横領罪の区別の問題である。すなわち、他人の物を領得する行為は、それが「他人の占有」する物であるときは窃盗罪となるが、「自己の占有」する物であるときは横領罪となる。そこで、領得の対象となる他人の物の占有が他人に属するのか、自分に属するのかが問題となる。

ア 対等者間の場合

対等な関係にある数人が共同して他人の財物を保管している場合、当該財物に対する共同占有が認められる。したがって、保管者の1人が、他の保管者の同意を得ずに、その物を自己の単独占有に移す行為は、他の共同占有者

の占有を侵害しているので窃盗罪が成立する。

　イ　上下・主従関係がある場合

　雇用関係等に基づき上下関係がある場合、下位者が財物を握持していて
も、上位者が占有者であり、下位者は占有補助者にすぎない。

【事例8】店員ごまかし事件
　商店の店員Xは、自己が勤務する店舗の商品をごまかして入質し、遊興費に費消した。

　【事例8】において、店員Xは商店主の指示に基づいて単に品物の管理を
機械的に補助し監視しているにすぎず（占有補助者）、場所的にも商店主の
管理支配下に物品が存在しているのであるから、当該商品の占有は商店主に
ある。よって、他人の占有する物を領得したものとして、Xには窃盗罪が成
立する（大判大7・2・6刑録24輯32頁）。これと同様に、倉庫番が倉庫内
の物品を勝手に持ち出して売却する行為は窃盗罪に当たる（大判大12・11・
9刑集2巻778頁）。

　ただし、例えば支店の支配人（支店長）のように、使用主（会社）と使用
人（支店長）の間に**高度の信頼関係**が存在し、財物を現実的に支配している
下位者にある程度の処分権が委ねられている場合は、下位者の占有が認めら
れる。このような場合に下位者が財物を領得すれば横領罪に当たる。

　ウ　支配関係がある場合

　本来の管理者が店舗・旅館等における来客等に一時的に財物を握持させて
いる場合には、一定の領域（店舗・旅館等）の管理者に占有が認められる。

　例えば、旅館の宿泊客が、旅館が提供した浴衣、下駄等を着用したまま旅
館から立ち去る行為は、旅館の管理者の占有する財物を領得するものである
から、横領罪ではなく窃盗罪が成立する（○最決昭31・1・19刑集10巻1号
67頁〈プ204〉）。

　エ　封緘物の場合

　封緘物とは、容器の中に物を収め封を施した物をいう。このような封緘物
の保管または運搬を委託された者（受託者）が勝手にそれを開封ないし開錠
して中身だけ領得した場合に窃盗罪、横領罪のいずれが成立するのであろう
か。

　この点につき、受託者説、委託者説、二分説が対立している。**受託者説**
は、内容物（中身）を含め封緘物全体について受託者に占有があるとする。

この見解によれば、内容物だけ抜き取っても、封緘物全体を領得しても横領罪が成立することになる。これに対し、**委託者説**は、内容物（中身）を含め封緘物全体についてなお委託者に占有があるとする。この見解によれば、受託者は占有補助者にすぎず、内容物だけ抜き取っても、封緘物全体を領得しても窃盗罪が成立することになる。

しかし、受託者説に対しては、封がされたり鍵がかけられている事実を軽視しているという批判があり、他方、委託者説に対しては、封緘物全体が現実には受託者の手元にあるという事実を軽視しているという批判がある。

そこで、判例は、**二分説**をとり、封緘物全体については受託者に占有があるが、内容物（中身）については委託者になお占有があるとする。この見解によれば、内容物だけ抜き取れば窃盗罪が成立し（大判明45・4・26刑録18輯536頁〈プ200〉、最決昭32・4・25刑集11巻4号1427頁〈プ203〉）、封緘物全体を領得すると横領罪が成立する（大判大7・11・19刑録24輯1365頁〈プ201〉）ことになる。

> 二分説：全体の占有＝受託者、中身の占有＝委託者（判例）

たしかに、封緘物自体は受託者の手元にあり、しかも、受託者は、一定の範囲で封緘物について一定の権限を与えられているのだから、受託者は、単なる占有補助者ではなく、封緘物全体を事実上支配しているとみるべきである。したがって、封緘物全体の占有は受託者にあるといえる。

しかし、封緘・施錠により内容物の披見および処分が禁じられている以上、内容物に対する事実上の支配は、委託者に留保されているとみるべきである。したがって、内容物（中身）についての占有は委託者にあるといえる。

二分説に対しては、封緘物全体を領得すれば軽い横領罪（5年以下の懲役）になるのに、内容物（中身）だけを抜き取れば重い窃盗罪（自由刑は10年以下の懲役）となるのは不合理であるという批判がある。しかし、受託者が業務者であれば業務上横領罪が成立するので不均衡は生じないし、それ以外の場合も、（実際のところ窃盗罪で5年を超える量刑となることは少なく）量刑上考慮すれば足りるであろう。

（4）死者の占有　論点4

占有とは財物に対する事実的支配であり、事実的支配（客観的支配ないし占有の事実）と支配意思（占有の意思）が必要である。したがって、占有の意思のない死者には占有がない。

ア　死亡と無関係の第三者が財物を領得した場合

　死亡と無関係の第三者が死体から財物を領得しても、当該財物に対しては誰の占有も認められないから、占有離脱物横領罪が成立するにとどまる。例えば、震災のため道路上に散在している焼死者からその身につけている物を奪っても、占有離脱物横領罪が成立するにとどまる（大判大13・3・28新聞2247号22頁〈プ194〉）。

イ　財物を領得する意思で被害者を殺害して財物を領得した場合

　また、最初から財物奪取の意思で人を殺害し財物を領得した場合には強盗殺人罪（240条）が成立する（強盗殺人罪については10講参照）。なぜなら、財物奪取の手段として行われた殺害行為（強盗の手段としての暴行に当たる）自体は、まだ生きていて財物に対する占有の認められる被害者の占有を侵害する行為であるからである。

ウ　殺害後に初めて財物を領得する意思が生じて財物を領得した場合

　争いがあるのは、人を殺した後に初めて財物奪取の意思を生じて被害者の財物を領得した場合である。「死者の占有」という論点は、このような場合に、（死者には占有がないことを前提に）死者の生前の占有を死後どこまで保護すべきかという問題なのである。

【設問3】殺害後領得事件

　Xは、Aを殺害することを決意し、その首を絞めて窒息死させた。その直後、Xは、Aが身につけていた腕時計を奪取する意思を生じ、これを領得した。Xの罪責を論じなさい。

　【設問3】において、Xには殺人罪（199条）が成立する。問題は、腕時計を領得した点で、Xに窃盗罪、占有離脱物横領罪のいずれが成立するかである。

　この点、今日の有力説は、死者に占有がない以上、Xには占有離脱物横領罪が成立すると解している。死者がかつて有していた生前の占有を死後にも保護するのは実質的に死者の占有を肯定することになり妥当でないというのである。

　しかし、XはAを殺害し、その結果として、腕時計に対するAの占有を失わせておきながら、それを領得する行為が落し物を拾う行為と同じ評価にしかならないのは不合理である。そこで、判例は、本問と類似の事案において、「被害者からその財物の占有を離脱させた自己の行為を利用して右財物

を奪取した一連の被告人の行為は、これを全体的に考察して、他人の財物に対する所持を侵害したものというべきである」と判示して窃盗罪の成立を認めている（前掲・最判昭41・4・8）。

　この判例は、**全体的に考察**し、**被害者を殺害した犯人との関係**では、**時間的・場所的に近接した範囲内**にある限り、**生前の占有**がなお法的保護に値するとしたものであると理解されている。「全体的に考察」というのは、殺害行為に含まれる占有侵害行為と（死亡後の）占有取得行為を一体のものとみるという意味である。これに対し、有力説は、殺害当時に財物奪取の故意がない以上一体性は認められないと考える。このように、両説が対立するのは、理論的には、2つの行為の一体性を認めることができるかについての評価が分かれるからである。

　被害者の死亡直後の奪取に窃盗罪の成立を認める判例の立場にも一定の合理性はある。なぜなら、財物奪取が被害者の死亡直後なのか、まだ息があったのかを客観的に確定することは困難であるし、行為時の行為者自身の故意の立証にも困難が伴うからである。ただ、この判例の立場に立った場合、どこまでが死亡直後なのか、「時間的・場所的に近接した範囲内」か否かの判断基準は必ずしも明確ではない。そこで、時間的・場所的近接性に関する多くの裁判例に当たり、裁判実務においてどのような点を考慮して判断がなされているのかを知っておくことが必要である。

　窃盗罪の成立が認められた裁判例としては、①東京高判昭39・6・8高刑集17巻5号446頁〈プ196〉（自宅で同棲相手を殺害した2時間後に死体を海中に投棄し、殺害3時間後に指輪を、86時間後に腕時計を殺害現場で領得した事案）、②福岡高判昭43・6・14下刑集10巻6号592頁（被害者宅で被害者を殺害した直後に現金などを領得し、被害者宅に施錠してその鍵を保管しながら、殺害の16時間後と49時間後にステレオ等を持ち出した事案）、③東京地判平10・6・5判タ1008号277頁（強盗殺人の犯人が、殺害の4日後に、殺害場所とは異なる被害者の居室において、新たな財物取得の意思に基づいて財物を持ち出した事案）などがある。

　これに対し、占有離脱物横領罪の成立が認められた裁判例としては、④東京地判昭37・12・3判時323号33頁〈プ195〉（被害者を殺害して9時間後、殺害現場である被害者の居室で貯金通帳を奪った事案）、⑤新潟地判昭60・7・2判時1160号167頁〈プ197〉（被害者宅で被害者を殺害し、殺害の2日後に死体を解体してその翌々日にかけて被告人方に運んで隠匿し、殺害から5日後に現金を、10日後に整理ダンス等を持ち出した事案）などがある。

第7講　財産犯総説・窃盗罪　　143

被害者の生前の占有を死後どの段階まで保護するかの判断にあたっては、被害者の死亡と財物奪取との**時間的・場所的近接性**、**機会の同一性**、被害者の**客観的占有状況が死後も変化していないか**などの点が考慮される。そして、一般に、被害者の住居の場合の方が、被害者の排他的支配下の場所であることから、野外の場合よりも生前の占有は長時間保護されるべきであるといえる。

①では、被告人は被害者と同棲しており殺害現場が被告人の起居の場所であったという事情があり、現場からの離脱があるとはいえ起居の場所への回帰にすぎないから「一連の行為」と構成できる。この点が窃盗罪の成立を肯定する理由であろう。

これに対し、⑤では、被告人は被害者とは別の場所に居住しており、殺害現場から一旦離脱している。また、殺害後に死体を切断して損壊した上で遺棄するという全く別個の犯罪行為が介在している。したがって、「殺害と全く別個の機会」での領得といえる。さらに、死体を解体したことにより被害者の生前の占有を徴表する状況もなくなっている。以上のことから、窃盗罪の成立が否定されたものと思われる。

②と④では、死体をそのまま被害者宅に放置した後に再度戻って財物を領得しており、殺害とは別個の機会における領得といえるが、②で窃盗罪が肯定されたのは、被告人が被害者宅に施錠してその鍵を保管していたという事情が考慮されたためであろう。

結局、時間的・場所的近接性を中心としながらも、個別的事案の特殊性を考慮して判断することになる。

(5) 不法領得の意思 論点5

ア 不法領得の意思の内容

判例・通説は、故意のほかに、条文に明記されていない要件（書かれざる構成要件要素）として不法領得の意思が必要であると解している。不法領得の意思とは、判例によれば、「**権利者を排除し他人の物を自己の所有物と同様にその経済的用法に従いこれを利用し又は処分する意思**」である（前掲・最判昭26・7・13、前掲・大判大4・5・21）。このうち、「権利者を排除し他人の物を自己の所有物と同様に」振る舞う意思を**権利者排除意思**といい、「他人の物をその経済的用法に従いこれを利用し又は処分する意思」を**利用処分意思**という。判例は不法領得の意思としてその双方を要求している。

これに対し、学説では、不法領得の意思をおよそ不要とする見解、権利者排除意思のみを必要とする見解、利用処分意思のみを必要とする見解なども

主張されている。

イ　使用窃盗の不可罰性と権利者排除意思

　判例・通説が、不法領得の意思の内容として権利者排除意思を必要とするのは、窃盗罪と不可罰の使用窃盗とを区別するためである。使用窃盗とは、他人の財物を無断で一時使用することであり、被害者の被る侵害が軽微であるため不可罰とされている。このような不可罰の使用窃盗と窃盗罪とを区別するために、「権利者を排除し他人の物を自己の所有物として」振る舞う意思（権利者排除意思）が必要とされるのはなぜであろうか。

【事例9】自転車の無断一時使用(1)
　Xは、駐輪してあったAの自転車を、わずかの時間使用した後に返還する意思で無断で使用し、10分後に元の場所に戻しておいた。

【事例10】自転車の無断一時使用(2)
　Xは、駐輪してあったAの自転車を、2日間使用した後に返還する意思で無断で使用し、2日後に元の場所に戻しておいた。

【事例11】自転車の無断一時使用(3)
　Xは、駐輪してあったAの自転車を、乗り捨ての意思で無断で使用し、10分後に最寄りの駅近くの路上に乗り捨てた。

　【事例9】と【事例10】において、Xはいずれも返還の意思をもってAの自転車を無断で一時利用している。もっとも、【事例9】の場合はわずか10分使用しただけなので使用窃盗として不可罰とされるべきであるが、【事例10】の場合は2日間も使用してAの占有を侵害したので窃盗罪が成立すると解すべきであろう。そうすると、【事例9】と【事例10】の違いは、占有者Aの自転車に対する利用可能性の侵害の程度（10分間か2日間か）によって区別できそうである（権利者排除意思不要説はこのような区別が可能であると主張している）。しかし、窃盗罪が既遂になるのは占有を取得したとき、すなわち、Xが自転車に乗って動き始めたときであり、実際にどの程度の時間当該自転車を利用したかという客観的事実は窃盗罪が既遂になった後の事情であって犯罪の成否を判断する段階では考慮することはできない。

　他方、【事例9】と【事例11】において、XはいずれもAの自転車を10分間だけ無断で一時利用している。もっとも、【事例9】の場合は自転車を元の場所に戻しておいたので使用窃盗として不可罰とされるべきであるが、【事例11】の場合は自転車を乗り捨てているので窃盗罪が成立すると解すべきである。そうすると、【事例9】と【事例11】の違いは、Xが自転車を占

第7講　財産犯総説・窃盗罪　　145

有者Aに返還したか否かによって区別できそうである。しかし、Xが自転車を返還したかという客観的事実は窃盗罪が既遂になった後の事情であって犯罪の成否を判断する段階では考慮することはできない。

このように、客観的事実によって不可罰の使用窃盗と窃盗罪とを区別することはできないので、行為時において権利者排除意思という主観的要素があるか否かで区別せざるをえないのである。

返還意思のない【事例11】の場合や、返還意思はあっても2日間占有者の利用可能性を妨げる意思がある【事例10】の場合には、権利者排除意思が存在するので不法領得の意思があり、窃盗罪が成立することになる。

ウ　権利者排除意思の有無の認定

権利者排除意思は実行行為時の主観的な要素であるが、その認定の際には、使用期間の長短、使用に伴う価値の減少、占有者の利用可能性などの実行行為後の客観的事情およびこれらの事情についての行為者の認識が判断資料とされる。裁判例における権利者排除意思の有無の認定の一般的傾向は次のとおりである。

第1に、たとえ一時使用の意思でも「返還意思」がない場合には、利用可能性の持続的侵害の意思があるので、権利者排除意思の存在が認められる。

第2に、「返還意思」がある場合にも、「相当程度の利用可能性を侵害する意思」があるときは権利者排除意思の存在が認められる。相当程度の利用可能性を侵害する意思があったか否かは、占有者による利用の可能性・必要性の程度、予定された使用・利用妨害の時間、物の価値などを考慮して判断される。

第3に、「返還意思」があり、利用可能性の侵害の程度は軽微でも、「物に化体された価値の消耗・侵害を伴う利用意思」があるときは、所有権の内容をなす利益の重大な侵害があるから、権利者排除意思の存在が認められる。例えば、景品交換の目的で磁石を使いパチンコ機械からパチンコ玉をとる場合（○最決昭31・8・22刑集10巻8号1260頁〔パチンコ玉取得事件〕〈プ217〉）、返品を装って代金相当額の交付を受けようとしてスーパーマーケットから商品を持ち出す場合（○大阪地判昭63・12・22判タ707号267頁）などである。

【設問4】自動車乗りまわし事件
　Xは、午前0時頃、たまたまエンジンキー付きで駐車してあったA所有の普通乗用自動車（時価約250万円相当）を、午前5時30分頃までには元の場所に返し

ておく意思で、Aに無断で乗り出し、市内を乗り回していたところ、午前４時10分頃、無免許運転で検挙された。Ｘの罪責（特別法犯を除く）を論じなさい。

【設問４】において、Ｘには「返還意思」があるものの、自動車を５時間にわたり利用する予定であった。実際には４時間程度使用したところで検挙されているが、自動車という価値の高い物を数時間にわたり利用することは、被害者にとって相当程度の時間自動車を利用できないことを意味するので、「相当程度の利用可能性を侵害する意思」が認められ、Ｘには窃盗罪が成立する（◎最決昭55・10・30刑集34巻５号357頁〔自動車無断使用事件〕〈百32、講31、プ215〉）。

エ　窃盗罪と毀棄罪の区別

不法領得の意思の内容として利用処分意思が必要とされるのはなぜであろうか。毀棄罪は物を損壊する罪であり、物が損壊されると原状回復が困難になるので、窃盗罪の場合よりも法益侵害の程度は大きいといえる。それにもかかわらず、窃盗罪の法定刑は10年以下の懲役または50万円以下の罰金であり、器物損壊罪（261条）のそれは３年以下の懲役または30万円以下の罰金もしくは科料であるから、窃盗罪の方が法定刑が重い。

窃盗罪が器物損壊罪より重く処罰されるのは、「財物を利用しようという動機・目的」がある場合の方が、より強い非難に値し、また、一般予防の見地からも抑止の必要性が高いからである（利欲犯的性格）。したがって、窃盗罪の成立には、「経済的用法に従いこれを利用し処分する意思」（利用処分意思）が必要なのである。

このように、同じ占有侵害行為であっても、「利用可能性の取得」を目的とするのか「利用妨害」を目的とするのかという行為者の主観によって、窃盗罪と器物損壊罪は区別されるのである。

【事例12】壺の隠匿事例

Ｘは、自分より早く出世するＡに嫉妬し、嫌がらせの目的から、ある日、Ａが大切にしている高価な壺を無断で持ち出して自宅の物置に隠しておいた。

【事例12】において、Ｘは、Ａが占有する壺を奪って自己の占有下に移転している。したがって、Ｘの行為は「窃取」に当たる。また、占有移転の認識・認容があるので窃盗の「故意」も認められる。しかし、Ｘには床の間に壺を飾って楽しむつもりも、壺を他に売却して利益を得ようというつもりも

第７講　財産犯総説・窃盗罪　147

ない。つまり、Ｘには「Ａの壺をその経済的用法に従い利用し処分する意思」（利用処分意思）が欠けるので不法領得の意思が認められず、窃盗罪は成立しない。

他方、判例・通説によれば、器物損壊罪における「損壊」とは物の効用を害する一切の行為をいい、「隠匿」も物の効用を害する行為であるから「損壊」に含まれる（この点につき、16講1(2)参照）。したがって、Ｘには器物損壊罪が成立する。

オ　利用処分意思の有無の認定

利用処分意思は、当初、「経済的用法に従い利用処分する意思」と定義されたが、経済的用法とはいいがたい場合（例えば、水増し投票の目的で投票用紙を持ち出す場合）において、本来の用法に従い使用・処分する意思でもよいとされ拡張された（○最判昭33・4・17刑集12巻6号1079頁〔投票用紙持出し事件〕〈プ219〉）。

さらに、物の「利用可能性の取得」という目的による占有移転がより強い非難に値するものであることを考えると、利用処分意思は、その物の経済的用法や本来の用法に従ったものではなくても、その財物自体のもつ利益や効用を享受する意思であればよく、**「財物から生ずる何らかの効用を享受する意思」**であればよいとされる。例えば、女性の下着泥棒は、盗んだ下着を経済的用法・本来的用法に従い使用・処分する意思はないが、それにもかかわらず下着泥棒に窃盗罪が成立するのは、下着から生ずる性的満足等の効用を享受する意思があるからである。

利用処分意思の有無の判断については、このような大まかな指針を理解しておくとともに、多くの裁判例にあたって確認をしておくことが必要である。裁判例において、利用処分意思としての不法領得の意思が肯定されたものとしては、①出納担当の従業員が自己の「横領」の犯行を隠蔽する目的で、会社の手提げ金庫を持ち出し河中に投棄した事例（大阪高判昭24・12・5判特4号3頁）、②木材1本の流失を防ぐため、付近の柱に巻きつけてあった他人所有の電線を勝手に切断し、これを用いて木材を係留した事例（最決昭35・9・9刑集14巻11号1457頁）、③特定の候補者を当選させるため、その候補者の氏名を記入して投票中に混入させて得票数を増加させる目的で選挙管理委員会所有にかかる投票用紙を持ち出した事例（前掲・最判昭33・4・17）、④性的な目的で女性の下着を奪った事例（最決昭37・6・26裁判集刑143号201頁）などがある。

なお、⑤報復目的で被害者に暴行を加えたところ、殺さないでくれと哀願

する被害者が指さしたバッグを物取りの犯行を装うために持ち去った事例において利用処分意思を肯定した裁判例があるが（東京高判平12・5・15判時1741号157頁〈プ221〉）、単に物取りの犯行を装うためだけであれば利用処分意思を認めるのは困難である。

逆に、利用処分意思としての不法領得の意思が否定された事例として、⑥教員が校長を失脚させるために、教育勅語を奉置所から持ち出して受持ちの教室の天井裏に隠した事例（前掲・大判大4・5・21）、⑦世話になった弁護士のために競売を延期させる目的で競売記録を持ち出して隠した事例（○大判昭9・12・22刑集13巻1789頁〔競売記録持出し事件〕〈プ404〉）、⑧報復目的で動力鋸（チェーンソー）を持ち出して海中に投棄した事例（仙台高判昭46・6・21高刑集24巻2号418頁）、⑨殺人の犯行発覚を防ぐ目的で死体から指輪等を外して取った事例（○東京地判昭62・10・6判時1259号137頁〈プ220〉）、⑩支払督促制度を悪用して叔父の財産を得ようと、破棄する目的で叔父を装い送達書類を受領した詐欺の事例（◎最決平16・11・30刑集58巻8号1005頁〔支払督促制度悪用事件〕〈百31、講30、プ222〉）などがある。

判例実務においては、財物を専ら毀棄・隠匿する意思を有していた場合には不法領得の意思を否定する傾向にある。しかし、それ以外の場合には不法領得の意思が認められやすい。ただし、⑩の判例が「何らかの用途に利用、処分する意思がなかった場合」には不法領得の意思が認められないとしたことに注意する必要がある。

【設問5】服役願望者の持出し事件

Xは、生活苦から刑務所で生活した方がましであると考え、刑務所に服役することを希望し、当初から窃盗犯人として自首するつもりで駐車中の自動車内からA所有の音楽CD数十枚を持ち出し、直ちに近くの派出所に出頭してこれを証拠品として提出した。Xの罪責を論じなさい。

【設問5】において、XはAの所有・占有する音楽CDの占有を侵害し自己の支配下に移転したので、この行為は「窃取」に当たる。また、窃盗の故意もあるが、不法領得の意思が認められるかが問題となる。

まず、Xは、Aの自動車内から返還意思なく無断で音楽CDを持ち出しており権利者排除意思は認められる。しかし、Xが利用しようとしたのは音楽CD奪取という事実であり、音楽CDから直接得られる効用を利用しようとしたわけではない。よって、利用処分意思が認められず、不法領得の意思が

第7講　財産犯総説・窃盗罪　149

否定される（○広島地判昭50・6・24刑月7巻6号692頁〈プ223〉）。したがって、Xには窃盗罪は成立しない。

しかし、XはAの音楽CDを無断で持ち出し、Aの音楽CDの利用を妨害しているので、Xには器物損壊罪が成立する。

4　不動産侵奪罪

> **235条の2**　ⓐ他人の不動産をⓑ侵奪した者は、10年以下の懲役に処する。

> **未遂（243条）**　第235条から第236条まで及び第238条から第241条までの罪の未遂は、罰する。

不動産も重要な財産であるから刑法上の財物概念に含まれる。しかし、窃盗罪は、他人の占有を侵害して財物を「持ち去る」行為が前提とされるので、場所的移転が不可能な不動産は窃盗罪の客体になりえないのではないかという点が以前には問題とされた。ところが、戦後の社会的混乱の中で土地の不法占拠が横行したため、このような行為を禁圧する必要が生じ、1960（昭和35）年の刑法一部改正により新たに不動産侵奪罪の規定が新設された。

不動産侵奪罪は、不動産の窃盗、すなわち、他人の不動産に勝手に居座り、本来の持ち主が使えなくする不法占拠を処罰する犯罪である。本罪が設けられたことにより、不動産は窃盗罪の客体に含まれないことが確定した。なお、強盗罪の客体としての財物にも不動産は含まれないと解されており、暴行・脅迫を手段として不動産を侵奪した場合には、財産上の利益を取得したとして2項強盗罪が成立する。

不動産侵奪罪は、客体が不動産である点で窃盗罪とは異なるが、その他の点では窃盗罪で述べたことがそのまま妥当する。

（1）　保護法益

不動産侵奪罪の保護法益については、窃盗罪の場合と同様に解されている（論点1〔占有移転罪の保護法益〕）。

（2）　客観的要件

ア　客体

本罪の客体は「他人の不動産」である（下線ⓐ）。他人の不動産とは他人が所有する不動産という意味である。なお、242条で客体の範囲が拡張され、自己の不動産であっても他人が占有するものであるときは他人の不動産とみなされる。

不動産とは、土地およびその定着物（建物など）をいう（民法86条1項）。

土地は、地面のほか、地下、地上の空間をも含む（民法207条）。

不動産侵奪罪も占有移転罪であるから、他人が所有する不動産は、他人が占有する不動産でなければならない。ここで、占有とは、（窃盗罪と同じく）事実的支配をいい、法律的支配は含まない。ただ、不動産侵奪罪においては、登記名義がある場合には不動産の事実的支配を肯定してよい。なぜなら、不動産は、文字どおりその所在が動くことはなく、また、登記名義により公示されていれば、遠隔地のため実効支配が及ばない場合でも、社会通念上、事実的支配が認められるからである。

例えば、判例は、土地の所有者で登記名義人である会社が、代表者の夜逃げのため事実上廃業状態となり、当該土地を現実に支配管理することが困難な状態になった事案において、当該土地に対する占有を喪失したとはいえないと判示している（◎最決平11・12・9刑集53巻9号1117頁〈百36、講37、プ227〉）。

イ　行　為

本罪の実行行為は「侵奪」である（下線ⓑ）。侵奪とは、不法領得の意思をもって、**不動産に対する他人の占有を排除し、これを自己または第三者の占有に移すこと**をいう（○最判平12・12・15刑集54巻9号923頁〈プ228〉）。

不動産に対する他人の占有、すなわち、**事実的支配を侵害**することが必要であるから、不動産登記の改ざんや虚偽の申請による登記名義の不正取得は侵奪に当たらない。当該行為が侵奪に当たるか否かは、不動産の種類、占有侵害の方法・態様、占有期間の長短、原状回復の難易、占有排除および占有設定の意思の強弱、相手方に与えた損害の有無を総合的に判断し、社会通念に従って決定される（前掲・最判平12・12・15）。侵奪の態様には、占有非先行型と占有先行型がある。

i）占有非先行型

占有非先行型とは、行為者が侵奪前には当該不動産を占有していなかった場合である。この場合に侵奪といえるためには、自己の新たな占有状態を作出・設定すればよい。このタイプの例として、他人の土地を不法に占拠してその上に建築物を建てた事例（大阪高判昭31・12・11高刑集9巻12号1263頁）、他人の空家に住みついた事例（福岡高判昭37・8・22高刑集15巻5号405頁）、他人の農地を無断で耕作した事例（新潟地相川支判昭39・1・10下刑集6巻1＝2号25頁）などがある。

【設問6】公園不法占拠事件

Xは、何らの権原もないのに、東京都が所有する公園の空き地の一角（110.75㎡）の中心部に、東京都職員の警告を無視して木造ビニールシート葺平屋簡易建物（建坪約64.3㎡）を立てた。建物内部には居住用設備はなく、中古家電製品などのリサイクルショップとして使われていた。本件建物は、基礎工事がなされておらず土台として角材がそのまま地面の上に置かれ、土台、柱、屋根部分等の組立てには、ほぞをほぞ穴に差し込んで固定する方法はとられておらず、土台の角材同士、土台の角材と柱、柱と柱を、平板等を当てて釘付けするなどしてつないでいた。Xは、本件建物を建築後も、東京都職員の警告にもかかわらず約9カ月間退去要求に応じなかった。退去後、東京都が依頼した解体業者によって、6名の人員で大き目のハンマー等を用いて約1時間で解体撤去された。Xに不動産侵奪罪は成立するか。

【設問6】においてXの行為は侵奪といえるか。まず、本件簡易建物は、土地の中心部に土地面積の約6割を占める形で建てられ、組み立てはほぞをほぞ穴に差し込んで固定する方法はとられてはいないものの、釘付けによって固定されており、容易に倒壊しない骨組みを有するものとなっていた。そのため、本件簡易建物により本件土地の有効利用は阻害され、その回復も決して容易なものではなかった。加えて、Xは、本件土地の所有者である東京都職員の警告を無視して、本件簡易建物を構築し、相当期間退去要求にも応じなかったというのであるから、占有侵害の態様は高度で、占有排除および占有設定の意思も強固であり、相手方に与えた損害も小さくなかったと認められる。したがって、Xの行為は侵奪に当たり、Xには故意も不法領得の意思もあるので不動産侵奪罪が成立する（前掲・最判平12・12・15）。

ⅱ）占有先行型

占有先行型とは、行為者が侵奪前から当該不動産を占有していた場合である。このような場合、賃貸借契約が終了したなどの理由により当該不動産の利用・使用が違法となった後になお居座ったとしても、他人の占有を排除したとはいえないので、侵奪には当たらない。また、使用貸借期限終了後も事実上居住を続けていた家屋（建坪約31㎡）に小規模の増築（建坪約11㎡）をしたときも、占有の状態を変更したにすぎず、占有を新たに奪取したとはいえない（○大阪高判昭41・8・9高刑集19巻5号535頁〈プ229〉）。

これに対し、占有自体は平穏に開始されていても、問題となる土地上に容易に撤去できないような永続的な建造物を建てるなどして原状回復を困難にする行為は侵奪に当たる。例えば、判例は、土地上に大量の廃棄物を堆積さ

せ、容易に原状回復をすることができないようにして当該土地の利用価値を喪失させた事案において侵奪を肯定している（前掲・最決平11・12・9）。

結局、占有開始が先行する場合には、他人の不動産を無断で利用・使用しているだけでは侵奪にならないが、**占有の態様が「質的」に変化を遂げたときに侵奪が認められる**（◎最決昭42・11・2刑集21巻9号1179頁〈講38、プ230〉）。質的変化が生じたとして侵奪を認めた代表的なものとして、使用貸借の目的とされた土地の無断転借人が土地とともに簡易施設の引渡しを受け、これを改造して本格的店舗を構築した事例がある（◎最決平12・12・15刑集54巻9号1049頁〈百37、プ231〉）。

ウ　結　果

不動産侵奪罪の実行行為は侵奪行為であるが、それにより「侵奪した」という結果を発生させることが必要である（下線ⓑ）。侵奪したといえるためには、新たな占有状態を設定したことが必要である。

(3)　主観的要件

窃盗罪の場合と同様、故意のほか、不法領得の意思が必要である。例えば、単に一時使用の目的で他人の空家に忍び込んで一夜を過ごすとか、後日容易に撤去できるような物（例えばテント）を築造したにすぎないときは、不法領得の意思を欠くので本罪は成立しない（いわば不可罰的な使用侵奪である）。

(4)　未遂・既遂

本罪の実行の着手時期は、不動産に対する侵奪行為を開始した時点、つまり、不動産に対する他人の占有の排除を開始した時点である。既遂時期は、他人の不動産に自己の占有を設定した時点である。

5　親族相盗例

> 244条1項　配偶者、直系血族又は同居の親族との間で第235条の罪、第235条の2の罪又はこれらの罪の未遂罪を犯した者は、その刑を免除する。
>   2項　前項に規定する親族以外の親族との間で犯した同項に規定する罪は、告訴がなければ公訴を提起することができない。
>   3項　前2項の規定は、親族でない共犯については、適用しない。

(1)　244条の趣旨

244条は、親族間における窃盗罪・不動産侵奪罪の特例（親族相盗例）を規定している。具体的には、「配偶者、直系血族又は同居の親族」との間で

第7講　財産犯総説・窃盗罪　**153**

窃盗罪・不動産侵奪罪を犯した者の**刑が免除**され、それ以外の親族との間で
窃盗罪を犯した場合は**親告罪**とされている。

本条の「配偶者」には内縁関係の者は含まれない（○最決平18・8・30刑
集60巻6号479頁〈プ224〉）。「親族」とは、民法725条の「親族」の中から
「配偶者、直系血族」を除いた「6親等内の傍系血族と3親等内の姻族」を
指している。

本条の趣旨は、「**法は家庭に入らず**」の思想から、親族間の財産上の紛争
については親族間の処分に委ねるのが相当であるという**政策的な理由**に基づ
くものであり、第1項は「その刑を免除」するとした**一身的処罰阻却事由**で
ある。

なお、244条は詐欺罪・恐喝罪・背任罪、横領罪にも準用される（251条・
255条）。しかし、強盗罪は重罪なので本条は適用・準用されない。

(2) 親族関係の範囲

窃盗罪・不動産侵奪罪は究極的には所有権を保護するものであるが、判例
は所有権とは別に占有を保護法益としている。したがって、窃盗罪・不動産
侵奪罪の被害者は所有者と占有者であるといえ、親族間の財産上の紛争につ
いては親族間の処分に委ねるのが相当であるとすると、本条所定の親族関係
は**窃盗・不動産侵奪犯人と占有者・所有者双方の間**にあることが必要である
（◎最決平6・7・19刑集48巻5号190頁〔6親等親族保管金窃取事件〕〈講
36、プ225〉）。

(3) 親族関係の錯誤

> **【事例13】親族の物と勘違いした事例**
>
> 　Xは、その父Aが占有しているパソコンを無断で持ち出して売却した。しか
> し、そのパソコンの所有者はAの友人Bであった。Xは、このパソコンの所有者
> は父Aであると思っていた。

親族関係の錯誤とは、被害者との間に親族関係がないのにあると誤信して
いた場合をいう。故意とは犯罪事実の認識・認容をいうが、一身的処罰阻却
事由は犯罪事実ではないので故意の認識対象には含まれず故意の有無には何
ら影響しない。244条は「責任非難は十分向けうるが法は家庭内に介入すべ
きでない」という刑事政策的考慮によるものであるから、客観的に親族関係
がない以上、免除は認めるべきではない。量刑上考慮すれば足りる。

【事例13】において、Xとパソコンの占有者Aとの間には親族関係がある

が、所有者Bとの間には親族関係がない。したがって、親族相盗例は適用されない。Xは、このパソコンをAの所有物であると誤信したが、「Aが占有する財物」を窃取したことについて認識・認容があれば窃盗罪の故意は認められる。それをAの所有物だと誤信しても故意が阻却されることはないので、Xには窃盗罪が成立し、親族相盗例は適用されない。

第8講　強盗罪の基本類型

◆学習のポイント◆

1　強盗の手段である「暴行・脅迫」の意義・内容について理解し、その概要を説明することができるようになるとともに、反抗を抑圧するに足りる程度の「暴行・脅迫」の認定方法を理解し、具体的事案において強盗と恐喝の区別が適切にできるようになること。
2　強盗罪における「強取」の要件について理解し、判例と通説でその内容が異なることに注意し、強盗既遂罪の成立要件として相手方の反抗が現実に抑圧されたことが必要か否かについてどのような見解の対立があるかをしっかり理解しておくこと。
3　いわゆる「ひったくり」に強盗罪が成立するのはどのような場合であるかを理解し、その概要を説明することができるようになること。
4　財物奪取以外の目的で暴行・脅迫を加え反抗抑圧後に財物奪取の意思を生じた場合に強盗罪が成立するのはどのような場合であるかを理解すること。
5　2項強盗罪（強盗利得罪）の成立範囲が不当に拡大しないようにするために236条2項をどのように解釈するのかを説明できるようになること。
6　違法な債務を免れるために暴行・脅迫を加えた場合における2項強盗罪の成否について理解し、その概要を説明することができること。

1　総　説

　強盗は、他人に暴力を振るったり、脅したりして無理やりに財産を奪う犯罪である。そのため、被害者が死亡したり負傷したりすることが容易に発生しやすい極めて危険かつ悪質な犯罪である。

　刑法は、**基本類型**である強盗罪（236条）を規定するほか、強盗罪に準じる**拡張類型**（これを準強盗という）として、事後強盗罪（238条）および昏酔強盗罪（239条）を規定し、さらにこれらの罪の**加重類型**（強盗罪の刑を

加重する罪）として、強盗致死傷罪（240条）ならびに強盗・強制性交等罪・同致死罪（241条）を規定している。

強盗の罪は、殺人、放火、強制性交等とならぶ重罪（法定刑の重い犯罪）であるため、「未遂」も処罰されるし（243条）、さらには「予備」までも処罰される（237条）。なお、他人の占有等にかかる自己の財物（242条）や電気（245条）も強盗罪の対象となるが、重罪であるために親族相盗例（244条）の規定は適用されないことに注意する必要がある。

> ●コラム● 窃盗罪と強盗罪の関係
>
> 窃盗罪と強盗罪は、被害者の意思に反して財物の占有を奪う点で共通している（盗取罪）。しかし、第1に、財物奪取の手段として暴行・脅迫を用いるか否かで異なる。強盗罪が重罪とされるのは、財物奪取の手段として暴行・脅迫を用いて無理やり財産を奪う点にある。第2に、強盗罪の客体には、財物だけでなく財産上の利益も含まれる。強盗罪は、窃盗罪と比べて客体の範囲が拡張されている。財物を無理やり奪う場合は236条1項に規定されているので「1項強盗」といい、財産上の利益を無理やり奪う場合は236条2項に規定されているので「2項強盗」という。財産上の利益をも対象とする2項犯罪には、強盗罪のほか、詐欺罪、恐喝罪がある。

2　強盗罪（1項強盗罪）の基本構造

> **236条1項**　ⓑ暴行又は脅迫を用いてⓐ他人の財物をⓒ強取した者は、強盗の罪とし、5年以上の有期懲役に処する。

未遂（243条） 第235条から第236条まで及び第238条から第241条までの罪の未遂は、罰する。

強盗罪は、「暴行又は脅迫を用いて他人の財物を強取した」場合に成立する。財物の占有移転の手段として暴行・脅迫が用いられる点に特徴がある。暴行・脅迫もそれ自体犯罪であり（208条・222条）、これに窃盗という犯罪を合体させたものが強盗罪であるから、強盗罪は**結合犯**（それ自体でも犯罪となる複数の行為から構成された1つの犯罪）の典型例とされている。

強盗罪が成立する典型例は次のとおりである。

> **【事例1】財布強奪事例**
> 　Xは、Aの頭部を数回殴りつけて転倒させ、所携のひもで手足を縛りガムテープで口をふさいだ後、Aが所持していた財布を持って逃走した。

第8講　強盗罪の基本類型　157

(1)　保護法益

　1項強盗罪の保護法益については、窃盗罪の保護法益の場合と同様、本権説、占有説、中間説の対立がある（7講3(1)参照）。1項強盗罪の保護法益に直接言及した判例はないが、窃盗罪と同様に解するのであれば、**財物の所有権および占有**と解することになる。なお、本罪は強度の暴行・脅迫を手段とするので、被害者の生命・身体・自由も副次的な保護法益とされる。

(2)　客観的要件

ア　客　体

　本罪の客体は「他人の財物」である（下線ⓐ）。他人の財物とは、他人の所有物を意味する。また、「他人の財物」は「強取」の対象となる物であるから、他人が占有する財物でなければならない。自己の財物であっても他人が占有しているときは「他人の財物」とみなされる（242条）。

　【事例1】において、Xが奪ったものは、Aが所有し占有する財布であるからXにとって「他人の財物」である。

イ　行　為

　強盗罪の実行行為は、「暴行又は脅迫を用いて他人の財物を強取」することである。

a　暴行・脅迫

　強盗罪は、暴行・脅迫を財物奪取の手段とする犯罪である点に重罪とされる根拠がある（下線ⓑ）。したがって、強盗罪の学習においては、「手段としての暴行・脅迫」の内容を正しく理解することがポイントである。

　暴行とは、人の身体に対する不法な有形力の行使をいう（2講1(1)ア参照）。また、脅迫とは害悪の告知をいう（3講2(1)ウ参照）。ただ、本罪の暴行・脅迫は、財物奪取の手段として行われるものであるから、反抗を抑圧するに足りる程度のものであることが必要である点に注意しなければならない。したがって、本罪における**暴行**とは、**反抗を抑圧するに足りる程度の不法な有形力の行使**をいい、本罪における**脅迫**とは、**反抗を抑圧するに足りる程度の害悪の告知**をいう。

　反抗を抑圧するに足りる程度に至らない暴行・脅迫を手段として財物を「交付」させた場合は恐喝罪（249条）が成立するにすぎない（**論点1**〔強盗と恐喝の区別〕）。また、反抗を抑圧するに足りる程度に至らない暴行を手段として財物を「奪取」した場合は暴行罪（208条）と窃盗罪（235条）が成立するにすぎない（**論点2**〔ひったくり行為と強盗罪の成否〕）。

　暴行・脅迫は、必ずしも財物の占有者に向けられたものでなくてもよく、

財物の強取について障害となる者に向けられればよい（大判大元・9・6刑録18輯1211頁）。例えば、銀行強盗の意図で、銀行員に対してではなく、銀行に居合わせた客に刃物を突きつける行為は、客が強取の目的を遂げる上で障害となっているので財物奪取の手段としての脅迫といえる。

暴行・脅迫は、「財物奪取の手段」として行われたものでなければならない。暴行・脅迫の後に財物を奪取するのが通常であるが、財物奪取よりも暴行・脅迫が必ず先行しなければならないわけではない（**論点3**〔財物取得後の暴行・脅迫〕）。これに対し、行為者が強盗以外の目的で暴行・脅迫を加え、反抗を抑圧した後に領得意思を生じて財物を奪取したとしても強盗罪は成立しない（**論点4**〔暴行・脅迫後の領得意思〕）。

【事例1】のXは、Aの頭部を数回殴りつけて転倒させた上でひもでAの手足を縛りガムテープで口をふさいでおり、Aの反抗を抑圧するに足りる程度の「暴行」を加えたといえる。

b　強　取

強取とは、被害者などの**反抗を抑圧するに足りる程度の暴行・脅迫を手段として財物を奪取することをいう**（下線◎）。

236条1項の文言は「強取した」であり、行為と結果の双方を含む表現となっている。これは、199条の殺人罪の文言が「殺した」となっており、「殺す」行為（殺人行為）と「殺した」という結果の双方が必要であるとされるのと同様である。したがって、強盗罪の実行行為としては、上述の「暴行・脅迫」行為のほか、「強取した」という結果の惹起に向けられた「強取」行為が必要である。

強取といえるためには反抗を抑圧するに足りる程度の暴行・脅迫を手段として財物を奪取しさえすればよいので、反抗を抑圧するに足りる程度の暴行・脅迫が行われたが、被害者が現実に反抗を抑圧されなかった場合も、暴行・脅迫と財物奪取との間に因果関係が認められる限り強盗罪の成立を肯定するというのが判例の立場である（◎最判昭23・11・18刑集2巻12号1614頁〔草刈鎌強盗事件〕〈百38、講39〉）。もっとも、通説はこれに反対し、被害者が反抗を抑圧されない限り強盗未遂罪しか成立しないと主張している（**論点5**〔反抗抑圧の要否〕）。

強盗罪は、「暴行・脅迫」を手段として金品を「強取」する犯罪（盗取罪）であり、暴行・脅迫を手段として金品を「交付」させる恐喝罪（交付罪）とは区別される。強取の典型は、被害者から無理やり奪い取る場合であり、**【事例1】**のXもAから財布を無理やり奪い取ったので「強取」に当たる。

第8講　強盗罪の基本類型　159

しかし、強取の態様としては、奪い取る場合のほか、反抗を抑圧された被害者が差し出した財物を受領する場合も含まれる。この場合は、被害者が財物を差し出しているが被害者が任意に差し出したのではなく、自由意思を制圧されて差し出したのであるから任意の「交付」ではなく「強取」に当たる。また、財物奪取の手段としての暴行・脅迫により反抗を抑圧された被害者の知らない間に財物を取った場合も「強取」に当たる（最判昭23・12・24刑集2巻14号1883頁）。

【事例1】において、XはひもでAの手足を縛りガムテープで口をふさいでいることから、Aの反抗は抑圧されており、その状態を利用して財布を奪ったので「強取」行為があったといえる。

ウ　結　果

強盗罪の実行行為は、暴行・脅迫行為と強取行為であるが、これらの行為により「強取した」という結果を発生させることが必要である（下線ⓒ）。「強取した」といえるためには、行為者が財物の占有を取得することが必要である。暴行・脅迫と強取行為を行ったが結果的に行為者が占有を取得できなければ強盗罪は成立しない。

【事例1】において、Xは財布を奪って逃走しているので、Xは財布の占有を取得したといえ、「強取した」という結果も発生している。

(3)　主観的要件

強盗罪の故意は、暴行・脅迫を用いて財物を強取することの認識・認容である。また、（窃盗罪の場合と同様）故意のほかに不法領得の意思が必要である。

【事例1】において、Xは、「Aの頭部を数回殴りつけて転倒させ、所携のひもで手足を縛りガムテープで口をふさいだ後、Aが所持していた財布を持って逃走した」という事実をすべて認識・認容しているので強盗罪の故意がある。また、財布という財物を取得してそれを利用しようとする意思もあるので不法領得の意思も認められる。したがって、Xには強盗罪（1項強盗罪）が成立する。

(4)　未遂・既遂

本罪の実行の着手は、本罪が暴行・脅迫を財物奪取の手段とする犯罪であることから、反抗を抑圧するに足りる程度の暴行・脅迫を開始した時点に認められる。

本罪の既遂は、本罪が盗取罪であることから、財物に関する他人の占有を侵害し自己または第三者の支配下に移転させた時点、すなわち、行為者が占

有を取得した時点に認められる。

(5) 罪　数

第1に、住居侵入罪と強盗罪は、通例、手段・結果の関係にあるので牽連犯である。第2に、1個の暴行・脅迫により数人から財物を強取した場合には、1個の行為から数個の法益を侵害したので数個の強盗罪が成立し観念的競合となる。これに対して、数個の暴行・脅迫により1人から財物を強取した場合は、包括して1個の強盗罪が成立する。第3に、窃盗の意思で他人の住居に侵入して窃盗を行い、その後、家人に暴行・脅迫を加えて別の財物を強取した場合は、被害者が同一であることから、窃盗罪は強盗罪に包括され、強盗罪だけが成立する。

3　強盗罪（1項強盗罪）の重要問題

(1)　強盗と恐喝の区別──暴行・脅迫の認定　論点1
ア　強盗罪における暴行・脅迫の意義

強盗罪における「暴行又は脅迫」は、被害者の反抗を抑圧するに足りる程度のものでなければならない。その程度に至らない場合には恐喝罪が成立するか否かを検討することになる。

イ　暴行・脅迫の判断基準

反抗を抑圧するに足りる程度の暴行・脅迫であるか否かは、その暴行または脅迫が、「社会通念上一般に被害者の反抗を抑圧するに足りる程度のものかどうか」という客観的基準によって決せられるのであって、具体的事案の被害者の主観を基準としてその反抗を抑圧する程度であったかどうかということによって決せられるものではない（◎最判昭24・2・8刑集3巻2号75頁〔匕首強盗事件〕〈プ232〉）。つまり、暴行・脅迫自体の客観的性質によって判断される。

ウ　暴行・脅迫の有無の認定方法

暴行・脅迫の客観的性質により反抗を抑圧するに足りる程度か否かを判断する際には、以下の事情を考慮し総合的に判断する。なお、以下では、暴行・脅迫を肯定する方向の事情を「⊕の事情」、否定する方向の事情を「⊖の事情」とよぶことにする。

a　暴行・脅迫の態様（何をしたのか）

凶器を使用している場合は、殺傷能力の高さ、身体の枢要部に向けられていたか、使用時間は長いかなどをみて「生命侵害の危険性」が強ければ（相当有力な）⊕の事情となる。

第8講　強盗罪の基本類型　161

凶器を使用せずに被害者に殴打等の暴行を加える場合は、身体の枢要部（頸部、顔面、頭部、腹部等）に向けられていたこと、殴打等の力の程度が強いこと、暴行の回数が多く暴行の時間が長いこと（暴行の執拗さ）が⊕の事情となる。

　b　行為者および被害者の状況（誰が誰に）

　行為者側の状況、被害者側の状況として、**性別**（男性か女性か）、**年齢**（青年か年少か老齢か）、**体格**（頑強か、貧弱か）、**容貌・服装**、**人数**（１人か複数か）、**関係**（知り合いか否か）などの点を考慮する。

　例えば、行為者側の状況として、行為者の性別が男性であること、年齢が青年であること、体格が頑丈で屈強であること、容貌・服装が暴力団員風であるとか覆面をしていること、人数が複数であることなどは⊕の事情となる。これに対し、性別が女性であること、年齢が年少や老齢であること、体格が貧弱であることなどは⊖の事情となる。

　また、被害者側の状況として、被害者の性別が女性であること、年齢が年少や老齢であること、体格が小柄で行為者よりも体格・体力が劣ること、被害者が１人であるのに行為者側が複数であることなどは⊕の事情となる。これに対し、被害者が行為者と見ず知らずの関係ではなく、従来から交際があったなどの事情は⊖の事情となる。

　c　日時・場所・周囲の状況（いつどこで）

　日時・場所・周囲の状況は、被害者がその場から逃げ出したり、他の者に助けを求めるなどして難を逃れることが容易か否かを判断する事情である。

　犯行日時が、夜間や早朝であることは、他者の助けを求めることができる可能性が低いので⊕の事情となる。逆に、犯行が白昼で行われたことは⊖の事情となる。

　犯行場所が屋内で、行為者と被害者しか存在しないような場合は、他の者の助けを求めることは容易ではないので⊕の事情となる。犯行場所が屋外である場合は、人通りがない場所であること、付近に人家がない場所であること、暗い場所であること、周囲からの見通しが悪く人目につきにくい場所であることなどが⊕の事情となる。逆に、駅のホームや交通量も多く近くに人家もある道路上であることなどは⊖の事情となる。

　d　被害者の対応（どのように）

　現実に被害者が反抗を抑圧されたことは、暴行・脅迫が反抗を抑圧するに足りる程度のものであったことを推認する⊕の事情となる。逆に、行為者の暴行・脅迫に対して被害者が、行為者を取り押さえたとか、終始抵抗を続け

たことなどは、暴行・脅迫の程度がさほど強くないことを推認させる⊖の事情になりうる。

　e　まとめ

　強盗か恐喝かの認定は、以上の諸事情を考慮して総合的に判断することになるが、最も重視すべきは「a　暴行・脅迫の態様」であり、行為者が拳銃や刃物など殺傷能力の高い凶器を使用した場合は、他に有力な⊖事情がない限り、反抗を抑圧するに足りる程度の暴行・脅迫と認定される。他方、暴行・脅迫の態様がそれ以外の場合は、その他の事情をきめ細かく分析し、強盗、恐喝のいずれが成立するかを慎重に判断する必要がある。そのような判断能力を養成するには、多くの判例にあたり、判例の事実認定から実務の相場観を養うことが重要である。

(2)　ひったくり行為と強盗罪の成否　論点2

ア　問題の所在

　「ひったくり」とは、被害者に対して不意打ちの暴行により財物を奪取することである。

　「ひったくり」の事案の多くは、暴行が財物奪取の直接的な手段、すなわち、反抗抑圧に向けられたものではないため強盗罪は成立せず、また、被害者の交付もないので恐喝罪にも当たらず、窃盗罪と暴行罪が成立する場合が多い。しかし、暴行が、被害者の反抗抑圧に向けられ、かつ、反抗を抑圧するに足りる程度であった場合には強盗罪が成立する。

　そこで、「ひったくり」の事案を分析するときは、第1に、暴行の方向（反抗抑圧に向けられているか）と程度（反抗を抑圧するに足りる程度か）に着目し、強盗罪が成立するか否かを検討し、強盗罪の成立が否定された場合には、第2に、恐喝罪や窃盗罪の成否を検討するという手順で考えていけばよい。

イ　強盗罪の成否

　強盗罪は暴行・脅迫を手段として財物を奪取する犯罪であり、その暴行・脅迫は被害者の反抗を抑圧するに足りる程度のものでなければならない。反抗を抑圧するに足りる程度の暴行といえるかの判断方法は論点1で述べたとおりである。

　ひったくりの事案の場合、①被害者の生命・身体に及ぼす危険性の程度（暴行の態様）、②暴行の執拗性（暴行の態様）、③被害者が反抗的行動に出ているか（被害者の対応）、④被害者が救助を求めることができる状況であったか（犯行の場所）などの点を考慮する必要がある。中でも、①が重要で

第8講　強盗罪の基本類型　163

あり、危険性の程度が強ければ他の要素を考慮する余地は狭くなる。

ウ　恐喝罪・窃盗罪の成否

次に、当該暴行が反抗抑圧に向けられたものではない、あるいは、それに向けられたものであっても反抗を抑圧するに足りる程度のものではないと認定された場合には、恐喝罪の成否が問題となる。

恐喝罪（249条）は、脅迫または暴行を手段とし、その反抗を抑圧するに至らない程度に相手方を畏怖させ（恐喝行為）、畏怖した相手方の交付行為によって財物の占有を取得する犯罪であり（12講）、瑕疵ある意思とはいえ被害者の意思が介在する点で（意思に反して奪う）強盗罪と異なる。

そこで、当該暴行が反抗抑圧に向けられたものではあるが、反抗を抑圧するに足りる程度のものではない場合で、被害者が犯人に財物を交付するか否かについて、ある程度、自由意思および行動の自由が残っているといえるときには、恐喝罪が成立する可能性がある。なお、恐喝罪の場合、被害者が自ら処分・交付する場合のみならず、畏怖して黙認しているのに乗じて行為者が奪取する場合にも処分行為があるとされている（最判昭24・1・11刑集3巻1号1頁）。

これに対して、当該暴行が反抗抑圧に向けられたものではない場合や、反抗抑圧に向けられたものであるが反抗を抑圧するに足りる程度には達しない場合であって恐喝罪が成立しない場合には、窃盗罪（235条）と暴行罪（208条）が成立し、両罪は併合罪となる。

【設問1】自動車によるひったくり事件

Xは、夜間人通りの少ない場所で、通行中の女性の所持しているハンドバッグを奪取する目的をもって、自ら普通乗用自動車を運転してA女に近づき、自動車の窓からAが所持するハンドバッグのさげひもをつかんで引っ張り、Aがこれを奪われまいとして離さなかったため、さらに奪取の目的を達成しようとして、右さげひもをつかんだまま自動車を進行させ、ハンドバッグを離そうとしないAを車もろとも引きずって路上に転倒させたり、車体に接触させたり、あるいは道路脇の電柱に衝突させたりするなどの暴行を加え、よってAに傷害を与えた。Xの罪責を論じなさい。

【設問1】において、Xは、夜間人通りが少ない場所で女性から無理にハンドバッグを奪い取ろうとしており、その暴行は、ハンドバッグを離そうとしないAを車もろとも引きずって路上に転倒させたり、車体に接触させたり、あるいは道路脇の電柱に衝突させたりするなど、その生命・身体に重大

な危険をもたらすおそれがあり、当該暴行は反抗抑圧に向けられたものであり、かつ、反抗を抑圧するに足りる程度のものであったといえる。本問と類似の事案において、判例も強盗罪（したがって強盗致傷罪）の成立を認めている（○最決昭45・12・22刑集24巻13号1882頁〈プ236〉）。

> **【設問2】自動車によらないひったくり事件**
> 　Xは、深夜、人通りは全くないが、付近に人家が建ち並ぶ路上を通行している一人歩きの女性Aを見て、そのハンドバッグを奪おうとして背後から襲いかかり、右手で同女の口、鼻を約30秒間にわたりふさいで転倒させ、Aが一瞬ひるんだ隙にAの右腕にかけていた高級ブランドのハンドバッグを奪い取った。Xの罪責を論じなさい。

　これに対し、【設問2】では、たしかに、Xの暴行は反抗の抑圧に向けられたものである。しかし、①深夜、人通りは全くない場所ではあるが、近くに人家が建ち並ぶ路上を通行しており被害者としては救助を求めることができる状況であったこと（犯行の場所）、②Xが被害者Aの口、鼻をふさいだのは30秒と短時間であり執拗なものとはいいがたく、被害者の生命・身体に及ぼす危険性の程度も必ずしも高くないこと（暴行の態様）を考慮すると、被害者の反抗を抑圧するに足りる程度の暴行とはいえず強盗罪は成立しない。また、Xは、Aが一瞬ひるんだ隙にAの右腕にかけていたハンドバッグを奪い取ったのであり、AがXの暴行に畏怖してバッグを交付したという事情も認められず恐喝罪も成立しない。したがって、Xには、暴行罪（208条）および窃盗罪（235条）が成立する（岡山地判昭45・9・1判時627号104頁）。

(3)　財物取得後の暴行・脅迫　論点3

　強盗罪は、財物奪取の手段として暴行・脅迫を用いる点にその本質的特徴がある。そこで、まず反抗を抑圧するに足りる程度の暴行・脅迫が加えられ、その後に財物を奪取するのが通常である。それでは、財物を取得した後に暴行・脅迫が加えられた場合には強盗罪は成立する余地はないのであろうか。

　当初から暴行・脅迫を加えて財物を強取するという強盗の故意の下に、まず財物を取得し、次いで暴行を加えてその占有を確実なものとした場合にも強盗罪が成立するか否かについては争いがある。なぜなら、窃盗後に財物を取り返されるのを防ぐ目的で暴行を加える行為を処罰する事後強盗罪（238条）が存在し、同罪との区別が問題となるからである（事後強盗罪について

第8講　強盗罪の基本類型　165

は9講参照）。

> **【設問3】鞄の取返し事件**
> 　X、Y、Zは、Aを誘い出し匕首（短刀）や麻酔薬を使ってAから現金を強取することを共謀し、XがAを誘い出し、YがいきなりAが所持していた手提げ鞄を奪い取り、Xらの意図を知らないAがXに助けを求めると、ZがXに対し所携の匕首を突きつけてあたかもXが助けに赴くのを阻止するような風を装い、Aが鞄を取り返そうとしてYに追いすがってきたので、ZはYに協力してAと格闘の上組み伏せ、Zが用意してきた麻酔薬を用いて同人を昏睡させ、その鞄の中から現金20万円を奪った。Xに強盗罪の共同正犯が成立するか論じなさい。

　【設問3】において、YはAが所持する手提げ鞄を奪い取っているので窃盗罪が成立する。その後、Aが鞄を取り返そうとしたので暴行を加え組み伏せているが、これは「窃盗が、財物を得てこれを取り返されることを防」ぐ「ために、暴行……をしたとき」に当たり事後強盗罪（238条）が成立するという見解が有力である。

　これに対し、判例は、「暴行脅迫を用いて財物を奪取する犯意の下に先づ財産を奪取し、次いで被害者に暴行を加えてその奪取を確保した場合は強盗罪〔236条〕を構成するのであって、窃盗がその財物の取還を拒いで暴行をする場合の準強盗〔238条、事後強盗〕ではない」としている（○最判昭24・2・15刑集3巻2号164頁〈プ239〉）。

　このような判例の考え方に対しては、物の占有の移転があり窃盗が既遂になった後は、事後強盗罪または2項強盗罪の成立を問題とすべきであるという批判がある。しかし、**【設問3】**において、当初から強盗の共謀があり、財物取得行為と暴行が極めて接着して行われていることに着目すれば、財物に対する占有を取得した後に行った暴行により財物の**占有を確保**したといえるので、当該暴行を財物奪取の手段と評価し強盗罪の成立を認めるのが妥当である。したがって、Xには（共謀共同正犯を肯定する判例の立場を前提にする限り）強盗罪の共同正犯（60条・236条）が成立する。

（4）　暴行・脅迫後の領得意思　論点4

ア　問題の所在

　強盗罪は、財物奪取の手段として暴行・脅迫を加える犯罪である。そこで、行為者が、財物奪取の意思なしに暴行・脅迫を加えて反抗を抑圧した後、その状態で初めて財物を奪取する意思を生じ（**事後的奪取意思**）、財物を奪取した場合に強盗罪が成立するか否かが問題となる。

イ　判例・通説の立場

> **【設問4】暴行後に財布を奪う意思が生じた事例**
> 　Xは、日頃の恨みからAに暴行を加え意識を失わせた。その後、倒れているAのズボンポケットに財布が見えたので、これを奪取する意思を生じて、その財布を抜き取った。Xの罪責を論じなさい。

　【設問4】において、Xは自己が惹起した反抗抑圧状態を利用し財物を奪取しているので強盗罪が成立するという少数説もある（強盗罪説）。しかし、判例・通説は、強盗罪の成立を否定し、暴行罪と窃盗罪が成立すると解している（**窃盗罪説**）。

　その理由は、第1に、強盗罪は、被害者の反抗を抑圧するに足りる程度の暴行・脅迫を手段として財物を奪取する犯罪であるから、暴行・脅迫は財物奪取の手段として行われることが必要であり、暴行・脅迫後に財物奪取の意思が生じた場合は、財物強取を目的として暴行・脅迫を加えたとはいえないからである。自己が作出した被害者の反抗抑圧状態を利用することが暴行・脅迫を用いることと同視できるとする強盗罪説の考えは許されない類推解釈である。

　第2に、強盗罪には178条（準強制性交等罪）のように、自己が惹起した相手方の反抗抑圧状態を利用する行為を処罰する規定が存在しないことも、強盗罪が成立しない条文上の根拠となる。

　第3に、被害者の殺害の後に財物奪取の意思が生じた場合でさえも、窃盗罪か占有離脱物横領罪の成否が問題となるのであって（7講3(4)）、被害者に対する暴行・脅迫後に財物奪取意思が生じた場合に強盗罪の成立を認めるのはバランスがとれない。

　したがって、財物奪取以外の目的で暴行・脅迫を加え反抗抑圧状態を惹起し、その後財物奪取の意思を生じて財物を奪取した場合には、強盗罪は成立しない。Xには暴行罪（208条）と窃盗罪（235条）が成立し併合罪（45条）となる。

ウ　新たな暴行・脅迫

　もっとも、財物奪取の意思が生じた後に、さらに**新たな暴行・脅迫**を加えたときは強盗罪が成立する。なぜなら、この場合は、当該暴行・脅迫は財物奪取の手段と評価できるからである。

　その際の暴行・脅迫は、既に反抗を抑圧されている者に対して行う暴行・

脅迫であるから、それ自体を切り離してみれば反抗を抑圧するに足りる程度でなくても、**反抗抑圧状態を維持・継続させるものであれば足りる**。そのような暴行・脅迫であれば、強盗罪における暴行・脅迫の要件である反抗を抑圧するに足りる程度のものと評価できる。

【設問5】暴力団員仮装事件
　Xは、路上でAとすれ違った際、Aの肩がXの肩に触れたことからこれに立腹し、Aの顔面を殴打し、XとAは殴り合いになった。Xと一緒にいたYは、これに加勢しようと暴力団員を装って「事務所に電話してくる」などと言ってAに対する傷害をXと共謀した。Xは、Aに対し殴る蹴るの暴行を加え、Yは、鉄パイプで殴打する等暴行を加えた（第1暴行）。Aは、Yの暴行により加療2週間を要する傷害を負った。さらに、Aは、XとYが暴力団員であると思い込み、極度に畏怖して抵抗できない状態に陥っていたが、XとYは、Aのこの状態を利用して、Aから金品を奪取しようと共謀した。そこで、XはさらにAの顔面を数回手拳で殴打する暴行を加え（第2暴行）、YがAから現金を奪取した。Xの罪責を論じなさい。

　【設問5】において、Yの第1暴行により、Aは加療2週間を要する傷害を負っているが、XとYの間にはAの傷害について共謀があるので、Xに傷害罪の共同正犯（60条・204条）が成立する。

　問題は、XとYは、反抗を抑圧された状態にあるAから金品を奪取しようと共謀し、XがAの顔面を数回殴打し（第2暴行）、YがAから現金を奪取したことから、強盗罪の共同正犯が成立するかである。

　この点につき、大阪高裁は、本問と類似の事案において、「財物奪取の意思発生前にXらがAに加えた暴行、脅迫がAの反抗を抑圧するに足りるものであったことは明らかであり、……財物奪取の意思発生後においてもXらはAの顔面を数回殴打し、その反抗抑圧状態を継続して原判示財物を奪取し……たことが認められるので、本件につき強盗罪の成立することは明らかであ」ると判示して、Xに強盗罪の共同正犯（60条・236条1項）の成立を認めた（○大阪高判平元・3・3判タ712号248頁〔暴力団員仮装事件〕）。

エ　強制性交等罪・強制わいせつ罪と新たな暴行・脅迫
　財物奪取以外の目的で暴行・脅迫を加え、被害者の反抗を抑圧し、その後に初めて財物奪取意思を生じて財物を奪取した場合は、新たな暴行・脅迫が認定できない限り強盗罪は成立しない。ところが、判例は、先行する暴行・脅迫が、強制性交等の目的や強制わいせつ目的であった場合には、積極的に

新たな暴行・脅迫を加えなくても強盗罪が成立するとしている。

例えば、女性に強制性交をした後強盗の故意を生じ、同女の畏怖に乗じて金員を奪取した事案につき、判例は強制性交等罪（当時は強姦罪、177条）と強盗罪の成立を認めている（大判昭19・11・24刑集23巻252頁、最判昭24・12・24刑集3巻12号2114頁〈プ262〉）。強制わいせつ目的で暴行・脅迫した場合にも、同様に強盗罪の成立を認めている（大阪高判昭61・10・7判時1217号143頁）。このうち、強制性交等罪と強盗罪の双方が成立するときは、強盗・強制性交等罪（241条）となる。

強盗罪の成立を認める理由として、判例は、強制性交等の犯人がその現場を立ち去らない限り被害者の畏怖状態は継続するのが通例であり、自己が作出した被害者の畏怖状態を利用して他人の財物の占有を取得する行為は、暴行・脅迫を用いて財物を強取するに等しいからであるとする（前掲・大判昭19・11・24）。これは、強制性交等・強制わいせつの犯人がその現場に滞留していること自体が、被害者の意識に反映されている限りで、被害者に対する反抗抑圧状態を継続する行為としての「脅迫」、すなわち、さらに暴行を加えられるかもしれないという害悪の告知と理解されていることを意味する。また、強制わいせつ目的で被害者を緊縛した後に、新たに財物取得の意思を生じた犯人が緊縛により反抗を抑圧されている状態に乗じて財物を取得した場合、緊縛状態を解消しない限り強盗罪が成立するとした裁判例がある（東京高判平20・3・19判タ1274号342頁〈百41〉）。これは被害者が緊縛された状態にあることが実質的には暴行・脅迫が継続しているとみられることに着目したものと思われる。

したがって、判例は新たな暴行・脅迫が全く存在しないにもかかわらず強盗罪の成立を認めたと解すべきではなく、積極的な意味での暴行・脅迫がなくても、消極的な意味での暴行・脅迫の存在を根拠に強盗罪の成立を認めたものと理解すべきであろう。

これに対し、強制性交等の被害者が失神状態にあった場合、被害者は犯人の存在を認識していないので、被害者から財物を奪取したとしても、新たな脅迫の存在を認めることができないので強盗罪は成立せず、窃盗罪が成立する。

【設問6】コムカラ峠強盗事件

XとYは、Aに強制性交をすることを共謀し、路上でAを自動車内に連れ込み暴行・脅迫を加え、コムカラ峠と呼ばれている空き地まで向かい、停車中の車内

でAに暴行を加え強制性交をした後、財物奪取について共謀の上、Aが抗拒不能に陥っているのに乗じ現金および腕時計を奪取した。その際、XとYは、Aが身動きしないので失神しているものと思っていた。ところが、Aは、実際には失神しておらず、ただそれまでのXとYの暴行・脅迫により抵抗できる状態にはなく、逆らえばまた殴られたりすると考えて、XとYの行為を止めたり財物を取り戻そうとしたりはせず、これまでと同様身動きすらしない状態のままであった。Xに強盗罪の共同正犯が成立するか。

【設問6】において、Aは実際には失神しておらず、逆らえばまた殴られたりすると考えていたのであるから、Xらが強制性交の現場に滞留したことは新たな脅迫と評価することができる。したがって、Xらの財物奪取行為は、客観的には強盗罪の共同正犯の構成要件に該当する。しかし、Xらは被害者が失神しているものと思っていたことから、自己の行為が脅迫に当たることの認識がなく、したがって、強盗罪の故意に欠けるため強盗罪の共同正犯は成立しない。Xには、強制性交等の共同正犯（60条・177条）および窃盗罪の共同正犯（60条・235条）が成立し併合罪となる。

本問と類似の事案について、裁判所も、被告人らの強制性交によって被害者が失神したものと誤信した状況下で行われた財物奪取につき、強盗罪の成立を否定し、窃盗罪にとどまるとしている（○札幌高判平7・6・29判時1551号142頁〔コムカラ峠強盗事件〕〈プ241〉）。

（5）　反抗抑圧の要否　論点5

反抗を抑圧するに足りる程度の暴行・脅迫により、被害者の反抗を抑圧して財物を奪取すれば強盗罪が成立する。それでは、反抗を抑圧するに足りる程度の暴行・脅迫を加えたが、実際には被害者の反抗が抑圧されず、何らかの理由により被害者が財物を交付したような場合にも強盗罪が成立するか否かについては争いがある。この点は、強取といえるためには被害者が現実に反抗を抑圧されたことを必要とするかという問題である。

【事例2】恐怖心からの交付
　Xは強盗の目的でAにナイフを突きつけ「金を出せ」と脅したところ、柔道・剣道の心得のあるAは反抗を抑圧されるに至らずただ恐怖心から財物をXに交付した。

【事例3】憐れみの気持ちからの交付
　Xは強盗の目的でAにナイフを突きつけ「金を出せ」と脅したところ、牧師であるAは反抗を抑圧されるに至らずただ憐れみの気持ちから財物をXに交付した。

ア　強盗未遂説（通説）

通説は、強盗罪の成立には、暴行・脅迫により被害者の反抗が現実に抑圧されて財物が奪取されるという因果経過を要件とすべきであるとする。すなわち、暴行・脅迫と財物奪取の間に因果関係があるというだけでは足りず、必ず「反抗抑圧」という中間結果を経由することが必要となる。なぜなら、被害者の反抗の抑圧の有無によって、交付罪である恐喝罪と盗取罪である強盗罪との区別が可能となるからである。この立場からは、強取とは「暴行・脅迫をもって相手方の反抗を抑圧し、その意思によらずに財物を自己または第三者の占有に移すこと」と定義されることになる。

このような立場からは、【事例2】【事例3】において、反抗を抑圧するに足りる程度の脅迫は行われたが、Aは現に反抗を抑圧されていないので、いずれも強盗未遂罪が成立するとともに、【事例2】については、被害者が財物を任意に交付していることから恐喝罪も成立することになる。

裁判例の中にも、【事例2】と同様、反抗を抑圧するに足りる程度の脅迫を加え、被害者が、実際には反抗を抑圧されず、ただ恐怖したのに乗じて金品を奪った事案において、強盗未遂罪と恐喝罪が成立し観念的競合となると判示したものがある（〇大阪地判平4・9・22判タ828号281頁〈プ235〉）。

イ　強盗既遂説（判例）

これに対し、判例は、強盗罪は暴行・脅迫を手段として最終的には財物を奪取する犯罪である点に本質があるので、反抗を抑圧するに足りる程度の暴行・脅迫がなければ強取とはいえないが、それがあれば現実に反抗を抑圧されたことまでは不要であるとする。

例えば、被害者に草刈鎌やナイフを突きつけ「静かにしろ」「金を出せ」等と言って脅迫して被害者を畏怖させ同人から金品を奪った事案において、判例は、「強盗罪の成立には被告人が社会通念上被害者の反抗を抑圧するに足る暴行又は脅迫を加え、それに因って被害者から財物を強取した事実が存すれば足りるのであって……被害者が被告人の暴行脅迫に因ってその精神及び身体の自由を完全に制圧されることを必要としない」と判示し、草刈鎌やナイフを被害者に突きつけて脅した行為は、社会通念上被害者の反抗を抑圧するに足る脅迫であり、これによって被害者が畏怖して金品を渡した以上、手段たる脅迫と財物の強取との間に因果関係が存在することも明らかであるから強盗罪が成立するとしている（前掲・最判昭23・11・18）。

このような判例の立場からは、【事例2】のXには強盗罪が成立する。なぜなら、「暴行・脅迫→畏怖→財物移転」という経過は因果関係の枠内にあ

るといえるからである。これに対し、【事例3】のXに強盗罪は成立しない。なぜなら、「暴行・脅迫→憐れみ→財物移転」という経過は因果関係の枠内にあるとはいえないからである。したがって、【事例3】のXには強盗未遂罪が成立する。

●コラム● 強取の意義

　強取とは、財物を強奪することをいうが、その内容は、判例と通説で異なることに注意する必要がある。判例は、強取を「反抗を抑圧するに足りる程度の暴行・脅迫を手段として財物を奪取すること」と解している。そして、暴行・脅迫を手段として財物を奪取したといえるためには、暴行・脅迫と財物奪取の間に因果関係が存在することが必要である。

判例：　暴行・脅迫　→　財物奪取

通説：　暴行・脅迫　→　反抗抑圧　→　財物奪取

　これに対し、通説は、強取を「反抗を抑圧するに足りる程度の暴行・脅迫により被害者等の反抗を抑圧して財物を奪取すること」と定義する。ここでは、暴行・脅迫と財物奪取の間に因果関係が認められるというのでは不十分で、暴行・脅迫の後に反抗抑圧状態という中間結果を発生させることが必要とされる。

4　強盗利得罪（2項強盗罪）の基本構造

236条2項　ⓑ前項の方法により、ⓐ財産上不法の利益をⓒ得、又は他人にこれを得させた者も、同項と同様とする。

未遂（243条）　第235条から第236条まで及び第238条から第241条までの罪の未遂は、罰する。

　2項強盗罪は、「暴行又は脅迫を用いて財産上不法の利益を得、又は他人にこれを得させた」場合に成立する。財産的利益の移転の手段として暴行・脅迫が用いられる点に特徴がある。2項強盗罪が成立する典型例は次のとおりである。

【事例4】タクシー強盗事例
　Xは、タクシーに乗車後所持金が少ないことに気づき、乗車料金を踏み倒すために運転手Aの首を絞めて一瞬失神させその隙に逃走した。

(1)　保護法益

　2項強盗罪の保護法益は、財産上の利益である。なお、本罪は暴行・脅迫を手段とするので、被害者の生命・身体・自由も副次的な保護法益とされる。

(2) 客観的要件

ア 客体

本罪の客体は「他人の財産上の利益」である（下線@）。財産上の利益とは、財物以外の財産的利益のことをいい、債権の取得のような積極的利益のほか、例えば、代金の支払いを免れること（債務の免除、債務の消滅）とか、支払期日を引き延ばすこと（履行の延期・猶予）などの消極的利益も含まれる。

236条2項の文言は「財産上不法の利益」であるが、「不法の」とは、「利益」自体の不法性を意味しているのではなく、利益を取得する「方法」の不法性という当然のことを意味しているにすぎない。

「不法」な利益が236条2項の「財産上の利益」に含まれるかについては争いがある（論点6〔不法な利益〕）。

「利益」は目に見えないものであるだけに、客体の範囲が広がり処罰範囲が不当に拡大するおそれがある。そこで、財産上の利益は、1項強盗罪における財物と同視できるような利益でなければならないことから「具体的利益」に限定される（論点7〔財産的利益の具体性〕）。

【事例4】において、Xが運転手Aの首を絞めて取得したのは「乗車料金の支払いを免れる」という「財産上の利益」である。

●コラム● 移転性のある利益であることは必要か

強盗罪は移転罪であることから、2項強盗罪の客体は「移転性のある利益」に限られるとする見解が有力である。移転性のある利益とは、被害者が利益を喪失したことにより行為者側が利益を取得したといえるような利益を意味する（素材の同一性）。

そこで、この見解によれば、「情報」や「サービス」は移転性のある利益とはいえず、2項強盗罪の客体とはならないことになる。なぜなら、情報やサービスを行為者側が不正に取得したとしても、被害者がそれを失うものではないからである。この見解によれば、暴行・脅迫を手段として情報やサービスを取得しても強要罪（223条）が成立するにすぎないことになる。

しかし、通説は、厳密な意味での素材の同一性は必要でないと解しており、対価を支払うべき有償のサービスや情報については2項強盗罪の客体となることを肯定している。なぜなら、行為者が利益を得る反面において、被害者が財産的な不利益を被るという関係があれば足りるからである。例えば、反抗を抑圧するに足りる程度の暴行・脅迫を手段として対価を支払うべき有償のサービスを取得した場合、行為者にはサービスを不正に取得することにより料金に対応する財産上の利益を取得したといえ、被害者に財産上の損害（請求しうる料金の免脱）があるので、移転罪としての2項強盗罪の成立を肯定することができるのである。

第8講 強盗罪の基本類型 173

イ　行　為

　２項強盗罪の実行行為は、「暴行又は脅迫」行為である（下線ⓑ）。１項強盗の場合と同様、反抗を抑圧するに足りる程度の暴行・脅迫でなければならない。

　暴行・脅迫行為は、財産的利益の取得の手段であるから、財産的利益を侵害して自己または第三者に移転させる現実的危険性をもった行為でなければならない。反抗を抑圧するに足りる程度の暴行・脅迫であっても、財産的利益を移転させる可能性がないような行為は２項強盗罪の実行行為とはいえない（ 論点9 のコラム参照）。

　【事例４】において、Ｘは、Ａの首を絞めるという反抗を抑圧するに足りる程度の「暴行」を行っている。

ウ　結　果

　２項強盗罪が成立するためには、財産上の利益を被害者から行為者側に移転させ、それを行為者が取得したか第三者に取得させたことが必要である（下線ⓒ）。

　財物の移転と異なり、財産的利益の移転は目に見えるものではない。そのため、利益移転のために被害者の処分行為が必要であるかが議論されたが、今日では処分行為は必要でないと解されている（ 論点8 〔処分行為の要否〕）。処罰範囲を不当に拡大させないためには、財産的利益が移転したことをしっかりと確認する必要がある（ 論点9 〔利益移転の現実性〕）。財産的利益の内容が具体的なものであっても、利益の移転がなければ未遂しか成立しない。

　【事例４】で、Ｘは、Ａの「乗車料金を受け取る」という利益を侵害し、事実上「乗車料金の支払いを免れる」という利益を取得した。

(3)　主観的要件

　２項強盗罪の故意は、暴行・脅迫を用いて財産的利益を取得することの認識・認容である。【事例４】において、Ｘは暴行を用いて乗車料金の支払いを免れることを認識・認容しているので故意もある。Ｘには２項強盗罪が成立する。

(4)　未遂・既遂

　本罪の実行の着手は、反抗を抑圧するに足りる程度の暴行・脅迫を開始した時点に認められる。

　本罪の既遂は、他人の財産的利益を自己または第三者の支配下に移転した時点、すなわち、行為者または第三者が財産的利益を取得した時点に認めら

れる。

(5) 罪　数

第1に、同一の被害者に対して1項強盗と2項強盗の両方を行った場合は、包括して強盗罪（236条）が成立する。例えば、タクシー強盗を実行しようと思い、運転者に暴行を加えて売上金を奪うとともに料金の支払いを免れて逃走した事案では、強盗罪一罪が成立する。

第2に、財物の詐取（あるいは窃取）後、暴行・脅迫を加えて当該財物の代金の支払いを免れた場合は、1項詐欺罪（あるいは窃盗罪）のほかに、2項強盗罪が成立するのか、また、その場合の罪数関係については争いがある（**論点10**〔先行する財物取得罪と後行する2項強盗罪の関係〕）。

5　強盗利得罪（2項強盗罪）の重要問題

(1) 不法な利益　**論点6**

民法上保護されないような「不法」な利益でも236条2項の「財産上の利益」に含まれるかについては争いがある。

不法な利益を刑罰を使ってまで保護すべきではないとする見解も有力であり、この立場からは暴行・脅迫を手段として不法な利益を取得しても2項強盗罪は成立しないことになる。

しかし、判例は、民法上保護に値しない不法な利益であっても2項強盗罪の客体である「財産上の利益」に含まれるとしている。例えば、麻薬購入資金として被害者から預かった金銭の返還を免れるために暴行を加えた事案について本罪の成立を認めている（最判昭35・8・30刑集14巻10号1418頁）。これは、判例が窃盗罪などの占有移転罪の保護法益を財物に対する「占有」と解する立場をとっていること（7講3(1)）と関係している。すなわち、移転罪において、財物に対する事実的支配である占有は、その占有が正当な権原に基づくものでない違法なものであっても保護されている。そうだとすると、財産上の利益も、必ずしも正当な利益でなくても保護されてしかるべきであるということになる。

【設問7】覚せい剤持逃げ事例
　　暴力団員Xは、覚せい剤の密売人Aから覚せい剤の引渡しを受けたが、代金を支払おうとしなかったので、Aから「代金を払え。払えないなら覚せい剤を返せ」と言われた。Xは、この取引を知っているのは自分とAだけであることを奇貨として、たまたま所持していた鉄パイプでAを殴打して覚せい剤を持逃げした。Xの罪責を論じなさい。

第8講　強盗罪の基本類型　　175

【設問7】のXは、反抗を抑圧するに足りる程度の暴行を手段として覚せい剤の返還や代金の支払いを免れている。もっとも、覚せい剤の売買は、公序良俗に反するものであり（民法90条）、その契約は無効である。そこで、売主のAはXから代金を請求する権利はない。また、契約が無効であれば、本来は売買目的物の返還を請求する権利があるはずであるが、覚せい剤を引き渡したことは「不法原因給付」に当たり、Aは民法上、覚せい剤の返還請求権がない（民法708条）。そこで、民法上、代金請求権、返還請求権が否定されるようなAの利益が236条2項の客体に含まれるかが問題となる。

この点、前述の判例の考え方を前提にすると、Aに民法上の請求権がなくても、Xが事実上代金の支払いや覚せい剤の返還を免れたことは明白であるから、Xは「財産上の利益」を得たと解される。民法708条が、不法原因のため給付した者が給付した物の返還を請求することができないとしているのは、給付物の受領者（X）が給付物の返還を拒んだ場合、給付者（A）は民事訴訟手続により返還請求をすることができないとしたのにとどまり、受領者が取得した利益を保持することを正当化するものではないし、当事者間での事実上の返還を禁止する趣旨ではない。そうだとすると、Aの代金支払い請求および覚せい剤返還請求の利益は、民法上保護される利益ではないが、「財産上の利益」に含まれると解すべきであろう。したがって、Xには2項強盗罪が成立する。

(2) 財産的利益の具体性 　論点7

2項強盗罪の客体である「財産上の利益」は、財物と異なり目に見えるものではないため、利益の「移転」は不明確である。そこで、財物の強取と同視できる程度に利益を取得したといえるかを確認する必要があるが、下級審判例の中には、取得の客体である利益自体の具体性を要求することによって処罰範囲を限定しようとするものがある（利益の具体性）。

ア　相続により財産を承継する利益

相続人が被相続人を殺害しても、強盗殺人罪（240条後段）は成立せず、殺人罪（199条）が成立する。それは、強盗殺人罪が成立する前提となる2項強盗罪が成立しないからである。2項強盗罪が成立しないのは行為者が取得した「相続人としての地位」、すなわち、「相続を開始させて相続財産を承継する利益」が2項強盗罪が予定する具体的な利益ではないからである。

【設問8】被相続人殺人未遂事件
Xは、Yとの間で、Yの両親A・Bを殺害し、A・Bの全財産につき唯一の相

続人であるＹに相続を開始させて財産上不法の利益を得させる旨の共謀を遂げ、この計画を実行に移すために、ある夜、Ａ・Ｂ宅に赴き、就寝中の両名にカッターナイフで切りつけたが、Ａ・Ｂに激しく抵抗されたため、傷害を負わせたにとどまった。Ｘに強盗殺人未遂罪が成立するか。

【設問８】では、Ｘの殺人行為が２項強盗罪の実行行為である「暴行」といえるかが問題となる。同罪の暴行といえるためには、反抗を抑圧するに足りる程度の暴行であり、かつ、財産上の利益を移転させる危険性のある行為でなければならない。もし、当該利益が236条２項の「財産上の利益」には当たらないのであれば、実行行為としての「暴行」にも当たらないことになる。

本問と同様の事案につき、東京高裁は、「財産上の利益は、財物の場合と同様、反抗を抑圧されていない状態において被害者が任意に処分できるものであることを要すると解すべきところ、現行法上、相続の開始による財産の承継は、生前の意志に基づく遺贈あるいは死因贈与等とも異なり、人の死亡を唯一の原因として発生するもので、その間任意の処分の観念を容れる余地がないから、同条２項にいう財産上の利益には当たらない」として２項強盗による強盗殺人未遂罪の成立を否定し、殺人未遂罪が成立すると判示した（◎東京高判平元・２・27高刑集42巻１号87頁〔被相続人殺人未遂事件〕〈講43、プ246〉）。

この判決は、「財産上の利益」は、反抗を抑圧されていない状態において被害者が任意に処分できるものであることを要するが、人の死亡を唯一の原因として発生する相続の開始による財産の承継は、任意の処分によるものではないので財産上の利益には当たらないとしている。しかし、２項強盗罪において処分行為は不要とされているので（論点８ 処分行為の要否）、「任意の処分」であることがなぜ「財産上の利益」であるか否かを決定する要素になるのか必ずしも明らかではない。むしろ、被相続人の殺害は、「殺害→相続→利益移転」という経過をたどって利益が得られるのであり、相続の開始という不確定の要素が介在し、しかも、被相続人の殺害は相続欠格事由（民法891条１号）とされているのだから、殺害によって取得したとされる「相続人としての地位」という利益は、財物の占有を取得したのに匹敵するような具体的・直接的な利益には当たらないと解すべきであろう。

イ　経営上の権益

経営上の権益とは、会社の什器備品や従業員などを利用して会社を経営す

ることによって得られる売上金収受をはじめとする諸々の利益をいう。

例えば、個室マッサージ店の実質的経営者であった被害者を殺害し同店舗の経営を承継した者に、2項強盗に基づく強盗殺人罪が成立するのか、単なる殺人罪が成立するのかが問題となった事案において、裁判所は、経営者を殺害すること自体によって、経営上の権益が行為者に移転するという関係にないことを理由に、経営上の権益が2項強盗罪における「財産上の利益」に当たらないとして2項強盗罪の成立を否定し、被告人に殺人罪の成立を認めた（神戸地判平17・4・26判時1904号152頁〈プ247〉）。

経営上の権益は、将来の売上げに対する期待権であって、その利益の内容は抽象的なものにとどまるし、また、被害者を殺害しても直ちに経営権を承継することにはならず、所定の手続を経て経営者に選任されることが必要であるから、暴行・脅迫から直ちに直接的に得られる利益でもない。したがって、具体的・直接的な利益でない以上、236条2項の客体には当たらない。

　ウ　預貯金口座から預貯金の払戻しを受けうる地位

他人のキャッシュカードを占有する者が、暴行・脅迫を手段としてカードの所有者から暗証番号を聞き出した場合、2項強盗罪は成立するであろうか。

この点について、行為者が被害者からキャッシュカードの暗証番号を聞き出すことによって得られる利益は、財物の取得と同視できる程度に具体的な財産的利益ではないとする見解も有力である。この立場からは、カードの所有者に暗証番号を告知する義務がないのに告知させたとして強要罪（223条1項）が成立することになる。

しかし、他人のキャッシュカードの占有者がその預金口座の暗証番号を聞き出した場合、現金自動預払機（ATM）にキャッシュカードを挿入し暗証番号を入力することにより迅速かつ確実に当該預金口座から預金の払戻しを受けることができる。したがって、暗証番号を入手することは、「預金口座から預金の払戻しを受ける地位」という具体的・直接的な利益を取得したといえる。

裁判例も、キャッシュカードを確実に窃取できる犯人が被害者から暗証番号を聞き出した場合に取得する「ATMを通して当該預貯金口座から預貯金の払戻しを受け得る地位」は「財産上の利益」に当たると解している（東京高判平21・11・16判時2103号158頁）。

(3) 処分行為の要否　論点8

　詐欺罪や恐喝罪では、財産的利益の移転のために債務免除や支払猶予の意思表示といった被害者の財産的処分行為（交付行為）が必要であることについて異論はない（7講1(3)イc）。これに対し、2項強盗罪において財産的処分行為が必要であるかに争いがあった。

　判例はかつて処分行為を必要としていたが（大判明43・6・17刑録16輯1210頁）、その後、これを不要と解するようになった（大判昭6・5・8刑集10巻205頁）。現在では、2項強盗罪が成立するために被害者の財産的処分行為は不要であるとする点で判例・通説は一致している。

　処分行為不要説の論拠は、第1に、反抗を抑圧するに足りる程度の暴行・脅迫を加えている以上、被害者の任意の処分行為がないのはむしろ当然であり、処分行為がないことを理由に2項強盗罪の成立を否定するのは妥当でないことにある（実質論）。

　第2に、1項強盗罪は、被害者の反抗を抑圧するに足りる程度の暴行・脅迫を手段として財物を奪取することによって成立し、被害者の財物に対する処分行為は必要とされていない。そうだとすると、2項強盗罪も強盗罪の一類型である以上、暴行・脅迫と財物取得との間の因果関係さえあれば財産的処分行為は不要と解すべきことにある（バランス論）。

　判例も、「236条2項の罪は1項の罪と同じく処罰すべきものと規定され1項の罪とは不法利得と財物強取とを異にする外、その構成要件に何らの差異がなく、1項の罪におけると同じく相手方の反抗を抑圧すべき暴行、脅迫の手段を用いて財産上不法利得するをもって足り、必ずしも相手方の意思による処分行為を強制することを要するものではない」と判示している（◎最判昭32・9・13刑集11巻9号2263頁〔祈祷師殺害未遂事件〕〈百40、講42、プ244〉）。

(4) 利益移転の現実性　論点9

　2項強盗罪の成立に処分行為は不要だとしても、利益の移転は目に見えないだけに明確性に欠け処罰範囲が不当に拡大するおそれがある。そこで、1項強盗における財物移転と同視できる程度に財産的利益が移転したことを確認する必要がある。

　この点で、特に問題となるのが**債務者**による**債権者の殺害**の事案である。債権者を殺害することに、利益を移転させる現実的危険性があり、したがって2項強盗罪の「暴行」に当たれば、債務者による債権者の殺害は、（2項強盗罪を介して）強盗殺人罪になる。

第8講　強盗罪の基本類型　179

なお、殺害によって債務が法律上消滅するわけではないが、事実上、債務の支払いを請求されず、これを支払わないでよい状況が生じたのであれば、行為者は財産的利益を取得したといえる。

ア　債権に関する証拠が残っていない場合

相続人のいない債権者を殺害した場合は、債務の履行を請求される可能性が消滅したといえ、債務者は事実上債務を免れたといえる。したがって、利益は移転したといえる。

債権者に相続人がいる場合でも、債権者の下に債権に関する証拠が残っていない場合は、債務の存在を知る者がいないため、債務の履行を請求される可能性が消滅したといえ、債務者は事実上債務を免れたといえる。したがって、利益は移転したといえる。

【設問9】祈祷師殺害未遂事件

Xは、信仰関係で知り合ったA女から、数回にわたって借金をすると同時に、第三者に対する金員の取立て等を委任されていたが、交付された金員のほとんどをAに返済しなかった。このため不信を抱くようになったAから再三その返済を督促されるに至った。しかし、X・A間で借用証書類がなく、同女が死亡すれば自分以外にその詳細を知る者がいないと考えたXは、Aを殺害して債務の履行を逃れようとした。そこで、Aを誘い出した上で、薪様の凶器をもってAの頭部などを殴打し、人事不省の状態に陥れたが、Aが即死したものと誤信してその場を立ち去ったため、殺害の目的を遂げなかった。Xの罪責を論じなさい。

【設問9】において、借用証書など借金の事実を証明する証拠が存在しないことから、Xは、Aを殺害することにより債務の存在を知る者がいないため、事実上の支払いを免れたのと同じ状態を作り出そうとしたといえる。したがって、Xの殺害行為は利益を移転させる現実的危険性があったといえるので２項強盗罪における「暴行」といえる。判例も、このような事案において、２項強盗に基づく強盗殺人未遂罪（243条・240条後段）の成立を認めている（前掲・最判昭32・9・13）。

イ　債権に関する証拠が残っている場合

これに対し、債権者の下に債権に関する証拠が残されており、債権者が殺害されても、その相続人によって債権の行使が確実に行われるであろう場合に、債権者の殺害が２項強盗罪となるかをめぐり通説と下級審判例の間に見解の対立がある。

【設問10】大阪債権者殺害事件
　Xは、Aから、当初自己名義で金員を借り入れていたが、その後、あたかも知人の借入れを代行するように装って架空人名義で金員を借り入れていた。Xは、ある日、Aからその返済を激しく迫られたので支払いを免れるためにAを殺害した。なお、Aには長男Bがおり、しかもXの借入れの事実を証明できる書類が多数残されていた。Xの罪責を論じなさい。

　【設問10】 では、債権者の下に債権に関する物的証拠が多数残っており、債権の行使はなお確実に行われうる場合であった。そこで、通説は、事実上債務の支払いを免れたとはいえず利益移転に欠けるとして２項強盗の成立は否定すべきであると主張する。

　これに対し、高裁判例は、支払いの請求を永続的に免れる場合でなくても、「相続人による速やかな債権の行使を当分の間不可能にさせ、債権者による支払猶予の処分行為を受けたのと同視できるだけの利益を得たことで足りる」旨を判示している（◎大阪高判昭59・11・28高刑集37巻３号438頁〔大阪債権者殺害事件〕〈プ245〉）。

　たしかに、Xは「支払いの一時猶予」という利益は取得している。しかし、いずれ債権の行使は行われることになるので、債務の支払いを免れるわけではない。支払いを一時猶予しただけで２項強盗を認めるならば、債権者の殺害はほとんどすべて２項強盗による強盗殺人罪になりかねない。通説の懸念はこの点にある。

　しかし、他方、２項詐欺罪（11講）や２項恐喝罪（12講）において、判例・通説は、「支払いの一時猶予」を財産上の利益に当たると解している。そうであるならば、それは当然２項強盗罪の場合も妥当するはずで、債権者の殺害の場合に限ってこれを否定する理由はないはずだというのが高裁判例の考え方である。

　もっとも、判例は、詐欺罪において、「すでに履行遅滞の状態にある債務者が、欺罔手段によって、一時債権者の督促を免れたからといって、ただそれだけのことでは、刑法246条２項にいう財産上の利益を得たものということはできない。その際、債権者がもし欺罔されなかったとすれば、その督促、要求により、債務の全部または一部の履行、あるいは、これに代りまたはこれを担保すべき何らかの具体的措置が、ぜひとも行われざるをえなかったであろうといえるような、特段の情況が存在したのに、債権者が、債務者によって欺罔されたため、右のような何らか具体的措置を伴う督促、要求を

第８講　強盗罪の基本類型　**181**

行うことをしなかったような場合にはじめて、債務者は一時的にせよ右のような結果を免れたものとして、財産上の利益を得たものということができる」と判示している（◎最判昭30・4・8刑集9巻4号827頁〔りんご事件〕〈百56、講56、プ306〉、11講3(3)**ウ**参照）。

　そうだとすると、同じことは2項強盗罪にも妥当するので、債権者を殺害することによって債務の支払猶予の利益を得たといえるためには、債務が履行期にあって督促されるような状態にあったという「特段の情況」が存在し、かつ、社会通念上別個の履行といえる程度に債務の履行を相当程度遅らせたことが必要であるといえよう（11講3(3)**ウ**参照）。

●コラム● 利益の移転と実行行為の関係

　2項強盗罪において、「利益の移転」が1項強盗における財物の移転と同視しうるために、「利益が移転した」という結果の発生が必要であるとされる。ただ、利益の移転の問題は、2項強盗罪の成立要件としての実行行為、すなわち、「暴行・脅迫」の段階で問題とされることに注意しなければならない。なぜなら、2項強盗罪において、「暴行・脅迫」は利益移転の手段として行われるものであるから、「利益が移転する危険性」がないような暴行・脅迫は、同罪における「暴行・脅迫」ではないからである。利益の移転が見込まれない場合には、利益の移転という「結果」の発生がないとして「2項強盗罪の未遂」になるのではなく、そもそも「結果発生の危険性」がないとして実行行為性が欠けると解すべきである。このように、反抗を抑圧するに足りる程度の暴行・脅迫であっても、利益が移転する危険性がない場合には、2項強盗罪における「暴行・脅迫」がないために、未遂すら成立しないことをよく理解しておこう。

---

(5)　先行する財物取得罪と後行する2項強盗罪の関係　**論点10**
ア　詐取した財物の代金を暴行・脅迫により免脱した場合

　詐欺により取得した財物の代金を暴行・脅迫により免脱した場合、詐欺罪のほかにどのような犯罪が成立するかについては争いがある。

【事例5】無銭飲食事例
　Xは、無銭飲食をしようとしてレストランでステーキやビールを注文し、食事終了後に飲食料金を請求したレジ係を殴り倒して逃走した。

　【事例5】において、Xは当初から無銭飲食の意思で飲食したので、1項詐欺罪が成立する（詐欺罪については11講）。問題は、その後、暴行を用いて代金の支払いを免脱した行為をどのように評価するかである。

　第1の見解は、1項詐欺罪が成立した後、Xには飲食代金を支払う義務が存在し、その義務を暴行によって免れたことにより新たな「財産上の利益」

を取得したとして2項強盗罪が成立し、詐欺罪とは併合罪になると解する（大分地判昭52・9・26判時879号161頁）。

これに対しては、財物の占有侵害と財物の代金支払請求権の侵害とは形式的にみる限り別個の法益であるが、飲食物とその代金債権は実質的にみると同一の財産であり、同一の財産侵害が二重に評価されている点が問題となる。

そこで、第2の見解は、侵害された財産について既に1項詐欺罪が成立している以上、後で行われた暴行について財産犯である2項犯罪は成立せず、暴行罪が成立すると解する（神戸地判昭34・9・25下刑集1巻9号2069頁）。

第2の見解は、法益侵害の二重評価を避けるための法的構成であるが、先行行為に1項犯罪が成立しないような事案の場合に2項犯罪が成立すること（例えば、当初から無銭飲食の意図がなく、飲食後に代金を踏み倒す意思が生じた場合は、飲食物の注文段階では何ら犯罪は成立せず、代金支払時点での暴行が2項強盗罪となる）とのバランスがとれないと批判される。

そこで、第3の見解は、詐欺によって得た財物を暴行によって確保している点で事後強盗罪（9講）と類似の構造を有しており、しかも暴行による債務免脱行為が同一の機会に近接した場所で行われている限り、包括して法定刑の重い2項強盗罪が成立する（包括一罪）と解する（◎最決昭61・11・18刑集40巻7号523頁〔博多覚せい剤取引強盗殺人未遂事件〕〈百39、講44、プ248〉）。

物の販売により生じた代金債権は、物とは別個の保護に値するから1項詐欺罪のほかに2項強盗罪が成立するが、二重評価を避けるためには、重い後者の包括一罪とするのが妥当である。

イ　財物窃取後、被害者による返還請求を暴行・脅迫により免脱した場合

【設問11】自転車窃盗後暴行事例

Xは、Aの自宅前に駐輪してあったAの自転車を盗んだ。その10日後、Aがコンビニの前に駐輪してあった自分の自転車を発見し持ち帰ろうとしたところ、店内から出てきたXは、Aの顔面を数回殴打して自転車が取り返されるのを防ぎ、そのまま自転車に乗って逃走した。Xの罪責を論じなさい。

【設問11】は、窃盗罪が成立した後、窃盗の被害物に対する被害者の返還請求を暴行によって免脱した場合、2項強盗罪は成立するかという問題であ

る。【事例5】と類似する問題だが、事後強盗罪との関係をどのように考えるかが問題となる。

　たしかに、窃盗罪が先行する場合は、刑法238条の事後強盗罪の成否を論ずることができるが、盗品の返還ないしその代価相当額の支払いを免れるという2項強盗罪が成立する余地はないという見解もある。

　しかし、先行する犯罪が窃盗罪の場合にも、暴行・脅迫により返還請求を免れる行為は、事後強盗罪（9講）が成立する場合を除き、窃盗罪と2項強盗罪の2つの構成要件該当性を認めるべきである。なぜなら、被害者の有する返還請求権も財物とは別個の保護に値するからである。【設問11】でも、XのAに対する暴行は「窃盗の機会」に行われたとは言えないので（この点については9講2(1)参照）事後強盗罪は成立せず2項強盗罪が成立する。そして、窃盗罪と2項強盗罪は、実質的には同一財産の保護であることに注目して包括一罪とするのが妥当であろう。判例も、窃盗罪と2項強盗罪の成立を認め、最終的には、両者を包括して法定刑の重い2項強盗罪の成立を認めている（前掲・最決昭61・11・18）。

　最後に、本講のまとめを兼ねて1つの判例（前掲・最決昭61・11・18）の事案を素材にした次の問題を考えてみよう。

【設問12】博多覚せい剤取引強盗殺人未遂事件
　XとYは、Aを殺害する目的で覚せい剤の取引の斡旋を装ってAをホテルの一室に呼び出し、Xが買主と値段を交渉するために必要だと騙してAから覚せい剤を受け取り、これを持ってホテルから逃走した。その後、Xから連絡を受けたYは、Aを殺害するためAの部屋に入ってAを拳銃で狙撃したが、Aに重傷を負わせただけで殺害するに至らなかった。
　(1)　YがAを狙撃したことにより、Xには1項強盗による強盗殺人未遂罪の共同正犯が成立するか。
　(2)　YがAを狙撃したことにより、Xには2項強盗による強盗殺人未遂罪の共同正犯が成立するか。
　(3)　先行する財物の占有を確保する行為と2項強盗殺人未遂罪の共同正犯との罪数関係はどうか。

　小問(1)では、Yの暴行が財物奪取の手段となっているか否かが問題である。Yが拳銃を発射した段階では、Xはホテルから出て逃走中であった。ホテルを出た時点で、本件覚せい剤についてXは占有を確保し、Aは占有を喪失しているので、Yの拳銃発射は覚せい剤の占有奪取の手段となってはいな

い。したがって、Yの拳銃発射行為に1項強盗罪の共同正犯は成立しない。そこで、覚せい剤の取得については、欺罔行為による直接的な財物の移転が認められれば詐欺罪の共同正犯（60条・246条）、認められなければ窃盗罪の共同正犯（60条・235条）が成立する（11講3(2)エ）。

　小問(2)では、Yの拳銃発射によって覚せい剤に対する返還請求の利益が侵害されている点をどのように評価するかが問われている。ここでは、覚せい剤の返還請求権または代金請求権は「明らかに民事上保護されない利益」であることから、2項強盗罪の客体性が否定されないかが問題となる。しかし、前述のように、判例は民事上保護されない利益であってもよいと解しているので（論点6）、2項強盗罪が成立し、それに基づき強盗殺人未遂罪の共同正犯（60条・243条・240条後段）が成立する。

　小問(3)では、1項犯罪と2項犯罪の関係が問われている。詐欺罪（または窃盗罪）と強盗殺人未遂罪の間には、被害法益の類似性があり、時間的・場所的接着性、意思の連続性をも考慮すると、重い強盗殺人未遂罪の共同正犯の包括一罪と解すべきである。

第9講　強盗罪の拡張類型──準強盗罪等

◆学習のポイント◆
1　事後強盗罪の成立要件について理解し、具体的事例に即して説明できることが必要である。特に、暴行・脅迫について、いつどこでどの程度の暴行・脅迫が加えられることが必要であるのか、事後強盗罪の立法趣旨に遡って説明できるようにすること。
2　「窃盗の機会」という要件の判断基準をしっかり理解しておくこと。具体的な事例への当てはめができるようにするためには、多くの重要な判例にあたっておくとよい。
3　窃盗の後になされた暴行・脅迫のみに情を知って関与した第三者の刑事責任については、刑法総論の「共犯と身分」「承継的共同正犯」について復習をしておくこと。見解の対立について理解を深めるとともに、その概要を説明できるようにしておく必要がある。
4　強盗予備の成立要件について理解し、その概要を説明することができるようにしておく必要がある。その際、「強盗の目的」の中に事後強盗罪の目的が入るか否かについてもしっかり理解しておくこと。

　本講では、強盗罪の処罰範囲を拡張する類型（**拡張類型**）として、事後強盗罪（238条）、昏酔強盗罪（239条）、さらには、強盗罪の実行の着手以前の段階を処罰する強盗予備罪（237条）ついて学ぶ。

1　事後強盗罪の基本構造

238条　ⓐ窃盗が、ⓑ-1財物を得てこれを取り返されることを防ぎ、ⓑ-2逮捕を免れ、又はⓑ-3罪跡を隠滅するために、ⓒ暴行又は脅迫をしたときは、強盗として論ずる。

未遂（243条）　第235条から第236条まで及び第238条から第241条までの罪の未遂は、罰する。

186

強盗罪の基本的イメージは「暴行や脅迫を加えて物を奪う」ことである。したがって、「物を奪った後で、捕まえようとする者から逃げるために暴行や脅迫を加えること」は強盗罪（236条）とはならないが、財物奪取行為と暴行・脅迫が存在する点で強盗罪と外形的に類似しており、しかも、暴行・脅迫と財物奪取の順番が逆になっても実質的にみると通常の強盗と同様の評価に値するため、これを強盗と同じように処罰するために規定されたのが事後強盗罪（238条）である。事後強盗罪は、財物の取得行為が先行し、事後に暴行・脅迫が行われる場合にまで強盗罪の処罰範囲を拡張した強盗罪の拡張類型である。

事後強盗罪は、**窃盗犯人**が、財物を得て、これを取り返されることを防ぐ目的（**財物奪還阻止目的**）、あるいは、逮捕を免れる目的（**逮捕免脱目的**）、あるいは、罪跡を隠滅する目的（**罪跡隠滅目的**）で、**暴行・脅迫**を加えた場合に成立し、その場合には「強盗として論ずる」ことになる。

●コラム● 「強盗として論ずる」の意味

「強盗として論ずる」というのは、強盗罪が成立するという意味ではなく、事後強盗罪という（強盗罪とは別の）犯罪が成立するが、その法的効果は強盗罪と同じであるという意味である。具体的には次の3点に注意してほしい。

第1に、法定刑は236条と同じ刑の枠になる。第2に、240条と241条の適用上も「強盗」となる。すなわち、240条の「強盗が、人を負傷させた」「強盗が、人を死亡させた」、241条の「強盗の罪若しくはその未遂罪を犯した」の「強盗」には事後強盗犯人も含まれる。第3に、（後述のように争いはあるが判例・通説によれば）237条との関係でも強盗として扱われる。すなわち、事後強盗の予備は「強盗予備罪」として処罰される。

事後強盗罪と昏酔強盗罪は、いずれも「強盗として論ずる」ことになるので準強盗罪と呼ばれている。

事後強盗罪が成立する典型例は次のとおりである。

【事例1】パソコン窃盗後の暴行事例

Xは、学生マンションのA方居室でノートパソコンを盗んで部屋を出たところ、廊下で出会ったAにパソコンを取り返されそうになったので、取り返されまいとしてこれを突き倒し、パソコンを持って逃走した。

（1）　立法趣旨

窃盗犯人が、財物を得た後にその取り返されることを防ぐため、または逮捕を免れ、もしくは罪跡を隠滅するために暴行・脅迫に出ることは刑事学上顕著であり、この種の暴行・脅迫は、強盗罪の暴行・脅迫とその外形が類似

第9講　強盗罪の拡張類型——準強盗罪等　187

しているばかりでなく、執拗で危険性も高い。このように、**所定の目的をもって行う窃盗後の暴行・脅迫は、財物奪取の手段としての暴行・脅迫と同視できる**ことから、これを強盗に準ずるものとして重く処罰し禁圧しようとするのが事後強盗罪の立法趣旨である。

(2) 保護法益

事後強盗罪は「1項強盗」と外形的に類似した犯罪として「強盗として論ずる」のであるから、本罪の保護法益は、1項強盗罪のそれと同一である。すなわち、財物の占有が第一次的な保護法益であるが、被害者の生命・身体・自由も副次的な保護法益とされる（8講2(1)）。

(3) 法的性格

本罪が成立するためには、「窃盗が、暴行又は脅迫をした」（下線ⓐⓒ）ことが必要である。「窃盗」とは窃盗犯人を意味するので、本罪の主体は窃盗犯人である。

問題は、本罪を窃盗犯人という身分をもった者が暴行・脅迫を行う**身分犯**と解するのか、本罪は身分犯ではなく、窃盗行為と暴行・脅迫行為が結合した**結合犯**とみるかである。そのいずれの立場をとるかは、窃盗行為後に関与した者にどのような共犯が成立するかに影響する（**論点3**〔事後強盗と共犯〕）。

この点、下級審裁判例の中には本罪を身分犯と解する立場もある（身分犯説）。もし本罪を身分犯と解すると、「窃盗」は行為主体を限定する事情にすぎず、本罪の実行行為は暴行・脅迫行為だけということになる。これは（実行の着手は実行行為の開始を意味するから）事後強盗罪の実行の着手時期が暴行・脅迫行為の開始時であること（後述）と整合する。ただし、最高裁判例で身分犯説をとったものはない。

これに対し、事後強盗罪は、先行する窃盗行為と後行する暴行・脅迫行為の両者を実行行為の内容とする結合犯であると解する立場も有力である（結合犯説）。その理由は、本罪は財産犯であり、本罪の既遂・未遂の区別基準は窃盗の既遂・未遂に求められていること（後述）からして、窃盗行為も事後強盗罪の実行行為の一部を構成していると解すべきであるとする点にある。

(4) 客観的要件

事後強盗罪の客観的成立要件は、「窃盗」が「暴行・脅迫」をしたことである。もっとも、本罪の実行の着手時期は、窃盗行為時ではなく「暴行・脅迫」時であり、暴行・脅迫を行わない限り事後強盗未遂罪は成立しない。

ア　窃　盗

本罪が成立するためには、まず、窃盗罪の実行に着手しなければならない（下線ⓐ）。したがって、窃盗目的で他人の住居に侵入したが、窃盗の実行の着手前に家人に発見され、逮捕を免れる目的で暴行を加えたとしても本罪は成立しない（東京高判昭24・12・10高刑集2巻3号292頁）。しかし、実行に着手すればよいので、窃盗罪が既遂に達することは必要でない。

【事例1】で、XはA方居室にあるノートパソコンを部屋の外に持ち出しているので、Aの財物であるパソコンの占有を侵害し自己の占有下に移転させたので「窃取」に当たり、窃盗の故意も不法領得の意思も明らかに認められるので、窃盗罪（235条）が成立する。したがって、「窃盗が」に当たる。

イ　暴行・脅迫

本罪が成立するためには、窃盗罪の実行の着手後に、暴行・脅迫が行われなければならない（下線ⓒ）。暴行・脅迫は、①いつどこで、②誰に対して、③どの程度の強さのものでなければならないかが問題となる。この点は、本罪の立法趣旨からいつでも説明できるようにしてほしい。

a　窃盗の機会

暴行・脅迫は、「**窃盗の機会**」、すなわち、**窃盗の現場ないしその継続的延長とみられる状態**で行われることが必要である。なぜなら、窃盗の現場ないしその継続的延長とみられる状態で暴行・脅迫が行われたときに、初めて財物奪取の手段としての暴行・脅迫と同視できるからである。

窃盗後の暴行・脅迫であっても、「窃盗の機会」に行われたものでなければ事後強盗罪は成立しない。したがって、「窃盗の機会」か否かの判断は事後強盗罪の成否にとって極めて重要である（　論点1　〔窃盗の機会〕）。

b　相手方

本罪における暴行・脅迫の相手方は、窃盗の被害者だけでなく、本罪所定の目的（財物奪還阻止目的、逮捕免脱目的、罪跡隠滅目的）を遂げるのに障害となりうる者であればよい。したがって、犯人を追跡してきた第三者や通報を受けて駆けつけた警察官などに向けられたものでもよい。

c　程　度

本罪における暴行・脅迫の程度は、**反抗を抑圧するに足りる程度**のものでなければならない。なぜなら、その程度のものであって初めて財物奪取の手段としての暴行・脅迫と同視できるからである。

反抗を抑圧するに足りる程度の暴行・脅迫であるかどうかの認定は、強盗罪の場合と同様、暴行の強度や積極性とそれを受ける被害者側の事情を考慮

第9講　強盗罪の拡張類型──準強盗罪等　189

して慎重に行う必要がある。窃盗犯人の暴行・脅迫が事後強盗罪の要件を満たすと、それにより死傷結果が発生した場合には法定刑の極めて重い240条（強盗致死傷罪）が適用されることになる点に注意をする必要がある。

例えば、窃盗の現行犯として逮捕され警察官に身柄を引き渡された者が、警察官が所持していた拳銃をホルスターのカバーを外すなどして抜き取った上、その銃把を握り、これを奪われまいとして犯人の右手を押さえるなどした警察官との間で多数回にわたって拳銃を強く引っ張り合うなどしたことにより警察官を負傷させた事案（大阪高判平16・2・19判時1878号155頁）や、コンビニエンスストアで万引きした者が、追跡して逮捕しようとした空手の修行経験のある従業員に対し、襟元をつかんで押し返すなどの暴行を加えて負傷させた事案（福岡地判昭62・2・9判時1233号157頁〔万引犯人逮捕事件〕〈プ250〉）などにおいて、反抗を抑圧するに足りる程度には達していないとして事後強盗罪の成立を否定した裁判例がある。

【事例1】で、Xは「廊下で出会ったA……を突き倒し」という暴行を加えている。

この暴行は、窃盗の被害者Aに対して、窃盗の直後に、窃盗現場であるAの居室の目と鼻の先の廊下という窃盗現場の継続的延長とみられる場所で、すなわち「窃盗罪の機会」に、しかも突き倒すというAの反抗を抑圧するに足りる程度の暴行であるから、事後強盗罪の「暴行」に当たる。

●コラム● 暴行・脅迫の規範定立の際に注意すべきこと

　長文の事例問題が出題される司法試験では、「当てはめこそが重要で規範定立はあまり重要ではない」という俗説が受験生の間にあるようである。たしかに、事実を具体的に摘示しつつ法規範への当てはめを行うこと（当てはめ）は重要である。しかし、それと同時に、事案の解決に必要な範囲で法解釈論を展開すること（規範定立）も同様に重要である。規範定立と当てはめは車の両輪であり、どちらか一方が欠けても論証としては不十分である。

　規範の定立にあたって注意すべきことは、結論を示すだけではなく、理由づけが必要であるということである。例えば、事後強盗罪の要件としての「暴行・脅迫」は、「窃盗の機会」に行われ、かつ、「反抗を抑圧するに足りる程度」のものでなければならないが、これらは238条の解釈によって導き出された結論である。法解釈論を展開する際にはいつでも理由を示すことを忘れてはならない。そして、理由づけは、制度趣旨や基本原理から導き出されるものが多い。事後強盗罪の立法趣旨が、「所定の目的で行われる窃盗後の暴行・脅迫が財物奪取の手段としての暴行・脅迫と同視できること」にあることに思いを致せば、財物奪取の手段としての暴行・脅迫と同視できるためには、「窃盗の機会」に行われ、かつ、「反抗を抑圧するに足りる程度」のものでなければならないことも明らかであろう。

(5) **主観的要件**

本罪が成立するためには、以下の主観的要件を充足することが必要である。

ア **故 意**

故意とは、構成要件該当事実の認識・認容をいうので、「窃盗が、暴行又は脅迫をした」ことの認識・認容がなければならない。

イ **目 的**

本罪が成立するためには、①財物を得て、これを取り返されることを防ぐ目的（**財物奪還阻止目的**。下線ⓑ-1）、②逮捕を免れる目的（**逮捕免脱目的**。下線ⓑ-2）、③罪跡を隠滅する目的（**罪跡隠滅目的**。下線ⓑ-3）のいずれかの目的をもっていることが必要である（目的犯）。目的をもっていればよく、目的を達成したことまでは必要でない。しかし、本罪の目的以外の目的で暴行・脅迫を加えた場合には本罪は成立せず、1項強盗罪の成否が問題となる（論点2 〔強盗と事後強盗の区別〕）。

①の財物奪還阻止目的とは、窃盗が「既遂」に達した後、被害者側から取得した財物が取り返されることを阻止する目的をいう。現実に、被害者側が財物を取り戻そうとしたか否かは問わない。

②の逮捕免脱目的とは、被害者あるいは警察官等から取り押さえられ身柄を拘束されるのを防ぐ目的をいう。

③の罪跡隠滅目的とは、窃盗犯人として処罰されることになると認められるような証拠を隠滅しようという目的をいう。例えば、目撃者を口封じのために殺害したり、身元が明らかになる遺留品を被害者から取り返そうとする目的がこれである。

【事例1】で、XがAに暴行を加えたのは、Aにパソコンを取り返されそうになったのでそれを取り返されまいとする目的によるものであるから、「財物を得てこれを取り返されることを防ぎ」に当たる。また、Xは、自ら窃盗を行い、窃盗の機会に反抗を抑圧するに足りる程度の暴行をAに加えていることを認識・認容しているといえるので、故意も認められる。

(6) **未遂・既遂**

事後強盗罪には未遂処罰規定（243条）がある。本罪の実行の着手時期は、窃盗犯人が所定の目的で窃盗の機会に反抗を抑圧するに足りる程度の暴行・脅迫を加えた時である。

本罪の既遂・未遂は、先行する**窃盗の既遂・未遂**によって決定されるとするのが判例（○最判昭24・7・9刑集3巻8号1188頁〈プ251〉）・通説であ

第9講 強盗罪の拡張類型——準強盗罪等 191

る。なぜなら、事後強盗罪は財産犯であり、その財産犯的性格を基礎づけているのが窃盗行為の部分であるから、窃盗の既遂・未遂を判断基準とするのが妥当であるからである。

この立場に立つと、逮捕免脱目的と罪跡隠滅目的の場合には、事後強盗罪の未遂と既遂の双方が存在するが、財物奪還阻止目的の場合には、暴行・脅迫行為の前に既に財物が取得されていることから、窃盗は既遂であり、事後強盗罪の既遂しか存在しないことになる。

【事例1】で、Xはパソコンを室外に持ち出すことにより財物を取得したといえるので、窃盗罪は既遂である。したがって、事後強盗罪も既遂に当たる。以上より、【事例1】のXには、事後強盗罪（238条）が成立する。

(7) 予 備

本罪の予備罪が成立するかについては争いがあるが、判例は、事後強盗罪の予備罪の成立を認めている（**論点4**〔事後強盗の予備罪の成否〕）。

(8) 罪 数

本罪が成立するときは、先行する窃盗罪は本罪に吸収され、別罪を構成しない。

2 事後強盗罪の重要問題

(1) 窃盗の機会　**論点1**

事後強盗は、暴行・脅迫によって財物を奪取するという典型的な強盗とは異なる。それにもかかわらず「強盗として論ずる」ことができるためには、窃盗後の暴行・脅迫が財物奪取の手段と同視できる必要がある。そのためには、財物奪取行為と暴行・脅迫との間に密接な関連性が認められること、すなわち、「窃盗の機会」に暴行・脅迫が行われることが必要である。

「窃盗の機会」における暴行・脅迫といえるためには、原則として、時間的には窃盗の直後に、場所的には窃盗の現場もしくはその継続的延長とみられる場所で、暴行・脅迫が行われることが必要である。その意味では、窃盗の機会性を判断する重要な要素が**時間的・場所的近接性**である。時間的・場所的近接性があれば「窃盗の機会」であるといえる場合が多いであろう。

しかし、時間的・場所的近接性がなくても「窃盗の機会」といえる場合はある。例えば、**被害者側による継続追跡**を受けている場合は、いわば窃盗現場が平行移動しているような状況であるから、「窃盗の機会」であるといえる。

窃盗の現場から200m離れた地点で、通報を受けて駆けつけた警察官に暴

行を加えた場合は、被害者側による継続追跡を受けていたといえるので窃盗の機会といえるが、窃盗と無関係にたまたま警ら中の警察官から職務質問を受けて暴行を加えた場合は、被害者側による継続追跡を受けていたといえず、また、窃盗現場と場所的な近接性もないので、窃盗の機会とはいえない（東京高判昭27・6・26判特34号86頁）。

当該暴行が「窃盗の機会」の継続中に行われたか否かについて、判例は、**「被害者等から容易に発見されて、財物を取り返され、あるいは逮捕され得る状況」**が継続していたか否かを基準に判断している（◎最決平14・2・14刑集56巻2号86頁〔天井裏滞留事件〕〈プ253〉）。これは、**時間的・場所的近接性や被害者側による追跡の有無**を主要な要素として、最終的には、窃盗犯人が被害者側の追跡を受けることなくその**支配領域から完全に離脱し安全圏**に入ったか否かを判断するものといってよい。

判例で問題となった事案を整理すると、逃走追跡型、現場滞留型、現場回帰型の3つのタイプが存在する。

ア　逃走追跡型

窃盗の犯行現場から継続して追跡されている場合には、時間的・場所的近接性が認められなくても、「被害者等から容易に発見されて、財物を取り返され、あるいは逮捕され得る状況」が存在しており、被害者側の支配領域から完全に離脱し安全圏に入ったとはいえないので、「窃盗の機会」の継続性が肯定される。

【設問1】逃走追跡事例

Xは、A宅で金品を窃取した30分後、現場から1km離れた地点で、電話で窃盗の被害連絡を受けて犯行現場に駆けつける途中のAと行き会い、盗品を発見され取り戻されそうになったため、財物の奪還阻止目的で暴行を加えて負傷させた。

Xに事後強盗罪は成立するか。

【設問1】は、窃盗の現場から1kmも離れており場所的な近接性はない。また、典型的な継続追跡の事例ではない。しかし、広い意味での追及活動が窃盗直後から行われ、被害者が窃盗犯人と遭遇したことにより、「被害者等から容易に発見されて、財物を取り返され、あるいは逮捕され得る状況」にあったといえ、被害者側の支配領域から完全に離脱し安全圏に入ったとはいえないので、「窃盗の機会」を肯定することができる。Xの暴行が反抗を抑圧するに足りる程度といえる限り、Xには事後強盗罪が成立する。なお、そ

第9講　強盗罪の拡張類型——準強盗罪等　193

の結果、Xは「強盗」と論じられるので、240条の強盗致死傷罪が成立する（10講参照）。

　イ　現場滞留型

　窃盗の犯行後、その現場付近にとどまっている場合は、時間的近接性が認められなくても、「被害者等から容易に発見されて、財物を取り返され、あるいは逮捕され得る状況」が存在しており、被害者側の支配領域から完全に離脱し安全圏に入ったとはいえないので、「窃盗の機会」の継続性が肯定される。

> **【設問2】天井裏滞留事件**
>
> 　Xは、昼頃、留守中のA宅に侵入し、台所の食品を食べるなどして寝入り、午後3時頃目を覚まし、家屋内を物色して指輪を盗みポケットに入れたが、行くあてがないため、数日間A宅の天井裏に隠れていようと思い、食料、水、ライト、週刊誌などを天井裏に運び、電気の配線を切断してライトの差込みに直接接続してライトに灯りを点け、飲み食いをしていた。午後4時頃帰宅したAは、家の中の様子から誰かが侵入したのではないかと不審を抱き、5時半頃には天井裏の物音でXが天井裏に潜んでいるのを察知し、Aの通報により駆けつけた警察官Bが、午後6時過ぎにXを天井裏で発見した。そこで、Xは逮捕を免れる目的で、所持していたナイフでBの顔面を切りつけるなどの暴行を加え、加療約3週間の傷害を負わせた。Xの罪責を論じなさい。

　【設問2】で、Xが警察官Bに暴行を加えたのは、窃盗後約3時間経過していたので時間的近接性がない。しかし、Xは、窃盗直後から、窃盗現場とほぼ同視しうる被害者宅屋根裏に滞在を継続していた。したがって、たとえ3時間が経過していたとしても、窃盗犯人が現場に滞留し続ける場合には、追及可能性は継続しているといえる。そうだとすると、「被害者等から容易に発見されて、財物を取り返され、あるいは逮捕され得る状況」が存在しており、被害者側の支配領域から完全に離脱し安全圏に入ったとはいえないので、「窃盗の機会」の継続性が肯定される。Xには事後強盗罪が成立し、それに基づく強盗致傷罪（240条）が成立する（前掲・最決平14・2・14）。

　ウ　現場回帰型

　窃盗犯人が、一旦窃盗現場を離れた後に、何らかの理由で再度現場に戻った際に被害者等に見つかり暴行・脅迫を行う場合には、窃盗の機会継続性が否定される場合が多い。もっとも、再度現場に戻った時点で、再び窃盗に着手していれば、それを基礎に事後強盗罪の成立の可能性があるのは当然であって、今ここで問題にしているのはそのような事情がない場合である。

【設問3】戻ってきた泥棒事件

Xは、金品窃取の目的で、午後0時50分頃、A方住宅に、1階居間の無施錠の掃き出し窓から侵入し、同居間で現金等の入った財布および封筒を窃取し、侵入の数分後に玄関扉の施錠を外して戸外に出て、誰からも発見、追跡されることなく、自転車で1km離れた公園に向かった。Xは、同公園で盗んだ現金を数えたが、3万円余りしかなかったため少ないと考え、再びA方に盗みに入ることにして自転車で引き返し、午後1時20分頃、同人方玄関の扉を開けたところ、室内に家人がいると気づき、扉を閉めて門扉外の駐車場に出たが、帰宅していた家人Aに発見され、逮捕を免れるため、ポケットからナイフを取り出し、Aに刃先を示し、左右に振って近づき、Aがひるんで後退した隙を見て逃走した。Xの罪責を論じなさい。

【設問3】のXは、窃盗行為から脅迫行為までの時間は約30分であり、かつ、場所もほぼ窃盗現場であるから、時間的・場所的近接性は高いといえる。しかし、本問と類似の事案において、判例は、「Xは、財布等を窃取した後、だれからも発見、追跡されることなく、いったん犯行現場を離れ、ある程度の時間を過ごしており、この間に、Xが被害者等から容易に発見されて、財物を取り返され、あるいは逮捕され得る状況はなくなったものというべきである。そうすると、Xが、その後に、再度窃盗をする目的で犯行現場に戻ったとしても、その際に行われた上記脅迫が、窃盗の機会の継続中に行われたものということはできない」と判示している（◎最判平16・12・10刑集58巻9号1047頁〔戻ってきた泥棒事件〕〈百42、講47、プ254〉）。

本問のように、一旦安全圏への離脱に成功した場合は、窃盗直後の状態、すなわち、「被害者等から容易に発見されて、財物を取り返され、あるいは逮捕され得る状況」は既に失われているので、「窃盗の機会」の継続性は否定されるのである。したがって、Xには、住居侵入罪（130条）、窃盗罪（235条）および脅迫罪（222条）が成立する。

【設問4】隣人窃盗殺人事件

Xは、金品窃取の目的でA方に侵入し、同所4畳半間において同人所有の財布等在所中の手提げバッグを手に取り、東側に隣接するX方自宅の敷地内に投げ入れた。そして、そのまま同人方を出て、誰からも追跡されることなく、X方自宅に戻り、自宅敷地内に投げ入れておいた前記手提げバッグを屋内に取りこんだ。自宅内で約10分ないし15分逡巡するうち、窃盗現場を立ち去った際に隣室から物音が聞えたことから、A方にいたBに自己の窃盗が発覚したと考え、同人を殺害するしかないと決意し、再びA方に戻り、同所8畳間においてBを殺害した。Xの罪責を論じなさい。

第9講　強盗罪の拡張類型——準強盗罪等　195

【設問4】も現場回帰型の事例であるが、被害者と窃盗犯人が隣に住む知り合いであることや窃盗の犯行から暴行（殺害）までが極めて短時間（20分程度）という特殊事情がある。本問と類似の事案において、第1審判決は、被害者が隣人である被告人による窃盗を目撃していた可能性があること、窃盗敢行後被告人が戻った自宅はその犯行現場の隣接地であること、被告人が自宅に戻っていた時間はわずか10ないし15分程度であることから、本件では窃盗現場との時間的・場所的接着性が認められ、加えて被告人との関係から被害者が警察への通報等を一定時間逡巡することも容易に想定できることを併せ考慮すると、被告人に対し被害者からの追及可能性が継続していることを理由に、本件殺害行為はなお窃盗の機会の継続中に行われたというべきであるとして、事後強盗罪の成立を認め、事後強盗に基づく強盗殺人罪（240条）を肯定した。

これに対し、控訴審判決は、「被告人は、手提げバッグを窃取した後、誰からも追跡されずに自宅に戻ったのであり、その間警察へ通報されて警察官が出動するといった事態もなく、のみならず、盗品を自宅内に置いた上で被害者が在宅するＡ方に赴いたことも明らかである。そうしてみると、被告人は、被害者側の支配領域から完全に離脱したというべきであるから、被害者等から容易に発見されて、財物を取り返され、あるいは逮捕され得る状況がなくなったと認めるのが相当である」と判示し、本件殺害は、窃盗の機会の継続中に行われたものということはできないとして、事後強盗罪の成立を否定した（◎東京高判平17・8・16高刑集58巻3号38頁〔隣人窃盗殺人事件〕〈プ255〉）。

本問において、もし被害者側が追及につながる何らかの行為（追跡、通報など）を行っていたのであれば、追及可能性が認められ、窃盗の機会の継続性を肯定することも可能であった。しかし、そのような事情が全くなかった以上、もしかしたら追及していたかもしれないという程度の抽象的な追及可能性を根拠に窃盗の機会の継続性を肯定するのは妥当でない。その程度の抽象的な追及可能性であれば、同時に、被害者側が追及を断念した可能性も想定できるからである。

【設問4】のＸは、一旦は被害者の支配領域から完全に離脱して安全圏に入ったといえるので、窃盗の機会の継続性は否定されるべきであろう。Ｘには、事後強盗罪は成立せず、住居侵入罪（130条）、窃盗罪（235条）、殺人罪（199条）が成立する。

(2) 強盗と事後強盗の区別　論点2

ア　1項強盗と事後強盗の区別

事後強盗罪が成立するためには、財物奪還阻止目的、逮捕免脱目的、罪跡隠滅目的のいずれかの目的をもって暴行・脅迫を行うことが必要であり、それ以外の目的で暴行・脅迫を加えた場合には本罪は成立せず、1項強盗罪の成否が問題となる。

> **【事例2】居直り強盗事例**
> Xは、窃盗の目的でA宅に侵入し、タンスを開けたところを家人Aに見つけられたので、Aの手足を縛り、衣類を風呂敷に包んで逃げた。

【事例2】のXは、タンスを開けた時点で窃盗の具体的危険性が発生しているため窃盗罪の実行に着手したといえるが、その時点では財物を取得していないので窃盗罪は未遂である。その後、Xは未だ財物を奪取するに至らないうちに発見されたが、なおも財物を奪取する目的でAの反抗を抑圧するに足りる暴行を加えその反抗を抑圧した上で衣類を奪取している。このように、窃盗犯人が、まだ財物を盗らないうちに発見されたため、暴行・脅迫を用いて財物を盗った場合を**居直り強盗**といい、1項強盗罪が成立するのであって、事後強盗罪は成立しない。

【事例2】の場合、Xの行為は、住居侵入罪（130条）のほか、（暴行前の）窃盗未遂罪（243条・235条）および強盗罪（236条1項）に該当する。ただ、窃盗未遂罪と強盗罪は、被害法益が同一であり、時間的・場所的に近接していることから、窃盗未遂罪は強盗罪に吸収され、包括して強盗罪一罪が成立する。したがって、Xには住居侵入罪と強盗罪が成立する。

> **【事例3】占有確保のための暴行事例**
> Xは、スーパーマーケットでUSBメモリー1本を万引きし、自己のポケットに入れた。Xがまだ売り場にいるとき、警備員Aに呼び止められたので、USBメモリーを取り返されまいとしてAの顔面を殴打した。その時、Xの友人Yがその場を通りかかり、すべての事情を察知してXと共にAに暴行を加えた。XとYは、Aが転倒した隙に逃走した。

【事例3】の場合、USBメモリーは小さく軽い商品であるから、Xがそれをポケットに入れた段階で、商品の占有を取得したといえるので、窃盗罪は既遂となる。そこで、Xは、財物奪還阻止目的でAに暴行を加えているので

第9講　強盗罪の拡張類型——準強盗罪等　197

事後強盗罪が成立するように見える。

しかし、USBメモリー1本をポケットに入れただけでは、被害者（スーパーマーケットの管理者）の占有は完全に排除されてはいないし、Xの占有も完全に確立したとはいえない。したがって、Xの暴行は財物の占有を確保するために行われたものとして、Xには1項強盗罪（居直り強盗）が成立する。また、Yにも強盗罪の共同正犯が成立する。

1項強盗罪と事後強盗罪は、**財物の占有が確保されているか否か**という時間的段階によって区別される。例えば、ある財物を窃取して窃盗罪が一旦既遂に達した後もなお窃盗犯人がその場で物色を続けているような場合は、財物の占有が未だ完全に確保されたとはいえず、その段階で家人に発見されて奪取した財物の占有を確保するために暴行・脅迫を加えた場合は、1項強盗罪が成立する（大分地判昭52・9・26判時879号161頁）。

1項強盗罪と事後強盗罪は、1項強盗が時間的にもはや成立しない段階になって、初めて事後強盗が成立するという関係にある。その意味で、事後強盗は1項強盗の拡張類型（補充類型）といえる。したがって、**財物の占有を確保するために暴行・脅迫を加えた場合**は、事後強盗罪ではなく、1項強盗罪が成立する。財物の占有の確保というのは、被害者の占有の排除と行為者の占有の確立が相当程度の段階まで達していることをいう。窃盗が未遂の場合はもちろん、既遂になっても確保するまでは1項強盗罪が成立する可能性が残っていることに注意する必要がある。なお、1項強盗罪が成立する場合には、窃盗罪はそれに吸収される。

イ　2項強盗と事後強盗の区別

2項強盗罪は、財産上の利益を保護する犯罪である。したがって、暴行・脅迫により被害者の「返還請求権」を侵害すれば2項強盗が成立する。これに対し、事後強盗罪は、客体が財物である場合に1項強盗罪を補充する犯罪類型であるから、盗まれた財物の返還請求権を保護しようとするものではない。

このように2項強盗罪と事後強盗罪とは保護法益を異にする犯罪であるから、窃盗後に暴行・脅迫が行われた場合に、両罪が競合することもありうる。

【事例4】事後強盗・2項強盗競合事例
　Xは、Aの財物を窃取後、Aから財物を返してくれと言われ、その返還を免れるために暴行を加え、Aは返還請求を断念した。

【事例4】において、XがAに暴行を加えたのが「窃盗の機会」であった場合、Xは財物の取返しを防ぐ目的で暴行を加えたので事後強盗罪が成立する。また、Xは、暴行によってAの財物に対する返還請求権を侵害したので2項強盗罪も成立する。この場合は、一種の法条競合であり、両罪の法定刑は同一であるから、いずれか一方の罪が成立する。

もっとも、事後強盗罪には「窃盗の機会」の継続性という要件により時間的限界があるので、【事例4】のAに対する暴行が、例えば2週間後であれば事後強盗罪は成立しないが、2項強盗罪には時間的な限界はないので、その場合は2項強盗罪だけが成立することになる。

また、事後強盗罪は暴行・脅迫を行えば、結果的に財物を取り返されても既遂になるが、2項強盗罪の場合は、取り返されてしまったときには、返還請求権の侵害はなかったので既遂を認めることはできない。【事例4】を修正し、返還を免れるために暴行を加えたが逆にAに取り返されてしまった場合も、事後強盗罪は既遂となるが、2項強盗罪は未遂にしかならない。

このように、事後強盗罪と2項強盗罪は、別々の目的をもった別々の犯罪であるから、両罪が競合することもあれば、しないこともあるので、常にそれぞれの成立要件を満たしているかの確認を怠ってはならない。

(3) 事後強盗と共犯 論点3

2人以上の者が窃盗を共謀し、それに基づき共同実行した後、1人が被害者に暴行を加えた場合、他の共犯者はどのような責任を負うのであろうか。

【設問5】共同窃盗後の単独暴行事例

XとYは、車上荒らしを共謀し、ある日の夜、駐車場に停めてあったAの自動車内から財布入りのバッグを持ち逃げしようとしたところ、ちょうど駐車場にやってきたAに呼び止められたのでYは逃走したが、XはAに捕まりそうになったので、逃げようとしてAに殴る蹴るの暴行を加えて逃走した。XおよびYの罪責を論じなさい。

【設問5】において、XとYは、窃盗を共謀し実行したので窃盗罪の共同正犯（60条・235条）が成立する。しかし、Xは、窃盗の直後に窃盗現場の近くで逮捕を免れる目的で、Aに反抗を抑圧するに足りる程度の暴行を加えたので、事後強盗罪が成立し、窃盗罪の共同正犯はこれに吸収される。Yは、事後強盗の故意がないので事後強盗罪の共同正犯は成立しない。

以上より、Xには事後強盗罪が成立する。Yには窃盗罪の共同正犯が成立する。

それでは、【設問5】を変更して、1人が窃盗を行った後に所定の目的で暴行を行ったが、この暴行だけに関与した共犯者はどのような責任を負うのであろうか。この問題が、いわゆる「事後強盗と共犯」といわれる論点であり、事後強盗罪の法的性格をどのように解するかに関連する。

【設問6】単独窃盗後の共同暴行事例

Xは、車上荒らしをしようと思い、ある日の夜、駐車場に停めてあったAの自動車内から財布入りのバッグを持ち逃げしようとしたところ、ちょうど駐車場にやってきたAに呼び止められ捕まりそうになったので逃げようとした。そこへたまたま友人のYが通りかかり、Yはすべての事情を察知した上でXに加勢して、XとYはAに殴る蹴るの暴行を加えた。Aが路上に転倒した隙に、XとYは逃走した。XおよびYの罪責を論じなさい。

【設問6】において、窃盗と暴行のすべてを行ったXには事後強盗罪が成立する。問題は、暴行に途中から関与したYに事後強盗罪の共同正犯（60条・238条）が成立するか否かである。この点は、事後強盗罪の法的性格を身分犯とみるか結合犯とみるかで、アプローチの仕方が異なる。

ア　身分犯説によるアプローチ

事後強盗罪は「窃盗犯人」であることを身分とする身分犯であると解する見解（身分犯説）が有力に主張されている。なぜなら、事後強盗罪の実行の着手は暴行・脅迫の開始に求められるので、同罪の実行行為は暴行・脅迫行為であり、238条の「窃盗が」は実行行為の主体を表しているものと解するのが妥当だからである。

この見解によれば、【設問6】は、身分がないYにも身分犯（事後強盗罪）の共犯が成立するかという「共犯と身分」の問題として処理することになる（身分アプローチ）。以下、刑法65条に関する判例・通説の解釈論を前提に説明する（この点に関する基礎知識に不安のある読者は、総論24講の1を読み直してほしい）。

共犯と身分の問題として考える場合、窃盗犯人という身分を構成的身分とみるか加減的身分とみるかがさらに問題となる。

a　加減的身分説

窃盗犯人という身分のない者が暴行・脅迫を行っても暴行罪（208条）・脅迫罪（222条）しか成立しないが、窃盗犯人という身分のある者が行うと事後強盗罪となる点に注目し、事後強盗罪を暴行・脅迫罪の加重類型と考える見解がある。この見解によれば、事後強盗罪は不真正身分犯であり、窃盗犯

人という身分は加減的身分ということになる（新潟地判昭42・12・5下刑集9巻12号1548頁、東京地判昭60・3・19判時1172号155頁）。

　この見解によれば、【設問6】で暴行にのみ関与したYは、65条2項により、通常の刑、すなわち、暴行罪の共同正犯が成立するにとどまる。

　しかし、この見解に対しては、暴行罪は身体の安全を保護法益とする非財産犯であり、脅迫罪も意思決定の自由を保護法益とする非財産犯であるのに対し、事後強盗罪は財産犯であるから、罪質の異なる2つの犯罪類型の間に、基本類型―加重類型の関係を認めることはできないという批判がある。

　また、そもそも、事後強盗罪を身分犯と解すること自体、事後強盗罪の既遂・未遂が窃盗の既遂・未遂によって決まることと相容れないという批判もある。事後強盗罪の既遂・未遂が先行する窃盗の既遂・未遂によって決まるということは、窃盗行為が事後強盗罪の不法の重要部分を構成しているのであって、窃盗を「身分」と解することはできないからである。

　b　構成的身分説

　そこで、事後強盗罪は、暴行・脅迫罪の加重類型ではなく、窃盗犯人しか実現しえない真正身分犯であり、窃盗犯人という身分は構成的身分であるとする見解も有力である（大阪高判昭62・7・17判時1253号141頁〈プ256〉）。

　この見解によれば、【設問6】で暴行にのみ関与したYも、65条1項により、事後強盗罪の共同正犯が成立することになる。

　しかし、この見解に対しては、事後強盗罪から窃盗を取り除けば暴行・脅迫が残るという事実は否定できないので、加減的身分であることは否定できないのではないかという批判や、前述のような身分犯と解すること自体に対する批判が存在する。

　イ　結合犯説によるアプローチ

　他方、事後強盗罪は窃盗行為と暴行・脅迫行為の双方を実行行為とする結合犯であるとする見解（結合犯説）も有力である。その理由は、事後強盗罪は財産犯であり、同罪の既遂・未遂も窃盗の既遂・未遂によって決まるとされていることを考えると、事後強盗罪の財産犯性を基礎づけている窃盗は、問責の対象である実行行為の一部と解すべきであるという点にある。238条の「窃盗が」という文言は、窃盗行為を行った者という意味で事後強盗罪の主体を表してはいるが、窃盗犯人になるのは窃盗行為を行った結果であるから、それを「身分」、すなわち、「一定の犯罪行為に関する犯人の人的関係である特殊の地位又は状態」（最判昭27・9・19刑集6巻8号1083頁）と解するのは妥当でない。

第9講　強盗罪の拡張類型――準強盗罪等　201

この見解によれば、【設問6】は、実行行為の途中から関与したYに、関与前の行為・結果について帰責できるかという「承継的共同正犯」の問題として処理することになる（承継アプローチ）。以下、承継的共同正犯に関する解釈論を前提に説明する（この点に関する基礎知識に不安のある読者は、総論26講の1を読み直してほしい）。

　承継的共同正犯の取扱いについては見解が分かれるが、承継を肯定すれば関与前の行為・結果についても帰責されるので、【設問6】のYには事後強盗罪の共同正犯が成立することになる。これに対し、承継を否定すれば、関与後の行為・結果についてのみ帰責されるので、Yには暴行罪の共同正犯が成立するにとどまる。

　承継的共同正犯については、近年まで最高裁判例が存在しなかったが、2012（平成24）年に傷害罪の事案で新たな判断が示された（最決平24・11・6刑集66巻11号1281頁）。それによれば、「被告人は、共謀加担前にAらが既に生じさせていた傷害結果については、被告人の共謀及びそれに基づく行為がこれと**因果関係**を有することはないから、傷害罪の共同正犯としての責任を負うことはなく」とされており、自己の関与行為と因果性が及ばない事実については刑事責任を負わないという考え方が示されている（総論26講1(2)）。

　このような考え方を前提にすると、【設問6】のYは、関与以前のXの行為・結果に因果性を与えることはありえないので承継が否定され、暴行罪の共同正犯が成立することになる。

【設問6】におけるYの罪責のまとめ

身分犯説からのアプローチ ↓ 共犯と身分の問題として処理		結合犯説からのアプローチ ↓ 承継的共同正犯の問題として処理	
構成的身分	事後強盗罪の共同正犯	承継肯定	事後強盗罪の共同正犯
加減的身分	暴行罪の共同正犯	承継否定	暴行罪の共同正犯

　それでは、最後に、以上の総まとめとして、以下の設問を検討してみよう。

【設問7】単独窃盗後の共同暴行致傷事例
　Xは、車上荒らしをしようと思い、ある日の夜、駐車場に停めてあったAの自動車内から財布入りのバッグを持ち逃げしようとしたところ、ちょうど駐車場にやってきたAに呼び止められ捕まりそうになったので、逃げようとした。そこへ

たまたま友人のYが通りかかり、Yはすべての事情を察知した上でXに加勢して、XとYはAに殴る蹴るの暴行を加えた。Aが路上に転倒した隙に、XとYは逃走した。Aは一連の暴行により加療2週間の傷害を負ったが、それがX、Yいずれの暴行によるものかはわからなかった。XおよびYの罪責を論じなさい。

　【設問7】は、【設問6】を修正し、XとYの共同暴行によりAが傷害を負ったというケースである。

　まず、Aの負傷がX、Yいずれの暴行によるものかは不明であっても、XとYはAに対する暴行を共謀し共同実行しているので負傷結果はXにもYにも客観的に帰責される。そして、窃盗と暴行のすべてを行ったXには事後強盗罪が成立し、それにより負傷させたので強盗致傷罪の共同正犯（60条・240条前段）が成立する（10講参照）。

　これに対し、Yの罪責は前述のように見解が分かれる。ここでは、結論だけ示しておくので、【設問6】の解説を手がかりに、どの立場からどのような結論になるか、いつでも説明できるようにしてほしい。

　【設問7】におけるYの罪責のまとめ

身分犯説からのアプローチ		結合犯説からのアプローチ	
構成的身分	強盗致傷罪の共同正犯	承継肯定	強盗致傷罪の共同正犯
加減的身分	傷害罪の共同正犯	承継否定	傷害罪の共同正犯

(4)　事後強盗の予備罪の成否　論点4

　強盗目的でその準備をした場合には、強盗予備罪（237条）が成立することに異論はない。それでは、事後強盗の目的でその準備をした場合も、同様に、強盗予備罪が成立するのであろうか。この点につき、強盗予備罪の成立を認める肯定説とこれを認めない否定説が厳しく対立しているが、判例は肯定説をとっている（◎最決昭54・11・19刑集33巻7号710頁〔登山ナイフ等携帯事件〕〈百43、講48、プ249〉）。

【設問8】登山ナイフ等携帯事件
　Xは、事務所に忍び込んで窃盗を働こうと思い、窃盗のためのいわゆる七つ道具（ドライバー、ペンチ等）、模造拳銃、登山ナイフを携帯してビル街を徘徊していたところ、警察官の職務質問を受けて逮捕された。なお、ナイフや模造拳銃は、「窃盗に入り、もし見つかったら脅す」ために持っていた。Xの罪責を論じなさい。

　事後強盗の予備は強盗予備罪にはならないとする否定説が有力に主張され

第9講　強盗罪の拡張類型——準強盗罪等　203

るのは、次のような理由に基づく。

　第1は、条文上の根拠である。すなわち、予備罪の処罰規定は既遂を処罰する条文の後ろに配置されるのが通常であるが、強盗予備罪の条文は事後強盗罪の条文の前に規定されているので、強盗予備罪の規定は事後強盗罪には適用されない。

　第2は、事後強盗罪の性格である。すなわち、事後強盗罪は、窃盗犯人が238条所定の目的をもって暴行・脅迫を加えた時点で初めてその成否が問題となる犯罪であるから、窃盗の実行の着手前に事後強盗の予備を想定して、その予備を論ずるのは妥当でない。

　第3は、窃盗予備との関係である。すなわち、事後強盗罪の予備とは、実質的には窃盗の予備にほかならないが、現行法上窃盗予備は不可罰であるから、事後強盗罪の予備を処罰することは窃盗予備を処罰することになりかねない。

　そこで、次に、以上のような否定説の主張に合理性が認められるかを検討してみよう。まず第1に、条文の配列は決定的な根拠にはなりえない。なぜなら、昏酔強盗罪（239条）も強盗予備罪の後ろに規定されているにもかかわらず、昏酔強盗目的の強盗予備を認めることには異論はないからである。238条の「強盗として論ずる」という文言は、一般に「強盗と同様に取り扱う」という趣旨に解されているので、むしろ、237条の「強盗の罪を犯す目的」の中には、238条を目的とする場合を含むとみるのが素直な解釈であろう。

　第2に、事後強盗は窃盗の実行の着手後に初めてその成否が問題となりうる犯罪であるとしても、そのことから、窃盗の実行の着手以前には事後強盗を目的とする準備行為はありえないとすることには無理がある。なぜなら、予備罪は実行に着手する以前に特定の犯罪の準備行為をするものであるから、事後強盗の構成要件の一部である窃盗の実行行為に着手していなくても、論理的には十分その予備罪を考えることができるからである。

　第3に、窃盗予備と事後強盗の予備は予備行為の客観面である程度区別が可能である。例えば、窃盗行為終了後、逃走の経路においてかなり高い確率で夜警に出会うことが予想されるのでそれを脅かすために凶器を準備しているような場合には、窃盗の予備がなくても、事後強盗の予備はあると考えることができる。

　このように考えると、否定説の論拠は必ずしも説得的ではない。事後強盗の意思があり、実際にも準備行為をしている場合には、実質的に見ても単な

る窃盗の予備とはいえない。しかも、予備の段階で事後強盗と居直り強盗とを区別するのは困難である。

居直り強盗と事後強盗は、その犯罪類型も近似し危険性も特段の差異はないので、事後強盗の予備を不可罰とし居直り強盗の予備を可罰的とするのは不合理である。事後強盗の予備も強盗の予備と解すべきである。判例が肯定説をとるのはこのような理由によるものであろう。

【設問8】 でも、「窃盗に入り、もし見つかったら脅す」という意図が、ナイフを使ってまで財物を奪ってやろうと考えていれば居直り強盗の準備なので強盗予備罪となるが、奪った財物を取り戻されそうになったらナイフを突きつけて脅そうと思っていたならば事後強盗の準備に当たり（否定説をとって）不可罰だというのはアンバランスである。したがって、237条にいう「強盗」の中には事後強盗も含まれると解すべきである。

3　昏酔強盗罪

> **239条**　人を@昏酔させてそのⓑ財物を©盗取した者は、強盗として論ずる。

未遂（243条） 第235条から第236条まで及び第238条から第241条までの罪の未遂は、罰する。

睡眠薬などで「一時的に気を失わせて、物を盗る」ことを、昏酔強盗という。例えば、睡眠薬入りの酒を飲まされたら意識を失い、気がついたら財布を盗られていたというようなケースである。物を奪取する点で窃盗罪・1項強盗罪と共通するが、暴行・脅迫を用いていないので1項強盗罪は成立しない。しかし、「昏酔させ」るという手段は暴行・脅迫と同視できるので、1項強盗罪に準ずる罪として昏酔強盗罪という犯罪類型を規定し、1項強盗罪と同一の法的効果を付与したのが昏酔強盗罪である。

昏酔強盗罪が成立する典型例は次のとおりである。

【事例5】看護師昏酔事例
　Xは、金品を盗む目的で、病院の事務室でカルテの整理をしていた看護師Aに睡眠薬入りのコーヒーを飲ませて眠らせ、Aのハンドバッグから現金を奪って逃走した。

---

(1)　立法趣旨
人を昏酔させて抵抗力を失わせて財物を盗取する行為は、その性質において強盗と変わりがない。**昏酔させる行為が、財物奪取の手段としての暴行・**

第9講　強盗罪の拡張類型──準強盗罪等　205

脅迫と同視できることから、これを強盗に準ずるものとして重く処罰し禁圧しようとするのが昏酔強盗罪の立法趣旨である。

(2) 保護法益

昏酔強盗罪は「１項強盗」と外形的に類似した犯罪として「強盗として論ずる」のであるから、本罪の保護法益は、１項強盗罪のそれと同一である。すなわち、財物の占有が第一次的な保護法益であるが、人を昏酔させるという手段は、人身の自由や安全、生理的機能に対する侵害・危険を含んでいることから、被害者の生命・身体・自由も副次的な保護法益とされる（８講２(1)）。

(3) 客観的要件

ア 客 体

本罪の客体は「他人の財物」である（下線ⓑ）。自己の財物であっても他人が占有しているときは「他人の財物」とみなされる（242条）。

財産上の利益は本罪の客体ではないので、例えば、昏酔させて債務を事実上免脱したような場合には本罪は成立しない。

イ 行 為

昏酔強盗罪の行為は、「人を昏酔させてその財物を盗取」することである。昏酔強盗罪は、「昏酔させる」ことを財物奪取の手段とする犯罪である点に重罪とされる根拠がある。

a 昏酔させる行為

「昏酔させる」とは、薬物（麻酔薬、催眠薬）や酒などを使用することにより、**人の意識作用に一時的または継続的な障害を生じさせて財物に対する支配をなしえない状態に陥れることをいう**（下線ⓐ）。

鉄パイプで他人の頭部を強打して昏酔させて財布を奪う行為は、暴行によって人の意識作用に一時的または継続的な障害を生じさせそれを利用して財物を奪取したものといえるので、１項強盗罪に当たる。昏酔強盗罪が成立するためには、「暴行以外の方法」で人の意識作用に一時的または継続的な障害を生じさせる必要がある。なお、暴行以外の方法が、相手方の反抗を抑圧するに足りる程度のものでなければならないことは、１項強盗罪の手段である暴行・脅迫が反抗を抑圧するに足りる程度のものでなければならないのと同様である。

「昏酔させて」とあるから、昏酔状態を犯人が自ら作り出すことが必要であり、既に他人が昏酔状態に陥っているのを利用して財物を盗取するのは、昏酔強盗ではなく、窃盗罪が成立するにすぎない（名古屋高判昭29・10・28

高刑集 7 巻11号1655頁）。この点で、準強制わいせつ罪や準強制性交等罪が「人の心神喪失若しくは抗拒不能に乗じ」てわいせつ行為や性交等をする場合を含む（178条）のとは異なる。

「意識作用に一時的または継続的な障害」を生じさせれば足りるから、必ずしも意識を喪失させる必要はない（東京高判昭49・5・10東高刑時報25巻5号37頁）。

【事例5】で、睡眠薬入りのコーヒーを飲ませる行為は昏酔させる行為に当たる。

　b　財物を盗取する行為

財物を「盗取」する行為とは、財物に対する占有を侵害し自己または第三者の占有下に移転させる行為をいう（下線◎）。

【事例5】で、ハンドバッグから現金を奪う行為は財物を盗取する行為に当たる。

　ウ　結　果

本罪が成立するためには、他人の「財物を盗取した」という結果の発生が必要である（下線◎）。行為者が財物を「取得」したといえなければ本罪は成立しない。

【事例5】で、XはAのハンドバッグから現金を奪って逃走しているので、財物を取得しており、「財物を盗取した」という結果が発生している。

　エ　因果関係

本罪が成立するためには、人を昏酔させて財物に対する支配を困難にさせることによって財物を盗取したという因果関係の存在が必要である。昏酔は本罪が予定する中間結果であるから、昏酔という中間結果を生じさせなければ本罪は未遂となる。

例えば、被害者が昏酔に至らなかったため、反抗を抑圧するに足りる程度の暴行を加えて財物を奪取した場合は昏酔強盗未遂罪と1項強盗罪が成立する。

【事例5】で、Xは睡眠薬入りのコーヒーを飲ませてAを眠らせているので、「昏酔」という中間結果を発生させ、その反抗抑圧状態を利用して現金を奪取しているので本罪の成立に必要な因果関係もある。

　⑷　主観的要件

昏酔強盗罪の故意は、昏酔させて財物を盗取することの認識・認容である。また、（窃盗罪の場合と同様）故意のほかに不法領得の意思が必要である。

本罪が成立するためには、昏酔させる時点で財物を奪う意思があることが必要である。他の目的で昏酔させた後に財物奪取意思を生じて財物を奪取した場合は窃盗罪が成立する。

　【事例5】で、Xは金品を盗む目的でAに睡眠薬入りのコーヒーを飲ませており、昏酔させる時点で故意も不法領得の意思も認められる。

　したがって、Xには昏酔強盗罪が成立する。

(5)　罪　数

　人の意識作用に障害を生じさせることは「傷害」に当たる。しかし、本罪に予定される程度の昏酔を生じさせることは、240条（強盗致死傷罪）の「負傷」には当たらない。そのように解さないと、昏酔強盗罪に当たる場合は常に強盗致傷罪になりかねず妥当でない。ただし、長時間にわたる意識喪失状態を生じさせたような場合は強盗致傷罪が成立する余地がある。

4　強盗予備罪

> 237条　強盗の罪を犯す目的で、その予備をした者は、2年以下の懲役に処する。

　例えば、銀行強盗をするためにピストルなどの凶器や逃走用の自動車を準備するなど、強盗罪等を行う目的で準備行為をした者を処罰する規定が強盗予備罪である。

(1)　立法趣旨

　強盗罪という犯罪の重大性に鑑み、予備行為も処罰の対象とすることで法益保護の実効性を確保しようとするのが強盗予備罪の立法趣旨である。

(2)　客観的要件

　本罪が成立するためには、強盗の「予備」をすることが必要である。**強盗の予備**とは、強盗の実行を決意して強盗の準備をする行為であり、実行の着手前の段階の行為をいう。

　例えば、強盗を計画し、凶器を携えて被害者宅の表戸を叩いて家人を起こす行為（最大判昭29・1・20刑集8巻1号41頁）、強盗を共謀して、出刃包丁、ナイフ、懐中電灯を買い求め、これを携えて徘徊する行為（最判昭24・12・24刑集3巻12号2088頁）、被害者を昏酔させるために使用すべき麻酔薬を調合する行為などがこれである。

(3)　主観的要件

　本罪が成立するためには、故意のほかに、強盗の目的をもって行われるこ

とが必要である。自ら強盗する目的がある場合に限られ（自己予備罪）、他人が強盗を実行するのを助けるために準備するのは強盗予備罪ではなく、強盗の幇助が成立しうる（総論17講1(1)**ウ**参照）。

　強盗の目的の中に、強盗罪（236条）のほか、昏酔強盗罪（239条）を犯す意図が含まれることについては争いがないが、判例は、事後強盗罪（238条）を犯す意図も含まれるとしている（ 論点4 〔事後強盗の予備罪の成否〕参照）。

(4)　予備の中止

　強盗予備罪には、殺人予備罪（201条）や放火予備罪（113条）とは異なり、情状による刑の任意的免除が規定されていない。

　そこで、通説は、予備段階にとどまり着手に至らなかった場合に刑の免除が得られないという結論は、実行の着手後に中止すれば中止犯の規定（43条但書）が適用され刑法の免除の余地が生ずるのと比べ不均衡であるとして、強盗予備の中止についても、43条但書の準用を肯定している。

　しかし、判例（前掲・最大判昭29・1・20）は、予備には「中止」の観念を容れる余地がないとして、強盗予備罪に対する中止犯の規定の準用を否定している（総論19講1コラム参照）。

(5)　罪　数

　強盗予備を行い、さらに強盗の実行に着手したときは、それが未遂に終わると既遂に達したとを問わず、予備罪は共罰的事前行為として（総論27講4(4)**ア**参照）、強盗未遂罪・強盗罪に包括して評価されるので、強盗予備罪が独立して成立することはない。

第10講　強盗罪の加重類型
――強盗致死傷罪等

◆学習のポイント◆

1　本講では240条の罪が非常に重要である。同罪については基本構造
　をしっかりつかんだ後に、重要問題をじっくり学習するとよい。

2　240条の罪と241条の罪の法的性格（結果的加重犯か故意犯か）につ
　いて、立法趣旨や条文の文言を比較しながら検討し、それぞれの罪に
　おいて殺人の故意がある場合が含まれるのかについてよく理解してお
　くこと。

3　240条の罪が成立するためには、死傷結果の原因行為がいかなる場
　合に認められるのかに関する見解の対立を理解するとともに、「強盗
　の機会」の判断基準を具体的な事例に当てはめて結論を導くことがで
　きるようにするために、多くの重要判例にあたっておくこと。

4　240条の罪の未遂が成立する場合について理解し、その概要を説明
　することができるようにしておくこと。

5　241条は、強盗の罪と強制性交等の罪が同一の機会に犯された場合
　の処罰規定であるが、それにより被害者を死亡させたり傷害結果を生
　じさせた場合にどのような罪が成立するかについてしっかり理解して
　おくこと。

　本講では、強盗罪および準強盗罪の刑を加重する罪（**加重類型**）として規定されている強盗致死傷罪等（240条）ならびに強盗・強制性交等罪・同致死罪（241条）について学習する。

1　強盗致死傷罪の基本構造

240条　ⓐ強盗が、ⓑ人をⓒ負傷させたときは無期又は6年以上の懲役に処し、ⓓ死亡させたときは死刑又は無期懲役に処する。

未遂（243条）　第235条から第236条まで及び第238条から第241条までの罪の未遂は、罰する。

(1) 立法趣旨

強盗の機会に人を殺傷することはしばしば発生する。このような行為から人の生命・身体を特に保護する必要があるので、強盗罪の加重類型として規定されたのが強盗致死傷罪等である。

(2) 保護法益

240条の罪（以下「本罪」という）の主たる保護法益は、生命・身体であり、従たる保護法益は、財産（具体的には、財物の占有と財産的利益）である。

(3) 法的性格

240条は、「負傷させた」（下線ⓒ）「死亡させた」（下線ⓓ）という文言から負傷・死亡について故意犯のない**結果的加重犯**の規定であることについては争いがない（結果的加重犯については、総論7講2(1)参照）。このように、240条は、強盗犯人が被害者にうっかりけがをさせたり死亡させた場合を処罰する規定であるが、それに加えて、被害者にわざとけがをさせたり死亡させた場合にも成立するかどうかについては争いがある（**論点1**〔240条の法的性格〕）。

この点、判例・通説は、負傷・死亡について**故意がある場合をも含む**と解している（故意犯包含説）。この立場を前提にすると、240条は、結果的加重犯としての**①強盗致傷罪**、**②強盗致死罪**、故意犯としての**③強盗傷人罪**、**④強盗殺人罪**の4つの犯罪類型を規定していることになる。

(4) 客観的要件

本罪は、「強盗が、人を負傷させたとき」「強盗が、人を死亡させたとき」に成立する。

ア 主体

本罪の主体は「強盗」である（下線ⓐ）。「強盗」とは強盗犯人のことであり、強盗罪の実行に着手した者をいうので、強盗罪が既遂に達しているか未遂にとどまっているかは問わない（最判昭23・6・12刑集2巻7号676頁）。

また、「強盗」には、事後強盗罪（238条）と昏酔強盗罪（239条）の犯人も含まれる。しかし、強盗の予備（237条）にとどまる犯人は含まれない。予備の段階は、まだ強盗の実行に着手したものではないからである。

【事例1】警備員事例
(1) Xは、強盗に使用する目的でサバイバルナイフを所持してスーパーマーケット内を徘徊中、警備員Aに呼び止められたので、Aに対してサバイバルナイフ

第10講 強盗罪の加重類型——強盗致死傷罪等　211

を振り回しながら逃走した。Aは、このナイフが腕に当たり負傷した。

(2) Yは、自転車窃盗の目的で駐輪場に駐車してあった自転車のハンドルに手をかけたところ、これを発見した警備員Bに呼び止められたので、Bに頭突きをくらわせて転倒させて逃げた。Bはこれにより負傷した。

【事例1】の(1)では、Xは未だ強盗罪の実行に着手していないため、強盗予備の犯人である。したがって、Aに暴行を加え負傷させたとしても強盗致傷罪は成立せず、強盗予備罪（237条）と傷害罪（204条）が成立するだけである。

これに対し、【事例1】の(2)では、Yは自転車のハンドルに手をかけているので窃盗未遂罪（243条・235条）にとどまっているが、逮捕を免れるために反抗を抑圧するに足りる程度の暴行を加えたので、事後強盗未遂罪（243条・238条）となる。そこで、Yは強盗犯人であり、BはYのこの暴行によって負傷したのであるから、強盗致傷罪が成立する。

●コラム● 　強盗致死傷罪における「強盗」の論じ方

　強盗致死傷罪における「強盗」の論じ方には2つの方法がある。第1は、強盗罪の成立要件の検討を先に行い、強盗罪もしくは強盗未遂罪が成立することを先に確定しておいてから、「それでは強盗致死傷罪は成立するか」と問題提起をしていく方法である（236条先行型）。第2は、先に「強盗致死傷罪は成立しないか」という問題提起をしておいてから、「まず240条の『強盗』といえるか」として240条の成立要件の1つの検討内容として強盗罪の成否を論じていくという方法である（240条先行型）。

　書きやすく、読みやすい答案であれば、いずれの方法でもかまわない。その場の状況に応じて臨機応変にいずれかを選択すればよいであろう。ただし、第1の方法をとる場合には、罪数処理、すなわち、強盗罪（あるいは強盗未遂罪）と強盗致死傷罪は法条競合（総論27講3）となって後者のみ成立することに注意すること。第2の方法をとる場合には、強盗が既遂であっても未遂であっても240条の「強盗」に該当するが、強盗が既遂か未遂かは240条の罪の量刑にも影響する事実であるから、既遂か未遂かの区別をきっちり認定しておくこと。

イ　客　体

本罪の客体は「人」である（下線ⓑ）。強盗行為自体の被害者に限られない。例えば、強盗犯人が逮捕を免れるために警察官を負傷させた場合も本条前段の罪が成立する（大判昭6・7・8刑集10巻319頁）。

ウ　行　為

本罪の行為は、「人を負傷させ」る行為（下線ⓒ）、または「人を死亡させ」る行為（下線ⓓ）である。死傷結果を発生させる行為（これを**原因行為**

という）は、強盗の手段としての暴行・脅迫行為であることが多い。しかし、それ以外の行為であっても原因行為と認められるのかについては争いがある（ 論点2 〔死傷結果の原因行為〕）。

　この点、判例は、死傷結果は必ずしも強盗の手段である暴行・脅迫から生じたことを必要とせず、**強盗の機会**に行われた行為であればよいと解している（大判昭6・10・29刑集10巻511頁）。

エ　結果

　本罪が成立するためには、人を「負傷させた」（下線ⓒ）または「死亡させた」（下線ⓓ）ことが必要である。すなわち、原因行為と結果との因果関係が必要である。

●コラム●　「強盗の機会」性と「因果関係」の判断

　「死傷結果は強盗の機会に発生すればよい」と言われることがあるため、強盗の機会性の判断をすれば因果関係の判断は不要であると誤解しやすい。強盗の機会に行われなければならないのは死傷結果の「原因行為」である。しかし、いくら原因行為が存在しても死傷結果と因果関係が認められなければ「人を負傷させた」「人を死亡させた」とは言えない。したがって、死傷結果が発生している事例の場合、まず、その原因行為が「強盗の機会」に行われたか否かを判断し（行為の限定）、次に、（強盗の機会に行われたと判断された）原因行為と結果との因果関係の有無を判断しなければならないことに注意する必要がある。

　なお、本罪の「負傷」の程度をめぐり、傷害罪（204条）にいう「傷害」と同じと解すべきか、軽微な傷害は除かれると解すべきかについては争いがあるが（ 論点3 〔240条における「負傷」の意義〕）、判例は、傷害罪にいう「傷害」と同一のものと解している（大判大4・5・24刑録21輯661頁）。

(5)　主観的要件

　本罪が成立するための主観的要件に関しては、その上限（死傷について故意がある場合を含むか）と下限（暴行・脅迫の故意が必要か）の2つが問題となる。

ア　死傷について故意がある場合を含むか（上限の問題）

　本罪の成立に死傷結果についての故意は必要ではないが、前述のように、240条は、結果的加重犯と故意犯の双方を規定するものであると解する判例・通説を前提にすると、死傷について故意がある場合にも本罪は成立することになる（強盗傷人罪・強盗殺人罪）。

イ　暴行の故意が必要か（下限の問題）

　本罪が成立するためには、少なくとも暴行の故意が必要かについては争い

があるが（論点4〔脅迫による傷害〕）、通説は、暴行の故意がなくても脅迫の故意があればよいと解している。

(6) 未遂・既遂

本罪の未遂・既遂の区別基準を、死傷結果発生の有無に求めるのか、強盗の既遂・未遂の点に求めるのかについては争いがある（論点5〔未遂・既遂〕）。この点につき、判例・通説は、本罪の第一次的保護法益が生命・身体であることから、死傷結果発生の有無によって判断し、死傷結果が発生している場合は既遂であるが、発生していない場合は未遂であると解している。

(7) 罪　数

本罪の第一次的保護法益は生命・身体であることから、その罪数も死傷した被害者の数が基準となる。1個の強盗を行う際に複数人に暴行を加えて各人に死傷結果を発生させた場合は、被害者の数だけの強盗致死傷罪が成立し、併合罪となる（最決昭26・8・9刑集5巻9号1730頁）。これに対して、同一場所・同一機会に数人から財物を強取し、そのうちの1人に傷害を負わせた場合は、1個の強盗致傷罪が成立する（大阪地判昭57・10・20判時1077号159頁）。

2　強盗致死傷罪の重要問題

(1) 240条の法的性格　論点1

240条は、強盗が「人を負傷させた」「人を死亡させた」と規定しているので、傷害や殺人の故意がある場合を除外しているようにもみえなくもない。そこで、強盗が傷害や殺人の故意をもって被害者を負傷させないし殺害した場合に240条が適用されるか否かについては争いがある。

まず、240条には財産犯的側面と人身犯的側面との2つの側面がある。このうち、前者の**財産犯的側面を重視する立場**は、240条の罪を強盗罪の延長線上にあるものと理解し、財物や財産的利益を得ようという欲求にかられた犯罪（利欲犯）である以上、殺傷の故意のない結果的加重犯のみを規定したものであり、それと性格の異なる殺傷の故意がある場合を同列に置き、同じ法定刑をもって臨むと解するのは妥当でないと解する（**結果的加重犯説**）。そして、このように考える条文上の根拠としては、240条の「負傷させた」「死亡させた」という文言は、例えば、205条の「死亡させた」と同じ文言を用いており、人の殺傷について故意がない場合を予定したものであることを指摘する。

判例も、当初、このような立場をとり、240条には強盗殺人罪は含まれな

いと解し、殺意がある場合は強盗致死罪と殺人罪が成立するとしていた（大判明43・10・27刑録16輯1764頁）。

しかし、その後、判例は見解を改め、240条の**人身犯的性格を重視する立場**から、本罪には強盗殺人罪も含まれるとして240条後段のみを適用し（大連判大11・12・22刑集1巻815頁）、最高裁も（最判昭32・8・1刑集11巻8号2065頁）、通説もこれを支持するに至っている。

このように、判例・通説は、240条には（結果的加重犯のみならず）殺傷の故意がある攻撃犯を当然含むと解する（**故意犯包含説**）。その根拠は、第1に、同条の立法趣旨は、強盗の機会には人の殺傷の結果を伴うことが「多い」ことから被害者の生命・身体を特に保護するために重い刑罰をもって臨むという点にある（**刑事学的類型性の強調**）。なぜなら、立法者が、強盗犯人が被害者を故意で殺害するという典型的な犯行形態を度外視して、殺意のない場合のみを類型化し特に重い刑罰を規定したと考えるのは不自然だからである。また、第2に、このように考える条文上の根拠として、240条には、結果的加重犯の場合に通常用いられている「よって」とか「より」という文言が使われていないことからも、本条には故意犯も含みうると解する点にある（**条文の文言**）。

本罪の法定刑が極めて重いのは、強盗の際に殺傷が生ずる危険性が高いことに鑑み被害者の生命・身体を特に保護する必要があるからである。そうだとすると殺傷の故意がある場合をあえて240条から除外するのは妥当でなく、また、本条に殺意のある場合を含めないと（後述のように）殺意のない場合の方が刑の下限が重くなってしまい刑の不均衡が生じ妥当でない。判例・通説のように、本条前段には、結果的加重犯としての強盗致傷罪のほかに故意犯としての強盗傷人罪を、本条後段には、結果的加重犯としての強盗致死罪のほかに故意犯としての強盗殺人罪を含むと解すべきである。

240条の法的性格をどのように理解するかは、次の【設問1】のような強盗犯人が故意に人を殺害した場合の処理に直接影響を与える。

【設問1】財物奪取の手段として殺害が行われた事例
　Xは、Aより金品を強奪するため、殺意をもってAの腹部を包丁で刺してAを死亡させて金品を奪取した。Xの罪責を論じなさい。

【設問1】の場合、結果的加重犯説によれば、殺害について故意のあるXには240条は適用されず、強盗罪（236条）と殺人罪（199条）が成立し、両

罪は観念的競合（54条1項前段）になるとされる。

　しかし、この見解によると、殺意がない場合には240条後段の強盗致死罪が成立して法定刑の下限が無期懲役となるのに、殺意のあるXの場合、236条と199条の法定刑の下限は5年の懲役となり、殺意のある場合の方がかえって軽くなるという不都合が生じる。

　そこで、結果的加重犯説からは、Xに強盗致死罪（240条後段）と殺人罪（199条）が成立し、観念的競合（54条1項前段）となると解すべきであると主張されている（前掲・大判明43・10・27）。

　たしかに、この見解によれば、Xの法定刑の下限は無期懲役で、殺意がない場合と同じになり刑の不均衡という問題は解消される。しかし、そもそも結果的加重犯説は240条後段は殺人の故意がない場合であるとしながら殺意のあるXに同条を適用するのは論理的矛盾がある。また、殺人罪と強盗致死傷罪の両罪の成立を認めるのは、Aの死亡という同一の法益侵害結果を二重に評価することになり妥当ではない。

　これに対し、判例・通説の故意犯包含説によれば、Xには端的に強盗殺人罪（240条後段）のみが成立する。

(2)　死傷結果の原因行為　　論点2

ア　学説状況

　240条は、強盗犯人が「人を負傷させた」「死亡させた」ことが必要であると規定するのみで、死傷の結果が強盗犯人のいかなる行為から発生したものでなければならないかについては特に言及していない。そのため、240条の罪が成立するためには、死傷結果がいかなる行為から発生したことが必要であるかについてさまざまな学説が主張されている。

　第1に、240条を結果的加重犯のみを規定したとみる**結果的加重犯説**は、同条の適用を財物奪取の手段から生じた結果に限定し、死傷結果は強盗の手段たる暴行・脅迫行為から生じたことが必要であると主張する（**手段説**）。

【設問2】逃走時殺傷事例

　Xは、A宅において財物強取の目的でAにナイフを突きつけ「金を出せ」と脅したが、家人に騒がれ何もとらずに逃走しようとした。ところが、A宅の入口付近までAの息子Bが追跡してきて逮捕されそうになったので、あわててナイフでBを振り払おうとしたところ、ナイフがBに刺さりBは死亡した。Xの罪責を論じなさい。

　【設問2】において、Xが犯行現場から逃走する際、逮捕を免れるために

Bをナイフで刺して死亡させているが、強盗の手段としての暴行・脅迫行為から死亡結果を発生させたものではないので、手段説によれば、Xには強盗致死罪は成立せず、強盗未遂罪（243条・236条）と傷害致死罪（205条）が成立することになる。

　しかし、窃盗犯人でさえ、財物が取り返されることを防ぐため、あるいは、逮捕を免れるため、もしくは罪跡を隠滅するため暴行・脅迫を加えた場合には事後強盗罪とされ、そこから死傷結果が生じたときには240条が適用されるのに、強盗犯人が同じことをしたときは240条の適用が否定され、強盗罪と傷害罪（あるいは傷害致死罪）との併合罪となって処断刑がより軽くなるのはアンバランスである。

　そこで、第2に、240条は結果的加重犯のみならず故意犯をも規定したとみる**故意犯包含説**は、同条を、強盗の機会には人の殺傷の結果を伴うことが「多い」ことから被害者の生命・身体を特に保護するために重い刑罰を規定した特別の犯罪類型であると理解するので、死傷の結果が財物奪取の手段から直接生じたものでなければならないと解する理由はなく、「強盗の機会」に行われた行為の結果であればよいと主張する（**機会説**）。そして、機会説によれば、**【設問2】**のXには240条後段が適用され、強盗致死罪が成立する。

　判例も、強盗犯人が侵入した家屋の表入口から逃走するにあたり、追跡してきた家人をその入口付近において日本刀で突き刺し死亡させた事案で、「本件強盗の機会に殺害したことは明である」として強盗殺人罪の成立を認め、基本的に機会説を採用することを明らかにしている（◎最判昭24・5・28刑集3巻6号873頁〔追跡者殺人事件〕〈百44、プ258〉）。

　このように、240条の死傷結果は「強盗の機会」に行われた行為から生じた結果であればよいとする機会説が基本的に妥当である。しかし、たとえ「強盗の機会」であったとしても強盗目的と全く無関係な場合にまで本罪の成立を認めるのは妥当ではない。例えば、強盗の共犯者同士が現場で仲間割れが原因で喧嘩となって死傷結果を発生させた場合や、強盗犯人が逃走中に以前から殺したいと思っていた者にたまたま出会ったので殺害した場合などは、240条が本来予定するものではない。

　そこで、第3に、「強盗の機会」に行われた行為のすべてではなく、強盗行為と密接な関連性を有する行為から結果が発生したことが必要であるとする見解（**密接関連性説**）が今日有力である。また、強盗と密接な関連性をもつ行為の限界は必ずしも明らかではないとして、強盗の手段たる暴行・脅迫

と事後強盗類似の状況における暴行・脅迫に限定すべきであるとする見解も主張されている（**拡張手段説**）。

　判例も、「強盗の機会」という表現を用いてはいるが、それはおよそ強盗行為を契機として生じた行為のすべてを含むという趣旨ではなく、強盗行為と関連性を有する行為により生じたことを前提にしているといわれている。強盗行為と関連性の乏しい行為によって死傷させた場合まで240条で処罰するのは240条の本来の趣旨から外れるからであろう。密接関連性説は、機会説と対立する見解と捉えるべきではなく、機会説を基本としながらそれに限定を加える見解（**修正機会説**）と理解すべきであり、そうだとすると、判例の考え方と大きな違いはないといってよいであろう。

●コラム● 「原因行為性」に関する論述の仕方

　死傷結果の原因行為の範囲については、本文で説明したように4つの見解が対立しており、学説としては密接関連性説ないし拡張手段説が有力である。ただ、判例実務をベースに起案をする場合は、機会説の立場で論述すればよい。その場合、以下の3点に注意してほしい。

　第1に、「強盗の機会」に原因行為が行われればよいという規範は、条文上明示されているわけではない。解釈により条文にはない「要件」を定立する場合には必ずその理由を示すことが必要である。強盗の際には致死傷などの残虐な行為を伴うことが多いので生命・身体を特に保護するため重く罰するというのが240条の趣旨であるとすると、強取の手段としての暴行・脅迫から生じた結果に限定する必要はなく、強盗の機会に行われた暴行・脅迫から生じた結果であれば足りるし（実質的根拠）、240条が（通常の結果的加重犯と異なり）「よって」という文言を用いていないのは、その成立範囲を強盗の実行行為から結果が生じた場合よりも広げる趣旨と理解できる（形式的根拠）というのがその理由である。

　第2に、具体的な事案において「強盗の機会」といえるかどうかの判断が決定的に重要である。強盗の機会性についての判断の仕方を理解しておくとともに、多くの判例事案にあたって実務感覚の相場を把握しておくことが必要である。

　第3に、機会説をとると強盗致死傷罪が成立する範囲が広がりすぎて妥当でないと批判される事案（例えば、私怨を晴らすための殺害や共犯者の仲間割れなど）も、判例の立場からは、強盗の機会の認定にあたって、強盗行為と原因行為の時間的・場所的近接性だけでなく、犯意の継続性をも考慮することにより、「強盗の機会」性を否定することが可能である。

イ 「強盗の機会」の認定

　死傷結果発生の原因行為が「強盗の機会」に行われたといえるかは、①強盗行為と原因行為の時間的・場所的近接性と②犯意（犯行意図）の継続性を中心に、その他の事情（原因行為が客観的に強盗の実現に役立つか、強盗行為と密接に関連する行為かなど）を考慮しつつ総合的に判断される。その中

でも、特に重要なのが②であり、判例実務では、原因行為が「新たな決意に基づく別の機会」である場合には「強盗の機会」が否定されている（最判昭23・3・9刑集2巻3号140頁〔再度誘出し事件〕）。

「強盗の機会」性の判断は、事後強盗罪における「窃盗の機会」の判断と事実上重なり合う部分もあるが、両者はその機能も判断のポイントも異なる。窃盗の機会性は、窃盗行為と暴行・脅迫行為の関連性をみることにより「窃盗」を「事後強盗」に昇格させるための要件である。そこでは、暴行・脅迫が財物奪取の手段と同視しうるかが問題とされ、窃盗犯人が被害者側の支配領域から完全に離脱したか否かがポイントとされている（9講2(1)参照）。これに対し、「強盗の機会」性は、強盗罪が成立した後に、強盗致死傷罪として加重処罰の対象になるかどうかを判断するものであり、その際には強盗犯人に犯意の継続性が認められるか否かがポイントとされている。

【設問3】 追跡してきた家人殺傷事件
　Xは、他の4名と金員を強奪しようと企て、日本刀などの凶器を携えてA方に侵入し、Aの息子B・Cに対し日本刀を突きつけ脅迫し、他の共犯者がAから金員を強奪しようとしたが、Aが救いを求めて戸外に脱出し、その妻らも騒ぎ立てたため、金員奪取の目的を達せず、他の共犯者が逃走を始めた。Xも逃走しようとしたところ、BおよびCが追いかけてきたため、逮捕される危険を感じたXは、A宅の入り口付近において両名の下腹部を日本刀で突き刺し、死亡させた。Xの罪責を論じなさい。

【設問3】において、追跡してきた家人B・CをA宅の入り口付近で退けようと日本刀で突き刺すXの行為（原因行為）は、強盗行為と時間的・場所的にも近接しており、かつ、Xの強盗の犯意も継続しており、逃走の際に追跡を妨害する行為は強盗行為に通常随伴する行為でもある。したがって、「強盗の機会」に行われたものであり、Xには住居侵入罪の共同正犯（60条・130条）および強盗殺人罪の共同正犯（60条・240条後段）が成立する。判例も、本問と類似の事案においてそのような結論をとっている（前掲・最判昭24・5・28）。

【設問4】 陸揚げ発見事件
　Xは、前夜岡山県下で強盗によって得た盗品を船で運搬し、翌晩神戸市内で陸揚げしようとする際、巡査Aに発見され、逮捕を免れる目的でAを負傷させた。Xの罪責を論じなさい。

第10講　強盗罪の加重類型——強盗致死傷罪等　219

【設問4】において、Xの強盗行為とAを負傷させた原因行為は、場所的にも岡山県と神戸市内と離れており、時間的にも前夜と翌晩というように1日程度離れていることから、時間的・場所的近接性に欠けるので、「強盗の機会」とはいえない。したがって、Xには、強盗罪（236条）、傷害罪（204条）、公務執行妨害罪（95条1項）が成立し、後2罪は観念的競合となる。判例も、本問と類似の事案において、強盗傷人罪の成立を否定している（最判昭32・7・18刑集11巻7号1861頁〔岡山神戸強盗負傷事件〕）。

ただし、強盗行為と原因行為の間に時間的・場所的近接性がなくても、原因行為についての犯意が強盗行為の時点から継続していれば「強盗の機会」性は肯定される。強盗犯人が強盗に引き続き、その罪跡を隠滅するため被害者に覚せい剤を注射して放置したため被害者が死亡した事案において、裁判所は、覚せい剤注射行為が強盗行為から約6時間経過し、強盗現場から約50km離れていたとしても、被告人が当初から罪跡を隠滅するために被害者に覚せい剤を注射して放置することを計画し、実際にも、その計画に従って行動したことを根拠に、強盗の機会性を肯定し、被告人に強盗致死罪の成立を認めている（東京高判平23・1・25判時2161号143頁）。

【設問5】目撃者殺害事件

Xは、ほか2名と共謀の上、Aを殺害して金品を強奪しようと決意し、3月1日午前1時半、A方においてAを殺害して金品を強奪した後、この犯行を目撃したBがXらの顔を知っていることからこれを殺害しようと相談し、BをA方近くの空家内に誘い出し、3月1日午前6時30分頃、同所においてBを殺害した。Xの罪責を論じなさい。

【設問5】において、Xは、Aに対し強盗殺人をした後、犯人の顔を見知っている目撃者Bの殺害を共謀し、Bを誘い出して数時間後に別の場所で殺害していることから、Bに対する強盗殺人罪が成立するか否かが問題となる。本問では、B殺害の結果の原因行為は、当初の強盗（殺人）行為と時間的にも数時間離れただけであり、場所的にも近いことから、時間的・場所的近接性は認められる。しかし、Bの殺害は、A方での強盗殺人行為が終了した後に、他の共犯者と相談した上で行ったものであるから、「新たな決意に基づいて別の機会に殺害した」といえるので、強盗の機会とはいえない。したがって、Bに対する強盗殺人罪は成立しない。判例も、本問と同様の事案において、Bを殺害した行為はAに対する強盗殺人罪に包含されることはなく、別個独立の殺人罪（199条）を構成すると判示している（前掲・最判昭

23・3・9）。

(3) 240条における「負傷」の意義　論点3

240条前段にいう「負傷」の概念は、傷害罪における「傷害」と同じか、それより程度の高いものでなければならないかについては見解が対立している。

【設問6】軽微傷害事件

　Ｘは、Ａ方において、Ａの襟首を捕まえて引き倒し、顔を畳に押しつけるなどの暴行を加えて金品を強取しようとしたが、家人に騒がれ何も取らないまま逃走した。これにより、Ａは額や頬に打撲傷を受けたが、出血も疼痛もなく、医師の治療を受けることなく6日前後で全治した。Ｘの罪責を論じなさい。

　判例は、傷害概念は統一的に解すべきであるとして、傷害罪のそれと同一であると解しており（前掲・大判大4・5・24）、現在もそのように解する裁判例が主流である。この立場によれば、**【設問6】**のＸには、強盗致傷罪が成立する。

　ところが、裁判例の中には、日常生活において看過される程度の極めて軽微な傷害は本条の「負傷」には当たらないと解するものがあり（大阪地判昭54・6・21判時948号128頁など）、通説もこれを支持している（**軽微傷害除外説**）。なぜなら、①強盗罪の手段としての暴行が反抗を抑圧するに足りる程度のものである以上、このような暴行に必然的に伴う程度の軽微な傷害は、本来それに含まれて、強盗罪（236条）を構成するにとどまるべきであり、また、②強盗罪の法定刑の下限は5年の懲役であるのに、（2004〔平成16〕年改正以前の）強盗致傷罪のそれは7年の懲役であって、酌量減軽してもその下限は3年6ヵ月で（71条）、3年以下ではないため執行猶予を付することができず（25条1項）、不当に苛酷な結果となるからであった。この立場によれば、**【設問6】**のＸには、強盗未遂罪（243条・236条）と傷害罪（204条）が成立する。

　しかし、2004年の刑法改正で、強盗致傷罪の下限は6年とされ、酌量減軽した場合には執行猶予を付けることが可能となったので、判例の考え方の不都合さは解消されたといえ、軽微な傷害を除外する実益が薄れたといってよいであろう。

(4) 脅迫による傷害　論点4

　死傷結果の原因行為について機会説をとると、強盗致死傷罪の成立範囲が

拡大する可能性が高いため、主観面から同罪の成立範囲を限定しようとする
学説が主張されている。そのような中で、有力な考え方として、（強盗手段
たる暴行について故意があるのは当然だが、それに加えて）死傷結果の原因
となった行為に少なくとも暴行の故意が必要であるという見解が主張されて
いる（**暴行の故意必要説**）。なぜなら、240条前段は「負傷させた」と規定し
ているので、少なくとも204条の傷害罪の要件を具備する必要があるが、傷
害罪には暴行の結果的加重犯も含むので、暴行の故意がなければならない
し、240条後段の「死亡させた」という規定も、同様に、傷害致死罪の要件
を具備する必要があるので、少なくとも暴行の故意がなければならないと考
えられるからである。

【設問7】脅迫後転倒事例

　Xは、路上でAに出刃包丁を突きつけ「金を出せ」と脅迫したところ、Aが難
を逃れようとして逃げ出し、転倒して全治2週間の傷害を負った。Xの罪責を論
じなさい。

　暴行の故意必要説によれば、**【設問7】**のXのように脅迫の故意しかない
場合には強盗致傷罪は成立しない。しかし、強盗の際には死傷の結果が発生
することが「多い」ことに着目して特に被害者の生命・身体を厚く保護しよ
うとする240条の趣旨からは、脅迫が原因となって死傷の結果が発生するこ
とはありうるし、「負傷させた」「死亡させた」という文言が暴行の故意を前
提としていると解釈する必然性もなく、被害者が暴行から逃れようとして転
倒して負傷すれば強盗致傷罪が成立するのに、脅迫から逃れようとして負傷
した場合には同罪が成立しないとするのはバランスを失する。そこで、通説
は、脅迫の故意しかない場合にも強盗致傷罪の成立を認めている。

　ただ、判例は、「脅迫を原因とする強盗致傷罪」の成立を正面から認めず、
暴行概念を広く解することによって、暴行を原因行為とする強盗致傷罪とし
てその成立を肯定する傾向にあるといわれている。

【事例2】ナイフ突出し事件

　Xは、Aに所携のナイフを突きつけ、「金を出せ」と言いながら、2、3回A
の首やあごの辺りにナイフを突き出して脅迫し、その反抗を抑圧して金員を強奪
しようとしたが、Aの抵抗にあいその目的を遂げることができなかった。2、3
回突き出したナイフの刃がAの首およびあごに触れてかすったため各部位にそれ
ぞれ長さ約6cmの擦過傷を負わせた。

222

例えば、判例は、【事例2】と類似の事案において、XがAにナイフを突き出す行為を「人の身体に対する不法な有形力を行使したものとして暴行を加えたもの」と認定し、暴行による傷害を認めて強盗致傷罪の成立を認めている（最判昭33・4・17刑集12巻6号977頁）。

> **【事例3】日本刀負傷事件**
> 　Xは、Aに「金を出せ」等と申し向けて日本刀を突きつけたところ、Aが日本刀にしがみつき救助を求め、Xがその刀を引いたことによって被害者の右手掌等に傷害を与えた。

　もっとも、判例の中には、脅迫による傷害を認めたと思われるものもある。判例は【事例3】と類似の事案において、「原判決は、被告人が所携の短刀を以て判示強盗の手段たる脅迫行為の実行中その機会に判示傷害を被害者に生ぜしめたものと認定したのであるから、たとい、所論のようにその傷害が被害者においてその短刀を握ったため生じたものであったとしても、強盗傷人罪の成立を妨ぐるものではない」と判示している（最判昭24・3・24刑集3巻3号376頁）。

　そうした中で、脅迫によって致傷結果が生じた場合にも強盗致傷罪が成立することを明示した裁判例が登場した。

> **【設問8】ミニバイク倒れろ事件**
> 　Xは、Aから金員を強取しようと企て、A運転のミニバイクの後部荷台にまたがって乗車し、登山ナイフを同人の右脇腹に突きつけ「騒ぐな、騒ぐと殺すぞ」などと申し向け、手錠の一方を同人の左手首に、他の一方を同車のハンドルにかけて連結固定して、さらに「倒れろ」と命じ、殺されるかもしれないと畏怖したAをバイクもろともその場に転倒させ、傷害を負わせた。その間、XはAの鞄_{かばん}を強取して逃走した。Xの罪責を論じなさい。

　【設問8】と類似した事案において、第1審は「倒れろ」と命じた行為を暴行と評価し、暴行による強盗致傷罪を肯定した。しかし、「倒れろ」と命じた行為を有形力の行使と評価することは困難である。被害者の行為を利用する間接正犯（暴行による傷害）とみようとしても、被害者の意思が完全に制圧されていない以上間接正犯と見ることも困難である。そこで、大阪高裁は、強盗の機会における脅迫行為から傷害結果が発生したとして強盗致傷罪の成立を認めた（◎大阪高判昭60・2・6高刑集38巻1号50頁〔ミニバイク倒れろ事件〕〈プ257〉）。

通説も、脅迫の故意に基づく傷害の場合にも強盗致傷罪の成立を認めている。240条の立法趣旨を強盗の機会に残忍な殺傷行為が行われることが多いことから被害者の生命・身体を特に厚く保護することにあると解する以上、脅迫が原因で死傷結果が発生した場合にも同条を適用可能であるし、暴行から逃れて転倒して負傷した場合と脅迫から逃れて転倒し負傷した場合を区別するのはバランスを失する。そして、「負傷させた」「死亡させた」の文言から「暴行の故意」に限定する必然性はないし、204条（傷害罪）の「傷害した」とは異なるから204条の成立に必要な主観的要件までは必要ないと解すべきであろう。

このように、通説は、強盗と密接に関連した行為から死傷結果が発生すれば足りるから、暴行の故意による死傷でなくても、脅迫の故意による死傷でもよいとしている（**暴行・脅迫の故意必要説**）。しかし、原因行為は強盗罪における暴行・脅迫との関連性を問題にするものであるから、原因行為時の主観的要件としても「過失」しかない場合は除外されるべきだとする見解が有力である。例えば、強盗の過程で乳児を誤って踏みつけて死亡させた場合には、強盗致死罪は成立しないことになる。

しかし、限定の意図はともかく、機会説や限定機会説（密接関連性説）を前提にする以上、原因行為について暴行・脅迫の故意がある場合に限定されるとする理論的根拠は必ずしも明らかではない。そこから、死傷結果に純粋な過失しかない場合でも原因行為が強盗の機会に行われた以上240条の適用を排除すべきではないという指摘もある（**過失必要説**）。

【設問9】ガラス破片負傷事例
　Xは、強盗目的で家人を縛りつけ、現金を求めて家の中を探し回ったが、思うように見つからなかったことに腹を立て、戸棚の窓ガラスを壊したところ、飛び散ったガラスの破片によって家人が負傷した。Xの罪責を論じなさい。

【設問9】において、窓ガラスを損壊する行為は強盗の機会に行われたといえるので負傷の原因行為であるといえる。そして、暴行・脅迫の故意必要説によれば、当該損壊行為の時点には暴行・脅迫の故意はないので240条は適用できず、強盗未遂罪（243条・236条）と過失傷害罪（209条1項）が成立する。これに対し、過失必要説によれば、強盗致傷罪が成立することになる。

(5) 未遂・既遂　論点5

> **【事例4】奪取し負傷もさせた事例**
> 　Xは、Aより金品を強奪するため傷害の故意なく暴行を加え、金品を奪取するとともにAを負傷させた。
> **【事例5】負傷させたが奪取しなかった事例**
> 　Xは、Aより金品を強奪するため傷害の故意なく暴行を加え、Aを負傷させたものの金品奪取の目的を遂げなかった。
> **【事例6】奪取したが負傷させなかった事例**
> 　Xは、Aより金品を強奪するため傷害の故意なく暴行を加え、金品は奪取したがAを負傷させるに至らなかった。

　240条の財産犯的側面を重視する**結果的加重犯説**によれば、同条をあくまでも強盗罪の延長線上にあるものと理解するので、未遂・既遂の区別は基本犯である強盗罪の未遂・既遂を基準とすると考える（**強盗基準説**）。

　したがって、**【事例4】**のXは金品を奪取しているので強盗致傷罪、**【事例5】**のXは金品を奪取していないので強盗致傷未遂罪、**【事例6】**のXには（致傷の結果が発生していない以上強盗致傷罪は成立せず）強盗罪が成立することになる。

　これに対し、240条の人身犯的側面を重視する**故意犯包含説**（判例・通説）によれば、本罪の第一次的保護法益が生命・身体である以上、未遂・既遂の区別は生命・身体侵害の有無を基準とすべきことになる（**殺傷基準説**）。

　したがって、**【事例4】**のXはAを負傷させているので強盗致傷罪、**【事例5】**のXもAを負傷させているので強盗致傷罪、**【事例6】**のXには（致傷の結果が発生していない以上強盗致傷罪は成立せず）強盗罪が成立することになる。

　それでは、判例・通説の立場から、本罪の未遂がいかなる場合に成立するのか整理しておこう。

　第1に、死傷結果が発生した場合には本罪は既遂となる。したがって、結果の発生が必要とされる結果的加重犯である**強盗致死罪、強盗致傷罪には未遂は存在しない**。

　第2に、強盗傷人罪の場合、傷害の故意で傷害が発生しなかった場合に未遂が成立するという見解がある。しかし、傷害罪の未遂は暴行罪としてのみ処罰されるものであるから、強盗犯人の暴行が傷害に至らなかった場合も同様に解し、強盗の手段である暴行がなされたにすぎないと解して強盗罪の成

立を認めるべきである。暴行はもともと強盗の手段なのであるから、傷害結果を生じなかった場合を強盗傷人未遂罪として一般の強盗に比して類型的に重く処罰する必要はない。

このように考えると、傷害の故意で傷害結果が発生しなかった場合は、強盗罪が成立するのであるから、**強盗傷人未遂罪は存在**しない。

第3に、240条は第一次的には生命・身体を保護法益とするものであるから、240条後段は、人の死亡という結果の有無で未遂と既遂を区別すべきである。したがって、240条の未遂とは、**強盗殺人罪**において、**殺人が未遂**に終わった場合をいう。

3　強盗・強制性交等罪・同致死罪の基本構造

> 241条1項　ⓐ強盗の罪若しくはその未遂罪を犯した者がⓑ強制性交等の罪（第179条第2項の罪を除く。以下この項において同じ。）若しくはその未遂罪をも犯したとき、又はⓒ強制性交等の罪若しくはその未遂罪を犯した者がⓓ強盗の罪若しくはその未遂罪をも犯したときは、無期又は7年以上の懲役に処する。
> 　2項　前項の場合のうち、その犯した罪がⓔいずれも未遂罪であるときは、ⓕ人を死傷させたときを除き、その刑を減軽することができる。ただし、ⓖ自己の意思によりいずれかの犯罪を中止したときは、その刑を減軽し、又は免除する。
> 　3項　ⓗ第1項の罪に当たる行為によりⓘ人をⓙ死亡させた者は、死刑又は無期懲役に処する。

未遂（243条）　第235条から第236条まで、第238条から第240条まで及び第241条第3項の罪の未遂は、罰する。

(1)　立法趣旨

強盗も強制性交等もそれぞれ悪質な行為であるが、同一の機会にその双方を行うことの悪質性・重大性に鑑み、強盗罪と強制性交等罪を結合した加重処罰類型を規定し、同一の機会になされた強盗行為と強制性交等行為の先後関係を問わず重い法定刑を科すことによりこの種の行為を禁圧しようとするものである。

(2)　保護法益

241条は強盗罪と強制性交等罪の結合犯であることから、保護法益は、被害者の**性的自由（性的自己決定権）**と**財産**（具体的には、財物の占有と財産的利益）であり、241条3項の主たる保護法益は**生命**である。

(3) 客観的要件

本条第1項の強盗・強制性交等罪は、「強盗の罪若しくはその未遂罪を犯した者が強制性交等の罪若しくはその未遂罪をも犯したとき」または「強制性交等の罪若しくはその未遂罪を犯した者が強盗の罪若しくはその未遂罪をも犯したとき」、第3項の強盗・強制性交等致死罪は「第1項の罪に当たる行為により人を死亡させた」ときに成立する。

ア 主 体

本罪の主体の第1は、強盗の犯人、すなわち、「強盗の罪若しくはその未遂罪を犯した者」である（下線ⓐ）。「強盗の罪」とは、強盗罪、事後強盗罪、昏酔強盗罪をいい、「その未遂罪」とは、強盗未遂罪、事後強盗未遂罪、昏酔強盗未遂罪をいう。強盗予備罪（237条）にとどまる者が含まれないことは、240条の場合と同様である。

本罪の主体の第2は、強制性交等の犯人、すなわち、「強制性交等の罪若しくはその未遂罪を犯した者」である（下線ⓒ）。「強制性交等の罪」とは、強制性交等罪（177条）、準強制性交等罪（178条2項）をいい、「その未遂罪」とは、強制性交等未遂罪（180条・177条）、準強制性交等未遂罪（180条・178条2項）をいう。なお、監護者性交等罪（179条2項）や監護者性交等未遂罪（180条・179条2項）は、強盗の罪と同一の機会に犯されることが想定しがたいため、明文で除かれていることに注意する必要がある。

イ 行 為

本罪は、強盗の罪（236条・238条・239条）と強制性交等の罪（177条・178条2項）の結合犯である。したがって、本罪の行為は、「強盗の罪」の行為と「強制性交等の罪」の行為である。強盗の罪の行為の後に強制性交等の罪を行うか（下線ⓑ）、強制性交等の罪の行為の後に強盗の罪を行うか（下線ⓓ）のいずれかである。

条文が「……を犯した者が、……をも犯したとき」という文言になっていることから、強盗等の行為と強制性交等の罪の行為は**同一の機会**に行われることが必要である。

ウ 結 果

強盗・強制性交等罪が成立するためには、「強盗の罪若しくはその未遂罪を犯した者」の場合は、「強制性交等の罪」が未遂もしくは既遂に至ったこと、「強制性交等の罪若しくはその未遂罪を犯した者」の場合は、「強盗の罪」が未遂もしくは既遂に至ったことが必要である。

また、強盗・強制性交等致死罪が成立するためには、強盗の罪あるいは強

制性交等の罪に当たる行為により（下線ⓗ）、「人」（下線ⓘ）を「死亡させた」（下線ⓙ）ことが必要であり、そのためには、「強盗の罪」「強制性交等の罪」のいずれかの罪に当たる行為と死亡結果との因果関係が認められることが必要である。

　なお、本条は強盗犯人が強制性交等をして被害者を負傷させた場合、強制性交等の犯人が強盗をして被害者を負傷させた場合について何も規定していない。そこで、このような場合に行為者にどのような罪責を負わせるべきかについては争いがある（**論点1** 強盗・強制性交等罪「致傷」の場合）。

(4)　主観的要件

　強盗・強制性交等罪の故意としては、同一の機会に強盗の行為と強制性交等の行為を行うことの認識・認容が必要である。

　強盗・強制性交等致死罪については、それに加え、死亡結果について過失が必要であるとするのが通説であるが、判例はこれを不要としている（結果的加重犯の成立要件につき、総論5講4(2)**イ**コラム参照）。

　強盗・強制性交等の犯人が死亡結果について故意を有する場合に、行為者にどのような罪責を負わせるべきかについて争いがある（**論点2** 強盗・強制性交等「殺人」の場合）。

(5)　減軽・免除事由

　強盗・強制性交等罪（241条1項）は、強盗の罪と強制性交等の罪の結合犯であり、結合関係にある強盗の罪と強制性交等の罪のいずれもが未遂であっても成立するので、強盗・強制性交等罪には未遂罪を観念することができない。

　しかし、同一の機会になされた強盗の罪と強制性交等の罪のいずれもが未遂であり（下線ⓔ）、人の死傷結果が生じていない場合には（下線ⓕ）、その行為の違法性が低い場合もありうるので、刑の任意的減軽を認める規定が置かれている（241条2項本文）。形式的には未遂罪ではないので43条本文には当たらないが、実質的には特別に認められた未遂減軽規定と理解される。

　その上で、未遂に終わった強盗の罪と強制性交等の罪のいずれかについて、自己の意思によって中止したといえるとき（下線ⓖ）、すなわち、任意性と中止行為性の要件が認められるときは、中止犯と同じ法律効果である刑の必要的減免が認められる（241条2項但書）。

　なお、強盗・強制性交等致死罪（241条3項）については、未遂の処罰規定が設けられている（243条）。241条3項の主たる保護法益は生命であり、同項には殺意がある場合も含まれると解すべきであるから（**論点2** 強盗・強

制性交等「殺人」の場合参照)、241条3項の未遂とは、強盗・強制性交等罪を犯した者が殺意をもって被害者を殺害しようとしたが殺害結果が発生しなかった場合（強盗・強制性交等殺人未遂罪）をいう。

(6) 罪数

強盗・強制性交等罪の1つの重要な保護法益は性的自由（性的自己決定権）にあることから、強盗が行われた場所で複数の被害者に対して強制性交等の行為が行われたときは、被害者の数に応じた強盗・強制性交等罪が成立し、併合罪となる（旧241条の強盗強姦罪につき、最判昭24・8・18裁判集刑13号307頁）。

4 強盗・強制性交等罪・同致死罪の重要問題

(1) 強盗・強制性交等「致傷」の場合 　論点１

刑法241条3項は、同一の機会に強盗の行為と強制性交等の行為を行い、そのいずれかの行為を原因として「死亡」の結果を発生させた場合を規定するにとどまり、「傷害」の結果を発生させた場合について特別な規定を設けていない。そこで、このような場合、行為者にいかなる罪責を負わせるべきかについてさまざまな見解が主張されている。

【設問10】新聞集金人強盗・強制性交事件

Xは、新聞集金人を装って女子高校生が留守番をしている家を訪問し、被害者から現金を強奪するとともに強制性交行為をしようと企て、A方で女子高校生Aに対し暴行・脅迫を加えて反抗を抑圧し、わいせつ行為を行った後に強制性交をし傷害を負わせた。そして、引き続き文化包丁を突きつけて現金1万円を強取した。Xの罪責を論じなさい。

この点、判例は、強盗・強制性交等については致死のみを特に重く処罰している241条3項の趣旨からして、単に傷害の結果を発生させたにすぎないときは強盗・強制性交等罪（241条1項）のみが成立するとしている（大判昭8・6・29刑集12巻1269頁〔強姦未遂（当時）の事案につき強盗強姦未遂罪が成立〕）。本問と類似の事案について、東京地裁も、「強盗強姦罪〔現在の強盗・強制性交等罪〕が成立する場合において、犯人がその強盗の機会《あるいは強姦の際》に加えた暴行により生じた傷害はもとより強盗強姦以外の別罪を構成するものではないが、強盗強姦罪の重要な量刑評価の対象となるものであり」と判示しており（○東京地判平元・10・31判時1363号158頁〈プ265〉）、通説もこの見解を支持している。

第10講　強盗罪の加重類型——強盗致死傷罪等　229

判例・通説が強盗・強制性交等罪（241条1項）のみが成立すると考える
理由は次の点にある。

強盗・強制性交等罪の法定刑は無期または7年以上の懲役となっており非
常に重い。それは、強制性交等致死傷罪（181条2項）の法定刑（無期また
は6年以上の懲役）よりも重くなっており、241条3項が「致死」について
規定しながら「致傷」について規定していないのは、致傷の結果を生じた場
合は強盗・強制性交等罪のみで評価すれば足りるとする趣旨である。そし
て、傷害の点は量刑上不利益な情状として考慮すれば足りる。

(2) 強盗・強制性交等「殺人」の場合 　論点2

241条3項は「第1項の罪〔注：強盗・強制性交等罪〕に当たる行為によ
り人を死亡させた」と規定している。これは、240条後段が「強盗が、人を
……死亡させたとき」と類似の表現となっている。そこで、強盗・強制性交
等罪の犯人が、被害者を故意に殺害した場合にも241条3項が適用できるか
が問題となる。

【設問11】強盗・強制性交殺人事例

　Xは、Aから現金を強取しようと企て、Aに対して暴行を加えたものの、Aが
現金を所持していなかったので、落胆し自暴自棄になり、Aに強制性交をして殺
害しようと決意し、Aの首を絞めて強制性交をしたところ、Aはその後まもなく
窒息死した。Xの罪責を論じなさい。

【設問11】 において、Xは同一の機会に強盗未遂罪と強制性交等罪を犯し
ているので強盗・強制性交等罪（241条1項）が成立する。問題は、Aを故
意に殺害しているので強盗・強制性交等致死罪（241条3項）が成立するか
否かである。

この点、241条3項の「死亡させた」という文言は、例えば205条の「死亡
させた」と同じ文言であるから、人の死亡について故意がない場合を予定し
たものであると解し、241条3項は殺害の故意のない結果的加重犯のみを規
定したものであるという見解もありうる（**結果的加重犯説**）。

とりわけ、2017（平成29）年の刑法一部改正前の241条は「強盗が女子を
強姦し……よって女子を死亡させたとき」と規定され、「よって」という結
果的加重犯の常套文句が使用されていたため、判例もかつては同条を結果的
加重犯と理解していた（○大判昭10・5・13刑集14巻514頁〈プ263〉）。

この立場によれば、**【設問11】** のように殺意のあるXには241条3項は適用

230

されず、強盗・強制性交等罪（241条1項）と強盗殺人罪（240条後段）が成立し、両罪は観念的競合（54条1項前段）になる。

しかし、これでは「強盗」を二重に評価することになり妥当でない。そこで、それを避けるために強盗・強制性交等罪と殺人罪（199条）の観念的競合と解すると、殺意がない場合には241条3項が成立して法定刑の下限が無期懲役となるのに、殺意があるXの場合、241条1項と199条の法定刑の下限は7年の懲役となり、殺意のある場合の方がかえって刑が軽くなるという不均衡が生ずる。

この問題を回避しようとして、強盗・強制性交等致死罪と殺人罪の観念的競合を認めると、今度は「死」を二重評価することになり妥当でないばかりか、241条3項を結果的加重犯と解しながら殺意のあるXにこれを適用するのは論理矛盾である。このように、結果的加重犯説は二重評価や刑の不均衡という点で疑問がある。

そこで、241条3項は、結果的加重犯としての強盗・強制性交等致死罪だけでなく、殺人の故意がある強盗・強制性交等殺人罪を含むと解すべきである（**故意犯包含説**）。なぜなら、241条3項は（240条後段と同様）死刑または無期懲役という重い法定刑を規定しており、殺人の故意がある場合を含まないと解するのは妥当でないからである。また、241条3項が、旧規定の「よって……死亡させた」という結果的加重犯の常套文句をあえて用いず、「第1項の罪に当たる行為により人を死亡させた」と規定したのは、殺意がある場合を含むことを明らかにするためである。なお、241条3項に未遂の処罰規定（243条）が設けられているのは、強盗・強制性交等殺人罪（241条3項）が未遂に終わった場合を想定している。

故意犯包含説によれば、【設問11】のXには強盗・強制性交等殺人罪（241条3項）のみが成立することになる。

このように考えると、241条3項は、240条後段と統一的に解釈されることになる。もっとも、240条の場合は死亡結果の原因行為は強盗の機会に行われればよいというのが判例の立場である（2(2)イ参照）。これに対し、241条3項の罪による処罰の対象となるのは、強盗の行為または強制性交等の行為から死亡結果が発生した場合であるから、それ以外の強盗または強制性交等の「機会」に死亡結果が発生した場合には、同項は適用されない。

したがって、例えば、強盗・強制性交等罪が成立する場合であっても、強盗や強制性交等の実行行為とは評価できない強盗の「機会」の行為（例えば、逃走のための暴行など）によって故意に被害者を死亡させた場合は、強

盗・強制性交等殺人罪は成立せず、強盗・強制性交等罪と強盗殺人罪が成立して観念的競合となる。

第11講　詐欺の罪

◆学習のポイント◆
1　詐欺罪は、①欺罔行為→②相手方の錯誤→③錯誤に基づく交付・処
　分行為→④財物・財産上の利益の移転という４つの要件が中核とな
　る。具体的な事例において詐欺罪の成否を判断する際には、必ずこの
　４つの要件が認められるかを順に検討すること。どんなに複雑な事例
　でも、この図式に当てはめれば足りる。
2　その４つの要件の中でも特に重要となるのが、欺罔行為である。欺
　罔行為は、処分行為や財産的損害に向けられた行為でなければならな
　いという点に注意する必要がある。
3　近年、詐欺罪に関する重要な最高裁判例が数多く出されているの
　で、事実関係と最高裁の立場を理解しておく必要がある。

1　総　説

　詐欺の罪は、人を欺いて財物を交付させ、または財産上不法の利益を得、
もしくは他人に得させる行為、およびこれに準ずる行為を内容とする犯罪で
ある。具体的には、①詐欺罪（246条１項）、②詐欺利得罪（246条２項）、③
準詐欺罪（248条）、④電子計算機使用詐欺罪（246条の２）、⑤上記①から④
の詐欺の未遂罪（250条）が規定されている。このうち特に重要なのは、246
条１項の詐欺罪（**１項詐欺罪**）と246条２項の詐欺利得罪（**２項詐欺罪**）で
ある。１項詐欺罪は、財物を客体とする詐欺罪であるのに対し、２項詐欺罪
は、財産上の利益を客体とする詐欺罪である。

　詐欺の罪の保護法益は、究極的には**個人の財産**である。ただし、１項詐欺
罪の場合は、より具体的にいえば、**占有**が保護法益である。この点は、移転
罪の保護法益として既に述べた（７講３(1)）。また、２項詐欺罪の保護法益
は、**財産上の利益**である。

　251条により、詐欺の罪には244条の親族間の特例（７講５）が準用され
る。

233

2　1項詐欺罪・2項詐欺罪の基本構造

(1)　1項詐欺罪の成立要件

> **246条1項**　ⓐ人を欺いてⓑ財物ⓒを交付させた者は、10年以下の懲役に処する。

未遂（250条）　この章の罪の未遂は、罰する。

> **【事例1】架空の儲け話事例**
> 　Xは、本当は自分の遊興費に使うつもりであるのに、Aに対し、「確実に値上がりする株を知っている。自分に金を預けてくれたら、それを株に投資して、必ず儲けさせてやる」と嘘をついた。これを信じたAは、現金50万円をXに渡し、Xはそれを受け取った。

ア　客　体

客体は、**財物**である（下線ⓑ）。財物とは、他人の占有する他人の財物である。その意義については、窃盗罪で述べたこと（7講2(2)ア a）が原則として当てはまる。242条（自己の財物であっても、他人が占有し、または公務所の命令により他人が看守するものであるときは、他人の財物とみなす）および245条（電気は、財物とみなす）は、251条により1項詐欺罪にも準用される。ただし、窃盗罪と異なり、不動産も客体となるとされている（大判明36・6・1刑録9輯930頁）。【事例1】では、現金50万円が客体である。

イ　行為・結果

行為と結果は、**人を欺いて財物を交付させる**ことである（下線ⓐⓒ）。「人を欺いて財物を交付させた」というのは、①相手方を欺き、②それにより相手方が錯誤に陥り、③その錯誤に基づいて相手方が交付行為を行い、④その交付行為によって財物が行為者に移転するという意味である。このように、1項詐欺罪が既遂に達するためには、**①欺罔行為（欺く行為）→②相手方の錯誤→③錯誤に基づく交付行為→④財物の移転**という4つの要件がそれぞれ因果関係を有していることが必要である。なお、財物の移転は、財産的損害と評価しうるものでなければならないが、その内容については後で検討する（**論点3**〔財産的損害〕）。

詐欺罪の特徴は、交付行為にある。7講で学んだように、詐欺罪は、窃盗罪や強盗罪と同じ移転罪の一種であるが、窃盗罪や強盗罪といった盗取罪では、相手方の意思に反して財物が移転するのに対し、詐欺罪では、相手方の

意思に基づいて（錯誤に陥っているので不十分な意思、つまり瑕疵ある意思ではあるが）財物が移転するところに特徴がある。この相手方の意思に基づいて財物を移転したことを表す要件が、交付行為なのである。このように、**交付行為とは、相手方が錯誤に基づいて財物の占有を移転させることをいう**（従来は、「処分行為」という用語が使われてきたが、1995〔平成 7〕年の刑法改正以来、処分行為のうち、客体が財物の場合を特に「交付行為」と呼ぶようになった）。これに対応して、欺罔行為は、相手方に財物を交付させるために人を錯誤に陥れる行為であるということになる。また、後述するように（**論点 3**〔財産的損害〕）、欺罔行為というためには、その交付の判断の基礎となる重要な事項を偽る行為でなければならない。そこで、**欺罔行為とは、財物の交付に向けて人を錯誤に陥らせることをいい、その内容は、その交付の判断の基礎となる重要な事項を偽ることである**とされている。

【事例 1】で言えば、XがAに現金を提供させるために「株に投資して、必ず儲けさせてやる」と嘘をついたのが欺罔行為である（①）。それを信じたAは、錯誤に陥り（②）、その錯誤に基づき自分の意思でXに50万円を渡しており、これが交付行為に当たる（③）。このAの交付行為によって、50万円という財物の占有がAからXに移転した（④）。このように、【事例 1】では、①欺罔行為→②相手方の錯誤→③錯誤に基づく交付行為→④財物の移転という 4 つの要件がそれぞれ因果関係を有している。ただし、欺罔行為や交付行為の内容については、注意すべき点がいくつかあるので、後で詳しく検討する（**論点 1**〔欺罔行為〕、**論点 2**〔処分（交付）行為〕）。

　ウ　主観的要件

主観的要件として、**故意**と**不法領得の意思**が必要である。故意は、上記ア、イの事実を認識・認容することである。不法領得の意思については、既に述べた（7 講 3(5)）。【事例 1】のXには、明らかに故意と不法領得の意思が認められる。

　(2)　2 項詐欺罪の成立要件

> **246条 2 項**　ⓐ前項の方法により、ⓑ財産上不法の利益ⓒを得、又は他人にこれを得させた者も、同項と同様とする。

　未遂（250条）　この章の罪の未遂は、罰する。

> **【事例 2】無銭飲食事例 1**
> 　Xは、うどん屋でうどんを食べた後、飲食代を踏み倒そうと思い、店主Aに対し、「実は、暴力を振るう主人から逃げてきて、3 日間、飲まず食わずなんです。

第11講　詐欺の罪　235

お金を持ち合わせていないので、食事代は勘弁してもらえませんか」と嘘をついた。これを信じたＡは、Ｘを不憫に思い、「代金は結構ですよ」と言った。Ｘは代金を払わずに店を出た。

本罪の成立要件については、客体が財産上の利益であることを除けば、基本的に１項詐欺罪と同じであると考えてよい。

ア　客体

客体は、**財産上の利益**である（下線ⓑ）。財産上の利益の意義については、既に述べた（７講１⑴**イ**）。246条２項は、財産上「不法の」利益と規定しているが、「不法の」とは、不法な手段という意味であって、利益の内容自体が不法であるという意味ではない。

【事例２】では、うどん代の支払いの免除が財産上の利益である。

イ　行為・結果

行為と結果は、前項の方法、つまり**人を欺いて財産上不法の利益を得、または、他人にこれを得させること**である（下線ⓐⓒ）。「人を欺いて財産上不法の利益を得、又は他人にこれを得させた」というためには、①欺罔行為→②相手方の錯誤→③錯誤に基づく処分行為→④利益の移転という４つの要件がそれぞれ因果関係を有していることが必要である。２項詐欺罪における欺罔行為は、財産上の利益の処分に向けて人を錯誤に陥らせることであり、その処分の判断の基礎となる重要な事項を偽ることを内容とする。なお、「交付行為」は、財物が客体の場合に使う用語なので、２項詐欺罪の場合は、相手方が財産上の利益を移転させることを「処分行為」という。処分行為は、作為による場合ばかりでなく不作為による場合も含まれる。

【事例２】では、Ｘがうどん代の支払いを免れるために「飲まず食わずである」などと嘘をついたのが欺罔行為である（①）。それを信じたＡは、錯誤に陥り（②）、その錯誤に基づき、支払いは不要であるという意思表示をしており、これが処分行為に当たる（③）。これにより、Ｘは、支払いの免除という財産上の利益を取得した（④）。このように、【事例２】では、①欺罔行為→②相手方の錯誤→③錯誤に基づく処分行為→④利益の移転という４つの要件がそれぞれ因果関係を有している。

ウ　主観的要件

主観的要件として、故意が必要である。故意の内容は、上記ア、イの事実を認識・認容することである。【事例２】のＸには、明らかに故意が認められる。

(3) 未遂・既遂

1項詐欺罪および2項詐欺罪の**実行の着手時期は、行為者が詐欺の意思で人に対し欺罔行為を開始したとき**である。例えば、保険金を詐取する目的で保険の目的物である家屋に放火しただけでは、人に対して欺罔行為を行っていないから実行の着手とはいえず、失火を装って保険会社に保険金の支払いを請求して初めて実行の着手となる。

1項詐欺罪および2項詐欺罪は、欺罔行為によって錯誤に陥った相手方が財物や利益を交付・処分し、それによって**財物や利益が行為者側に移転したときに既遂**となる。詐欺罪が既遂に至るためには、欺罔行為→錯誤→錯誤に基づく交付・処分行為→財物・利益の移転の間に因果関係が必要であるから、例えば、欺罔行為を行ったところ、相手方がそれを見破ったが、行為者を不憫に思って財物を交付した場合は、詐欺未遂罪となるにすぎない。

(4) 違法性阻却事由

窃盗の被害者が窃盗犯人から盗品を詐欺的手段によって取り戻した場合には、違法性阻却の余地があるが、この点については、移転罪の保護法益に関する議論（7講3(1)）が当てはまる。また、債権者が債務者に債務を弁済させるために債務者を欺いたときにも、違法性阻却の有無が問題となるが、同じ問題は恐喝罪においても生じるので、恐喝罪の箇所で詳しく解説する（12講3(2)）。

(5) 罪　数

1個の欺罔行為によって同じ被害者から数回にわたって財物を詐取したときは、包括一罪となるが、1個の欺罔行為によって複数の被害者から財物を詐取したときは、被害者が異なる以上、複数の占有を侵害したといえるから、複数の詐欺罪が成立し、観念的競合となる。ただし、街頭募金の名の下に複数の通行人から現金を詐取した街頭募金詐欺の事例において詐欺罪の包括一罪とした判例（最決平22・3・17刑集64巻2号111頁〔街頭募金詐欺事件〕）がある（総論27講4(3)ウ）。

窃取または詐取した財物を利用して、さらに詐欺を実行したときは、新たな法益侵害を伴うといえる以上は、詐欺罪が成立し、併合罪となる。例えば、郵便貯金通帳を窃取または詐取し、これを利用して郵便局係員を欺き貯金払戻しを受けた場合は、通帳の領得について窃盗罪（235条）または詐欺罪、貯金払戻しについて詐欺罪が成立し、両罪は併合罪になる（最判昭25・2・24刑集4巻2号255頁〈プ312〉）。また、消費者金融会社の係員を欺いて限度額付のローンカードを交付させた上、これを用いて同社のATMから

現金を引き出した場合は、カード入手行為について詐欺罪、現金引出行為について窃盗罪が成立し、両罪は併合罪となる（○最決平14・2・8刑集56巻2号71頁〈プ313〉）。

保険金詐取の目的で保険の目的物である家屋に放火し、保険金を保険会社から詐取したときも、放火罪（108条または109条1項）と詐欺罪は併合罪になる。これに対し、偽造した文書を利用して詐欺を実行したときは、偽造文書行使罪（158条・161条など）と詐欺罪は牽連犯となる。

3　1項詐欺罪・2項詐欺罪の重要問題

(1)　詐欺罪の成立要件(1)──欺罔行為 論点1

【設問1】釣銭詐欺事例
　Xがコンビニで2000円の商品を買うためレジで5千円札を店員Aに渡したところ、Aは、これを1万円札と間違え、釣りとしてXに8000円を渡した。Xは、そのことに気づきながら8000円を受け取り、何も言わずにコンビニを出た。Xの罪責を論じなさい。

【設問2】無銭飲食事例2
　Xは、代金を支払うつもりがないのに、牛丼屋で店員Aに対し「牛丼の並と味噌汁」と注文した。そこで、AはXに牛丼と味噌汁を提供し、Xはこれを完食した。Xの罪責を論じなさい。

ここから、欺罔行為、処分（交付）行為といった詐欺罪の成立要件を順にもう少し詳しく見ていくことにしよう。まず、欺罔行為である。

前述したように、欺罔行為とは、財物の交付や財産上の利益の処分に向けて人を錯誤に陥らせることをいい、その内容は、その交付や処分の判断の基礎となる重要な事項を偽ることである。手段や方法に制限はなく、言語によるものでも動作によるものでもかまわない。ただし、取引上一般に用いられる「かけひき」の範囲内で多少の誇張や事実の歪曲があっても、通常、相手方が錯誤に陥ることがない程度のものであれば、欺罔行為とはいえない。

欺罔行為は、作為による場合が通常であるが、不作為による場合でもよい。**不作為による詐欺**とは、既に相手方が錯誤に陥っていることを知りつつ、真実を告知せず、財物や財産上の利益を取得する場合である。生命保険契約の締結の際に既往症を告知しない場合や、不動産取引の際に抵当権の存在を告知しない場合が、その例として挙げられている。

不作為犯の詐欺は不真正不作為犯（総論6講）であるから、その成立には

作為義務が必要となる。詐欺罪における作為義務の内容は、真実を告知すべき義務すなわち告知義務である。告知義務は、法令、契約、慣習等を根拠とするが、排他的支配（総論6講2(1)イ）にも着目する必要があろう。【設問1】では、「釣銭が余分である」という事実を告げなければ確実に余分の釣銭を領得できることから排他的支配があり、信義則上、Xには告知義務があるのに、Xはその義務に違反して真実を告げなかったとして、通説は、Xに**不作為による詐欺罪**の成立を認めている。ただし、学説上は、通常の取引関係においては釣銭が余分であることを告知する義務はないとして、詐欺罪の成立を否定する見解も有力である。

　　＊　釣銭を受け取ったときにはそれが過分であるとは知らず、帰宅した後に初めて釣銭が多いことに気づいたが、これを返さなかった場合は、後述する占有離脱物横領罪（13講5）が問題となる。

　一方、【設問2】でも、Xは、店員Aに「代金を払うつもりである」と明確に嘘をついたわけではなく、店員AがXに代金を支払ってもらえると勝手に錯覚したのを利用して財物を詐取したともいえる。しかし、これは、一般に不作為ではなく**作為による詐欺罪**であると解されている。それでは、【設問1】との違いは何か。【設問1】では、Aが最初から（XがAをだまそうとする前から）錯誤に陥っており、Xはそれを利用して余分の釣銭を得たのに対し、【設問2】のAは、Xが無銭飲食の意思で行った注文によって初めて錯誤に陥っている。そして、社会の常識からいって、「代金を払う」と明言しなくても、食べ物を注文すれば当然それは後で代金を払うということを意味しているから、社会通念上、Xの行為は、注文という作為によりAを錯誤に陥れる欺罔行為といえるのである。このように、明示的に虚偽の事実を述べなくても、行為者の言動が相手方の錯誤を生じさせるような性質をもっている場合を**挙動による欺罔行為**と呼ぶ（◎最判平26・3・28刑集68巻3号582頁〔宮崎暴力団員ゴルフ事件〕は、暴力団関係者であることを申告せずにゴルフ場を利用した事例において、ゴルフ場の従業員から暴力団関係者であるかどうかを確認されなかったことなどを理由に、施設利用を申し込んだ行為は挙動による欺罔行為に当たらないとした）。

(2)　詐欺罪の成立要件(2)——処分（交付）行為　論点2
ア　処分（交付）行為の機能

【設問3】コート持逃げ事例
　Xは、洋服屋でコートを試着し、店員Aに対し「他の客が向こうで呼んでい

る」と嘘を言い、Aがその場を離れた隙にコートを着たまま逃走した。Xの罪責を論じなさい。

【設問4】無銭飲食事例3

　Xは、飲食店で食事をした後、財布を家に忘れてきたことに気づいたため、飲食代を踏み倒そうと思い、店員Aに対し「他の客が向こうで呼んでいる」と嘘を言い、Aがその場を離れた隙に代金を払わずに逃走した。Xの罪責を論じなさい。

　次に、詐欺罪の特徴の1つである処分行為（客体が財物の場合は交付行為）の内容を詳しく見ていこう。先ほど述べたように、処分行為とは、相手方の錯誤に基づいて財物の占有・利益を移転させることをいい、この処分行為の有無が詐欺罪と窃盗罪（235条）を区別する要素となる。

　【設問3】で、Xは店員Aに嘘をついてコートという財物を持ち去っているが、詐欺罪が成立するわけではない。なぜならば、Aは、Xに対してコートを持ち帰ることを承諾したわけではなく、したがって、Aの交付行為によってコートの占有が移転したとはいえないからである。むしろ、XはAの意思に反してコートの占有を得ているから、その行為は「窃取」に当たり、Xには窃盗罪が成立する。このように、嘘をついて財物を取得しても詐欺罪になるとは限らないのである。

　処分行為の有無は、客体が財産上の利益である場合に、より大きな意味をもつ。【設問4】において、Xは、店員Aをだまして支払いの免脱という財産上の利益を得ているが、2項詐欺罪が成立するわけではない。Aは支払いの免脱を承諾したわけではなく、Aの処分行為が存在しないからである。Xは、財産上の利益を窃取したということになるが、既に述べたように（7講3(5)イ）、利益の窃取は利益窃盗として不可罰であるから、【設問4】のXには犯罪は成立しない。このように、処分行為の有無は、客体が財物の場合は詐欺罪か窃盗罪かの違いにすぎないが、客体が財産上の利益の場合は2項詐欺罪か不可罰かという大きな違いが生じるのである。

　ただし、ここで注意しなければいけないのは、詐欺罪の成立要件への当てはめ方である。先ほど、【設問3】では「交付行為がない」と述べたが、詐欺罪の成立要件に当てはめる際に、「XはAに嘘をついているから、欺罔行為がある（①）。Aは他の客に呼ばれたと誤信して錯誤に陥った（②）。しかし、交付行為がない（③）から、詐欺罪は成立しない」と説明するのは不正確である。なぜならば、そのような説明だと、欺罔行為という詐欺罪の実行行為がなされたことになり、詐欺未遂罪が成立することになってしまうから

240

である。【設問3】の結論は、詐欺罪は未遂も含めて成立しないというものだったはずである。そのような結論を導き出すためには、欺罔行為そのものがなかった（①）と説明する必要がある。つまり、実行行為とは、構成要件を実現する現実的危険性を有する行為である（総論4講2(2)）から、詐欺罪の実行行為である欺罔行為は、詐欺罪の構成要件を実現する危険性を有する行為、すなわち相手方に処分（交付）行為を行わせる危険性を有する行為でなければならない。「財物の交付または財産上の利益の処分に向けて人を錯誤に陥らせること」が欺罔行為の定義の内容になっているのは、そのためである。したがって、たとえ嘘をついたとしても、それが相手方に処分（交付）行為をさせるための嘘でなければ、そもそも欺罔行為とはいえない。【設問3】で言えば、「Xの虚言は、Aの交付行為に向けられた行為ではないので、欺罔行為には当たらず、詐欺罪は（未遂すら）成立しない」と説明すべきなのである。

イ　欺罔者・被欺罔者（処分権者）・被害者

　処分行為を行うことができるのは、被害財産の処分をなしうる権限ないし地位を有する者すなわち処分権者だけである。そして、詐欺罪は、欺罔行為によって錯誤に陥らせ、その錯誤に基づいて処分行為を行わせるところに本質があるから、欺罔行為の相手方すなわち被欺罔者は、処分権者でなければならない。言い換えると、**被欺罔者と処分権者とは、常に一致していなければならない**のである。例えば、登記係員を欺いて抵当権抹消登記をさせても、登記係員は抵当権を処分しうる権限を有するわけではないから、詐欺罪は成立しない。

　逆に、処分権者の意思に基づいて財物・利益が移転すれば足りるから、**被欺罔者＝処分権者と被害者とは一致する必要**はない。例えば、会社の社員を欺いて会社の金員を支出させた場合、被欺罔者と処分権者は社員であるのに対して、被害者は会社であるが、詐欺罪は成立しうる。このような場合を**三角詐欺**と呼ぶ。①欺罔者、②被欺罔者＝処分権者、③被害者という三者が当事者となるからである。ただし、上述のとおり、**三角詐欺の場合も、被欺罔者と処分権者とは一致しなければならない**。なお、三角詐欺は、訴訟詐欺（論点5）やクレジットカードの不正使用（論点6）において問題となる。

ウ　処分意思の要否

【設問5】古本事例
　Xは、Aの持っている古い本に1万円札が挟まっていたが、Aがそのことに気

第11講　詐欺の罪　241

づいていなかったことから、「そんな古い本、要らないだろ。俺にくれよ」と言った。Aは、「いいよ」と言って、その本をXに渡した。Xの罪責を論じなさい。

【設問6】無銭飲食事例4

　Xは、飲食店で食事をした後、財布を家に忘れてきたことに気づいたため、飲食代を踏み倒そうと思い、店員のAに支払いを求められた際、「もう別の店員に払ったよ」と嘘をついた。これを信じたAは、「それは失礼いたしました」と言い、Xを見送った。Xは、食事代を支払わずにそのまま逃走した。Xの罪責を論じなさい。

　処分行為というためには、処分意思に基づく処分の事実が必要である。したがって、処分意思を欠く幼児や高度の精神障害者を欺いて財物を奪っても、窃盗罪（235条）が成立するのであって、詐欺罪が成立するのではない。

　ただ、処分意思の内容に関しては、被害者が財物や利益の移転について認識している必要があるのかという点が問題となり、処分意思必要説と不要説が対立している。必要説によれば、【設問5】のAは1万円札がXに移転することを認識していないから、Aには交付意思がなく、Xの行為は詐欺罪ではなく窃盗罪となる。これに対し、不要説は、Aが錯誤に基づき自分の意思で本をXに渡している以上は交付意思が認められ、Xには詐欺罪が成立するとする。

　前述したように、詐欺罪は、（瑕疵はあるものの）被害者の意思に基づいて財物や利益が移転するところに本質があるから、不要説も、被害者の処分意思が全く要らないと主張しているわけではない。処分意思があったというためには、被害者が財物や利益の移転の具体的な内容を完全には認識している必要はなく、財物や利益の移転の外形的な状況（【設問5】でいえば、本がAからXに移転すること）を認識していること（これを**無意識的処分行為**という）で足りるとしているにすぎないのである。その意味では、必要説と不要説の対立は、無意識的処分行為を処分行為に含めてよいかをめぐる対立であるともいえる。

　この問題は、客体が財産上の利益の場合に、より重大な結論の違いをもたらす。例えば、**【事例2】**（無銭飲食事例1）において、Xが取得したのは支払いの免除という財産上の利益であるが、店員Aは「代金は結構ですよ」と言い、支払いの免除を明言しているから、これが処分行為に当たることは明らかである。それでは、**【設問6】**はどうだろうか。**【設問6】**においても、Xは支払いの免除という財産上の利益を取得しているが、AはXに退出を許可したにすぎず、支払いの免除を承諾したわけではない。したがって、必要

説を徹底すれば、Aには処分意思が認められず、利益窃盗すなわち不可罰となる。これに対し、不要説からは、Xに2項詐欺罪が成立する。Xが店の外に出れば事実上支払いをしなくてすむ状態となり、Aがそのような事実を認識していれば無意識的処分行為があったといえるからである。

　従来、判例は、必要説に立ち、処分行為の内容を厳格に解してきた。被告人が被害者にりんごを販売する契約をして代金を受け取ったが、期限が過ぎてもりんごを調達できなかったことから、履行を引き延ばすため、催促に来た被害者を駅に案内し、りんごを積んだ無関係の貨物列車を示してりんごの発送手続が完了したように見せかけ、その結果、被害者は安心して帰宅したという事案について、◎最判昭30・4・8刑集9巻4号827頁〈りんご事件、百56、講56、プ306〉は、「被告人の欺罔の結果、被害者乙は錯誤に陥り、『安心して帰宅』したというにすぎない。同人の側にいかなる処分行為があったかは、同〔第1審〕判決の明確にしないところであるのみならず、右被欺罔者の行為により、被告人がどんな財産上の利益を得たかについても同判決の事実摘示において、何ら明らかにされてはいない」と判示し、2項詐欺罪の成立を認めた原判決を破棄した。また、◎最決昭30・7・7刑集9巻9号1856頁〈百52、講57、プ294〉は、無銭飲食・宿泊の事案につき、「詐欺罪で得た財産上不法の利益が、債務の支払を免れたことであるとするには、相手方たる債権者を欺罔して債務免除の意思表示をなさしめることを要するものであって、単に逃走して事実上支払をしなかっただけで足りるものではない」と判示している。

　ただ、【設問6】のような事例は詐欺罪の典型例ともいうべき事案であり、これを不可罰とするという結論は常識に反するであろう。そこで、必要説も、処分意思の内容を緩和するのが一般的である。すなわち、詐欺罪の本質は、被害者の意思に基づいて財物や利益が移転する点にあるところ、移転の外形的な事実について被害者に認識があれば、その移転は被害者の意思に基づいて行われたといえる。したがって、**処分意思というためには、移転する財物や利益の量や質を完全に認識している必要はなく、単に移転の外形的な事実の認識があれば足りる**とされており、その内容は、無意識的処分行為とほぼ同じである。このように、実際には、必要説と不要説との間に結論の違いはほとんどないといってよい。

　前掲・最判昭30・4・8も、「被告人がどんな財産上の利益を得たかについても……何ら明らかにされてはいない」と述べており、処分行為というより、むしろ利益の取得の点が明確に認定されていないことを理由に原判決を

第11講　詐欺の罪　243

破棄したともいえる。また、前掲・最決昭30・7・7の事案は、最初から支払意思がないのに飲食・宿泊をしたというものであったことから、同決定は、飲食・宿泊自体について詐欺罪の成立を認めており、飲食・宿泊後に代金の支払いを免れた行為について詐欺罪の成立を否定した部分は傍論にすぎないのである。

さらに、裁判例の中には、「今晩必ず帰ってくる」と欺いて旅館を立ち去り、宿泊代を免れた事案について、黙示的な支払猶予の意思表示があったとして、2項詐欺罪の成立を認めたもの（東京高判昭33・7・7裁特5巻8号313頁〈プ296〉）も存在する。また、後述するキセル乗車（論点7）などに関する裁判例を見ても、処分意思の内容は緩和されているといってよい。

これに対し、「知人を見送りに行ってくる」と欺き、単に旅館の玄関先に出ることの承諾を得ただけでは、行為者が支払いの免脱という利益が得られる状態になることを被害者が認識していたとはいえないから、処分行為は認められず、利益窃盗として不可罰となろう（前掲・最決昭30・7・7）。

処分行為の有無は、具体的には、訴訟詐欺（論点5）、クレジットカードの不正使用（論点6）、キセル乗車（論点7）などにおいて問題となる。

●コラム● 無銭飲食

　一口に「無銭飲食」といっても、本文で述べたように、成立する犯罪はさまざまである。最初から代金を支払う意思がないのに飲食物を注文し、飲食した場合（【設問2】）は、店員を欺いて飲食物という財物を取得したといえるから1項詐欺罪が成立する。これに対し、飲食物を食べた後に初めて支払いを免れる意思が生じた場合は、飲食物という財物を取得した後に詐欺の故意を生じているから1項詐欺罪の成立する余地はないが、店員の処分行為に向けられた欺罔行為により支払いを免れたといえれば（【事例2】）、2項詐欺罪が成立するし、そういえなければ（【設問4】）、利益窃盗として不可罰となる。なお、飲食物を詐取した後、さらに欺罔行為によって支払いを免れた場合は、1項詐欺罪と2項詐欺罪は、実質上同一の利益に関する罪といえるから、包括一罪となろう。

エ　直接性の要件

【設問7】風呂敷包み持去り事件
　Xは、A方の玄関において虚言を弄してAを誤信させ、油糧公団に現金70万円を持参させる気にさせた。Aが現金70万円を入れた風呂敷包みを玄関に置いてトイレに行った隙に、Xはその現金を持ち去った。Xの罪責を論じなさい。

詐欺罪の本質は、相手方の意思に基づいて財物や利益が移転するところにあるから、詐欺罪が成立するためには、**処分行為によって直接に被害者側か**

ら行為者側に財物や利益が移転したといえる必要がある。これを**直接性の要件**という。逆に、相手方の処分行為ではなく行為者の行為によって占有が移転したときは、詐欺罪は成立せず、窃盗罪（235条）が問題となる。

○最判昭26・12・14刑集5巻13号2518頁〈講52、プ289〉は、【設問7】の事案において、Aは現金を玄関に置くことによりXの事実上自由に支配させることができる状態に置いたとして、詐欺罪の成立を認めた。もっとも、この結論に対しては、現金がまだAの家の中にあったことや、Aがこれから現金を油糧公団に持参するためすぐに戻ってくるつもりであったことなどを理由に、現金を玄関に置いただけでは占有はXに移転しておらず、むしろ、Xが家の外に持ち出した行為によって初めて占有が移転したから窃盗罪とすべきであったとの批判が強い。なお、客を装い試乗車を乗り逃げした事案において窃盗罪ではなく詐欺罪の成立を認めた裁判例として、東京地八王子支判平3・8・28判タ768号249頁〈プ291〉がある。

＊　交付の相手方は、通常は欺罔者であるが、欺罔者以外の第三者に財物を交付させても占有の移転となりうる。ただし、第三者の範囲は、行為者の道具として行動する者、行為者の代理人としてその利益のために財物を受領する者、犯人が第三者に財物を交付させて利得させる場合など、行為者との間に特別な事情が存在する者に限られる（大阪高判平12・8・24判時1736号130頁〈プ305〉）。そのような場合でなければ、不法領得の意思が認められないからである。したがって、相手方を欺き、行為者とは全く無関係の第三者に交付させた場合には、詐欺罪ではなく毀棄罪が問題となる。

被告人が「釜焚き」と称する儀式の料金を被害者から騙し取るため、支払いのできない被害者について、被害者が被告人の経営する薬局から商品を購入したように仮装してクレジット契約を締結させ、信販会社から被告人に振込送金させた事案について、最決平15・12・9刑集57巻11号1088頁〈プ304〉は、詐欺罪の成立を認めた。

(3)　詐欺罪の成立要件(3)──財産的損害　論点3

ア　形式的個別財産説と実質的個別財産説

【設問8】電気あんま器事件
Xは、一般に市販されており誰でも容易に入手可能な2000円相当のあんま器を、「入手困難な特殊治療器で価格1万円であるが、2000円に値引きする」と言ってAに販売した。Aは、Xに2000円を支払い、Xからあんま器を受け取った。Xの罪責を論じなさい。

詐欺罪は、単に人に嘘をつく罪ではなく、個人の財産を侵害する罪である

から、詐欺罪の成立には財産的損害の発生が必要であるとされている。それでは、【設問8】において財産的損害は発生したといえるだろうか。Aは、Xにだまされて2000円を交付しているが、代わりにXから2000円相当の商品を受け取っているため、損をしていないようにも思える。このように、**相当対価の給付があった場合にも財産的損害の発生が認められるか**が問題となる。

　仮に詐欺罪を全体財産に対する罪（7講1(2)イ）であると考えると（全体財産説）、【設問8】では、Xの全体としての財産は減少していないから、財産的損害が発生しておらず、詐欺罪は成立しないということになる。しかし、通説は、詐欺罪を個別財産に対する罪であると解している（個別財産説）。個別財産に対する罪においては、個々の財物や利益を喪失した以上、その穴埋めをする反対給付があったとしても財産罪の成立が認められる（7講1(2)ア）。【設問8】では、たとえ反対給付として2000円相当の商品を受け取ったとしても、2000円の支払いが損害と評価できれば詐欺罪が成立することになる。問題は、財産的損害が発生したと評価されるのはどのような場合かである。この点をめぐっては、形式的個別財産説と実質的個別財産説が対立している。

　かつての通説は、形式的個別財産説に立っていた。**形式的個別財産説とは、相手方が本当のことを知っていれば交付しなかったといえるときには、その交付自体が財産的損害に当たる**とする見解である。これによると、【設問8】では、Aは電気あんま器がそれほど高価な商品ではないということを知っていれば代金を支払わなかったといえるから、たとえ代金相当の価値の商品を受け取ったとしても、Aの代金の支払いは財産的損害と評価してよいということになる。

　従来、判例も、これと同様の言い回しを用いてきた。【設問8】と類似の事案において、◎最決昭34・9・28刑集13巻11号2993頁〔電気あんま器事件〕〈百48、講54、プ276〉は、「たとえ価格相当の商品を提供したとしても、事実を告知するときは相手方が金員を交付しないような場合において、……真実に反する誇大な事実を告知して相手方を誤信させ、金員の交付を受けた場合は、詐欺罪が成立する」と判示した。このほかにも、偽造した特配指令書を用いて公定代金を支払い、酒を購入した事案（最大判昭23・6・9刑集2巻7号653頁〈プ280〉）や、不動産の売却先を偽り、相当対価を支払って根抵当を放棄させた事案（最決平16・7・7刑集58巻5号309頁〈プ281〉）など、相当対価の給付があった事案において詐欺罪の成立が肯定されている。

246

【設問 9 】 成人雑誌事例

16歳のＸは、書店の店主Ａに対して18歳であると偽り、18歳未満の者には販売が禁止されている定価1000円の成人雑誌を購入し、1000円をＡに支払った。Ｘの罪責を論じなさい。

　もっとも、形式的個別財産説に対しては、詐欺罪の成立範囲が広くなりすぎるおそれがあるという批判が向けられている。【設問 9 】において、Ａは、Ｘが16歳であることを知っていれば雑誌を販売しなかったといえるから、形式的個別財産説の考え方をそのまま当てはめると、財産的損害の発生が認められ、Ｘには詐欺罪が成立することになる。しかし、Ｘは、Ａに雑誌の代金を全額支払っており、単に自分の年齢を偽ったにすぎない。したがって、Ａは、経済的に見れば何ら損害を被っておらず、このような場合にまで詐欺罪の成立を認めるのは妥当でないように思える。そもそも形式的個別財産説のいうように「被害者が本当のことを知っていれば交付しなかった」といえるときに常に詐欺罪の成立を認めると、詐欺罪が個人の意思決定の自由に対する罪になってしまう。

　そこで、詐欺罪は財産罪である以上、**経済的に評価して損害が発生したかどうかを実質的に判断すべきである**とする**実質的個別財産説**が、現在では通説的地位を占めている。その判断方法は論者によって多少異なるものの、実質的個別財産説は、財産と実質的に関係する錯誤を生じさせた場合、あるいは、被害者が取引上の交換目的あるいは交付目的を達成できなかった場合に財産的損害を認めているといってよい。例えば、【設問 9 】（成人雑誌事例）において、購入者の年齢は、青少年の保護という社会的利益には関係するかもしれないが、雑誌と代金との交換目的という財産的利益に関係する事情ではないので、その点を偽ったとしても財産的損害は発生せず、詐欺罪には当たらない。これに対し、【設問 8 】（電気あんま器事件）においては、実質的個別財産説からも財産的損害の発生が認められる。商品の性質や価値は、取引上の交換目的あるいは交付目的の達成に関わる事実であり、その点に関して錯誤が生じているからである。

　判例は、形式的個別財産説と実質的個別財産説のいずれに立つのかについて明確な判断は示していない。ただ、前掲・最決昭34・9・28（電気あんま器事件）や前掲・最決平16・7・7などの判例が形式的個別財産説的な表現を用いているものの、実際には、判例は、被害者が本当のことを知っていれば交付しなかったといえるかどうかだけで詐欺罪の成否を判断しているわけ

第11講　詐欺の罪　247

ではなく、むしろ、経済的な観点から損害が発生したといえるかを実質的に
考慮しているといってよい。例えば、裁判例には、医師ではないのに医師で
あるように装って診断し、薬品を定価で販売した事例（大決昭 3・12・21刑
集 7 巻772頁〈プ275〉）や、医師の証明書を偽造し、対価を支払って劇薬を
購入した事例（東京地判昭37・11・29判タ140号117頁〈プ282〉）のように、
本当のことを知っていれば被害者は財物を交付しなかったといえる事案にお
いて詐欺罪の成立を否定するものが見られる。これらの事案では、医師とい
う身分や劇薬購入の資格は薬品の購入目的や交付目的とは関係のない事情で
あったことから、裁判所は、経済的な観点から判断して財産的損害の発生を
否定したと考えられる。

　そこで、以下では、実質的個別財産説を前提として、財産的損害の判断方
法を具体的に見ていくことにしよう。

イ　財産的損害の判断方法

　詐欺罪などの個別財産に対する罪においては、原則として個々の財物や利
益を喪失した以上、財産的損害が発生したといえ、財産罪の成立が認められ
る。ただ、単に財物・利益が移転しただけで財産的損害が常に認められるわ
けではない（適法な贈与の場合も財物の占有は移転する）。詐欺罪において
財物・利益の移転が財産的損害と評価されるのは、その移転が錯誤に基づく
交付・処分行為によってなされるからこそである。そうだとすれば、問題
は、どのような錯誤に基づく財物・利益の移転であれば財産的損害と評価し
うるかであるということになる。つまり、財産的損害の有無を判断するにあ
たっては、**詐欺罪の成立に必要とされる錯誤（＝偽られた事実）の内容をど
のように理解すべきか**が焦点となるのである。

　ただし、詐欺罪の成立要件への当てはめ方については、先ほど処分（交
付）行為について述べたことが、ここでも妥当する。仮に【設問 9】（成人
雑誌事例）において財産的損害の発生を否定するとしても、「Ｘは年齢を偽
ったから欺罔行為はあるが、『Ｘは18歳である』という錯誤に基づく雑誌の
占有移転は財産的損害と評価しうるものではない」と説明すると、詐欺未遂
罪が成立することになってしまう。実質的個別財産説は、【設問 9】におい
て詐欺罪は未遂すら成立しないと考えるのであるから、そのような結論を導
き出すためには、欺罔行為自体がなかったと説明する必要がある。つまり、
財物の占有移転が財産的損害と評価しうるものでなければならないことに伴
い、**詐欺罪の実行行為である欺罔行為も、財産的損害を生じさせる危険性を
有する行為でなければならず**、【設問 9】では、「単に年齢を偽る行為は、詐

欺罪における財産的損害を生じさせる危険性を有する行為とはいえないため、そもそも欺罔行為に当たらない」と説明されることになるのである。

実際、◎最決平19・7・17刑集61巻5号521頁〈自己名義預金通帳詐取事件、講51、プ288〉や◎最決平22・7・29刑集64巻5号829頁〈搭乗券詐取事件、百50、後掲・設問10〉といった近時の判例も、財産的損害の発生の有無が争われた事案において、被告人の行為が欺罔行為に当たるかどうかを問題としている。

  * 詐欺罪は、①欺罔行為、②相手方の錯誤、③錯誤に基づく処分（交付）行為、④財物・利益の移転という4つの要件を内容としているが、学説の中には、財産的損害をそれらの要件から独立した第5の要件であるかのように説明するものもある。しかし、詐欺罪においては、背任罪（247条）と違って、財産的損害の発生が条文上要求されているわけではないこと、詐欺罪は財物・利益の移転によって既遂に達するのであって、財産的損害の発生によって既遂に達するわけではないことを踏まえると、財産的損害は、詐欺罪の第5の要件ではなく、錯誤に基づく財物・利益の移転の内容を示したものであると理解すべきであろう。そして、上記のように、この点は、財産的損害を生じさせる危険性を有する行為が行われたといえるかという形で、まず①欺罔行為の要件のところで検討することになる。

【設問10】搭乗券詐取事件
 Ｘは、搭乗券交付の際に航空会社による厳格な本人確認が行われている中、本当はＹを航空機に搭乗させて外国に不法入国させる意図であるのにその意図を隠し、Ｘが搭乗するように装い、航空会社の係員Ａに対してＸの航空券と旅券を呈示し、搭乗券の交付を受けた。Ｘの罪責を論じなさい。

【設問11】暴力団員通帳詐取事件
 暴力団員Ｙは、暴力団員であることを秘して、Ｂ銀行Ｃ支店の窓口で行員Ｄに対しＹ名義の預金口座の開設を申し込み、Ｄは、Ｙ名義の預金通帳とキャッシュカードをＹに交付した。Ｂ銀行では、反社会的勢力との関係遮断の原則を掲げた政府指針を踏まえて、暴力団員には預金口座を開設しないこととしていた。Ｙの罪責を論じなさい。

そこで問題となるのが、どのような錯誤を生じさせる行為であれば欺罔行為といえるかであるが、実質的個別財産説を前提にすると、欺罔行為というためには、財産と実質的に関係する錯誤を生じさせる行為でなければならないということになる。具体的にいえば、被害者が取引を通じて意図した交換目的・交付目的の達成を妨げる錯誤を生じさせる行為（取引上の交換目的・交付目的の不達成）であることが必要であるとされる。取引の場面におい

て、財物は、相手方に交付したり反対給付と交換したりすることによって何らかの目的を実現するところに財産としての価値があるからである。

　この点、判例は、欺罔行為の内容を「**交付の判断の基礎となる重要な事項**」を偽ることと表現している（前掲・最決平22・7・29）。「交付の判断の基礎となる重要な事項」（重要事項性）とは、実質的個別財産説のいう「取引上の交換目的・交付目的」と実質的に同じものと見てよいであろう。

　重要な事項かどうかは、単に被害者の内心をもとに主観的に判断するのではなく、①財産的処分をするにあたり、偽られた事実の存否を考慮する目的や理由に客観的な合理性があるか、②当該事実の存否を確認する体制や運用がとられており、交付者が当該事実に大きな関心を寄せていることが外部的にも明らかになっているか、③当該事案において、当該事実に錯誤がなければ財産的処分行為を行わなかったという事情があるかなどを考慮して、外部的な事情をもとに客観的に判断されている。例えば、前掲・最決平22・7・29は、【設問10】と同様の事案において、①航空機運航の安全確保や不法入国防止のための措置を講じることが航空会社に求められていたため、航空券に氏名が記載されている乗客以外の者を航空機に搭乗させないことが航空運送事業の経営上重要性を有していたこと、②そのため、搭乗券交付の際には厳重な本人確認の体制がとられていたこと、③係員は搭乗券交付請求者が他の者を搭乗させる意図を有していることがわかっていれば搭乗券の交付に応じることはなかったであろうことなどを指摘した上で、搭乗券交付請求者自身が航空機に搭乗するかどうかは交付の判断の基礎となる重要な事項であるから、その点を偽った被告人の行為は欺罔行為に当たるとして、詐欺罪の成立を認めた。また、最決平26・4・7刑集68巻4号715頁〔暴力団員通帳詐取事件〕は、【設問11】と同様の事案において、①反社会的勢力との関係遮断等を掲げた政府指針等を踏まえると、企業の社会的責任や企業防衛の観点から、口座開設等申込者が暴力団員であるかどうかを口座開設の際に考慮することには客観的な合理性があること、②銀行においては、約款や申込時の対応により、口座開設等申込者が暴力団員かどうかを確認する体制がとられていたこと、③銀行担当者においては、口座開設等申込者が暴力団員であることがわかっていれば通帳等の交付に応じることはなかったことなどから、被告人が暴力団員であることを秘して通帳等の交付を申し込んだ行為は交付の判断の基礎となる重要な事項を偽るものとして欺罔行為に当たり、詐欺罪が成立するとした。

　同様に、他人に譲渡する意図を隠して銀行に通帳等を交付させた事例（前

250

掲・最決平19・7・17）や、暴力団関係者であることを申告せずにゴルフ場の施設を利用した事例（◎最決平26・3・28刑集68巻3号646頁〔長野暴力団員ゴルフ事件〕）において、詐欺（利得）罪の成立が認められている。なお、◎前掲・最判平26・3・28〔宮崎暴力団員ゴルフ事件〕は、暴力団関係者であることを申告せずにゴルフ場の施設を利用した事例において、ゴルフ場の従業員から暴力団関係者であるかどうかを確認されなかったことを理由に、詐欺利得罪の成立を否定している（3(1)）。

　財産的損害の有無は、具体的には、以上の諸事例のほか、国の財産的利益の詐取（論点4）、クレジットカードの不正使用（論点6）などにおいて問題となる。

　　＊　実質的個別財産説の内部においても、取引上の交換目的・交付目的に客観的な合理性があったかどうかを判断する際には、航空会社や銀行の経営状態や損害賠償責任といった経済的な目的に限定して考慮すべきであるとする見解と、経済的な目的に限られず、テロ防止や反社会的勢力の排除といった社会的な目的も考慮してよいとする見解が主張されている。判例がいずれの見解に立つのかは明確にされていないが、前者の見解から判例の結論を説明することも可能であるとされている。

●コラム●　実質的個別財産説と法益関係的錯誤説

　法益に関係する錯誤があった場合に限って承諾が無効となるとする法益関係的錯誤説（総論11講3(3)ウ参照）は、詐欺罪の成立要件としての錯誤は詐欺罪の保護法益である財産に関係する錯誤でなければならず、それに伴い、欺罔行為もそのような錯誤に向けた行為でなければならないと主張しており、これは実質的個別財産説と同じ解決をめざす見解であるといえる。しかし、学説の中には、実質的個別財産説は財産的損害を詐欺罪の独立の要件と考える見解であるのに対し、法益関係的錯誤説は財産的損害を錯誤ないし欺罔行為の問題に位置づける見解であるというように、両者を区別して理解するものもある。これは用語の問題ともいえるが、実質的個別財産説の内容を本文のように理解すれば、少なくとも詐欺罪については、実質的個別財産説と法益関係的錯誤説は実質的には異ならないといってよいであろう。

ウ　交付時期の変更

【設問12】工事代金取得事件
　A県から県営住宅の建設工事を請け負った建設会社の現場所長Xは、工事現場から排出された汚泥について、正規に処理していない汚泥があったにもかかわらず、汚泥が正規に処理された旨の建設業汚泥排水処理券を作成、提出した上、工事代金の支払いをA県知事に請求し、これを交付させた。A県と建設会社の請負契約によると、建設会社が汚泥を正規に処理しなかったとしても、工事代金が減

額されることはなかったが、仮にＡ県に真実を告げたとすると、汚泥処理に関する調査が行われ、工事代金の支払時期が遅れた可能性があった。Ｘの罪責を論じなさい。

【設問12】は、仮に虚偽の事実を述べなくても財物の交付自体は受けられたが、虚偽の事実を述べたことによって交付の時期が早められたという事例である。このような場合にも、財産的損害は発生したといえるだろうか。取引の当事者は一般に、財物を交付するかどうかだけではなく、いつ交付するかということにも大きな関心を寄せるといえるから、単に**交付時期を早めるだけでも、取引上の交換目的・交付目的が達成されず、財産的損害の発生が認められる場合はありうる**。

ただ、本来の交付時期を１日でも早めれば詐欺罪が成立するとするのも現実的ではない。やはり社会的に見て一定の経済的価値に評価し直せるような損害の発生が必要であるというべきであろう。そこで、◎最判平13・7・19刑集55巻5号371頁〈百49、講55、プ277〉は、【設問12】の事案において、「欺罔手段を用いなかった場合に得られたであろう請負代金の支払とは**社会通念上別個の支払に当たるといい得る程度の期間支払時期を早めたものであることを要する**」と判示し、詐欺罪の成立を認めた原判決を破棄差戻しとした。どのような場合に「社会通念上別個の支払」といえるかは、早められた期間のほか、交付時期の設定理由、目的物の価格・性質などから総合的に判断することになろう。

同じことは、他人を欺くことによって交付時期を遅らせる場合にもいえる。財産上の利益を得たというためには、債務の履行を完全に免れる必要はなく、単に**一時的に債務の履行を猶予される場合でも財産的損害の発生が認められることはありうる**。しかし、その場合でも、社会通念上別個の履行といえる程度に履行を遅らせる必要があろう。前掲・最判昭30・4・8（りんご事件）は、履行遅滞の状態にある債務者が欺罔的手段によって一時債権者の督促を免れたからといってそれだけで財産上の利益を得たとはいえないとしたが、これは、そのような趣旨であると考えられる。

(4) 詐欺罪の諸類型(1)──国の財産的利益の詐取 論点4
ア 国や地方公共団体の財産的利益の詐取

【設問13】国有地払下げ事件
Ｘは、営農意思をもつ者だけが払下げの資格を有する国有地につき、営農意思

がないのにあると偽り、対価を支払って県知事から払下げを受けた。Xの罪責を論じなさい。

　これまで詐欺罪の各成立要件の内容について解説してきた。その内容を踏まえて、以下では、1項詐欺罪や2項詐欺罪の成否が問題となる具体的な事例を順に検討していくことにしよう。

　まず、国や地方公共団体の財産的利益の詐取は詐欺罪を構成するかである。【設問13】のXの行為は、農業政策という国家的法益の侵害行為である。そこで、学説の中には、国や地方公共団体の財産的利益の詐取は詐欺罪の定型性を欠くとして、詐欺罪の成立を否定する見解も存在する。しかし、判例・通説は、**国や地方公共団体も財産権の主体となりうる以上、その財産を詐取すれば詐欺罪が成立する**としている。◎最決昭51・4・1刑集30巻3号425頁〈百47、講50、プ279〉は、【設問13】と同様の事案において詐欺罪の成立を肯定した。なお、Xは、国有地の払下げを受ける際に相当対価を支払っているが、この点が詐欺罪の成立を否定する理由にならないことについては前述した（3(3)ア）。

　　　＊　なお、脱税は、国を欺くことにより税金の支払いの免脱という財産上の
　　　　利益を得ており、形式的には2項詐欺罪の構成要件に該当する。しかし、
　　　　各種税法等の特別法が存在するために詐欺罪の適用が排除されるとか、税
　　　　金や罰金の徴収は公権力の作用であって国の財産権の行使ではないから、
　　　　これを免れても財産権の侵害には当たらないなどの理由で、詐欺罪の成立
　　　　は否定されている（大判大4・10・28刑録21輯1745頁）。

イ　文書の不正取得

　国の財産的利益の詐取の一類型として、国や地方公共団体からの文書の不正取得がある。

　a　詐欺罪の成立が否定される場合

　裁判例においては、**旅券**（最判昭27・12・25刑集6巻12号1387頁〈プ284〉）、**運転免許証**（高松地丸亀支判昭38・9・16下刑集5巻9＝10号867頁）、**印鑑証明書**（大判大12・7・14刑集2巻650頁〈プ283〉）などの詐取については詐欺罪の成立が否定されている。その根拠は、旅券等の文書の発行が資格や事実の証明にすぎず、何ら財産的利益と結びつくものではないために、そのような文書の交付を請求する行為は財産的損害に向けられた欺罔行為に当たらないという点に求められる。また、特に旅券の不正取得について詐欺罪の成立を否定する根拠として、157条2項（免状等不実記載罪）との

第11講　詐欺の罪　253

関係が挙げられている。すなわち、157条2項は、公務員に対し虚偽の申立てをして旅券に不実の記載をさせる行為を処罰しているところ、同条項の構成要件は不実記載された旅券の交付を受ける事実を当然に含んでおり、同条項の法定刑が軽い点を参酌すると、旅券の不正取得は詐欺罪に問擬すべきではなく、157条2項の罪のみが成立すると解すべきであるというのである。

 ＊ 旅券等の不正取得が詐欺罪を構成しないのは、旅券等が財物に当たらないからであると説明されることもある。しかし、他人の占有する証明文書を窃取すれば窃盗罪が成立することからも明らかなように、旅券等の証明文書が財産罪の客体としての財物に当たること自体は否定できないであろう。また、旅券等の不正取得は国の財産的利益の侵害であるが、前述したように、その点も詐欺罪の成立を否定する理由にはならない。

 b 詐欺罪の成立が肯定される場合

他方、**簡易生命保険証書**（○最決平12・3・27刑集54巻3号402頁〈プ285〉）や、**国民健康保険証**（○最決平18・8・21判タ1227号184頁〈プ286〉）の不正取得については、詐欺罪の成立が肯定されている。簡易生命保険証書は、保険金の支払請求の際に提出するなど財産的な価値と結びついているし、国としては、簡易生命保険証書を交付することにより、保険事故の場合に保険の給付を行わなければならない危険を負担することになる。また、国民健康保険証の被保険者は、保険医療機関に国民健康保険証を提示することにより医療費の負担の軽減などの経済的利益を享受しうる。このように、簡易生命保険証書や国民健康保険証は、単なる事実証明に関する文書にとどまらず、社会生活上重要な経済的価値効用を有するものであるため、それらの不正取得は、詐欺罪を構成するのである。

 ＊ 国や地方公共団体からの文書の不正取得と関連して問題となるのが、預金通帳の不正取得である。預金通帳は口座開設の証明書にすぎないから、上述した旅券等の不正取得の場合と同じく、預金通帳の不正取得は財産権の付与とはいえず、詐欺罪を構成しないとの見解もありうる。

  しかし、判例では、他人を装い、銀行の行員に他人名義の預金通帳を交付させた事案（○最決平14・10・21刑集56巻8号670頁、〈プ287〉）や、第三者への譲渡目的を秘して自己名義の預金通帳を交付させた事案（前掲・最決平19・7・17）において、詐欺罪の成立が認められている。預金通帳は、単なる証明文書ではなく、預金の預入れや払戻しをなしうる点において財産的価値を有し、預金通帳の交付は財産的利益の付与であるといえる。その上、「犯罪による収益の移転防止に関する法律」（犯罪収益移転防止法）により他人ないし架空名義の通帳の取得や他人への譲渡目的での通帳の取得が禁止されており、銀行としても、他人名義の通帳を取得する目的ある

いは通帳等を第三者に譲渡する目的で客が預金口座の開設を申し込んでいることがわかれば、預金口座の開設や通帳の交付には応じないこととされている。それゆえ、本人名義の通帳かどうか、通帳を第三者に譲渡する目的があるかどうかは、行員が通帳の交付を判断するための基礎となる重要な事項となるのであり、その点を偽って通帳の交付を申し込む行為は欺罔行為に当たるのである。

(5) 詐欺罪の諸類型(2)——訴訟詐欺 論点5

【設問14】訴訟詐欺
　Xは、契約書等を偽造して、Aに対する100万円の債権があると偽って訴訟を提起し、勝訴判決を得た。Xは、強制執行により100万円を取得した。Xの罪責を論じなさい。

　訴訟詐欺とは、裁判所を欺いて勝訴の判決を得、敗訴者から財物または財産上の利益を取得することをいう。訴訟詐欺が詐欺罪を構成するかについては、肯定説と否定説が対立している。

　　＊　否定説は、①裁判所は、民事訴訟において形式的真実主義ないし弁論主義を採用しており、虚偽の主張だとわかっていても原告勝訴の判決を下さなければならないのだから、裁判所を錯誤に陥れることはありえない、②敗訴者は強制的に財物を提供させられるのであるから、任意の処分行為があったとはいえないなどとして、詐欺罪の成立を否定する。

　しかし、判例（大判明44・11・14刑録17輯1981頁〈プ300〉）・通説は、肯定説に立ち、**【設問14】**においても詐欺罪の成立を認める。①民事裁判においても証拠の評価は自由心証によるのであるから、欺罔行為により裁判所を錯誤に陥れることは十分に考えられる。ただし、被告が口頭弁論期日に欠席したことにより原告の主張を認めたことになるという擬制自白（民事訴訟法159条1項）の場合は、裁判所は原告の主張が虚偽だとわかっていながら原告勝訴の判決を下さなければならないが、その場合は、被告は欠席すれば敗訴することがわかっていながら欠席したのであるから、被害者の同意があるものとして詐欺罪の構成要件該当性を阻却することになろう。

　また、②訴訟詐欺においては、敗訴者が被害者であり、裁判所が被欺罔者であるが、さらに、裁判所は処分権者でもあるといえよう。裁判所が判決を下せば、それに基づいて強制執行による財物・利益の移転が可能となるため、裁判所は被害者の財産を処分しうる地位を有するといえるからである。したがって、被欺罔者と処分権者（処分行為者）は一致し、詐欺罪の成立要件を満たす。このように、**訴訟詐欺**は、**被欺罔者＝処分行為者と被害者**とが

第11講　詐欺の罪　255

異なる三角詐欺の一形態である（前記3(2)イ）。もっとも、被害者と別の者を執行債務者として強制執行が行われる場合のように、強制執行を担当する裁判所書記官や執行吏が被害者の財産を処分する権限を有していないときは、詐欺罪は成立しない（○最判昭45・3・26刑集24巻3号55頁〈百55、講53、プ303〉）。

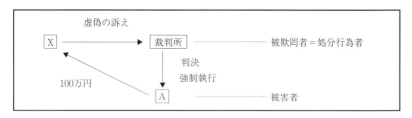

(6) 詐欺罪の諸類型(3)――クレジットカードの不正使用　論点6

クレジットによる取引においては、信販会社と会員契約を締結した客（会員）が、その信販会社と加盟店契約を結んだ店（加盟店）にクレジットカードを呈示して商品を購入すると、信販会社は、加盟店に購入代金の立替払いを行い、後日、その金額を会員の預金口座から取り立てる仕組みになっている。それでは、クレジットカードを不正に使用して商品を購入した場合に、詐欺罪は成立するだろうか。以下では、自己名義のクレジットカードの不正使用と、他人名義のクレジットカードの不正使用とに分けて検討しよう。

ア　自己名義のクレジットカードの不正使用

【設問15】自己名義のクレジットカードの不正使用
　Xは、自己の口座に預金が全くなく、代金を支払うことができないことを知りながら、Aデパートにおいて店員Bに対しC信販会社の自己名義のクレジットカードを呈示して、鞄を購入することとし、売上票に署名した。Bは、カードの有効性と、売上票とカードの署名の同一性を確認し、鞄をXに渡した。Aデパートから立替払いの請求を受けたC信販会社は、Xの購入した鞄の代金をAデパートの預金口座に振り込み、後日、Xの預金口座から代金を引き落とそうとしたが、Xの預金口座には残高がなかったため、引き落とすことができなかった。Xの罪責を論じなさい。

自己名義のクレジットカードの不正使用について問題となるのは、【設問15】のXのように、会員が代金支払いの意思や能力がないのに自己名義のクレジットカードを使用して加盟店から物品を購入した場合である。

クレジットによる取引において、加盟店には、会員に支払意思・能力があ

るかどうかまで確認する義務は課されておらず、カードが有効であることと、カードの利用者がカード会員本人であることさえ確認すれば、加盟店は信販会社から確実に立替払いを受けられる。【設問15】においても、店員Bがカードの有効性と、売上票とカードの署名の同一性を確認した以上、Xに支払意思・能力があるかどうかを確認しなくても、AデパートはC信販会社から立替払いを受けることができる。

　そこで、加盟店は何ら損害を被っておらず、むしろ、実質的に財産的な損害を被っているのは客に代金を支払ってもらえない信販会社の方であるとして、被欺罔者と処分行為者を加盟店とし、被害者を信販会社とする三角詐欺という構成をとる見解が、学説上は有力である。つまり、1）客がカードを提示することによって加盟店は客の支払いの意思や能力について錯誤に陥るから、加盟店が被欺罔者である、2）加盟店が信販会社に立替払いを請求すれば信販会社はこれに応じざるをえない以上、加盟店は処分権者であるといえる、3）結果として、信販会社は代金債務の負担という財産の損害を被ったとして、2項詐欺罪の成立を認めるのである（**2項詐欺罪説**）。なお、2項詐欺罪説の中には、信販会社が支払いをした時点を既遂時期とする見解と、客が商品を購入した時点で信販会社が債務を引き受けることにより客は代金債務の免脱という財産上の利益を得たことを理由に、商品交付の時点で既遂を認める見解がある。

　これに対し、下級審の裁判例の主流は、1項詐欺罪の成立を認めている（**1項詐欺罪説**。○福岡高判昭56・9・21判タ464号178頁〈プ309〉、○東京高判昭59・11・19判タ544号251頁〈講59〉）。【設問15】でいうと、Xは、支払いの意思や能力がないのにこれを秘して商品の購入を申し込むという欺罔行為を行うことにより（①）、店員Bを錯誤に陥れて（②）、鞄を交付させ（③）、鞄という財物を取得した（④）からである。既遂時期は、行為者が加盟店から財物を取得した時点である。学説上、1項詐欺罪説を支持する見解も存在する。

　1項詐欺罪説によると、被害者は、財物を騙し取られた加盟店であるということになる。それでは、加盟店に財産的損害が発生したといえるのであろうか。たしかに、加盟店は信販会社から立替払いを受けられるため、経済的な観点から見れば、加盟店には財産的な損害が全く発生していないようにも見える。しかし、上記(3)**イ**（**論点3**〔財産的損害〕）で学んだように、交付の判断の基礎となる重要な事項を偽る行為は、詐欺罪の実行行為である欺罔行為といえる。クレジット取引では、仮に加盟店が客に支払いの意思や能力

第11講　詐欺の罪　257

がないことを知りながら商品を販売したとすると、加盟店は、信義則違反を理由に信販会社から立替払いを拒絶される可能性があると考えられるから、客に支払いの意思や能力があるかどうかは、加盟店が商品の交付を判断するための基礎となる重要な事項に当たる。したがって、**加盟店に支払いの意思や能力を偽り商品の購入を申し込む行為は欺罔行為である**といえ、それにより加盟店から商品の交付を受けた以上、その占有移転は財産的損害と評価することができ、詐欺罪の成立が認められるのである。

> ＊　なお、加盟店はクレジットカード自体の有効性と署名の同一性を確認すれば足りるから、クレジットカードの不正使用において加盟店に対する欺罔行為および加盟店側の錯誤は存在しえないとして、クレジットカードを呈示して物品を買い受ける行為は詐欺罪に当たらないとする見解も、存在する。

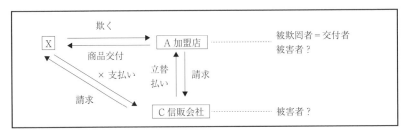

イ　他人名義のクレジットカードの不正使用

> **【設問16】他人名義のクレジットカードの不正使用**
> Xは、友人Yに対し、「買い物をしたいんだけど、今、持ち合わせがないんだ。お前のクレジットカードを貸してくれないか。お前の口座から引き落とされる代金は、後で必ず返すから」と頼んだ。Yは、これを承諾し、XにB信販会社のY名義のクレジットカードを渡した。Xは、Aデパートにおいてそのクレジットカードを使って鞄を購入した。後日、B信販会社は、Aデパートに鞄の代金を立替払いするとともに、Yの預金口座からその代金を取り立てた。また、Xは、Yに代金を支払った。Xの罪責を論じなさい。

他人名義のクレジットカードの不正使用のうち、奪取または拾得した他人名義のクレジットカードを無断で使用して商品を購入するなど、カード名義人の承諾なしにカードを使用する場合については、一般に、1項詐欺罪の成立が肯定されている。加盟店には、カードの利用者がカード会員本人であることを確認する義務を課されており、もしその義務を果たさなかった場合には、信販会社からの立替払いを受けられない可能性がある。そのため、カー

ドの利用者がカード会員本人であるかどうかという事実は、加盟店にとって商品を交付するかどうかを判断するための基礎となる重要な事実であり、その点を偽って商品の購入を申し込む行為は欺罔行為といえ、それにより商品の交付を受ければ詐欺罪が成立するのである。

問題は、**カード名義人が使用承諾を与えている場合である**。例えば、【設問16】のＸは、カード名義人であるＹの承諾を得てカードを使用しており、誰も経済的には損害を被っていないとも思える。加盟店のＡデパートはＢ信販会社から立替払いを受け、Ｂ信販会社はＹから代金を取り立て、ＹはＸから代金を受け取っているからである。このような場合にも詐欺罪は成立するのだろうか。

この点について、◎最決平16・2・9刑集58巻2号89頁〈百54、講60、プ308〉は、クレジットカードの名義人本人になりすまし、そのカードの正当な利用権限がないのにこれがあるように装い、その旨従業員を誤信させて商品の交付を受けた以上、1項詐欺罪が成立するとした。クレジットカードの規約上、名義人以外の者によるカードの利用は許されておらず、加盟店は利用者が名義人でないと知ればカードの利用には応じないというのが建前である。これを前提にすると、**カードの利用者と名義人とが同一人物であるということは、加盟店が商品を交付するかどうかを判断するための基礎となる重要な事実であり、その点を偽る行為は欺罔行為に当たる**といえ、それにより商品の交付を受ければ詐欺罪が成立することになる。

* もっとも、近親者等名義人本人と同視しうる者のカードを利用した場合には、可罰的違法性がないなどの理由で、詐欺罪の成立が否定される余地もある。前掲・最決平16・2・9は、この点については判断を示しておらず、判例の立場は明らかにはされていない。

(7) 詐欺罪の諸類型(4)──キセル乗車 論点7

【設問17】キセル乗車
　Ｘは、Ａ電鉄の甲駅から乙駅、丙駅を経て丁駅まで乗車する際、甲駅から乙駅の切符を購入し、甲駅の駅員Ｂにそれを呈示して電車に乗り、丙駅から丁駅の定期券を丁駅の駅員Ｃに呈示して改札口を通過した。Ｘの罪責を論じなさい。

ア　問題の所在

キセル乗車とは、【設問17】のように、甲駅から丁駅まで乗車する目的で、甲駅（乗車駅）から最寄りの乙駅間の乗車券を購入し、甲駅の係員Bに呈示して電車に乗り、あらかじめ購入してあった丙丁各駅間の定期券を丁駅（下車駅）の係員Cに呈示して改札口を通過し、乙駅から丙駅間の乗車運賃を免れて不正乗車する行為をいう。キセル乗車が2項詐欺罪を構成するかが争われているが、この点に関しては、①乗車時の行為について**運送労務の提供**を客体とする2項詐欺罪が成立するか、②下車時の行為について**運賃支払債務**を客体とする2項詐欺罪が成立するかという2点が問題となる。

> ＊　この点については、2項詐欺罪は成立せず、鉄道営業法29条の無賃乗車罪が問題となるにすぎないとする否定説（東京高判昭35・2・22東高刑時報11巻2号43頁）も有力である。否定説は、①甲駅―乙駅間の乗車券は有効であり、かつ、乙駅から乗り越すことを申告する義務もないので、乗車駅である甲駅の改札口で係員Bに乙駅までの乗車券を呈示する行為は欺罔行為ではない、②下車駅である丁駅から出場しても、係員Cに正当な乗車券を呈示している以上は係員に錯誤はなく、また、係員Cは乙駅―丙駅間の運賃債権の存在を認識していないから処分意思がないと主張する。

イ　乗車駅での行為

しかし、○大阪高判昭44・8・7判時572号96頁〈百53、講58、プ298〉は、乗車駅の改札を通過した行為について2項詐欺罪の成立を肯定した。【設問17】においてXの甲駅の改札を通過した行為を2項詐欺罪の4つの要件に順に当てはめてみると、改札口で係員Bに対して乙駅までの乗車券を呈示する行為は、正常な乗客であるように装った**欺罔行為**に当たる（①）。Xに正規の運賃を支払う意思があるかどうかは、Bが甲駅構内への入場の許諾という処分行為をする上で重要な事実といえるからである。これにより、Bは、Xが正規の運賃を支払う正常な乗客であると誤信して**錯誤**に陥り（②）、Xを甲駅構内に入れるという**処分行為**を行った（③）。このとき、Bは丁駅までの輸送をXに明示的に許諾したわけではないので、処分意思があったといえるかが問題となるが、処分意思というためには、移転する財物や利益の量や質を完全に認識している必要はなく、単に移転の外形的な事実の認識があれば足りる（論点2〔処分（交付）行為〕ウ）。【設問17】では、改札係員が駅構内に入場することを許諾すれば、事実上、行為者は全区間を乗車することが可能となるから、Bの行為は、列車への乗車および途中区間を含む全区間の乗車に対する処分行為といってよい。その結果、Xは、甲駅から丁駅

までのＡ電鉄の運送労務の提供という**財産上の利益**を取得したことになり（④）、行為者の乗車した列車が甲駅を出発した段階で既遂に達する。なお、被害者は鉄道営業者であるから、Ｘの行為は三角詐欺となる。

ウ　下車駅での行為

一方、下車駅から出場した行為について２項詐欺罪の成立を認めることも可能であろう。

【設問17】でいえば、Ｘが乙駅―丙駅間の運賃を支払ったかどうかは、下車駅の係員ＣがＸの出場の許諾という処分行為をする上で重要な事実であるから、Ｘがその点を偽って丁駅の係員Ｃに定期券等を呈示する行為は、**欺罔行為**に当たる（①）。これにより、Ｃは、Ｘが正規の運賃を支払った正常な乗客であると誤信して**錯誤**に陥り（②）、Ｘに丁駅改札口を通過させるという**処分行為**を行った（③）。このとき、Ｃは乙駅―丙駅間の運賃の支払いを明示的に猶予したわけではないので、処分意思があったといえるかがやはり問題となるが、Ｘが丁駅から外に出れば、事実上、Ｘは運賃を支払わなくてすむ状況となるから、Ｃが丁駅の集札口の通過を許諾した行為は、処分行為に当たる。その結果、Ｘは、運賃支払債務の免除という**財産上の利益**を取得した（④）。

> ＊　なお、福井地判昭56・8・31判時1022号144頁〈プ299〉は、高速道路のキセル利用の事案において、インターチェンジを出る行為について２項詐欺罪の成立を認めている。

乗車中または下車後に途中区間の運賃不払いの意思を生じ、丙駅から丁駅までの乗車券または定期券を呈示して集札口を通過した場合は、下車駅での行為についてのみ２項詐欺罪が成立する。乗車駅での２項詐欺罪と下車駅での２項詐欺罪の両方が成立しうるときは、両罪は、実質上同一の利益に関する罪といえるから、包括一罪となろう。

●コラム●　自動改札

詐欺罪は、人を錯誤に陥れて財物や利益を取得する罪であるから、人に向けて行われる必要があり、機械をだましても詐欺罪は成立しない。例えば、自動販売機に外国のコインを投入して商品を取り出しても、詐欺罪ではなく窃盗罪である。

同様に、乗車駅や下車駅が自動改札になっているときは、キセル乗車の意思で駅の改札を通過しても、人を錯覚させたわけではないから、２項詐欺罪は成立せず、利益窃盗にすぎない。現在では、多くの駅で自動改札システムになっているので、キセル乗車について２項詐欺罪が成立することも少なくなっているといえよう。ただし、東京地判平24・6・25判タ1384号363頁は、自動改札機や自動精算機に乗車券や精算券を投入して駅を出た事案において、後述する電子計算機使用詐欺罪（246条の2）の成立を認めている。

第11講　詐欺の罪　261

(8) 詐欺罪の諸類型(5)——不法原因給付物と詐欺罪 論点8

【設問18】麻薬代金の詐取
　Xは、麻薬を売るつもりはないのに、Aに対し、「麻薬を売る」と偽り、これを信じたAから代金を受け取った。Xの罪責を論じなさい。

　民法708条は、「不法な原因のために給付をした者は、その給付したものの返還を請求することができない。ただし、不法な原因が受益者についてのみ存したときは、この限りでない」と規定している。したがって、【設問18】のAは、Xに対して代金の返還を請求することはできない。そこで、学説上は、刑法の謙抑性（総論1講3）の観点から、民法上保護されない財産である以上、それを詐取しても刑法上犯罪とすることはできないとして、詐欺罪の成立を否定する見解もある。

　しかし、判例は、贈賄資金の詐取（大判明38・5・19刑録11輯12巻552頁）や、ヤミ米の代金の詐取（最判昭25・12・5刑集4巻12号2475頁〈プ169〉）など、不法原因給付物を詐取した事例について一貫して詐欺罪の成立を肯定している。統制物資を詐取した事案において、○最判昭25・7・4刑集4巻7号1168頁〈百46〉は、欺罔手段によって相手方の財物に対する支配権を侵害した以上、それは社会秩序を乱すものであり、たとえ目的物が不法原因給付物であっても詐欺罪の成立を妨げないとしている。学説においても、多数説はこれを支持しており、その根拠については、交付される財物自体には何ら不法性はないとか、行為者が不法の原因を作り出したのであるから、民法708条但書が適用され、給付者の返還請求権が認められるから、詐欺罪の成立も肯定してよいなどと説明されている。これによると、【設問18】のXには詐欺罪が成立する。

　これに関連して、売春代金の支払いを欺罔的手段によって免れたときに2項詐欺罪が成立するかという問題がある。下級審の裁判例には、2項詐欺罪の成立を肯定するもの（名古屋高判昭30・12・13判時69号26頁〈プ171〉）と、否定するもの（札幌高判昭27・11・20高刑集5巻11号2018頁）が存在する。

4　準詐欺罪

> 248条　ⓐ未成年者の知慮浅薄又は人の心神耗弱に乗じて、そのⓑ財物をⓒ交付させ、又はⓓ財産上不法の利益ⓔを得、若しくは他人にこれを得させた者は、10年

以下の懲役に処する。

未遂（250条） この章の罪の未遂は、罰する。

（1） 総 説

本罪は、相手方の知慮浅薄または心神耗弱を利用して財物を交付させ、または財産上の利益を得、もしくは他人にこれを得させる罪である。欺罔行為を行わなくても、相手方の瑕疵ある意思を利用する点で詐欺罪に類似することから、詐欺罪に準じて処罰するとされているのである。例えば、高価な指輪を持っている5歳の子どもに「プラモデルを買ってあげるから、その指輪をくれないか」と言ってその子どもから指輪を受け取る場合が、これに当たる。

（2） 成立要件

ア 客 体

客体は、**財物**（下線ⓑ）または**財産上の利益**（下線ⓓ）である。

イ 行為・結果

行為および結果は、**未成年者の知慮浅薄または人の心神耗弱に乗じて**（下線ⓐ）、**その財物を交付させ**（下線ⓒ）、**または財産上不法の利益を得、もしくは他人にこれを得させる**（下線ⓔ）ことである。

「未成年者」とは、民法により満20歳未満の者（民法4条）をいう。「知慮浅薄」とは、知識が乏しく、思慮の足りないことをいう。

「心神耗弱」とは、精神の障害により通常の判断能力を備えていない状態をいうが、相手方が誘惑的手段に乗ずるような性質を有することが重要であるから、必ずしも39条2項の心神耗弱と一致するわけではない。もっとも、相手方が意思能力を全く欠く者や心神喪失者であるときは窃盗罪となる。

「乗じて」とは、誘惑にかかりやすい状態を利用することである。なお、詐欺的手段を用いるときは、未成年者などに対する場合でも詐欺罪を構成する。

ウ 主観的要件

主観的要件としては、**故意**と**不法領得の意思**が必要である。

5 電子計算機使用詐欺罪

> **246条の2** 前条に規定するもののほか、ⓐ人の事務処理に使用する電子計算機に虚偽の情報若しくは不正な指令を与えて財産権の得喪若しくは変更に係る不実の電磁的記録を作り、又はⓑ財産権の得喪若しくは変更に係る虚偽の電磁的記録を人の事務処理の用に供して、ⓒ財産上不法の利益ⓓを得、又は他人にこれを得させた者は、10年以下の懲役に処する。

第11講 詐欺の罪 263

未遂（250条）　この章の罪の未遂は、罰する。

【事例3】預金残高書換え事例
　A銀行の行員として預金・為替業務に従事していたXは、A銀行のオンラインシステムの端末機を操作し、実際には振替入金の事実がないのに、A銀行のXの口座に100万円の振替入金があったという通知を発信し、口座の残高を変更した。

【事例4】不正乗車事例
　Xは、A電鉄会社のプリペイドカードを所定の距離以上に乗れるよう偽造し、そのプリペイドカードをA電鉄会社のB駅の自動改札において使用し、C駅まで電車に乗った。

---

(1)　総　説

コンピュータ・システムの発達に伴い、さまざまな取引分野において財産権の得喪や変更に関わる事務が人の介入を経ずにコンピュータ（電子計算機）により自動的に処理される取引形態が増加した。このような取引形態を悪用して他人の財産権を侵害する事例の中には、伝統的な犯罪類型のいずれにも該当しない場合があった。例えば、**【事例3】**および**【事例4】**では、窃盗罪は成立しない。AからXに現金などの財物の占有が移転したわけではないからである。また、1項詐欺罪や2項詐欺罪も成立しない。人を欺いてはいないからである。14講で扱う背任罪（247条）の成立も考えられるが、少なくとも**【事例4】**のXはA電鉄会社の事務を処理しているわけではないから、Xを背任罪の主体である「事務処理者」ということもできない。このように処罰の間隙が生じたことから、1987（昭和62）年の改正により、本罪が新たに設けられたのである。

本罪は、財産上の利益を客体とする点で2項詐欺罪と共通するが、上述のような立法経緯や、本条の「前条に規定するもののほか」という文言からすると、**本罪は2項詐欺罪の補充類型である**といえる。したがって、本罪は、2項詐欺罪が成立しないときに初めて成立する。例えば、係員を欺いてコンピュータにより架空の送金処理をさせたときは、人を欺いているから、本罪ではなく、2項詐欺罪が成立する。

(2)　成立要件

ア　客　体

客体は、**財産上の利益**である（下線ⓒ）。

イ　行為・結果

　行為および結果は、ⅰ）**不実の電磁的記録の作出または虚偽の電磁的記録の供用という手段を用いて、ⅱ）利益の取得という結果を生じさせること**である。

　ⅰ）利益取得の手段

　利益取得の手段としては、①本条前段に規定されている不実の電磁的記録の作出（下線ⓐ）と、②後段に規定されている虚偽の電磁的記録の供用（下線ⓑ）という2つの類型が規定されている。

　第1に、前段で規定されている不実の電磁的記録の作出とは、人の事務処理に使用する電子計算機に虚偽の情報・不正な指令を与えて財産権の得喪・変更に係る不実の電磁的記録を作ることである。

　「人の事務処理に使用する電子計算機」とは、他人がその事務を処理するために使用する電子計算機のことをいう。「虚偽の情報」とは、電子計算機を使用する当該事務処理システムにおいて予定されている事務処理の目的に照らし、その内容が真実に反する情報をいう。例えば、金融機関の職員がコンピュータを操作して自己の口座に架空の入金データを入力する場合や、無断で他人の預金を自己の口座に付け替える場合などが、これに当たる。「不正な指令」とは、当該事務処理の場面において与えられるべきでない指令をいう。例えば、プログラムを改変して自己の預金残高を増やす処理をする場合である。

　　＊　これに対し、金融機関の役職員などの**包括的権限者**がコンピュータを操作して金融機関名義で不良貸付を行う場合は、背任罪が成立することはあっても、電子計算機使用詐欺罪は成立しないとされる。なぜならば、そのような行為は民法上有効であるため、与えられた情報が虚偽とはいいがたいからである。もっとも、包括的権限をもつ者が、業務と無関係にそのような行為を行った場合は、もはや権限内の行為とはいえず、実体を伴わないものであるから、「虚偽の情報」に当たる。例えば、A信用金庫B支店の支店長Xが、個人的な負債の返済に窮したためB支店の係員に命じてB支店設置のオンラインシステムの端末機を操作させ、B支店の保有する資金をXの債権者の普通預金口座に振込入金させて送金させ、また、XがB支店に設けていたX名義の当座預金口座に入金させた事案において、○東京高判平5・6・29高刑集46巻2号189頁〈神田信用金庫事件、百57、講62、プ321〉は、本罪の成立を肯定している。Xは、支店長として入金・送金に関する包括的権限を有しているが、Xの行為は個人的な債務の弁済のために行われ、また、入金の事実もないため、支店長の**権限内の行為には当た**

らず、実体を伴わない「虚偽の情報」といえるからである。

　なお、窃取したクレジットカードの情報を送信し、クレジットカードの名義人本人が電子マネーの購入を申し込んだとする虚偽の情報を与え、名義人本人がこれを購入したとする不実の電磁的記録を作り、電子マネーの利用権を取得した事案について、本罪の成立を認めた判例として、○最決平18・2・14刑集60巻2号165頁〈百59、講64、プ318〉がある。

　「財産権の得喪若しくは変更に係る……電磁的記録」とは、財産権の得喪・変更が存在したという事実、またはその得喪・変更を生じさせるべき事実を記録した電磁的記録であって、一定の取引場面において、その作出によって財産権の得喪・変更が行われるものをいう。これに当たるのは、例えば、オンラインシステムにおける銀行の元帳ファイルの預金残高の記録、プリペイドカードにおける残度数の記録などである。これに対し、不動産登記ファイルのように、財産権の得喪・変更を公証する目的で記録するにすぎないもの、あるいは、クレジット会社の信用情報ファイルやキャッシュカードのように、一定の事項を証明するための記録は、「財産権の得喪若しくは変更に係る……電磁的記録」には当たらない。

　「不実の電磁的記録を作」るとは、人の事務処理の用に供されている電磁的記録に虚偽のデータを入力して、真実に反する内容の電磁的記録を作ることである。

　第2に、後段で規定されている「財産権の得喪若しくは変更に係る虚偽の電磁的記録を人の事務処理の用に供」するとは、行為者がその所持する内容虚偽の電磁的記録を他人の事務処理用の電子計算機に差し入れて使用させることをいう。「虚偽の電磁的記録」とは、内容が虚偽の電磁的記録をいう。「事務処理の用に供」するとは、自己の所持する電磁的記録を、他人の事務処理用の電子計算機において使用することをいう。例えば、内容虚偽の記録を正規のものと差し替えて誤った検索・演算をさせるとか、内容虚偽のプリペイドカードを使用する場合がこれに当たる。

　ⅱ）利益の取得

　こうした行為を手段として、財産上不法の利益を得、他人に得させるという結果の発生が必要である（下線ⓐ）。「不法の利益を得」とは、財産上の利益を不法に取得することをいう。例えば、不実の電磁的記録を使用して銀行の預金元帳ファイルに一定の預金債権があるものとして作出し、その預金の引出し、または振替をすることができる地位を得るというように、事実上財産を自由に処分できるという利益を得る場合である。

積極的に利益を取得する場合だけでなく、債務を免れる場合でもよい。例えば、電話交換システムに対する不正信号を送出することにより不実の課金ファイルを作出させ、電話料金を免れる場合（○東京地判平7・2・13判時1529号158頁〈百58、講63、プ320〉）である。

【事例3】では、Xは、100万円の振替入金があったとの「虚偽の情報」を与え、A銀行の電子計算機に記録されているXの口座の残高を変更することにより、「財産権の得喪若しくは変更に係る不実の電磁的記録を作り」、よって、100万円相当の「財産上不法の利益を得」ている。また、【事例4】では、Xは、偽造したA電鉄会社のプリペイドカードを使用して、「財産権の得喪若しくは変更に係る虚偽の電磁的記録を人の事務処理の用に供」し、よって、電車への乗車という「財産上不法の利益を得」ている。

ウ　主観的要件

主観的要件として、**故意**が必要である。

(3)　未遂・既遂

本罪の実行の着手時期は、①本条前段の行為については、虚偽の情報または不正の指令を与える行為を開始した時点であり、②本条後段の行為については、虚偽の電磁的記録を人の事務処理の用に供する行為を開始した時点である。

既遂時期は、不実の電磁的記録を作出し、または、虚偽の電磁的記録を人の事務処理の用に供して、財産上不法の利益を得た時点である。

(4)　罪　数

時間的に接着して数回にわたり他人の事務処理用電子計算機に虚偽の情報を入力し、財産上不法の利益を得た場合は、本罪の包括一罪となる。

不正に作出したキャッシュカードをATMで使用して預金口座残高を改変した場合のように、本罪の行為が、同時に、電磁的記録不正作出罪（161条の2第1項）または不正作出電磁的記録供用罪（161条の2第3項）に該当するときは、本罪との観念的競合になる。

第11講　詐欺の罪　267

第12講　恐喝の罪

◆学習のポイント◆
1　恐喝の罪と詐欺の罪は、いずれも被害者の瑕疵ある意思に基づいて財物等を領得する罪であるため、両者は成立要件や論点において共通する部分が多い。したがって、恐喝の罪を学習する際には、恐喝の罪と詐欺の罪とはどの点で共通し、どの点で違っているのかを意識すると、効率的である。
2　恐喝罪の重要論点として「権利行使と恐喝罪」があるが、これは、必ずしも恐喝罪に固有の論点ではなく、移転罪の保護法益や財産的損害の意義など財産犯に関する基本的な問題とも密接に関係しているので、その点を意識すること。
3　強盗罪と恐喝罪の区別基準についても復習しておくこと。

1　総　説

　恐喝の罪は、脅迫・暴行を内容とする恐喝行為により人を畏怖させて財物を交付させ、または財産上不法の利益を得、もしくは他人にこれを得させることを内容とする罪である。具体的には、①恐喝罪（〔**1項恐喝罪**〕249条1項）、②恐喝利得罪（〔**2項恐喝罪**〕同条2項）、③これらの未遂罪（250条）が規定されている。

　恐喝の罪の保護法益は、究極的には**個人の財産**であるが、より具体的には、1項恐喝罪の保護法益は占有であり、2項恐喝罪の保護法益は財産上の利益である。

　251条により恐喝の罪には244条の親族間の特例（7講5）が準用される。

2　1項恐喝罪・2項恐喝罪の基本構造

(1)　1項恐喝罪の成立要件

249条1項　ⓐ人を恐喝してⓑ財物ⓒを交付させた者は、10年以下の懲役に処す

> る。

未遂（250条） この章の罪の未遂は、罰する。

　恐喝の罪は、詐欺の罪と同じく、被害者の瑕疵ある意思に基づいて財物等を領得する罪であるため、1項恐喝罪の成立要件は、多くの点で1項詐欺罪の成立要件と共通する。両者の違いは、1項詐欺罪が①欺罔行為→②相手方の錯誤→③錯誤に基づく交付行為→④財物の移転という4つの要素を内容とするのに対し、1項恐喝罪の場合は、その4つの要素のうちの「欺罔行為」が「恐喝行為」に、「錯誤」が「畏怖」にそれぞれ変わるという点だけである。それ以外の成立要件は、基本的に同じと考えてよい。

【事例1】カツアゲ
　高校生Xは、ゲームセンターで遊ぶ金欲しさから、下級生Aに対し、「金を出せ、出さなかったら殴るぞ」と脅した。Aは、恐怖心からXに1万円を差し出し、Xは、これを受け取った。

ア　客　体
　客体は、**財物**である（下線ⓑ）。財物とは、**他人の占有する他人の財物**である。242条（自己の財物であっても、他人が占有し、または公務所の命令により他人が看守するものであるときは、他人の財物とみなす）および245条（電気は、財物とみなす）は、251条により1項恐喝罪にも準用される。**不動産**も客体に含まれる。【事例1】では、現金1万円が客体である。

イ　行為・結果
a　恐喝による財物の交付
　行為と結果は、**人を恐喝して財物を交付させること**である（下線ⓐⓒ）。「人を恐喝して財物を交付させた」とは、①相手方を恐喝（脅迫・暴行）し、②それにより相手方が畏怖し、③その畏怖に基づいて相手方が交付行為を行い、④その交付行為によって財物が行為者に移転するという意味である。このように、1項恐喝罪が既遂に達するためには、**①恐喝行為→②相手方の畏怖→③畏怖に基づく交付行為→④財物の移転**という4つの要素がそれぞれ因果関係を有していることが必要である。7講で学んだように、恐喝罪は、窃盗罪、強盗罪、詐欺罪と同じ移転罪の一種であるが、窃盗罪や強盗罪といった盗取罪では、相手方の意思に反して財物が移転するのに対し、恐喝罪においては、詐欺罪と同じく、相手方の意思に基づいて（畏怖しているので、瑕疵ある意思ではあるが）財物が移転するところに特徴がある。

第12講　恐喝の罪　269

上記の 4 要素の内容は、詐欺罪について述べたこと（11講 2(1)）が基本的には当てはまるので、以下では、詐欺罪と異なる点だけ解説する。それは、①実行行為が欺罔行為ではなく恐喝行為であること、②交付行為が錯誤ではなく畏怖に基づいて行われることである。

　b　恐　喝

第 1 に、**恐喝とは、財物交付に向けられた、人を畏怖させるに足りる脅迫または暴行であって、その反抗を抑圧するに至らない程度の行為**をいう。脅迫・暴行が相手方の反抗を抑圧するに足る程度に至るときには、強盗罪が問題となる（強盗罪と恐喝罪との区別基準については、8 講 3(1)参照）。

脅迫とは、人を畏怖させるに足りる害悪の告知をいう（3 講 2(1)ウ参照）。したがって、「痛い目に遭わすぞ」というように、何らかの法益の侵害を内容とする告知が必要であり、単にガラの悪い口調で人に威圧感を与えたり、困惑させたりするような言動をするだけでは恐喝に当たらない。ただし、害悪の告知の手段や方法には制限がなく、明示の方法である必要はない。言語・文章によるほか挙動または動作による場合も含むし、暗黙の告知でもよい。「俺は○○組の者だ。どうなるかわかってるだろうな」というように、自己の経歴や性行および職業上の不法な威勢を利用して、法益侵害の危険があることを暗に示す行為も恐喝に当たる。

告知される害悪の種類には制限がない。脅迫罪（222条）における「脅迫」と異なり（3 講 2(1)エ）、相手方またはその親族の生命、身体、自由、名誉または財産に対するものに限らない。

告知された害悪が実現可能であるか否かは問わない。また、行為者が自ら害悪を実現するものとして告知する必要もなく、第三者によって実現されるものとして告知される場合も恐喝に当たりうるが、その場合には、第三者に対して行為者が影響を与えうる立場にあるか、相手方がその事情を推測できる状況にあることが必要であろう。天変地異や吉凶禍福の告知は、原則として脅迫行為とはならないが、自己の力によって天変地異や吉凶禍福を左右する力があると信じさせうる立場にあるときは、恐喝となりうる。

害悪の内容自体は、違法なものでなくてもよい。「告訴する」というように正当な権利行使を通告した場合でも、それが不当な財物取得の手段として用いられるときは脅迫に当たりうる。

暴行も、恐喝の方法に含まれる。暴行を加えられ、さらにそれが反復されると思わせることにより、相手方を畏怖させられるからである。暴行は、相手方を畏怖させる性質のものである限り、直接に相手方の身体に加える必要

はなく（2講1(1)ア参照）、直接には物や第三者に加えてもよい。

　c　畏怖に基づく交付行為

　第2に、恐喝罪における交付行為は、相手方の畏怖に基づいて行われることを要する。つまり、恐喝行為を行い、相手方を畏怖させた結果として、相手方の意思に基づいて財物の占有を移転させる交付行為により、財物が行為者またはそれと一定の関係にある第三者に移転することが必要である。

　詐欺罪の場合と同様に、恐喝の相手方（被恐喝者）と被害者とは同一人でなくてもよい。被恐喝者と被害者が異なる場合を**三角恐喝**という。なお、恐喝罪は、恐喝により生じた畏怖に基づいて財物を交付するところに特徴があるから、三角恐喝の場合にも、被恐喝者と交付行為者は一致する必要があることに注意しなければならない。

　【事例1】では、XがAに対し「金を出せ、出さなかったら殴るぞ」と脅したのが恐喝行為である（①）。これによりAは畏怖し（②）、その畏怖に基づきXに1万円を渡しており、これが交付行為に当たる（③）。このAの交付行為によって、1万円という財物の占有がAからXに移転した（④）。このように、**【事例1】**では、①恐喝行為→②相手方の畏怖→③畏怖に基づく交付行為→④財物の移転という4つの要素がそれぞれ因果関係を有している。

　ウ　主観的要件

　主観的要件として、**故意**と**不法領得の意思**が必要である。故意は、上記**ア、イ**の事実を認識・認容することである。**【事例1】**のXには、明らかに故意と不法領得の意思が認められる。

　(2)　2項恐喝罪の成立要件

249条2項　ⓐ前項の方法により、ⓑ財産上不法の利益ⓒを得、又は他人にこれを得させた者も、同項と同様とする。

未遂（250条）　この章の罪の未遂は、罰する。

【事例2】飲食代踏倒し事件

　Xは、居酒屋で飲食後、従業員Aから飲食代の請求を受けた際、「そんな請求してわしの顔を汚す気か、お前は口が過ぎる、なめたことを言うな、こんな店をつぶすくらい簡単だ」と脅し、Aを畏怖させて、その請求を一時断念させた。

　2項恐喝罪の成立要件については、客体が財産上の利益であることを除け

ば、基本的に1項恐喝罪と同じである。

ア　客　体

客体は、**財産上の利益**である（下線ⓑ）。財産上の利益の意義については、既に説明した（7講1(1)**イ**）。【事例2】では、飲食代の支払いの免除が財産上の利益である。

イ　行為・結果

行為と結果は、前項の方法、つまり**人を恐喝して財産上不法の利益を得、または他人にこれを得させること**である（下線ⓐⓒ）。「人を恐喝して財産上不法の利益を得、又は他人にこれを得させた」というためには、①恐喝行為→②相手方の畏怖→③畏怖に基づく処分行為→④利益の移転という4つの要素がそれぞれ因果関係を有していることが必要である。

【事例2】では、Xが飲食代の支払いを免れるため「こんな店をつぶすくらい簡単だ」などと脅したのが恐喝行為である（①）。これによりAは畏怖し（②）、その畏怖に基づき請求を断念しており、これが処分行為に当たる（③）。その結果、Xは支払いの免除という財産上の利益を取得した（④）。こうして、【事例2】では、①恐喝行為→②相手方の畏怖→③畏怖に基づく処分行為→④利益の移転という4つの要素がそれぞれ因果関係を有する。

なお、処分行為は、【事例2】のように、黙示のもの、つまり、利益移転を黙認するという不作為で足りる。また、支払いの請求を一時断念しただけでも、現実的・具体的な利得と評価しうる限りは財産上の利益の取得に当たる。〇最決昭43・12・11刑集22巻13号1469頁〈百61、講65、プ324〉は、【事例2】と同様の事案において2項恐喝罪の成立を肯定している。

ウ　主観的要件

主観的要件として、**故意**が必要である。故意の内容は、上記**ア**、**イ**の事実の認識・認容である。【事例2】のXには、明らかに故意が認められる。

(3)　未遂・既遂

1項恐喝罪および2項恐喝罪の**実行の着手時期**は、**恐喝行為を開始したとき**である。恐喝行為によって相手方が畏怖し、それに基づいて交付・処分行為がなされ、**財物や利益が行為者側に移転したときに既遂**となる。恐喝罪が既遂に至るためには、恐喝行為→畏怖→畏怖に基づく交付・処分行為→財物・利益の移転の間に因果関係が必要であるから、相手方が畏怖せず、別の理由で財物を交付したときには未遂となる。

(4)　違法性阻却事由

恐喝行為によって他人から自己の所有物を取り戻した場合や、権利行使の

手段として恐喝を行った場合には、違法性阻却の余地がある。この点については、後述する（**論点1**〔権利行使と恐喝罪〕）。

(5) 罪　数

1個の恐喝行為で同一の被害者から同一の機会に数回にわたって財物を交付させたときは、包括一罪である。1個の恐喝行為によって数人を畏怖させて各人から財物を取得したときは、観念的競合となる。

公務員が恐喝行為を手段として職務に関し賄賂を収受したときは、収賄罪（197条以下）と恐喝罪との観念的競合となる（福岡高判昭44・12・18判時584号110頁〈プ538〉）。また、公務員に賄賂を供与した被恐喝者には贈賄罪が成立する。

暴力団員ではないのに、「俺は暴力団員だ。金を出さないと痛い目に遭うぞ」と脅すなど、欺罔と恐喝が併用された場合はどうか。欺罔は相手方を畏怖させるための一材料にすぎず、究極的には恐喝による畏怖の結果として財物が交付されたといえるときは、恐喝罪のみが成立し、詐欺罪（246条1項）は成立しない（最判昭24・2・8刑集3巻2号83頁〈プ160、327〉）。これに対し、相手方の処分行為の原因として錯誤と畏怖が競合している場合は、詐欺罪と恐喝罪の観念的競合となるとされている（大判昭5・5・17刑集9巻303頁）が、学説上は、恐喝罪一罪とする見解も主張されている。

恐喝の手段として用いられた脅迫・暴行の点は、恐喝罪において評価し尽くされているから、恐喝罪とは別に脅迫罪（222条）や暴行罪（208条）が成立するわけではない。もっとも、恐喝の手段として用いた暴行により被害者に傷害を負わせた場合は、恐喝罪と傷害罪（204条）の観念的競合となる。

3　1項恐喝罪・2項恐喝罪の重要問題
──権利行使と恐喝罪 論点1

【設問1】時計取戻し事例
　Xは、Aの依頼によりAに高価な時計を貸し、返却期限が来たので、Aに時計の返却を求めたが、Aは、なかなか返そうとしなかった。返却期限を半年も過ぎたため、Xは、Aに対し、「いい加減にしろ。痛い目に遭いたいか」と脅して返却を求めた。畏怖したAは、Xに時計を返した。Xの罪責を論じなさい。

【設問2】借金取立て事例
　ホストクラブの経営者Xは、常連客Aに飲食代5万円の支払いを請求したところ、Aから「生活費がぎりぎりなので、来週の給料日まで支払いを待ってほしい」と言われた。Xは、これに腹を立て、Aの顔を1回平手打ちにし、「今すぐ

第12講　恐喝の罪　273

払え。言うことを聞かないと外国に売り飛ばすぞ」と脅した。畏怖したＡは、5
万円（1万円札5枚）をＸに渡した。Ｘの罪責を論じなさい。

権利行使の手段として恐喝行為を用いた場合にも、恐喝罪は成立するだろ
うか。この「権利行使と恐喝罪」が問題となる場面としては、以下の2つの
類型がある。なお、以下で述べることは、権利行使の手段として詐欺行為を
用いた場合の詐欺罪の成否についても当てはまる。

(1) 自己所有の特定物の取戻し

第1の類型は、【設問1】のように、**自己所有の特定物を恐喝によって取
り戻す場合**である。この類型は、既に学んだ「占有移転罪の保護法益」（7
講3(1)）と全く同じ問題である。

242条は、「自己の財物であっても、他人が占有するときは他人の財物とみ
なす」旨を定めているが、ここにいう「占有」の意義については、本権に基
づく占有に限られるとする**本権説**と、本権に基づくか否かを問わず、すべて
の占有を指すとする**占有説**が大きく対立している（7講3(1)）。242条は、
251条により恐喝罪にも準用されるから、本権説と占有説の対立は、恐喝罪
においても現れることになる。

【設問1】において、Ｘが脅迫を用いてＡに交付させたのは、Ｘの所有物
である時計である。時計の返却期限が過ぎている以上、Ａの占有は本権に基
づくものとはいえない。したがって、本権説からは、242条の適用はなく、
時計は「他人の財物」とみなされないから、恐喝罪の客体に当たらず、恐喝
罪の構成要件該当性は否定される。ただし、財物の取得の点は何ら違法では
なく、財産犯は成立しないものの、脅迫という手段を用いた点は違法である
ことから、脅迫罪（222条）の成立する余地はある。

これに対し、判例は、占有説に立っている。これによると、【設問1】で
は、Ａの占有が本権に基づくものでないとしても、242条により、時計は
「他人の財物」とみなされ、恐喝罪の客体に当たる。したがって、Ｘが恐喝
行為によりＡを畏怖させ、Ａの占有する時計を交付させた以上、**恐喝罪の構
成要件該当性は否定されない。ただし、社会通念上、占有者に受忍を求める
限度を超えない場合には、違法性が阻却される**（◎最決平元・7・7刑集43
巻7号607頁〔自動車金融事件〕〈百26、講29、プ163〉参照）。社会通念上、
占有者に受忍を求める限度を超えるかどうかは、①領得行為を行うことに必
要性や緊急性があったか、②領得の手段が相当なものだったか、③行為者が
権利を取得するに至った経緯はどのようなものだったか、④権利行使に際し

て占有者がどのような対応をとったかなどから判断される。【設問1】においては、①返却期限を半年も経過していること、②Ⅹの脅迫の内容はそれほど重大ではないこと、③もともとⅩはＡの依頼に基づき時計を貸していること、④ＡにⅩの時計を返却する意思がないと考えられることなどからすると、Ⅹが脅迫を手段として時計の返還を求めた行為は、社会通念上、占有者に受忍を求める限度を超えるものではなく、違法性阻却を認めてもよいであろう。

(2) 債務の弁済の受領

第2の類型は、【設問2】のように、**債権者が恐喝によって債務の弁済を受ける場合**である。

【設問2】において恐喝の客体となったのは、Ａの占有する5枚の1万円札であるが、この5枚の1万円札は、Ⅹの所有物ではなく、Ａが（給料などで得て）適法に占有していたＡの所有物である。したがって、「自己の財物であっても他人が占有するときは他人の財物とみなす」旨の242条の適用はない。むしろ、この類型では、**財産的損害の有無**が問題となる。詐欺罪の場合と同様に（11講3(3)）、恐喝罪も財産犯である以上、その成立には財産的損害の発生が必要とされている。それでは、正当な権利行使の手段として恐喝を行った場合にも財産的損害は発生したといえるのであろうか。

多数説は、この場合にも財産的損害の発生が認められ、原則として恐喝罪が成立すると解している。恐喝罪は、窃盗罪、強盗罪、詐欺罪と同じく、**個別財産に対する罪**であるから、被害者を畏怖させて、その占有する財物を交付させた以上は、財産的損害が発生したといえるからである。

これに対し、学説上は、【設問2】について恐喝罪の成立を否定する見解も有力である。この見解の基礎にあるのは、実質的個別財産説である。この見解は、多数説のように、「畏怖しなければ交付しなかった」といえる場合に直ちに財産的損害の発生を認めるのは財産的損害の概念を形骸化するものであり、妥当でないとする。その上で、正当な権利行使として恐喝が行われたときは、債務者としては弁済すべき債務を履行したにすぎないから、実質的に判断すると財産的損害は認められず、恐喝罪の構成要件に該当しないと主張している。これによると、【設問2】においては、Ⅹに恐喝罪が成立することはなく、せいぜい脅迫という手段を用いた点が違法であるとして脅迫罪が成立するにすぎない。

しかし、多数説は、実質的に見ても財産的損害の発生が認められると解している。【設問2】でいえば、Ａが適法に占有している現金5万円という財

物の占有がＸの恐喝行為により移転することと、Ａの５万円の債務が弁済により消滅することとは、財産的価値としても次元が異なる。したがって、たとえ債務の履行に当たるとしても、Ｘの恐喝により畏怖したＡが自己の占有する５万円を交付した以上は、実質的に見て財産的損害が発生したといえ、Ｘの行為が**恐喝罪の構成要件に該当する**ことは否定できないのである。

　もっとも、多数説も、違法性阻却の余地は認めている。すなわち、①権利の行使という**正当な目的**があり、②**権利の範囲内**であって、③その手段が**社会的相当性の範囲内**にあると認められるときは、**違法性を阻却する**。恐喝により権利の範囲を超えて金員を交付させた場合には、その全体が被害者の瑕疵ある意思に基づいて交付されたものといえるから、その全額について恐喝罪が成立することになる。

　【設問２】では、①飲食代の支払いの請求というＸの目的自体は正当であり、②ＸがＡに交付させた金額は５万円という債権の範囲内であるが、他方、③Ａから求められた支払猶予の期間は１週間程度にすぎず、また、債権の額がそれほど高額ではなかった点やＡが常連客だった点もあわせて考えると、すぐに支払いをさせる必要性はあまり大きくなかったことや、Ｘは暴行を用いた上に脅迫の内容も重大なものであり、支払請求の手段として悪質であることなどから、違法性阻却を認めるのは困難であろう。

　第２の類型について、大審院時代の判例は、恐喝罪の成立を認めることに否定的であった（大連判大２・12・23刑録19輯1502頁）。しかし、◎最判昭30・10・14刑集９巻11号2173頁〈百60、講66、プ166〉は、被害者に対して３万円の債権を有する被告人が、要求に応じなければ身体に危害を加えるような態度を示し、６万円を喝取した事案につき、「他人に対して権利を有する者が、その権利を実行することは、その権利の範囲内であり且つその方法が社会通念上一般に忍容すべきものと認められる程度を超えない限り、何等違法の問題を生じないけれども、右の範囲程度を逸脱するときは違法となり、恐喝罪の成立することがある」と判示し、被告人の行為は権利行使の手段として社会通念上一般に認容すべきものと認められる程度を超えているとして、６万円全額について恐喝罪の成立を認めた。上記の多数説と同様に、権利行使として恐喝が行われた場合には、恐喝罪の構成要件該当性は肯定されるが、権利の範囲内であり、かつその方法が社会通念上相当なものであるときには違法性阻却の余地を認めたものといえる。

第13講　横領の罪

◆学習のポイント◆

1　横領罪は、殺人罪や窃盗罪と違って、具体的なイメージがつかみづらい犯罪である。そこで、最初は、【事例1】のような典型的な事例に横領罪の成立要件を1つずつ当てはめていきながら、横領罪の特徴や各成立要件の意義を理解するところから学習を始めると良い。

2　横領罪に関しては難しい論点がたくさんあるが、①その論点が横領罪のどの要件の問題なのか、②横領罪が他の財産犯（移転罪や背任罪）とどのような関係に立つのか、を意識すると、理解しやすくなる。

3　客体が金銭の場合には、さまざまな場面で特別な考慮が必要となるので、要注意である。

1　総　説

(1)　意　義

横領の罪は、他人の占有に属さない他人の財物、または公務所より保管を命ぜられている自己の財物を不法に領得する犯罪である。7講から12講で扱った移転罪（窃盗罪、強盗罪、詐欺罪、恐喝罪）は、他人の占有する財物を自己または第三者の占有の下に移転させることにより他人の占有を侵害するところに特徴があるのに対し、横領の罪は、他人が占有していない他人の物を自己の物のように利用処分する犯罪であり、他人の占有は侵害しない。

具体的には、①横領罪（252条）、②業務上横領罪（253条）、③占有離脱物横領罪（254条）が規定されている。いずれの罪についても、未遂を処罰する規定は置かれていない。

親族相盗例（244条）は、255条により横領の罪にも準用される。その適用範囲については後述する（論点14〔後見人による横領と親族相盗例〕）。

(2)　保護法益

横領の罪は、他人の占有を侵害する罪ではないので、移転罪と違って、占

277

有が保護法益となるわけではない。横領の罪は、他人の所有物を領得する罪であるから、その保護法益は、第一次的には、物に対する所有権である。ただし、横領罪と業務上横領罪は、他人の信頼を裏切るという背信的側面を有していることから、第二次的に、委託信任関係も保護法益であると考えられる。なお、公務所から保管を命ぜられた自己の物の横領も処罰されるが（252条2項）、この場合は、物の保管の安全が保護法益である。

2 横領罪（委託物横領罪・単純横領罪）の基本構造

> 252条1項 ⓐ自己の占有する他人の物をⓑ横領した者は、5年以下の懲役に処する。
> 2項 自己の物であっても、公務所から保管を命ぜられた場合において、これを横領した者も、前項と同様とする。

(1) 意 義

横領罪は、他人からの委託に基づいて他人の物を占有している者がその物を委託の趣旨に背いて利用処分する罪であり、**委託物横領罪**ともいう。後述する業務上横領罪と区別する意味で、**単純横領罪**と呼ぶこともある。横領罪は、自己の支配内にある他人の財物を領得する罪であり、動機の点で誘惑的であり、類型的に責任の程度が低いことから、他人の占有を侵害する窃盗罪（235条）や詐欺罪（246条）より法定刑が軽くなっている。

(2) 成立要件

> **【事例1】自動車の無断販売**
> Xは、Aから、「しばらく海外出張に行くので、その間、車を預かってくれ」と頼まれ、自宅においてAの自動車を預かった。しかし、借金の返済に窮していたXは、Aに無断でAの自動車を中古車店に売却した。

ア 主 体

条文上は主体が限定されているわけではないが、後述するように、横領罪の客体が自己の占有する他人の物（1項）または公務所から保管を命じられた自己の物（2項）であることから、これに伴い、横領罪の主体は、**他人の物を占有する者**または**公務所の命令によって物を保管する者**に限られる。【事例1】のXは、Aの所有する自動車を預かり占有する者である。

横領罪は、他人の物を占有する者等でなければ犯しえない罪であるから、真正身分犯である。したがって、非占有者が占有者による横領に関与したと

きは、65条1項により非占有者も横領罪の共犯となる（総論24講1）。

イ 客体

客体は、**自己の占有する他人の物**（1項、下線ⓐ）または**公務所から保管を命ぜられた物**（2項）である。このうち重要なのは1項の方なので、以下では、1項の「自己の占有する他人の物」を中心に解説する。

a 「物」

「物」とは、財物を意味する。基本的に窃盗罪等の「財物」と同義であるが、動産だけでなく不動産も含む。【事例1】の自動車は財物である。

b 「自己の占有」

本罪の客体に該当するためには、行為者が他人の物を自ら「占有」していることが必要である。ここでいう「占有」とは、**処分の濫用のおそれのある支配力**を指し、具体的には、**物に対して事実上または法律上支配力を有する状態**をいう。占有の概念は、7講から12講で扱った移転罪（窃盗罪、強盗罪、詐欺罪、恐喝罪）でも出てきたが、移転罪における「占有」と横領罪における「占有」とは意味が違うことに注意を要する。

移転罪における占有は、物を服のポケットに入れているとか自宅に保管しているなど、物に対する事実上の支配に限られる。移転罪は、他人の「占有」する財物を自己または第三者の「占有」に移転させる罪であるが、これは、他人の「事実上支配」する財物を自己または第三者の「事実上の支配」に移転させることを意味している。

一方、横領罪における「占有」は、物に対する事実上の支配だけでなく法律上の支配も含む。したがって、他人の物を事実上支配している場合だけでなく、他人の物を法律上支配している場合も、横領罪の客体に当たる。

法律上の支配とは、法律上自己が容易に他人の物を処分しうる状態のことである。法律上の支配が具体的に問題となる場面は、①**不動産の占有**と②**預金の占有**の2つである。例えば、不動産の場合、所有権の登記名義人は、その不動産を実際に使用して事実上支配していなくても、不動産を売却するなど自由に処分できる立場にあるから、法律上支配しているといえる。したがって、他人の所有する不動産について登記簿上の所有名義人となっている場合、その不動産は横領罪の客体に当たり、これを所有者に無断で売却すれば横領罪となる。また、他人から預かった金銭を自分の口座で保管している場合は、現金を鞄に入れているとか自宅に保管しているというわけではないから、金銭を事実上支配しているとはいえないが、いつでも金銭を口座から引き出して自由に処分できる状態にあるので、法律上の支配が認められ、他人

の物を「占有」しているといえる。したがって、自己名義の口座に預金していた他人の金銭を無断で引き出し、費消すれば横領罪となる。

このように占有の内容が移転罪の場合と横領罪の場合とで異なる理由は、移転罪と横領罪の罪質の違いにある。つまり、移転罪は他人の物に対する実力的支配を排除するところに本質があるため、事実上の支配が問題となるのに対し、横領罪は、他人の物を自由に処分しうる状態にある者がその物を領得するところに特徴があり、他人の物を自由に処分しうる状態にあるという点では事実上の支配も法律上の支配も何ら異ならないのである。

なお、法律上の支配については複雑な問題があるので、後で詳しく検討する（**論点1**〔不動産の占有〕、**論点2**〔預金による金銭の占有〕）。

【事例1】において、Xは自動車を自宅に置いていたのであるから、自動車に対する事実上の支配が認められ、Xは自動車を占有していたといえる。

c　委託信任関係

横領罪の客体は、自己の占有する他人の物であるが、その占有は他人からの**委託信任関係**を原因とするものであることを要する。条文上、そのことが明文で要求されているわけではない。しかし、何人の占有にも属していない他人の物や偶然に自己の占有に帰属した物については、254条より占有離脱物横領罪が成立するとされていることから、252条の横領罪は、それ以外の場合、すなわち他人からの委託信任関係に基づいて他人の物を占有するに至った場合を対象としていると解されるのである。

委託信任関係は、使用貸借（民法593条以下）、賃貸借（民法601条以下）、委任（民法643条以下）、寄託（民法657条以下）、雇用（民法623条以下）などの契約を基礎とする場合のほか、取引における信義誠実の原則に基づく場合もある。例えば、売買契約成立により物の所有権が買主に移転した後、売主が買主にその物を引き渡すまでの間保管している状態は、取引における信義誠実の原則による委託信任関係に基づき他人の物を占有しているといえる。また、所有者の意思によらず、事務管理（民法697条以下）、後見（民法838条以下）などの法律上の規定による場合も含まれる。

【事例1】のXは、Aから依頼されて自動車を自宅に置いていたのであるから、自動車の占有は、Aとの委託信任関係を原因とするものといえる。

d　物の他人性

横領罪の客体である物は、公務所より保管を命ぜられている場合を除き（252条2項）、「他人の」物でなければならない。「他人の」とは、行為者以外の自然人または法人の所有に属することである。ただし、ここでいう「所

有」が民事法上の所有権と一致するかは重要な問題であり、さまざまな場面で議論されている（論点12〔二重売買〕、論点5〔金銭の他人性〕、論点7〔不法原因給付〕）。

共有物も、他の共有者との関係では「他人の物」に当たる（大判明44・4・17刑録17輯587頁〈プ337〉）。したがって、共有者の1人が他の共有者に無断で共有金を費消すれば、横領罪となりうる。

前述のとおり、自己の物であっても、公務所から保管を命ぜられた場合には、横領罪の客体になる（252条2項）。公務員が差押えをした上、保管を命じた物は公務員の占有に属するのであり、これを領得すれば窃盗罪が成立するから、横領罪で問題となるのは差押えに係らない自己の物について、保管を命ぜられた場合に限られる。

【事例1】の自動車は、Aの所有物であるから、他人の物に当たる。このように、【事例1】では、XはAから委託を受けてA所有の自動車という財物を占有しているから、「自己の占有する他人の物」という要件を満たす。

ウ　行　為

行為は、**横領すること**である（下線ⓑ）。横領行為の意義については争いがある（論点9〔毀棄・隠匿の意思〕）が、判例・通説によれば、「**横領**」とは、**不法領得の意思を発現する一切の行為**を意味する。不法領得の意思とは、**他人の物の占有者が委託の任務に背いて、その物につき権限がないのに、その物の経済的用法に従って、所有者でなければできないような処分をする意思**をいう。したがって、横領は、他人の物の占有者が委託の任務に背いて、他人の物に対し経済的用法に従って所有者でなければできないような処分をする行為を意味することになる。ただし、横領罪の保護法益は所有権であるから、横領は、所有権侵害の危険性を有する行為でなければならないであろう。なお、横領罪における不法領得の意思と占有移転罪における不法領得の意思とは定義が異なるが、その点については後述する（論点9〔毀棄・隠匿の意思〕）。

横領は、**費消、着服、拐帯**（持ち逃げすること）、**抑留**（返還しないこと）などの事実行為でもよいし、**売却、入質、貸与、贈与、抵当権の設定**などの法律行為でもよい。他人の不動産について所有権を主張する民事訴訟を提起した事案（大判昭8・10・19刑集12巻1828頁〈プ356〉）、他人の不動産について虚偽の抵当権設定に基づき不実の仮登記を行った事案（○最決平21・3・26刑集63巻3号291頁〈講73、プ345〉）において横領に当たるとされた判例がある。作為だけでなく不作為による処分でもよい。例えば、警察官が

第13講　横領の罪　281

職務上保管すべき他人の物について領置手続をせずに保管を続けた場合は、不作為による横領である（大判昭10・3・25刑集14巻325頁〈プ355〉）。

なお、第三者に領得させる意思も不法領得の意思に含まれるというのが、判例（大判大12・12・1刑集2巻895頁〈プ350〉）・通説である。ただし、第三者に領得させる意思について不法領得の意思が認められるのは、行為者と第三者が特殊の関係にあり、行為者自身が領得するのと同視しうる場合に限られ、行為者と全く無関係な第三者に領得させる行為は、背任罪（247条）か毀棄罪（258条以下）にすぎないという理解が、学説上は有力である。

【事例1】では、XはAから「預かってくれ」と頼まれたにもかかわらずAに無断でAの自動車を売却しているので、その売却は、委託の任務に背いて他人の物に対し経済的用法に従って所有者でなければできないような処分といえ、横領に当たる。

エ　主観的要件

主観的要件として、**故意**が必要である。故意は、上記**ア**、**イ**、**ウ**の事実を認識・認容することである。【事例1】のXには、明らかに故意が認められる。不法領得の意思も主観的要素であるが、前述したように（**ウ**）、不法領得の意思が行為として外部に発現することが、客観的要件である「横領」の内容となる。

（3）既　遂

横領罪に未遂を処罰する規定はないので、実行の着手時期を問題とする必要はない。問題となるのは、既遂時期である。横領とは、不法領得の意思の発現をいうから、**不法領得の意思が外部に発現した時点**で直ちに**既遂**となる。例えば、委託により他人の動産を占有している者がその動産を売却する意思表示をした以上は、不法領得の意思が外部に現れたといえるから、相手方が買受けの意思を示さなくても、既遂を認めてよい。また、建物の占有者が虚偽の所有権を主張して民事訴訟を提起したり（前掲・大判昭8・10・19）、預かった物の返還を求められた際にそれを拒絶したりすれば、それだけで既遂に達する。着服や拐帯の場合、単に持ち逃げする意思で道路上を歩いているだけでは足りないが、高飛びするために空港に行くとか、自己の預金口座に入金するなど、不法領得の意思の発現といえるような行為があれば既遂が認められる。

もっとも、後述するように、不動産において登記が対抗要件とされている場合には、単に売却等の意思表示をしただけでは足りず、登記を完了して初めて既遂に達するとする理解が一般的である（論点12〔二重売買〕）。

(4)　罪　数

寄託物の所有者が複数であっても、その占有が1個の委託信任関係に基づいているときは、横領罪一罪が成立するにすぎない。業務上の占有物と非業務上の占有物とを1個の行為によって横領したときは、横領罪は吸収されて、後述する業務上横領罪（253条）のみが成立する。

他人の土地に無断で抵当権を設定し、さらに同じ土地を売却したというように、一旦横領行為を行った後、同じ目的物に対しもう一度横領行為を行った場合の取扱いについては、複雑な議論が展開されており、後で詳しく検討する（**論点13**〔横領後の横領〕）。

預かった物の返還を求められた際に、「預かった覚えはない」と欺くというように、横領の手段として詐言を用いた場合、処分行為に基づく財物の占有の移転はないから、1項詐欺罪（246条1項）は成立しない。この場合、返還の免脱という財産上の利益を欺罔行為により得たとして2項詐欺罪（246条2項）の成立を認める余地はあるが、2項詐欺罪は横領罪に吸収され、横領罪一罪が成立するという見解が一般的である。前述したように、横領罪はその誘惑的要素を考慮して窃盗罪や詐欺罪に比べて法定刑が軽くなっており、その趣旨からすると、横領罪に該当する以上、詐欺罪として重く処罰すべきではないからである。しかし、保管中の他人の物を自己の所有物のように装って担保に供し金銭を借り入れた場合は、担保に供した横領行為と、金銭を借り入れる詐欺罪とは、被害者を異にするから、詐欺罪と横領罪の観念的競合となる。また、横領した預金通帳を用いて郵便局員を欺き預金を引き出したときも、横領罪とは別に詐欺罪が成立し、併合罪となる。

偽造文書を行使して横領行為を行った場合、偽造・行使罪（154条以下）と横領罪は手段と目的の関係にあるので、牽連犯となる。しかし、横領行為後にその犯跡を隠蔽するために文書を偽造・行使したときは、その行為は横領行為と全く別の行為であるから、横領罪と文書偽造・行使罪とは併合罪となる。

横領罪と背任罪の区別については、14講で扱う。

3　横領罪の重要問題

(1)　横領罪における占有(1)——不動産の占有　**論点1**

【設問1】土地無断売却事例
　Xは、A所有の土地（登記簿上もAが所有名義人となっている）への抵当権設

定の手続をするため、その土地の登記済証や白紙委任状、Ａの実印をＡから預か
り保管していたが、Ｘの個人的な借金の返済に充てるため、Ａに無断で権利証や
実印を使い、Ａの土地を売却した。Ｘの罪責を論じなさい。

【設問２】借家居座り事例
　登記簿上Ａ名義となっている家を借りて居住していたＸは、賃貸期間が過ぎて
も立ち退かず、３カ月間そこで生活し続けた。Ｘの罪責を論じなさい。

　横領罪の客体は、自己の占有する他人の物である。ここでいう「占有」と
は、移転罪における「占有」とは異なり、物に対する事実上の支配だけでな
く法律上の支配も含む。事実上の支配については先に解説した（７講３⑵）
ので、論点１と論点２では、横領罪における「占有」の特徴である法律上の
支配について検討することにしたい。

　前述したように、法律上の支配が具体的に問題となるのは、①**不動産の占
有**と②**預金による金銭の占有**の２つである。そのうち、論点１で扱うのは、
不動産の占有である。

　法律上の支配とは、法律上自己が容易に他人の物を処分しうる状態をいう
が、不動産の場合、所有権の登記名義人は、その不動産を実際に使用してい
なくても、あるいは真実の所有者でなくても、不動産を売却するなど自由に
処分できる立場にあり、法律上の支配が認められる。そこで、不動産の場合
には、**所有権の登記名義人を占有者とする**のが原則である（最判昭30・12・
26刑集９巻14号3053頁〈プ330〉）。なお、この点は、後述する二重売買にお
いて問題となる（論点12〔二重売買〕）。

　また、登記名義人でなくても、他人の不動産の登記済証や白紙委任状など
登記に必要な書類を預かっている者は、その書類を使って不動産を自由に処
分しうる状態にあるから、やはり法律上の支配を認めてよい（福岡高判昭
53・４・24判時905号123頁〈プ332〉）。【設問１】では、登記簿上、Ｘが土地
の所有名義人になっているというわけではないが、Ｘは、Ａから登記済証な
どの書類を預かり、土地を自由に処分しうる状態にあるので、土地はＸにと
って「自己の占有する他人の物」といえる。Ｘは、その土地を無断で売却し
たのであるから、「横領」したといえ、Ｘには横領罪が成立する。

　このように、不動産を自由に処分しうるのは、不動産を法律上支配してい
る者であることから、不動産の占有は、原則として法律上の支配を基準に判
断される。例えば、登記簿上他人名義となっている不動産を単に賃借してい
る者や、事実上不動産を支配している者は、その不動産を処分しうる状態に

284

あるとはいえないから、占有者ではないとされている。【設問2】では、X
は、Aの家を事実上使用しているにすぎず、自由に処分しうる立場にあると
いうわけではないから、Aの家を占有しているとはいえない。したがって、
Aの家は「自己の占有する他人の物」には当たらず、XがAの家を使用し続
けても横領罪は成立しない（民法上不法行為にはなりうる）。

　ただ、**未登記の不動産**については、登記簿上の占有はありえないので、**事
実上、不動産を管理、支配している者が占有者**とされる（最決昭32・12・19
刑集11巻13号3316頁〈プ331〉）。

(2)　横領罪における占有(2)──預金による金銭の占有 論点2

【設問3】自己名義口座からの引出し
　Xは、Aから、「俺の代わりに儲かりそうな株式を購入してくれ」と依頼され、
その資金として100万円を渡された。Xは、Aの依頼を承諾し、Aから渡された
100万円をB銀行C支店にあるX名義の口座に預け入れた。しかし、その後、X
は、自己の借金の返済に充てるため、B銀行C支店のATMでXの口座から100
万円を引き出した。Xの罪責を論じなさい。

【設問4】他人名義口座からの引出し1
　Xは、大学のサークルAの会計係として、B銀行C支店にあるA名義の口座の
預金通帳、印鑑、キャッシュカードを保管し、暗証番号も知っていたが、自己の
飲食に使うため、B銀行C支店のATMでAの口座から10万円を引き出した。X
の罪責を論じなさい。

【設問5】他人名義口座からの引出し2
　Xは、Aから盗んだAの預金通帳と印鑑を使って、B銀行C支店の窓口でA名
義の口座から10万円を引き出した。Xの罪責を論じなさい。

　法律上の支配が問題となるもう1つの場面は、預金による金銭の占有であ
る。

ア　自己名義の口座の預金と法律上の支配

　【設問3】のXには、どのような罪が成立するであろうか。まず、Aに対
する窃盗罪（235条）は成立しない。Xは、自分の口座から100万円を引き出
しただけであり、Aが占有している紙幣という財物をXの占有の下に移転さ
せたわけではないからである。

　それでは、横領罪はどうか。100万円は、もともとAから預かった「他人
の物」であり、Xはこれを自己の借金の返済に充てるために引き出している
のであるから、その行為は、所有者でなければできない処分、つまり「横
領」に当たる。問題は、Xが100万円を「占有」していたといえるかである。

第13講　横領の罪　285

100万円は、B銀行C支店の口座に預金されていた金銭にすぎず、Xが現金そのものを事実上支配していたというわけではない。しかし、Xのように預金名義人として正当な払戻権限を有している者は、自分の口座からいつでも自由に預金を払い戻すことができるのであり、手元で現金を直接保管している場合と同視しうる。そこで、**他人の金銭を自己名義の口座で保管しているときには、法律上の支配による占有が認められている**（大判大元・10・8刑録18輯1231頁〈プ334〉）。【設問3】のXは、A所有の100万円を「占有」していたといえ、横領罪が成立する。

　イ　他人名義の口座の預金と法律上の支配

　他人名義の口座の預金であっても、払戻権限が与えられているときには預金による金銭の占有が認められる。【設問4】において、Xは、サークルAの会計係として預金の正当な払戻権限が与えられており、通帳、印鑑、キャッシュカード等を使っていつでも預金を引き出すなど預金を自由に処分しうる。したがって、XにはA名義の口座の預金に対する法律上の支配が認められ、Xは他人の物を「占有」していたといえる。これを自己の飲食代に充てるために引き出す行為は「横領」に当たり、Xには横領罪が成立する。

　もっとも、他人名義の口座の預金を自由に引き出せるときに常に横領罪が成立するわけではない。【設問5】のXは、A名義の口座の通帳と印鑑を持っており、それを使えばAの口座から預金を引き出すなど自由に処分することができる状態にある。しかし、Xは、Aから通帳と印鑑を盗んで所持していたにすぎず、預金の払戻権限を有しているわけではないから、預金の金銭を占有しているとはいえない。したがって、横領罪は成立しない。

　それでは、【設問5】のXには何の罪も成立しないのかというと、そうではない。Xが引き出した10万円の紙幣は、もともとB銀行C支店が管理し、事実上支配していたものである。つまり、**預金された金銭については、銀行による事実上の支配すなわち占有が認められる**のである。Xは、それを引き出すことによって、10万円の紙幣の占有をB銀行C支店からXの下に移転させた。そして、銀行としては、XがAから盗んだ通帳と印鑑を使ってAの口座から預金を引き出そうとしていることを知れば払戻しを拒んだであろうから、Xによる10万円の引出しは、行員を欺罔して現金を交付させたことになるので、B銀行に対する詐欺罪（246条1項）を構成することになる（なお、【設問5】のXがAのキャッシュカードを使ってATMから10万円を引き出したとすると、銀行の意思に反する物の移転、つまり「窃取」に当たるので、窃盗罪〔235条〕が成立する）。

このようにいうと、【設問3】や【設問4】においても銀行に対する窃盗罪が成立するのではないかという疑問をもつかもしれない。【設問3】や【設問4】における預金の引出しは、横領罪に当たる違法な行為であるから、銀行の意思に反する占有の移転であるともいえるからである。実際、そのように考える見解も存在する。しかし、通説は、窃盗罪の成立を否定している。【設問3】や【設問4】のXは正当な払戻権限を有しているので、Xが預金を引き出しても銀行の意思に反する物の移転ではないというのである。

ウ　預金による金銭の占有と横領罪・移転罪

　以上述べてきたことを整理すると、次のようになる。預金された金銭については、預金者等による法律上の支配という形での占有と、銀行による事実上の支配という形での占有が競合するため、預金された他人（出捐者）の金銭を不正に処分した場合には、その他人に対する横領罪と、銀行に対する移転罪とが問題となる。この場合、自己名義の口座であれ他人名義の口座であれ、正当な払戻権限を有する者が預金を不正に処分したときは、横領罪は成立しうるが、銀行に対する移転罪の成立は一般に否定されている。他方、正当な払戻権限のない者が不正に他人の預金を処分したときには、横領罪は成立しないが、銀行に対する移転罪は成立しうる。

　　＊　預金による金銭の占有の場面では、占有の概念が拡張されているのであるが、同時に、物の概念も拡張されていることに注意を要する。横領罪の客体は「物」とされており、本来、「Aの所有するこの絵画」とか「Bの所有するあの自動車」といった特定の物が横領罪の客体となる。しかし、【設問3】において、Xは、B銀行C支店にある紙幣のうち特定の100枚の1万円札を占有しているというわけではない。Xに占有が認められる根拠は、XがB銀行C支店のX名義の口座から100万円を払い戻す権限を有している点にあるから、占有の対象とされているのは、100枚の紙幣という特定の物ではなく、100万円の金額という価値なのである。

　　　こうした理解に対しては、金額という物でないものを「物」とするものであり、類推解釈であるという批判もありうる。しかし、①金銭は、流通性と代替性という点で他の物とは異なる特別な性質を有していること、②預金されている金銭は、いつでも自由に処分しうるという点で、自分の財布の中に現金を入れているのと同視できること、③もし【設問3】や【設問4】のような事例で横領罪の成立を認めないとすると、背任罪（247条）しか成立せず、他の横領罪の事案との均衡を失することなどから、判例・通説は、上記のように解している。

第13講　横領の罪　287

(3) 振り込め詐欺・恐喝 論点3

【設問6】振り込め詐欺

Xは、A銀行B支店のC名義の口座を用意した上で、老人DにDの息子を装って電話をかけ、「借金を返済しなければならないから、すぐに金を送ってくれ」と嘘を言い、上記口座に100万円を振り込むよう指示した。Dは、Xの言葉を信じ、自宅に保管していた現金100万円を持参してE銀行F支店に赴き、同支店のATMを操作してA銀行B支店のC名義の口座に100万円を振り込んだ。その後、Xは、Yに事情を話し、C名義の口座から100万円を引き出してくれるよう依頼した。Yは、これを承諾し、A銀行B支店のATMでC名義の口座から100万円を引き出した。XとYの罪責を論じなさい。

ア 振り込め詐欺・恐喝と預金による金銭の占有

振り込め詐欺・恐喝は、その名が示すとおり、本来は詐欺罪（246条）や恐喝罪（249条）の問題であるが、振り込め詐欺についてどのような罪が成立するかは、預金による金銭の占有の問題と理論的に密接な関連を有しているので、ここで説明しておくことにしたい。

【設問6】のXはDから100万円を騙し取ったことから、詐欺罪の成否が問題となるが、Xに成立するのは1項詐欺罪と2項詐欺罪のどちらだろうか。【設問6】では、被害者であるDがATMに入れた100万円の紙幣という財物がそのままXの手元に移転したわけではなく、Dの送金手続によりXの使用するC名義の口座の残高が100万円増えたにすぎない。そこで、振り込め詐欺を預金債権という財産上の利益の詐取と解し、2項詐欺罪として構成する見解も主張されている。

しかし、実務の主流は、振り込め詐欺・恐喝の事案を1項詐欺罪、1項恐喝罪として処理している（大判昭2・3・15刑集6巻89頁）。自己の管理する銀行口座に金員を振り込ませれば犯人はその金額の預金を自由に払い戻せるから、犯人と被害者との間で現実に現金の授受があったのと同視しうるというのが、その理由である。さらに、現在では、こうした取扱いを一歩進めて、被害者の口座から犯人の口座へと振替送金がなされた場合のように現実の現金の移転が全くない事例においても、1項詐欺罪、1項恐喝罪の成立が認められるに至っている。このように、振り込め詐欺・恐喝の場合には、例外的に財物の意義が広く捉えられているといえる。

このような立場からは、預金を自由に払い戻しうる状態になれば占有（事実上の支配）を取得したといえるから、振込送金がなされた時点で1項詐欺

罪、1項恐喝罪は既遂に達することになる。前述したように（(2)ア）、本来、預金者は預金された金銭を事実上支配しているとはいえないが、振り込め詐欺・恐喝の場合には、財物の意義が広く捉えられていることに伴い、事実上の支配の意義も広く理解されているのである。これによると、【設問6】のXには、Dに対する1項詐欺罪が成立する。ただし、仮にDが振込みをする前にXの犯行が発覚しており、Dの振込み前にC名義の口座についてXの払戻しに応じない措置がとられていたときは、Xが預金を自由に払い戻すことはできないから、1項詐欺罪は未遂にとどまることとなろう。

イ　出し子の刑事責任

　それでは、預金を引き出したYにはどのような罪が成立するのであろうか（Yのように振り込め詐欺等の被害金の引出しを担当する者は「出し子」と呼ばれている）。Yは、Dを被害者とする詐欺罪の共犯にはならない。前述したように、振込送金がなされたときにDに対する詐欺罪が既遂に達するとすると、Yが関与したのは詐欺罪の終了後ということになるからである。

　しかし、出し子であるYは、**銀行に対する移転罪**に問われる。前述したとおり、正当な払戻権限のない者が不正に他人の預金を処分したときには、銀行に対する移転罪が成立する。犯罪による収益の移転防止に関する法律により、他人名義の口座を使用することは禁止されているから、【設問6】のXとYは、C名義の口座について正当な払戻権限を有していない。Yが払い戻した100万円はDに対する詐欺の被害金であるから、銀行は、本当のことを知っていれば払戻しには応じなかったと考えられ、Yによる100万円の引出しは、銀行の意思に反する占有の移転であったといえる。したがって、XとYにはA銀行B支店に対する窃盗罪（235条）の共同正犯が成立する。

(4)　誤振込み　論点4

【設問7】誤振込み

　Aは、B銀行C支店のDの口座に10万円を振込送金しようとして、誤って同支店のXの口座に振り込んでしまった。Xは、自分の預金通帳を見て、Aから誤って自分の口座に10万円が振り込まれていることに気づいたが、自分の生活費に使うため、誤って振り込まれた金銭であることを行員Eに告げずに同支店の窓口でその10万円を引き出した。Xの罪責を論じなさい。

　預金による占有との関連で、誤振込みについてもここで検討してみよう。【設問7】のように、振込依頼人が誤って自己の口座に送金したことに気づきながらその金銭を払い戻した場合には、どのような罪が成立するのであろ

第13講　横領の罪　**289**

うか。前述したように、預金された金銭については、銀行による事実上の支配すなわち占有が認められる。そこで、Ｘは誤振込みの事実を秘してＥを欺き、Ｂ銀行Ｃ支店の占有する金銭を交付させたとして、詐欺罪（246条）が成立しないかを検討する必要がある。

　ここで問題となるのは、民事法上Ｘには正当な預金債権が認められるかという点である。すなわち、民事判例においては、振込みの原因となる法律関係が存在するか否かにかかわらず受取人と銀行との間に預金契約が成立し、**受取人が銀行に対して預金債権を取得する**とされているのである（最判平8・4・26民集50巻5号1267頁）。

　この民事判例を前提として、Ｘには詐欺罪は成立しないとする見解が有力に主張されている。振込みされた金銭について預金者に正当な預金債権があるとすると、Ｂ銀行としては、たとえ誤振込みされた金銭であることを知っていたとしてもＸからの払戻しの請求に応じざるをえなかったことになり、そうだとすれば、ＸがＢ銀行に払戻しを請求した行為は、「交付の判断の基礎となる重要な事項」を偽るものではない（11講3(3)参照）というのである。この見解からは、Ｘにはせいぜい占有離脱物横領罪（254条）が成立するにすぎないことになる。なぜなら、前述したように（3(3)ア）、口座を管理する者は口座に金銭が入金された時点でその金銭の占有を取得すると解されており、これを前提とすると、【設問7】においても、振り込まれた金銭の占有は口座の名義人であるＸに認められ、Ｘは所有者であるＡの委託に基づかずに自らが占有した物を領得したことになるからである。これは、隣家の洗濯物が自分の庭に飛んできたので領得した場合に占有離脱物横領罪が成立する（後述5(2)ア参照）のと同じである。

　しかし、◎最決平15・3・12刑集57巻3号322頁〈百51、講61、プ271〉は、自己の口座に誤振込みされた金銭について銀行窓口で払戻しを請求し、交付を受けた事案について詐欺罪の成立を認めた。銀行実務では、誤振込みをした振込依頼人から申出があれば受取人の承諾を得て振込依頼前の状態に戻す「組戻し」という手続がとられていること、受取人から誤振込みがある旨の指摘があった場合にも自行の入金処理に誤りがなかったかを確認したり、振込依頼先の銀行や振込依頼人に対し振込みの過誤の有無に関する照会を行ったりするなどの措置が講じられていることを根拠に、「**銀行にとって、払戻請求を受けた預金が誤った振込みによるものか否かは、直ちにその支払に応ずるか否かを決する上で重要な事柄であ**」り、「受取人においても……自己の口座に誤った振込みがあることを知った場合には、銀行に上記の措置

を講じさせるため、**誤った振込みがあった旨を銀行に告知すべき信義則上の義務がある**」から、誤振込みの事実を知った受取人がその情を秘して預金の払戻しを請求することは詐欺罪の欺罔行為に当たるとしたのである。

受取人は、正当な預金債権を有するから最終的には払戻しが受けられるとしても、誤振込みがあったことを銀行が知れば組戻しや各種の確認・照会を行うため、一定の時間、払戻しが遅くなる。逆にいえば、受取人が誤振込みの事実を秘して銀行に払戻しを請求する行為は、一定時間、払戻時期を早めるものといえる。そして、組戻しや各種の確認・照会が重視されている銀行実務を前提とすると、組戻しや各種の確認・照会等の手続を経た払戻しは、組戻しや各種の確認・照会等の手続を経ずに受けた払戻しとは「社会通念上別個の支払い」である（11講3(3)**ウ**参照）から、誤振込みの事実を隠して払戻しを請求する行為は、交付の判断の基礎となる重要な事項を偽る行為、すなわち欺罔行為に当たる。こうした同決定の考え方は、前掲・最判平8・4・26に従い、誤振込みの受取人がその預金債権を行使できることを前提としつつも、その行使に信義則上一定の制約を課したものといえ、その点で、同決定と最判平8・4・26との整合性は保たれているのである。

この立場からすると、**【設問7】**のXにはB銀行C支店に対する詐欺罪の成立が認められる。自己の口座に誤振込みされた金銭をATMで引き出した場合には、人を欺いていないので詐欺罪は成立しないが、銀行の意思に反して金銭の占有を移転させたといえるから窃盗罪となる。ATMで他の口座に振替送金をした場合は電子計算機使用詐欺罪（246条の2）が成立する。

(5) 他人性(1)——金銭の他人性 論点5

【設問8】不動産購入資金の費消
　Xは、Aから、「500万円で俺のために土地を購入してくれ」と依頼され、500万円を受け取った。しかし、Xは、その500万円を自己の飲食代や遊興費に費消した。Xの罪責を論じなさい。

【設問9】集金した金銭の費消
　酒屋の店員Xは、店主Aから命じられ、顧客Bの家に赴いて酒代1万円を集金したが、店に戻る前に、その1万円で馬券を購入した。Xの罪責を論じなさい。

横領罪の客体に関し、論点1から論点4までは「占有」の意義について検討してきた。続いて、論点5から論点8においては、「他人の」の意義について学ぶことにしたい。

通常、他人の所有物を預かり占有を取得したとしても、その物の所有権ま

第13講　横領の罪　291

で占有者に移転するわけではない。だからこそ、【事例1】では、Xの占有するAの自動車は「自己の占有する他人の物」に当たり、これを売却すれば横領罪が成立するのである。これに対し、金銭の場合、所有と占有は一致するのが、民事法の原則であるとされている。金銭は、高度の流通性と代替性という特徴をもっていることから、取引の安全を保護するためには、金銭の占有を取得した者にその所有権の取得も認める必要があるからである。

【設問8】では、Xは、Aから500万円を預かり占有を取得したことから、民事法上は、500万円に対する所有権も取得することになる。これに従うと、500万円はXにとって「自己の占有する自己の物」であるということになり、これを無断で費消しても横領罪は成立せず、せいぜい背任罪（247条）が問題となるにすぎない。しかし、例えば、他人から預かった自動車を無断で売却すれば横領罪になるのに、他人から預かった金銭を無断で費消しても横領罪にならないというのは不均衡であろう。そもそも民事法は、金銭の流通を内容とする動的な取引の安全を保護するのに対し、刑法は、寄託者と受託者の間の静的な権利関係を保護するという点で役割を異にするのであるから、民事法上の原則をそのまま刑法に適用する必要はない。金銭が使途を定めて寄託されたときには、刑法上は、その寄託の趣旨は保護する必要があるから、**使途を定めて寄託された金銭の所有権は寄託者に**あると解してよい（○最判昭26・5・25刑集5巻6号1186頁〈百63、講67、プ338〉）。【設問8】では、Xは、不動産購入の資金とするために500万円をAから預かったのであるから、500万円はAの所有に属するといえ、Xは自己の占有する「他人の」500万円を横領したとして、横領罪が成立する。

また、**委託された行為に基づいて取得した金銭**についても、その所有権は**委託者に**あるとされている。【設問9】では、Xは集金した1万円を不正に費消したのであるが、その1万円は、Xが被害者であるAから直接預かったものではなく、Aの指示に従って行った集金によって得たものである。ただ、使途を定めて寄託された金銭の場合と同様に、委託の趣旨を保護する必要があるから、集金によって得られた金銭の所有は、集金を委託したAに属し、Xには横領罪が成立する。

* 他方、銀行預金契約のような消費寄託（受託者が目的物を消費し、同種・同等・同量の物を返還することを内容とする契約）の場合には、寄託された金銭を消費することが許されているため、その所有は受託者に移転するとされている。したがって、この場合には、寄託された金銭は「他人の」物に当たらないので、不正な処分をしても、横領罪は成立せず、背任罪の

問題となる。

　また、金銭が特定物として寄託された場合（例えば、新券の1万円札を入れて封をしたお年玉の袋の保管を頼まれた場合）は、受託者が袋を開封して中身の現金だけを使えば窃盗罪（235条）となり、袋ごと持ち去れば横領罪となるというのが、判例である。封筒に入れられた金銭（封緘物）の占有については、7講3⑶エ参照。

⑹　他人性⑵──所有権留保・譲渡担保 論点6

> **【設問10】所有権留保**
> 　Xは、Aから自動車を購入した際、代金を割賦払いとするとともに、代金完済までは所有権をAに残すこととし、自動車の引渡しを受けた。しかし、Xは、金に困っていたため、代金完済の前にその自動車をBに売却した。Xの罪責を論じなさい。
>
> **【設問11】譲渡担保1**
> 　工場の経営者Xは、工場の機械を担保としてAから100万円の融資を受けた際、機械の所有権をAに移転させた。しかし、Xは、その機械をAに無断でBに売却した。Xの罪責を論じなさい。
>
> **【設問12】譲渡担保2**
> 　Xは、Aに100万円を貸した際、担保のために、Aから譲渡担保としてAの土地の所有権を譲渡され、所有権移転登記を完了した。しかし、Xは、Bに対して100万円の債務があったことから、その担保のために、その土地に根抵当権設定契約を締結し、登記を完了した。Xの罪責を論じなさい。

ア　所有権留保

　通常、売買契約が締結されると、その目的物の所有権は売主から買主に移転する。しかし、割賦販売などの場合、買主によって代金が全額支払われる前に目的物を買主に引き渡すことから、担保のために、代金完済まで目的物の所有権を売主にとどめておくことがある。このように、売買の目的物の所有権を買主に移転せず、売主に留保することを**所有権留保**という。

　所有権留保において買主が売買の目的物を不正に処分したときには、横領罪が問題となる。【設問10】は、所有権留保の事例であり、Xは自動車をAから購入して占有しているが、その所有権は売主であるAに留保されている。したがって、Xにとって自動車は「自己の占有する他人の物」である。Xはこれを無断で売却したので、「横領」に当たり、横領罪が成立する。

　学説の中には、所有権留保の実質は所有権というより担保権であるから、目的物を不正に処分したとしても、それは所有権の侵害ではなく担保権の侵害であるとして、横領罪の成立を否定し、背任罪（247条）の問題とする見

第13講　横領の罪　293

解も存在する。しかし、通説・判例（最決昭55・7・15判時972号129頁〈プ340〉）は、上記の理由で、所有権留保において買主が代金完済前に目的物を不正に処分する行為について横領罪の成立を認めている。

イ　譲渡担保

譲渡担保とは、債権者が債権を担保するために、物の所有権等の権利を債権者に移転することをいう。譲渡担保に関しても、その目的物の不正処分が横領罪を構成するかが問題となる。

まず、**【設問11】**は、債務者が不正な処分をした場合である。譲渡担保において、所有権の移転の効力は担保の目的達成に必要な範囲に限られるとされているが、少なくとも形式的には、機械の所有権は債権者であるAに属する。そこで、機械はXにとって「自己の占有する他人の物」であり、Xはこれを無断でBに売却し、「横領」したといえる。このように、多くの見解は、債務者が譲渡担保の目的物を不正に処分した場合に横領罪の成立を認めている。債務者が不正な処分をした時点で横領罪は既遂に達するから、その後に債務者が債務を返済したかどうかは横領罪の成否に影響しない。もっとも、譲渡担保の実質が担保であることを重視し、目的物の所有権は債権者には全く移転していないとの立場から、債務者にとって目的物は「他人の物」ではないとして、横領罪ではなく背任罪の問題とする見解も唱えられている。

次に、**【設問12】**は、債権者が不正な処分をした場合である。学説上は、この場合に横領罪の成立を認める見解も有力である。譲渡担保の実質が担保であることを重視すると、実質的には債務者に所有権が認められるから土地はAの所有に属し、また、土地の登記名義人はXであるからXが土地を占有しているとして、Xは「自己の占有する他人の物」である土地に根抵当権を設定して「横領」したと解するのである。しかし、少なくとも形式的には土地の所有はXに属する以上、土地はXにとって「他人の物」ではないとして、横領罪の成立を否定し、背任罪の問題とする見解が多数を占めている。大阪高判昭55・7・29判時992号131頁〈プ339〉も、**【設問12】**と類似の事案で背任罪の成立を認めた。

(7)　他人性(3)──不法原因給付　論点7

【設問13】不法原因給付

　Aは、自己の犯罪行為を隠ぺいするため、警察官Bの知り合いであるXを通じてBに賄賂を贈って買収しようと思い、Xに現金50万円を渡し、Bに届けてくれるよう依頼した。Xは、一旦はAの依頼を承諾したものの、Bに現金を渡すのが

惜しくなり、これを自分の借金の返済に充てた。Ｘの罪責を論じなさい。

【設問13】のＸに横領罪は成立するだろうか。既に学んだように（論点5〔金銭の他人性〕）、50万円は、Ｂに届けるようＡから依頼されて預かった金銭であり、使途を定めて委託された金銭であるから、「自己の占有する他人の財物」に当たりうる。Ｘはこれを無断で費消して「横領」しており、Ｘの行為は横領罪の成立要件を満たすようにも思える。ただ、問題となるのは、一般に、50万円が贈賄という違法な目的で渡された**不法原因給付物**であると考えられているという点である。民法708条本文は、「不法な原因のために給付をした者は、その給付したものの返還を請求することができない」と規定している。これによると、Ａが民事訴訟を提起してＸに50万円の返還を請求しても、Ａの請求は認められず、Ｘは50万円をＡに返還する必要はない。そうだとすれば、Ｘは50万円を自由に処分しうるのであるから、これを費消しても横領罪は成立しないのではないかが問題となるのである。

　この場合に横領罪が成立するかどうかについては肯定説と否定説が対立するが、大審院の判例は肯定説に立っていた。その理由は、不法原因給付物の給付者が返還請求権を有しないからといって所有権まで失うわけではなく、不法原因給付物も「他人の物」にほかならないという点にある。◎最判昭23・6・5刑集2巻7号641頁〈百62、講68、プ168〉も、これを踏襲し、【設問13】と類似の事案において横領罪の成立を肯定した。

　しかし、その後、最大判昭45・10・21民集24巻11号1560頁が登場したことにより、肯定説は再考を迫られることになる。たしかに、民法708条は、返還請求権に関する規定であって、不法原因給付物の所有権について直接定めたものではないが、前掲・最大判昭45・10・21は、**民法708条が不法原因給付物について給付者の返還請求権を認めていないことの反射的効果として不法原因給付物の所有権は受託者にある**との判断を示した。この民事判例に従うと、【設問13】において、50万円はＸの所有に属することになるから、Ｘは「自己の物」を費消したにすぎず、横領罪は成立しないことになる。

　そこで、学説上は、不法原因給付物を処分しても横領罪は成立しないとする否定説が多数を占めるようになった。不法原因給付物については民法において返還請求権や所有権が認められていない以上、刑法上も保護すべき利益は存在せず、横領罪の成立を認めるべきではないというのである。前掲・最大判昭45・10・21以後に不法原因給付物について横領罪の成立を認めた裁判例が見当たらないこともあり、否定説は、前掲・最判昭23・6・5の先例と

しての意義を疑問視している。

　もっとも、肯定説は、現在でも有力に主張されている。肯定説も、いくつかの見解に分かれる。第1は、民法上の所有権と刑法上の所有権とを同義に解する必然性はなく、刑法独自の観点から給付者に所有権を認めてよいとする見解である。しかし、この見解に対しては、民法上許される行為を刑法上処罰することになり、刑法の謙抑性（刑法は刑罰という過酷な制裁を内容とするから、その適用は必要最小限にとどめるべきであるという原則）に反するという批判が向けられている。

　第2は、所有権者でなくても他人からの委託信任関係自体は保護すべきであるから、「他人」は所有権者でなくてもよいとする見解である。しかし、一般に、横領罪の第一次的な保護法益は所有権であると解されているから、この見解のように所有権の侵害はないのに委託信任関係の侵害だけで横領罪の成立を認めるのは妥当でないと批判されている。

　なお、給付と寄託を区別し、民法708条の適用があるのは不法原因給付だけであり、不法原因寄託は民法708条の適用はないから、不法原因寄託物の処分については横領罪の成立が認められるという見解も有力である。この見解によると、「給付」とは終局的な利益の移転をいうから、妾契約のために家屋を贈与するというように所有権移転の意思がある場合は「給付」といえるが、【設問13】のように所有権移転の意思がない場合は「寄託」に当たり、この場合は民法708条の適用はないから、民法上も所有権は寄託者に属し、受託者にとっては「他人の物」に当たるというのである。しかし、この見解に対しては、民法理論において不法原因給付と不法原因寄託を分けるという解釈はとられておらず、寄託も終局的に利益を与えている以上は「給付」であるから、【設問13】のように賄賂を預けた場合も不法原因給付に当たり、民法708条の適用があるという批判が寄せられている。

(8)　盗品等の領得・盗品等の処分代金の着服 論点8

【設問14】盗品の売却
　Xは、AがBから盗んだタイヤを換金してくれるようAから頼まれ、タイヤを預かったが、自分の飲食代に使うためにそのタイヤをCに売却した。Xの罪責を論じなさい。

【設問15】盗品売却代金の費消
　Xは、AがBから盗んだタイヤを換金してくれるようAから頼まれ、Cにこれを売却し、代金10万円を受け取った。しかし、Xは、その代金をAに渡すのが惜しくなり、自分の飲食代に使った。Xの罪責を論じなさい。

不法原因給付物の横領に関連して、盗品等を保管するよう委託された者がその盗品等を領得した場合や、盗品等を処分するよう委託された者が売却代金を領得した場合にも、横領罪の成否が争われている。

【設問14】は、**盗品自体を領得した**事例である。Ｘの行為は、盗品の所有者Ｂを被害者とする盗品等保管罪（256条２項）には該当するが、それとともに、窃盗犯人Ａを被害者とする横領罪は成立するだろうか。学説は、①盗品の保管の委託は保護に値しないとして、横領罪の成立を否定する見解と、②窃盗犯人とはいえ他人からの委託信任関係は保護すべきであるとして、横領罪の成立を肯定する見解が対立している。古い裁判例には、横領罪の成立を認めたものが存在する（大判昭13・９・１刑集17巻648頁）。

【設問15】は、盗品自体ではなく**盗品の処分代金を領得した**事例である。違法な委託に基づき金銭を領得した点では【設問13】と似ているが、【設問13】とは異なり、Ｘが領得したのは、Ａから直接委託された金銭ではなく、Ａの依頼に基づき盗品を売却して得た金銭である。このように委託された行為に基づいて取得した金銭の所有権は委託者にあるとされている（論点5〔金銭の他人性〕）ので、その点では、タイヤの売却代金である10万円を「他人の物」とすることに問題はない。問題は、委託の内容が盗品の売却であったという点である。この点に関しては、盗品自体の領得の場合と同様に、①盗品の処分の委託は保護に値しないとして、横領罪の成立を否定する見解と、②窃盗犯人とはいえ他人からの委託信任関係は保護すべきであるとして、横領罪の成立を肯定する見解が対立している。〇最判昭36・10・10刑集15巻９号1580頁〈プ170〉は、横領罪の成立を認めている。

(9) 横領・不法領得の意思⑴──毀棄・隠匿の意思 論点9

【設問16】美術品廃棄事例
Ｘは、Ａから、「しばらく自宅の改築工事をするので、その間、美術品を預かってくれ」と頼まれ、自宅においてＡの美術品を数点預かった。しかし、Ａに恨みを抱いていたＸは、Ａを困らせるため、Ａの美術品を山に廃棄した。Ｘの罪責を論じなさい。

論点9 から 論点11 では、横領罪の行為である「横領」と不法領得の意思の内容について検討する。

ア 越権行為説と領得行為説
横領の意義については、委託の趣旨に反する権限逸脱行為を横領と解し、

不法領得の意思を不要とする**越権行為説**と、不法領得の意思を発現する一切の行為を横領と解する**領得行為説**が対立している。

【設問16】では、XがAから預かって保管している美術品は、「自己の占有する他人の物」に当たる。それでは、Xがこれを廃棄した行為は「横領」に当たるだろうか。AはXに美術品の保管を依頼したのであるから、Xの行為がAの委託の趣旨に反する権限逸脱行為であることは明らかである。したがって、越権行為説によれば、Xの行為は「横領」に当たり、Xには横領罪が成立することになる。

一方、判例・通説は、領得行為説を採用している。ただ、領得行為説から【設問16】がどのように解決されるかは一概にいえない。不法領得の意思の内容をどう理解するかによって結論が異なりうるからである。そこで、次に、横領罪における不法領得の意思の内容について見ていくことにしよう。

　イ　不法領得の意思の意義

判例は、横領罪における不法領得の意思を、「**他人の物の占有者が委託の任務に背いて、その物につき権限がないのに所有者でなければできないような処分をする意志**」と定義している（○最判昭24・3・8刑集3巻3号276頁〈百65、講69、プ346〉）。その内容を理解するためには、奪取罪における不法領得の意思と比較することが有益である。

移転罪における不法領得の意思は、権利者を排除して他人の物を自己の所有物と同様にその経済的用法に従い利用、処分する意思をいう（7講3(5)）。横領罪における不法領得の意思と移転罪における不法領得の意思とで大きく違うのは、次の2点である。

第1は、移転罪では「権利者を排除して」（権利者排除意思）とされていたのが、横領罪では「**委託の任務に背いて**」とされていることである。これは、移転罪と横領罪の罪質の違いに由来する必然的な帰結である。移転罪は占有を侵害する罪であるため、権利者排除意思が要求されるのに対し、横領罪は、占有を侵害する罪ではなく、委託により占有している他人の物を処分する罪であることから、「権利者を排除して」ではなく「委託の任務に背いて」とされているのである。なお、横領罪における「所有者でなければできないような処分をする」というのは、移転罪における「自己の所有物として……処分する」と同義であり、他人の物を自分の物であるかのように使用するという意味である。

第2は、判例の定義によると、移転罪の場合と違って、横領罪においては経済的用法に従い利用、処分する意思（利用処分意思）が要件とされていな

いことである。ただ、この点に対しては、学説からの批判が強い。移転罪において、利用処分意思は移転罪と毀棄隠匿罪を区別する役割をもっていた（7講3(5)エ）が、同じことは横領罪においてもいえる。横領罪における不法領得の意思については、経済的用法に従って利用処分する意思は不要であるとすると、【設問16】のように、自己の占有する他人の物を毀棄・隠匿した場合も、委託の任務に背いて処分する意思はあるから、その行為は不法領得の意思の発現であり、「横領」に当たることになる。実際、古い裁判例には、他人の物を隠匿した事案において横領罪の成立を認めたものが存在する（大判大2・12・16刑録19輯1440頁〈プ349〉）。

　しかし、委託の任務に背いた処分はすべて「横領」に当たるとしたのでは、結論的に越権行為説と変わらなくなってしまう。そもそも横領罪の法定刑は器物損壊罪（261条）の法定刑に比べて重いが、その理由は、物を利用処分する意思による領得という横領罪の**利欲犯的性質**にあると考えられる。そこで、学説の多くは、**横領罪における不法領得の意思についても利用処分意思を要件とする必要がある**と解している。現在の判例も、こうした見解を必ずしも否定するものではないと思われる。これによると、横領罪における不法領得の意思は、**他人の物の占有者が委託の任務に背いて、その物につき権限がないのに、その物の経済的用法に従って、所有者でなければできないような処分をする意思**と定義されることになる（2(2)ウ）。このような立場からは、【設問16】のXの行為は、経済的用法に従って利用処分する意思すなわち不法領得の意思の発現とはいえないから「横領」に当たらず、横領罪の成立は否定される。ただし、後述する背任罪（247条）が成立する余地はあろう。

> ＊　なお、自分が使い込んだ金銭の穴を埋めるために、自己の占有する他人の金銭を充当した場合を穴埋め横領というが、この場合は、犯行の隠ぺいの目的であったことから、経済的用法に従って利用処分する意思があったとはいえないのではないかが問題となる。しかし、自己の利益を図って金銭を使用している以上、経済的用法に従って利用処分する意思があったといってよいであろう。判例も、穴埋め横領の事例において不法領得の意思を認めている（大判昭6・12・17刑集10巻789頁〈プ354〉）。

⑽　横領・不法領得の意思⑵——一時使用の意思　論点10

ア　使用横領

【設問17】機密書類の一時持出し——新潟鉄工事件
　Ａ社のコンピュータ・システムの開発を担当していたXは、Ａ社のコンピュー

タ・システムに関する情報の提供をB社のYから依頼された。そこで、Xは、自己が管理していたコンピュータ・システムの設計書や仕様書などの機密書類をA社から持ち出し、Yに渡した。Yは、それらの書類をコピーしてXに返却し、Xは、約1時間後それらの書類を元の場所に戻した。XとYの罪責を論じなさい。

　既に学んだように（7講3(5)イ）、一時的に使用した後すぐに返還する意思で財物を取得したときには、不法領得の意思のうち権利者排除意思を欠くため、窃盗罪（235条）の成立が否定される場合がある。横領罪の場合にも同じことがいえる。自己の占有する他人の物を一時的に使用する場合を**使用横領**というが、それが所有者の許容する態様・程度を大きく超えるものではないときは、所有者でなければできないような処分をする意思すなわち不法領得の意思を欠き、横領罪の成立は否定される。

　ただし、使用横領であっても、**所有者でなければできないような態様において使用する意思があった場合は、不法領得の意思は否定されない**（大阪高判昭46・11・26判時665号102頁〈プ348〉は、短時間の使用を許された他人の自動車を8日間乗り回した事案において横領罪の成立を認めている）。【設問17】では、Xが持ち出した資料は、A社にとって非常に重要な機密書類であるから、一時的ではあっても、A社の許可なくA社以外の者にコピーさせる目的で社外に持ち出すことは到底許されない。したがって、Xには不法領得の意思が認められ、横領罪が成立する。【設問17】と同様の事案で、○東京地判昭60・2・13判時1146号23頁（新潟鉄工事件〈講71、プ391〉）は、業務上横領罪の成立を肯定している。なお、後述するように（4(3)）、判例によれば、Yには業務上横領罪が成立し、単純横領罪の刑が科せられる。

イ　金銭の一時流用

【設問18】補てん確実な一時流用

　Xは、友人Aと旅行に行くため、旅行業者に支払う代金10万円をAから預かった後、買い物中に持ち合わせがなかったので、100万円ある預金から後で埋め合わせればいいと思い、その10万円を洋服代に充てた。Xの罪責を論じなさい。

　これに関連して、使途を定めて寄託された不特定物としての金銭を後に補てんする意思で一時流用する場合の取扱いが問題となる。判例は、後日に補てんする意思があったとしても横領罪の成立を妨げないとしている（前掲・最判昭24・3・8）。しかし、学説の多くは、確実な補てんの意思と能力がある場合には、①不法領得の意思を欠く、②領得行為に当たらない、③可罰

的違法性がないなどの理由で横領罪の成立を否定する。

前述したように（**論点2**〔預金による金銭の占有〕）、不特定物として金銭が寄託された場合に保護の対象とすべきものは、特定物としての紙幣に対する所有権ではなく、価値としての金額に対する所有権である。そうだとすれば、委託された金銭の金額を上回る金銭を自宅に保管してあるとか、預金があるというように、委託された金銭の金額について**確実な補てんの意思と能力がある場合**には、**価値としての金額に対する所有権を侵害したとはいえない**ので、委託された金銭を流用したとしても**領得行為に当たらないというべ**きであろう。【設問18】のＸは10万円を委託されたのに対し100万円の預金を持っており、確実な補てんの意思と能力があるといえるから、10万円を費消した行為は領得行為に当たらず、横領罪の成立は否定される。

これに対し、補てんが不確実である場合や、委託の趣旨が絶対に流用を許さない場合には、横領罪の成立が認められる。

(11) 横領・不法領得の意思(3)
——専ら本人のためにする意思 論点11

【設問19】賄賂の提供

Ａ社の経理部長Ｘは、国会で審議されている法案が可決されるとＡ社にとって大きな打撃となることから、Ａ社を守りたいという一心から、Ｘの保管するＡ社の資金から1000万円を内規に反して国会議員Ｂに渡し、法案に反対するよう依頼した。Ｘは、Ｂが国会内で大きな影響力をもつ国会議員であったことから、Ｂへの働きかけは功を奏すると確信していた。Ｘの罪責を論じなさい。

【設問20】乗っ取りの妨害工作——國際航業事件

Ａ社の経理部長Ｘは、ＢがＡ社の株を買い占めようとしていることを知った。Ｘは、Ｂと対立関係にあり、ＢがＡ社の経営権を握ると解雇されると思い、自分の保身のため、Ｘの保管するＡ社の資金から10億円を内規に反してＣに渡し、Ｂの乗っ取りに対する妨害工作を依頼した。その際、Ｘは、妨害工作の具体的な内容や資金の使用の必要性について全く調査していなかった。なお、Ａ社の経常利益は、1事業年度で20億円から30億円程度であった。Ｘの罪責を論じなさい。

【設問19】において、Ｘは経理部長としてＡ社の資金の調達運用、保管出納を委ねられていたことから、Ａ社の1000万円は「（業務上）自己の占有する他人の物」に当たる。Ｘはこれを内規に違反してＢに渡しており、その行為は、委託の趣旨に背くものとして「横領」に当たるようにも思える。

しかし、Ｘが1000万円を支出したのは、Ａ社を守りたいという一心からであって、私利私欲によるものではない。このように、**専ら委託者本人のため**

にする意思であった場合は、不法領得の意思は否定される（最判昭28・12・25刑集7巻13号2721頁〈プ352〉）。委託者本人の利益になると考えている場合には、委託者の物を委託者の物として処分する意思があるにすぎず、委託者の物を自己の所有物であるかのように処分する意思はないからである。したがって、Ｘの行為は、不法領得の意思の発現としての横領には当たらず、横領罪の成立は否定される。

一方、【設問20】のＸも、ＢによるＡ社の乗っ取りを妨害する目的でＡ社の資金をＣに提供しており、委託者本人の利益を図っている。ただ、同時に、Ｘは、自己の保身という目的もあわせて有している。さらに、Ｘは、10億円という多額の資金を支出するにもかかわらず、妨害工作の具体的な内容や資金の使用の必要性について全く調査していない。これでは、専らＡ社のためにする意思であったとはいいがたい。【設問20】と同様の事案において、◎最決平13・11・5刑集55巻6号546頁（國際航業事件〈百66、講70、プ353〉）は、不法領得の意思を認め、業務上横領罪の成立を肯定している。

* 【設問19】のＸの行為は贈賄罪（198条）に当たる。また、【設問20】のＸの行為も、会社法等の法令に違反する疑いがある。そこで、そのような法令違反行為は委託者自身ですら行いえない性質の行為であるから、占有者が法令違反行為を行うときには、専ら委託者本人のためにする意思であったとはいえないとする見解もある。しかし、【設問19】のように、法令違反行為を行うことによって専ら委託者の利益を図ろうとする場合はありうる。委託者の資金を使って法令違反行為を行ったかどうかと、専ら本人のためにする意思があったかどうかとは、次元の異なる問題であるというべきであろう（前掲・最決平13・11・5）。

⑿　二重売買 **論点12**

【設問21】不動産の二重売買1（善意者への売却）
　Ｘは、自分の所有する土地をＡに売却するという売買契約を締結し、Ａから代金3000万円を受け取った。ただ、Ａへの所有権移転登記はまだ完了しておらず、所有権の登記名義人はＸのままになっていた。そこで、Ｘは、さらに儲けようと企て、土地をＡに売却した事実を隠して、Ｂに対し、「この土地を2500万円で買ってくれないか」ともちかけ、Ｂはこれを承諾した。Ｘは、Ｂから代金を受け取り、Ｂへの所有権移転登記も完了した。Ｘの罪責を論じなさい。

【設問22】不動産の二重売買2（悪意者への売却）
　Ｙは、自分の所有する土地をＣに売却するという売買契約を締結し、Ｃから代金3000万円を受け取った。ただ、Ｃへの所有権移転登記はまだ完了しておらず、所有権の登記名義人はＹのままになっていた。そこで、Ｙは、さらに儲けようと企て、Ｚに対し、「この土地は既にＣに売却しているが、お前が先に登記を済ま

せれば土地はお前のものになる。2500万円で買ってくれないか」ともちかけ、Z
はこれを承諾した。Yは、Zから代金を受け取り、Zへの所有権移転登記も完了
した。YとZの罪責を論じなさい。

【設問23】不動産の二重売買3（背信的悪意者への売却）
　Wは、自分の所有する土地をDに売却するという売買契約を締結し、Dから代
金3000万円を受け取った。ただ、Dへの所有権移転登記はまだ完了しておらず、
所有権の登記名義人はWのままになっていた。これを聞きつけたVは、Dに恨み
をもっていたことから、後でその土地をDに高く売りつけてやろうと思い、Wに
対し、「2000万円でその土地を買う」と申し出た。そこで、Wは、これを承諾し、
Vから代金を受け取り、Vへの所有権移転登記も完了した。WとVの罪責を論じ
なさい。

【設問24】動産の二重売買
　Uは、自分の所有する絵画をEに100万円で売るという売買契約を締結し、E
から代金100万円を受け取った。ただ、絵画は、まだEに引き渡されず、Uの手
元にあった。そこで、Uは、さらに儲けようと企て、Tに対し、「この絵画は既
にEに売却しているが、お前に先に引き渡せば絵画はお前のものになる。50万円
で買ってくれないか」ともちかけ、Tはこれを承諾した。Uは、Tから代金を受
け取り、絵画をTに引き渡した。UとTの罪責を論じなさい。

　目的物を売却した後、それを買主に引き渡す前、あるいは所有権移転登記
を完了する前に、第三者に売却することを**二重売買**という。二重売買につい
ては、①売主に横領罪が成立するか、②第2譲受人が横領罪の共犯となる
か、③売主に詐欺罪（246条）の成立する余地はあるかという3点について
検討する必要がある。

ア　売主における横領罪の成否

　まず検討しなければならないのは、売主に横領罪が成立するかである。

a　不動産の二重売買

　【設問21】のXの行為に横領罪の成立要件を当てはめてみよう。

　民法176条は、「物権の設定及び移転は、当事者の意思表示のみによって、
その効力を生ずる」と規定しており（意思主義）、原則として売買契約の成
立によって所有権は買主に移転する。これによると、【設問21】においても、
XとAの売買契約の成立により土地の所有権はAに移転しているから、Xに
とってその土地は「他人の物」である。ただし、学説上は、横領罪としての
保護に値する所有権の実質が必要であるから、「他人の」というためには、
単に売買契約が成立しただけでは足りず、代金の全額または大部分の支払い
が済んでいることや必要書類の授受がなされていることが必要であるとする

見解が多数を占めているが、【設問21】では、代金の支払いがなされているから、この見解からも「他人の」の要件を満たすことに問題はない。

一方、前述したように（論点1〔不動産の占有〕）、不動産の場合には、所有権の登記名義人を占有者とするのが原則である。【設問21】において、Aへの所有権移転登記はまだなされておらず、所有権の登記名義人は依然としてXであるので、Xはその土地を「占有」している。また、売買契約により売主であるXにはAへの登記協力義務や土地の保管義務があることから、Xの占有は、それらの義務に基づくAとの委託信任関係を原因とするものである（2(2)イc参照）。したがって、その土地は「自己の占有する他人の物」であり、横領罪の客体に当たる。

Xは、その土地をBに売却してBへの所有権移転登記を完了しており、これはAの委託の趣旨に反して所有者でなければできない処分をするものであるから、「横領」したといえる。このようにして、【設問21】のXには横領罪が成立する（◎福岡高判昭47・11・22判タ289号292頁〈百64、講72、プ343〉）。同様に、【設問22】のY、【設問23】のWにも横領罪の成立（後述するように、WはVとの共同正犯となる）が認められる。

　b　動産の二重売買

動産の二重売買においても、その売主には横領罪が成立する。【設問24】においては、UとEの間に売買契約が成立することによって絵画の所有権はEに移転し、代金も支払われているから、Uにとって絵画は「他人の物」である。また、Uはその絵画を手元に置き、Eとの委託信任関係に基づいて「占有」している。Uはこれを売却しているから「横領」に該当し、横領罪が成立する（名古屋高判昭29・2・25判特33号72頁〈プ341〉）。

　イ　第2譲受人における横領罪の共犯の成否

次の問題は、第2譲受人に横領罪の共犯が成立するかである。この点に関しては、第2譲受人が①第1の売買の事実を知らなかった善意者の場合、②第1の売買の事実を知っていた単純悪意者の場合、③単に第1の売買の事実を知っていただけでなく、登記の欠缺を主張することが信義則に反する事情のある背信的悪意者の場合の3つに分けて検討する必要がある。

第1は、第2譲受人が善意者の場合であり、【設問21】がこれに当たる。【設問21】のBは、XとAの間で売買契約が成立していた事実を知らなかったのであるから、横領罪の故意がなく、当然、横領罪の共犯は成立しない。

第2は、【設問22】のように、第2譲受人が単純悪意者の場合である。【設問22】のZは、土地が既にCの所有に属することを知りながらYの占有する

土地を購入しているのであるから、横領罪の故意を有するとともに、①共謀、②重要な役割、③共謀に基づく実行行為という共同正犯の成立要件を満たしているといってよいであろう（総論22講２(3)）。また、Ｚには占有者という身分はないが、65条１項を適用し、横領罪の共犯の成立を認めることは可能である。このように、Ｚの行為は形式的には横領罪の共同正犯の成立要件を満たしている。

　ただ、【設問22】のＺを横領罪として処罰してよいかというと、そうではない。民法177条があるからである。民法177条は、「不動産に関する物権の得喪及び変更は、……その登記をしなければ、第三者に対抗することができない」と規定している。つまり、先に売買契約を締結した者であっても、登記を備えていなければ第三者に所有権移転の事実を主張することができず、その結果、先に登記を備えた者が所有権を取得するのである。この「第三者」には、第１の売買の事実を知らなかった者（善意者）だけでなく、知っていた者（悪意者）も含まれる。したがって、【設問22】では、登記を備えていないＣは、先に登記を備えたＺに所有権移転の事実を主張することができず、その結果、Ｚが土地の所有権を取得する。このように、Ｚは民法上有効に所有権を取得できる地位にあるとすると、刑法の謙抑性の観点から刑法上もＺを処罰することはできない。そこで、**第２譲受人が単なる悪意者の場合には、第２譲受人に横領罪の共犯は成立しない**と解されている（○最判昭31・６・26刑集10巻６号874頁〈プ342〉）。

　第３は、**第２譲受人が背信的悪意者の場合**である。【設問23】において、Ｖは、恨みをもっているＤに土地を高く売りつける目的でＷに二重売買をするよう積極的に働きかけていることから、背信的悪意者に当たる。民法理論においては、背信的悪意者は、民法177条の「第三者」に当たらないとされており、民法上所有権取得できる地位にはないため、第２譲受人を不処罰にする必要はない。そのため、**第２譲受人が背信的悪意者の場合には、第２譲受人は横領罪の共犯として処罰される**とされている（前掲・福岡高判昭47・11・22）。【設問23】のＶは横領罪の共同正犯が成立する。

　なお、第２譲受人における横領罪の共犯の成否に関して注意しなければならないのは、横領罪の既遂時期である。前述したように（２(3)）、横領罪は、不法領得の意思が外部に発現した時点で直ちに既遂に達するとされており、通常、委託の趣旨に反して他人の物を売却する意思を表示しただけで既遂が認められている。ただし、不動産において登記が対抗要件とされている場合には、所有権移転登記の完了により確定的に所有権侵害が生じるから、登記

第13講　横領の罪　　305

が完了して初めて既遂に達するとの理解が一般的である（2(3)）。このような理解を前提とすると、【設問22】のＺおよび【設問23】のＶは、登記が完了する前すなわち横領罪が既遂に達する前に売主の横領行為に関与したといえるため、横領罪の共犯の構成要件該当性を認めることが可能となる。

　一方、動産の二重売買の場合には、前記の原則どおり、委託の趣旨に反して他人の物を売却する意思を表示しただけで既遂に達するとされている（動産の二重売買の場合も、目的物の引渡しが対抗要件であるとすると、目的物の引渡しによって横領罪は既遂に達すると解することも可能であると思われるが、一般的にはそのような解釈はとられていない）。そうだとすると、【設問24】のＴは、Ｕが絵画売却の意思表示をした後にこれを承諾して絵画を受け取ったのであるから、横領罪の既遂後に関与したことになり、横領罪の共犯が成立する余地はない。Ｔは、横領罪の既遂によって盗品となった絵画を購入したことになり、盗品有償譲受け罪（256条2項）が成立する。

●コラム●　単純悪意者の共犯成立を否定する理論的根拠

　二重売買の第2譲受人が単純悪意者である場合の処理については、結論として横領罪の成立が否定されていること、その理由が民法上の取扱いに求められていることが答えられれば十分であろう。ただ、理論的にどの要件が欠けるために共犯の成立が否定されるのかは、気になるところである。この点はこれまであまり明確にされてこなかったが、①構成要件該当性の判断において客観的帰属を認めるためには類型的・一般的に「許されない危険」を創出することが必要であるとの前提に立ち、単純悪意者である第2譲受人の行為は経済取引上許されている行為であるから「許されない危険」の創出に当たらず、共犯の構成要件該当性が否定される、②共犯の構成要件に該当することは否定できず、経済取引上許容された正当行為（35条）として違法性が阻却される、などの理論構成が考えられる。

ウ　売主における詐欺罪の成否

　【設問21】のように、売主が第1の売買の事実を秘して第2譲受人に目的物を売却した場合には、第2譲受人に対する詐欺罪（246条1項）が成立しないかが問題となるが、この点は、一般に否定的に解されている。第2譲受人は対抗要件を備えることにより所有権を取得しうるから、財産的損害は発生せず、第2譲受人への告知義務はないというのが、その理由である。

　ただし、交付の判断の基礎となる重要な事項を偽るときには財産的損害を発生させる行為として詐欺罪における欺罔行為に当たるといえる（11講3(3)）から、仮に第2譲受人が第1の売買の事実を知っていれば決して目的物を購入することはなかったといえるような事情が存在する場合には、詐欺罪の成立を認めることは可能であろう。裁判例においても、不動産の二重売買

306

において第2譲受人に対する詐欺罪の成立が認められたものが存在する（東京高判昭48・11・20判タ304号267頁〈プ344〉）。

⒀　横領後の横領　論点13

> **【設問25】横領後の横領1**
>
> 　Xは、Aから依頼されて、銀行にあるA名義の預金口座の通帳や印鑑を預かり、Aの口座を管理していたが、自分の借金を返済する必要に迫られたため、Aに無断でAの口座から100万円を引き出し（第1行為）、3日後、その100万円を自分の借金の返済金として債権者に渡した（第2行為）。Xの罪責を論じなさい。
>
> **【設問26】横領後の横領2**
>
> 　Yは、Bから依頼されて、Bの土地の登記済証権などの書類を預かり、Bの土地を管理していたが、自分の借金を返済する必要に迫られたため、Bに無断でその土地に抵当権を設定し（第1行為）、その半年後、さらにBに無断でその土地をCに売却し、所有権移転登記も完了した（第2行為）。第1行為については公訴時効が成立していたため、検察官は第2行為についてYを横領罪で起訴した。Yを有罪とすることは可能か。
>
> **【設問27】横領後の横領3**
>
> 　Zは、Dから依頼されて、Dの土地の登記済証権などの書類を預かり、Dの土地を管理していたが、自分の借金を返済する必要に迫られたため、Dに無断でその土地に抵当権を設定し（第1行為）、その半年後、さらにDに無断でその土地をEに売却し、所有権移転登記も完了した（第2行為）。なお、第1行為、第2行為のいずれについても公訴時効は成立していない。Zの罪責を論じなさい。

ア　旧判例

　【設問25】において、第1行為は当然、横領罪に該当するが、第2行為はどうだろうか。他人から委託された金銭を費消しているのであるから、こちらについても横領罪の成立を認めることに何の問題もないように思える。しかし、従来、第2行為は、別個に横領罪を構成せず、不可罰であるとされてきた。その理由に関しては、第1の横領行為によって既に所有者との委託信任関係が消滅しているから、第2行為は委託信任関係の要件を欠き、横領罪の構成要件に該当しないとする見解（第1説）や、第2行為は形式的には横領罪の成立要件を満たすが、第1行為と第2行為は同一の法益・客体に向けられた行為であるから、第2行為には新たな法益侵害が認められず、不可罰的事後行為（法条競合）として横領罪の成立は認められないとする見解（第2説）などが主張されている。

　このような理解を前提とすると、【設問26】のYを有罪とすることはできない。他人の土地に対する抵当権設定行為（第1行為）は横領に該当する

が、公訴時効が成立しているため起訴されておらず、他方、起訴の対象とされた第2行為は、横領に該当するようにみえても、第1行為と別個に横領罪を構成するものではなく、不可罰だからである。判例も、かつてこのような見解に立っていた（前掲・最判昭31・6・26）。

イ　新判例

しかし、他人の土地を無断で売却した事実が現に存在するにもかかわらず、それに先立って別の横領行為がなされていたことを理由にその売却行為を不可罰とするのは、実際上の帰結として妥当でないであろう。そもそも第2行為の時点においてもBからの委託を原因とする占有は継続しており、第1の横領行為によって委託信任関係が消滅したわけではない。そうだとすれば、第2行為が横領罪の成立要件を満たすことは否定できないといえる。そこで、◎最大判平15・4・23刑集57巻4号467頁〈百68、講74、プ357〉は、従来の判例を変更し、「委託を受けて他人の不動産を占有する者が、これにほしいままに抵当権を設定してその旨の登記を了した後においても、その不動産は他人の物であり、受託者がこれを占有していることに変わりはなく、受託者が、その後、その不動産につき、ほしいままに売却等による所有権移転行為を行いその旨の登記を了したときは、委託の任務に背いて、その物につき権限がないのに所有者でなければできないような処分をしたものにほかならない。したがって、**売却等による所有権移転行為について、横領罪の成立自体は、これを肯定することができるというべきであり、先行の抵当権設定行為が存在することは、後行の所有権移転行為について犯罪の成立自体を妨げる事情にはならない**」と判示した。これによると、【設問26】のYには横領罪が成立する。

もっとも、【設問25】や【設問27】のように、第1行為と第2行為の両者について罪責が問題となったときに、新判例の立場からどのように解決されるのかは明らかではない。新判例の立場からは、いずれの行為も横領罪の構成要件に該当することになるため、両者の罪数関係が問題となるが、解決方法としては、第1行為と第2行為は被害者・被害物が同じであり、実質的に見て1個の法益侵害であるので、犯意の継続性や時間的・場所的近接性などが認められる限りで包括一罪になるという見解（第3説）と、第1行為と第2行為は時間的に近接しているわけでもないし、両者は別個の法益侵害行為であるので、併合罪になるという見解（第4説）が考えられる。

学説においては、第3説が有力である。この見解は、【設問25】の第2行為を不可罰的事後行為ではなく**共罰的事後行為**と解する。これによると、

【設問25】においては横領罪一罪のみが成立するが、それは、第２行為が第１行為と同一の法益・客体に向けられた行為であるため第１行為に吸収されるからにすぎない。第２行為は、不可罰なのではなく、第１行為の中で共に評価され、共に処罰されているのである（総論27講４(4)）。また、【設問27】のように、第２行為の方が第１行為より犯情が重いときには、第１行為は、共罰的事前行為として第２行為に吸収されることになる。

	第２行為の罪責のみが問題となった場合（【設問26】）	両行為について罪責が問題となった場合（【設問25】、【設問27】）	
第１説	不可罰	第１行為：横領罪 第２行為：構成要件不該当	
第２説	不可罰	第１行為：横領罪 第２行為：不可罰的事後行為	（法条競合）
第３説	横領罪	第１行為：横領罪 第２行為：共罰的事後行為	【設問25】 （包括一罪）
		第１行為：共罰的事前行為 第２行為：横領罪	【設問27】 （包括一罪）
第４説	横領罪	第１行為：横領罪 第２行為：横領罪	（併合罪）

●コラム● 部分横領と全部横領

　他人の土地に対する抵当権設定行為のように、目的物の一部の価値だけを侵害する横領を部分横領（一部横領）と呼び、売却のように、目的物の全部の価値を侵害する横領を全部横領ということがある。単なる部分横領は横領罪に当たらず、背任罪の問題にすぎないとする見解も存在するが、部分横領も所有権の侵害にほかならない以上、横領罪の成立を認めてよいとする見解が一般的である。なお、学説の中には、【設問26】の第１行為が抵当権設定行為という部分横領であり、所有権の一部の機能を侵害するにすぎない点に着目し、第２行為は所有権の残りの機能を侵害したといえるからこそ、新たな法益侵害が認められ、第２行為について横領罪の成立が認められるとする見解も存在する。

---

(14)　後見人による横領と親族相盗例 論点14

> **【設問28】孫の預金の使い込み──孫の預金使込事件**
> 　未成年者Ａの祖母Ｘは、家庭裁判所からＡの後見人に選任され、Ａの預金を管理していたが、自己の用途に費消するため、Ａの預金口座から50万円を無断で引き出した。Ｘの罪責を論じなさい。

　親族相盗例の規定（244条）は、255条により横領の罪にも準用される。①横領罪の第一次的な保護法益は所有権であるとともに、第二次的な保護法益

第13講　横領の罪　309

は委託信任関係であること、②本特例は「法は家庭に入らず」という政策的考慮に基づく規定であるので、本特例を適用するためには紛争が親族内にとどまっているといえる必要があることから、親族関係は、行為者と委託者・所有者の両者との間に存在しなければならない。

　それでは、【設問28】のXに244条1項を準用することは可能であろうか。この点については、家庭裁判所を委託者と解した上で、行為者であるXと所有者であるAとは親族関係にあるが、委託者とは親族関係がないとして、親族相盗例の準用を否定する見解もありうる。しかし、家庭裁判所の選任ではなく遺言により指定された未成年後見人の場合や、成年後見人の場合には、その説明は当てはまらない。

　そこで、行為者（X）と所有者・委託者（A）とが親族関係にある以上は親族相盗例の準用を認めるべきであるとする見解も主張されているが、○最決平20・2・18刑集62巻2号37頁〈百35、講75、プ358〉は、未成年後見人制度の公的性格を重視することにより親族相盗例の準用を否定した。未成年後見人は、未成年被後見人と親族関係にあるかどうかを問わず、その財産を誠実に管理すべき法律上の義務を負っており、その点で、家庭裁判所から選任された未成年後見人の後見の事務は公的性格を有している。そのため、「法は家庭に入らず」という政策的理由に基づく規定である244条をこの場合に準用することはできないとするのである。同様に、成年後見人についても、244条の準用は否定されている（○最決平24・10・9刑集66巻10号981頁）。

4　業務上横領罪

> 253条　業務上自己の占有する他人の物を横領した者は、10年以下の懲役に処する。

【事例2】支店長の横領
　A銀行の支店長Xは、自宅のローンの返済に充てるため、架空口座に総会屋対策費として銀行から毎月10万円が振り込まれるように帳簿を操作した。

（1）意　義
　業務上横領罪は、単純横領罪と同じく、委託に基づいて占有している他人の物を利用処分する罪であるが、業務として他人の物を占有する者が主体となることによって刑が加重されている。つまり、業務上横領罪は、単純横領

罪の加重類型である。

横領罪より刑が加重される根拠については、業務上の占有者による横領は法益侵害の範囲が広く頻発のおそれが大きいとして、違法性が大きいからであるとする見解と、業務上の占有者は横領罪を犯す可能性が高いため一般予防の見地から責任を加重する趣旨で特に重い法定刑が定められているとする見解が主張されている。

業務上横領罪の成立要件は、主体が業務者であること以外は、単純横領罪とほぼ同じである。そこで、以下では、業務の意義と、それに関連して問題となる共犯の問題についてのみ説明する。

(2) 業　務

もともと業務とは、社会生活上の地位に基づいて反復または継続して行われる事務をいうが、本罪の性質上、本罪の業務者は、**委託を受けて他人の物を占有・保管する事務を反復または継続的に行う者**を指す。営業や職業である必要はない。質屋、倉庫業者、運送業者、修繕業者、一時預り業者、クリーニング業者などが典型であるが、職務上公金を保管する公務員、会社・団体等の金銭を保管する会社員・団体役員・銀行員なども業務者である。

業務の根拠は、法令のほか、契約や慣習でもよい。業務は、本務だけでなく兼務としてなされる場合でもよく、他人に代わって事実上行う事務でもよい。無免許による事務のように、手続上不適法な点があっても、事務自体が違法でない限り業務である。業務上の地位を失った後でも、業務の引継ぎを終わるまでは保管者としての保管責任を免れないから、本罪の主体となる。

(3) 共　犯

既に述べたように、単純横領罪は、他人の物の占有者を主体とする真正身分犯であり、さらに、これに業務者という身分が加わると、業務上横領罪として単純横領罪より重い刑で処罰される。その意味で、業務上横領罪は、単純横領罪との関係では不真正身分犯である。このように、業務上横領罪は、占有者という身分と業務者という身分とを併せもっている二重の意味での身分犯（複合的身分犯）であることから、身分のない者が業務上横領に関与したときにどのように取り扱われるのかが問題となる。刑法65条の1項と2項の関係については争いがあるが、1項は真正身分犯について身分の連帯的作用を、2項は不真正身分犯について身分の個別的作用を規定したものであるというのが、判例（最判昭31・5・24刑集10巻5号734頁）・通説であり（総論24講1(2)**イ・オ**）、以下では、これを前提として検討する。

第1に、業務者でない占有者が業務上の占有者の横領に関与した場合はど

第13講　横領の罪　311

うか。業務者は加減的身分であるから、刑法65条2項が適用され、業務上の占有者にのみ業務上横領罪が成立し、業務者でない占有者は単純横領罪の共犯となる。

第2に、業務者でも占有者でもない者が業務上の占有者の横領に関与した場合はどうであろうか。刑法65条に関する判例・通説の見解を適用すると、まず、占有者という身分は構成的身分であるから、刑法65条1項により非占有者は横領罪の共犯となり、次に、業務者という身分は加減的身分であるから、同条2項が適用されて業務者にのみ業務上横領罪が成立し、非占有者には横領罪の共犯が成立するということになるはずである。しかし、判例は、業務上の占有者という身分を構成的身分と解し、非占有者には罪名としては刑法65条1項により業務上横領罪の共犯が成立し、同条2項により単純横領罪の刑が科せられるとしている（○最判昭32・11・19刑集11巻12号3073頁）。

5　占有離脱物横領罪（遺失物等横領罪）

> **254条**　ⓐ遺失物、漂流物その他占有を離れた他人の物をⓑ横領した者は、1年以下の懲役又は10万円以下の罰金若しくは科料に処する。

(1) 意　義

占有離脱物横領罪（遺失物横領罪ともいう）は、行為者も含め誰の占有にも属していない財物や、他人の委託に基づかずたまたま占有するに至った他人の財物を領得する罪であり、単純横領罪や業務上横領罪と違って委託信任関係を裏切るという側面はない。その意味では、単純横領罪と業務上横領罪は、背信的性質を有するという点で後述する背任罪（247条。14講）と共通するのに対し、占有離脱物横領罪は、むしろ窃盗罪（235条）に近い性質を有している。

占有離脱物横領罪は、単純横領罪に比べて法定刑が軽いが、それは、占有離脱物横領罪が他人の占有を侵害しない上、委託信任関係に背くものでもないという点で違法性の程度が低く、また、その動機も誘惑的であり、責任の程度も低いためである。

(2) 成立要件

ア 客　体

客体は、**占有を離れた他人の物**（占有離脱物）であり（下線ⓐ）、遺失物と漂流物が例示されている。「占有を離れた物」とは、①占有者の意思によ

らずにその占有を離れ、未だに何人の占有にも属していない物、および、②他人の委託に基づかずに行為者が占有するに至った物をいう。①の例として、電車や食堂等に置き忘れられた物、養殖業者の生けすから湖沼中に逃げ出した鯉（最決昭56・2・20刑集35巻1号15頁〈プ360〉）などがあり、②の例として、郵便集配人が誤って配達した郵便物（大判大6・10・15刑録23輯1113頁〈プ329〉）、風で飛んできた隣家の洗濯物、誤って払い過ぎた金銭（大判明43・12・2刑録16輯2129頁〈プ359〉）などがある。客体は、「他人の」物でなければならないから、無主物は客体から除かれる。

イ　行　為

行為は、**横領**である（下線ⓑ）。「横領」とは、不法領得の意思を発現する一切の行為、すなわち、その物の経済的用法に従って所有者でなければできないような処分をすることをいう。

ウ　主観的要件

主観的要件として、**故意**すなわち上記ア、イの事実を認識・認容することが必要である。不法領得の意思も主観的要素であるが、その発現が客観的要件である「横領」の内容となる。

(3)　罪　数

占有離脱物を横領した後、これを損壊した場合には、より法定刑の重い器物損壊罪（261条）が成立するとの見解もあるが、占有離脱物横領罪は後から捨てたり壊したりする行為を予定して作られた犯罪類型であるから、占有離脱物の損壊は共罰的事後行為であるとする見解が多数である。

また、遺失物である乗車券を横領した者が、これを精算所に提示して払戻しを受けた場合にも、占有離脱物横領罪の不可罰事後行為であるとする裁判例（浦和地判昭37・9・24下刑集4巻9＝10号879頁〈プ361〉）も存在するが、学説上は、異なる被害者（乗車券を落とした者と鉄道会社）に対する新たな法益侵害があったとして、詐欺罪（246条1項）の成立を認める見解も有力である。

第14講　背任の罪

◆学習のポイント◆
1　背任罪も、横領罪と同じく、具体的なイメージがつかみづらい犯罪である。やはり、最初は、【事例1】のような典型的な事例をもとにして背任罪の成立要件を1つずつ当てはめるところから学習を始めてほしい。
2　特に事務処理者や任務違背の要件については、権限濫用説と背信説の対立を軸とした背任罪の本質をめぐる議論との関係に注意すること。また、図利加害目的の意義や背任罪の共犯に関しては、どのような場面を想定した議論なのかを意識することが必要である。
3　背任罪と横領罪の区別については、検討の手順を整理しておくとよい。

1　総　説

　背任の罪は、他人のためその事務を処理する者が、自己もしくは第三者の利益を図り、または本人に損害を加える目的で、その任務に背く行為をし、本人に財産上の損害を加える罪である（247条）。背任罪の保護法益は、**財産と委託関係**である。背任罪は、横領罪と異なり、財物を客体とする必要はないが、信任関係に違背する点では委託物横領罪（252条）と類似しており、いわば2項横領罪としての性質を有する。その一方で、背任罪は、本人に損害を加える目的で行為する場合も含むから、毀棄罪としての一面もある。背任罪は、未遂も処罰される（250条）。

　　＊　会社法960条以下には、背任罪の加重類型として、株式会社の取締役等による背任を重く処罰する規定が置かれている（10年以下の懲役もしくは1000万円以下の罰金またはその併科）。これを特別背任罪といい、適用例は多い。その成立要件は、株式会社の取締役等に主体が限定されているほかは、刑法の背任罪と同じである。

　背任罪の本質をめぐっては、権限濫用説と背信説の対立を軸に複雑な議論

が展開されており、そうした見解の違いが背任罪の成立範囲の広狭に大きな影響を及ぼしている。この点については、後で詳しく検討する（**論点1**〔背任罪の本質〕）。

　背任罪には、親族間の特例の準用がある（251条・244条）。親族関係は、犯人と委託者との間に存在すれば足りる。

2　背任罪の基本構造

> **247条**　ⓐ他人のためにその事務を処理する者が、ⓑ自己若しくは第三者の利益を図り又は本人に損害を加える目的で、ⓒその任務に背く行為をし、ⓓ本人に財産上の損害を加えたときは、5年以下の懲役又は50万円以下の罰金に処する。

未遂（250条）　この章の罪の未遂は、罰する。

(1)　成立要件

> **【事例1】支店長の不良貸付1**
> 　A銀行B支店の支店長Xは、資金繰りに困っているC建設会社の社長Dから融資を頼まれた。Xは、貸付金の回収は困難であると思ったが、C社は銀行の古くからの顧客であったことから、C社の利益のために、正規の手続をとりながら、十分な担保をとらずにC社に1000万円を融資した。

ア　主　体

　本罪の主体は、**他人のためにその事務を処理する者**（事務処理者）である（下線ⓐ）。背任罪は、事務処理者のみが犯しうる真正身分犯である。

　事務処理者とは、他人の事務をその他人のために行う者である。「他人」とは、行為者に事務処理を委託した者をいう。247条にいう「本人」とは、この「他人」のことを指している。「他人」は、自然人のほか法人、法人格のない団体、国・地方公共団体も含む。「事務」は、私的事務か公的事務かを問わず、法律行為か事実行為かも問わない。一時的な仕事でもよい。信任関係の発生原因としては、法令、契約、慣習、事務管理などがある。

　他人の事務を処理するとは、他人すなわち本人の事務をその本人に代わって行うことをいう。**他人の利益のためであっても、自己の事務を処理するにすぎない場合は、他人の事務を処理する者とはいえない**ので、背任罪の主体とはならない。例えば、債務の履行は、自己の事務であって他人の事務ではないとされている。したがって、売主が目的物を引き渡さない、買主が代金

第14講　背任の罪　315

を支払わない、自己の借金を返済しないなどの単なる債務不履行は背任罪に当たらない。ただし、他人の事務か自己の事務かの区別は必ずしも明確ではない。この点は、背任罪の本質をどう理解するかという問題と関係しているので、後で検討する（ 論点1 〔背任罪の本質〕、 論点2 〔他人の事務と自己の事務〕）。

　事務処理者は、独立の権限を有する者だけでなく、補助者でもよい。ただし、行為者が直接担当する事務でなければならない。被告人が自己の勤務する会社の機密資料を持ち出した事案において、神戸地判昭56・3・27判時1012号35頁（〔東洋レーヨン事件〕〈プ362〉）は、被告人がその機密資料を保管秘匿すべき任務を負担していなかったことを理由に背任罪の成立を否定している。

　事務の内容が包括的、裁量的なものに限られるか、また、財産上の事務に限られるかについては、争いがある。この点については、後述する（ 論点3 〔事務の内容〕）。

　【事例1】のXは、銀行の支店長として貸付け等のA銀行の事務を行う者であり、他人の事務処理者に当たる。

イ　行　為

　本罪の行為は、**任務に背く行為**（**任務違背行為、背任行為**）である（下線ⓒ）。「任務」とは、その事務の処理者として当該具体的事情の下で当然になすべきものと法的に期待される行為をいう。「背く」とは、信任関係に違背することをいう。銀行員が回収の見込みがないのに十分な担保や保証なしに金銭を貸し付ける不良貸付や、虚偽の決算により利益がなかったのにあったように見せかけて株主に利益配当する粉飾決算などが、その例である。任務違背行為は法律行為に限られるか、事実行為でもよいかが争われているが、これも背任罪の本質をめぐる議論と関係しているので、後述する（ 論点1 〔背任罪の本質〕）。

　任務違背の有無は、法令、通達、内規、規定、定款、業務内容、契約、委任の趣旨などをもとに、通常の事務処理の範囲（事務処理の通常性）を逸脱していたかどうかによって判断される。

　　＊　経営者における任務違背の判断にあたっては、経営判断原則（企業の経営者には、一定の裁量が認められ、その判断が著しく不合理でない限り、義務違反は認められないとする原則）が考慮されるが、○最決平21・11・9刑集63巻9号1117頁（〔北海道拓殖銀行事件〕〈百70、プ369〉）は、融資業務に際して銀行の取締役に課される注意義務の程度は一般の株式会社取

締役に比べて高い水準であり、経営判断原則が適用される余地は限定的なものにとどまるとした。

【事例1】のXは、回収が困難であるにもかかわらず、十分な担保もとらずに銀行の内部規則に違反してC社に1000万円を融資したのであるから、その行為は任務に背く行為であったといえる。

ウ 財産上の損害

本罪の成立には、背任行為により本人に**財産上の損害**が発生したことが必要である（下線ⓐ）。「財産上の損害」は、既存の財産が減少すること（積極的損害）、将来取得するはずだった利益を喪失すること（消極的損害）のいずれも含む（○最決昭58・5・24刑集37巻4号437頁〔信用保証協会事件〕〈百71、講80、プ376〉）。

「財産」とは、全体財産の意味である。つまり、本罪は、窃盗罪（235条）や詐欺罪（246条）などの移転罪のような個別財産に対する罪ではなく、**全体財産に対する罪**であり、被害者の財産状態の全体を考慮して損害があったといえるときに初めて成立する。例えば、貸し付けた1000万円は回収できなかったが、1000万円の価値を有する担保をとっている場合のように、**一方で損失が生じても、他方でこれに対応する反対給付があれば、全体財産の損害はないから、「財産上の損害」**があったとはいえない。

> * 対応する反対給付があったというためには、反対給付が確実に帰属する必要がある。A社の代表取締役Xと、A社に融資していたB銀行支店長Yが共謀し、手形決済能力のないA社の振り出した手形についてB銀行に手形保証をさせ（任務違背行為）、B銀行に手形保証債務（財産上の損害）を負わせたが、手形の額面金額と同額の資金がA社名義のB銀行口座に入金されたため反対給付があったのではないかが争われた事案において、○最決平8・2・6刑集50巻2号129頁（〔香港上海銀行事件〕〈講79、プ377〉）は、A社に債務弁済能力があることを示す外観を作り出して、B銀行からA社への融資を継続させようしていることなどを理由に、その「入金により当該手形の保証に見合う経済的利益が同銀行に確定的に帰属したものということはでき〔ない〕」とした。

財産上の損害をどのように判断するかについては、法律上の権利を有するかという法的な観点から判断する**法的損害概念説**と、財産的に見て実際に損失が生じているかという経済的見地から判断する**経済的損害概念説**がありうる。法的損害概念説を徹底すると、【事例1】では、A銀行は、C社に1000万円を貸し付けたが、法的にはC社に対し同額の債権を有しているから、全体財産は減少しておらず、財産上の損害は生じていないことになる。しか

し、法的に債権があったとしても、回収の見込みがなければその債権は財産的には無価値であるから、返済能力のないＣ社への融資の実行によってＡ銀行は損害を被ったといってよい。そこで、判例（前掲・最決昭58・5・24）・通説は、財産上の損害を経済的見地から判断する経済的損害概念説を支持している。これによると、【事例１】では、返済能力のないＣ社に融資を実行した時点で、財産上の損害の発生が認められる。その時点で背任罪は既遂に達するから、仮にその後に貸付金が全額回収されたとしても、背任罪の成立は否定されない。

　エ　主観的要件

　主観的要件として、第1に、**故意**が必要である。故意は、上記**ア、イ、ウ**の事実を認識・認容していることである。【事例１】のＸには、当然に故意が認められるであろう。

　第2に、自己もしくは第三者の利益を図る目的（図利目的）または本人に損害を加える目的（加害目的）すなわち**図利・加害目的**が必要となる（下線ⓑ）。「自己」とは、事務処理者である。「第三者」とは、事務処理者および本人以外の者をいい、共犯者も第三者である。図利・加害目的の内容については、後で詳しく解説する（**論点4**〔図利・加害目的の意義〕）。

　【事例１】のＸは、第三者であるＣ社の利益を図る目的で貸付けをしており、図利目的が存在する。

　(2)　**未遂・既遂**

　任務違背行為が開始されたときが、実行の着手時期であり、任務違背行為により財産上の損害が発生したときに、既遂に達する。任務違背行為はあったが、財産上の損害が発生しなかった場合は、未遂にとどまる。

　(3)　**罪　数**

　他人のためその事務を処理する者が、本人を欺いて財物を交付させた場合、詐欺罪（246条）のみの成立を認める判例（最判昭28・5・8刑集7巻5号965頁）も存在するが、通説は、詐欺罪と背任罪の観念的競合としている。不良貸付がコンピュータ端末の操作を通じた振替入金によって行われた場合、背任ではあるが、貸付けが民法上有効である以上は「虚偽の情報」とはいえないから、電子計算機使用詐欺罪（246条の2）は成立しないと解されている（11講5(2)イ）。

　背任行為によって本人の財物を毀棄した場合の背任罪と器物損壊罪（261条）との関係について、多数説は観念的競合としている。

　横領罪との関係については、後で検討する（**論点6**〔背任罪と横領罪の関

係〕）。

3　背任罪の重要問題

(1)　背任罪の本質 論点1

> **【設問1】コンピュータ・プログラムの不正入手事例**
> 　A社は、多くの費用と時間をかけて、新聞販売店の購読者管理に関するソフト
> ウェアを開発し、リース会社Bに販売していた。A社にインストラクターとして
> 勤務していたXは、このソフトウェアのプログラムを管理していたが、これを無
> 断で自分のメモリに保存して社外に持ち出し、Bに渡した。Xの罪責を論じなさ
> い。

　【設問1】のXの行為は、A社との委託信任関係に背く行為であるが、X
が持ち出したのは、自分の所有するメモリであるから、「他人の財物」には
当たらない。したがって、Xに横領罪（252条）は成立しない。それでは、
背任罪は成立するだろうか。Xに背任罪が成立するかどうかを検討するにあ
たっては、背任罪の本質を何に求めるかが問題となる。
　背任罪の本質をめぐっては、権限濫用説と背信説が大きく対立している。
権限濫用説は、本人によって与えられた代理権（法律上の処分権限）の濫用
によって財産を侵害する点に本質があるとする。民事法上、契約のように、
当事者の意思表示によって権利の変動（発生・移転・消滅）という法律効果
を発生させる行為を**法律行為**といい、他人（代理人）が本人のために意思表
示をしたり意思表示を受けたりすることによって法律行為の効果が本人に帰
属する制度を**代理**というが、権限濫用説は、この代理権の濫用こそが背任罪
の本質であると考え、本人から代理権を与えられた者が代理権を濫用するこ
とによって本人に財産上の損害を与える場合にのみ背任罪の成立を認めるの
である。そのため、①背任罪の主体（他人の事務処理者）は、法的代理権を
与えられた者に限られる、②代理は本人に代わって法律行為を行う制度であ
るから、背任行為は法律行為に限られる、という帰結が導かれる。**【事例1】**
（支店長の不良貸付1）では、XがA銀行B支店から法的代理権を授与され
た者であり、同支店に代わって貸与という法律行為を行っているからこそ、
背任罪の成立を認めることが可能なのである。
　権限濫用説によると、法律行為に当たらない行為すなわち事実行為につい
ては背任罪の成立を認めることはできない。**【設問1】**において、Xの行っ
たソフトウェアのコピーという行為は、権利の変動に向けられた法律行為で

第14講　背任の罪　　319

はなく、事実行為にすぎないから、権限濫用説によると、背任罪の成立は否定される。しかし、Xは、A社の信頼を裏切る行為を行うことによってA社に重大な財産上の損害を与えており、その当罰性は権限濫用の場合と変わらない。

そこで、本人との信任関係に違背して財産を侵害する点に背任の本質があるとする背信説が、判例・通説となっている。背信説からは、①背任罪の主体（事務処理者）は、法的代理権を与えられた者に限られず、本人との信任関係において他人の事務を処理する者であればよい、②背任行為は信任関係に違背する行為であれば足りるから、法律行為だけでなく事実行為も含まれる、という帰結に至る。【設問1】と類似の事案において、無断でソフトウェアのコピーをする行為は、Aとの信任関係に違背する行為であり、その結果、A社に財産上の損害が発生しているので、背任罪の成立を認めた裁判例がある（○東京地判昭60・3・6判時1147号162頁〔綜合コンピュータ事件〕〈講81、プ392〉）。

このほか、判例上は、質物の保管者が任務に背いて質物を返還した事例（大判明44・10・13刑録17輯1698頁〈プ382〉）や、店員が売掛帳簿に小売店からの返品があった旨の虚偽の記載をして、小売店から代金を徴収できないようにした事例（大判大3・6・20刑録20輯1313頁）など、事実行為について背任罪の成立が肯定されている。

＊　もっとも、背信説に対しては、背任罪の成立範囲が無限定になってしまうのではないかとの疑問が寄せられている。例えば、前述したように、「単なる債務不履行は背任罪を構成しない」という結論に異論は見られないが、債務不履行も信任関係に違背する行為にほかならないから、背信説を徹底すると、この場合にも背任罪が成立しかねないのである。

そこで、学説上は、背任罪の成立範囲を限定するために、権限濫用説を再評価しつつ権限濫用の内容を柔軟に捉える見解や、逆に、背信説に立ちながら事務の内容を限定する見解も、主張されている。前者に属するものとして、①本人の財産処分についての意思内容決定を委託された者によって本人にとって不利益な意思内容が決定されることが背任罪の本質であるとする見解（意思内容決定説）、②信任関係に違背して権限を濫用する点に背任罪の本質があるが、その権限は特に代理権や法律上の処分権限に限らないとする見解（背信的権限濫用説）などがあり、後者に属するものとして、③背任罪が成立するためには、行為者が継続性・裁量性をもつ財産上の義務を履行するなど特別の高度の信任関係が必要であるとする見解（限定背信説）、④本人から委託された事務処理権限の濫用であることに背任罪

の本質があるとする見解（事務処理権限濫用説）などがある。ただ、これらの**中間説**ともいうべき見解に対しては、従来の権限濫用説や背信説と具体的にどのように異なるのかが明らかでないとの指摘がなされている。

　結局は、背信説を基本としながら、背任罪の各成立要件の内容を合理的に限定していくほかないように思われる。その中でも特に問題となるのが、背任罪の主体である他人の事務処理者の意義である。そこで、次に、他人の事務処理者の意義について具体的に検討することにしたい。

(2)　他人の事務処理者の意義(1)
──他人の事務と自己の事務 論点2
ア　他人の事務と自己の事務

【設問2】債務不履行
　Xは、Aから50万円を借りたが、返済期限を過ぎても、50万円をAに返済しなかった。Xの罪責を論じなさい。

　前述したように（2(1)ア）、本罪の主体は、他人（委託者）のために他人の事務を処理する者である。「他人の事務」を処理する者でなければならないから、**たとえ他人の利益のために事務を処理する者であっても、その事務が「他人の事務」ではなく「自己の事務」にすぎないときは、背任罪の主体に当たらない**。後述するように、「他人の事務」とは何を指すのかは必ずしも明確ではないが、他人の管轄に属する事務というような意味である。

　【設問2】において、Xが借金を返済しなかったことはAの信頼に背く行為であり、その結果、Aには財産上の損害が生じている。しかし、Xの行為は背任罪に当たらないと解されている。それは、他人の事務処理者という要件を充足しないからである。たしかに、債務者が債務を履行すれば債権者にとっては利益となるから、債務者による債務の履行は「他人のために」行う事務とはいえるかもしれない。しかし、債務の履行は、債務者が自分自身の義務を果たすものにすぎないから、「自己の事務」であって、「他人の事務」ではない。そのため、Xは他人の事務処理者とはいえないのである。

　このように、他人の事務処理者の要件を充足するかどうかを判断する際には、当該事務が他人の事務か自己の事務かを見極めることが重要となる。ただし、他人の事務と自己の事務は必ずしも排他的な関係にあるわけではない。例えば、銀行の支店長による銀行の金員の管理等の事務は、他人（銀行）の事務といえるが、それと同時に、支店長自身の事務であることも否定できないであろう。つまり、他人の事務処理者に当たるかどうかの判断にお

第14講　背任の罪　　321

いては、他人の利益のためにする自己の事務が同時に他人の事務にもなっている場合と、単に自己の事務にとどまっている場合とをどのように区別するかが最大の問題となるのである。ただ、両者の区別基準は、必ずしも明確ではない。

【設問3】農地抵当権設定事例
　Xは、県知事の許可が下りることを条件として、自分の農地をAに売り渡す契約を締結し、Aから代金の100万円を受け取った。しかし、Xは、県知事の許可が下りる前に、自己の借金の担保としてその土地に無断で抵当権を設定し、登記を完了させた。Xの罪責を論じなさい。

　前述したように、単なる義務の履行は他人の事務ではなく自己の事務にすぎないというのが、一般的な理解である。例えば、広島地判平14・3・20判タ1116号297頁〈プ368〉は、被告人の会社（注文者）と被害者の会社（請負人）との間でマンションの工事請負契約を締結した際に、住宅金融公社から指定口座に振り込まれた融資金を請負工事代金の支払いに充当することにしていたにもかかわらず、被告人が住宅金融公社からの融資金の振込先として別の口座を指定し、被害者の会社に工事請負代金が支払われないようにした事案で、債権の履行確保の措置は債務者にとって他人（債権者）の事務に当たらないとして、背任罪の成立を否定している。
　もっとも、裁判例の中には、義務の履行を他人の事務に当たるとしたものも見られる。例えば、◯最決昭38・7・9刑集17巻6号608頁〈プ366〉は、【設問3】と同様の事例で、土地の売主における所有権移転登記協力義務は買主のための事務であるとして背任罪の成立を認めた原判決を支持している。そのほかにも、電話加入権の譲渡人における名義変更手続の履行が譲受人の事務であることを前提に、電話加入権の二重譲渡について背任（未遂）罪の成立が肯定された事例（大判昭7・10・31刑集11巻1541頁〈プ363〉）や、質権設定者における担保価値保全義務は質権者のための事務であるとして、質権設定者が裁判所に虚偽の訴えを起こして除権判決を得て質権を失効させた行為について背任罪の成立が肯定された事例（最決平15・3・18刑集57巻3号356頁〈プ367〉）がある。これらの裁判例は、当該事務を「他人のため」の事務であると述べているにすぎないが、結論として背任罪の成立を認めていることから、当該事務が「他人の」事務に当たることを肯定したものと思われる。

それでは、これらの義務の履行は、なぜ他人の事務に当たるといえるのだろうか。この点についてはさまざまな見解が主張されているが、その中で有力な説明の1つは、**行為者と本人との関係が対向関係か対内関係かによって区別される**というものである。これによると、①契約の双方の当事者が互いに対向的な関係にあるときは、事務処理の委託という信任関係は存在せず、当事者の事務はそれぞれ自己の事務にとどまる。これに対し、②代金・融資金の授受や書類の交付などにより財産の実質的な処分権限が一方の当事者に移転し、同時に、他方の当事者が財産を処分する形式的な地位にあるときは、各当事者は互いに対内的な関係にあり、事務処理について信任関係が認められるから、行為者の事務は他人の事務となる。

例えば、売買契約の売主と買主は、当初は対向関係にあるから、売主における目的物の引渡しや買主における代金の支払いは自己の事務であり、売主や買主は他人の事務処理者ではない。したがって、目的物の引渡しや代金の支払いという義務を履行しなかったとしても、背任罪は成立しない。しかし、【設問3】のように、代金の授受により財産の実質的な処分権限が買主に移転したものの、売主が登記名義人であるなどの理由により形式的にはその財産を処分することが可能であるという場合は、売主が買主のために財産を保全する義務を負い、これは、対内的関係において他人（買主）からの信任関係に基づき行為者（売主）が他人のために行う他人の事務となる。したがって、この場合に、売主が抵当権を設定するなど財産保全義務に違反する行為を行えば、背任罪が成立しうる（なお、県知事の許可がない時点では、農地の所有権はまだ買主には移転しておらず、売主に帰属するから、売主にとって農地は「他人の物」には当たらず、横領罪〔252条〕は成立しない）。

イ　二重抵当

> **【設問4】二重抵当**
> 　Xは、自己の土地に対する抵当権設定契約をAとの間で締結し、抵当権設定登記に必要な書類をAに交付したが、抵当権設定登記が完了していなかったことから、事情を知らないBとの間でその土地に対する抵当権設定契約を締結し、登記を完了した。Xの罪責を論じなさい。

他人の事務か自己の事務かが特に問題となるのが、二重抵当の場合である。**二重抵当**とは、【設問4】のように、自己の不動産等の目的物について抵当権設定契約を締結したが、その登記を完了する前に、別の者と抵当権設

第14講　背任の罪　323

定契約を締結し、登記を完了する場合をいう。二重抵当が背任罪を構成するかについては、肯定説と否定説が対立している。

判例（◎最判昭31・12・7刑集10巻12号1592頁〈百69、講76、プ365〉）・通説は、肯定説に立っている。判例・通説の支持する背信説によると、事務処理者は、法的代理権を与えられた者に限られず、本人との信任関係において他人の事務を処理する者であれば足りるとされており、これを前提とすると、抵当権設定者（X）は、抵当権者（A）との信任関係において**抵当権者のために登記に協力する義務**を負うから、「他人のためにその事務を処理する者」に当たる。第2の抵当権設定は、抵当権保全義務に反するから、「任務に背く行為」である。第2の抵当権について抵当権設定登記が完了したことにより第1抵当権者（A）は後順位になるため、「財産上の損害」が発生する。抵当権設定者（X）には明らかに故意と図利・加害目的が認められる。このように、【設問4】のような二重抵当の事例は背任罪の成立要件をすべて満たし、背任罪が成立するというのが、判例・通説の理解である。

もっとも、特に判例・通説が抵当権設定者を他人の事務処理者であるとする点に対しては、権限濫用説や中間説の立場から批判が寄せられている。前述したように、権限濫用説は、他人の事務処理者は法的代理権を与えられた者に限られると解しているが、抵当権設定者は抵当権者から法律行為について代理権を授与されたわけではないから、他人の事務処理者に当たらないというのである。また、事務処理権限濫用説や意思内容決定説も、抵当権設定者は抵当権者から事務処理権限や意思決定を委託されたわけではないから、他人の事務処理者に当たらないと主張している。これらの見解は、判例・通説のように「義務がある」という理由だけで他人の事務であることを認めると、債務の弁済も他人の事務であるということになり、単なる債務不履行についても背任罪が成立することになってしまうと批判する。

それでは、判例・通説のいうように、単なる債務の弁済は自己の事務にすぎない一方で、二重抵当における登記協力義務は他人の事務に当たるとすると、両者の違いはどこに求められるのであろうか。対向関係か対内関係かを基準とする見解からは、次のように説明されることになろう。すなわち、抵当権が設定された時点では、抵当権設定者と抵当権者は対向関係にあり、抵当権設定者の登記協力義務は自己の事務にすぎない。しかし、【設問4】のように、書類の交付や融資金の授受がなされた後は、財産の実質的な処分権限が抵当権者に移転すると同時に、抵当権設定者は登記名義人として形式的には相手方の財産を処分しうる地位にあるといえるため、抵当権設定者と抵

当権者は対内関係にあり、抵当権設定者にとって登記協力事務は他人の事務に当たる。

(3) 他人の事務処理者の意義(2)——事務の内容 論点3

ア 包括的・裁量的事務

【設問5】荷物の監視事例
　Xは、AからAの荷物の監視を頼まれたが、Aに損害を与えてやろうと思い、あえて監視を怠ったため、荷物が盗難にあった。Xの罪責を論じなさい。

　他人の事務処理者の意義については、事務の内容をどう捉えるかという問題もある。具体的には、次の2つの点が問題となる。

　第1は、事務の内容は裁量のあるものに限られるか、それとも、裁量の余地のない機械的な事務でもよいかである。限定背信説の立場から、事務処理者は本人の権利・義務を左右できる権限に基づいて他人の事務を処理する者に限られるから、事務はある程度包括的、裁量的なものでなければならず、監視などの機械的事務は含まないとする見解も主張されている。これによると、【設問5】のXは、単に物の監視という機械的事務をしているにすぎないから、他人の事務処理者には当たらず、背任罪は成立しない。

　しかし、学説においては、事務は裁量的なものに限られないとする見解が多数を占めている。機械的な事務であっても、本人との信任関係に違背してその事務を履践せず、本人に財産上の損害を与えた以上は、当罰性を有するからである。判例も、同様の理解に立っていると考えられる。前述したように、判例は、二重抵当において登記協力義務を負う抵当権設定者や、質物の保管者など、裁量の余地のない事務処理についても他人の事務処理者に当たるとしているからである。このような考え方によると、【設問5】のXも他人の事務処理者に当たり、背任罪が成立しうる。もっとも、前述したように、高度な信任関係が存在する場合に限って他人の事務処理者であると認められるとする見解（限定背信説）に立てば、単なる荷物の監視は高度な信任関係に基づくものとはいいがたいとして、Xは他人の事務処理者に当たらないとする余地もあろう。

イ 財産上の事務

【設問6】弁護懈怠事例
　弁護士Xは、Aの依頼を受けて、AがBに損害賠償を請求した訴訟の弁護を担当していたが、Aに有利となる証拠を出せば勝訴できたはずだったのに、Aに財

第14講　背任の罪　325

産上の損害を加える目的であえてそれをせず、その結果、Aは敗訴した。Xの罪責を論じなさい。

第2に、事務処理者の事務は財産上の事務に限られるかも争われている。学説上は、弁護士の弁護活動や医師の診療のように、それ自体、財産の処理とは関係のない事務であっても、事務処理者の事務に含まれるとする見解も存在する。これによると、【設問6】のように、弁護士がAの信任関係に背いてあえて弁護を怠り、本人に財産上の損害を加えた場合は、背任罪が成立しうる。

しかし、通説は、背任罪が財産犯であることを根拠に、事務処理者における事務は財産上の事務に限られると解している。したがって、【設問6】において、弁護士であるXの弁護活動は事務処理者の事務に当たらず、Xに背任罪は成立しない。

(4)　図利・加害目的の意義　論点4

図利・加害目的の要件に関しては、主に2つの点が問題となる。1つは、図利・加害目的を認めるためには図利・加害についてどの程度の認識が必要なのか、もう1つは、行為者の動機が図利・加害目的にどのような影響を及ぼすかである。

ア　図利・加害の認識の程度

【設問7】支店長の不正貸付2
　　A銀行B支店の支店長Xは、資金繰りに困っているC建設会社から融資を頼まれた。Xは、「なるべく貸付金は回収したいが、もしかすると回収は不可能かもしれない」と思いながら、C社は銀行の古くからの顧客であったことから、十分な担保をとらずにC社に1000万円を融資した。Xの罪責を論じなさい。

既に述べたところからも明らかなように、【設問7】において、Xが他人の事務処理者であること、Xが内部規則に違反してC社に1000万円を融資する行為が任務違背行為に当たること、回収不可能なC社に十分な担保もとらずに1000万円を融資した結果、財産上の損害が発生したこと、Xはこれらの事実を認識・認容しており、故意が認められる（財産上の損害については、「もしかすると回収は不可能かもしれない」という程度の認識しかないが、故意の成立には結果発生の未必的な認識で足りる。総論7講4(3)参照）ことに異論はないであろう。それでは、Xに図利・加害目的は認められるであろうか。

ここで問題となるのは、図利・加害目的を認めるために、行為者は図利・加害をどの程度認識している必要があるのかである。この点については、①図利・加害の点を未必的に認識すれば足りるとする**未必的認識説**、②確定的認識が必要であるとする**確定的認識説**、③図利・加害を意欲することまで必要であるとする**意欲説**が対立してきた。【設問7】のXは、「なるべく貸付金は回収したいが、もしかすると回収は不可能かもしれない」と思っているのであるから、A銀行に損害が生じることを意欲したり確定的に認識したりしているわけではないが、未必的には認識している。したがって、未必的認識説からは、図利・加害目的が認められるが、意欲説や確定的認識説からは、否定される。

　この点に関して、○最決昭63・11・21刑集42巻9号1251頁（〔東京相互銀行事件〕〈講77、プ372〉）は、図利・加害について意欲ないし積極的認容までは要しないとし、意欲説は否定した。ただ、未必的認識説に立つのか確定的認識説を採用するのかは、明らかにはされなかった。

　一方、学説上は、従来、確定的認識説が有力とされてきた。図利・加害目的として意欲まで要求すると、不可罰の範囲が広くなりすぎるし、逆に、加害の目的が未必的認識で足りるとすると、その内容が故意と重複することになってしまい（前述したように、任務違背行為により財産上の損害が発生することを未必的に認識・認容していれば、背任罪の故意は認められる）、立法者があえて故意とは別に図利・加害目的を背任罪の要件とした趣旨が没却されるからである。

イ　行為者の動機

【設問8】支店長の不良貸付3
　A銀行B支店の支店長Xは、資金繰りに困っているC建設会社から融資を頼まれた。Xは、貸付金の回収は困難であると思ったが、C社が倒産すれば、これまでC社に融資してきた多額の貸付金が回収できなくなり、A銀行の経営まで危うくなることから、A銀行の存続のためにはC社に融資するしかないと考え、十分な担保をとらずにC社に1000万円を融資した。Xの罪責を論じなさい。

　もっとも、図利・加害について確定的認識が必要か、未必的認識で足りるかという観点だけでは解決できない事例も存在する。それは、行為者が委託者本人の利益のためにあえて任務違背行為を行う事例である。

　【設問8】において、事務処理者、任務違背行為、財産上の損害、故意の各要件を充足することは、【設問7】と同様である。それでは、図利・加害

目的は認められるであろうか。【設問8】において、XがC社への融資を実行したのは、X自身の私利私欲のためでもなければ、A銀行に損害を与えるためでもない。むしろ、A銀行を救いたいという一心でXは融資を実行したのである。このように、短期的に見れば本人に損失（貸付金が回収できないこと）が発生するかもしれないが、中長期的には本人の利益（銀行が存続すること）に資すると考えて行為した場合、究極的には本人に害を加える意思はないのであるから、図利・加害目的の要件を欠き、背任罪の成立が否定されるという理解が一般的となっている。ただ、Xは、貸付金の回収が困難であることを知っており、損害の発生を確定的に認識していたといえるから、確定的認識説に立ったとしても、図利・加害目的を否定しがたい。そこで、最近は、図利・加害についてどの程度の認識があったのかという認識の程度ではなく、どのような動機で任務違背行為を行ったのかという**行為者の動機**の面に着目することによって問題の解決を図ろうとする見解が支持者を増やしている。このような見解を**動機説**という。

　動機説は、積極的動機説と消極的動機説に分かれる。このうち、学説において多数を占めているのは、消極的動機説である。消極的動機説とは、次のような見解である。すなわち、背任罪の本質は本人との信任関係に背く点に存するのであるから、行為者が本人の利益を図って行為した場合には、たとえ客観的には任務違背行為に当たるとしても、主観的に信任関係に背く意思がない以上は背任罪としての当罰性がない。そのような場合に背任罪の成立を否定するために置かれたのが、図利・加害目的の要件である。このような前提に立つと、**本人の利益を図る動機（本人図利目的）がないこと**、言い換えると、**任務違背行為を行った決定的な動機が本人図利目的以外にあったこと**が、図利・加害目的の内容となる。つまり、消極的動機説は、図利・加害目的という要件は本人のためにする意思が存在しないという要件を裏側から規定したものであると考えるのである。

　判例も、古くから、本人の利益を図る目的であった場合には背任罪の成立を否定してきた（大判大3・10・16刑録20輯1867頁〈プ371〉）。また、近時の裁判例は、図利・加害目的について「動機」という表現を用いるものが多くなっている（◎最決平10・11・25刑集52巻8号570頁〔平和相互銀行事件〕〈百72、講78、プ373〉、○最決平17・10・7刑集59巻8号779頁〔イトマン事件〕〈プ374〉）。前掲・最決平10・11・25は、融資に際し、本人である銀行の利益を図るという動機があったにしても、それは融資の決定的な動機ではなかったということを理由に、図利・加害目的を認めている。これは、自己も

しくは第三者の利益を図る動機または本人に損害を加える動機が明確に存在したかどうかというより、本人図利目的がなかったという点を重視するものであり、消極的動機説に親和的であると評価されている。

　もっとも、実際には、自己もしくは第三者の利益を図る意思または本人に損害を加える意思と、本人の利益を図る意思とが併存するときもありうる。そのときは、どちらが主たる動機、決定的な動機だったのかによって、図利・加害目的の有無が決められる（前掲・最決平10・11・25）。すなわち、**主として自己・第三者の利益を図るか本人を加害することが動機だった場合は、従として本人の利益を図るという動機があっても図利・加害目的は認められ、逆に、本人図利が主たる動機であった場合は、従として自己・第三者の利益を図ることが動機であっても図利・加害目的は否定される**。消極的動機説によると、【設問8】のXは、本人であるA銀行の利益を図ることが決定的な動機となって融資を実行したのであるから、図利・加害目的を欠き、Xには背任罪は成立しない。

　　＊　消極的動機説に対しては、条文の解釈として無理があるとの批判が寄せられている。刑法247条は、図利・加害目的を「自己若しくは第三者の利益を図り又は本人に損害を加える目的」と規定しているにすぎないから、事務処理者が自己もしくは第三者図利または本人加害の目的を現に有する以上は、たとえ本人図利目的が主たる動機であったとしても図利・加害目的の要件自体を否定することはできないはずであり、消極的動機説の主張は法文に適合しないというのである。そこで、学説上は、積極的動機説も有力に主張されている。積極的動機説は、図利・加害目的を認めるためには自己もしくは第三者の利益を図る動機または本人に損害を加える動機が存在したことが必要であるとする見解である。これによると、【設問8】においては、Xには、自己もしくは第三者の利益を図るという動機やA銀行に損害を加えるという動機は認められないため、図利・加害目的は否定されるであろう。

　なお、どのような動機で任務違背行為を行ったかという問題と、図利・加害についてどの程度の認識を有していたかという問題とは次元が異なるから、動機説に立ったとしても、図利・加害についてどの程度の認識を要求するかという問題は残る。この点について、消極的動機説からは、図利・加害目的の有無を判断する上では動機こそが重要となるから、図利・加害の認識の程度として確定的認識を要求する積極的な根拠は見当たらず、未必的認識で足りるという理解が示されている。これによると、**行為者に本人図利目的がなかったときには、本人に財産上の損害が生じるかもしれないという未必**

的な認識があれば、図利・加害目的の要件を満たすことになる。

●コラム● 本人の利益のための不良貸付

【設問8】のように、会社の利益のためにあえて回収困難な融資を実行した事例は、従来、図利・加害目的の要件を中心に議論されてきた。融資が銀行の内部規則に違反している以上、任務違背の要件は否定しがたいし、また、たとえ中長期的に見れば銀行の利益につながる可能性があるとしても、当該貸付金自体の回収は困難であるから、財産上の損害の要件も満たすといわざるをえない。そこで、本人の利益を図った場合は図利・加害目的の要件を欠くという理論構成をとることによって、背任罪の成立を否定してきたのである。

しかし、任務違背の有無を、単に規則に違反したかどうかという形式的な基準ではなく、総合的な考慮として本人との信任関係に違反するかという実質的な基準で判断し、中長期的に見て本人の利益となるような貸付けは本人との信任関係に反するものではなく、そもそも任務違背行為に当たらないとすることも可能であろう。

ウ　図利・加害目的における「利益」「損害」の意義

「自己若しくは第三者の利益を図り又は本人に損害を加える目的」における「利益」は、財産的利益だけでなく、地位の保全や信用の維持など身分上の利益その他の非財産的利益を含むとするのが判例（前掲・最決昭63・11・21）・通説であるが、本罪が財産犯であることを理由に財産上の利益に限るとする見解も有力である。また、「損害」の意義についても、財産上のものに限定しない見解と、限定する見解が対立している。

(5)　背任罪と共犯 論点5

【設問9】相互融資事例

Xが社長を務めるA社と、Yが社長を務めるB社は、いずれも資金繰りに困っており、互いに金利の定めや担保もなしに資金を融通し合うことによって、何とか倒産を回避していた。Yは、B社の利益のため、B社所有の絵画を不当に高額な価格で買い取ってくれるようXに依頼した。Xは、これを了承し、A社の資金でその絵画を購入し、A社に損害を与えた。XとYの罪責を論じなさい。

背任罪は、事務処理者を主体とする真正身分犯であるから、事務処理者でない者が事務処理者と共同して背任罪を実現したときは、65条1項により背任罪の共同正犯となる（総論24講1(2)イ）。問題は、不良貸付の借り手など背任行為の相手方にも背任罪の共同正犯が成立するかである。例えば、【事例1】（支店長の不良貸付1）において、支店長XとC社の社長Dは、融資がA銀行の内規に違反することや、C社からの返済が困難であることを了解し合っていたとする。その場合、Dは、Xとの共謀の上、背任罪を共同して

実行したとして、共同正犯の成立要件を満たしているように見える（共同正犯の成立要件については、総論22講2(3)参照）。ただ、自社の存続のために金融機関に融資を求める行為は自由経済の下では当然の行為であり、借り手を処罰することは経済活動の不当な制約となりかねない。そこで、【事例1】のように、たとえ借り手が背任の事実を認識していたとしても、背任罪の共同正犯の成立を否定すべき場合がありうるのではないかが問題となるのである。

実際、判例上、不良貸付の借り手に背任罪の共同正犯の成立が肯定されてきた事案は、一定の場合に限られている。その1つは、**貸し手と借り手の利害関係が共通している場合**である。本来、融資における貸し手と借り手は利害が相対立する緊張関係にあるが、そのような通常の経済取引と異なる特別な利害関係がある場合である。例えば、◎最決平15・2・18刑集57巻2号161頁（〔住専事件〕〈百73、講82、プ378〉）は、貸し手としては、融資に応じないと借り手の会社が倒産し、それまでの巨額の融資金が回収不能となることが予想されたという事情があり、そのように貸し手が融資に応じざるをえない状況にあることを借り手が利用した点を理由として、背任罪の共同正犯の成立を認めている。また、前掲・最決平17・10・7は、【設問9】のように、貸し手と借り手が互いに融資し合うことによって会社を存続させるという相互依存関係にあり、お互いの利害が一致していた事案において、背任罪の共同正犯の成立を認めている。逆に、そのような事情が存在するとは言い切れない事案では、背任罪の共同正犯の成立が否定されている（最判平16・9・10刑集58巻6号524頁〔北國銀行事件〕〈プ379〉）。

もう1つは、**借り手が不正融資に積極的に関与した場合**である。○最決平20・5・19刑集62巻6号1623頁（〔石川銀行事件〕〈プ380〉）は、借り手が単に融資の申込みをしただけでなく、融資の前提となる再生スキームを提案するなど融資の実現に積極的に加担したことを理由に、背任罪の共同正犯の成立を肯定している。また、前掲・最決平17・10・7の事案においても、借り手は偽造の文書を差し入れるなどして積極的に加担している。

それでは、なぜこの2つの類型以外の場合には共同正犯の成立が認められないのだろうか。そもそも共同正犯が成立するためには、単に犯罪事実についての意思の疎通があっただけでは足りず、自己の犯罪を協力し合って実現しようという正犯意思（共同実行の意思）が形成されることや、各自が重要な役割を果たすことが必要となる（総論22講2(3)参照）。これを背任罪について考えてみると、**貸し手と借り手の利害関係が共通している場合や借り手**

第14講 背任の罪　331

が不正融資に積極的に関与した場合には、借り手にも正犯意思や重要な役割が認められ、共同正犯が成立しうるが、そうでない場合には、借り手は単に背任の事実を認識していたにすぎず、正犯意思や重要な役割が認められないため共同正犯の成立が否定されるのである。

また、貸し手と借り手の利害関係が共通している場合や借り手が不正融資に積極的に関与した場合以外は、経済取引上の交渉事として社会的に容認される限度を越えておらず、「許されない危険」の創出とはいえないから、共同正犯または共犯の構成要件該当性や違法性が否定されるという説明も可能であろう（13講3(12)コラム参照）。

●コラム● 背任行為の相手方の共同正犯成立を否定する理論的根拠

　背任行為の相手方に背任罪の共同正犯が成立するかについて、本文で述べた判例の結論は、学説において概ね支持されているが、その理論的根拠に関しては争いがある。①本文で述べた見解のほか、②不正融資がなされたらしいという程度の認識しか相手方にない場合は共同加功の意思が認められず、共同正犯は否定されるとする見解、③貸し手と借り手とを事実上の対向犯と捉え、対向犯における関与者の一方に処罰規定がない場合に準じて背任行為の相手方を不可罰とする見解、④相手方の行為が経済社会で行われている程度のものであり、損害を与える危険性が高くない場合、特に相手方に企業再建という有用性が認められる場合は許された危険の範囲内にあるとして、背任罪の構成要件該当性を否定する見解、⑤相手方が事務処理者の財産的利益を保護すべき立場にあるとか、相手方が事務処理者の背任行為を作り出したといった場合でない限り共同正犯は認められないとする見解などが主張されている。

---

(6)　背任罪と横領罪の関係 論点6
ア　問題の所在

【設問10】森林組合長の貸付け
　A町森林組合の組合長Xは、造林事業として組合員に交付するために受け取った政府貸付金を保管中、その一部の100万円を組合名義でA町に貸し付けた。この政府貸付金は、法令により組合員への転貸以外の使用を禁止されていたものであった。Xの罪責を論じなさい。

【設問10】において、Xは、組合長として保管する政府貸付金すなわち「業務上自己の占有する他人の物」を組合員以外の者に貸し付けて不正に処分しているから、Xの行為は業務上横領罪（253条）に当たるように思える。しかし、他方、A町森林組合の事務処理者であるXが組合の信任に反する貸付けを行い、その結果、組合に損害を与えたと考えれば、Xには背任罪が成

立するともいえそうである。

　それでは、Xにはどちらの罪が成立するのであろうか。【設問10】のように、他人から事務を委託された者が自己の占有する他人の財物を不正に処分した場合には、横領罪（252条・253条）と背任罪のどちらが成立するのか、判断が難しい事例が多い。そのため、両罪をどのような基準によって区別すべきかをめぐって古くからさまざまな見解が主張され、複雑な議論が展開されてきた。

イ　両罪の関係

> **【設問11】賃借物の売却事例**
> 　Xは、Aから自動車を借りて使用していたが、自己の借金の返済に充てるため、Aの自動車を無断で売却した。Xの罪責を論じなさい。
>
> **【設問12】債務保証事例**
> 　B信用保証協会は、中小企業が金融機関から融資を受ける際にその債務保証をすることにより中小企業を援助しており、その支所長Yは、中小企業が債務保証をB信用保証協会に申し込んできたときに、申込者の資産状況等を調査し、債務保証するかどうかを決定するという業務を担当していた。Yは、友人の経営する中小企業のC社から1000万円の債務保証の申込みを受けた際、C社が多額の負債を抱えて返済不能状態にあることを認識しながら、C社の債務保証をすることを決定した。そこで、C社は金融機関から1000万円を借り入れた。Yの罪責を論じなさい。
>
> **【設問13】支店長の不良貸付4**
> 　D信用組合E支店の支店長Zは、預金成績を向上させるために独断で預金者に預金謝礼金を組合の金員から支出していたが、それを補填する必要に迫られたため、組合員に貸し付けるかのように手続を偽装し、本来なら融資を受ける資格のない非組合員であるFに対し信用組合所有の500万円を正規より高い利息で貸し付けた。Zの罪責を論じなさい。

　横領罪と背任罪の区別基準について検討する前提として、まず、両罪の関係を整理することにしよう。横領罪と背任罪は、いずれも信任関係に違背する罪であるが、完全に重なり合うわけではなく、交錯する2つの円のような関係にある。したがって、信任関係に背く事例は、①横領罪しか成立しない場合、②背任罪しか成立しない場合、③いずれの成立要件も満たす場合という3つの類型に分けられる。

　第1は、**横領罪しか成立しない場合**である。例えば、行為者が他人の事務処理者でないなど、明らかに背任罪の要件を欠く場合には、背任罪は成立せず、横領罪のみが問題となる。【設問11】では、XはAの自動車を占有して

第14講　背任の罪　　333

いるが、これは、単にXがAから借りているにすぎず、XがAに代わってA
の事務を行っているわけではない。したがって、Xは他人の事務処理者に当
たらず、背任罪が成立する余地はない。しかし、Aの自動車は、Xにとって
自己の占有する他人の物であり、これを無断で売却する行為は不法領得の意
思の発現に当たるから、横領罪は成立しうる。

　第2は、**背任罪しか成立しない場合**である。例えば、客体が財物でない、
他人の財物でない、行為者が財物を占有していないなど、明らかに横領罪の
要件を欠く場合には、横領罪は成立せず、背任罪のみが問題となる。【設問
12】において、Yは、C社の債務保証を決定したが、自己の占有する他人の
物を処分したわけではないから、Yに横領罪は成立しない。しかし、B信用
保証協会の事務処理者であるYは、その任務に違背して、返済不能状態にあ
るC社の債務保証をB信用保証協会にさせることにより、B信用保証協会に
財産上の損害を生じさせているから、背任罪は成立しうる。判例は、【設問
12】と類似の事案で背任罪の成立を認めている（前掲・最決昭58・5・24）。

　第3は、他人の事務処理者が自己の占有する他人の財物を不正に処分した
というように、形式的には横領罪と背任罪のどちらの成立要件も満たす場合
である。【設問13】において、Zは、自ら管理・支配するD信用組合所有の
金員すなわち「業務上自己の占有する他人の物」を不正に処分しており、Z
の行為は業務上横領罪の成立要件を満たしている。しかし、他方、D信用組
合の事務処理者であるZは、D信用組合の信任に反する融資を行い、その結
果、D信用組合に損害を与えたのであるから、Zの行為は背任罪の成立要件
も満たしている。

ウ　従来の学説

　こうした横領罪と背任罪の関係を踏まえて、両罪の区別基準について検討
することにしよう。この点に関する主な見解としては、①権限濫用説の立場
から、特定物の侵害という事実行為の場合が横領罪であるのに対し、法的代
理権の濫用という法律行為の場合が背任罪であるとする見解、②両者を客体
によって区別し、財物が客体の場合が横領罪であるのに対し、その他の財産
上の利益が客体の場合が背任罪であるとする見解、③行為の性質によって区
別し、権限逸脱（一般的・抽象的権限を越える行為）が横領罪であるのに対
し、権限濫用（一般的・抽象的権限の範囲内ではあるが、実質的には正当性
のない行為）が背任罪であるとする見解などがある。

　しかし、①の見解は、その前提とする権限濫用説自体に批判が強いため、
支持者はほとんどいない。前述したように（3(1)）、通説は、背信説の立場

から、事実行為の場合にも背任罪の成立を認めているのである。

　また、②の見解も、一般には支持されていない。たしかに、条文上、横領罪の客体は財物に限られているから、客体が財産上の利益の場合に横領罪は成立しないが、逆に、客体が財物であれば背任罪の成立する余地がないかといえば、そうではないからである。例えば、【事例１】（支店長の不良貸付１）の客体は金銭という財物であるが、背任罪の成立が認められている。したがって、客体だけで横領罪と背任罪を区別することもできない。

　そこで、③の見解は、行為の性質に着目することによって区別しようとするものであり、学説上、有力に主張されている。しかし、③の見解においては、一般的・抽象的権限の範囲内であっても「絶対に許されない行為」については横領に当たるとされていることなどから、権限逸脱と権限濫用という区別基準は必ずしも明確ではないとの批判を受けている。

●コラム●　権限逸脱と権限濫用

　権限逸脱とは、一般的・抽象的権限を越える行為をいい、権限濫用とは、一般的・抽象的権限の範囲内ではあるが、実質的には正当性のない行為をいう。

　例えば、銀行の支店長は、一般的・抽象的には銀行の金員を管理、処分する権限が与えられている。したがって、支店長が銀行の金員を融資する行為は、たとえそれが回収困難な場合であっても、支店長の一般的・抽象的権限の範囲内にあり、権限逸脱ではない。ただし、そのような融資は実質的には正当性がないため、権限濫用に当たる。一方、支店長に銀行の金員を私的な目的で使用する権限は一般的・抽象的にも存在しないから、支店長が自己の借金の返済に銀行の金員を使う行為は、一般的・抽象的権限を越えるものであり、権限逸脱である。また、銀行の窓口業務を担当している行員は支店長のように銀行の金員を処分する権限を与えられていないので、その行員が銀行の金員を不正に他人の口座に送金すれば、やはり一般的・抽象的権限を越える行為を行ったといえ、権限逸脱に当たる。

　このような理解を前提に、本文の③の見解は、権限濫用に当たる場合は背任罪であり、権限逸脱に当たる場合は横領罪であると主張しているのである。

エ　検討の手順

　上記の学説はいずれも、「横領罪は……であるのに対し、背任罪は……である」というように、横領罪と背任罪が両立しない関係にあるかのごとく述べ、両罪の相違点を示すことによって両罪の区別基準を明らかにしようとしている。しかし、前述したように、横領罪と背任罪のいずれの成立要件をも満たす場合も存在するのであるから、重要なのは、両罪の相違点というより、むしろ両罪の関係である。すなわち、①横領罪と背任罪の両方の成立要件を満たす場合には、両方とも成立するのか、それとも、どちらか一方だけ

第14講　背任の罪　335

が成立するのか、②どちらか一方だけだとすると、どちらが優先して成立するのかという2点が重要となる。

　まず、①の点については、同一の行為が横領罪と背任罪の両方の成立要件を満たすときには、両方の罪が成立して観念的競合となるのではなく、どちらか一方の罪しか成立しないと考えられている。横領罪と背任罪はいずれも信任関係に背く罪であり、実質的に見れば、1個の法益侵害が認められるにすぎないからである。つまり、横領罪と背任罪は、法条競合（総論27講3）の関係に立つのである。

　そこで、次に②の点が問題となるが、1つの行為が2つの罪の成立要件を同時に満たし、かつ、そのどちらか一方のみが成立する場合には、刑の重い方の罪が優先して成立するというのが原則である。横領罪と背任罪の法定刑を比較してみると、業務上横領罪の法定刑は10年以下の懲役であり、背任罪の法定刑は5年以下の懲役または50万円以下の罰金であるから、業務上横領罪の法定刑が重い。また、単純横領罪の法定刑は5年以下の懲役であり、上限は背任罪と同じであるが、背任罪は、懲役より軽い刑である罰金が選択刑として規定されているので、単純横領罪の方が背任罪より重いとされている（ただし、本当にそのように言い切れるかについては、後掲コラムを参照）。したがって、単純横領罪と業務上横領罪はいずれも背任罪より刑が重いので、横領罪と背任罪の両方の成立要件を満たすときには、横領罪が成立することになる。

　このように考えてくると、横領罪か背任罪かが問題となるときには、**まず横領罪の成否を検討し、横領罪の成立が肯定されたときはそれによって罪責が確定するから背任罪を問題とする必要はなく、他方、横領罪の成立が否定されたときは次に背任罪の成否を検討する**という手順を踏めば足りる。

●コラム● 横領罪と背任罪はどちらが重いか

　本文で述べたように、一般には、業務上横領罪だけでなく単純横領罪も背任罪より重い罪であると理解されている。単純横領罪と背任罪の法定刑の上限は同じであるものの、単純横領罪の刑種は懲役だけであるのに対し、背任罪には懲役刑より軽い罰金刑が定められているからである。同じ理由で、業務上横領罪（10年以下の懲役）は、会社法960条の取締役等による特別背任罪（10年以下の懲役または1000万円以下の罰金）より重いとされている。

　しかし、判例（最判昭23・4・8刑集2巻4号307頁）は、選択刑や併科刑があるときは重い方の刑種により刑の軽重を判断する重点的対照主義を採用している。これによると、単純横領罪と背任罪については、重い刑種である懲役刑のみで軽重を判断することになり、両罪の懲役刑の重さが同じである以上、両罪の刑の重さは同じであるということに

なる。業務上横領罪と取締役等による特別背任罪も、同様である。
　そうだとすると、単純横領罪か背任罪かが問題となったときに横領罪から検討する必然性はないのであって、どちらの罪から検討してもよいということになる。ただ、通常は、他人の物を自己の物のように処分する横領罪の方が実質的には犯情が重いといえるから、事例問題を検討する際には、「横領罪の方から検討する」と理解しておいて不都合はないであろう。

オ　横領概念の限界

　上記のような手順によって横領罪か背任罪かを決めるとすると、横領罪と背任罪の限界は、横領罪の成立範囲によって画されることになる。ただ、横領罪の成否の判断は必ずしも容易ではない。特に問題となるのが、「横領」の要件である。

　例えば、本講の【事例1】（支店長の不正貸付1）のＸは、支店長Ｘの管理する銀行の金員を回収困難な相手方に貸し付けており、253条にいう「業務上自己の占有する他人の物」を不正に処分しているが、業務上横領罪ではなく背任罪が成立すると一般に考えられている。それは、Ｘの行為が「横領」とはいえないからである。これに対して、13講の4の【事例2】のように、銀行の支店長が銀行の金員を自己の借金の返済に充てた場合は、業務上横領罪の成立が認められている。こちらの行為は、「横領」に当たると解されているのである。このように、両者の結論の違いは、横領罪における「横領」の要件を満たすかどうかに基づいている。さらに、【設問10】（森林組合長の貸付け）や【設問13】（支店長の不良貸付4）においても、業務上横領罪の要件のうち「業務上自己の占有する他人の物」の要件を満たすことは明らかであるが、それにもかかわらず横領罪か背任罪かの判断に迷うのは、Ｘの行為が「横領」といえるかどうかの判断が難しいからである。

　このように、横領罪と背任罪が競合する場合に横領罪の成否を判断する際の最大の課題は、**「横領」の意義をどのように理解する**かである。この点について、判例の主流（◎大判昭9・7・19刑集13巻983頁〈百67、プ385〉、大判昭10・7・3刑集14巻745頁〈プ384〉）は、自己の名義・計算か本人の名義・計算かという基準によって「横領」といえるかどうかを判断している。これによると、物の処分が**自己（行為者）の名義・計算で行われた場合は「横領」**に当たり、本人（他人）の名義・計算で行われた場合は「横領」には当たらず、背任罪が問題となる。ここで、**名義とは、権利義務が誰に帰属するのか**という問題であり、計算とは、経済的効果が誰に帰属するのかという問題である。ただ、名義・計算は、実質的に判断する必要がある。例え

ば、銀行の支店長が銀行の金員を私的に流用するという典型的な横領罪の事例においても、形式的には銀行名義で貸し付けられ、その法的効果も銀行に帰属することも多いからである。

　名義や計算の意義を実質的に捉えると、**自己の名義**とは、行為者自身が処分行為の当事者であると思われるような外観をとっていることをいい、**本人の名義**とは、委託者本人（他人）が処分行為の当事者であると思われるような外観をとっていることをいうと解される。また、**自己の計算**とは、処分行為によって生じる経済的な利益や損失が行為者自身に帰属することをいい、**本人の計算**とは、処分行為によって生じる経済的な利益や損失が委託者本人（他人）に帰属することをいうことになる。

　こうした名義・計算という判断基準は、判例・通説における横領概念を具体化したものにほかならない。判例・通説によると、横領とは、不法領得の意思を発現する一切の行為、すなわち、委託の任務に背いて他人の物に対し経済的用法に従って所有者でなければできないような処分をする行為をいう（13講2(2)**ウ**）。つまり、自己または自己と同視しうる第三者の利益のために他人の物をあたかも自分の物であるかのように処分する行為が横領である。そして、行為者自身が処分行為の当事者である（自己の名義）といえるときには、他人の物をあたかも自分の物であるかのように処分しているといえるし、また、処分行為の経済的効果が行為者に帰属する（自己の計算）ときには、自己または自己と同視しうる第三者の利益のために処分したといえ、横領に当たるのである。

　なお、判例は、名義より計算の点を重視する傾向にある。判例のとる領得行為説によると、横領罪の本質は、自己または自己と同視しうる第三者の利益のために領得行為を行うという利欲犯的性質にある（13講3(9)**イ**）ため、誰に経済的効果が及ぶのかが重要となるからであろう。さらにいえば、処分行為の当事者が行為者自身であるといえるときには、その経済的効果も行為者に帰属するといえるであろうから、誰の名義かは、誰の計算かを判断するための一要素であるといってもよい。

　カ　具体的適用

　以上の基準を具体的な事例に当てはめてみよう。

　例えば、不良貸付の事例でいうと、形式的には銀行名義で貸し付けたとしても、13講の4の【**事例2**】のように、帳簿への記載等の正規の手続を踏んでいないなど、与えられた権限から大きく逸脱している場合や、自己の借金の返済など私的な用途に金員を使ったり、貸付けによる利息が行為者の収入

となったりする場合には、実質的には行為者自身が処分行為の当事者であるような外観をとっており、経済的な利益が行為者に帰属するから、自己の名義・計算といえ、「横領」に当たる。そして、横領罪の他の成立要件もすべて満たせば、横領罪が成立し、背任罪が成立する余地はない。

　また、【設問13】において、Xは、手続を偽装することによって、本来なら融資することのできない相手に貸し付けており、Xの権限から大きく逸脱した行為を行っている。加えて、Xは、自己の行為から生じた穴を埋めることを目的として、通常より高い利息で貸し付けており、その行為の経済的効果はX自身に帰属するといえる。したがって、自己の計算でなされた行為であり、「横領」に当たる。○最判昭33・10・10刑集12巻14号3246頁〈プ386〉は、【設問13】と類似の事案で業務上横領罪（253条）の成立を認めている。

　これに対し、本講の【事例1】のように、正規の手続を踏んでおり、利息も銀行の収入とされるときには、処分行為の当事者は銀行であり、かつ、経済的な利益も銀行に帰属するから、本人の名義・計算といえる。このような場合には、横領には当たらないから、横領罪の成立が否定され、背任罪が成立するにすぎないのである。

　また、前掲・大判昭9・7・19は、村長が知り合いの経営する会社に村会の決議を経ずに村の金員を貸し付けた事例において、本人の計算であることを理由に背任罪の成立を認めているし、最決昭40・5・27刑集19巻4号396頁〈プ383〉は、農業協同組合の組合長が知り合いから依頼され、所定の手続を踏まずに組合名義で約束手形を振り出して交付した事例において背任罪の成立を認めている。いずれも正規の手続は踏んでいないものの、行為者自身ではなく第三者の利益を図って貸し付けていることや、経済的損失を被るのは本人であることから、自己の計算ではないとしたのであろう。

　◎最判昭34・2・13刑集13巻2号101頁〈講83、プ387〉は、【設問10】（森林組合長の貸付け）と類似の事例につき、業務上横領罪の成立を認めている。委託の趣旨が組合員への転貸以外の用途には絶対に使用してはいけないというものであったことを重視し、そのような委託の趣旨に反する処分は、組合の利益ではなく町の利益を図ったものであり、行為者自身の名義・計算によるものであるから「横領」に当たるとしたのであろう。もっとも、これに対しては、XによるA町への貸付けは本人（組合）の事務として行われており、自己（X）には何の経済的効果も帰属しないから、「横領」には当たらず、背任罪とすべきであったとの批判も強い。

第14講　背任の罪　339

第15講　盗品等に関する罪

◆学習のポイント◆
　盗品等に関する罪の特徴を押さえた上で、追求権説の立場から一貫した解釈を展開できるようになることが目標である。

1　総　説

256条1項　ⓐ盗品その他財産に対する罪に当たる行為によって領得された物をⓑ無償で譲り受けた者は、3年以下の懲役に処する。
　2項　前項に規定する物をⓒ運搬し、ⓓ保管し、若しくはⓔ有償で譲り受け、又はそのⓕ有償の処分のあっせんをした者は、10年以下の懲役及び50万円以下の罰金に処する。

＊　平成7（1995）年の刑法一部改正以前には、ⓐは「贓物（ぞうぶつ）」、ⓑの無償譲受けは「収受」、ⓓの保管は「寄蔵」、ⓔの有償譲受けは「故買」、ⓕの有償処分のあっせんは「牙保（がほ）」と規定されていた。

(1)　本罪の特徴

　盗品等に関する罪（以下、**盗品等関与罪**という）は、財産犯の一種であるが、他の財産犯と異なり、他人が行った財産犯への**事後的関与**を処罰するものであり、ここに本罪の特徴がある。事後的関与の対象となる犯罪を、前提犯罪または**本犯**という。

【事例1】盗まれたチワワの買取り
　ペットショップ経営者のXは、Aが盗んだBのチワワを、盗品と知りながらAから買い取った。

　【事例1】のXは、Bのチワワを直接盗んだわけではないが、これを事後的にAから買い取ることによって、Bの財産を間接的に侵害したといえる。しかし、これを窃盗罪（235条）の共犯として処罰することはできない。既に終了した犯罪への関与は、結果に対する因果性が欠けるため、共犯に当た

らないからである。そこで、刑法は、財産犯への事後的関与のうち、盗品等の無償譲受け（256条1項）、運搬、保管、有償譲受け、有償処分のあっせん（以上、256条2項）の5つの行為を独立の犯罪として処罰することにした。これが盗品等関与罪である。【事例1】のXは、盗品であるチワワを有償で譲り受けたので、Xには盗品等有償譲受け罪（256条2項）が成立する。

以上のように、本罪の行為は、間接的な財産侵害である。そのため、本罪は、**間接領得罪**と呼ばれることがある（これに対し、窃盗罪等の財産犯は、直接領得罪と呼ばれる）。

それにもかかわらず、本罪の行為のうち、256条2項の定める各行為については、直接的な財産侵害である**本犯よりも法定刑が重い**（10年以下の懲役「及び」50万円以下の罰金）。この点も、本罪の特徴の1つである。

(2) 保護法益・罪質

ア 追求権

盗品等関与罪の保護法益・罪質につき、判例・通説は、**追求権説**に立っている。これによれば、本罪の保護法益は、財産犯の被害者が被害物に対して有する回復請求権、すなわち**追求権**であり、本罪の本質は、被害者の**追求権の実現を困難にすること**（追求権の侵害）にある。平たく言えば、本罪の保護法益は、被害物を返せといえる権利であり、本罪の本質は、被害者が被害物を取り返そうとするのを困難にする点にある。【事例1】についていえば、Xが盗品等有償譲受け罪で処罰されるのは、XがAからチワワを買い取ることにより、Bの追求権の実現を困難にしたからである、と説明される。

本罪の学習にあたっては、追求権説の内容をしっかり理解した上で、追求権説の立場から一貫した解釈（詳しくは後述）を展開するよう心がけることが大切である。

> ＊ かつては、本罪の客体が「贓物」と規定され、その定義規定もなかったことから、**違法状態維持説**も有力であった。違法状態維持説とは、本犯が作り出した違法な財産状態を維持するところに本罪の本質があるとする見解である。これによれば、本犯は、違法な財産状態を作り出す犯罪であれば足り、財産犯に限定されない。しかし、1995年の刑法一部改正で客体が「盗品その他財産に対する罪に当たる行為によって領得された物」と規定され、本犯が財産犯に限定されたことから、違法状態維持説はこの改正で否定されたとする理解が広まり、現在では同説の支持者はほとんどいない。
>
> なお、現在でも、本犯を財産犯に限定する違法状態維持説（新しい違法状態維持説）は見られるが、そこでは、違法状態の維持が後述する本犯助長性の意味に理解されており、専ら本犯助長性に本質を求める物的庇護説

と実質的には異ならない（物的庇護説については、次の本犯助長性の説明を参照）。

なお、追求権とは、前述のとおり、被害物の回復請求権のことであるが、被害者を相手方として盗品等の売却が行われる事例において、さらに、回復請求権の具体的な内容が問題となる（論点5〔被害者を相手方とする場合〕）。

イ　本犯助長性

本罪の罪質につき、今日では、追求権の侵害だけでなく、**本犯助長性**（本犯助長的性格、事後従犯性）をも考慮する見解が多数となっている。本犯助長性とは、窃盗罪等の本犯を事後的に援助することにより窃盗罪等の財産犯を一般的に助長・誘発するという性質を指す。これは、例えば、窃盗犯人から盗品を買い取る行為（盗品の有償譲受け）には、窃盗犯人を「また盗んでこよう」という気にさせ、窃盗が行われることを助長・誘発する効果がある、という意味である。本犯助長性を考慮するのは、256条1項の行為（無償譲受け）は法定刑が軽いのに対し、同条2項の各行為（有償譲受け等）は、1項の行為よりも、かつ窃盗罪等の本犯よりも法定刑が重いことを説明するためである。

すなわち、256条1項の行為と同条2項の行為を比べると、いずれも追求権を侵害する点では変わりない。しかし、窃盗犯人にとっては、無償でもらってくれる人がいる場合（同条1項の場合）よりも、買い取ってくれる人や、運搬、保管、売却のあっせんをして助けてくれる人がいる場合（同条2項の場合）の方が窃盗を行おうという気持ちが強まるのが通例である。つまり、それだけ本犯助長性が強い。それゆえ、刑法は、同条1項の無償譲受け罪よりも同条2項の各罪の法定刑を重くした、と考えるのである。

他方、256条2項の各罪と窃盗罪等の本犯を比べると、いずれも財産侵害という点では変わりない。むしろ、同条2項の各行為は間接的な財産侵害（追求権侵害）であり、このことからすれば、その分だけ法定刑が軽くてもよさそうである。それにもかかわらず、直接的な財産侵害である本犯よりも法定刑が重い。そこで、この法定刑の差を埋め合わせる要素として、本犯助長性を加味するのである。

以上の理由から、多数説は、盗品等関与罪の罪質として、本犯助長性を付加的に考慮する。判例においても、本犯助長性に言及するものが少なくない。

　＊　学説の中には、本罪の本質を追求権の侵害にではなく、専ら本犯助長性

に求める物的庇護説と呼ばれる見解もある。この見解は、例えば、本犯が詐欺罪・恐喝罪で、被害者の意思表示が無効ではなく取り消しうるにすぎない場合（民法96条）、取消しの意思表示がなされるまでは所有権は本犯者にあり、被害者の追求権が認められず、追求権説によれば盗品等関与罪が成立しないことになり妥当でないとして、追求権説を批判する。しかし、後述するように（2(1)オ*）、追求権は被害者が法律上有する追求可能性にまで拡張されており、この批判は妥当しない。また、この見解によると、被害者が自ら盗品等を買い戻す行為も、追求権の侵害は認められないが本犯助長性は否定できないため、盗品等有償譲受け罪で処罰されるべきことになる。しかし、これは不当な結論であろう。そこで、通説は、追求権説を基本とし、本犯助長性を付加的な考慮要素とするにとどめているのである。

ウ まとめ

以上をまとめると、盗品等関与罪は、追求権の実現を困難にし、かつ本犯助長性を有する財産犯であるということになる。

> * 256条1項の盗品等無償譲受け罪の法定刑は、本犯（254条の罪を除く）の法定刑よりも軽いが、その理由は、財産侵害が間接的であること、本犯助長性が類型的に弱いことに求めることができる。

2　盗品等関与罪の基本構造

(1)　客　体

盗品等関与罪の客体は「盗品等」、すなわち「**盗品その他財産に対する罪に当たる行為によって領得された物**」（下線ⓐ）である。ただし、追求権説によれば、本犯の被害者が法律上追求することができるものに限られる。

【事例2】賄賂の客体性
　Xは、公務員Aが収受した賄賂をそれと知りながら譲り受けた。
【事例3】刑事未成年者が盗んだ物の客体性
　Xは、12歳のAが万引きして得たアイドルグループBCDのカレンダーを、盗品と知りつつ買い取った。
【事例4】同一性を失った物の客体性
　Aは、刑法の教科書を万引きし、これを売却して金銭を得た。Xは、盗品の売却代金であると知りながら、この金銭をAから譲り受けた。
【事例5】即時取得された物の客体性
　Aは、BがCから詐取した柴犬を即時取得した。Xは、この柴犬がもともと詐取された物であることを知りながら、これをAから買い取った。

第15講　盗品等に関する罪　343

ア 本犯は、窃盗罪（235条）、強盗罪（236条）、詐欺罪（246条）、恐喝罪（249条）、横領罪（252条）等の「**財産に対する罪**」に限られる。したがって、収賄罪（197条）によって得た賄賂、墳墓発掘罪（191条）によって得た宝物などは、本罪の客体とならない。【**事例2**】のＸには、盗品等無償譲受け罪は成立しない。

> ＊ 密漁は、漁業権という財産権を侵害する罪（漁業法143条）に当たるが、追求権説によれば、密漁は「財産に対する罪」には当たらず、したがって、密漁で得た物は本罪の客体とならない。自然界に生息する生物は、誰の所有物でもなく、被害者が法律上追求できるものではないからである。これに対し、違法状態維持説によれば、密漁で得た物も本罪の客体に当たる。先述したように、同説によれば、本犯は、違法な財産状態を作り出す犯罪であれば足りるからである。違法状態維持説は、このような結論を導く点に意義があるが、前述のとおり、今日ほとんど支持されていない。

イ 本罪の客体は、財産に対する罪に「**当たる行為**」によって領得された物であればよい。つまり、本犯は、犯罪として成立している必要はなく、構成要件該当性と違法性があれば足りる。したがって、例えば、14歳に満たない者（41条）が財物を窃取した場合、窃盗罪の責任は阻却されるが、構成要件該当性と違法性は認められるから、この財物は本罪の客体に当たる。【**事例3**】のＸには、盗品等有償譲受け罪が成立する。

また、親族相盗例（244条）により刑が免除される場合、本犯の公訴時効が完成した場合、本犯が起訴されない場合であっても、本罪は成立しうる。

ウ 本罪の客体は、財産に対する罪に当たる行為によって「**領得された**」物でなければならない。ここにいう「領得」とは、物を直接領得することを意味する。盗品を売却して得た金銭など、**同一性**を失った代替物は、財産犯によって直接領得された物ではないので、本罪の客体に当たらない。このことは、同一性を欠く物は追求権を失うことからも説明できる。【**事例4**】のＸが譲り受けた金銭は、盗品である刑法の教科書との同一性を欠くので、Ｘに盗品等無償譲受け罪は成立しない。

横領して得た紙幣を両替して得た金銭、詐取した小切手により支払いを受けた金銭については、客体の同一性が認められるかが問題となる（**論点1**〔客体の同一性〕）。

> ＊ 以上のように、盗品等関与罪の射程は同一性を失った代替物に及ばないので、本罪によってマネー・ロンダリング（資金洗浄）等への関与を処罰することができない。そこで、組織犯罪処罰法（組織的な犯罪の処罰及び犯罪収益の規制等に関する法律）において、「犯罪収益」（同法2条2項）

や「犯罪収益に由来する財産」（同法2条3項）の隠匿（同法10条1項）、収受（同法11条）を処罰することとした。

エ　本罪の客体は、「**物**」でなければならない。これには不動産も含まれるが、物でない権利や利益は含まれない。ただし、権利が化体した証券は含まれる。

オ　被害者が追求権を失った物は、本罪の客体とならない。このような場合として、例えば、第三者が**即時取得**（民法192条）によって被害物の所有権を取得した場合（ただし、民法193条により2年間の回復請求権が認められている盗品または遺失物は、その間、本罪の客体となる）や、被害物の**加工**（民法246条）によって加工者が所有権を取得した場合がある。もっとも、判例は、加工を認めることに消極的であり、例えば、窃取した貴金属を変形して金塊とした場合（大判大4・6・2刑録21輯721頁）、盗品である自転車の車輪とサドルを取り外して他の自転車に取り付けた場合（○最判昭24・10・20刑集3巻10号1660頁〈百76、講86、プ398〉）は、加工に当たらないとしている。

【**事例5**】の柴犬の所有権は、Aが即時取得したことにより、CからAに移転するので、Cの追求権は失われる。したがって、Xが買い取った柴犬は本罪の客体に当たらず、Xに盗品等有償譲受け罪は成立しない。

　　＊　なお、追求権は、所有権に基づく物権的返還請求権に限られない。それは、被害者が**法律上有する追求可能性**として拡張的に理解されている。このように理解しないと、本犯が詐欺罪（246条）や恐喝罪（249条）の場合に盗品等関与罪が成立することを説明できなくなるからである。すなわち、本犯が詐欺罪や恐喝罪の場合、民法上、被害者が意思表示を取り消さない限り、契約は（ひとまず）有効であり（民法96条参照）、所有権は本犯の犯人に帰属するので、被害者には所有権に基づく物権的返還請求権がないことになる。しかし、この場合に、被害者に追求権がないとして盗品等関与罪の成立を否定するのは不当である。そこで、民法上、被害者が意思表示を取り消せば被害物の返還を請求できる点に注目し、このような法律上の追求可能性を追求権の内容に取り込むのである。

不法原因給付物、禁制品については、重要問題として後述する（論点2〔不法原因給付物・禁制品〕）。

（2）　行　為

盗品等関与罪の行為は、盗品等の無償譲受け（下線ⓑ）、運搬（下線ⓒ）、保管（下線ⓓ）、有償譲受け（下線ⓔ）、および有償処分のあっせん（下線ⓕ）の5種である。

第15講　盗品等に関する罪　345

行為の相手方は本犯の犯人に限られない。例えば、窃盗犯人Ａ（本犯の犯人）が盗んだ盗品をＡから買い取る場合だけでなく、それを窃盗犯人ではないＢから買い取る場合であっても、盗品と知って買い取れば、盗品等有償譲受け罪が成立する。

ただし、本犯の犯人等、盗品等の占有者（上の例であれば、ＡやＢ）と意思を通じた行為であることを要し、盗品等と知って窃取する場合などは含まない。例えば、盗品等の占有者のところから盗品等を無断で持ち出して所持したとしても、盗品等関与罪の運搬や保管には当たらない。このことは、後述する運搬や保管の定義（「委託を受け」）から明らかであるが、なぜそのように定義されるかといえば、盗品等の占有者との**意思疎通**を欠く場合には、本犯助長性が認められないからである。

ア　無償譲受け

無償譲受け（256条1項）とは、無償で盗品等の交付を受け、取得することをいう。ここにいう取得とは、盗品等についての事実上の処分権を得ることを意味し、この点で盗品等の保管（256条2項）と区別される。盗品等の占有が現実に移転したことを要する。

イ　運　搬

運搬（256条2項）とは、委託を受け、交付された盗品等の所在を移転させることをいい、有償・無償を問わない。移転の距離がさほどのものでなくても、被害物の追求を困難にしたといいうるから、盗品等運搬罪は成立する。

ウ　保　管

保管（256条2項）とは、委託を受け、盗品等の占有を得て管理することをいい、有償・無償を問わない。盗品等の占有が現実に移転したことが必要であり、保管の単なる約束では足りない。

エ　有償譲受け

有償譲受け（256条2項）とは、有償で盗品等の交付を受け、その処分権を取得することをいう。売買、交換、代物弁済など譲受けの形式を問わない。盗品等の占有が現実に移転したことが必要であり、売買などの単なる約束では足りない。

オ　有償処分のあっせん

有償処分のあっせん（256条2項）とは、盗品等の有償の処分を仲介することをいう。処分は有償であることを要するが、あっせん自体は有償・無償を問わない。盗品等有償処分あっせん罪の成立時期については争いがある

346

が、判例は、あっせん行為をすれば本罪が成立するとしている（論点3〔有償処分あっせん罪の成立時期〕）。

(3) 盗品性の認識

盗品等関与罪は故意犯であるから、客体が盗品等であることの（少なくとも未必的な）認識（**盗品性の認識**）が必要である。ただし、何らかの財産犯に当たる行為により領得された物であることの認識があれば足り、本犯たる財産犯がいかなる犯罪か、その被害者または犯人が誰かを知る必要はない。

盗品性の認識は、盗品等の無償・有償譲受けについては、譲受けの時点で必要である。有償処分のあっせんについても、あっせん行為の時点であっせん罪が成立するとすれば、その時点で盗品性の認識がなければならない。盗品等の運搬、保管については、どの時点で盗品性の認識が必要であるかが争われている（論点4〔盗品等保管罪における知情の時期〕）。

(4) 罪　数

【事例6】売却のあっせん前の保管

Xは、最近Aが飼い始めたペルシャ猫が盗品であると知りながら、Aからその売却のあっせんを頼まれたので、このペルシャ猫を保管した後、その売却のあっせんをした。

【事例7】本犯の正犯・共犯との関係

Xは、Aと共同してBのノートパソコンを盗んだ後、これを売却先まで運搬した。Yは、CがDのノートパソコンを盗むのを幇助した後、このノートパソコンを売却先まで運搬した。

ア　各行為相互の関係

盗品等の運搬、保管、有償処分のあっせんなどの複数の行為が行われた場合であっても、一連の追求権侵害として1個と見られるときには、包括的に評価され一罪となる（総論27講4(3)エ）。判例は、このような場合、包括して1個の有償処分あっせん罪が成立するとしている。これによれば、**【事例6】**のXには、盗品等有償処分あっせん罪が成立する。

保管した盗品等を一旦返却した後、有償処分のあっせんをした場合には、一連の行為とはいえないから、盗品等保管罪と有償処分あっせん罪の併合罪となる。

イ　本犯の正犯・共犯との関係

本犯の正犯（共同正犯を含む）は、盗品等関与罪では処罰されない。その理由は、本犯の正犯が行う盗品等の運搬、保管は本犯の不可罰的事後行為と

第15講　盗品等に関する罪　　347

解される点に求められている（総論27講 4 (4)**イ**コラム参照）。【事例 7 】の X
には、盗品等運搬罪は成立しない。

　これに対して、**本犯の教唆犯・幇助犯**は、盗品等関与罪で処罰されうる。
例えば、X が A に窃盗を教唆し、A が盗んできた物を買い受けた場合、X に
は窃盗罪の教唆犯（61条・235条）と盗品等有償譲受け罪が成立し、判例に
よれば、両罪は併合罪となる（大判大 4 ・ 4 ・29刑録21輯438頁、最判昭
24・ 7 ・30刑集 3 巻 8 号1418頁。これに対し、学説には、両罪を牽連犯とす
るものや、共同正犯の場合との均衡から、この場合も盗品等関与罪は成立し
ないとするものがある）。判例に従うと、【事例 7 】の Y には窃盗罪の幇助犯
（62条・235条）と盗品等運搬罪が成立し、両罪は併合罪となる。

ウ　他罪との関係

　窃盗を行おうとする者の依頼に応じて将来窃取すべき物の売却のあっせん
をしても、盗品等有償処分あっせん罪は成立せず、窃盗罪の幇助犯（62条・
235条）が成立するにとどまる。本犯は既遂に達していなければならないか
らである。

　盗品等であることを秘して有償処分のあっせんをし、情を知らない相手方
から代金を受け取ることは、あっせんの当然の結果であるから詐欺罪（246
条）に当たらず、盗品等有償処分あっせん罪のみが成立するというのが判例
である（大判大 8 ・11・19刑録25輯1133頁。これに対し、学説には、詐欺罪
の成立を否定しうるか疑問があるとするものもある）。

3　盗品等関与罪の重要問題

(1)　客体の同一性　論点1

【設問 1 】客体の同一性の有無

　Aは、盗んだ 1 万円札を千円札10枚に両替した。Xは、このことを知りなが
ら、Aに依頼され、この千円札10枚を受け取り、保管した。
　Bは、詐取した小切手を銀行で換金した。Yは、このことを知りながら、Bに
依頼され、Bが換金して得た金銭を受け取り、保管した。
　X、Yに、それぞれ盗品等保管罪が成立するか。

　前述のとおり、盗品を売却して得た金銭など**同一性**を失った物は、追求権
が失われるため、盗品等関与罪の客体に当たらない。問題は、同一性を失っ
たかどうかの判断である。

　判例は、横領した紙幣を両替して得た金銭（大判大 2 ・ 3 ・25刑録19輯

348

374頁）、詐取した小切手により支払いを受けた金銭（○大判大11・2・28刑集1巻82頁〈プ399〉）について、その盗品性を肯定している。これによれば、【設問1】の千円札10枚、Bが小切手を換金して得た金銭は、それぞれ「盗品等」に当たり、X、Yには、それぞれ盗品等保管罪が成立する。

　学説は、前者については、特定の紙幣に対する追求権ではなく金額に対する追求権が問題であり、これが失われていないとして同一性を肯定している。これに対し、後者については、小切手と金銭との同一性を否定しつつ、詐取した小切手の換金自体が新たな詐欺罪（246条1項）に当たると見て、金銭の客体性を肯定している。

(2)　不法原因給付物・禁制品 論点2

> **【設問2】不法原因給付物の譲受け1**
> 　Aは、覚せい剤の購入資金として、Bから100万円を預かった。Xは、このことを知りながら、この100万円をAから譲り受けた。Xに盗品等無償譲受け罪が成立するか。
>
> **【設問3】不法原因給付物の譲受け2**
> 　Aは、Bに対し、覚せい剤を売る気がないのにあるかのように装い、これを信じたBから覚せい剤の代金として100万円を詐取した。Xは、このことを知りながら、この100万円をAから譲り受けた。Xに盗品等無償譲受け罪が成立するか。
>
> **【設問4】盗まれた禁制品の買取り**
> 　Xは、AがBから盗んできた覚せい剤を、盗品であると知りながら買い取った。Xに盗品等有償譲受け罪が成立するか。

　不法原因給付により本犯が取得した物は、盗品等関与罪の客体となるか。この点が争われた判例は見当たらないが、学説は、①一律に客体性を否定する見解、②（一律に本犯について財産犯が成立するとの立場を前提に）一律に客体性を肯定する見解、③本犯についての財産犯の成否に応じて区別し、本犯について横領が問題となる場合には（横領罪が成立しないことから）客体性を否定、本犯が詐欺・恐喝の場合には（これらの罪が成立することから）客体性を肯定する見解とに分かれている（不法原因給付と詐欺・横領につき、11講3(8)、13講3(7)参照）。

　不法原因給付が成立し、給付物が不法原因給付物となった場合、民事判例によれば、その所有権は、給付者から受給者に移る（最大判昭45・10・21民集24巻11号1560頁）。これに従い、かつ追求権説を一貫させるならば、不法原因給付物については、給付者の所有権が失われる以上、その追求権も否定

第15講　盗品等に関する罪　349

され、客体性は認められないことになる（①説。ただし、民法708条但書の適用がある場合には、給付者による返還請求が可能であるから、客体性が肯定されうる）。

【設問2】の100万円が不法原因給付物だとした場合、①説によれば、【設問2】のXに盗品等無償譲受け罪は成立しない。これに対し、②説によれば、Xに盗品等無償譲受け罪が成立する。③説によれば、Aに横領罪が成立しないため、100万円は客体性を欠き、Xに盗品等無償譲受け罪は成立しない。【設問3】については、判例・通説によると、Aに詐欺罪が成立する。しかし、AがBから詐取した100万円は不法原因給付物となるので、①説によれば、【設問3】のXに盗品等無償譲受け罪は成立しない。これに対し、②説によれば、Xに盗品等無償譲受け罪が成立する。③説によれば、Aに詐欺罪が成立するので、100万円は客体となり、Xに盗品等無償譲受け罪が成立する。

禁制品については、判例はないが、学説では、被害者はその所持・所有を国家に対して主張できないだけであり、追求権自体は否定されるものではないとして、客体性が肯定されている（財産犯による禁制品の保護につき、7講2(2)ア a ⅲ）、3(1)ウ参照）。【設問4】のXには、盗品等有償譲受け罪が成立する。

(3) 有償処分あっせん罪の成立時期 論点3

> **【設問5】契約未成立に終わったあっせん行為**
> 　Xは、Aから盗品の売却のあっせんを依頼され、Bを相手方として売却のあっせんを行ったが、契約の成立には至らなかった。Xに盗品等有償処分あっせん罪が成立するか。

盗品等の有償処分のあっせんの場合、行為者が必ずしも物を手にするわけではなく、また、物の移転はあっせん終了後に行われることもある。そこで、盗品等有償処分あっせん罪の成立時期については、あっせん行為の時点とする見解、あっせんした契約が成立した時点とする見解、現実に物が移転した時点とする見解とに分かれている。

前述のとおり、判例は、**あっせん行為の時点**で本罪が成立するとしている（○最判昭23・11・9刑集2巻12号1504頁〈プ395〉）。これは、本罪の本犯助長性を重視するものといえよう。これによれば、【設問5】のXには盗品等有償処分あっせん罪が成立する。これに対し、学説では、判例を支持するも

のは少数である。追求権の侵害という観点からは、少なくとも契約の成立が
必要であり、盗品等関与罪の他の行為との均衡をも考慮するならば、物が現
実に移転したことも必要であると解されることになろう。このように解した
場合、【設問5】のXに盗品等有償処分あっせん罪は成立しない。

(4) 盗品等保管罪における知情の時期 論点4

> **【設問6】保管途中の知情**
> Xは、Aが所持していたウサギが盗品であるとは知らずに、Aに依頼され、こ
> のウサギを受け取り、保管していたが、その後、このウサギが盗品であると知っ
> た。しかし、Xは、そのまま保管を続けた。Xに盗品等保管罪が成立するか。

　判例は、保管の途中で初めて盗品等であると知った場合であっても、**盗品
等保管罪が成立する**としており（◎最決昭50・6・12刑集29巻6号365頁
〈百75、講84、プ396〉）、これに賛成する学説は、さらに、運搬の途中で盗品
等であると知った場合についても、盗品等運搬罪の成立を肯定している。両
罪を継続犯（総論4講2(1)**ウ**）として理解すれば、このような解釈も可能で
あろう。これによれば、【設問6】のXには、盗品であると知って以後の保
管につき、盗品等保管罪が成立する。

　これに対し、学説では、本罪が継続犯であるとしても、盗品等の無償・有
償譲受けの場合に占有移転の時点で盗品性の認識が必要とされていることと
の均衡、占有移転によって追求権の侵害が生じると解されること、盗品等の
占有の取得も構成要件要素であると解されることなどからすれば、運搬、保
管の場合にも盗品等の占有を取得する時点で盗品性の認識が必要であると解
すべきであるとする見解が有力に主張されている。これによれば、【設問6】
のXに盗品等保管罪は成立しない。

(5) 被害者を相手方とする場合 論点5

> **【設問7】被害者への盗品の売却**
> Aは、Bのカメ（時価約3万円）を盗んで飼っていたが、そのうち飼うのが嫌
> になった。Xは、Aに依頼され、このカメの売却先を探していたところ、Bがこ
> のカメを溺愛していたことを知り、Bなら高く買い取るだろうと考え、Bに対
> し、買い取らなければ他に売り飛ばすなどと申し向け、このカメを10万円で買い
> 取らせた。Xに盗品等有償処分あっせん罪が成立するか。

　盗品等関与罪の行為により盗品等が被害者のもとに返ってきた場合、本罪

が成立するかが問題となる。というのも、この場合、盗品等の占有自体は回復しており、占有の回復を困難にしたとはいえないため、追求権の侵害がないとも考えられるからである。

判例は、被害者による盗品等の**正常な回復**を困難にする行為であることを理由に、この場合にも本罪が成立しうるとしている（盗品等の運搬につき、最決昭27・7・10刑集 6 巻 7 号876頁〈講85、プ394〉。盗品等の有償処分のあっせんにつき、◎最決平14・7・1 刑集56巻 6 号265頁〈百74、講87、プ397〉）。ここでは、追求権の内容が、単なる占有回復請求権ではなく、正常な回復を求める権利として理解されている。正常な回復とは具体的に何を意味するかは明らかではないが、これについては、いわれなき負担（特段の理由のない負担）を負うことのない回復を意味するとの見解が有力である。これによると、例えば、被害者に不当な対価の支払いを強いるような場合には、正常な回復を困難にする行為であるとして、本罪の成立が肯定される。【設問 7】のXの行為は、このような場合に当たるから、Xに盗品等有償処分あっせん罪が成立する。

　＊　以上の見解に対し、学説では、正常な回復の意味が不明確であり、追求権の内容は占有回復請求権に純化すべきであるとして、追求権の侵害を否定して、盗品等関与罪の成立を認めない見解も有力である。これによれば、被害者がいわれなき負担として対価の支払いを余儀なくされたことは、新たな直接的財産侵害として別罪で把握されるべきことになる。【設問 7】の場合、買い取らなければ他に売り飛ばすと申し向けられてBが畏怖したとすれば、10万円を客体とする恐喝罪（249条 1 項）が成立する。

　　なお、盗品等関与罪の成立を肯定する立場からは、不当な対価の支払いについて恐喝罪の成立要件が満たされる場合であっても、盗品等関与罪と別に恐喝罪が成立することはないと考えられる。この場合に盗品等関与罪が成立する理由、つまり正常な回復を困難にしたと評価される理由が被害者に不当な対価の支払いを強いた点にあるとすれば、この点で盗品等関与罪と恐喝罪とは完全に重なることとなり、法条競合（総論27講 3 ）として重い盗品等関与罪のみが成立すると解されるからである。判例上も、盗品等関与罪と別に恐喝罪の成立を肯定したものはない。詐欺的な手段が用いられた場合にも、同様の理由から、別途詐欺罪は成立しないと考えられる。

4　親族等の間の犯罪に関する特例

> 257条 1 項　配偶者との間又は直系血族、同居の親族若しくはこれらの者の配偶者との間で前条の罪を犯した者は、その刑を免除する。

2項　前項の規定は、親族でない共犯については、適用しない。

(1)　趣　旨

刑法257条は、盗品等関与罪が本条所定の親族間において行われた場合に、親族を庇護する場合の**期待可能性の減少**を理由として、その刑を免除することとしたものである（同条1項）。親族でない共犯については、このような特例を認める理由はないから、その適用は否定される（同条2項）。

(2)　適用範囲

本条が適用されるためには、親族関係は、行為者と被害者との間にではなく、行為者と本犯の犯人との間にあることを要する（判例・通説）。例えば、窃盗犯人Aが被害者Bから盗んだ物をXが買い受けた場合、Xに盗品等有償譲受け罪が成立するが、Xに本条が適用されるためには、XとAとの間に親族関係があることが必要である。

盗品を買った親族からさらに盗品を買う場合のように、盗品等関与罪の犯人相互間に親族関係がある場合にも本条の適用があるかについては争いがある。判例・多数説は適用を否定するが、期待可能性の減少はこの場合にも同様に妥当するとして適用を肯定する見解も有力である。

第16講　毀棄・隠匿の罪

◆**学習のポイント**◆
　毀棄の概念を十分に理解した上で、特に各犯罪の客体の違いに注意しながら学習することが大切である。

1　総　説

(1)　罪質と種類

　毀棄・隠匿の罪（258条以下）は、**財物の効用**を侵害する罪である（判例・通説）。この罪は、財物の利用可能性を獲得する領得罪よりも法定刑が軽い。毀棄の場合、窃盗罪等の領得罪よりも法益侵害性は高いともいえるが、一般予防の必要性が低いため、軽く処罰されている。

　刑法は、毀棄・隠匿の罪として、公用文書等毀棄罪（258条）、私用文書等毀棄罪（259条）、建造物等損壊罪（260条）、器物損壊罪（261条）、信書隠匿罪（263条）、境界損壊罪（262条の2）を定める。

(2)　毀棄の意義

　毀棄・隠匿の罪の行為は、毀棄・損壊・傷害・隠匿などであるが、前の3つは同一の意味であり、客体により使い分けられているにすぎない（客体が文書の場合は毀棄、物の場合は損壊、動物の場合は傷害）。そこで、ここでは、前三者をまとめて**毀棄**と呼んでおく。

　毀棄の意義については、財物の物理的損壊が必要であるとする**物理的損壊説**も有力であるが、判例・通説は、毀棄とは**財物の効用を害する一切の行為**をいうとして、**効用侵害説**に立っている。これによれば、財物の効用を害すれば足り、財物を物理的に破壊するものでなくてよい。例えば、食器に放尿した場合（大判明42・4・16刑録15輯452頁〈プ401〉）、養魚池の鯉を流出させた場合（大判明44・2・27刑録17輯197頁〈プ403〉）、競売事件の記録を持ち出して隠匿した場合（大判昭9・12・22刑集13巻1789頁〔競売記録持出し事件〕〈プ404〉）などについて、毀棄罪の成立が肯定されている。こうした見地からは、隠匿も毀棄に含まれることになり、その結果、信書隠匿罪

（263条）は、信書の隠匿を特に軽く処罰するものと解されることになる。

2 公用文書等毀棄罪

258条 ⓐ公務所の用に供する文書又は電磁的記録をⓑ毀棄した者は、3月以上7年以下の懲役に処する。

公用文書等毀棄罪（258条）は、客体の重要性に鑑みた器物損壊罪（261条）の加重規定である。例えば、被疑者が警察署の取調室において供述録取書を破る行為や、逮捕者が逮捕後の弁解録取時に警察官から逮捕状を奪い取って破り棄てる行為などが、本罪に当たる。

(1) 公用文書・電磁的記録

「公務所の用に供する文書」（**公用文書**、下線ⓐ）とは、公務所（7条2項）が使用し、または使用のため保管中の文書をいう。「公務所の作成すべき文書」（155条）とは異なり、作成者・作成名義を問わない。また、他の毀棄罪とは異なり、「他人の」文書でなくてもよい。文書の真偽の如何も問わない。未完成であっても、文書としての意味、内容を備えるに至ったときは、公用文書に含まれる（例えば、被疑者、司法警察員の署名、押印を欠く弁解録取書）。違法な取調べの下で作成されつつあった供述録取書も、これに含まれる（最判昭57・6・24刑集36巻5号646頁〈プ408〉）。

「公務所の用に供する電磁的記録」（下線ⓐ）とは、公務所が使用し、または使用のため保管中の電磁的記録（7条の2）をいう。電磁的記録自体は公務所の外にあっても、公務所からアクセス可能で、文書についての公務所の保管と同視できるだけの管理・支配が認められる場合には、これに含まれる。自動車登録ファイル、不動産登記ファイルなどが、これに当たる。

(2) 毀 棄

毀棄（下線ⓑ）の一般的な意味は、前述したとおりである（1(2)参照）。文書を丸めてしわくちゃにして床に投げ捨てた場合、記載事項を部分的に抹消した場合、公正証書に貼付された印紙を剥離した場合、村長に提出した退職届の日付を改ざんした場合、公立高校の入試答案を改ざんした場合（神戸地判平3・9・19判タ797号269頁〈プ410〉）などが、これに当たる。

電磁的記録については、その内容を消去する場合のほか、読み取り不能にする場合も含まれる。

3　私用文書等毀棄罪

> 259条　ⓐ権利又は義務に関する他人の文書又は電磁的記録をⓑ毀棄した者は、
> 5年以下の懲役に処する。

　私用文書等毀棄罪（259条）は、客体の重要性に鑑みた器物損壊罪（261条）の加重規定である。例えば、他人所有の借用証書を破り棄てた場合に本罪が成立する。

　本罪は、親告罪である（264条）。適用例は、極めて少ない。

(1)　私用文書・電磁的記録

　「権利又は義務に関する他人の文書」（**私用文書**、下線ⓐ）とは、権利・義務の存否・得喪・変更などを証明するための他人所有の文書をいう。私文書偽造罪（159条）と異なり、単なる事実証明に関する文書は、本罪に含まれず、器物損壊罪（261条）の対象となる。公文書か私文書か、他人名義か自己名義かを問わない。有価証券も含まれる。なお、自己の物の特例の適用がある（262条）。

　「権利又は義務に関する他人の電磁的記録」（下線ⓐ）も、本罪の客体である。銀行の口座残高ファイル、プリペイド・カードの磁気情報部分などが、これに当たる。

(2)　毀　棄

　毀棄（下線ⓑ）の一般的な意味は、前述した（1(2)参照）。

4　建造物等損壊罪・同致死傷罪

> 260条　ⓐ他人の建造物又は艦船をⓑ損壊した者は、5年以下の懲役に処する。
> よって人を死傷させた者は、傷害の罪と比較して、重い刑により処断する。

　建造物等損壊罪（260条前段）は、客体の重要性および人を死傷させる危険性に鑑みた器物損壊罪（261条）の加重規定である。例えば、商店めがけて自動車を突入させ、商店の壁や建具ガラスを破壊した場合に本罪が成立する。

(1)　他人の建造物・艦船

　「他人の」建造物・艦船（下線ⓐ）とは、他人所有の建造物・艦船の意味である。「他人の」建造物というためには、他人の所有権が将来民事訴訟等

において否定される可能性がないということまでは要しない（○最決昭61・7・18刑集40巻5号438頁〈百77、講28、プ174〉）。なお、自己の物の特例の適用がある（262条）。

建造物（下線ⓐ）とは、家屋その他これに類似する建築物をいい、屋根があり、壁または柱で支持されて土地に定着し、少なくともその内部に人が出入りすることができるものをいう。単に棟上げが終わっただけの建物は含まれない。

敷居・鴨居のように建造物の一部を組成し、建造物を損壊しなければ取り外すことのできない物を損壊する行為は、建造物等損壊罪に当たるが、雨戸・板戸のように損壊することなく自由に取り外しできる物を損壊する行為は、本罪ではなく器物損壊罪（261条）に当たる。ただし、住居の玄関ドアについては、損壊せずに取り外し可能であっても、建造物等損壊罪の客体であるとされている（○最決平19・3・20刑集61巻2号66頁〈百78、講89、プ411〉。建造物との接合の程度のほか、建造物における機能上の重要性をも総合考慮して決すべきであるとする）。

艦船（下線ⓐ）とは、軍艦または船舶をいう。

(2) 損　壊

損壊（下線ⓑ）の一般的な意味は、前述のとおりである（1(2)参照）。建造物へのビラ貼りにつき、判例は、多数枚を貼付した場合に建造物等損壊罪の成立を肯定している（○最決昭41・6・10刑集20巻5号374頁〈講88、プ406〉）。また、公園の便所の外壁にペンキで大きく**落書き**した行為につき、外観ないし美観を著しく汚損し、原状回復に相当の困難を生じさせたものであり、その効用を減損させたとして、建造物等損壊罪の成立を肯定した判例がある（○最決平18・1・17刑集60巻1号29頁〈百79、講90、プ402〉）。

(3) 建造物等損壊致死傷罪

建造物等損壊致死傷罪（260条後段）は、建造物等損壊罪（260条前段）の結果的加重犯である。

5　器物損壊罪

> 261条　前3条に規定するもののほか、ⓐ他人の物をⓑ損壊し、又はⓒ傷害した者は、3年以下の懲役又は30万円以下の罰金若しくは科料に処する。

器物損壊罪（261条）は、公用文書等毀棄罪（258条）、私用文書等毀棄罪

第16講　毀棄・隠匿の罪　357

（259条）、建造物等損壊罪（260条）の**補充規定**である。例えば、自動車内に
ある金品を盗むために、ハンマーで同車ドアの窓ガラスを叩き割る行為が、
これに当たる。

　本罪は、親告罪である（264条）。

(1)　他人の物

　本罪の客体（下線ⓐ）は、公用文書等毀棄罪、私用文書等毀棄罪、建造物
等損壊罪の客体以外のすべての他人の物をいう。土地などの不動産、動植物
も含まれる。法令上違法な物も、刑法的保護に値するのであれば、客体に含
まれる（例えば、法令違反の電話施設、公職選挙法違反のポスター）。なお、
自己の物の特例の適用がある（262条）。

(2)　損壊・傷害

　損壊（下線ⓑ）の一般的な意味と具体例については、前述した（1(2)参
照）。傷害（下線ⓒ）は、動物を客体とする場合を指し、その意味は損壊と
同じである。例えば、動物を殺傷したり、逃がしたりする場合である（後者
の場合も「傷害」に当たるとするのが判例・多数説であるが、反対説もあ
る）。

6　信書隠匿罪

263条　ⓐ他人の信書をⓑ隠匿した者は、6月以下の懲役若しくは禁錮又は10万
　円以下の罰金若しくは科料に処する。

　信書隠匿罪（263条）は、他人の信書を隠匿した場合に成立する。本罪は、
親告罪である（264条）。

(1)　他人の信書

　他人の信書（下線ⓐ）とは、特定人から特定人に宛てられた意思を伝達す
る文書であって、他人の所有に属するものをいう。封をされていることを要
せず、葉書でもよい。

(2)　本罪の位置づけ

　毀棄の意義に関する物理的損壊説によれば、隠匿は毀棄に含まれないの
で、信書隠匿罪は、信書についてのみ隠匿（下線ⓑ）を処罰する特別の規定
ということになる。これに対しては、信書だけを特別扱いすることに十分な
理由があるとはいえないとの批判がある。判例・通説の効用侵害説からは、
本罪は、信書の隠匿を特に軽く処罰したものと解される。

7　境界損壊罪

> 262条の2　ⓐ境界標をⓑ損壊し、移動し、若しくは除去し、又はその他の方法により、ⓒ土地の境界を認識することができないようにした者は、5年以下の懲役又は50万円以下の罰金に処する。

(1)　総　説

　境界損壊罪（262条の2）は、「土地の境界」（権利者を異にする土地の限界線）を不明にする罪であり、その保護法益は、**土地の権利関係の明確性**である。その意味で、本罪は、他の毀棄罪とは性格が異なる。

　土地に関する権利は、所有権に限らず、利用権でもよい。公法上の関係に基づくものであってもよい。境界は、必ずしも法律上正当なものであることを要せず、事実として一般に認められてきたものであれば足りる。

(2)　構成要件

　損壊等の対象となる境界標（下線ⓐ）は、川など自然に存在するものでもよく、自己所有物であってもよい。

　境界標の損壊、移動、除去（下線ⓑ）は、本罪の行為の例示である。その他の行為であっても、土地の境界を不明にする行為であれば、本罪に該当する。ただし、境界標の損壊等に準じるような行為であることが必要で、境界を示した図面を毀棄する行為は含まれないとされる。

　本罪の成立には、土地の境界を認識できなくなったという結果の発生が必要である（下線ⓒ）。この結果が生じなかったときは、本罪は成立せず、器物損壊罪（261条）が成立しうるにすぎない（最判昭43・6・28刑集22巻6号569頁〈講91、プ415〉）。

社会的法益に対する罪

　刑法で保護されるべき利益の中には、個人の利益としては捉えきれない生活共同体としての社会の利益もある。これを保護するのが社会的法益に対する罪である。その多くは、法益が現実に侵害されることを要しない危険犯（総論4講2(1)イ）である。

　社会的法益に対する罪は、公共危険犯（放火・失火、往来妨害等）、取引等の安全に対する罪（通貨偽造、文書偽造等）、風俗に対する罪（わいせつ・重婚、賭博等）の3つに大別できるが、本書では、学習の便宜を考えて、社会的法益に対する罪の中でも特に重要な「放火・失火の罪」と「文書偽造の罪」を先に検討し、その後で残りの社会的法益に対する罪を扱うことにする。

第17講　放火・失火の罪

◆学習のポイント◆

1　まず、放火・失火の罪が「火力による公共危険犯」であることの意味を理解した上で、放火・失火の罪の各犯罪類型、特に故意犯である放火罪（現住建造物等放火罪、非現住建造物等放火罪、建造物等以外放火罪）の基本構造を押さえることが大切である。

2　放火罪の重要問題として、「焼損」の意義の問題がある。これについては、判例・多数説である「独立燃焼説」を、他説と比較しながら十分に理解し、これに従って具体的事例を検討できるようになることが求められる。

3　「建造物の1個性（一体性）」の問題も重要である。これについては、物理的一体性（構造上の一体性・延焼可能性）と機能的一体性（使用上の一体性）の観点から、具体的事例に即して検討できるようになることが大切である。

4　最後の重要問題は、「公共の危険」に関する諸問題である。すなわち、109条2項・110条の「公共の危険」の意義、その判断基準、および「公共の危険」の認識の要否の問題である。このうち、「公共の危険」の意義については、非限定説が現在の判例・多数説であり、これに従って具体的に検討できるようになればよいが、「公共の危険」の認識の要否については、判例と学説との間に厳しい対立があり、注意が必要である。

　刑法は、公共危険犯（不特定または多数人の生命・身体・財産に危険を及ぼす罪）として、騒乱の罪（106条以下）、放火・失火の罪（108条以下）、出水・水利に関する罪（119条以下）、往来を妨害する罪（124条以下）、公衆の健康に対する罪（136条以下）を規定している。

　これらの罪のうち最も重要と思われるのは、放火・失火の罪である。そこで、まず、本講で放火・失火の罪を扱い、残りは次々講（19講）で扱うことにする。

1　総　説

(1)　保護法益・罪質

　放火および失火の罪（108条～118条）は、**火力**による**公共危険犯**（公共の危険を処罰根拠とする犯罪）であり、その保護法益は**公共の安全**である。ここにいう公共とは、**不特定または多数人の生命・身体・財産**を意味する。建造物等への放火・失火は、建造物等の焼損にとどまらず、他の建造物等への延焼により不特定または多数人の生命・身体・財産に甚大な被害を及ぼしうるものである。このような危険に注目して放火・失火を処罰し、公共の安全を守ろうとするのが、放火および失火の罪である。

　このように解される根拠は、刑法典における条文の位置、109条2項・110条2項が本来不可罰であるはずの自己所有物の損壊を「公共の危険」の発生を要件として処罰していること、同じ他人所有物の損壊であっても、火力による場合（108条・109条1項・110条1項）の法定刑は火力によらない場合（260条・261条）のそれよりも格段に重くなっていることなどに求められている。

　他方、同じ建造物等放火であっても、現住建造物等放火罪（108条）の法定刑は非現住建造物等放火罪（109条）のそれよりも重くなっており、これは、個人の生命・身体に対する侵害の側面を考慮したものと考えられている。さらに、客体が建造物かそれ以外の物か、他人所有か自己所有か（109条・110条）によっても法定刑に差が設けられており、これは、個人財産の侵害の側面を考慮したものと考えられている。

(2)　犯罪類型

　放火および失火の罪は、故意犯である放火罪（108条以下）、結果的加重犯である延焼罪（111条）、過失犯である失火罪（116条・117条の2）、その他の罪（114条・117条・118条）の4つに大別することができる。

　このうち最も重要なのは放火罪である。放火罪の基本構造をしっかり理解し、その重要問題を解決できるようになることが大切である。

ア　放火罪

　放火罪は、客体に応じて、現住建造物等放火罪（108条）、非現住建造物等放火罪（109条）、建造物等以外放火罪（110条）に分かれる。このうち、現住建造物等放火罪（108条）と他人所有の非現住建造物等放火罪（109条1項）は、公共の危険の発生が条文に規定されていない抽象的危険犯であり、これらの罪についてのみ、未遂（112条）・予備（113条）が処罰される。こ

第17講　放火・失火の罪　363

れに対し、自己所有の非現住建造物等放火罪（109条2項）と建造物等以外放火罪（110条）は、公共の危険の発生が条文に規定されている具体的危険犯であり、未遂・予備は処罰されない。

【放火罪の諸類型】

	現住建造物等放火罪（108条）	非現住建造物等放火罪（109条）		建造物等以外放火罪（110条）	
行　為	放火	放火		放火	
客　体	現住または現在建造物等	非現住かつ非現在建造物等		建造物等以外の物	
		他人所有（109条1項）	自己所有（109条2項）	他人所有（110条1項）	自己所有（110条2項）
結　果既遂時期	焼損	焼損	焼損公共の危険の発生	焼損公共の危険の発生	焼損公共の危険の発生
未遂・予備	処罰（112条・113条）	処罰（同左）	―	―	―
法定刑	死刑・無期～5年以上の懲役	2年以上の有期懲役	6月以上7年以下の懲役	1年以上10年以下の懲役	1年以下の懲役・罰金

イ　延焼罪

自己所有の非現住建造物等放火罪（109条2項）・自己所有の建造物等以外放火罪（110条2項）の結果的加重犯として、延焼罪（111条）がある。

ウ　失火罪

過失犯である失火罪には、失火罪（116条）、業務上失火罪・重失火罪（117条の2）があり、放火罪と同様、客体によって抽象的危険犯と具体的危険犯に区別されている。

エ　その他の罪

以上のほか、消火妨害罪（114条）、激発物破裂罪（117条）、ガス漏出等罪（118条）がある。

（3）　罪　数

放火罪・失火罪は公共危険犯であるから、罪数は、発生した**公共の危険の数が基準**となる。したがって、焼損した客体や行為が複数であっても、生じた公共の危険が1つであれば、一罪である。

2　放火罪の基本構造

放火罪（108条～110条）が成立するためには、「**放火**」して客体を「**焼損**」することが必要である。「放火」は、放火罪の行為であり、「焼損」は、放火

罪の結果である。これらは、各種放火罪に共通の成立要件である。そこで、まず「放火」と「焼損」の意義を確認し、その後に各種放火罪の基本構造を押さえることにしよう。

(1) 共通の成立要件

ア 放 火

「放火」（放火行為）とは、目的物（客体）の焼損を惹起させる行為をいう。目的物に点火する行為、媒介物に点火する行為が、その典型である。例えば、家屋の壁面に灯油をかけて点火する行為、手に持った新聞紙にライターで点火する行為が「放火」に当たる。

ガソリンのように引火性の強い物質を散布する場合には、散布の時点で実行の着手が認められる（広島地判昭49・4・3判タ316号289頁、○横浜地判昭58・7・20判時1108号138頁）。この時点で「焼損」結果発生の現実的（具体的）危険性が認められるからである（実行の着手について、総論17講参照）。反対に、点火行為がなされても、未だ「焼損」結果発生の現実的危険性が認められない段階では、実行の着手は否定される（現住建造物の玄関板張り床上に灯油を散布した上で玄関前屋外において新聞紙にライターで点火したが、その段階で通行人に新聞紙をはたき落されたという事案につき、実行の着手を否定した裁判例として、千葉地判平16・5・25判タ1188号347頁）。

「放火」には、作為による場合のほか、消火義務に違反して消火しないという不作為も含まれる（不作為による放火について、総論6講参照）。

イ 焼 損

「焼損」の意義については争いがあるが、判例によれば、「焼損」とは、**火が媒介物を離れて目的物が独立に燃焼を継続しうる状態になったこと**（目的物の独立燃焼）をいう（論点1〔焼損〕）。

「焼損」（独立燃焼）の認定にあたっては、燃えた面積の広狭が重要な資料となる。判例では、比較的狭い範囲の燃焼でも「焼損」が肯定される傾向にあるが（例えば、家屋の天井板約一尺〔30cm〕四方を燃焼させた場合につき、最判昭23・11・2刑集2巻12号1443頁。エレベーターのかごの側壁に使用されている化粧鋼板の表面約0.3㎡を燃焼させた場合につき、◎最決平元・7・7判時1326号157頁〈百81、講94、プ419〉）、ごくわずかな燃焼にとどまった場合については、否定例も少なくない。

> ＊ 平成7（1995）年の刑法一部改正以前には、「焼損」ではなく「焼燬（ショウキ）」という言葉が用いられていた。しかし、両者で意味は異ならないと考えられ

ているので、古い裁判例などで「焼燬」という言葉が出てきたときは、「焼損」に置き換えて考えればよい。

(2) 現住建造物等放火罪

> **108条** ⓐ放火して、ⓑ現に人が住居に使用し又は現に人がいる建造物、汽車、電車、艦船又は鉱坑をⓒ焼損した者は、死刑又は無期若しくは5年以上の懲役に処する。

未遂（112条） 第108条及び第109条第1項の罪の未遂は、罰する。
予備（113条） 第108条又は第109条第1項の罪を犯す目的で、その予備をした者は、2年以下の懲役に処する。ただし、情状により、その刑を免除することができる。

ア 総 説

現住建造物等放火罪（108条）は、放火して「現に人が住居に使用し又は現に人がいる建造物」（現住・現在建造物）等を焼損した場合に成立する。**現住または現在する人の生命・身体に対する危険のゆえに、特に重い法定刑**が定められている。

イ 客 体

本罪の客体は、「現に人が住居に使用し又は現に人がいる建造物、汽車、電車、艦船又は鉱坑」である（下線ⓑ）。

a 建造物等

「建造物」とは、家屋その他これに類する建築物であって、屋根があり壁または柱で支持されて土地に定着し、少なくともその内部に人が出入りできるものをいう（大判大3・6・20刑録20輯1300頁〈プ412〉）。掘立小屋、物置、木造藁葺の建築小屋、納屋なども「建造物」である。毀損しなければ取り外すことができない状態にある部分は「建造物」の一部であり（最判昭25・12・14刑集4巻12号2548頁〈プ423〉）、例えば、床板、天井板は「建造物」である。これに対し、毀損せずに取り外すことのできる建具、布団、畳、雨戸などは「建造物」の一部ではない（よって、これらを焼損しても、現住建造物等放火罪は既遂とならない）。

> ＊ ただし、建造物等損壊罪（260条）における「建造物」の判断について、判例は、毀損しなければ取り外すことができない物であるかといった当該物と建造物との接合の程度だけでなく、当該物の建造物における機能上の重要性をも総合考慮すべきであるとしており（○最決平19・3・20刑集61巻2号66頁〈百78、講89、プ411〉。住居の玄関ドアは「建造物」に当たるとした）、このような機能上の重要性の考慮は、放火罪における「建造物」の判断にも見られる。例えば、マンション内のエレベーターのかごは、解

体すれば毀損せずに取り外すことができるが、判例は、これを「建造物」であるマンションの一部としている（前掲・最決平元・7・7）。ここでは、エレベーターのかごとマンションとの接合の程度が強いこと（取り外しが容易でないこと）のほか、エレベーターのかごのマンションにおける機能上の重要性も考慮されていると考えられる。

「汽車」、「電車」とは、一定の軌道上を運行する交通機関をいい、蒸気機関を動力とするものが「汽車」、電気を動力源とするものが「電車」である。「艦船」とは、軍艦および船舶をいう。「鉱坑」とは、炭坑など地下の鉱物を採取するための坑道設備をいう。

b　人の現住性・現在性

本罪の客体は、現に人が住居に使用している建造物（**現住建造物**）等または現に人がいる建造物（**現在建造物**）等である。現に人が住居に使用していることを**現住性**、人の住居として使用されていないが、建造物等の内部に現に人がいることを**現在性**という。現住建造物といえるためには現住性があれば足り、現に人が存在することは必要でない。

●コラム●　罪名に注意

現住建造物と現在建造物は区別されているので、罪名を書くときには注意が必要である。例えば、客体が現在建造物の場合に現住建造物放火罪が成立すると書くのは誤りである。この場合には、「現在建造物放火罪が成立する」と書くか、現住建造物放火罪と現在建造物放火罪の両方を含む現住建造物等放火罪という用語を使って、「現住建造物等放火罪が成立する」と書かなければならない。

「人」とは、行為者以外の者をいう。行為者の家族を含む。行為者が1人で居住して他に誰もいない家屋、居住者がすべて殺された住居などは、非現住建造物である。放火について居住者・現在者の同意がある場合も、非現住建造物として扱われる（なお、放火罪は社会的法益に対する罪であるから、居住者等の同意があっても各種放火罪の成立は否定されないことに注意すること）。

「住居」とは、人の起臥寝食の場所として日常使用されるものをいい、昼夜間断なく人が現在することを要しない。判例は、夜間の寝泊まりに使われるだけの宿直室、特定の人の利用に供されない待合の離れ座敷なども「住居」に当たるとしている。

一時的に住居を不在にしていても、「現に人が住居に使用」していること（現住性）は否定されない。買い物に出かけて留守にしている場合はもちろん、例えば、妻が衣類数点を携えて幼児と共に数日実家に帰っていた場合に

第17講　放火・失火の罪　367

も、現住性は認められる。シーズンオフで閉鎖中の別荘や長期海外出張中で閉鎖された家屋については、判例の態度は明らかでなく、学説上争いがある。

　家出などの場合には、放火の時点で、なお住居に「使用」しているかが問題となる。「使用」しているか否かは、住居に戻ってくる可能性の有無により判断されることになろう。戻ってくる可能性の有無は、出て行った際の服装・荷物等の状態、出て行った経緯、過去の家出などの有無・期間、出て行ってからの経過時間、居住形態の変更の有無などの客観的事情と、居住者として戻ってくる意思の有無などの主観的事情を総合考慮して判断されるべきであろう。現住性が肯定された例としては、妻が着のみ着のままの状態で家出してから半日も経たないうちに自宅に火をつけた事案（前掲・横浜地判昭58・7・20）、自己の所有する家屋に対する競売手続を妨害するため、家屋に自己の経営する会社の従業員を交替で泊まり込ませていたが、保険金詐欺を企て、この従業員を沖縄旅行に連れ出し、旅行中に共犯者に放火させた事案（◎最決平9・10・21刑集51巻9号755頁〈百83、講95、プ426〉）がある。後者の事案では、「本件家屋は、人の起居の場所として日常使用されていたものであり、右沖縄旅行中の本件犯行時においても、その使用形態に変更はなかった」として現住性が肯定されているが、その根拠としては、家屋内に日常生活に必要な設備・備品があったこと、従業員に対して旅行後の宿泊は不要であるとの指示がなされていなかったこと、鍵が回収されていなかったこと、従業員は旅行から帰れば再び交替で宿泊するものと認識していたことが挙げられる。

　c　建造物の1個性（一体性）

　1個の建造物の一部に現住・現在部分があれば、その全体が現住・現在建造物となる。1個の建造物である限り、危険はその全体に及ぶからである。したがって、このような建造物のうちの、それ自体としては現住性・現在性の認められない部分に放火し、その部分のみが焼損するにとどまった場合であっても、現住建造物等放火罪の既遂が成立する。

　これに関連して、外観上複数の建造物が接合された複合建造物の1個性、耐火構造により他の区画に延焼しにくい不燃性・難燃性建造物の1個性が問題となる。これについては重要問題として後述する（**論点2**〔建造物の1個性（一体性）〕）。

　ウ　行為・結果

　本罪の行為は「**放火**」であり（下線ⓐ）、本罪の結果は、現住・現在建造

物の「**焼損**」である（下線◎）。「放火」と「焼損」の意義は、先に述べたとおりである（「焼損」については、論点1〔焼損〕で詳しく扱う）。なお、「放火」と「焼損」との間に因果関係が必要であることはもちろんである。

本罪の場合、「公共の危険」の発生は明文で要求されていないが、この点については、「放火」により本罪の客体が「焼損」すれば「公共の危険」が発生したと擬制されるという説明がなされている。

> ＊　もっとも、学説では、放火罪の処罰根拠が公共の危険を生じさせた点にある以上、公共の危険の発生を擬制することは許されないとする見解も有力である。これによれば、周囲に家も人も存在しない荒野の一軒家に放火した場合のように公共の危険の発生が全く認められない場合には、放火罪の成立は否定される。

エ　故　意

本罪は**故意犯**であり、その故意が認められるためには、放火して本罪の客体を焼損することの認識が必要である。現住性・現在性の認識がない場合、例えば、居住者が死亡したと誤信して放火した場合、本罪の故意は否定され、非現住建造物等放火罪が成立する。

放火を意図した建造物を非現住建造物であると誤信しても、現住建造物に延焼する認識があれば、本罪の故意は肯定される。

オ　未遂・予備

本罪の**未遂・予備**は処罰される（112条・113条）。実行の着手は、典型的には、点火行為の開始時点で認められるが、前述のとおり、ガソリンのような引火性の強い物質を散布する場合には、その時点で実行の着手が認められる（前掲・横浜地判昭58・7・20）。

カ　罪　数

本罪は公共危険犯であるから、1個または数個の放火行為で現住建造物等のほかに109条・110条の物件を焼損しても、生じた公共の危険が1個であれば、最も重い本罪のみが成立する。本罪の故意で、隣接する109条・110条の物件に放火した場合には、本罪の未遂が成立する。

住居に侵入して本罪が行われた場合、住居侵入罪（130条）と本罪とは牽連犯となる。殺害後に放火した場合は、本罪と殺人罪（199条）の併合罪となる。火災保険金詐取目的で放火して後に火災保険金を詐取した場合については、本罪と詐欺罪（246条1項）の牽連犯とする見解もあるが、判例は併合罪としている。居住者を殺害するために本罪が行われた場合については、観念的競合とする見解（東京地判平2・5・15判タ734号246頁など）が裁判

例・学説の主流である。

　現住建造物等に放火して内部の人を過失で死傷させた場合については、本罪とは別に過失致死傷罪は成立せず、本罪に吸収されるとする見解（熊本地判昭44・10・28刑月1巻10号1031頁、東京高判平27・12・15東高刑事報66巻1～12号121頁）と、本罪とは別に過失致死傷罪が成立し、両罪は観念的競合になるとする見解（東京地判平27・7・1 LEX/DB25541030。死亡結果につき、福岡高宮崎支判平26・10・28高検速報平成26号170頁など）に分かれている。本罪の保護法益には建造物等の内部の人の生命・身体も含まれていること、本罪の法定刑が死刑を含む重いものであることから、本罪は、その法定刑の枠内で死傷結果を評価した量刑がなされることを予定したものであると考えれば、前者の見解に至る。これに対し、本罪には死傷の危険は含まれるが、その危険が現実化して死傷結果が発生した場合は含まれないと考えれば、後者の見解に至る。

(3)　非現住建造物等放火罪

ア　総　説

　非現住建造物等放火罪（109条）は、放火して「現に人が住居に使用せず、かつ、現に人がいない建造物」（非現住・非現在建造物）等を焼損した場合に成立する。建造物等に関わる人の生命・身体に対する危険が問題とならないため、本罪の法定刑は、現住建造物等放火罪（108条）のそれよりも軽いものとなっている。

　本罪は、現住建造物等放火罪よりも財産侵害の側面が重視されており、建造物等が他人所有（109条1項）か自己所有（109条2項）かで区別されている点、自己所有である場合には「公共の危険」の発生がなければ処罰されない点にも特色がある。これは、自己所有物の損壊は本来自由であることによるものである。

イ　他人所有非現住建造物等放火罪（109条1項）

> **109条1項**　ⓐ放火して、ⓑ現に人が住居に使用せず、かつ、現に人がいない建造物、艦船又は鉱坑をⓒ焼損した者は、2年以上の有期懲役に処する。

未遂（112条）　第108条及び第109条第1項の罪の未遂は、罰する。
予備（113条）　第108条又は第109条第1項の罪を犯す目的で、その予備をした者は、2年以下の懲役に処する。ただし、情状により、その刑を免除することができる。

a　客　体

　本罪の客体は、他人所有の「現に人が住居に使用せず、かつ、現に人がい

ない建造物、艦船又は鉱坑」である（下線ⓑ）。現住建造物等放火罪と異なり、「汽車」と「電車」は含まれない。これらは、建造物等以外放火罪（110条）の対象となる。

「**建造物**」の意義については、既に述べた。**非現住性・非現在性**については、前記の現住性・現在性についての説明を参照されたい。

b　行為・結果

本罪の行為は「**放火**」であり（下線ⓐ）、本罪の結果は、非現住・非現在建造物の「**焼損**」である（下線ⓒ）。「放火」と「焼損」の意義については、既に述べた（「焼損」について、**論点1**〔焼損〕参照）。

c　故　意

本罪は故意犯であり、その故意が認められるためには、放火して本罪の客体を焼損することの認識が必要である。

d　未遂・予備

本罪の**未遂・予備**は処罰される（112条・113条）。

ウ　自己所有非現住建造物等放火罪（109条2項）

> **109条2項**　ⓐ前項の物が自己の所有に係るときは、6月以上7年以下の懲役に処する。ただし、ⓑ公共の危険を生じなかったときは、罰しない。

> **自己物の特例（115条）**　第109条第1項及び第110条第1項に規定する物が自己の所有に係るものであっても、差押えを受け、物権を負担し、賃貸し、又は保険に付したものである場合において、これを焼損したときは、他人の物を焼損した者の例による。

本罪は、自己所有の非現住建造物等への放火を処罰するものである（下線ⓐ）。ただし、自己所有の非現住建造物等であっても、差押えを受け、物権を負担し、賃貸し、または保険に付したものである場合には、差押え等に係る自己物の特例（115条）により、109条1項の適用を受ける。

109条1項の罪と異なり、本罪の成立には「**公共の危険**」の発生が必要である（下線ⓑ）。「公共の危険」の意義等については争いがあり、これらについては重要問題として後で取り上げる（**論点3**〔公共の危険〕）。

本罪の未遂・予備は処罰されない。

(4)　建造物等以外放火罪

> **110条1項**　ⓐ放火して、ⓑ前2条に規定する物以外の物をⓒ焼損し、ⓓよって公共の危険を生じさせた者は、1年以上10年以下の懲役に処する。
> **2項**　前項の物が自己の所有に係るときは、1年以下の懲役又は10万円以下の罰

第17講　放火・失火の罪　371

金に処する。

自己物の特例（115条）　第109条第1項及び第110条第1項に規定する物が自己の所有に係るものであっても、差押えを受け、物権を負担し、賃貸し、又は保険に付したものである場合において、これを焼損したときは、他人の物を焼損した者の例による。

ア　総　説

建造物等以外放火罪（110条）は、放火して「前2条に規定する物以外の物」（建造物等以外の物）を焼損した場合に成立する。108条・109条の罪と比べ、法定刑は軽い。

本罪も、財産侵害の側面の違いにより、他人所有物（110条1項）か自己所有物（110条2項）かで区別されているが、109条の罪と異なり、いずれについても「公共の危険」の発生が必要とされている（なお、本罪についても、差押え等に係る自己物の特例〔115条〕の適用がある）。

イ　客　体

本罪の客体は、「前2条に規定する物以外の物」（**建造物等以外のすべての物**）である（下線ⓑ）。建造物等に当たらない建築物、布団、畳、自動車、バイク、人の現在しない汽車・電車などがこれに当たる。

本罪の「物」を財産的価値が一定程度以上存在するものに限定する見解もあるが、判例・通説はそのような限定をしていない。ただし、本罪が公共危険犯であることからすれば、マッチ棒やごく少量の紙片のように、他の物件への点火の媒介物として用いられ、それ自体の焼損によっては公共の危険の発生が予想されないような物は、本罪の「物」から除かれるべきであろう（約2頁分の新聞紙の半分位を焼損した事例につき、東京地判昭40・8・31判タ181号194頁）。

ウ　行為・結果

本罪の行為は「**放火**」であり（下線ⓐ）、本罪の結果は、建造物等以外の物の「**焼損**」である（下線ⓒ）。「放火」と「焼損」の意義については、既に述べた（「焼損」について、**論点1**〔焼損〕参照）。

エ　公共の危険

本罪が成立するためには、「**公共の危険**」の発生が必要である（下線ⓓ）。「公共の危険」の意義等については争いがある（**論点3**〔公共の危険〕）。

オ　故　意

本罪は故意犯であり、その故意が認められるためには、放火して本罪の客体を焼損することの認識が必要である。

本罪の故意に関しては、「公共の危険」の認識も必要かどうかが争われて

いる（論点3〔公共の危険〕）。

　カ　未遂・予備

本罪の未遂・予備は処罰されない。

3　放火罪の重要問題

(1)　焼　損　論点1

ア　焼損の意義

【設問1】床板約1ｍ四方の燃焼
　Xは、A宅の廊下に積んであった古雑誌の束にライターで火をつけたところ、火は廊下の床板に燃え移ったが、床板約1ｍ四方を燃焼させたところで消し止められた。Xに現住建造物等放火罪が成立するか。

　「焼損」の意義をめぐっては、古くから争いがある。学説は、大別すると、①独立燃焼説、②効用喪失説、③重要部分燃焼開始説（燃え上がり説）、④毀棄説の4つに分かれる。

　判例は、古くから一貫して①説を採用しており、学説においても、近時、①説の支持者が増えている。①説によれば、「焼損」とは、**火が媒介物を離れて目的物が独立に燃焼を継続しうる状態になったこと**（目的物の独立燃焼）をいう。木造建築物が少なくない日本においては、目的物が独立燃焼すれば、いつ燃え上がり、周辺の建造物等に延焼するかわからない以上、その時点で（少なくとも抽象的な）公共の危険が発生しているというのが、このように解される理由である。既に確認したように、独立燃焼は、比較的狭い範囲の燃焼（目的物の損壊）でも肯定されうるから、この見解は、財産侵害の側面よりも、放火罪の公共危険犯としての性格を重視するものであるといってよい。【設問1】の場合、A宅の一部である床板を独立燃焼させたといえるから、①説によると「焼損」が認められ、Xには現住建造物等放火罪が成立する。

　①説に対しては、既遂時期が早くなりすぎる、中止犯（43条但書。総論19講）が成立する余地がほとんどなくなる、という批判がある。これに対して、①説からは、早期に鎮火したような場合には量刑で考慮することができる、執行猶予制度の運用により結論の妥当性を図ることができる、などの反論がなされている。さらに、近年では、一定程度の**燃焼継続可能性**を要求すべきであるとされているのが注目される。

　①説の対極にあるのが、②説である。これは、火力により目的物の重要部

分が焼失して、つまり、目的物が全焼ないし少なくとも半焼して、その本来の効用が失われた状態になったことを「焼損」と解するものである。これによると、【設問1】の場合、A宅の重要部分が焼失してその本来の効用が失われたとまではいえないので「焼損」は認められず、Xには現住建造物等放火未遂罪が成立するにとどまる。②説は、このように目的物の効用喪失まで要求することから、放火罪の財産侵害の側面を重視しすぎである、既遂時期が遅くなりすぎる、などの批判を受けている。

③説は、目的物が「燃え上がった」こと、すなわち、目的物の重要部分が燃焼を開始したことを「焼損」と解するもので、①説を修正して既遂時期を遅らせる見解である。これによると、【設問1】の場合、A宅の重要部分が燃焼を開始したとはいえないであろうから、「焼損」は認められず、Xには現住建造物等放火未遂罪が成立するにとどまる。③説に対しては、何が「重要部分」かが不明確であり、基準としての明確性を欠くとの批判がある。

④説は、火力により目的物が損壊罪（260条・261条）にいう「損壊」の程度に達したこと（一部毀棄）を「焼損」と解するもので、②説を修正して既遂時期を早める見解である。【設問1】の場合、損壊罪にいう「損壊」の程度に達したといえるので、「焼損」が肯定され、Xには現住建造物等放火罪が成立する。④説に対しては、独立燃焼を目的物の損壊の側面から理解したにすぎず、①説と結論において大差ないのではないかという疑問が向けられている。

イ　燃焼の要否

不燃性・難燃性建造物に放火した場合、建造物の独立燃焼に至ることなく、有毒ガスが発生して、人の生命・身体に対する危険が生じたり、媒介物の火力によりコンクリート壁が剥落したりするなどの被害が生じることがある。このような場合であっても、独立燃焼していない以上、①説（独立燃焼説）によれば「焼損」を肯定できず、未遂にとどまることになる。

【設問2】有毒ガス事例

　Xは、現住建造物に火を放ったが、不燃性建造物であったため独立燃焼には至らなかった。しかし、放火の媒介物の火力により有毒ガスが発生して人の生命・身体に危険が生じたほか、建造物の壁面が広範囲にわたって剥落するなどの被害が出た。Xに現住建造物等放火罪が成立するか。

　【設問2】のXについても、建造物を「焼損」したとはいえず、現住建造物等放火罪は成立しない。同未遂罪が成立しうるにとどまる（なお、未遂の成否については、不能犯が論点となりうる。総論18講参照）。

　これに対し、先に述べたような危険や実害が発生しているにもかかわらず未遂にとどまるのは不当であるとして、「焼損」に目的物の燃焼を要求しない見解、例えば、燃焼と同様の公共の危険を生じさせる可能性があるときは「焼損」と解すべきであるとする見解が有力に主張されている。これによれば、【設問2】のXは建造物を「焼損」したということができ、Xに現住建造物等放火罪が成立する。

　しかし、多数説は、燃焼を前提としない「焼損」を認めることは「焼損」という文言の解釈としては無理があるとして、燃焼を「焼損」の前提としている。裁判例においても、独立燃焼説が維持されている（東京地判昭59・6・22判時1131号156頁〈プ421〉など）。

　　＊　不燃性建造物への放火であっても、建造物の一部をなす可燃部分、例えば、建造物の一部を構成する木製の窓枠や階段手すりを独立燃焼させた場合には、①説からも、建造物の「焼損」を肯定することができる（東京高判昭49・10・22東高刑時報25巻10号90頁〈プ420〉）。なお、このように、たまたま建造物の一部に可燃部分があり、そこが独立燃焼したかどうかで「焼損」の有無が区別されるのは不合理であるという点も、「焼損」に燃焼を要求しない見解の論拠の1つとなっている。

(2)　建造物の1個性（一体性） 論点2

　既に述べたように、1個の建造物の一部に現住・現在部分があれば、その全体が現住・現在建造物となる。1個の建造物である限り、危険はその全体に及ぶからである。したがって、このような建造物のうちの、それ自体としては現住性・現在性の認められない部分に放火し、その部分のみが焼損するにとどまった場合であっても、現住建造物等放火罪の既遂が成立する。

第17講　放火・失火の罪　　375

ア　複合建造物の1個性

a　問題の所在

では、外観上複数の建造物が渡り廊下等で接合された**複合建造物**において、その一部に現住性・現在性が認められる場合、全体を1個の現住・現在建造物と見るべきであろうか。これは、どのように判断されるべきか。

この問題は、独立に見れば非現住かつ非現在の部分に放火した場合に意味をもつ。この場合、放火された部分の独立性を否定して全体を1個の現住・現在建造物と見れば、現住建造物等放火罪が成立するが、放火された部分の独立性を肯定すると、放火された部分は独立の非現住かつ非現在建造物となり、非現住建造物等放火罪が成立するにとどまるからである。

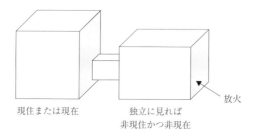

b　平安神宮事件

この問題を考える上で参考になるのが、次の【設問3】（平安神宮事件）の事案に対する最高裁の判断（◎最決平元・7・14刑集43巻7号641頁〈百82、講96、プ427〉）である。

【設問3】平安神宮事件
　　Xは、平安神宮の本殿等を焼失させることを企て、午前3時過ぎ頃、本殿、拝殿、社務所等の建物が廻廊等で接続された平安神宮社殿の一部である祭具庫西側板壁付近にガソリン約10ℓを散布した上、ガスライターでこれに点火した。これにより、祭具庫に接続する本殿等は延焼したが、放火当時宿直員が寝ていた社務所および守衛詰所は延焼を免れた。
　　祭具庫から社務所内婚礼受付所前までは、廻廊と歩廊を経由して約231m（直線で約165m）、祭具庫から守衛詰所までは廻廊経由で約235m（直線で約144m）であった。各建物はすべて木造であり、廻廊等にも多量の木材が使用されていた。そのため、祭具庫に放火された場合には、社務所、守衛詰所にも延焼する可能性を否定することができなかった。夜間には、守衛等の計4名が宿直にあたり、社務所または守衛詰所で執務をするほか、守衛等が午後8時頃から約1時間にわたり建物等を巡回し、ガードマンも閉門時刻から午後12時までの間に3回と午前5時頃に建物等を巡回することになっていた。

Xに現住建造物等放火罪が成立するか。

【設問3】の事案について、最高裁は、「右社殿は、その一部に放火されることにより全体に危険が及ぶと考えられる一体の構造であり、また、全体が一体として日夜人の起居に利用されていたものと認められる。そうすると、右社殿は、物理的に見ても、機能的に見ても、その全体が1個の現住建造物であったと認めるのが相当である」として、Xに現住建造物等放火罪が成立するとした。ここでは、延焼可能性と構造上の一体性を要素とする**物理的一体性**と、使用上の一体性という**機能的一体性**が、建造物の1個性の根拠とされている。

そこで、次に、物理的一体性と機能的一体性について、もう少し詳しく見てみることにしよう。

c　物理的一体性（構造上の一体性・延焼可能性）

物理的一体性とは、物理的な観点から見た一体性のことであり、具体的には、**構造上の一体性**を意味する。構造上の一体性は、マンション等の集合住宅のような外観上1個の建造物のほか、外観上複数の建造物が渡り廊下等で接合された複合建造物についても認められる（もっとも、接合の態様・程度によっては、構造上の一体性が否定されるべき場合もあろう）。【設問3】の平安神宮社殿は、構造上一体の複合建造物の一例である。

ただし、構造上は一体だとしても、耐火構造等により現住部分への**延焼可能性**がない場合には、物理的一体性は否定されるべきであると考えられている（多数説）。現住建造物等放火罪の重罰根拠が建物内部の人に対する危険にある以上、現住部分への延焼可能性がなく、したがって建物内部の人に対する危険がない場合には、同罪の成立を認めるべきではないからである。前掲最高裁決定も、「その一部に放火されることにより全体に危険が及ぶと考えられる一体の構造」と述べており、物理的一体性の判断において延焼可能性を考慮していると考えられる。

【設問4】研修棟放火事件
　Xは、深夜、無人の研修棟に放火してこれを焼損した。放火当時、この研修棟は、長さ約7.5mの2本の渡り廊下で宿泊棟（104名が現在）と構造上連結されており、これらは一体的に管理運営され、夜間には宿直員による巡回も行われていたが、渡り廊下に防火扉が設置されていたこと、渡り廊下の部材の中に可燃物が見当たらなかったことなどから、渡り廊下を経由して研修棟から宿泊棟へ延焼する可能性を認めるには合理的疑いが残るものであった。Xに現住建造物等放火

罪が成立するか。

下級審にも、【設問4】の事案について、人が現在する建物との連結性と機能的一体性は認められるが、現在部分への延焼可能性は認められないとして、建造物の1個性を否定し、非現住建造物等放火罪が成立するにとどまるとした裁判例がある（福岡地判平14・1・17判タ1097号305頁）。これによれば、【設問4】のＸには現住建造物等放火罪は成立せず、非現住建造物等放火罪が成立するにとどまる。

以上のように、延焼可能性がない場合には物理的一体性が否定されるという意味で、**現住部分への延焼可能性も物理的一体性の要素**（物理的一体性を肯定するための必要条件）であるといえよう。

　d　機能的一体性（使用上の一体性）

機能的一体性とは、機能的な観点から見た一体性のことであり、具体的には、**使用上の一体性**を意味する。現住部分と非現住部分が一体として使用されるため、現住部分にいる人がいつ非現住部分を訪れるかわからない状況にあるという場合には、人に対する危険があり、全体を1個の現住建造物と見るべきではないか、という問題意識に基づく。

　e　物理的一体性と機能的一体性の関係

物理的一体性、機能的一体性の観点から複合建造物の1個性（一体性）を判断するとした場合、両者の関係をどのように理解するかが問題となる。平安神宮事件（【設問3】）の事案は、物理的一体性と機能的一体性の両方が認められる事案なので、この点は問題とならない（したがって、最高裁の立場は明らかでない）。しかし、いずれか一方しか認められない場合、特に機能的一体性しか認められない場合には、そのような場合であっても1個性を認めてよいかが問題となる。

この点については、①物理的一体性がなくても、機能的一体性があれば、1個性を肯定してよいとする見解と、②物理的一体性は必要であり、機能的一体性は、物理的一体性が弱い場合に、それを補う限度で考慮されるとする見解とが対立している。

①説は、物理的一体性がなくても、機能的一体性があれば、現住建造物等放火罪の重罰根拠である建物内部の人に対する危険が認められるということを根拠とする。これによれば、例えば、人が現在する宿直室が別棟になっている無人の裁判所庁舎は、機能的一体性を理由に1個の現住建造物と解することが可能になる（大判大3・6・9刑録20輯1147頁）。

しかし、①説に対しては、同じように隣接する物理的に別個の建物が使われ方によって1個と認められたり認められなかったりするのは不自然であるとの批判や、機能的一体性という基準は不明確であり、このような基準のみで建造物の概念を拡張することには慎重であるべきだとする批判が向けられているほか、建造「物」という文言からは、物理的一体性は1個性の最低条件であるとの指摘もなされている。実際、判例においても、機能的一体性のみで建造物の1個性が肯定された例は少なく、物理的一体性を欠く場合の多くについて、1個性が否定されている（住居に近接する便所、物置、炊事場、風呂場など）。学説上も、②説が多数説である。

イ　不燃性・難燃性建造物の1個性

　外観上1個の建造物ではあるが、耐火構造により、1区画に放火しても他区画に延焼しにくい**不燃性・難燃性建造物**についても、全体を1個の建造物と見るべきか、区画ごとに独立した建造物と見るべきかが問題となる。

　この問題も、独立に見れば非現住かつ非現在の区画に放火した場合に意味をもつ。この場合、区画ごとの独立性が否定されれば、全体が1個の現住・現在建造物となり、現住建造物等放火罪が成立するが、区画ごとの独立性が肯定されると、放火された区画は独立の非現住かつ非現在建造物となり、非現住建造物等放火罪が成立するにとどまるからである。

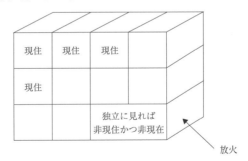

　先に述べたように、延焼可能性が物理的一体性の要素（物理的一体性を肯定するための必要条件）であるとすれば、居住部分への**延焼可能性**が認められない場合には、物理的一体性が否定される。つまり、延焼可能性が認められない場合には、区画ごとに独立した建造物と見るべきことになる。

> 【設問5】耐火構造のマンションへの放火
> 　Xは、鉄筋コンクリート造3階建マンションの空室に放火したが、未遂にとどまった。このマンションは、他区画へは容易に延焼しない耐火構造になっていた

が、状況によっては、火勢が他の部屋へ及ぶおそれが絶対にないとはいえない構造であった。Xに現住建造物等放火未遂罪が成立するか。

【設問 5】の事案について、「状況によっては、火勢が他の部屋へ及ぶおそれが絶対にないとはいえない構造」であるとして、1 個性を肯定した裁判例がある（○東京高判昭58・6・20判時1105号153頁〈プ429〉）。ここでは、延焼のおそれが絶対にないとはいえないことをもって、延焼可能性ありとされていると考えられる。これに従えば、【設問 5】のXには現住建造物等放火未遂罪が成立する。

外観上 1 個の不燃性・難燃性建造物については、居住部分への延焼可能性の有無が問題解決の重要な基準であるといえよう。

* 　以上のように、建造物の 1 個性の判断においては延焼可能性の有無の判断が必須となるが、これは客体に関する判断であるから、具体的事情をある程度捨象して一般的・類型的になされるべきである。そうでないと、例えば、同じ建造物が、風の強い日には現住建造物になり、風の弱い日には非現住建造物になるという、おかしなことになってしまう。

　一般的・類型的判断の結果、延焼可能性がほんの僅かでも認められれば、延焼可能性ありとして（構造上の一体性があることを前提に）物理的一体性を肯定してよいであろうか。延焼可能性の程度の問題については、最高裁の立場は明らかでない。下級審には、外観上 1 個の不燃性・耐火性建造物について、状況によっては火勢が他の部屋へ及ぶおそれが絶対にないとはいえないとして、建造物の 1 個性を肯定したものがある（【設問 5】の事案に関する前掲・東京高判昭58・6・20）。ここでは、物理的一体性を肯定するための延焼可能性の程度としては、延焼のおそれが絶対にないとはいえないという程度で足りるとされている。なお、裁判例の中には、夜間、鉄筋コンクリート10階建マンションの 1 階にある無人の医院に放火したという事案について、「他区画へは容易に延焼しない」構造であるとして 1 個性を否定し、非現住建造物等放火罪の成立を認めたものがあるが（仙台地判昭58・3・28判時1086号160頁〈プ428〉）、この裁判例は、同時に、医院の部分の構造上および効用上の独立性も強調しており、延焼が容易でないことのみを理由に 1 個性を否定したわけではない。

【建造物の1個性の判断枠組み（多数説による）】

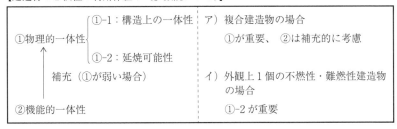

(3) 公共の危険　論点3

　放火罪における**公共の危険**とは、一般的にいえば、本講の冒頭で述べたとおり、不特定または多数人の生命・身体・財産に対する危険であるが、ここで問題にしたいのは、自己所有非現住建造物等放火罪（109条2項）および建造物等以外放火罪（110条）の成立要件としての「公共の危険」である。すなわち、①これらの罪における「公共の危険」の具体的内容は何か（「公共の危険」の意義）、②「公共の危険」はどのように判断されるべきか（「公共の危険」の判断基準）、③これらの罪の故意として「公共の危険」の認識を要するか（「公共の危険」の認識の要否）という問題である。

　　＊　刑法109条2項・110条の罪における「公共の危険」については、これを客観的処罰条件（総論3講4(3)コラム参照）と解する見解もあるが、通説は、放火罪の処罰根拠が「公共の危険」を生じさせたことにある以上、「公共の危険」は109条2項・110条の罪の成立要件と解すべきであるとしている。

　　　なお、「公共の危険」とは、外的危険（火の拡大や有毒ガスの発生などにより、焼損の目的物である建造物等の外部にいる人・物に対して生じる危険）を意味し、内的危険（焼損の目的物である建造物等の内部にいる人に対する危険）と区別される。内的危険は、主として現住建造物等放火罪（108条）と非現住建造物等放火罪（109条）との区別において問題となる。以下で扱うのは、外的危険としての「公共の危険」である。

ア　「公共の危険」の意義

> 【設問6】市街地の駐車場にある自動車への放火
> 　Xは、市街地の駐車場において、無人で駐車中の他人所有の自動車（以下「被害車両」という）に対し、ガソリン約1.45ℓを車体のほぼ全体にかけた上、これにガスライターで点火して放火し、被害車両の一部を焼損した。火炎は、高さ約1m、幅約40ないし50cmに達した。この火災により、被害車両付近の2台の自動車（被害者以外の者の所有）とゴミ集積場（可燃性のゴミ約300kgが置かれて

いた）に延焼の危険が及んだが、周囲の建造物に延焼する危険は認められなかった。Xの罪責について論じなさい。

【設問 6】のXは、「放火」して、他人所有の「前 2 条に規定する物以外の物」（建造物等以外の物）である自動車を「焼損」している。そこで、【設問 6】のXについては、建造物等以外放火罪（110条 1 項）の成否を検討すべきことになる。

残る要件である「公共の危険」について見ると、【設問 6】の事案では、市街地の駐車場において被害車両が高さ約 1 ｍに達する炎を上げて焼損し、付近の 2 台の自動車や大量の可燃性のゴミが置かれたゴミ集積場に延焼の危険が及んだのであるから、不特定または多数人の生命・身体・財産に対する危険が生じたといえそうである。しかし、周囲の建造物に延焼する危険は生じていない。そこで、このように建造物に延焼する危険が認められない場合であっても、「公共の危険」が生じたといえるかが問題となる。

　a　学　説

この問題を解くには、前提として「公共の危険」の意義を明らかにしておく必要がある。刑法109条 2 項・110条の「公共の危険」の意義については、108条・109条 1 項所定の物件（建造物等）に延焼する危険と解する**限定説**と、108条・109条 1 項所定の物件に延焼する危険に限らず、不特定または多数人の生命・身体・財産に対する危険をいうと解する**非限定説**（無限定説）とが対立している。対立の焦点は、「公共の危険」を、不特定または多数人の生命・身体・財産に対する危険が周囲の建造物への延焼を介して発生した場合に限定するか（限定説）、そのような場合に限定せず、直接に不特定または多数人の生命・身体・財産に対して危険が発生した場合も含むと解するか（非限定説）にある。

【設問 6】の場合、周囲の建造物に延焼する危険は認められないので、限定説によれば、「公共の危険」は生じておらず、Xに建造物等以外放火罪は成立しない（器物損壊罪〔261条〕が成立するにとどまる）。これに対し、非限定説によれば、市街地において被害車両付近の 2 台の自動車とゴミ集積場に延焼の危険が及んだことから、「公共の危険」の発生が肯定され、Xに建造物等以外放火罪が成立することになる。

限定説は、①放火罪の処罰根拠が建造物への延焼を介して火が燃え広がることによって不特定または多数人の生命・身体・財産に危険を及ぼす点にあること、②限定説のように解することは、延焼罪（111条）が、109条 2 項・

110条2項の結果的加重犯として108条・109条1項の物件（建造物）への延焼を処罰していることとも符合すること、つまり、延焼罪の存在により、建造物への延焼の危険が109条2項・110条2項の罪の前提になっていると考えられることなどを、その根拠とする。しかし、①に対しては、放火罪の処罰根拠が火の燃え広がりにより不特定または多数人の生命・身体・財産に危険を及ぼす点にあるとしても、それを建造物への延焼を介した場合に限定する理由は明らかでない、②に対しては、結果的加重犯における基本犯の成立範囲は加重結果を発生させる危険がある場合に限られない（例えば、建造物等損壊罪には同致死傷罪があるが〔260条〕、死傷結果が生じる危険のないビラ貼りでも、建造物等損壊罪は成立しうる）から、延焼罪の存在は限定説の根拠としては弱い、といった批判が向けられている。

　不特定または多数人の生命・身体・財産に対する危険は、建造物への延焼を介さずに、直接、発生する場合がある。そして、このような場合の危険を放火罪の対象から除外すべきでないとすれば、非限定説が妥当ということになる。現在は、非限定説が多数説であるといってよい。

　　＊　もっとも、非限定説に立つと、「公共の危険」の認められる範囲が無限定に広がるおそれがある。そこで、非限定説の中には、限定説とは異なる観点から「公共の危険」を限定しようとするものもある。その代表的なものは、①公共の危険のうちの財産に対する危険を「重要な財産」（財産的価値が一定程度以上存在する物）に対する危険に限定する見解、②公共の危険を「燃え広がり」から生じる危険に限定する見解、③公共の危険を不特定または多数人の「生命・身体」に対する危険に限定する見解（財産に対する危険を公共の危険から除外する見解）である。しかし、①説に対しては、重要か否かの限界は不明確である、財産的価値の高さ自体は放火罪として重く処罰する根拠にならない、②説に対しては、有毒ガスに巻き込まれる危険が除外されることになるが、それは妥当でない、③説に対しては、放火罪においては財産侵害も考慮されているから、財産に対する危険を除くのは妥当でない、といった批判がある。

　　　非限定説に立った場合、火災の起きたところに集まってくる野次馬や消火に駆けつける消防士に対する危険を「公共の危険」に含めてよいかも問題となる。これを積極に解する見解もあるが、少なくとも野次馬に対する危険については、これを除外する見解が多数である。

　b　判　例

　大審院の判例には、110条の公共の危険とは「第108条及第109条ノ物件ニ延焼スル結果ヲ発生スヘキ虞アリト思料セシムルニ相当スル状態ヲ指称ス」としたものがあった（大判明44・4・24刑録17輯655頁）。これは、限定説に

立つものと読める。戦後の下級審判例の多くも、これに従って限定説に立っていた。しかし、大審院の判例は、建造物への延焼の危険が認められない事案で「公共の危険」の発生を否定したものではないから、事案との関係で見れば、非限定説と矛盾するものではない。判例の立場は、従来、必ずしも明らかでなかった。

こうした中、近時、最高裁は、【設問6】と類似する事案について、刑法「110条1項にいう『公共の危険』は、必ずしも同法108条及び109条1項に規定する建造物等に対する延焼の危険のみに限られるものではなく、不特定又は多数の人の生命、身体又は前記建造物等以外の財産に対する危険も含まれると解するのが相当である」として、公共の危険の発生を肯定し、建造物等以外放火罪（110条1項）の成立を認めた（◎最決平15・4・14刑集57巻4号445頁〈百84、講97、プ431〉）。これは、付近の2台の自動車とゴミ集積場に延焼の危険が及んだことをもって「公共の危険」の発生を認めたものであり、**非限定説を採用したものと一般に理解されている。**

* ただし、事案との関係でいえば、小学校や農協等が集まる「市街地」の駐車場での放火であり、大量の可燃性のゴミへの延焼等を通じて、通行人等に危険が及ぶ可能性が高かった事案であったことが重要である。「公共の危険」を肯定するためには、このように危険が一定以上の「規模」に達していたことが必要であろう。そうでないと、例えば、1台の自動車を焼損して、不特定の自動車2台に危険が及んだだけで「公共の危険」が認められることになってしまい、妥当でないからである。

イ 「公共の危険」の判断基準

「公共の危険」の判断基準については、①行為当時の一般人の危険感を基準に判断する立場と、②客観的な可能性を基準に事後的に判断する立場とがありうる。大審院の判例には、①の見解に立つように読めるものがあり（前掲・大判明44・4・24）、学説にも、①の立場を支持するものがある。しかし、多数説は、「公共の危険」は、行為とは区別された結果としての危険であるという理由から、②の見解に立っている。下級審判例も、その多くは、行為当時の一般人の危険感のみで「公共の危険」の存否を判断しているわけではなく、事後的に判断される客観的な危険性を重視して「公共の危険」の存否を判断している。

* 「公共の危険」の危険の発生が肯定された近時の例として、閑静な住宅街の木造モルタル造りの家屋等から7、8m離れた空き地に駐車中の他人所有の自動車（燃料タンクに半分くらいのガソリンが入っていた）の車輪に接した地点に枯れ木等を重ね置いて点火したところ、火炎が地面から約

40cmに達し、火力も増しており、ガソリンを積んだ車両等に延焼の危険が及んだ等の事情が認められた事案で、「公共の危険」（110条1項）の発生を肯定したもの（東京高判平19・4・19高刑速平成19年199頁）がある。否定例としては、アパートから0.56m離れたところに停車していた他人所有の自動車に放火し、その一部を焼損した事案で、火力の程度、被害車両の燃焼の状況、当時の気象状況、燃焼実験の経緯からして、消火することなくそのまま推移したとしても、炎は自然に消えるに至っていたであろう蓋然性がかなり高かったとして「公共の危険」（110条1項）の発生を否定し、器物損壊罪（261条）が成立するとしたもの（浦和地判平2・11・22判時1374号141頁〈プ433〉）、人家から300m以上離れた山腹にあり、周囲の雑木はすべて切り払われて、周囲に引火する危険のある物は何も存在しない自己所有の炭焼小屋を、小雨の降る中で、延焼しないよう監視しながら焼損した事案について、「他に延焼する危険は毛頭なかった」として「公共の危険」（109条2項）の発生を否定し、無罪としたもの（広島高岡山支判昭30・11・15裁特2巻22号1173頁〈プ432〉）などがある。

ウ 「公共の危険」の認識の要否

109条2項・110条の罪の故意の内容として「公共の危険」の認識は必要であろうか。例えば、次の【設問7】の事案で、この点が問題となる。

【設問7】暴走族放火事件

　暴走族グループのリーダーであるXは、対立する暴走族グループの単車を焼損するなどして破壊しようと企て、配下のYに対して、「Aらの単車を潰せ」、「燃やせ」、「Bの単車でもかまわない」などと言い、Yは、これを承諾した。こうして、XとYとの間にB所有の単車を焼損するという内容の共謀が成立した。この共謀に基づき、Yは、C方1階ガラス窓から約30cm離れた軒下に置かれたB所有の単車に放火して同車を焼損し、さらにC方に延焼させて「公共の危険」を生ぜしめた。「公共の危険」を発生させることの認識は、Yにはあったが、Xにはなかった。X、Yの罪責について論じなさい。

【設問7】のYは、「放火」して他人所有の「前2条に規定する物以外の物」（建造物等以外の物）であるB所有の単車を「焼損」し、よって「公共の危険」を生じさせており、かつ、これらの事実について故意が認められるので、Yには建造物等以外放火罪（110条1項）が成立する。問題は、「公共の危険」の発生について認識を欠いていたXに同罪の共謀共同正犯（60条・110条1項）が成立するかである（共謀共同正犯については、総論22講2(2)参照）。「公共の危険」の認識は不要であるとする認識不要説に立てば、Xに同罪の共謀共同正犯が成立するが、認識必要説に立てば、同罪の故意が否定

され、共謀共同正犯の成立は認められないことになる。

　a　判　例

　判例は、110条1項の罪について、**認識不要説**に立っている。例えば、最高裁は、【設問7】と類似の事案について、「刑法110条1項の放火罪が成立するためには、火を放って同条所定の物を焼燬〔焼損〕する認識のあることが必要であるが、焼燬の結果公共の危険を発生させることまでを認識する必要はない」と判示して、【設問7】のXに当たる被告人に110条1項の罪の共謀共同正犯が成立するとしている（◎最判昭60・3・28刑集39巻2号75頁〈百85、講98、プ434〉。110条1項の罪につき、古くは、大判昭6・7・2刑集10巻303頁）。110条1項の罪につき、判例が「公共の危険」の認識を不要とする理由は明らかでないが、110条1項が「よって」という文言を用いていることから、同罪を**結果的加重犯**と解して、加重結果である「公共の危険」の認識を不要としたものと考えられる（この理由づけを明示したものとして、東京高判昭53・3・20東高刑時報29巻3号46頁がある。ただし、「公共の危険」の認識が認定されている）。

　109条2項・110条2項の罪については、判例の立場は明らかではなく、下級審の判断も分かれている（110条2項の罪につき認識必要説に立つものとして、名古屋高判昭39・4・27判時399号22頁。109条2項の罪につき認識不要説に立つものとして、高松高判昭31・8・7裁特3巻16号799頁）。

　b　学　説

　学説においても、110条の「公共の危険」は同条1項の「よって」という文言から結果的加重犯と解されること、109条2項の「公共の危険」は「罰しない」という文言から客観的処罰条件と解されることなどを理由として、これらの罪について認識不要説に立つ見解がある。これによれば、【設問7】のXには110条1項の罪の共謀共同正犯が成立する。

　しかし、多数説は、**認識必要説**に立っている。すなわち、自己所有物（109条2項・110条2項の客体）の焼損は、それ自体は自己所有物の処分であるから、本来違法なものではない。それにもかかわらず、自己所有物の焼損が109条2項・110条2項によって処罰されるのは、まさに「公共の危険」を生じさせたからにほかならない。つまり、「公共の危険」の発生は、これらの罪の違法性を基礎づける本質的な要素であるから、その故意を認めるためには、「公共の危険」の発生についての認識が必要となる。

　また、他人所有の建造物等以外の物（110条1項の客体）の焼損が、110条1項の放火罪として、器物損壊罪（261条）よりも重く処罰される理由は、

「公共の危険」を発生させたことにある。つまり、110条１項の罪における「公共の危険」の発生は、放火罪としての重い違法性を基礎づける本質的な要素であるから、その故意を認めるためには、「公共の危険」の発生についての認識が必要となる。それにもかかわらず、「公共の危険」の発生についての認識を不要とすることは、結果責任を認めるものであり、**責任主義**・故意犯処罰の原則に反する。認識必要説は、このように考えるのである。

　認識必要説によれば、【**設問７**】のＸに110条１項の罪の共謀共同正犯は成立しないことになる（110条１項の罪の構成要件と器物損壊罪の構成要件は器物損壊罪の限度で重なり合っていると解した場合には、器物損壊罪の共謀共同正犯が成立することになる）。

　　＊　認識必要説に対しては、「公共の危険」の認識は、実際上、「108条・109条１項の物件への延焼の危険」の認識と重なり、108条・109条１項の罪の未必の故意との区別が困難である（つまり、「公共の危険」の認識が認められる場合には、108条・109条１項の罪の故意が肯定されて、これらの罪の未遂犯が成立するため、109条２項・110条の罪が成立する余地はなくなる）との批判が向けられている。しかし、「公共の危険」の内容について非限定説に立つのであれば、「公共の危険」の認識には、「108条・109条１項の物件への延焼の危険」の認識とは区別される独自の領域が認められる。例えば、自己所有の建造物の周囲に多数の人がいることを認識していれば、「公共の危険」の認識はあるが、周囲に建造物がないことから「108条・109条１項の物件への延焼の危険」がない場合、あるいは、「108条・109条１項の物件への延焼の危険」はあるが、その認識はないという場合である。また、「公共の危険」の認識の内容として、「108条・109条１項の物件への延焼の危険」の認識が認められる場合であっても、108条・109条１項の罪の故意と区別された延焼の危険の認識は、「延焼するかもしれないが、延焼しないだろう」という心理状態において認められると考えられる。

4　関連犯罪

(1)　延焼罪

> **111条１項**　第109条第２項又は前条第２項の罪を犯し、よって第108条又は第109条第１項に規定する物に@延焼させたときは、３月以上10年以下の懲役に処する。
> **2項**　前条第２項の罪を犯し、よって同条第１項に規定する物に延焼させたときは、３年以下の懲役に処する。

　本罪は、109条２項の罪または110条２項の罪を犯し、よって現住建造物等（108条）またはその他の他人所有物（109条１項・110条１項。115条の

物件を含むかについては争いがある）に延焼させた場合に成立する。本罪は、自己所有物に対する放火罪を基本犯とし、現住建造物等またはその他の他人所有物への延焼の結果を加重結果とする、特殊な**結果的加重犯**である。したがって、本罪は、延焼の結果について故意がない場合に成立する（故意がある場合には、延焼の対象物に対する放火罪が成立する）。延焼の対象物の重要性により、法定刑に差が設けられている（111条1項・2項）。

「**延焼**」とは、行為者の予期しなかった客体に焼損の結果が生じることをいう（下線ⓐ）。したがって、現住建造物等またはその他の他人所有物に「延焼させた」といえるためには、これらの物件に焼損の結果が生じたことが必要である。

本罪は、109条2項・110条2項の罪の成立を前提とするから、延焼以前に、自己所有物の焼損と公共の危険の発生のあったことが必要である。

(2) 失火罪

> **116条1項** ⓐ**失火**により、第108条に規定する物又は他人の所有に係る第109条に規定する物を焼損した者は、50万円以下の罰金に処する。
> **2項** 失火により、第109条に規定する物であって自己の所有に係るもの又は第110条に規定する物を焼損し、よって公共の危険を生じさせた者も、前項と同様とする。
> **117条の2** 第116条又は前条第1項の行為がⓑ**業務上必要な注意を怠ったこと**によるとき、又はⓒ**重大な過失**によるときは、3年以下の禁錮又は150万円以下の罰金に処する。

失火罪（116条）は、「**失火**」、すなわち過失による出火により（下線ⓐ）、現住建造物等（108条）または他人所有非現住建造物等（109条1項）を焼損した場合（116条1項）、または、失火により、自己所有非現住建造物等（109条2項）または建造物等以外の物（110条）を焼損し、よって公共の危険を生じさせた場合（116条2項）に成立する。

失火罪の加重類型として、業務上失火罪と重失火罪がある（117条の2）。「**業務**」とは、職務として火気の安全に配慮すべき社会生活上の地位をいう（最決昭60・10・21刑集39巻6号362頁〔プ48〕。下線ⓑ）。これには、火気を直接取り扱う職務（ボイラーマン、溶接作業員、調理師などの職務）のほか、火気の発生しやすい物質等を取り扱う職務（高圧ガス等販売業者、サウナ風呂製作者、給油作業員などの職務）、出火防止を任務とする職務（夜警、劇場・ホテルの支配人などの職務）が含まれる。日常火を取り扱っていても、個人的生活の内部にとどまるもの、例えば、家庭内で行われる調理は、業務に当たらない。

「**重大な過失**」とは、不注意の程度が著しい場合をいう（下線ⓒ）。例えば、盛夏晴天の日にガソリン給油所のガソリン缶の間近でライターを使用

した場合（最判昭23・6・8裁判集刑2号329頁）、石油ストーブの燃料として灯油の代わりに間違えてガソリンとオイルの混合油を使用した場合（東京高判平元・2・20判タ697号269頁）が、これに当たる。

(3) 消火妨害罪

> 114条 ⓐ火災の際に、ⓑ消火用の物を隠匿し、若しくは損壊し、又はⓒその他の方法により、ⓓ消火を妨害した者は、1年以上10年以下の懲役に処する。

　本罪は、消火活動を妨げる罪である。「**火災の際**」に行われることを要する（下線ⓐ）。「火災」は、その原因を問わないが、本罪も公共危険犯と解される以上、公共の危険を生じうる程度の火災であることが必要であろう。「消火用の物」とは、消防車、消防ホース、消火器等のことである（下線ⓑ）。自己所有物であってもよい。「その他の方法」としては、消火活動中の消防士に暴行を加える場合、水道を遮断する場合などが考えられる（下線ⓒ）。「消火を妨害した」といえるためには、妨害行為がなされれば足り、現実に消火が妨害されたことを要しない（下線ⓓ）。放火犯人が消火を妨害した場合には、放火罪に吸収される（108条の犯人につき、松江地判昭52・9・20判時877号111頁）。

(4) 激発物破裂罪・過失激発物破裂罪

> 117条1項 火薬、ボイラーその他のⓐ激発すべき物を破裂させて、第108条に規定する物又は他人の所有に係る第109条に規定する物を損壊した者は、放火の例による。第109条に規定する物であって自己の所有に係るもの又は第110条に規定する物を損壊し、よって公共の危険を生じさせた者も、同様とする。
> 2項 前項の行為が過失によるときは、失火の例による。
> 117条の2 第116条又は前条第1項の行為が業務上必要な注意を怠ったことによるとき、又は重大な過失によるときは、3年以下の禁錮又は150万円以下の罰金に処する。

　本条は、激発物を破裂させて物を損壊する行為を、火力による公共危険犯に準ずるものとして、放火罪・失火罪と同様の要件・法定刑により処罰するものである。「**激発すべき物**」とは、急激に膨張・破裂して物を破壊する力を有する物をいう（下線ⓐ）。法文上例示されている火薬、ボイラーのほか、高圧ガスボンベ、石油タンク、ガスタンク、密閉した室内に充満したガス（横浜地判昭54・1・16判時925号134頁）などが含まれる。

(5) ガス漏出等罪・同致死傷罪

> 118条1項 ガス、電気又は蒸気を漏出させ、流出させ、又は遮断し、よって人の生命、身体又は財産に危険を生じさせた者は、3年以下の懲役又は10万円以下の

第17講　放火・失火の罪　389

罰金に処する。

2項 ガス、電気又は蒸気を漏出させ、流出させ、又は遮断し、よって人を死傷させた者は、傷害の罪と比較して、重い刑により処断する。

　本罪は、所定の行為により特定少数人の生命・身体・財産に危険を生じさせれば成立するが、本罪の行為は、同時に、不特定多数人の生命・身体・財産にも危険を生じさせうるものであることから、公共危険犯として規定されている。

第18講　文書偽造の罪

◆学習のポイント◆
1　文書偽造罪における最重要課題は、「偽造」（有形偽造）概念を理解し、使えるようになることである。そのためには、まず、「偽造」の定義を（名義人と作成者の定義も含めて）理解・記憶し、これを【事例１】や【事例２】等の典型例で使いこなせるようになることが大切である。その上で、特に私文書偽造罪について、「偽造」の成否が争われた判例の事案（【設問６】以下の各設問の事例）にあたってみるとよい。
2　文書の意義、特にコピーの文書性も重要である。これについては、まず、どのような場合に、なぜ問題となるのかを理解することが大切である。その上で、判例に従って文書性を肯定するのであれば、その根拠を的確に示せるようになっておく必要がある。

　刑法は、取引の安全に対する罪として、通貨偽造の罪（148条以下）、文書偽造の罪（154条以下）、有価証券偽造の罪（162条以下）、支払用カード電磁的記録に関する罪（163条の２以下）、印章偽造の罪（164条以下）という各種の偽造罪を規定している。その目的は、取引の手段である通貨や文書等に対する公共の信用を保護することによって、取引の安全を図ることにある。
　これらの罪のうち最も重要と思われるのは、文書偽造の罪である。そこで、まず、本講で文書偽造の罪（広義の文書偽造罪）を扱い、残りは次講で扱うことにする。

　　＊　2011（平成23）年に新設された不正指令電磁的記録（コンピュータ・ウイルス）に関する罪（168条の２以下）は、電子計算機（コンピュータ）のプログラムに対する社会の信頼を保護する罪であり、社会の信頼を保護法益とする点で偽造罪と類似する（それゆえ、印章偽造の罪に続けて規定された）。本罪も、次講で扱う。

391

1 総説

(1) 保護法益

文書偽造罪（広義。154条以下）の保護法益は、**文書に対する公共の信用**である。より厳密に言えば、**文書に対する関係者の信用**である（社会に広く流通することが予定されている通貨と異なり、文書については、文書に利害関係のある者の信用の保護が問題となるにすぎないからである）。

ところで、文書にはさまざまな機能があるが、特に重要と考えられるのは、社会生活上の事実を証明する**証拠**としての機能である。そこで、有力な見解は、文書に対する公共の信用とは、より具体的に言えば、文書が証拠となりうることに対する公共の信用であると解している。これによれば、文書偽造罪の保護法益は、文書の証拠としての信用性ということになる。本書も、この見解に従っておく。

(2) 犯罪類型

ア 客体による分類

文書に対する公共の信用を保護するために、刑法は、各種の犯罪類型を用意している。これを客体に注目して分類すると、**公文書**については、①詔書偽造等罪（154条）、②公文書偽造等罪（155条）、③虚偽公文書作成等罪（156条）、④公正証書原本不実記載等罪（157条）、⑤偽造公文書行使等罪（158条）があり、**私文書**については、⑥私文書偽造等罪（159条）、⑦虚偽診断書等作成罪（160条）、⑧偽造私文書等行使罪（161条）がある。さらに、**電磁的記録**（7条の2）を客体とする新しい類型として、⑨電磁的記録不正作出罪・同供用罪（161条の2）がある。

イ 行為による分類

次に、行為に注目して分類してみよう。大別すると、まず、文書「成立」の真正を偽る行為（他人になりすまして文書を作成する行為）がある。これを（狭義の）**偽造**（有形偽造）といい（詳しくは後述）、偽造を処罰するのが上記①、②、⑥である。次に、文書「内容」の真実性を偽る行為、すなわち**虚偽作成**（無形偽造）があり、③、⑦は、これを処罰するものである。このほか、④は、公文書の**虚偽作成の間接正犯**の一部を処罰するものであり、⑤、⑧は、偽造文書等の**行使**を処罰するものである。⑨は、電磁的記録の不正作出・供用を処罰する特殊な類型である。

【文書偽造罪（広義）の諸類型（詔書偽造罪・電磁的記録不正作出罪・同供用罪を除く）】

	公文書	私文書
偽造	公文書偽造等罪（155条）	私文書偽造等罪（159条）
虚偽作成	虚偽公文書作成等罪（156条）	—
診断書等	虚偽公文書作成等罪（156条）	虚偽診断書等作成罪（160条）
間接正犯	公正証書原本不実記載等罪（157条）	—
行使	偽造公文書行使等罪（158条）	偽造私文書等行使罪（161条）

2　文書偽造罪（広義）の基本構造

　以上のように、文書偽造罪（広義）にはさまざまな類型があるが、以下では、まず、これらに共通する成立要件を概観した後、各犯罪類型の基本構造を確認することにしよう。

(1)　共通の成立要件

ア　文　書

　文書偽造罪（広義）の客体は**文書**である。文書とは、文字または文字に代わるべき符号を用い、永続すべき状態において、物体上に記載された意思または観念の表示をいう（大判明43・9・30刑録16輯1572頁）。ここから、文書の要件として、①人の**意思・観念の表示**、②**可視性・可読性**、③**永続性**が導かれる。また、文書が証拠として保護されることから、④**名義人の認識可能性**も必要とされる。さらに、⑤**確定性**、⑥**原本性**が加えられることもある。

　ところで、そもそも文書が刑法で保護されるのは、前述のとおり、それが社会生活上の事実を証明する**証拠**として重要な意義を有するからである。したがって、文書の各要件は、証拠として、それも他の証拠（検証物、証言など）とは異なる固有の意義を有する証拠として保護されるための要件として理解するとよい。

a　意思・観念の表示

　文書は、そこに表示された人の意思・観念によって一定の事実等を証明するものであり、ここに証拠としての文書の特質がある（この点で、その存在や物理的性状によって証明する検証物と区別される）。したがって、文書といえるためには、人の**意思・観念の表示**であることが必要である。

　文書は、証拠として保護されるのであるから、表示された意思・観念は、証拠として保護に値するもの、すなわち、その内容が一般人に理解できるも

第18講　文書偽造の罪　　**393**

のでなければならない。したがって、それ自体に具体的な意思が表示されておらず、その内容を一般人が理解できないもの、例えば、飲食店の下足札、番号札、名刺は文書ではない。ただし、意思・観念が具体的に表示されてはいないが、客観的性状等から、一般人がその内容を理解できるものは、文書といえる（これを、意思・観念が省略された形で表示されているという意味で、**省略文書**という）。例えば、郵便受付時刻証明書は、そこに具体的な意思は表示されていないが、客観的性状等から、一般人がその内容（郵便局が当該郵便物をいつ受領したのか等）を理解することができるので、文書に当たる（大判明43・5・13刑録16輯860頁。郵便局の日付印につき、大判昭3・10・9刑集7巻683頁）。

　b　可視性・可読性

　文書といえるためには、人の意思・観念が目に見える形で表示されていること、すなわち**可視性**が必要である。文書とは、人の意思・観念が視覚を通して認識される証拠だからである（この点で、口頭での意思・観念の表示である証言と区別される）。それゆえ、さらに、一定の意味内容を読み取って理解できること、すなわち**可読性**も必要である。このように、文書であるためには可視性・可読性が必要であることから、これを有しない録音テープ、ビデオテープ、電磁的記録は文書ではない。

　　＊　電磁的記録は、プリントアウトすることによって可視性・可読性が肯定できることから、文書とされたことがあるが（最決昭58・11・24刑集37巻9号1538頁）、1987（昭和62）年の刑法改正により、現在では、文書とは別に保護されている（157条1項・161条の2参照）。

　c　永続性

　文書は、**永続性**のあるもの（人の意思・観念が永続すべき状態で物体上に表示されたもの）でなければならない。永続性により、人の意思・観念を客観化、安定化させるという文書の特質が備わるからである（この点で、証人の記憶に左右され、不安定な性質を有する証言と区別される）。もっとも、永続性は、ある程度のもので足りる（雪や砂の上に書いた文字では足りないが、黒板に書いた文字であれば足りるといわれる）。

　画像データについては、永続的に物体上に表示する形態として物理的な固定が必要であると考えれば、文書に当たらないことになるが、反対説もある。

　d　名義人の認識可能性

　文書は、証拠として保護されるのであるから、そこに表示された意思・観

念が誰のものなのか、つまり、意思・観念の表示主体が誰であるかを認識できるものでなければならない。表示された意思・観念が誰のものかがわからないものは、出所不明の「怪文書」にすぎず、証拠としての意義を有しないからである。文書から看取される意思・観念の表示主体のことを名義人というから、文書といえるためには、要するに、**名義人の認識可能性**が必要だということである。

認識可能性の対象である名義人は、実在することを要しない（架空人名義について、最判昭24・4・14刑集3巻4号541頁。死者名義について、最判昭26・5・11刑集5巻6号1102頁）。

e　確定性

文書は、意思・観念が確定的に表示されたものでなければならず、下書き、草案は文書ではないと説明されることがある。たしかに、単なる下書き等は、信用性が低く、文書としての保護に値しないことが多いであろう。しかし、それは、未完成であるために、保護に値するだけの意思・観念の表示が認められなかったり、名義人が未表示で名義人を認識できなかったりすることによるものである。確定性の要件は、意思・観念の表示の要件または名義人の認識可能性の要件に解消されると考えてよいであろう。

f　原本性

文書は、**原本**であることを要し、単なる**写し**は文書でないとされる。ただし、写しであっても、認証文言（「当該写しは原本と同一内容のものである」旨の文言と写し作成者の表示）が付されている場合には、写しは写しとして文書と認められている（例えば、市町村長の認証文言が付されている戸籍謄本）。

このように解される理由は、次の2点である。第1は、単なる写しには、人の意思・観念の表示がないことである。すなわち、写し固有の意思・観念の内容は「当該写しと同一内容の原本が存在する」というものであるが、単なる写しには、これが可視的・可読的に表示されていないのである。これに対し、認証文言が付された写しは、上記内容が明示されているため、文書といえるのである。第2は、単なる写しには、名義人の認識可能性がないことである。すなわち、「当該写しと同一内容の原本が存在する」という写し固有の意思・観念は誰のものかといえば、それは写しを作成した人のものである。ところが、原本をそのまま写しただけの単なる写しの場合、写しを作成した人が誰であるかを認識できないのである。これに対し、認証文言が付されたものは、それによって写しを作成した人を認識できるため、文書といえ

第18講　文書偽造の罪　　395

るのである。原本性の要件も、意思・観念の表示の要件または名義人の認識可能性の要件に解消されると考えてよいであろう。

原本性に関連して、**コピーの文書性**が重要な問題となっているが、これについては後で重要問題として取り上げる（**論点1**〔コピーの文書性〕）。

イ　偽　造

文書偽造罪（広義）の行為としては、**偽造・変造・虚偽作成・行使**の4種がある。偽造・変造は、公文書・私文書を問わず処罰される（154条・155条・159条）。これに対し、虚偽作成は、公文書については広く処罰されるが（156条・157条）、私文書については例外的にしか処罰されない（160条）。偽造文書等の行使は、公文書・私文書を問わず処罰される（158条・161条）。

これらの行為うち、最も重要であり、かつ理解が難しいのは、偽造である。そこで、以下では、偽造（**イ**a・b・c）とそれ以外（**ウ**）とに大別して、順に見ていくことにしよう。

a　偽造（有形偽造）の定義

【事例1】借用証書の作成
　Aから10万円を借りたBは、「私はAから甲年乙月丙日を返済期日として10万円を借りました。　B」というB名義の借用証書を作った。

【事例2】借用証書の偽造
　Xは、10万円を貸したCが借用証書を書かないので、Cに無断で「私はXから甲年乙月丙日を返済期日として10万円を借りました。　C」というC名義の借用証書を作った。

偽造という概念は、広狭さまざまな意味で用いられる。広義には、各本条の偽造、変造、虚偽作成を含んだ意味で用いられる（広義の偽造）。刑法典各則第17章のタイトル「文書偽造の罪」の「偽造」は、この意味である。狭義には、各本条の偽造と変造を指して偽造という（狭義の偽造）。そして、最狭義には、各本条に定められた行為としての偽造を指す（最狭義の偽造）。ここで取り上げるのは、最狭義の偽造（**有形偽造**）である。

偽造とは、伝統的に、**作成権限がないのに他人名義の文書を作成すること**（他人の名前を勝手に使って文書を作成すること）をいうとされてきたが（定義Ⓐ）、近時の学説では、**名義人と作成者の人格の同一性を偽ること**と定義されることが多い（定義Ⓑ）。

もっとも、この2つの定義は、対立するものではなく、同じことを別の観点から表現したものであるといわれる。例えば、**【事例1】**のBの行為は、

通常の借用証書（文書）の作成であり、偽造に当たらないことは明らかであるが、定義Ⓐによれば、ＢはＢ名義の借用証書を作成しただけで、他人名義の借用証書を作成したのではないことから、定義Ⓑによれば、借用証書の名義人はＢ、作成者もＢであり、名義人と作成者の人格の同一性に偽りがないことから、偽造に当たらないと説明される。これに対し、【事例２】のＸの行為は、典型的な偽造であるが、定義Ⓐによれば、ＸにＣ名義の借用証書を作成する権限がないのに他人であるＣ名義の借用証書を作成したことから、定義Ⓑによれば、借用証書の名義人はＣ、作成者はＸであり、名義人と作成者の人格の同一性に偽りがあることから、偽造に当たると説明される。最高裁も、「私文書偽造とは、その作成名義を偽ること、すなわち私文書の名義人でない者が権限がないのに、名義人の氏名を冒用して文書を作成することをいうのであって、その本質は、文書の名義人と作成者との間の人格の同一性を偽る点にある」と述べている（後掲・最判昭59・2・17）。

　ただし、近時は、最高裁も、特に私文書偽造罪について、定義Ⓑを用いている。近年問題となっている私文書偽造罪の諸事例の解決には、定義Ⓑが有用だからである。例えば、通称を使用した事例については、他人の名前を勝手に使ったとはいいにくく、むしろ自分の名前を使用したにすぎないため、定義Ⓐによって偽造の成否を判断するのは難しい。これに対し、定義Ⓑは、このような事例の解決にも有用であり、最高裁が定義Ⓑを最初に使ったのも、まさに通称使用の事例であった（後掲・最判昭59・2・17。詳しくは、 論点6 〔通称の使用〕参照）。

　その意味で、定義Ⓑは、特に私文書偽造罪について、より一般性のある定義であるということができる。現在の通説も、少なくとも私文書偽造罪については、定義Ⓑを使っている。そこで、私文書偽造罪については、定義Ⓑを使いこなせるようになることが重要になる。

　b　名義人と作成者

　定義Ⓑを使って偽造の成否を判断する場合、名義人と作成者を特定して人格が一致するかを判断することになるから、前提として、名義人、作成者それぞれの定義を明らかにしておく必要がある。**名義人**とは、文書から看取される作成者（文書から見て取れる作成者）をいい、**作成者**とは、文書作成に関する意思主体（文書に表示された意思・観念が由来する者）をいう。定義Ⓑによる偽造の成否の判断は、このような名義人、作成者の定義を前提として、①名義人の特定、②作成者の特定、③名義人と作成者の人格の同一性の判断という３段階に分けて行われることになる。例えば、【事例１】の場合、

借用証書に「Ｂ」の署名があることから、借用証書から看取される作成者、すなわち名義人はＢである。次に、借用証書に表示された意思は「ＢがＡから10万円を借りたことを証明する」というもので、この意思の主体はＢであることから、作成者もＢである。そうすると、名義人と作成者はＢで一致するので、偽造は成立しないことになる。これに対し、【事例2】の場合、借用証書に「Ｃ」の署名があることから、借用証書から看取される作成者、すなわち名義人はＣである。次に、借用証書に表示された意思は「ＣがＸから10万円を借りたことを証明する」というもので、この意思の主体はＸであることから、作成者はＸである。そうすると、名義人のＣと作成者のＸは別人物であり、名義人と作成者の人格の同一性を偽ったことになるから、偽造が成立することになる。

　定義Ｂを前提にして偽造の成否が争われた代表的な事例については、重要問題として後でまとめて取り上げることにする（論点5 〔名義人の承諾〕～論点9 〔代理・代表名義の冒用〕）。

　ところで、定義Ｂにおける作成者は、このように、文書に表示された意思主体に注目して特定される。逆にいえば、ここでは、文書を物理的に作成したかどうかは重要ではない。例えば、教授ＡがＡ名義の文書を秘書Ｂに代筆させた場合、文書を物理的に作成した者を作成者と考えると、ワープロを打って代筆したのはＢであるから、作成者はＢということになる。そうすると、名義人はＡ、作成者はＢとなり、定義Ｂだと、偽造が成立するというおかしな結論になってしまう。そこで、このような結論を回避するために、定義Ｂを用いるときには、文書の意思主体を作成者とするのである。すなわち、この文書の意思主体はＡであるから、作成者はＡということになり、名義人も作成者もＡで一致するから、偽造は成立しないことになるのである。このように文書の意思主体を作成者とする見解を**意思説**（観念説）という。これに対し、文書を物理的に作成した者を作成者とする見解を**事実説**というが、現在では、ほとんど支持されていない。**現在の判例・学説の出発点は意思説**であるといってよい。もっとも、意思説にも問題がないわけではない。この点については、後で重要問題として検討する（論点4 〔作成者の意義〕）。

　c　真正文書の外観の作出

　さて、話は変わって、偽造といえるためには、本物そっくりに見えること、つまり、作成された文書が**一般人から見て真正な文書であると誤信させうる程度の外観を有する**ことが必要である。真正な文書とは、名義が冒用さ

れていない本物の文書のことであり、【事例2】の場合、Xの作った借用証書が一般人にとってCの作った本物の借用証書のように見えることが必要である。

なお、反対説もあるが、下級審判例によれば、一般人をして真正な文書と誤信させうる程度に達しているかどうかの判断は、文書の行使形態も考慮して行われる。例えば、スキャナー等の機械を通じて行使することが予定されている文書については、直接手に取って見れば真正な文書と誤信させうるものでなくても、機械を通して見ればそのように誤信させうるものであれば、偽造に当たる（○大阪地判平8・7・8判タ960号293頁〈百89、講104、プ453〉。警察官等がフロントガラス越しに確認するという駐車禁止除外指定車標章の本来的な用法を併せ考慮して同標章の偽造を認めたものとして、東京地判平22・9・6判時2112号139頁）。

ウ　変造・虚偽作成・行使

a　変　造

【事例3】借用証書の変造

Xは、Aから差し入れられた「私はXから甲年乙月丙日を返済期日として10万円を借りました。　A」という借用証書の金額欄を、Aに無断で「100万円」に書きかえた。

変造とは、既存の真正な文書の非本質的部分に変更を加えることをいう。これには、名義人でない者が権限なく行う場合（有形変造）と、名義人が権限を濫用して行う場合（無形変造）とがある。通説によれば、前者は公文書・私文書を問わず処罰されるが（154条2項、155条2項・3項、159条2項・3項）、後者は公文書についてしか処罰されない（156条）。

変造のポイントは、変更部分が、量的に変更されたにすぎないなど、文書の非本質的部分であることである。文書の本質的部分に変更を加えた場合は、既存文書との同一性を欠く新たな文書を作成したことになるから、変造ではなく、偽造または虚偽作成となる。例えば、【事例3】では、名義人でないXがAに無断で（権限なく）既存の真正な借用証書の非本質的部分である金額欄に変更を加えているので、Xの行為は変造（有形変造）に当たり、Xには有印私文書変造罪（159条2項）が成立する（大判明44・11・9刑録17輯1843頁参照）。

＊　このほか、債権証書中の1字を改めて内容を変更する行為（大判明45・

２・29刑録18輯231頁）、不動産登記済証の抵当権欄の登記順位番号を変更する行為（大判昭２・７・８法律学説判例評論全集17巻刑法104頁）などが変造に当たるとされている。これに対し、自動車運転免許証に貼付されている写真をはがして別人の写真を貼りつけ、生年月日を改ざんした場合（最決昭35・１・12刑集14巻１号９頁）、外国人登録証明書に貼付されている写真をはがして別人の写真を貼りつけた場合（最決昭31・３・６刑集10巻３号282頁）などは、変造ではなく偽造とされている。

b　虚偽作成（無形偽造）

【事例４】内容虚偽の借用証書の作成
　Ｘは、Ａから100万円を借りていたにもかかわらず、借用証書に「私はＡから甲年乙月丙日を返済期日として10万円を借りました。　Ｘ」と記載した。

虚偽作成とは、文書の作成権限を有する者が内容虚偽の文書を作成することをいう（**無形偽造**）。例えば、【事例４】のＸには借用証書を作成する権限があるが、Ｘは、借用証書に虚偽の内容を記載したので、Ｘの行為は虚偽作成に当たる。

偽造は、公文書・私文書を問わず処罰されるのに対し（154条・155条・159条）、虚偽作成は、公文書については広く処罰されるが（156条・157条）、**私文書については例外的にしか処罰されない**（160条）。

●コラム● 形式主義と実質主義

　文書偽造罪の規定形式のうち、有形偽造（最狭義の偽造）を処罰して文書の成立の真正を保護しようとする立場を形式主義、無形偽造（虚偽作成）を処罰して文書の内容の真実性を保護しようとする立場を実質主義という。本文で述べたように、日本の刑法は、有形偽造を広く処罰しているが、私文書の無形偽造を例外的にしか処罰していないので（160条）、形式主義を採用しているといわれる。

　形式主義が採用された理由は、有形偽造は無形偽造よりも悪質・重大であると考えられる点にあるが、そのように考えられる理由については、責任追及説が多数説である。すなわち、無形偽造の場合には名義に偽りがなく、文書作成に関する責任を名義人に対して追及できるので、その当罰性は必ずしも高くないが、有形偽造の場合には名義に偽りがあり、文書作成に関する責任を負う者が不明になり、責任追及が不可能になってしまうので、特に禁止される必要がある、と考えるのである。これに対し、近時の有力説は、証拠としての文書という観点から、名義に偽りのない真正文書の場合、その内容が虚偽であっても、当該文書の名義人の意思・観念が表示された証拠として使用することができるが、名義に偽りのある不真正文書の場合、その内容が真実であっても、これを証拠として使用できない可能性があり、文書の証拠としての使用可能性に対する公共の信用の危殆化が認められるので、名義を偽る有形偽造の方が重大であると説明する。

　なお、上記の形式主義・実質主義の定義には異論もある（この見解は、実害発生の可能

性を偽造の要件としない立場を形式主義、実害発生の可能性を偽造の要件とする立場を実質主義と呼ぶ）。

c 行 使

【事例5】父親に対する卒業証書の提示
　Xは、父親を安心させるため、偽造した公立高校の卒業証書を父親に提示した。
【事例6】偽造運転免許証の携帯
　Xは、偽造運転免許証を携帯して自動車を運転した。

行使とは、**偽造文書を真正な文書として、または、内容虚偽の文書を内容真実の文書として使用すること**をいう。使用とは、文書の内容を相手方に認識させ、または、認識可能な状態に置くことをいう。

　偽造文書等は、行使する者が自ら偽造等したものであることや、行使の目的で作成されたものであることを要しない。ただし、一般人をして真正な文書または内容真実の文書であると誤信させうる程度の形式・外観を備えていることが必要である。

　行使といえるためには、偽造文書等を真正な文書または内容真実の文書として使用することが必要であるから、相手方は、当該文書が偽造等されたものであることを知らない者でなければならない。したがって、共犯者に偽造文書を提示しても、行使には当たらない（大判大3・10・6刑録20輯1810頁）。相手方が偽造等された文書であることの認識を欠いていると思って使用したところ、偽造等されたものであることを知っていたという場合には、行使は未遂である（東京高判昭53・2・8高刑集31巻1号1頁参照）。行使の相手方については、文書に関して利害関係を有する者に限定されるとする見解もあるが、判例は、**【事例5】**について偽造公文書の行使が成立するとしている（○最決昭42・3・30刑集21巻2号447頁〈プ468〉）。

　行使の方法に制限はなく、提示、交付、送付のほか、一定の場所に備え付けて閲覧させる文書（登記簿など）については、備え付けによって閲覧可能な状態に置くことも行使に当たる（大判大11・5・1刑集1巻252頁〈プ469〉）。これに対し、**【事例6】**のXのように、偽造運転免許証を携帯して自動車を運転しただけでは、未だ他人の閲覧に供してその内容を認識しうる状態に置いたとはいえないから、行使には当たらない（○最大判昭44・6・18

刑集23巻7号950頁〈百99、講115〉）。行使といえるためには、文書本来の用法に従って使用することは必要でないが、偽造等された文書（原本）自体を他人に示すことが必要である。もっとも、直接示す必要はなく、そのコピーを示す行為（東京高判昭52・2・28高刑集30巻1号108頁）、スキャナーを通じて偽造文書をディスプレイに表示させること（前掲・大阪地判平8・7・8参照）なども行使に当たる。

(2) 公文書偽造・行使等罪

　刑法は、公文書を天皇の文書（詔書等）と一般の公文書に分け、偽造・変造（154条・155条）・虚偽作成（156条）・行使（158条）を処罰している。なお、偽造・変造・虚偽作成（157条の罪を除く）には未遂処罰規定がない。これは、文書に対する公共の信用を害するのは行使であり、偽造・変造・虚偽作成は、それ以前の予備・未遂形態であることによる（ただし、印章・署名の偽造を含む場合には、印章偽造罪〔164条以下〕が成立する）。

　刑法は、さらに、公文書の虚偽作成の間接正犯も限定的に処罰している（157条）。

ア　詔書偽造等罪

> **154条1項**　ⓐ行使の目的で、ⓑ御璽、国璽若しくは御名を使用してⓒ詔書その他の文書をⓓ偽造し、又は偽造した御璽、国璽若しくは御名を使用して詔書その他の文書を偽造した者は、無期又は3年以上の懲役に処する。
> **2項**　御璽若しくは国璽を押し又は御名を署した詔書その他の文書をⓔ変造した者も、前項と同様とする。

　本罪は、公文書の偽造・変造のうち、天皇が国事行為（憲7条）等の職務を行う上で作成する文書の偽造・変造を特に重く処罰するものである。行使の目的を要する（下線ⓐ）。御璽とは天皇の印章、国璽とは日本国の印章、御名とは天皇の署名をいう（下線ⓑ）。詔書とは、天皇が一定の国事行為について意思表示を公示するために用いる文書（国会の召集詔書、衆議院の解散詔書など）をいい、その他の文書とは、詔書以外の天皇を作成名義人とする文書（法律の公布文書、内閣総理大臣の任命文書など）をいう（下線ⓒ）。行為は、偽造（下線ⓓ）および変造（下線ⓔ）である。

イ　公文書偽造等罪

> **155条1項**　ⓐ行使の目的で、ⓑ公務所若しくは公務員の印章若しくは署名を使用してⓒ公務所若しくは公務員の作成すべき文書若しくは図画をⓓ偽造し、又は偽造した公務所若しくは公務員の印章若しくは署名を使用して公務所若しくは公務員の作成すべき文書若しくは図画を偽造した者は、1年以上10年以下の

懲役に処する。

2 項 公務所又は公務員が押印し又は署名した文書又は図画を⒠<u>変造</u>した者も、前項と同様とする。

3 項 前 2 項に規定するもののほか、公務所若しくは公務員の作成すべき文書若しくは図画を偽造し、又は公務所若しくは公務員が作成した文書若しくは図画を変造した者は、 3 年以下の懲役又は20万円以下の罰金に処する。

a　総　説

刑法155条は、**公文書の偽造・変造**を処罰するものである。公文書は、一般私文書に比べて信用性が高いため、公文書の偽造・変造は、私文書のそれより重く処罰されることになっている。

155条の罪は、有印公文書偽造罪（ 1 項）、有印公文書変造罪（ 2 項）、無印公文書偽造・変造罪（ 3 項）からなる。有印とは、公務所・公務員の印章または署名が使用された場合をいい（署名であってもよい点に注意）、無印とは、それ以外の場合をいう。刑法は、有印の場合の信用力をより高いものと見て、これを無印の場合より重く処罰している。

b　客　体

公文書偽造罪・変造罪の客体は、公務所・公務員（ 7 条）が職務上作成すべき文書（**公文書**）および図画（**公図画**）である（下線ⓒ）。もっとも、その外観を備えていれば足り、表示された公務所・公務員が実在せず、または当該文書の作成権限をもたない場合であってもよい。

公文書の例としては、運転免許証、旅券、印鑑登録証明書などがあり、公図画の例としては、土地台帳付属の地図などがある。

c　行　為

行為は、**偽造**（下線ⓓ）および**変造**（下線ⓔ）である。それぞれの意義については前述した（本講 2 (1)**イ** a ・**ウ** a 参照）。公文書の偽造については**補助公務員の作成権限**が問題となるが、これについては重要問題として後述する（**論点2** 〔補助公務員の作成権限〕）。

有印公文書偽造罪・変造罪（155条 1 項・ 2 項）が成立するためには、公務所・公務員の印章または署名を使用したことが必要である（下線ⓑ）。公務所・公務員の**印章**とは、公務所・公務員を表象するもので、公印・私印・職印・認印のいずれかを問わない。その印影が偽造文書上に表示されていることを要するが、一般人をして公務所・公務員の印章と誤認させるに足る印影が表示されることで足りる。ただし、「公印省略」という朱色方形の形象は印章の表示に当たらない（東京高判昭53・12・12判時918号133頁）。公務

第18講　文書偽造の罪　**403**

所・公務員の**署名**は自署であることを要せず、**記名**（印刷やゴム印等による名称の表示等）であってもよいとするのが判例である（大判大4・10・20新聞1052号27頁）。

公務所・公務員の印章・署名を欠く公文書・公図画を偽造・変造した場合には、無印公文書偽造罪・変造罪（155条3項）が成立する。無印公文書の例としては、物品税証紙などがある。

　d　主観的要件

155条の罪の成立には、故意のほか、**行使の目的**が必要である（下線ⓐ）。行使の意義については、既に述べた（本講2(1)**ウ**c参照）。

　e　罪　数

155条の罪の数え方については見解が分かれており、判例の立場も明らかでないが、本罪の保護法益は文書に対する公共の信用であるから、偽造の対象となった文書ごとに成立すると考えてよいであろう。例えば、自動車運転免許証については、免許の種類ごとに公文書偽造罪が成立することになる（東京高判昭42・10・17高刑集20巻5号707頁）。

公文書の偽造・変造・虚偽作成の罪（155条）と行使罪（158条）とは牽連犯である。行使が同時に詐欺罪（246条）における欺罔行為である場合については、観念的競合とする見解と牽連犯とする見解とに分かれているが、判例・通説は、後者の立場である。印章・署名を偽造し、それを使用して公文書を偽造した場合、印章偽造罪・同使用罪（165条）は、公文書偽造罪に吸収される。

ウ　虚偽公文書作成等罪

> **156条**　公務員が、その職務に関し、行使の目的で、虚偽の文書若しくは図画を作成し、又は文書若しくは図画を変造したときは、印章又は署名の有無により区別して、前2条の例による。

刑法156条の罪は、公務員が、その職務に関し、行使の目的で、内容虚偽の文書・図画を作成し、または変造した場合に成立する（詔書等か一般公文書か、有印か無印かにより、法定刑が異なる）。本罪は、当該文書の作成権限を有する**公務員**を主体とする身分犯である。**虚偽作成・変造**の意義については、既に述べた（本講2(1)**ウ**a・b参照）。本罪の成立にも**行使の目的**が必要である。

本罪については、いわゆる**間接無形偽造**をめぐって議論があるが、これに

ついては重要問題として後述する（**論点3**〔虚偽公文書作成罪の間接正犯〕）。

エ　公正証書原本不実記載等罪

> **157条1項**　ⓐ公務員に対し虚偽の申立てをして、ⓑ登記簿、戸籍簿その他の権利若しくは義務に関する公正証書の原本にⓒ不実の記載をさせ、又はⓓ権利若しくは義務に関する公正証書の原本として用いられる電磁的記録に不実の記録をさせた者は、5年以下の懲役又は50万円以下の罰金に処する。
> **2項**　公務員に対し虚偽の申立てをして、ⓔ免状、鑑札又は旅券に不実の記載をさせた者は、1年以下の懲役又は20万円以下の罰金に処する。

未遂（157条3項）　前2項の罪の未遂は、罰する。

a　総　説

157条の罪は、作成権限を有する公務員に対して虚偽の申立てをして、本条1項・2項所定の文書・電磁的記録に不実の記載・記録をさせる行為、つまり、**私人の虚偽の申立てによる特定の公文書**の**間接無形偽造**を処罰するものである。本罪は、**未遂**も処罰される。

b　客　体

公正証書原本不実記載罪（1項）の客体は、権利・義務に関する公正証書の原本または権利・義務に関する公正証書の原本として用いられる電磁的記録である。**権利・義務に関する公正証書の原本**とは、公務員が職務上作成し、権利義務に関する事実を証明する効力を有する文書をいう（下線ⓑ）。原本であることを要し、謄本などは含まれない。登記簿、戸籍簿は例示であり、他の例としては、住民票、船籍簿などがある。権利・義務に関する公正証書の原本として用いられる**電磁的記録**（下線ⓓ）としては、自動車登録ファイル、不動産登記ファイル、商業登記ファイル、特許原簿ファイル、住民基本台帳ファイルなどがある。

免状等不実記載罪（2項）の客体は、免状、鑑札、旅券である（下線ⓔ）。**免状**とは、特定人に一定の行為を行う権利を付与する公務所・公務員の証明書をいう。運転免許証、狩猟免状、医師免許証などが、その例である。外国人登録証明書は、人に一定の行為を行う権利を付与するものでないから、免状に当たらない（東京高判昭33・7・15東高刑時報9巻7号201頁）。**鑑札**とは、公務所の許可または公務所への登録があったことを証明する証票で、公務所が作成して交付し、交付を受けた者がこれを備え付け、または携帯することを要するものをいう。例として、犬の鑑札、船の鑑札、質屋・古物商の

第18講　文書偽造の罪　405

許可証などがある。**旅券**とは、外国に渡航する人に対して発給される文書で、国籍等を証明し、旅行に必要な保護等を関係官に要請する旨を記したものである（要は、パスポートのことである）。

c　行　為

157条の罪の行為は、公務員に虚偽の申立てをして（下線ⓐ）、客体である公文書に不実の記載をさせることである（下線ⓒ）。**虚偽・不実**とは、申立て・記載が重要な点において真実に反することをいう。例として、離婚の意思がないのに外形上離婚を装って離婚届を提出して戸籍簿の原本にその旨の記載をさせた場合（大判大8・6・6刑録25輯754頁。さらに、実務では、偽装結婚についても本罪の成立が認められている）、登記名簿を有する者の承諾なしに、同人から売渡しを受けた事実がないのに、その旨の登記申請を行い、登記簿原本にその旨の記載をさせた場合（最決昭35・1・11刑集14巻1号1頁）、仮装の株式払込みに基づいて新株発行による変更登記を申請し、商業登記簿原本にその旨の記載をさせた場合（最決平3・2・28刑集45巻2号77頁）などがある。

> ＊　中間省略登記（例えば、所有権がA→B→C→Dと移転した不動産について、AからDに直接所有権が移転したように装って登記を申請し、その旨を登記簿に記載させた場合）も本罪に当たるとした判例があったが（大判大8・12・23刑録25輯1491頁）、それ以降、中間省略登記について本罪の成立が認められた例はない。通説も、本罪の成立を否定している。中間省略登記は単なる対抗要件の省略であって、内容は真実と一致しており、また、登記するかしないかは当事者の自由であるからである。

なお、本罪の着手時期は、公務員に対する虚偽の申立てを開始したときであり、既遂時期は、公務員が公正証書の原本等に不実の記載または記録をしたときである。

d　罪　数

申請者が権限ある公務員と共謀の上で虚偽の申立てをし、公正証書の原本に不実の記載がなされた場合、公務員には虚偽公文書作成罪（156条）が成立し、申請者には同罪の共同正犯が成立する（大判明44・4・27刑録17輯687頁）。

免状等不実記載罪（157条2項）は、その性質上、不実記載された免状等の交付を受ける事実を当然に包含すると解されるから、虚偽の申立てにより、不実の記載がなされた免状等の交付を受けた場合、別途、詐欺罪（246条）は成立しない（最判昭27・12・25刑集6巻12号1387頁〈プ284〉）。免状

406

等不実記載罪の客体以外の公文書を虚偽の申立てにより取得した場合については、それが証明の利益を与えるにすぎない文書の場合には詐欺罪は成立しないが、財産的給付を取得する地位を与える文書については、別途、詐欺罪が成立すると考えられる。

オ　偽造公文書行使等罪

158条1項　第154条から前条までの文書若しくは図画を行使し、又は前条第1項の電磁的記録を公正証書の原本としての用に供した者は、その文書若しくは図画を偽造し、若しくは変造し、虚偽の文書若しくは図画を作成し、又は不実の記載若しくは記録をさせた者と同一の刑に処する。

未遂（158条2項）　前項の罪の未遂は、罰する。

158条1項の罪は、偽造公文書・虚偽公文書の**行使**を、各種の客体ごとに、偽造・変造・虚偽作成・不実記載と同様に処罰する。行使の意義については前述した（本講2(1)ウ c 参照）。未遂も処罰される（158条2項）。

(3)　私文書偽造・行使等罪

私文書についても、偽造・変造（159条）・虚偽作成（160条）・行使（161条）が処罰される。ただし、虚偽作成は、ごく一部のものに限り処罰される。

ア　私文書偽造等罪

159条1項　ⓐ行使の目的で、ⓑ他人の印章若しくは署名を使用してⓒ権利、義務若しくは事実証明に関する文書若しくは図画をⓓ偽造し、又は偽造した他人の印章若しくは署名を使用して権利、義務若しくは事実証明に関する文書若しくは図画を偽造した者は、3月以上5年以下の懲役に処する。

2項　他人が押印し又は署名した権利、義務又は事実証明に関する文書又は図画をⓔ変造した者も、前項と同様とする。

3項　前2項に規定するもののほか、権利、義務又は事実証明に関する文書又は図画を偽造し、又は変造した者は、1年以下の懲役又は10万円以下の罰金に処する。

---

a　総　説

刑法159条は、**私文書**の偽造・変造を処罰するものである。私文書とは、公文書以外のすべての文書をいう。外国の公務所・公務員が職務上作成する文書も、ここに含まれる。159条の罪も、有印（1項・2項）の場合の方が無印（3項）の場合よりも刑が重い。

ｂ 客 体

私文書偽造罪・変造罪の客体は、権利・義務または事実証明に関する文書または図画である（下線ⓒ）。

権利・義務に関する文書とは、私法上・公法上の権利・義務の発生・存続・変更・消滅の効果を生じさせることを目的とする意思表示を内容とする文書をいう。借用証書、催告書、弁論再開申立書などが、その例である。

事実証明に関する文書とは、実社会生活に交渉を有する事項を証明する文書をいう（大判大９・12・24刑録26輯938頁、最決昭33・９・16刑集12巻13号3031頁〈プ447〉。ただし、学説では、この定義は広すぎるとして、より限定的に、社会生活上の重要な利害に関係ある事実を証明しうる文書と解する見解が有力である）。裁判例で事実証明に関する文書とされたものとして、郵便局への転居届（大判明44・10・13刑録17輯1713頁）、衆議院議員候補者の推薦状（大判大６・10・23刑録23輯1165頁）、選挙候補者推薦会への案内状（前掲・大判大９・12・24）、書画が真筆であることを証明する書画の箱書き（大判大14・10・10刑集４巻599頁）、政党の機関誌に掲載された「祝発展」という広告文（前掲・最決昭33・９・16）、私立大学の成績原簿（東京地判昭56・11・６判時1043号151頁）、自動車登録事項等証明書交付請求書（東京高判平２・２・20判時1342号157頁）、私立大学の入試答案（○最決平６・11・29刑集48巻７号453頁〈百88、講109、プ448〉）、一般旅券発給申請書（後掲・東京地判平10・８・19）、求職のための履歴書（後掲・最決平11・12・20）などがある。

ｃ 行 為

行為は、**偽造**（下線ⓓ）および**変造**（下線ⓔ）である。それぞれの意義については前述した（本講２(1)**イ・ウ**ａ参照）。本罪については、偽造の成否が問題となることが少なくないが、これについては重要問題として後でまとめて取り上げる（論点5〔名義人の承諾〕〜 論点9〔代理・代表名義の冒用〕）。

有印私文書偽造罪・変造罪（159条１項・２項）が成立するためには、他人の印章または署名を使用したことが必要である（下線ⓕ）。署名には記名も含まれる。

ｄ 主観的要件

159条の罪の成立にも、故意のほか、**行使の目的**が必要である（下線ⓖ）。行使の意義については、既に述べた（本講２(1)**ウ**ｃ参照）。

e 罪 数

公文書の場合と同様に考えればよい。

イ 虚偽診断書等作成罪

> 160条 ⓐ医師がⓑ公務所に提出すべき診断書、検案書又は死亡証書にⓒ虚偽の記載をしたときは、3年以下の禁錮又は30万円以下の罰金に処する。

　虚偽診断書等作成罪は、医師が公務所に提出すべき診断書、検案書または死亡証書に虚偽の記載をした場合に成立する。私文書の虚偽作成（無形偽造）は、この場合に限り例外的に処罰される。この場合が特に処罰されるのは、本罪の客体である公務所に提出すべき診断書・検案書・死亡証書は公的色彩が強く、内容の真実性を担保する必要性が高いからである。

　本罪は、医師（歯科医師を含む）を主体とする身分犯である（下線ⓐ）。医師が公務員である場合には、本罪ではなく、虚偽公文書作成罪（156条）が成立する。

　客体は、公務所に提出すべき診断書、検案書または死亡証書である（下線ⓑ）。診断書とは、医師が診察の結果に関する判断を表示して、人の健康上の状態を証明するために作成する文書をいう。検案書は、死体について医学的所見を記載した文書であり、死亡証書は、一般の死亡診断書（生前から診療に従事していた医師が、その患者が死亡したときに、死亡の事実を確認して作成する診断書）である。これらの文書は、公務所に提出すべきものであることを要する。これには、公務所に提出することが法令上義務づけられている場合だけでなく、公務所に提出することが予定されている場合も含まれる。

　行為は、虚偽作成、すなわち虚偽の記載をすることである（下線ⓒ）。虚偽の記載とは、客観的事実に反する一切の記載（病状、死因、死亡日時等）をいう。本罪は、診断書等に虚偽の記載がなされれば成立する（虚偽の記載がなされた診断書等が公務所に提出されたか否かは関係ない）。

ウ 偽造私文書等行使罪

> 161条1項　前2条の文書又は図画を行使した者は、その文書若しくは図画を偽造し、若しくは変造し、又は虚偽の記載をした者と同一の刑に処する。

未遂（161条2項）　前項の罪の未遂は、罰する。

　本罪は、公文書の場合と同じく、偽造私文書・虚偽診断書等の**行使**を、各種の客体ごとに、偽造・変造・虚偽記載と同様に処罰する。行使の意義については前述した（本講2(1)**ウ** c 参照）。虚偽診断書等の行使は、公務所への

第18講　文書偽造の罪　409

提出である。**未遂**も処罰される（161条2項）。

(4) 電磁的記録不正作出罪・同供用罪

161条の2第1項 ⓐ人の事務処理を誤らせる目的で、ⓑその事務処理の用に供する権利、義務又は事実証明に関する電磁的記録をⓒ不正に作った者は、5年以下の懲役又は50万円以下の罰金に処する。

2項 前項の罪が公務所又は公務員により作られるべき電磁的記録に係るときは、10年以下の懲役又は100万円以下の罰金に処する。

3項 不正に作られた権利、義務又は事実証明に関する電磁的記録を、第1項の目的で、ⓓ人の事務処理の用に供した者は、その電磁的記録を不正に作った者と同一の刑に処する。

未遂（161条の2第4項） 前項の罪の未遂は、罰する。

ア 総 説

電磁的記録不正作出罪・同供用罪（161条の2）は、磁気ディスクやICメモリなどによる電磁的記録を不正な操作から保護するため、1987（昭和62）年の改正で新設されたものであり、その保護法益は、電磁的記録の証明機能である。

本罪は、私電磁的記録不正作出罪（1項）、公電磁的記録不正作出罪（2項）、不正作出電磁的記録供用罪（3項）からなる。偽造、変造、虚偽作成ではなく、不正作出という概念が用いられたのは、電磁的記録そのものには必ずしも名義人が示されているわけではなく、また、その作成過程に複数の者が関与することが多いため、作成名義を観念するのが困難であることによる。

イ 電磁的記録不正作出罪

a 客 体

電磁的記録不正作出罪（1項・2項）の客体は、人の事務処理の用に供する権利・義務または事実証明に関する電磁的記録である（下線ⓑ）。**電磁的記録**とは、電子的方式、磁気的方式その他人の知覚によっては認識することができない方式で作られる記録であって、電子計算機による情報処理の用に供されるものをいう（7条の2）。このうち人（他人）の事務処理の用に供する権利・義務または事実証明に関するものが本罪の客体となる。ただし、代金または料金の支払用のカードの電磁的記録および預貯金の引出用のカードの電磁的記録（プリペイドカードの残高記録、キャッシュカードの磁気ストライプ部分の記録など）は、別途163条の2以下（2001〔平成13〕年に新設）で保護されるため、本罪の客体から除かれる。

権利・義務に関する電磁的記録としては、銀行の預金元帳ファイルの残高記録、自動改札機用定期券の磁気記録などがあり、事実証明に関する電磁的記録の例としては、馬券の裏面の磁気ストライプ部分の記録（甲府地

判平元・3・31判時1311号160頁〈講116、プ449〉）、パソコン通信のホストコンピュータ内の顧客データベースファイルの記録（京都地判平9・5・9判時1613号157頁）、売掛金その他の会計帳簿ファイルの記録などがある。以上に対し、コンピュータ・プログラムは、コンピュータに対する指令の記録であるから、本罪の客体ではない。

電磁的記録が公務所または公務員によって作られるべきもの（公電磁的記録）である場合については、それ以外の場合よりも信用性が高いことから、刑が加重されている（2項）。その例としては、自動車登録ファイルの記録、不動産登記ファイルの記録、運転者管理ファイルの記録、住民基本台帳ファイルの記録などがある。

　b　行　為

本罪の行為は、前記のような電磁的記録を不正に作ること（不正作出）である（下線ⓒ）。**不正作出**とは、作成権限なく、または、作成権限を濫用して電磁的記録を作成することをいう（これに対し、作成権限がない場合に限定する見解も有力である）。作成の方法としては、データを直接入力する場合のほか、プログラムを操作して間接的に記録を作り出す場合もありうる。不正作出の例としては、馬券の裏面の磁気ストライプ部分の記録の改ざん（前掲・甲府地判平元・3・31）、パソコン通信のホストコンピュータ内の顧客データベースファイルの記録の改ざん（前掲・京都地判平9・5・9）などがある。

　c　主観的要件

本罪の成立には、故意のほか、人の事務処理を誤らせる目的が必要である（下線ⓔ）。情報を入手するために他人の電磁的記録を不正にコピーする行為は、この要件を満たさないため、本罪に当たらない。

ウ　不正作出電磁的記録供用罪

不正作出電磁的記録供用罪（3項）の客体は、不正に作られた電磁的記録である。供用者が自ら作出したものであることを要せず、また、他人の事務処理を誤らせる目的で作られたものであることも必要ではない。人の事務処理の用に供する（**供用**）とは、他人が事務処理に用いるコンピュータで使用しうる状態に置くことをいう（下線ⓓ）。例えば、不正に作った乗車券を自動改札機に投入する行為がこれに当たる。本罪は、未遂も処罰される。不正作出と同様に、人の事務処理を誤らせる目的が必要である。

エ　罪　数

不正作出罪と供用罪とは、文書偽造・行使と同様、牽連犯である。

3 文書偽造罪の重要問題

(1) コピーの文書性 論点1

　既に述べたように、文書は、原本であることを要し、認証文言の付されていない単なる写しは文書ではない。単なる写しには、人の意思・観念の表示も、名義人の認識可能性もないからである（詳しくは、本講2(1)ア f 参照）。そうだとすれば、写しの一種である、複写機等で作られたコピーも、認証文言が付されていない限り、文書とはいえないはずである。

　しかし、コピーは精度が高く、信用性の高い写しとして広く社会で用いられている。そこで、コピーは文書として保護されるべきではないかが問題となる。

　なお、文書性が問題となるコピーは、その外観上、**コピー（写し）である**ことが明らかなコピーである。そうではなくて、コピーそれ自体が一般人をして原本であると認識させるような外観を有している場合、それは複写機等を使って作成された「文書」であり、文書性の問題は生じない。この点に注意が必要である。

【設問1】コピーの文書性

　行政書士であるXは、行使の目的をもって、X方行政書士事務所において、某地方法務局供託官A発行にかかる供託金受領証を利用し、同供託官の記名・押印部分をカミソリで切り離した上、虚偽の供託事実を記入した供託用紙の下方にこれを接続させて台紙上に貼付し、複写機でコピーする方法によって、あたかも真正な供託金受領証の写しであるかのような外観を呈するコピーを作成した。Xに有印公文書偽造罪が成立するか。

　判例は、コピーの文書性を肯定している。その端緒となったのが【設問1】の事案を扱った最高裁昭和51年判決である（◎最判昭51・4・30刑集30巻3号453頁〈百87、講102、プ445〉）。同判決は、文書偽造罪の客体となる文書は原本に限る根拠はなく、たとえ原本の写しであっても、原本と同一の意識内容を保有し、証明文書として原本と同一の社会的機能と信用性を有するものと認められる限り、文書に含まれるとし、コピーの文書性について、コピーは写しではあるが、**原本と同様の社会的機能と信用性**を有するものである限り文書偽造罪の客体となり、原本と同一の意識内容を保有する**原本名義人を名義人とする文書**と解するべきであり、名義人の印章、署名の有無についても、コピーの上に印章、署名が複写されている以上、原本名義人の印

章、署名のある文書として文書偽造罪の客体となりうるとした。その上で、Xが作成したコピーは、A名義のAの印章、署名のある有印公文書に当たるとし、これを作成したXの行為について有印公文書偽造罪（155条1項）が成立するとした（本判決を踏襲してコピーの文書性を認めた判例として、最決昭54・5・30刑集33巻4号324頁、最決昭58・2・25刑集37巻1号1頁など）。

　これに対し、学説では、コピーの文書性を否定する見解が多数である。コピーは、いかに正確で信用性が高いといっても、写しである以上、写しが文書でないのと同じ理由から、文書に当たらないというのである。そして、判例の見解に対しては、①原本でないコピーを文書とするのは罪刑法定主義に反する（問題となっているのは写しであることが明らかなコピーであり、その意識内容を原本と同一視することはできない）、②判例のようにコピーの名義人を原本名義人とすると、原本名義人以外の者によるコピーの作成は、常に偽造に当たることになってしまう、などの批判が向けられている。

　　＊　関連して、ファクシミリ書面の文書性も問題とされているが、これについては、受信書面の客観的性状を基礎に、それが文書の要件を満たすかを検討すれば足りる。例えば、ファクシミリで商品を注文する場合、受信された注文票は、注文者の商品注文意思がファクシミリによって表示された注文者名義の文書（原本）と解することができる。これに対し、受信書面が写しであることが明らかな場合については、多数説の立場からは、文書性が否定される。また、この場合については、判例の見解に従ったとしても、ファクシミリの受信書面をコピーと同様に解してよいかという問題が残る。下級審には、改ざんした文書をファクシミリで送信して写しとして行使した事例について、受信書面の文書性を肯定したものがあるが（広島高岡山支判平8・5・22判時1572号150頁〈講103、プ446〉）、学説からは批判が強い。

(2)　公文書偽造・虚偽公文書作成罪の重要問題

ア　補助公務員の作成権限　論点2

　偽造は、作成権限なしに他人名義の文書を作成すること（定義Ⓐ）、または、名義人と作成者の人格の同一性を偽ること（定義Ⓑ）と定義されるが（本講2(1)イａ参照）、公文書の偽造については、定義Ⓐが用いられることが多い。それは、公文書については、定義Ⓐに従って作成権限の有無を明らかにする方が便宜であることによるものと思われる。

　ところで、公文書の作成に関与する者は、①公文書の作成名義人（作成権限者）、②作成名義人の決裁を待たずに自らの判断で公文書を作成する権限

第18講　文書偽造の罪　413

（代決権）を有する者（代決者）、③作成権限者または代決者を補助し、公文書の作成を事実上行っている者（補助公務員）の3つに分けることができる。このうち、①②は、作成権限が認められるため、権限を濫用して公文書を作成しても、偽造に当たらず、公文書偽造罪は成立しない。これに対し、③の補助公務員については、問題となる公文書の作成権限があるか、あるいは、どの範囲で、いかなる条件の下で作成権限が認められるかが問題となる。

【設問2】補助公務員の作成権限

　市民課係長Xは、市長の代決者である市民課長の補助者として、一定の手続に従って印鑑証明書を作成する事務を行っていたが、手続上必要な申請書の提出と手数料の納付をせずに、自己の用に供するため、印鑑証明書を作成した。Xに公文書偽造罪が成立するか。

　判例は、かつて、補助公務員が決裁を受けずに勝手に公文書を作成した場合について、一律に公文書偽造罪（155条1項）の成立を肯定していた。しかし、最高裁は、**【設問2】**の事案について、代決者ばかりでなく、特定の条件の下で公文書を作成されることが許されている補助者も、「その内容の正確性を確保することなど、その者への授権を基礎づける一定の基本的な条件に従う限度において」作成権限を有しているとした上で、Xが作成した印鑑証明書は、内容が正確で、通常の申請手続を経由すれば当然に交付されるものであったから、Xがこれを作成した行為は、補助者としての作成権限を超えたものではないと判示して、公文書偽造罪の成立を否定した（◎最判昭51・5・6刑集30巻4号591頁〈百90、講105、プ452〉）。

　　＊　最高裁が内容の正確性を指摘した点について、学説の理解は分かれている。1つの理解は、最高裁は内容の正確性を根拠に作成権限を認めたという理解である。この理解によれば、最高裁の見解は偽造と虚偽作成とを区別している刑法の建前に反するのではないかという疑問が生じる。もう1つの理解は、最高裁は内容の正確性それ自体を根拠に作成権限を認めたわけではなく、内容が正確であるため、通常の申請手続を経由すれば当然に交付されるものであったことから、作成権限を否定するほどの重大な手続違反はなかったと判断したという理解である。このような理解からは、内容の正確性は、作成権限を否定するほどの重大な手続違反があったかどうかを判断する際の資料にすぎないということになる。

イ　虚偽公文書作成罪の間接正犯　論点3

公文書の作成権限を有する公務員以外の者（私人または作成権限のない公務員）が、作成権限を有する情を知らない公務員を利用して、公文書に不実の記載をさせた場合を、間接無形偽造という。この場合に、虚偽公文書作成罪（156条）の間接正犯が成立するかが問題となる。

間接無形偽造のうち、157条の公正証書原本等不実記載罪の要件を満たすものについては、157条の罪のみが成立する。虚偽公文書作成罪の間接正犯の成否が問題となるのは、それ以外の場合である。

【設問3】私人による間接無形偽造

私人であるXは、虚偽の事実を記載した証明願を村役場係員に提出して、村長名義の虚偽の証明書を作成させた。Xに虚偽公文書作成罪の間接正犯が成立するか。

【設問4】公務員による間接無形偽造

文書の起案等を担当する地方事務所建築係Yは、情を知らない所長をして、虚偽の記載をなした現場審査申請書に署名捺印させ、虚偽の現場審査合格書を作成させた。Yに虚偽公文書作成罪の間接正犯が成立するか。

戦前の判例は、村の助役が情を知らない村長に虚偽の記載を行った文書に署名させた事案について、虚偽公文書作成罪の成立を肯定していた（大判昭11・2・14刑集15巻113頁など）。しかし、戦後、最高裁は、【設問3】の事案について、無形偽造の処罰は限定的であること、間接無形偽造については157条が特に規定されていること、157条の法定刑が虚偽公文書作成罪のそれよりも著しく軽いことを指摘して、157条の場合以外は処罰しない趣旨であると解した（○前掲・最判昭27・12・25〈プ466〉）。これに対し、【設問4】の事案については、虚偽公文書作成罪が成立するとした（◎最判昭32・10・4刑集11巻10号2464頁〈百91、講114、プ467〉）。判例は、主体が私人か公務員かによって本罪の間接正犯の成否を決しているといえよう。ただし、公務員であれば誰でもよいとしているわけではないと解される。本罪には「職務に関し」という要件があり、この要件を満たす公務員であることが必要であると解されるからである。【設問4】の事案では、Yが作成権限のある公務員の職務を補佐する立場にあったことが重要である。

学説には、私人が主体であっても虚偽公文書作成罪の間接正犯が成立するという見解もある。しかし、本罪は公務員を主体とする身分犯であることから、通説は、私人については本罪の間接正犯は成立しないとしている。他

方、学説には、作成権限のない公務員についても本罪の間接正犯は成立しないとするものがあるが、多数説は、判例と同様、公文書の起案を担当する公務員については本罪の間接正犯が成立するとしている。

(3) 私文書偽造罪の重要問題

既に述べたように（本講2(1)イ a 参照）、私文書偽造罪（159条1項・3項）については、「偽造」とは、**名義人と作成者の人格の同一性を偽ること**をいうと定義されることが多い（定義Ⓑ）。この定義の方が便利だからである。そこで、この定義を使いこなせるようになることが大切になるが、そのためには、前提として、名義人と作成者の意義を理解しておく必要がある。この点、**名義人**とは、文書から看取される作成者をいうこと、また、**作成者**については、文書作成に関する意思主体をいうこと、つまり意思説が前提であることは、既に確認した。ただ、意思説の問題点の検討は留保されていた。そこで、まず、この点について検討する（**論点4**〔作成者の意義〕）。

ところで、実際の事例について、前記の定義を使って「偽造」の成否を明らかにするためには、名義人と作成者をそれぞれ具体的に特定し、両者の人格が一致するかどうかを判断しなければならないが、事例によっては、名義人または作成者をどのように特定するかが問題となることがある。そこで、次に、作成者の特定が問題となる場合（**論点5**〔名義人の承諾〕）、名義人の特定が問題となる場合（**論点6**〔通称の使用〕以下）のそれぞれについて検討する。

ア 作成者の意義 論点4

既に確認したように、作成者とは、**文書作成に関する意思主体**をいう。このように考えるのが判例・学説の出発点であり、これを意思説（観念説）という。しかし、意思説にも問題がある。例えば、教授A名義の文書を作成する権限を与えられている秘書Bが、権限の範囲内で自ら内容を考えてA名義の文書を作成した場合、文書の内容を考えたのはBである以上、この文書の意思主体は、純粋に事実的に見れば、Aであるとはいいがたい。しかし、だからといって、Bを意思主体すなわち作成者とするのはおかしい。名義人はA、作成者はBとなり、偽造となってしまうからである。この場合を偽造に当たらないとするためには、Aを作成者とするしかない。

そこで、文書の内容から生じる法的効果が帰属される者を作成者とする見解（効果説）が現れた。Bが作成した文書の内容から生じる効果はAに帰属されるので、この見解によれば、作成者はAとなり、偽造が成立しないことになる。しかし、文書の内容の法的効果が誰に帰属するかということと、文

書の作成者が誰かということは、本来、別次元の問題である。例えば、この見解を【事例2】（「Xは、10万円を貸したCが借用証書を書かないので、Cに無断で『私はXから甲年乙月丙日を返済期日として10万円を借りました。C』というC名義の借用証書を作った」という事例）に当てはめると、Cは、Xに対して、10万円の借金を期日までに返済するという債務を負っており、Cには借用証書の内容どおりの法的効果が生じるので、Cが作成者ということになる。しかし、XがCに無断で書いた借用証書の作成者がCであるとはいわないであろう。作成者は、Xなのである。

　そこで、現在では、**文書に表示された意思が自己のものとして帰属される主体（意思の帰属主体）**を作成者とする見解（帰属説）が有力になっている。この見解は、法的効果の帰属に左右されない点では事実的な考え方であるが、文書に表示された意思の主体を「帰属」という法的判断によって決める、つまり、法的観点から文書の意思主体とされる「べき」者を決めるという点では規範的な考え方である。これによれば、【事例2】の場合、Xが作成した借用証書の表示意思は、Cに無断で形成・表示された以上、Xに帰属されるから、作成者はXである。したがって、この場合、めでたく偽造が成立する。他方、文書の作成権限は、文書に表示された意思を名義人に帰属するための根拠であると解されるので、作成権限を与えられた秘書Bが作成権限の範囲内で自ら内容を考えてA名義の文書を作成した場合については、名義人と作成者はAで一致し、めでたく偽造が成立しないことになる（これに対し、秘書Bが作成権限の範囲を超えて文書を作成した場合には、文書に表示された意思は名義人Aに帰属せず、Bに帰属するので、作成者はBとなり、偽造が成立する）。

イ　作成者の特定──名義人の承諾　論点5

【設問5】上司名義の文書の作成
　会社員Xは、上司Aの承諾を得て、行使の目的で、A名義の私文書を作成した。Xに私文書偽造罪が成立するか。

【設問6】交通事件原票供述書事例
　Yは、無免許運転中に取締りを受けた際、行使の目的で、あらかじめ承諾を得ていたBの氏名等を用いて交通事件原票中の供述書を作成した。Yに私文書偽造罪が成立するか。

　文書の作成者とは、文書作成に関する意思主体のことであり（意思説）、より厳密には、文書に表示された意思が自己のものとして帰属される主体の

ことである（帰属説）。この定義によれば、名義人の承諾がある場合には、原則として、偽造は成立しない。名義人が承諾を与えている場合、その文書に表示された意思は、通常、承諾を与えた名義人に帰属するため、作成者は名義人となり、両者の人格は一致するからである。例えば、【設問5】の事例の場合、XがAの承諾を得たことにより、文書に表示された意思はAに帰属するため、作成者はAとなり、名義人も作成者もAとなるので、Xに私文書偽造罪は成立しない。

　問題は、この原則に例外があるかであるが、例外を認めるのが判例・多数説である。すなわち、判例は、**文書の性質上、名義人以外の者が作成することが許されない文書**については、**名義人の承諾があっても偽造が成立する**としており、学説の多くも、これを支持している。その理由づけはさまざまであるが、例えば、帰属説によれば、このような文書については、文書に表示された意思を名義人に帰属させることができないので、名義人は作成者となりえず、名義人と作成者の人格は一致しないため、偽造が成立すると解することができる。

　判例は、交通事件原票中の供述書（交通事件原票とは、6枚1組の交通反則切符の2枚目で、告知警察官等が警察本部長への報告に用いる公文書であるが、その下方にある供述書欄〔「上記違反をしたことは相違ありません」と印刷され、交通違反者が署名を求められる部分〕は、交通違反者を名義人とする独立の私文書である）は、その性質上、名義人以外の者が作成することが許されない文書であるとしており、これに従えば、【設問6】の場合、供述書に表示された意思を名義人Bに帰属させることはできない。したがって、作成者はYとなり、名義人と作成者の人格は一致しないので、Yに私文書偽造罪が成立する（◎最決昭56・4・8刑集35巻3号57頁〈百97、講107、プ454〉）。下級審においては、運転免許証申請書（大阪地判昭54・8・15判タ399号154頁）、一般旅券発給申請書（○東京地判平10・8・19判時1653号154頁〈講108、プ455〉）、替え玉受験における大学入試答案（東京高判平5・4・5判タ828号275頁〔ただし、志願者の承諾は認定されておらず、傍論にとどまる〕。なお、本件の上告審が前掲・最決平6・11・29である）について、名義人の承諾があったとしても私文書偽造罪が成立するとされているが、同様に解することができよう。

　なお、偽造が成立する場合には、名義の使用を許した名義人も共犯となりうる。下級審には、共同正犯と共犯（幇助犯）の一般的な区別基準に従って、名義人を共謀共同正犯としたものがあり（前掲・東京地判平10・8・

19)、学説の多くも、これを支持している（これに対し、名義人である以上、名義を偽ることはできないのであるから、共同正犯にはなりえず、幇助犯が成立しうるにすぎないとする見解もある）。

ウ　名義人の特定

作成者は明らかであるが、名義人が明らかでない場合には、名義人を特定して、その人格と作成者の人格とが一致するかを検討する必要がある。

なお、氏名イコール名義であるとは限らない。名義人とは、文書から看取される（見て取れる）作成者（文書の意思主体）をいうが、それは、文書全体の情報に基づいて特定されるべきものだからである。名義人の特定にとって、氏名は参考資料の1つにすぎない。

では、どのようにして名義人を特定すればよいか。結論からいうと、判例においては、**文書の性質等を踏まえて、名義人の特定にとって重要な属性が確定され、この属性を基準に名義人が特定されている**。名義人の特定に際しても、文書の性質がどのようなものであるかが重視されているのである。文書の性質を考慮するという点では、通説も同様であるといってよい。

以下、このような理解を前提に、名義人の特定が問題となる事例を順に見ていくことにしよう。

a　通称の使用　論点6

【設問7】通称の使用

密入国者であるXは、他人A名義の外国人登録証明書を手に入れ、Aの氏名を公私にわたる広範囲の生活場面において一貫して使用し続けたため、Aという氏名がXを指称するものとして完全に定着していた。このような状況において、Xは、A名義の再入国許可を取得して出国しようとし、行使の目的で、A名義の再入国許可申請書を作成した。Xに私文書偽造罪が成立するか。

例えば、職場で、結婚後も旧姓を通称として使用して文書を作成することは珍しくない。この場合に文書偽造罪が成立しないのは、文書の関係者である職場の人に対し旧姓を通称として使用しても、作成者以外の者が名義人として特定されることはなく、名義人と作成者の人格の同一性は失われないからである。作家がペンネームを使って出版契約書を作成したり、芸能人が芸名で出演契約書を作成したりする場合も同様である。本講の冒頭で述べたように、文書偽造罪の保護法益は文書に対する関係者の信用であるから、文書の関係者にとって名義人と作成者が別人格とならない限り、偽造に当たらないと解してよいのである。

第18講　文書偽造の罪　419

逆に言えば、通称の定着度が弱いなどの理由により、文書の関係者にとって名義人と作成者が別人格になる場合には、通称の使用も偽造となりうる。例えば、受刑中逃走し、義弟の氏名を使用して生活していた被告人が、道交法違反（無免許運転）の罪を犯して警察官の取調べを受けた際、その氏名を名乗り、その名義を使用し、義弟の生年月日と本籍を告げて交通事件原票中の供述書を作成した事案では、私文書偽造罪の成立が肯定されている（最決昭56・12・22刑集35巻9号953頁）。この場合の被告人の行為が偽造に当たるのは、義弟の氏名は被告人を指称するものとして「限られた範囲」で通用していたにすぎず、交通取締当局との関係では、被告人とは別人格である義弟が名義人として特定されることになるからである。

問題は、通称が社会生活一般において完全に定着している場合である。判例によれば、このような場合であっても、文書の性質によっては、私文書偽造罪の成立が肯定されることがある。そのような文書の例として、【設問7】の再入国許可申請書がある。再入国許可申請とは、在留資格を有する外国人が、再入国する意図をもって出国する場合に、出国前に済ませておくべき手続のことで、そのための申請書が再入国許可申請書である。【設問7】の事例の場合、Aという氏名は、Xを指称するものとして完全に定着し、他人と混同されない高度の人格特定機能を有していた。そのため、学説では、名義人と作成者の人格の同一性は失われていないとして、私文書偽造罪の成立を否定する見解も有力である。しかし、最高裁は、【設問7】の事案について、「再入国許可申請書の性質にも照らすと」、「本件文書に表示されたAの氏名から認識される人格」、つまり名義人の人格は「適法に本邦に在留することを許されているA」であって、在留資格を有しない作成者Xの人格とは一致しないとして、私文書偽造罪の成立を認めている（◎最判昭59・2・17刑集38巻3号336頁〈百93、講110、プ456〉）。ここでは、名義人の特定にあたり、再入国許可申請書という文書の性質上、氏名（本名、通称を問わず）の人格特定機能以上に、在留資格の有無という属性が重視されているといえよう。

b　偽名の使用 論点7

【設問8】偽名と本人の顔写真の使用
　指名手配中のXは、素性が明らかになることを免れるため、偽名を用いて就職しようと考え、行使の目的で、虚偽の氏名A、生年月日、住所、経歴等を記載し、自己の顔写真を貼付した履歴書・雇用契約書等を作成した。Xに私文書偽造罪が成立するか。

【設問8】の事例では、履歴書に書かれた氏名はAという偽名であり、経歴等も偽っているが、そこに貼付された顔写真は作成者Xのものである。このような履歴書を作成する行為は、私文書の偽造に当たるか。ここでは、履歴書の名義人の特定にとって、Aという偽名等とX自身の顔写真のどちらが重要な意味をもつかが問題である。

学説には、雇用形態等の考慮から、顔写真を重視して、この場合の名義人は「Aこと写真の人物」つまりXであり、偽造に当たらないとする見解も有力である。しかし、最高裁は、【設問8】の事案について、履歴書の性質、機能等に照らすと、たとえXの顔写真が貼りつけられていても、名義人はXとは別人格のものであるとして、私文書偽造罪の成立を認めた（◎最決平11・12・20刑集53巻9号1495頁〈百95、講113、プ457〉）。最高裁は、この事案の履歴書については、顔写真よりも、氏名等の人格特定機能を重視したといえる。その理由は、この事案では、継続的な雇用関係の基礎として、氏名等は重要な意義を有するものであったという点に求めることができる。

なお、具体的な雇用形態によっては、氏名が重要性をもたない場合もありうる（例えば、採用にあたって容姿が重視される場合）。このような場合には、上記最高裁の見解は及ばないと考えられる。

c　肩書・資格の冒用 論点8

従来、資格・肩書を冒用しても偽造にならないと考えられてきた。資格・肩書を冒用しただけでは、通常、名義人と作成者の人格の不一致は生じないからである（例えば、博士号をもっていない教授が博士と名乗る場合）。

しかし、判例の立場、すなわち、文書の性質等を踏まえて、名義人の特定にとって重要な属性を確定し、この属性を基準に名義人を特定するという見解に従った場合、資格の冒用が偽造になることがある。

【設問9】弁護士資格の冒用
　Xは、弁護士資格を有しないが、第二東京弁護士会に所属する弁護士が自己と同姓同名であることを利用して、同弁護士であるかのように装っていた。Xは、Xを弁護士と信じていた者から弁護士報酬を得ようとして、行使の目的で、弁護士の肩書を付したXの名で弁護士報酬金請求書等を作成した。Xに私文書偽造罪が成立するか。

【設問9】の事案について、最高裁は、Xが作成した各文書は弁護士としての業務に関連して弁護士資格を有するものが作成した形式、内容のものである以上、各文書に表示された名義人は「第二東京弁護士会に所属するX」

第18講　文書偽造の罪　421

であり、作成者である「弁護士資格を有しないX」とは別人格の者であるとして、私文書偽造罪の成立を認めた（◎最判平5・10・5刑集47巻8号7頁〈百94、講112、プ462〉）。ここでは、文書の性質上、弁護士資格を有するかどうかが重要な属性とされ、これに従って名義人が特定されたと考えられる。

【設問10】「国際旅行連盟」事件

Xは、国際運転免許証の発給権限のない団体である「国際旅行連盟」から委託されて、行使の目的で、「国際旅行連盟」と刻された、正規の国際運転免許証と酷似した文書を作成した。Xに私文書偽造罪が成立するか。

【設問10】で作成された文書の作成者は、委託者である「国際旅行連盟」である。では、名義人は誰か。文書に「国際旅行連盟」と刻されているので、名義人も同一人格の「国際旅行連盟」であると考えてよいのであろうか（このように解すると、Xに私文書偽造罪は成立しないことになる）。

この点について、最高裁は、本件文書の性質などに照らすと、名義人は、発給権限のない「国際旅行連盟」ではなく、「ジュネーブ条約に基づく国際運転免許証の発給権限を有する団体である国際旅行連盟」であると解すべきであるとし、Xに私文書偽造罪が成立するとした（最決平15・10・6刑集57巻9号987頁〈百96、講106、プ463〉）。国際運転免許証という文書の性質上、「国際旅行連盟」という名前の人格特定機能よりも、発給権限の有無という属性が重視された結果、作成者は「発給権限のない国際旅行連盟」、名義人は「発給権限のある国際旅行連盟」となり、両者の人格は一致しないとされたのである。

d　代理・代表名義の冒用 **論点9**

代理名義の冒用とは、Aを代理する権限をもたないXが「A代理人X」として文書を作成した場合のように、代理権をもたない者が、他人の代理人であるかのような肩書を付して文書を作成する場合である。代表名義の冒用も、代理人を代表に置き換えて、これと同様に考えればよい。

さて、この場合、作成者が代理人として表記された者（上の例では「X」）であることについては問題はない。問題は、名義人が誰かである。この点について、学説は、名義人を①「A（本人）」とする見解、②「A代理人X」とする見解、③「X」とする見解とに分かれている。①②によれば、名義人と作成者の人格の同一性を偽ったことになり、私文書偽造罪が成立する（②

によれば、名義人は「Aの代理人であるX」という架空の人物、作成者は〔Aの代理人でない〕「X」という実在の人物となり、両人格は一致しない）。これに対し、③によれば、代理人・代表の資格・肩書という文書の内容に虚偽があるにすぎず、私文書偽造罪は成立しないことになる。

【設問11】代表名義の冒用
　学校法人Aの理事として登録されていたXは、行使の目的で、「理事会決議録」と題する書面に、理事会が自己を理事長に選任し、かつ、自己を議事録署名人とすることを可決したなどと虚偽の内容を記載し、末尾に「理事録署名人X」と記してXの印を押した。Xに私文書偽造罪が成立するか。

　多数説は、①説であり、判例も、結論は①説と同じである（大判明42・6・10刑録15輯738頁）。例えば、最高裁は、【設問11】の事案について、名義人は本人であるA理事会であるとして、Xに私文書偽造罪が成立するとしている（◎最決昭45・9・4刑集24巻10号1319頁〈百92、講111、プ459〉）。なお、この事案の場合、①説からは、無印私文書偽造罪〔159条3項〕が成立するにとどまる。名義人であるA理事会の印章もしくは署名が使用されていないからである）。

　もっとも、その根拠については見解が分かれている。判例は、文書に表示された意識内容に基づく効果が代理・代表された本人に帰属する形式のものであることを、①説のように解する根拠としている。これは、文書の法的効果の帰属主体を作成者とする立場（効果説）を前提にするものといえる。これに対し、文書に表示された意思が自己のものとして帰属される主体を作成者と解する立場（帰属説）からは、文書に表示された意思の帰属主体が本人であると認識されるような外観を有していることが、①説のように解する根拠となる。

```
●コラム●　偽造の2つの定義をどう使うか
```

　偽造には、作成権限がないのに他人名義の文書を作成することをいうとする伝統的な定義（定義Ⓐ）と、名義人と作成者の人格の同一性を偽ることをいうとする比較的新しい定義（定義Ⓑ）の2つがあり、一般的には、両者は実質的に同じものとされるが、公文書偽造については前者、私文書偽造については後者が使いやすく、判例も、私文書偽造については後者の定義を使うようになっていることは、本文で述べたとおりである。このような現状を前提とするならば、事例問題で公文書偽造と私文書偽造のいずれか一方のみが論点となる場合には、それぞれに適した定義を使って答案を書いてかまわないであろう。

　問題は、1つの事例問題で公文書偽造と私文書偽造の両方が論点となる場合である（実際には多くないであろうが）。この場合の対処法としては、次の2つが考えられる。1つ

第18講　文書偽造の罪　　423

は、2つの定義を紹介し、両者は実質的に異ならないとした上で（例えば、「文書の偽造とは、作成権限がないのに他人名義の文書を作成することをいい、その本質は、文書の名義人と作成者の人格の同一性を偽る点にある」とした上で）、両者を使い分けるという方法である。もう1つは、定義Ⓑのみを偽造の定義として示した上で、私文書偽造についてはこれをそのまま使い、公文書偽造については定義Ⓑを作成権限と結びつけて使う（例えば、「文書の作成権限は、文書に表示された意思が名義人に帰属される根拠となるから、作成権限がある場合には名義人と作成者の人格は一致するので偽造にならないが、作成権限がない場合には名義人と作成者の人格は一致しないので偽造になる」と述べておく）という方法である。1つの概念の定義は1つであることが望ましいとすれば、後者の方法が推奨されるべきであろうが、現在の判例・学説の状況からすれば、必ずしもこれにこだわらなくてよいであろう。

第19講　その他の社会的法益に対する罪

◆学習のポイント◆

1　本講の対象は、放火・失火の罪、文書偽造の罪を除く、社会的法益
に対する罪である。社会的法益に対する罪は、公共危険犯、取引等の
安全に対する罪、風俗に対する罪に大別される。

2　公共危険犯には、放火・失火の罪、騒乱の罪、出水・水利に関する
罪、往来を妨害する罪、公衆の健康に対する罪が含まれる。放火・失
火の罪以外では、往来を妨害する罪が特に重要である。

3　取引等の安全に対する罪には、文書偽造の罪のほか、通貨偽造の
罪、有価証券偽造などが含まれる。本講で扱われるのは、文書偽造の
罪以外の各種偽造罪その他の罪であるが、その学習にあたっては、文
書偽造の罪との共通点・相違点を意識するとよい。

4　風俗に対する罪には、わいせつ・重婚の罪、賭博・富くじに関する
罪、礼拝所・墳墓に関する罪が含まれる。ここでは、「わいせつ」の
定義と判断方法、わいせつ物頒布等罪が特に重要である。

1　公共危険犯（放火・失火の罪を除く）

(1)　総　説

公共危険犯は、不特定または多数人の生命・身体・財産に危険を及ぼす罪
である。ここに含まれる罪のうち、放火・失火の罪（108条以下）について
は前述した（17講）。以下では、これを除く公共危険犯、すなわち、騒乱の
罪（106条以下）、出水・水利に関する罪（119条以下）、往来を妨害する罪
（124条以下）、公衆の健康に対する罪（136条以下）を扱うことにする。

(2)　騒乱の罪

ア　総　説

騒乱の罪は、騒乱罪（106条）とその前段階である多衆不解散罪（107条）
とからなる。騒乱罪は、戦後初期までは多く適用されたが（大須事件など）、
それ以降の適用例はほとんどない（例外として、昭和43〔1968〕年に起き

425

た、後掲・新宿騒乱事件)。多衆不解散罪の適用例は、戦後の公刊裁判例には見当たらない。

イ　騒乱罪

106条　ⓐ多衆でⓑ集合して暴行又は脅迫をした者は、騒乱の罪とし、次の区別に従って処断する。
　一　ⓒ首謀者は、1年以上10年以下の懲役又は禁錮に処する。
　二　ⓓ他人を指揮し、又はⓔ他人に率先して勢いを助けた者は、6月以上7年以下の懲役又は禁錮に処する。
　三　ⓕ付和随行した者は、10万円以下の罰金に処する。

---

a　保護法益

本罪の保護法益は、判例によれば、**公共の静謐**（せいひつ）または**平和**である。もっとも、このような理解によれば、騒乱罪の適用範囲が広くなりすぎるおそれがある。そのため、学説においては、本罪を、群集心理に支配された集団の暴力に基づく公共危険犯と解し、不特定または多数人の生命・身体・財産を侵害する危険を生じさせた場合に本罪が成立すると解する立場が多数説である。

b　多　衆

本罪は、多衆で集合して暴行・脅迫をした場合に成立する。本罪の主体については、これを集団としての多衆と解する見解と、多衆を構成する個人と解する見解とに分かれているが、現在は後者が有力である。後者によれば、多衆は、構成要件的状況を意味することになろう。

多衆とは、判例によれば、一地方における公共の平和、静謐を害するに足る暴行・脅迫をなすに適当な多人数をいう（下線ⓐ）。これに対し、本罪を不特定または多数人の生命・身体・財産に対する公共危険犯と解する多数説の立場からは、多衆とは、不特定または多数人の生命・身体・財産に危険を及ぼしうる程度の多人数と解される。もっとも、内乱罪（77条）と異なり、特定の目的をもっていることを要せず、また、集団として組織化されている必要もない（したがって、首謀者が欠けてもよい）。平和的な集団が途中から暴徒化した場合も含まれる。

c　暴行・脅迫

行為は、**集団**的な暴行・脅迫である（下線ⓑ）。

本罪の暴行・脅迫は広く解されており、暴行は物に対する場合を含み、脅迫は告知される害悪の内容を問わない。本罪の暴行・脅迫の程度につき、判

例は、本罪の保護法益を公共の静謐または平和と解する立場から、本罪の暴行・脅迫は、一地方における公共の平和、静謐を害するに足る程度のものでなければならないとしている（最判昭35・12・8刑集14巻13号1818頁）。そして、「一地方」に当たるか否かの判断方法について、判例は、単に暴行・脅迫が行われた地域の広狭や居住者の多寡のみならず、当該地域が社会生活において占める重要性や同所を利用する一般市民の動き、同所を職域として勤務する者らの活動状況、さらに、当該騒動の様相が周辺地域の人心にまで不安を与えるに足りるものであったか、といった諸事情を総合考慮すべきであるとしている。新宿騒乱事件（最決昭59・12・21刑集38巻12号3071頁〈講92、プ417〉）では、この判断枠組みに基づいて、新宿駅とその周辺が一地方に当たるとされた。

　集団による暴行・脅迫と認められるためには、暴行・脅迫が集合した多衆の**共同意思**に基づくものであることが必要である。判例によれば、共同意思は、多衆の合同力を恃んで（当てにして）自ら暴行・脅迫をなす意思ないしは多衆をしてこれをなさしめる意思と、このような暴行・脅迫に同意を表し、その合同力に加わる意思とに分かれ、集合した多衆がこのいずれかの意思を有する者によって構成されているとき、多衆の共同意思が認められる（前掲・最判昭35・12・8）。その際には、具体的な個々の暴行・脅迫を確定的に認識している必要はなく、また、多衆全部間における意思連絡ないし相互認識の交換までは必要ではない（この点で、共同意思は、共謀よりも緩やかなもので足りる）が（前掲・最判昭35・12・8）、騒乱行為に加担する意思において確定的であることを要する（最決昭53・9・4刑集32巻6号1077頁）。以上の共同意思の要件は、暴行・脅迫が集団によるものと認められるための主観的要件であるとともに、集団による暴行・脅迫を集団の構成員である個人に帰属するための主観的要件でもある。

　　d　集団犯

　本罪は、多人数が集合することを要する**集団犯**であり（総論20講1(2)参照）、集団内での役割に応じて異なる法定刑が規定されている。**首謀者**とは、騒乱行為を主唱・画策し、多衆にその合同力により暴行・脅迫を行わせた者（下線ⓒ）、他人を指揮した者（**指揮者**）とは、騒乱行為への参加者の全部または一部を指揮した者（下線ⓓ）、他人に率先して勢いを助けた者（**率先助勢者**）とは、多衆に抜きん出て騒乱の勢いを増大させる行為をした者（下線ⓔ）、付和随行した者（**付和随行者**）とは、付和雷同的な騒乱の参加者（下線ⓕ）を、それぞれいう。首謀者、指揮者、率先助勢者は、必ずしも現場に

おいてこれらの行為をする必要はない。

　本罪は、集団犯であり、必要的共犯である（総論20講1(2)参照）。そこで、学説の中には、本罪の首謀者、指揮者、率先助勢者、付和随行者の各行為に対する共犯を認めない見解がある。しかし、通説は、集団の外部の者は必要的共犯ではなく、共犯の成立を否定すべき理由はないとして、本罪にも共犯の成立が可能であるとしている。

　e　罪　数

　本罪が成立する場合、暴行罪（208条）、脅迫罪（222条）は本罪に吸収され、別途成立しない（通説）。このような理解によれば、付和随行者が暴行・脅迫をした場合には、かえって軽く処罰されることになるが、この点は、群集心理に基づく責任減少の観点から説明されている。

　暴行罪、脅迫罪以外の他罪との関係について、判例・多数説は、本罪の暴行・脅迫が他罪を成立させない程度のもので足りることなどを理由に、他罪に触れる場合には本罪と同時に他罪も成立し、観念的競合になるとしている（例えば、建造物侵入罪〔130条〕、建造物損壊罪〔260条〕、公務執行妨害罪〔95条1項〕との観念的競合を認めたものとして、前掲・最判昭35・12・8）。

ウ　多衆不解散罪

> **107条**　暴行又は脅迫をするため多衆が集合した場合において、権限のある公務員から解散の命令を3回以上受けたにもかかわらず、なお解散しなかったときは、首謀者は3年以下の懲役又は禁錮に処し、その他の者は10万円以下の罰金に処する。

　本罪は、騒乱罪の予備段階の行為を処罰する真正不作為犯である（真正不作為犯について、総論6講1(1)参照）。騒乱罪が成立すれば、本罪はそれに吸収される。解散命令の根拠は、警察官職務執行法5条の警告・制止である（通説）。本罪の成立時期については、3回目の解散命令の時点であるとする見解と、そこから解散のために必要な時間が経過した時点であるとする見解とが対立している。

(3)　出水・水利に関する罪

ア　総　説

　出水・水利に関する罪（119条以下）は、出水罪（119条ないし122条・123条後段）と水利妨害罪（123条前段）からなる。出水罪は、水力による公共危険犯であり、火力による公共危険犯である放火罪（108条以下）と構造が似ている。これに対し、水利妨害罪は、財産権である水利権に対する

罪であり、公共危険犯ではないが、その手段が出水危険罪（123条後段）と共通し、出水の危険を伴うことも想定されるため、出水罪とともに規定されている。

イ　現住建造物等浸害罪

> 119条　ⓐ出水させて、現に人が住居に使用し又は現に人がいる建造物、汽車、電車又は鉱坑をⓑ浸害した者は、死刑又は無期若しくは3年以上の懲役に処する。

　本罪は、現住建造物等放火罪（108条）に対応する浸害罪である。ただし、客体から艦船が除かれている。「出水させて」とは、人によって管理・制圧されていた水力を解放して氾濫させることをいう（下線ⓐ）。流水であると貯水であるとを問わない。堤防を決壊させること、水門を破壊すること、水流をせき止めることなどが、その例である。既に浸水があって、水量を増加させる場合も含む（大判明44・11・16刑録17輯1984頁）。「浸害」とは、水力による客体の流失、損壊、その他の効用喪失をいう（下線ⓑ）。一時的なものであってもよい。

ウ　非現住建造物等浸害罪

> 120条1項　出水させて、前条に規定する物以外の物を浸害し、よって公共の危険を生じさせた者は、1年以上10年以下の懲役に処する。
> 2項　浸害した物が自己の所有に係るときは、その物が差押えを受け、物権を負担し、賃貸し、又は保険に付したものである場合に限り、前項の例による。

　本罪は、現住建造物等以外の物件の浸害を処罰するものである。客体が非現住建造物と建造物等以外の物とに区別されていない点、自己所有物の浸害が原則として処罰の対象とされていない点、すべて公共の危険の発生を必要とする具体的危険犯とされている点が、放火罪（109条・110条）と異なる。本罪の客体には、田畑、牧場、森林等も含まれる。

エ　水防妨害罪

> 121条　ⓐ水害の際に、水防用の物を隠匿し、若しくは損壊し、又はその他の方法により、ⓑ水防を妨害した者は、1年以上10年以下の懲役に処する。

　本罪は、消火妨害罪（114条）に対応する規定である。「水害」とは、出水・浸害により公共の危険が生じている状態、または生じうる状態をいい、「水害の際」には、水害が現に発生している場合のほか、まさに発生しようとしている場合も含まれる（下線ⓐ）。「水防を妨害した」といえるためには、妨害行為がなされれば足り、現実に水防が妨害されたことを要しない（下線ⓑ）。

オ　過失建造物等浸害罪

> **122条**　過失により出水させて、第119条に規定する物を浸害した者又は第120条に規定する物を浸害し、よって公共の危険を生じさせた者は、20万円以下の罰金に処する。

　本罪は、失火罪（116条）に相当する罪であるが、客体が他人所有非現住建造物等である場合についても公共の危険の発生が要求されている点、業務上過失・重過失の加重規定がない点で、失火罪と異なる。

カ　出水危険罪

> **123条後段**　堤防を決壊させ、水門を破壊し、その他ⓐ出水させるべき行為をした者は、2年以下の懲役若しくは禁錮又は20万円以下の罰金に処する。

　本罪は、浸害罪（119条・120条）の未遂罪・予備罪に相当する。「出水させるべき行為」とは、出水させる危険を有する行為をいい（下線ⓐ）、堤防の決壊、水門の破壊は、その例示である。

キ　水利妨害罪

> **123条前段**　堤防を決壊させ、水門を破壊し、その他ⓐ水利の妨害となるべき行為をした者は、2年以下の懲役若しくは禁錮又は20万円以下の罰金に処する。

　本罪は、既に述べたように、財産権としての水利権を侵害する罪であり、公共危険犯ではない。水利権は、発電・灌漑・水道など、一切の水の利用権を含む。本罪の成立には、水利権を有する被害者の存在が必要である（大判昭7・4・11刑集11巻337頁）。「水利の妨害となるべき行為」とは、水利権侵害の危険を備えた行為をいい（下線ⓐ）、堤防の決壊、水門の破壊は、その例示である。現実に水利権を妨害したことは必要ではない。

(4)　往来を妨害する罪

ア　総　説

　往来を妨害する罪（124条以下）は、道路や鉄道などの交通施設・機関に工作を加えて、**交通の安全**を害する罪である。交通の安全の侵害により、交通に関わる公衆の生命・身体・財産に危険をもたらすことから、公共危険犯と解されている。なお、刑法制定後に発達した高速自動車道、新幹線、航空交通などの保護は、特別法に委ねられている。

イ　往来妨害罪・同致死傷罪

> **124条１項**　ⓐ陸路、ⓑ水路又はⓒ橋をⓓ損壊し、又はⓔ閉塞してⓕ往来の妨害を生じさせた者は、２年以下の懲役又は20万円以下の罰金に処する。
> **２項**　前項の罪を犯し、よって人を死傷させた者は、傷害の罪と比較して、重い刑により処断する。

未遂（128条）　第124条第１項、第125条並びに第126条第１項及び第２項の罪の未遂は、罰する。

a　往来妨害罪

往来妨害罪（124条１項）は、陸上・水上の交通を妨害する罪である。往来の危険を生じさせるに至らない程度のものであるため、往来危険罪（125条）よりも刑が軽い。未遂も処罰される（128条）。

客体は、陸路、水路、橋である。**陸路**とは道路をいい（下線ⓐ）、**水路**とは船舶・筏などの航行の用に供される河川・運河・港口などをいう（下線ⓑ）。橋には、陸橋や桟橋などが含まれるが（下線ⓒ）、鉄道交通は往来危険罪の客体であるから、専ら鉄道交通に供されるものは含まれない。本罪は公共危険犯であるから、陸路・水路・橋は、公衆の通行の用に供されていることを要するが、公有・公設のものである必要はない。

行為は、損壊・閉塞である。**損壊**は、爆破行為などによる物理的損壊に限られる（下線ⓓ）。**閉塞**とは、障害物を置いて道路などを遮断することをいう（下線ⓔ）。

結果は、往来の妨害である。**往来の妨害**とは、陸路などの損壊・閉塞により、通行が不可能または著しく困難になったことをいう（下線ⓕ）。このような状態が生じたことが必要であり、それで足りる（具体的危険犯）。道路上で自動車を炎上させ、燃料に引火して爆発するおそれを生じさせた場合には、道路がなお２m余空いていたとしても、本罪が成立する（最決昭59・４・12刑集38巻６号2107頁）。

b　往来妨害致死傷罪

往来妨害致死傷罪（124条２項）は、往来妨害罪の結果的加重犯であり、同罪が既遂となっていることが必要である。したがって、往来妨害の結果として人の死傷が生じたことを要し、損壊・閉塞行為自体から人の死傷が生じた場合を含まない。最高裁は、国庫補助金を獲得するために行われた違法な橋梁損壊の工事中に橋梁が墜落して作業人・通行人が死傷した事案について本罪の成立を認めているが（最判昭36・１・10刑集15巻１号１頁〔天狗橋損

壊事件〕）、この事案では落橋前に往来妨害の事実が発生していたといえる。

ウ　往来危険罪

> 125条1項　ⓐ鉄道若しくはその標識を損壊し、又はその他の方法により、ⓑ汽車又は電車のⓒ往来の危険を生じさせた者は、2年以上の有期懲役に処する。
> 2項　ⓓ灯台若しくは浮標を損壊し、又はその他の方法により、ⓔ艦船の往来の危険を生じさせた者も、前項と同様とする。

未遂（128条）　第124条第1項、第125条並びに第126条第1項及び第2項の罪の未遂は、罰する。

　往来危険罪（125条）は、汽車・電車・艦船（後述）の往来の危険（後述）を生じさせる罪である。未遂も処罰される（128条）。

　行為の方法に制限はない。鉄道・その標識・灯台・浮標の損壊は、汽車・電車・艦船の往来の危険を生じさせる方法の例示にすぎない（下線ⓐⓓ）。本罪の行為としては、このような危険を生じさせるものであれば足りる。線路上に障害物（石など）を置くこと（線路上の継ぎ目に小石を挿入する行為につき、大判大13・10・23刑集3巻711頁〈プ437〉）、虚偽の信号・標識を表示すること、不正規の電車を暴走させること（後掲・最大判昭30・6・22〔三鷹事件〕、最判昭36・12・1刑集15巻11号1807頁〈プ435〉〔人民電車事件〕）、線路沿いの土地を掘削すること（○最決平15・6・2刑集57巻6号749頁〈百86、講99、プ436〉）などが、その例である。

　客体は、汽車・電車・艦船である。**汽車・電車**とは、軌道上を走行する交通機関をいう（下線ⓑ）。判例によれば、汽車にはガソリンカーが含まれる（大判昭15・8・22刑集19巻540頁）。これによれば、ディーゼルカーも含まれることになろう。電車には、モノレール、ケーブルカーが含まれる。**艦船**とは、水上の交通機関であり、軍艦および船舶をいう（下線ⓔ）。その大小を問わない。

　結果は、往来の危険である。**往来の危険**とは、汽車・電車・艦船の衝突・脱線・転覆・沈没・破壊など交通の安全を害するおそれのある状態をいうが（下線ⓒ）、実害の発生は不要である（具体的危険犯）。

　故意の内容として、往来の危険の発生についての認識・予見が必要である（前掲・大判大13・10・23、前掲・最判昭36・12・1など）。過失しかない場合には、過失往来危険罪（129条1項）が成立するにとどまる。

432

エ　汽車転覆等罪・同致死傷罪

126条1項　ⓐ現に人がいる汽車又は電車をⓑ転覆させ、又はⓒ破壊した者は、無期又は3年以上の懲役に処する。
　2項　ⓓ現に人がいる艦船を転覆させ、ⓔ沈没させ、又はⓕ破壊した者も、前項と同様とする。
　3項　前2項の罪を犯し、よって人を死亡させた者は、死刑又は無期懲役に処する。

未遂（128条）　第124条第1項、第125条並びに第126条第1項及び第2項の罪の未遂は、罰する。

---

a　汽車転覆等罪

　汽車転覆等罪（126条1項・2項）は、現に人がいる汽車・電車・艦船の転覆等を特に重く処罰するものである（抽象的危険犯）。このような行為には汽車等の内部にいる人の生命・身体に対する重大な危険が認められることが、加重処罰の根拠である。未遂も処罰される（128条）。

　客体は、現に人がいる汽車・電車・艦船である（下線ⓐⓓ）。汽車・電車・艦船の意義については、往来危険罪（125条）を参照。現にいる人は、乗客である必要はない。**人が現在すべき時期**については、①実行の開始時で足りるとする見解（大判大12・3・15刑集2巻210頁）、②転覆等の結果の発生時とする見解、③実行の開始時および結果の発生時とする見解、④実行の開始時から結果の発生時までのいずれかの時点で人が現在すれば足りるとする見解が対立している。条文からは、転覆等の結果の発生時に人が現在していることが必要であるように読めるが、多数説は、本罪の加重処罰の根拠からすれば、汽車等の内部にいる人の生命・身体に対する危険がおよそ認められない場合（例えば、深夜運転終了後に無人の車庫で爆発するように、日中、電車に時限爆弾を仕掛けた場合）を除き、実行の開始時から結果の発生時までのいずれかの時点で人が現在すれば足りるとして、④説を支持している。

　行為は、転覆・破壊・沈没である。汽車・電車の**転覆**とは、汽車・電車を横転、転落させることをいい（下線ⓑ）、単に脱線させるだけの場合は含まれない。汽車・電車の**破壊**とは、汽車・電車の実質を害して、その交通機関としての機能の全部または一部を失わせる程度の損壊をいう（最判昭46・4・22刑集25巻3号530頁。下線ⓒ）。電車に投石して窓ガラス1枚を損壊し、車体の塗料の一部をはがした程度では本罪は成立せず、器物損壊罪（261条）が成立するにとどまる（大判明44・11・10刑録17輯1868頁）。艦船

第19講　その他の社会的法益に対する罪　**433**

の**沈没**とは、船舶の主要な部分が水中に没した状態をいい（下線ⓔ）、単な
る座礁は含まれない。艦船の**破壊**とは、艦船の実質を害し、航行機関たる機
能の全部または一部を不能にする程度の損壊をいう（大判昭2・10・18刑集
6巻386頁。下線ⓕ）。艦船を座礁させることが、艦船の破壊に当たる場合が
ある（○最決昭55・12・9刑集34巻7号513頁〈講100、プ438〉）。

　b　汽車転覆等致死罪

　汽車転覆等致死罪（126条3項）は、汽車転覆等罪（126条1項・2項）の
結果的加重犯である。汽車転覆等罪が未遂の場合には本罪は成立せず、汽
車・電車・艦船の転覆・沈没・破壊の結果として人の死亡が生じた場合にの
み、本罪が成立する。したがって、通説は、転覆・破壊等の行為自体から人
の死亡の結果が生じた場合には、本罪は成立しないと解している（反対説と
して、東京高判昭45・8・11判タ259号305頁）。なお、致傷罪は規定されて
いないが、汽車転覆等罪の法定刑は十分に重いので、傷害罪（204条）等は
汽車転覆等罪に吸収されると解してよい。

　本罪の「人」については、汽車等に現在した人に限るとする見解と、これ
に限らないとする見解とが対立している（後者によれば、例えば、電車の内
部にいる人は死亡しなかったが、沿線住民が死亡したという場合にも、本罪
が成立することになる）。前者の見解は、本罪の基本犯の客体が現に人がい
る汽車等に限定されていることを根拠とし、後者の見解は、本罪が公共危険
犯である点を根拠とする。判例は、後者の見解を採用している（後掲・最大
判昭30・6・22〔三鷹事件〕）。

　殺意をもって汽車等を転覆等させ、よって人を死亡させた場合について
は、殺人罪（199条）と本罪の観念的競合になるとする見解と、本罪のみの
成立を認める見解とが対立している。判例は、前者の見解を採用しているが
（大判大7・11・25刑録24輯1425頁）、人の死を二重評価することになる点に
問題があると批判されている。通説は、本罪の法定刑の重さからすれば本罪
のみの成立を認めれば足りるとして、後者の見解を支持している。なお、殺
意があったが死亡の結果が生じなかった場合について、多数説は、汽車転覆
等罪と殺人未遂罪との観念的競合になると解している。

オ　往来危険による汽車転覆等罪

> **127条**　第125条の罪を犯し、よって汽車若しくは電車を転覆させ、若しくは破壊
> し、又は艦船を転覆させ、沈没させ、若しくは破壊した者も、前条の例によ
> る。

本条は、往来危険罪（125条）を犯した結果、汽車等の転覆等をもたらした場合を、汽車転覆等罪（126条）と同様に処罰するとしたものである。往来危険罪の結果的加重犯であるが、転覆等について故意のある場合（126条）と同様に処罰することを定めている点で、特殊な規定である。

本罪の客体である汽車等については、126条と異なり、「現に人がいる」ものであることが規定されていない。そこで、現に人がいるものであることを要するか（無人の汽車等を転覆等させた場合に本罪は成立しないか）が問題となる。判例は、要しないとしており（後掲・最大判昭30・6・22は、無人電車を暴走させ、その脱線・破壊により付近にいた6名を死亡させたという事案〔三鷹事件〕について、本罪の成立を肯定している）、学説にも、判例を支持するものがある。しかし、多数説は、「前条〔126条〕の例による」とされているのは、客体が126条と同じであることを意味するとの理解から、現に人がいるものであることを要するとしている。

人を死亡させた場合に126条3項の致死罪を適用できるかも争われている。判例は、同項の適用を肯定している（○最大判昭30・6・22刑集9巻8号1189頁〈講101、プ439〉〔三鷹事件〕）。「前条〔126条〕の例による」と規定されている点を重視すれば、判例の立場に至ることになろう。これに対し、学説では、127条が致死については規定していないことを理由として126条3項は適用されないとする見解や、127条の汽車等を現に人がいるものに限定して126条3項の適用を認める見解などが主張されている。

カ　過失往来危険罪

> **129条1項**　過失により、汽車、電車若しくは艦船の往来の危険を生じさせ、又は汽車若しくは電車を転覆させ、若しくは破壊し、若しくは艦船を転覆させ、沈没させ、若しくは破壊した者は、30万円以下の罰金に処する。
> **2項**　ⓐその業務に従事する者が前項の罪を犯したときは、3年以下の禁錮又は50万円以下の罰金に処する。

本条は、過失往来危険罪と過失汽車転覆等罪を処罰する。汽車等について「現に人がいる」ものであることが規定されていないことから、人の現在を要しないと解されている。業務上の過失による場合は、刑が加重される。「その業務に従事する者」とは、直接または間接に汽車、電車、艦船の交通往来に従事する者をいう（大判昭2・11・28刑集6巻472頁。下線ⓐ）。

(5)　公衆の健康に対する罪

ア　総説

刑法は、公衆の健康に対する罪として、あへん煙に関する罪（136条以

下）と飲料水に関する罪（142条以下）を規定している。もっとも、現在、あへん煙（けしの液汁を凝固させたものを、煙管による吸引に適するように加工したもの）の吸引はほとんど行われておらず、また、あへんについては、あへん法による規制があるため、あへん煙に関する罪は空文化しているといってよい。そこで、あへん煙に関する罪については、個別的な検討は省略する。

イ　飲料水に関する罪

a　浄水汚染罪

> **142条**　ⓐ人の飲料に供する浄水をⓑ汚染し、よって使用することができないようにした者は、6月以下の懲役又は10万円以下の罰金に処する。

客体の「人の飲料に供する浄水」とは、人の飲料に供することが予定されている水であって、飲用に適する程度に清潔・清浄なものをいう（下線ⓐ）。灌漑用水や渓流野水などは、人の飲料に供することが予定されていないため、含まれない。本罪は公共危険犯であるから、「人」は不特定または多数人であることを要する。もっとも、水道により供給される浄水については別に重く処罰されていることから（143条）、ここにいう多数人は、ある程度の多数人で足りるとされており、例えば、一家族の飲用に供される水瓶や井戸の浄水も、本罪の客体に含まれると解されている（大判昭8・6・5刑集12巻736頁）。

行為は、汚染して使用できないようにすることである（泥の投入、底土の撹拌、放尿など。下線ⓑ）。条文に「よって」とあるが、本罪は結果的加重犯ではなく、「使用することができないようにした」ことについての認識・予見が必要である。心理的に飲用できなくなる場合を含む（井戸水に食紅を投入した事例につき、最判昭36・9・8刑集15巻8号1309頁）。

b　水道汚染罪

> **143条**　水道により公衆に供給する飲料の浄水又はその水源を汚染し、よって使用することができないようにした者は、6月以上7年以下の懲役に処する。

水道（水を供給するための人工の設備）により公衆に供給される飲料の浄水またはその水源が汚染された場合には、被害が広範に及ぶ可能性があることから、浄水の汚染（142条）よりも刑が加重されている。

c　浄水毒物等混入罪

> **144条**　人の飲料に供する浄水にⓐ毒物その他人の健康を害すべき物を混入した者は、3年以下の懲役に処する。

「毒物」とは、化学的作用により人の健康を害する物質をいい（青酸カリなど）、「人の健康を害すべき物」とは、飲用することによって人の健康を害する一切のものをいう（病原菌や寄生虫など。下線ⓐ）。人の健康を害すべき程度に混入されたことが必要であるが、実際に人の健康に障害が生じたことは必要ではない。

　　d　浄水汚染等致死傷罪

> **145条**　前3条の罪を犯し、よって人を死傷させた者は、傷害の罪と比較して、重い刑により処断する。

　本罪は、浄水汚染罪・水道汚染罪・浄水毒物等混入罪を基本犯とする結果的加重犯である。死傷の結果について故意があるときは、本罪の基本犯と殺人罪（199条）・傷害罪（204条）の観念的競合となる。

　　e　水道毒物等混入罪・同致死罪

> **146条**　水道により公衆に供給する飲料の浄水又はその水源に毒物その他人の健康を害すべき物を混入した者は、2年以上の有期懲役に処する。よって人を死亡させた者は、死刑又は無期若しくは5年以上の懲役に処する。

　本条後段には致傷罪が規定されていないが、基本犯の刑が傷害罪（204条）より重いことから、致傷の結果が生じた場合には、本条前段の罪のみが成立すると解される。本条後段の致死罪の刑は殺人罪（199条）と同じであり、死亡の結果について故意がある場合には、致死罪のみが成立すると解してよい。殺人が未遂に終わった場合には、殺人未遂罪が成立し、本条前段の罪との観念的競合となる。

　　f　水道損壊罪・同閉塞罪

> **147条**　公衆の飲料に供する浄水の水道を損壊し、又は閉塞した者は、1年以上10年以下の懲役に処する。

　「損壊」、「閉塞」については往来妨害罪（124条）を参照。浄水の供給を不可能または著しく困難にする程度の行為であることが必要である。

2　取引等の安全に対する罪（文書偽造の罪を除く）

（1）　総　説

　取引の安全を図ることは、社会における人々の諸活動の基本的な前提条件である。そこで、刑法は、通貨偽造の罪（148条以下）、文書偽造の罪（154条以下）、有価証券偽造の罪（162条以下）、支払用カード電磁的記録に関す

第19講　その他の社会的法益に対する罪　437

る罪（163条の2以下）、印章偽造の罪（164条以下）を規定し、通貨や文書等の証明・決済手段に対する公共（公衆、社会一般の者）の信用を保護することによって、取引の安全を図ろうとしている。また、コンピュータ・プログラムに対する社会一般の者の信頼を保護するために、2011（平成23）年の刑法改正により、不正指令電磁的記録に関する罪（168条の2以下）が新設された。

　これらの罪のうち、文書偽造の罪については前述した（18講）。以下では、これ以外のものを扱う。

(2) 通貨偽造の罪

ア 総説

　刑法は、通貨偽造の罪として、通貨偽造罪・同行使等罪（148条）、外国通貨偽造罪・同行使等罪（149条）、偽造通貨等収得罪（150条）、以上の各罪の未遂罪（151条）、収得後知情行使罪（152条）、通貨偽造等準備罪（153条）を規定している。これらの罪の保護法益は、**通貨の真正に対する公共の信用**である。通貨は経済活動の重要な基盤であることから、通貨偽造は、偽造の中でも特に重い犯罪として扱われている。

　　＊　通貨偽造罪の保護法益については、通貨に対する公共の信用だけでなく、国家の通貨発行権（通貨高権）という国家的法益も、通貨偽造罪の保護法益に含まれるかという問題がある。国家の通貨発行権も保護法益に含まれるとする見解によれば、国家の通貨発行権が害された場合には、通貨に対する公共の信用が害されなくても、通貨偽造罪が成立しうることになる。しかし、多数説は、通貨に対する公共の信用が害されない場合にまで処罰する必要があるかは疑問であるとして、国家の通貨発行権は保護法益に含まれないと解している。

　　　この問題に関連する判例として、戦後の新円切換えの際、国民1人につき百円に相当する証紙を交付し旧円に貼付させる方法がとられたところ、不正に証紙を入手して、この限度を超えて旧円に貼付した事案につき、「通貨偽造罪は通貨発行権者の発行権を保障することによって通貨に対する社会の信用を確保しようとする」ものであり、被告人の行為は、通貨発行権をもたない者が通貨を作成する場合と法律的評価を同じくするとして、通貨偽造罪が成立するとしたものがある（最判昭22・12・17刑集1巻94頁）。本件通貨（旧円に証紙を貼付したもの）は有効であり、これに対する公共の信用が害されることはなく、したがって、本件で通貨偽造罪の成立を肯定するためには、国家の通貨発行権の侵害を理由とするほかないと考えられること、最高裁が「通貨偽造罪は通貨発行権者の発行権を保障する」と判示したことなどから、この判例は、一般に、国家の通貨発行権を保護法

益に含める見解に立っていると考えられている。

イ　通貨偽造罪・同行使等罪

a　通貨偽造罪

> **148条1項**　ⓐ行使の目的で、ⓑ通用する貨幣、紙幣又は銀行券をⓒ偽造し、又は
> ⓓ変造した者は、無期又は3年以上の懲役に処する。

未遂（151条）　前3条の罪の未遂は、罰する。

　本罪は、行使の目的で通貨を偽造等した場合に成立する。未遂も処罰される（151条）。

　客体は、通用する、わが国の貨幣・紙幣・銀行券（その総称が通貨）である（下線ⓑ）。「通用する」とは、事実上流通していることではなく、わが国で強制通用力を有することをいう。「貨幣」、「紙幣」とは、政府が発行する通貨をいい、「銀行券」とは、政府の認許によって特定の銀行が発行する貨幣代用証券をいう。現在の日本の通貨は、政府の製造・発行する貨幣（硬貨）と、日本銀行券（日本銀行が発行する銀行券）のみである。

　行為は、行使の目的での偽造および変造である。

　行使の目的とは、偽造・変造したものを真正な通貨として、本来の用法に従って流通させる目的をいう（下線ⓐ）。教材に使用する目的の場合や、標本、見せ金にする目的の場合には、行使の目的を欠き、本罪は成立しない。他人に行使させる目的であってもよい（最判昭34・6・30刑集13巻6号985頁）。

　偽造とは、権限のない者が通貨に似た外観のものを作成すること（下線ⓒ）、**変造**とは、権限のない者が真正な通貨に加工して通貨に似た外観のものを作成することをいい（下線ⓓ）、いずれも一般人をして真正な通貨と誤信させる程度の外観を備えることを要する（この程度に達しない場合は模造であり、通貨及証券模造取締法の対象である）。真正な通貨に手を加えてその同一性を失わせた場合は、変造ではなく、偽造である。

b　偽造通貨行使等罪

> **148条2項**　ⓐ偽造又は変造の貨幣、紙幣又は銀行券をⓑ行使し、又は行使の目
> 的で人にⓒ交付し、若しくはⓓ輸入した者も、前項と同様とする。

未遂（151条）　前3条の罪の未遂は、罰する。

　本罪は、偽造通貨等を行使等した場合に成立する。未遂も処罰される

第19講　その他の社会的法益に対する罪　439

（151条）。

客体は、偽造・変造された通貨（貨幣、紙幣または銀行券）である（下線ⓐ）。行使の目的で偽造・変造されたことを要せず、誰が偽造・変造したかも問わない。偽造・変造の意義については既に述べた。

行為は、行使、行使の目的での交付・輸入である。**行使**は、真正な通貨として流通に置くことである（下線ⓑ）。有償・無償を問わない。自動販売機での使用も行使に当たる（東京高判昭53・3・22刑月10巻3号217頁）。また、違法に使用する場合も含まれる（賭博の賭金として使用した例として、大判明41・9・4刑録14輯755頁）。これに対し、見せ金として示す場合、保管のため占有を委託する場合は、流通に置かれていないから、行使には当たらない。**交付**とは、偽貨であることを告げて、または偽貨であることを知る者に偽貨の占有を移転することをいう（下線ⓒ）。有償・無償を問わない。偽造の共同正犯者間で分配する行為は、偽造を超えた危険が生じるとはいえないから、交付に当たらない。**輸入**は、船による場合は陸揚げ、航空機による場合は着陸して荷降ろしできる状態に達することを要する（下線ⓓ）。

通貨偽造罪（148条1項）と本罪とは牽連犯となる。偽貨によって商品を購入した場合、詐欺罪（246条）は本罪に吸収され、本罪のみが成立する（大判明43・6・30刑録16輯1314頁）。通貨は本来的な支払手段であること、本罪の刑が重いこと、この場合に詐欺罪の成立を認めると収得後知情行使罪（152条）についても詐欺罪が成立することになり、収得後知情行使罪を特に軽く処罰する趣旨が没却されることが、その理由である。

ウ 外国通貨偽造罪・同行使等罪

149条1項 行使の目的で、ⓐ日本国内にⓑ流通している外国の貨幣、紙幣又は銀行券を偽造し、又は変造した者は、2年以上の有期懲役に処する。

2項 偽造又は変造の外国の貨幣、紙幣又は銀行券を行使し、又は行使の目的で人に交付し、若しくは輸入した者も、前項と同様とする。

未遂（151条） 前3条の罪の未遂は、罰する。

本条は、外国通貨偽造罪（1項）と偽造外国通貨行使等罪（2項）を定める。いずれの未遂も罰せられる（151条）。

外国通貨偽造罪の客体は、日本国内に流通している外国の貨幣・紙幣・銀行券である。「日本国内」とは、日本の主権の及ぶ領域内をいうが（下線ⓐ）、判例によれば、日本国内の米軍施設を含む（米軍施設内で流通していたドル表示軍票につき本罪の成立を認めたものとして、最決昭28・5・25刑集7巻5号1128頁）。「流通している」とは、「通用する」（148条1項）と

440

異なり、事実上（適法に）流通していることをいう（下線ⓑ）。他の点については、通貨偽造罪（148条1項）の解説を参照。

偽造外国通貨行使等罪の客体は、偽造・変造された外国の通貨（貨幣、紙幣または銀行券）である。その他の点については、偽造通貨行使等罪（148条2項）の解説を参照。

エ 偽造通貨等収得罪

> **150条** 行使の目的で、偽造又は変造の貨幣、紙幣又は銀行券をⓐ収得した者は、3年以下の懲役に処する。

未遂（151条） 前3条の罪の未遂は、罰する。

本罪は、偽造・変造の通貨を収得した場合に成立する。未遂も処罰される（151条）。**収得**とは、偽貨であることを知って取得する一切の行為をいう（下線ⓐ）。偽貨を窃取・詐取する場合を含む（窃盗罪〔235条〕・詐欺罪〔246条1項〕とは観念的競合となる）。偽貨を収得後行使した場合、本罪と偽造通貨行使罪（148条2項）とは牽連犯となる。

オ 収得後知情行使等罪

> **152条** 貨幣、紙幣又は銀行券を収得した後に、それが偽造又は変造のものであることを知って、これを行使し、又は行使の目的で人に交付した者は、その額面価格の3倍以下の罰金又は科料に処する。ただし、2000円以下にすることはできない。

本罪は、偽貨とは知らずに収得した者が、偽貨と知った後にこれを行使・交付した場合に成立する。偽造通貨行使等罪（148条2項）、偽造外国通貨行使等罪（149条2項）の減軽類型である。期待可能性（総論15講1(3)参照）が類型的に低いことが、その理由である。

カ 通貨偽造等準備罪

> **153条** 貨幣、紙幣又は銀行券の偽造又は変造の用に供する目的で、器械又は原料を準備した者は、3月以上5年以下の懲役に処する。

本罪は、通貨偽造罪（148条1項）、外国通貨偽造罪（149条1項）の予備行為のうち、器械または原料の準備のみを処罰するものである。自ら通貨偽造等を行う意思がある場合（自己予備）だけでなく、他人のために準備した場合（他人予備）を含む（大判昭7・11・24刑集11巻1720頁）。通貨偽造罪等の実行に適した準備がなされることは必要であるが、偽造等が可能な程度にまで準備が整っていることは必要ではない（大判大2・1・23刑録19輯28頁）。偽造等の用に供する目的だけでなく、行使の目的も必要であ

第19講　その他の社会的法益に対する罪　441

る（大判昭 4 ・10・15刑集 8 巻485頁）。器械または原料の購入資金を提供
する行為は、本罪の幇助となる（大判昭 4 ・ 2 ・19刑集 8 巻84頁）。

(3)　有価証券偽造の罪

ア　総　説

有価証券は、権利・義務に関する文書の一種であるが、経済取引の手段と
して特に重要である。そこで、刑法は、文書偽造罪の特別規定として有価証
券偽造罪（162条以下）を定め、私文書偽造罪（159条）より重い刑を科すと
ともに、偽造通貨行使等罪（148条 2 項）と同様に、偽造等された有価証券
の交付・輸入をも処罰することとしている。

イ　有価証券偽造罪・同虚偽記入罪

> 162条 1 項　行使の目的で、ⓐ公債証書、官庁の証券、会社の株券その他の有価
> 　証券をⓑ偽造し、又はⓒ変造した者は、 3 月以上10年以下の懲役に処する。
> 　2 項　行使の目的で、有価証券にⓓ虚偽の記入をした者も、前項と同様とする。

【事例 1 】有価証券の偽造
　　A社の社員Xは、愛人へのプレゼント代を他人名義の小切手で支払おうと考
え、A社代表取締役B名義の小切手を作成した。XにはA社代表取締役B名義の
小切手を作成する権限はなかった。

【事例 1 】のXには、有価証券偽造罪（162条 1 項）が成立する。Xが作成
した小切手は「有価証券」であり、作成権限のないXがA社代表取締役B名
義の小切手を作成した行為は「偽造」に当たり、この小切手をプレゼント代
の支払いに用いるという「行使の目的」も認められるからである。

以下、有価証券偽造罪・同虚偽記入罪について、もう少し詳しく見ていこ
う。

a　客　体

有価証券偽造罪（162条 1 項）・同虚偽記入罪（162条 2 項）の客体は有価
証券であり、公債証書、官庁の証券、会社の株券は例示である（下線ⓐ）。
有価証券とは、財産上の権利を表示した証券であって、その権利の行使に証
券の占有を要するものをいう（大判明42・ 3 ・16刑録15輯261頁、最判昭
32・ 7 ・25刑集11巻 7 号2037頁）。わが国で発行され、または国内で流通す
るものに限るが、定期乗車券のように、流通性を欠くものであってもよい。
刑法上の有価証券は、商法上の有価証券よりも広く、約束手形、小切手、貨
物引換証、預証券、船荷証券、乗車券、劇場の入場券、商品券、クーポン

442

券、タクシーチケット、馬券、宝くじなどが含まれる。本条に例示された「公債証書」は、国または地方公共団体の債務（国債、地方債）に関する証券、「官庁の証券」は、旧大蔵省証券、旧郵便為替証書など、官庁名義の有価証券である。「会社の株券」とは、株式会社の発行する株主としての地位を表示する証券である（下線ⓐ）。

　刑法上の有価証券に当たらないものとしては、預金通帳、貯金通帳、無記名定期預金証書などがある。いずれも財産上の権利が化体されたものではなく、証拠証券（特定の権利・事実を単に証明するだけの証書）にすぎないからである。ゴルフクラブの入会保証金預託証書も、有価証券に当たらない（最決昭55・12・22刑集34巻7号747頁）。印紙、郵便切手は金券であり、有価証券には当たらない（印紙犯罪処罰法、郵便法に罰則がある）。

　なお、かつて、テレホンカードの磁気部分の通話可能度数を改ざんする行為につき、テレホンカードの可視的・可読的部分である券面上の表示部分と裏面の磁気情報部分とが一体となって有価証券を構成するとして、有価証券偽造罪の成立を肯定した判例があったが（最決平3・4・5刑集45巻4号171頁）、2001（平成13）年の刑法改正により支払用カード電磁的記録不正作出等罪（163条の2）が新設され、テレホンカードの磁気部分の改ざんは同罪で処罰されることとなったため、この判例は意義を失ったといえる。

　ｂ　行　為

　有価証券偽造罪（162条1項）の行為は、行使の目的での有価証券の偽造・変造である。有価証券虚偽記入罪（162条2項）の行為は、行使の目的での有価証券への虚偽記入である。

　偽造（有形偽造）とは、作成権限のない者が他人名義の有価証券を作成すること（有価証券の名義人と作成者との人格の同一性を偽ること）をいい（下線ⓑ）、**変造**とは、真正な有価証券に権限なく変更を加えることをいう（下線ⓒ）。いずれも一般人に真正な有価証券と誤信させる程度のものを作り出すことを要する。ただし、法定要件をすべて備えていることまでは必要ではない（例えば、振出地の記載を欠く約束手形、受取人・振出日の記載を欠く約束手形であっても、一般人に真正な有価証券と誤信させる程度のものであれば、その作成は偽造に当たる）。真正な有価証券の本質的部分に変更を加え、既存の有価証券との同一性を欠くものを作出した場合は、変造ではなく、偽造になる。判例によれば、手形の振出日付・受取日付の改ざん、小切手の金額欄の金額数字の改ざんは変造となり、通用期間を経過して効力を失った鉄道乗車券の終期に改ざんを加え、有効であるように装った場合は偽造

第19講　その他の社会的法益に対する罪　443

となる。

虚偽記入とは、判例によれば、有価証券に真実に反する記載をすることをいい（下線ⓐ）、権限ある者による虚偽作成（無形偽造）のほか、証券が一旦成立した後の付随的証券行為（裏書・引受け・保証等）については、他人名義を冒用した場合（有形偽造）も含まれる（大判大2・6・12刑録19輯705頁）。これに対し、学説上は、文書偽造の罪と同様、権限ある者による虚偽作成（無形偽造）をいうと解する立場が多数である。

　c　作成権限の濫用・逸脱

> **【事例2】作成権限の濫用**
> 　C社の取締役経理部長Yは、愛人へのプレゼント代をC社名義の小切手で支払おうと考え、C社名義の小切手を作成した。YにはC社名義の小切手を作成する一般的権限があった。
>
> **【事例3】作成権限の逸脱**
> 　D社の経理部長Zは、愛人へのプレゼント代をD社名義の小切手で支払おうと考え、経理担当の取締役に無断で、D社名義の小切手を作成した。Zは、経理部長として、D社名義の小切手を作成する業務を担当していたが、D社の定款によれば、D社名義の小切手を作成するためには、経理担当の取締役の決裁が必要とされ、経理部長が単独で作成することは許されていなかった。

有価証券を作成する一般的・包括的権限を有する者が、不正に手形・小切手等の有価証券を作成した場合、有価証券偽造罪（162条1項）が成立するかが問題となる。

判例は、当初、権限濫用にすぎない場合についても有価証券偽造罪の成立を認めていたが（取締役や支配人など包括的権限を有する者が、贈賄目的や自己または第三者の利益を図る目的で本人名義の手形を振り出したという事案につき、大判明45・7・4刑録18輯1009頁、大判大3・12・17刑録20輯2426頁）、後に改め、権限濫用の事案について、客観的に権限内の行為であることを理由に本罪の成立を否定した（大連判大11・10・20刑集1巻558頁。事案は、銀行の支配人が自己の利益のために銀行名義の小切手を作成・交付したというもの）。これ以降、判例は、**作成権限の濫用か逸脱か（実質的に作成権限が与えられていたか否か）**で本罪の成否を区別するようになった。すなわち、権限の範囲内の行為であれば、それを濫用しても名義の冒用がないので無形偽造であり、本罪は成立しないが、権限を逸脱した場合には名義の冒用が認められ、有形偽造に当たるので本罪が成立するのである（大判大

11・12・6刑集1巻736頁等）。この点は、手形を作成する事務を担当する者が内部的制限に反して手形を作成した場合についても同様であり、内部的制限により実質的に作成権限そのものがなかったと解される場合には、本罪が成立する（○最決昭43・6・25刑集22巻6号490頁〈百98、講118、プ461〉。事案は、漁業組合の参事として約束手形を発行する事務を担当していた被告人が、内規により必要とされていた専務理事の決裁を受けないで、組合長振出名義の約束手形を作成したというもの）。以上の判例の見解は、多くの学説から支持されている。

【事例2】の場合、Yの行為は不正なものではあるが、YにはC社名義の小切手を作成する一般的権限があったのであるから、Yの行為は作成権限の濫用であり、有価証券の「偽造」に当たらない。これに対し、【事例3】の場合、内部的制限により、ZにはD社名義の小切手を単独で作成する権限はなかったのであるから、Zの行為は作成権限を逸脱しており、有価証券の「偽造」に当たる。

ウ　偽造有価証券行使等罪

> **163条1項**　偽造若しくは変造の有価証券又は虚偽の記入がある有価証券を⒜行使し、又は行使の目的で人に交付し、若しくは輸入した者は、3月以上10年以下の懲役に処する。

未遂（163条2項）　前項の罪の未遂は、罰する。

本罪は、偽造有価証券等を行使・交付・輸入した場合に成立する。未遂も処罰される（163条2項）。

客体は、偽造・変造・虚偽記入された有価証券である。行為者自身が作成したものであることを要せず、また、行使の目的で作成されたものであることも要しない。

行為は、行使・交付・輸入である。**行使**とは、偽造有価証券等を、真正な、または内容真実の有価証券として使用することをいい（下線⒜）、通貨と異なり、文書と同様に、流通に置くことを要しない（大判明44・3・31刑録17輯482頁。見せ手形として提示する場合も含まれる）。偽造手形の即時取得者が、後日偽造であることを知り、真実の署名をなした手形債務者に手形を呈示して弁済を請求することは、権利行使であって、この場合、偽造有価証券等行使罪は成立しない（大判大3・11・28刑録20輯2277頁）。交付・輸入については、偽造通貨行使等罪の解説を参照。

⑷　支払用カード電磁的記録に関する罪

ア　総　説

クレジットカードやプリペイドカード等の支払用カードが現金に代わる決済手段として普及するにつれて、支払用カードの電磁的記録の情報を（いわゆるスキミングにより）不正に取得して支払用カードを偽造するなどの事態が頻発するようになり、大きな社会問題となった。これに対処するため、2001年に新設されたのが、支払用カード電磁的記録に関する罪（163条の2以下）である。

イ　支払用カード電磁的記録不正作出等罪

> **163条の2第1項**　ⓐ人の財産上の事務処理を誤らせる目的で、ⓑその事務処理の用に供する電磁的記録であって、クレジットカードその他の代金又は料金の支払用のカードを構成するものをⓒ不正に作った者は、10年以下の懲役又は100万円以下の罰金に処する。ⓓ預貯金の引出用のカードを構成する電磁的記録を不正に作った者も、同様とする。
> **2項**　ⓔ不正に作られた前項の電磁的記録を、同項の目的で、ⓕ人の財産上の事務処理の用に供した者も、同項と同様とする。
> **3項**　ⓖ不正に作られた第1項の電磁的記録をその構成部分とするカードを、同項の目的で、ⓗ譲り渡し、貸し渡し、又はⓘ輸入した者も、同項と同様とする。

未遂（163条の5）　第163条の2及び前条第1項の罪の未遂は、罰する。

a　総　説

本条は、支払用カードの電磁的記録を不正に作出する行為等を処罰するものである。支払用カード電磁的記録不正作出罪（1項）、不正作出支払用カード電磁的記録供用罪（2項）、不正電磁的記録カード譲渡し等罪（3項）からなる。これらの罪の保護法益は、支払用カードを構成する電磁的記録の真正に対する社会的信頼である。いずれの罪についても、未遂が処罰される（163条の5）。

b　客　体

支払用カード電磁的記録不正作出罪の客体は、支払用カードを構成する電磁的記録である。すなわち、人の財産上の事務処理の用に供する電磁的記録であって、①クレジットカードその他の代金または料金の支払用のカードを構成するもの（下線ⓑ）、②預貯金の引出用のカードを構成するもの（下線ⓓ）である。①の対象とされているカードは、商品の購入・役務の提供等の取引の対価を現金払いに代えて決済するために用いるカードをいい、クレジ

ットカードのほか、プリペイドカード、デビットカード、ETC カード、カード型電子マネーなどがこれに当たる。②のカードは、郵便局・各種金融機関の預貯金の引出し・預入れに用いるキャッシュカードである。以上のカードの総称が、**支払用カード**である。対象となるカードは、それ自体によって決済を行うことができるものに限られる。したがって、現金のやり取りを単に開始するためのローンカード、生命保険カード、証券カードなどは含まれない。決済機能のないポイントカード、航空会社のマイレージカードなども含まれない。

不正作出支払用カード電磁的記録供用罪の客体は、不正に作出された前記の電磁的記録である（下線ⓔ）。

不正電磁的記録カード譲渡し等罪の客体は、不正に作出された前記の電磁的記録をその構成部分とするカード（**不正電磁的記録カード**）である（下線ⓖ）。

c　行　為

不正作出とは、権限なく、または権限を濫用して、記録媒体上に電磁的記録を存在するに至らしめることをいう（下線ⓒ）。電磁的記録をカードに組み込んで、電子計算機による事務処理に用いることが可能な状態にまで作り上げることが必要である。この行為は、**人の財産上の事務処理を誤らせる目的**でなされることが必要である（下線ⓐ）。電磁的記録不正作出罪（161条の2）と異なり「財産上の事務処理」に限定されているが、それは、対象が決済用のカードであることによる。

供用とは、不正に作出された支払用カードを構成する電磁的記録を、人の財産上の事務処理のため、それに使用される電子計算機において用いうる状態に置くことをいい（下線ⓕ）、電磁的記録の内容が電子計算機により読取可能となった時点で供用罪は既遂となる。供用は、人の財産上の事務処理を誤らせる目的でなされることを要する。

譲渡し・貸渡しは、不正電磁的記録カードを人に引き渡す行為であって、処分権を与える場合が譲渡し、与えない場合が貸渡しである（下線ⓗ）。相手方が不正に作られたものであることを知っているか否かを問わない。相手方は、情を知っている場合であっても、共犯ではなく、次の所持罪（163条の3）として処罰される。**輸入**は、国外から国内に不正電磁的記録カードを搬入することである（下線ⓘ）。譲渡し・貸渡し・輸入の対象である不正電磁的記録カードは、正規のカードのように機能する完成品であることを要する。未完成品の輸入は、支払用カード電磁的記録不正作出準備罪（163条の

第19講　その他の社会的法益に対する罪　447

4）として処罰されうる。

ウ　不正電磁的記録カード所持罪

> **163条の3**　前条第1項の目的で、同条第3項のカードを@所持した者は、5年
> 以下の懲役又は50万円以下の罰金に処する。

不正電磁的記録カードは反復使用が可能であることから、その所持を処罰
することとしたのが本条である。**所持**とは、カードの保管について事実上の
支配関係を有していることをいう（下線@）。人の財産上の事務処理を誤ら
せる目的でなされることが必要である。不正電磁的記録カードは、完成品で
あることを要する。未完成品の所持は、次の支払用カード電磁的記録不正作
出準備罪として処罰されうる。

エ　支払用カード電磁的記録不正作出準備罪

> **163条の4第1項**　第163条の2第1項の犯罪行為の用に供する目的で、同項の電
> 磁的記録の情報を取得した者は、3年以下の懲役又は50万円以下の罰金に処す
> る。情を知って、その情報を提供した者も、同様とする。
> **2項**　不正に取得された第163条の2第1項の電磁的記録の情報を、前項の目的
> で保管した者も、同項と同様とする。
> **3項**　第1項の目的で、器械又は原料を準備した者も、同項と同様とする。

未遂（163条の5）　第163条の2及び前条第1項の罪の未遂は、罰する。

本罪は、支払用カード電磁的記録不正作出罪の予備を、電磁的記録の情報
の取得・提供・保管、器械・原料の準備に限って処罰するものである。取
得・提供については、未遂が処罰される（163条の5）。

(5)　印章偽造の罪

ア　総　説

印章偽造の罪は、印章・署名の偽造等を処罰するものである。その保護
法益は、印章・署名の真正さに対する関係者の信用である。印章・署名の
偽造等は、文書偽造・有価証券偽造の手段として行われることが多く、印
章偽造の罪は、未遂処罰規定のない文書偽造・有価証券偽造の未遂段階を
捕捉する役割も果たしている。

イ　共通の成立要件

a　印章・署名・記号

客体は、印章・署名である。公務所については、記号も客体となる。

印章とは、人の同一性を表示するために使用される一定の象形をいう。

氏名印のほか、雅印、花押、拇印などがある。判例によれば、印鑑の影蹟（印影）のみならず、印鑑自体（印顆、印形）も含まれる。印鑑を作れば印影はいくらでも作ることができるので、印鑑の作成はより重大だというのが、その理由と思われる。これに対し、学説上は、印影に限るとするのが多数説である。

　署名とは、一定の人が自己を表彰すべき文字をもって氏名その他の呼称を表記したものをいう。判例によれば、署名は自署に限らず、代筆や印刷などによる記名を含む。

　人の同一性の表示を超えて、法的に重要な何らかの事実を表示しているものは、たとえ極度に簡略化されていても、文書（省略文書）である（例えば、郵便局の日付印）。他方、印章偽造の罪における印章・署名は、刑法的保護に値するものでなければならないから、証明手段として重要な意味を有するものに限られる。判例では、書画の落款、絵画の署名押印、封筒裏面の署名などが印章・署名に当たるとされている。

　記号について、通説は、人の同一性を表示するものが印章、それ以外の一定の事実を証明・表示するものが記号であると解しているが、判例は、文書に用いられるのが印章、それ以外の物に用いられるのが記号であると解している（大判大3・11・4刑録20輯2008頁、最判昭30・1・11刑集9巻1号25頁）。

　b　偽造・使用

　行為は、偽造・使用である。**偽造**とは、権限なく他人の印章の影蹟（印影）、署名、記号を物体上に表示することをいう。印章には印鑑を含むとする判例によれば、偽造印鑑を作成することも含まれる。**使用**とは、偽造された印章等を、正当に表示された印章等として他人の閲覧に供しうべき状態に置くことをいう。真正な印影等を不正に使用する場合と、偽造された印章等を不正に使用する場合とがある。

　ウ　犯罪類型

　a　御璽偽造罪・同不正使用等罪

164条1項　行使の目的で、御璽、国璽又は御名を偽造した者は、2年以上の有期懲役に処する。

2項　御璽、国璽若しくは御名を不正に使用し、又は偽造した御璽、国璽若しくは御名を使用した者も、前項と同様とする。

未遂（168条）　第164条第2項、第165条第2項、第166条第2項及び前条第2項の罪の未遂は、罰する。

　御璽・国璽・御名の意義については、18講の詔書偽造罪（154条）の解説を参照。不正使用については、未遂も処罰される（168条）。

b 公印偽造罪・同不正使用等罪

> **165条1項** 行使の目的で、公務所又は公務員の印章又は署名を偽造した者は、3月以上5年以下の懲役に処する。
> **2項** 公務所若しくは公務員の印章若しくは署名を不正に使用し、又は偽造した公務所若しくは公務員の印章若しくは署名を使用した者も、前項と同様とする。

未遂（168条） 第164条第2項、第165条第2項、第166条第2項及び前条第2項の罪の未遂は、罰する。

　客体は、わが国の公務所・公務員の印章・署名、および、偽造されたそれらである。不正使用については、未遂も処罰される（168条）。

c 公記号偽造罪・同不正使用等罪

> **166条1項** 行使の目的で、公務所の記号を偽造した者は、3年以下の懲役に処する。
> **2項** 公務所の記号を不正に使用し、又は偽造した公務所の記号を使用した者も、前項と同様とする。

未遂（168条） 第164条第2項、第165条第2項、第166条第2項及び前条第2項の罪の未遂は、罰する。

　不正使用の未遂は処罰される（168条）。

d 私印偽造罪・同不正使用等罪

> **167条1項** 行使の目的で、他人の印章又は署名を偽造した者は、3年以下の懲役に処する。
> **2項** 他人の印章若しくは署名を不正に使用し、又は偽造した印章若しくは署名を使用した者も、前項と同様とする。

未遂（168条） 第164条第2項、第165条第2項、第166条第2項及び前条第2項の罪の未遂は、罰する。

　客体は、わが国の公務所・公務員以外のすべての者の印章・署名である。判例によれば、印章には記号が含まれる。不正使用の未遂は罰せられる（168条）。

(6) 不正指令電磁的記録に関する罪

ア 総 説

　不正指令電磁的記録に関する罪（168条の2・168条の3）は、コンピュータ・ウイルス対策として、2011年に新設されたものである。その保護法益は、電子計算機（コンピュータ）のプログラムが、電子計算機に対してその使用者の「意図に沿うべき動作をさせず、またはその意図に反する動作をさせるべき不正な指令」を与えるものではないという、電子計算機の

プログラムに対する社会一般の者の信頼である。社会一般の者の信頼を保護法益とする危険犯である点で偽造罪と類似するため、偽造罪の次に規定された。

イ　不正指令電磁的記録作成等罪

> **168条の2第1項**　正当な理由がないのに、人の電子計算機における実行の用に供する目的で、次に掲げる電磁的記録その他の記録を@作成し、又は⑥提供した者は、3年以下の懲役又は50万円以下の罰金に処する。
> 　一　人が電子計算機を使用するに際してその意図に沿うべき動作をさせず、又はその意図に反する動作をさせるべき不正な指令を与える電磁的記録
> 　二　前号に掲げるもののほか、同号の不正な指令を記述した電磁的記録その他の記録
> **2項**　正当な理由がないのに、前項第1号に掲げる電磁的記録を人の電子計算機における©実行の用に供した者も、同項と同様とする。

未遂（168条の2第3項）　前項の罪の未遂は、罰する。

　本条は、コンピュータ・ウイルス（不正指令電磁的記録）の作成・提供（1項）・供用（2項）を処罰するものである。供用については、未遂も処罰される（168条の2第3項）。

　客体は、コンピュータ・ウイルスである。その定義は、本条1項1号に規定するとおりである。作成・提供については、さらに、同項2号に規定する電磁的記録その他の記録も客体となる。これに当たるものとしては、ウイルスとして完成しているものの、そのままではコンピュータにおいて動作させうる状態にない電磁的記録その他の記録、例えば、機械語に変換すればコンピュータで実行できる状態にあるプログラムのコード（いわゆるソースコード）を紙媒体に印刷したものが想定されている。

　行為は、作成・提供・供用である。**作成**とは、コンピュータ・ウイルスを新たに記録媒体上に存在するに至らしめる行為をいい（下線@）、**提供**とは、コンピュータ・ウイルスであることの情を知った上でこれを自己の支配下に移そうとする者に対し、これをその支配下に移して事実上利用しうる状態に置くことをいう（下線⑥）。これらの行為については、供用の目的が必要である。**供用**とは、コンピュータ・ウイルスであるとの情を知らない第三者のコンピュータでコンピュータ・ウイルスを実行されうる状態に置くことをいう（下線©）。コンピュータ・ウイルスを電子メールに添付して送信し、相手方のコンピュータで実行されうる状態に置く行為、コンピュータ・ウイルスをウェブサイト上でダウンロード可能な状態に置き、当該ウイルスをダウンロードした者のコンピュータで実行されうる状態に置く行為などが、これに当たる。

　正当な理由がある場合、例えば、アンチウイルスソフトの開発等につい

第19講　その他の社会的法益に対する罪　451

ては、本罪は成立しない。

ウ　不正指令電磁的記録取得等罪

> **168条の3**　正当な理由がないのに、前条第1項の目的で、同項各号に掲げる電磁的記録その他の記録を@取得し、又は⑥保管した者は、2年以下の懲役又は30万円以下の罰金に処する。

　本条は、コンピュータ・ウイルスの取得・保管を処罰するものである。**取得**とは、コンピュータ・ウイルスを自己の支配下に移す一切の行為をいい（下線@）、**保管**とは、コンピュータ・ウイルスを自己の実力支配内に置いておくことをいう（下線⑥）。いずれも供用の目的を要する。

3　風俗に対する罪

(1)　総　説

　風俗に対する罪は、性生活・経済生活・宗教生活における**社会的な風俗・慣習**を害する罪である。これには、わいせつ・重婚の罪（174条以下）、賭博・富くじに関する罪（185条以下）、礼拝所・墳墓に関する罪（188条以下）が含まれる。

　このうち、わいせつ・重婚の罪と賭博・富くじに関する罪は、必ずしも直ちに他人の利益を害するとはいえない行為（被害者なき犯罪）を含んでいるため、これらの罪については、保護法益の理解や非犯罪化の是非をめぐって、古くから議論がなされてきた。解釈にあたっては、この点に留意しつつ、処罰範囲を合理的に限定するという姿勢が大切である。

　なお、強制わいせつ罪（176条）、強制性交等罪（177条）、準強制わいせつ罪・準強制性交等罪（178条）、監護者わいせつ罪・監護者性交等罪（179条）、および、これらの未遂罪（180条）は、性的自由を侵害する個人的法益に対する罪であり、既に取り扱った（4講1参照）。

(2)　わいせつ・重婚の罪

ア　総　説

　わいせつ・重婚の罪に属するのは、公然わいせつ罪（174条）、わいせつ物頒布等罪（175条）、淫行勧誘罪（182条）および重婚罪（184条）である。これらの罪の保護法益は**性秩序**ないし**健全な性的風俗**であるというのが判例の見解であり（○最大判昭32・3・13刑集11巻3号997頁〈プ471〉〔チャタレー事件〕）、多数説である。これに対し、わいせつ物を望まない成人の性的感情ないし性的自己決定の自由を保護法益と解する見解も、学説上有力であ

る。

イ　わいせつの意義

　公然わいせつ罪（174条）の行為は「わいせつ」な行為であり、わいせつ物頒布等罪（175条）の客体は「わいせつ」な物等であることから、「わいせつ」とは何か、それをどのように判断するかが問題となる。

　判例によれば、**わいせつ**とは、いたずらに性欲を興奮または刺激させ、かつ、普通人の正常な性的羞恥心を害し、善良な性的道義観念に反するものをいう（最判昭26・5・10刑集5巻6号1026頁〔サンデー娯楽事件〕）。この定義は、戦前からほぼ一貫しているが、その判断方法には変遷が見られる。かつては、部分的にでもわいせつ性が認められれば、芸術的・学問的価値のあるものであってもわいせつであるとされたが（「部分の部分的評価」。前掲・最大判昭32・3・13）、その後、個々の部分のわいせつ性の判断は全体との関連においてなされるべきであるとされ（「部分の全体的評価」。最大判昭44・10・15刑集23巻10号1239頁〔悪徳の栄え事件〕）、さらに、全体として見たときに主として好色的興味に訴えるものか否かが重要な判断要素とされるようになった（「全体の全体的評価」。○最判昭55・11・28刑集34巻6号433頁〈百100、講119、プ472〉〔四畳半襖の下張事件〕）。時代が進むにつれて、実際の処罰範囲は狭くなっているといえよう。

ウ　公然わいせつ罪

> **174条**　ⓐ公然とわいせつな行為をした者は、6月以下の懲役若しくは30万円以下の罰金又は拘留若しくは科料に処する。

　本罪は、公然とわいせつな行為をした場合に成立する。わいせつ性が物に固定されないこと、広く伝播する可能性を欠くことから、わいせつ物頒布等罪（175条）よりも刑が軽い。

　「公然と」とは、不特定または多数人が認識しうる状態をいう（最決昭32・5・22刑集11巻5号1526頁。下線ⓐ）。実際に認識される必要はない。判例によれば、特定少数人の前でわいせつな行為をした場合であっても、それが不特定または多数人を勧誘した結果であれば、公然である（最決昭31・3・6裁判集刑112号601頁）。

　「わいせつ」の意義については、既に述べた。強制わいせつ行為を公然と行った場合、強制わいせつ罪（176条）と本罪の法益は異なるから両罪が成立し、観念的競合となる（大判明43・11・17刑録16輯2010頁）。

エ　わいせつ物頒布等罪

> **175条1項**　ⓐわいせつな文書、図画、電磁的記録に係る記録媒体その他の物をⓑ頒布し、又はⓒ公然と陳列した者は、2年以下の懲役若しくは250万円以下の罰金若しくは科料に処し、又は懲役及び罰金を併科する。電気通信の送信によりⓓわいせつな電磁的記録その他の記録をⓔ頒布した者も、同様とする。
>
> **2項**　ⓕ有償で頒布する目的で、前項の物をⓖ所持し、又は同項の電磁的記録をⓗ保管した者も、同項と同様とする。

a　総　説

本条1項は、わいせつ物頒布等罪、同2項は、わいせつ物有償頒布目的所持罪（2項）を定める。わいせつ性が物・電磁的記録に固定され、広く伝播する可能性があることから、公然わいせつ罪（174条）よりも重く処罰される。

b　客　体

本条の罪の客体は、わいせつな文書、図画、電磁的記録に係る記録媒体その他の物（以上、有体物。下線ⓐ）、電磁的記録（無体物。下線ⓓ）その他の記録（有体物。下線ⓓ）である。このうち、電磁的記録に係る記録媒体、電磁的記録その他の記録は、サイバー・ポルノに対応するため、2011年の刑法改正により追加されたものである。「わいせつ」の意義については、前述した。

文書としては、小説などが念頭に置かれているが、現在では、わいせつとされるものは想定しがたい。**図画**には、写真、映画フィルム、ビデオテープなどが含まれる。未現像の映画フィルム（名古屋高判昭41・3・10判時443号58頁）、マスク処理がなされているがマスクを外せば復元閲覧できる画像（岡山地判平9・12・15判時1641号158頁〈プ476〉）などのように、わいせつ性が認識されるためには加工が必要であるが、そのための操作が容易なものは、図画に含まれる。**その他の物**には、わいせつな形状をした物体（彫刻、置物など）、録音テープなどが含まれる。わいせつ画像データを記憶・蔵置させたパソコンネットのホスト・コンピュータのハードディスクが「わいせつな物」に当たるとされたことがあるが（○最決平13・7・16刑集55巻5号317頁〈百101、講121、プ475〉〔アルファネット事件〕）、前記改正により、**電磁的記録に係る記録媒体**に含まれることになった。

わいせつな**電磁的記録**には、わいせつな画像データが含まれる。前記改正前には、わいせつな画像データを「わいせつな物」とした裁判例があったが

（前掲・岡山地判平9・12・15）、このような解釈は、前記改正により意義を失った。**その他の記録**は、電磁的記録ではない画像等（有体物）であり、わいせつな画像をファックスで送信する場合（頒布先において電磁的記録でない「紙」上の記録として存在するに至らしめる場合）などを想定して定められたものである。

　c　行　為

　本条の罪の行為は、頒布、公然陳列、所持、保管である。

　わいせつな文書、図画、電磁的記録に係る記録媒体その他の物の**頒布**とは、不特定または多数の者にこれらの物を交付することをいう（下線ⓑ）。不特定または多数の者に行う意思（反復継続の意思）があれば、特定かつ少数の者に対するものであっても、頒布に当たる（大判大6・5・19刑録23輯487頁）。わいせつな電磁的記録その他の記録の**頒布**とは、不特定または多数の者の記録媒体にこれらの記録を存在するに至らしめる行為をいう（最決平26・11・25刑集68巻9号1053頁。下線ⓒ）。電子メールでわいせつ画像を不特定または多数の者に送信して取得させる場合、インターネットを通じてわいせつ画像をパソコンにダウンロードさせる場合などが、これに当たる。

　公然陳列とは、わいせつ物のわいせつな内容を不特定または多数の者が認識できる状態に置くことをいう（前掲・最決平13・7・16。下線ⓒ）。特定少数人のみが認識しうる場合であっても、それが不特定または多数人を勧誘した結果であれば、公然陳列となりうる（最決昭33・9・5刑集12巻13号2844頁）。映画の上映、録音物の再生も、公然陳列である。わいせつな内容を認識するために一定の操作が閲覧者側に必要な場合でも、それが閲覧のために通常必要とされる簡単な操作にすぎないときは、公然陳列に当たる（前掲・最決平13・7・16）。したがって、例えば、わいせつな画像データをインターネット・サービス・プロバイダが設置するサーバーに置く行為も、わいせつな電磁的記録に係る記録媒体（ハードディスク）の公然陳列である（前掲・最決平13・7・16は、わいせつな画像データをパソコンネットのホスト・コンピュータのハードディスクに記憶・蔵置させた行為を公然陳列とした）。この場合において、不特定または多数の者が、その画像を閲覧するために、当該ハードディスクにアクセスしてそのわいせつな画像データを自己のコンピュータにダウンロードした場合には、これらの者を介して同人らのコンピュータにわいせつ画像データを記録させて頒布したことになるから、頒布罪も成立しうる（頒布罪の成立が肯定された例として、前掲・最決平26・11・25）。

所持・保管とは、本罪の客体を自己の支配下に置くことをいう（下線ⓖ ⓗ）。客体が有体物の場合は所持、無体物（電磁的記録）の場合は保管と書き分けられている。**有償で頒布する目的**が必要である（下線ⓕ）。有償の頒布には、販売のほか、有償での貸与も含まれる。なお、本罪の保護法益は国内の性的風俗であるから、国外で頒布する目的の場合を含まない（最判昭52・12・22刑集31巻7号1176頁）。

　d　共　犯

　本条の罪のうち、頒布罪は、頒布の相手方の関与行為を必要とするが（必要的共犯）、相手方の関与行為については罰則がないので、頒布の相手方は、頒布罪の共犯としても処罰されない（総論20講1⑵参照）。

オ　淫行勧誘罪

> **182条**　営利の目的で、淫行の常習のない女子を勧誘して姦淫させた者は、3年以下の懲役又は30万円以下の罰金に処する。

　本罪の罪質については、女子の性的自由・情操という個人的法益に対する罪と解する立場も有力であるが、多数説は、性秩序・性的風俗という社会的法益に対する罪と解している。営利の目的が要件となっていること、姦淫の相手方は処罰されないと解されていることなどが、その理由である。本罪は、売春防止法の売春周旋罪等と同趣旨のものであり、実際上、独自の意義を失っている。

カ　重婚罪

> **184条**　配偶者のある者が重ねて婚姻をしたときは、2年以下の懲役に処する。その相手方となって婚姻をした者も、同様とする。

　本罪の保護法益は、一夫一婦制（民法732条）である。婚姻には事実婚は含まれないから、虚偽の離婚届を提出して再度婚姻するような極めて稀な場合（名古屋高判昭36・11・8判タ127号58頁）にしか本罪は成立しない。

⑶　賭博・富くじに関する罪

ア　総　説

　賭博・富くじに関する罪は、偶然の事情に勝敗をかけて財物を得ようとする行為を処罰するものである。その保護法益は、勤労によって財産を取得するという**健全な経済的風俗**である（最大判昭25・11・22刑集4巻11号2380頁）。学説には、自己の財産または同意のある他人の財産に対する罪であるとする見解があるが、財産の自己侵害を処罰根拠とするのは過度のパ

ターナリズムであること、現行法が他人の財産の侵害を要しない賭博への参加・富くじの購入自体を処罰していることから、少数説にとどまっている。

　刑法は、賭博・富くじに関する行為を包括的に処罰しているが、特別法により、公営の賭博・富くじ（競輪、競馬、モーターボート競技、宝くじ、サッカーくじ等）は正当化されている。賭博罪は、今日では、主に暴力団対策として機能している。

イ　賭博罪（単純賭博罪）

> 185条　ⓐ賭博をした者は、50万円以下の罰金又は科料に処する。ただし、ⓑ一時の娯楽に供する物を賭けたにとどまるときは、この限りでない。

　賭博とは、偶然の勝敗により財物や財産上の利益の得喪を争う行為をいう（下線ⓐ）。賭けマージャン、賭け将棋、さいころ賭博などが、その例である。偶然性は、当事者全員について存在しなければならないが、当事者にとって主観的に存在すれば足りる。当事者の技能によって結果が左右される場合（例えば、囲碁、将棋）であっても、そのような意味での偶然性が認められる限り、本罪が成立する。他方、詐欺賭博は、偶然性の要素が欠けるから、賭博ではなく、詐欺である。

　一時の娯楽に供する物を賭ける場合、例えば、その場での飲食物を賭ける場合は、本罪から除かれる（下線ⓑ）。判例によれば、金銭を賭ける場合には本罪が成立する（大判大13・2・9刑集3巻95頁）。ただし、その場での飲食物を賭けて敗者にその代金を支払わせたにとどまる場合には、本罪は成立しない（大判大2・11・19刑録19輯1253頁）。学説では、金銭であっても、一時の娯楽に供する物と同程度の少額であれば許されるとする見解が有力である。

　本罪は、賭博行為が開始されれば成立する。勝敗が決まること、財物等の授受がなされたことは必要でない。

ウ　常習賭博罪

> 186条1項　ⓐ常習として賭博をした者は、3年以下の懲役に処する。

　本罪は、賭博が常習性の現れとして行われた場合の加重類型である。**常習性**とは、賭博を反復累行する習癖をいう（下線ⓐ）。博徒等である必要はない。常習性は、前歴・賭博の方法・賭金の額などを考慮して判断される。判例は、長期間営業する意思で5200万円の資金を投下して賭博遊技機を設置し、摘発されるまでの3日間の営業で、客延べ約140名で約70万円の売上利益を上げたという事案について、それまで賭博をしたことのなかった設

第19講　その他の社会的法益に対する罪　457

置者に対し常習性を認めている（最決昭54・10・26刑集33巻6号665頁）。常習性の現れと解される限り、1回の賭博でも本罪が成立するが、本罪は集合犯（総論27講4(3)**ウ**参照）であるから、賭博行為が複数あっても包括して本罪一罪が成立するにすぎない。

本罪は、常習性を理由とする加減的身分犯（不真正身分犯）であるから、常習性のない共犯には刑法65条2項が適用され、単純賭博罪（185条）の共犯となる（総論24講1参照）。他方、常習者は、単純賭博罪に関与した場合にも常習賭博罪の共犯となる（大連判大3・5・18刑録20輯932頁）。

エ　賭博場開張等図利罪

> **186条2項**　ⓐ賭博場を開張し、又はⓑ博徒をⓒ結合してⓓ利益を図った者は、3月以上5年以下の懲役に処する。

本条は、賭博場開張図利罪、博徒結合図利罪を規定する。いずれも自己の財産的利益のために賭博を助長する行為を対象とする。本罪の行為は、賭博を助長し、ひいては他人の財産を侵害し、賭博を広めることにつながるため、重く処罰される。

賭博場の開張とは、自ら主催者となって賭博の場所を開設することをいう（下線ⓐ）。電話を用いて賭博の申込みを受ける場合のように、賭博参加者の場所的集合のない場合にも、本罪が成立しうる（野球賭博について、最決昭48・2・28刑集27巻1号68頁）。**利益を図る**とは、賭博の勝敗による直接的利益ではなく、賭博開催の対価として、賭博参加者から寺銭・手数料などの名目で財産的利益を得る意思をいう（下線ⓓ）。この意思で賭博場を開設すれば、そこで実際に賭博が行われなくても、本罪が成立する。開張者が自ら賭博をしたときは、本罪と賭博罪の併合罪となる。

博徒結合図利罪にいう**博徒**とは、常習的・職業的な賭博行為者をいい（下線ⓑ）、**結合**とは、自己が中心となって博徒との間に親分・子分またはこれに類する人的関係を結び、一定の区域（縄張り）内において随時賭博を行う便宜を提供することをいう（下線ⓒ）。

オ　富くじ発売等罪

> **187条1項**　ⓐ富くじをⓑ発売した者は、2年以下の懲役又は150万円以下の罰金に処する。
> **2項**　富くじ発売のⓒ取次ぎをした者は、1年以下の懲役又は100万円以下の罰金に処する。
> **3項**　前2項に規定するもののほか、富くじをⓓ授受した者は、20万円以下の罰金又は科料に処する。

客体の**富くじ**とは、宝くじのように、あらかじめ番号札を発売して金銭

その他の財物を集め、その後抽選その他の偶然的方法によって、当選者だけが利益を得るような形で、購買者間に不平等な利益を分配する仕組みにおけるくじ札のことである（下線ⓐ）。利益の獲得が偶然に依存している点で賭博と共通するが、財産を喪失する危険を富くじの購買者のみが負担し、発売者は負担しない点が賭博と異なる。当選しなかった者が拠出した財物等を失わない場合には、本罪は成立しない。

　行為は、富くじの発売、発売の取次ぎ、授受である。**発売**は、多数人に対するくじ札の売出し（下線ⓑ）、**取次ぎ**は、発売者と購買者の間の売買のあっせん（下線ⓒ）、**授受**は、富くじの購入および譲渡一般（下線ⓓ）のことである。

(4) 礼拝所・墳墓に関する罪

ア　総　説

　礼拝所・墳墓に関する罪は、**公衆の宗教的感情**および**死者に対する敬虔感情**を保護するものである。特定の宗教を保護するものではないから、憲法20条の信教の自由に反しない。

イ　礼拝所不敬罪

> 188条1項　神祠、仏堂、墓所その他のⓐ礼拝所に対し、ⓑ公然とⓒ不敬な行為をした者は、6月以下の懲役若しくは禁錮又は10万円以下の罰金に処する。

　礼拝所とは、宗教的な崇敬の対象となっている場所をいう（下線ⓐ）。特定の宗教によらない施設であっても、一般の宗教的感情により崇敬の対象となっている場所であれば、礼拝所に含まれると解される（原爆慰霊碑、ひめゆりの塔など）。礼拝所に付属する社務所等は含まれない。「**公然と**」とは、他の罪におけると同様、不特定または多数人が認識しうる状態をいう（下線ⓑ）。**不敬な行為**とは、礼拝所の神聖を汚し一般の宗教感情を害する行為をいう（下線ⓒ）。

ウ　説教等妨害罪

> 188条2項　説教、礼拝又は葬式をⓐ妨害した者は、1年以下の懲役若しくは禁錮又は10万円以下の罰金に処する。

　妨害したとは、その手段・方法を問わず、説教等に支障を生じさせる行為をすることをいい、結果として説教等が阻止されたことまでは要しない（下線ⓐ）。

第19講　その他の社会的法益に対する罪　459

エ 墳墓発掘罪

> 189条 @墳墓を⑥発掘した者は、2年以下の懲役に処する。

　墳墓とは、人の死体（死体の一部、人体の形状を具えた死胎を含む）、遺骨、遺品等を埋葬して記念・祭祀する（礼拝の対象とする）場所をいう（下線@）。祭祀礼拝の対象でなくなった古墳は、本罪にいう墳墓に当たらない（大判昭9・6・13刑集13巻747頁）。発掘とは、墳墓の覆土の全部または一部を除去し、もしくは墓石等を破壊解体して、墳墓を損壊する行為をいう（下線⑥）。

オ 死体損壊等罪

> 190条 @死体、⑥遺骨、遺髪又は©棺に納めてある物を@損壊し、⑥遺棄し、又は①領得した者は、3年以下の懲役に処する。

　客体は、死体・遺骨・遺髪・棺に納めてある物（納棺物）である。死体は、その一部であってもよく、人体の形状を具えた死胎も含まれる（下線@）。遺骨・遺髪は、死者の祭祀・記念のため保存し、または保存すべきものをいい（下線⑥）、処分権者が正当に処分したものは含まない。棺に納めてある物（納棺物）とは、副葬品のことである（下線©）。

　行為は、損壊・遺棄・領得である。本罪にいう損壊は、物理的破壊である（下線@）。遺棄とは、社会通念上是認されない態様で放棄することをいう（下線⑥）。葬祭を行う義務のある者が放置した場合には、不作為による遺棄が成立しうる（大判大6・11・24刑録23輯1302頁）。領得とは、社会通念上是認されない事実的支配の獲得一般をいう（下線①）。買い受ける場合なども含まれる。

　死体等（特に納棺物）を領得した場合、判例によれば、窃盗罪（235条）などの財産犯は成立せず、死体等領得罪のみが成立する（盗品等関与罪〔256条〕の成立を否定したものとして、大判大4・6・24刑録21輯886頁）。判例は、殺人罪（199条）・傷害致死罪（205条）と死体遺棄罪とは併合罪だとするが（大判明44・7・6刑録17輯1388頁、最判昭34・2・19刑集13巻2号161頁）、学説では、牽連犯とする見解も有力である。

カ 墳墓発掘死体損壊等罪

> 191条 第189条の罪を犯して、死体、遺骨、遺髪又は棺に納めてある物を損壊し、遺棄し、又は領得した者は、3月以上5年以下の懲役に処する。

本罪は、墳墓発掘罪（189条）と死体損壊等罪（190条）の結合犯であり、墳墓発掘罪の犯人が死体損壊等罪を行った場合にのみ成立する。

キ　変死者密葬罪

192条　検視を経ないで@変死者を葬った者は、10万円以下の罰金又は科料に処する。

本罪は、犯罪の発見を妨げるおそれのある行為を防止しようとする警察的な取締規定であり、他の罪とは異質なものである。**変死者**とは、判例によれば、不自然な死を遂げ、死因が不明の者をいう（大判大9・12・24刑録26輯1437頁）。学説では、検視を受けさせることが本罪の趣旨であることから、変死の疑いのある者、犯罪により死亡したことが明らかな者も含まれるとする見解が有力である。

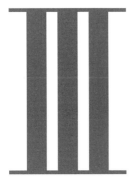

国家的法益に対する罪

　国家は、人の存立・共同生活・共同体を支える法的組織として固有の意義を有する。そこで、刑法は、国家の存立や作用を、個人的法益や社会的法益に還元できない固有の法益として保護している。

　国家的法益に対する罪は、国家の存立に対する罪（内乱・外患）、国交に関する罪（外国国章損壊等）、国家の作用に対する罪（公務執行妨害、逃走、犯人蔵匿・証拠隠滅、偽証、虚偽告訴、賄賂等）に大別できるが、本書では、学習の便宜を考えて、国家的法益に対する罪の中でも特に重要な「賄賂罪」、「公務執行妨害罪」、「犯人蔵匿・証拠隠滅罪」を先に検討し、その後で残りの国家的法益に対する罪を扱うことにする。

第20講　賄賂罪

◆学習のポイント◆

1　賄賂罪は、財産犯に絡めての出題が予想されるので、国家的法益に
　対する罪の中で最も重要である。まず、賄賂罪の保護法益について理
　解すること。個々の論点を解決する際には、保護法益に遡って検討す
　ることが重要である。

2　賄賂罪、特に収賄罪にはさまざまなタイプの罪があり複雑である。
　事例問題を解決するときはどの収賄罪に当たるかを判断できなければ
　ならない。やみくもに暗記するのではなく、単純収賄罪の基本構造を
　学んだ後、各種収賄罪が単純収賄罪をどのように変形させたものであ
　るかを理解し、それらの成立要件の概要を押さえる必要がある。

3　賄賂罪で最も重要なポイントは職務関連性（「職務に関し」の範囲）
　である。ここでは特に、一般的職務権限、職務密接関連行為の理論に
　ついて、具体的事例に即して説明することができるようになる必要が
　ある。また、転職前の職務について賄賂を収受・要求・約束した事案
　について収賄罪が成立するかも重要な問題である。

4　賄賂罪における賄賂の意義について理解し、社交儀礼として賄賂が
　供与された事案の処理についてもしっかり確認しておくこと。

　国家の作用を担う公務員自身が公務執行の適正をいわば国・公共団体の内
部から侵害する犯罪として「賄賂罪」（収賄罪と贈賄罪）がある。本講では、
新聞や雑誌の紙面を賑わすことの多い賄賂罪について学習する。

1　収賄罪の基本構造

197条1項前段　ⓐ公務員が、ⓑその職務に関し、ⓒ賄賂をⓓ収受し、又はその
　ⓔ要求若しくはⓕ約束をしたときは、5年以下の懲役に処する。

---

(1) 立法趣旨

公務員の職務に関して、金銭その他の利益の授受がなされると、職務の公正はもとより、その威信も失われるので、公務員の職責の重さに鑑み、公務員の職務が公正に行われることを目的として賄賂を収受等する行為を処罰の対象としたものである。

●コラム●　賄賂罪の本質をめぐる2つの立法形式

　賄賂罪の本質に関しては2つの立法形式がある。第1は、ローマ法に由来する「職務行為の不可買収性」を原理とする立法形式である。これは、「職務を金で売ってはならない」とする考え方であり、職務行為の正・不正を問わず賄賂の授受を処罰する形式である。第2は、ゲルマン法に由来する「職務の不可侵性（純粋性）」を原理とする立法形式である。これは、「職務の不正は許されない」とする考え方であり、不正の職務に対する賄賂の授受を処罰する形式である。わが国の刑法は、職務行為の不正を賄賂罪の不可欠の要件としていないので前者の考え方を基本としつつ、職務行為に不正がある場合には刑を加重しているので、後者の考え方を補充的に考慮した立法形式をとっている。

---

(2) 保護法益

賄賂罪の保護法益については、さまざまな見解があったが、現在では、「公務員の職務の公正」とする**純粋性説**と、「公務員の職務の公正とそれに対する社会一般の信頼」とする**信頼保護説**が対立している（論点1〔賄賂罪の保護法益〕）。両説は、職務の公正に対する「社会の信頼」をも保護法益に含めるか否かで異なるが、判例・通説は、信頼保護説を支持している（◎最大判平7・2・22刑集49巻2号1頁〔ロッキード事件丸紅ルート〕〈百107、講147、プ525〉）。

(3) 成立要件

【事例1】抜打検査

　甲保健所の食品衛生監視員Xは、飲食店に対する抜打検査の日時を対象者に事前に教え、その謝礼として現金5万円をもらった。

ア　主　体

本罪の主体は公務員である（下線ⓐ）。公務員とは「国又は地方公共団体の職員その他法令により公務に従事する議員、委員その他の職員」をいう（7条1項）。

公務員でないにもかかわらず収賄罪の主体となりうる者がある。第1に、他の法令により公務員とみなされる者である。例えば、国立大学法人法にお

ける「国立大学法人の役員及び職員」（同法19条）などがこれに当たる。第2に、公務員とみなされるわけではないが、職務の公共性に鑑み、収賄罪が適用される者である。例えば、会社法における「取締役等」（同法967条）などがこれに当たる。

贈賄罪は誰でも犯すことができるが、収賄罪は公務員にしか犯すことができない身分犯（真正身分犯）である。したがって、非公務員が公務員の収賄行為に関与した場合は、65条1項により非公務員も共犯となることに注意する必要がある（総論24講1参照）。

イ　職務関連性

収賄罪は、「職務に関して」賄賂を収受等したときに成立する（下線ⓑ）。「職務に関し」とは、「職務に関連して」という意味である（**職務関連性**）。公務員がその職務とは無関係に金品を収受等しても収賄罪は成立しない。職務関連性は、賄賂と対価関係に立つ行為が当該公務員の職務行為といえることを確認するための要件である。なぜなら、職務と対価関係のある金銭等の授受が行われたとき初めて、公務が金で左右されたのではないかという不信感が大きくなり、職務の公正に対する社会一般の信頼が害されたといえるからである。

●コラム●　事例問題における収賄罪の成否の判断方法

具体的な事案において収賄罪が成立するか否かを判断するには、まず、①不正な利益が具体的にどの「行為」と対価関係に立つものとして授受等されたのかを認定する（対価関係の有無）。次に、②その「行為」が、当該公務員の「職務行為」といえるか、すなわち職務権限内の行為といえるかを検討する（職務関連性）。その行為が「職務行為」といえれば収賄罪が成立する。

職務とは、「公務員がその地位に伴い公務として取り扱うべき一切の執務」をいう（最判昭28・10・27刑集7巻10号1971頁）。その範囲は、原則として法令によって定められるが、必ずしも法令に直接の規定があることを要しない（大判昭13・12・3刑集17巻889頁）。法令の解釈によって合理的にその範囲を確定できれば足りる。

第1に、当該公務員が具体的職務権限に基づき現に担当している職務が「その職務」といえるのは当然である（**具体的職務権限に属する行為**）。例えば、【事例1】において、甲保健所に当該検査を行う具体的権限（事務分配）があるので、Xは「その職務」に関して不正な利益を取得したといえる。

第2に、判例・通説は、当該公務員に具体的職務権限がない場合であって

466

も、法令上、当該公務員の一般的・抽象的な職務権限に属するものであれば職務関連性が認められる（最判昭37・5・29刑集16巻5号528頁〈プ518〉）としている（**一般的職務権限に属する行為**）。なぜなら、一般的・抽象的な職務権限に属する行為は、「必要に応じて担当することもありうる」ことから、当該公務員が実際上公務を左右する可能性があるからである。例えば、市の福祉事務所の職員が自己の担当区域外の者から生活保護申請に対する訪問調査について手心を加えるように依頼され金銭を収受した場合は、当該福祉事務所の管轄区域内の訪問調査が一般的職務権限に属する行為である以上、当該福祉事務所職員は「その職務」に関して賄賂を収受したといえる（論点2〔一般的職務権限の理論〕）。

なお、判例によれば、①一般的職務権限に属する事務であれば、将来に至って初めて行いうる事務（将来の職務）であってもよいし（大判昭11・2・21刑集15巻136頁）、②過去に担当していたが現在は担当していない事務（過去の職務）であってもよい（大判明42・12・17刑録15輯1843頁）。この点に関連して、将来の職務については当該職務を担当する可能性があればよいのか蓋然性まで必要であるかについて争いがある（論点3〔将来の職務と賄賂罪〕）。また、公務員が転職によって一般的職務権限に異同を来した場合に転職前の職務に関してもなお収賄罪が成立するか否かが争われている（論点4〔公務員の転職と賄賂罪〕）

第3に、判例は、一般的職務権限に属する行為でなくても、当該公務員の職務と密接に関連する行為であれば職務関連性が認められる（最決昭31・7・12刑集10巻7号1058頁〈プ520〉）としている（**職務密接関連行為**）。なぜなら、職務と密接な関連を有する行為に関して賄賂を収受等した場合にも、職務の公正に対する社会一般の信頼が害されるからである。

職務密接関連行為には、①本来の職務行為ではないが職務執行に付随するものとして常態的に行われている公務的行為と、②自己の職務に基づく事実上の影響力を利用して単発的に行われる行為の2つの類型がある（論点5〔職務密接関連行為の理論〕）。

ウ 客体

本罪の客体は「賄賂」である（下線ⓒ）。賄賂とは、公務員が「その職務に関して」受ける不正な報酬としての利益をいう。職務と関連性のある利益、すなわち、職務と対価関係にある利益のみが賄賂となる。対価関係というのは、一定の職務に対する反対給付という関係にあることをいう。もっとも、職務に関するものであれば足り、「個々」の職務行為と賄賂との間に対

価関係が認められる必要まではない（最決昭33・9・30刑集12巻13号3180頁〈プ531〉）。なぜなら、収賄罪は具体的な職務行為の依頼がなくても成立するからである。

賄賂の対象となりうる利益は、有形・無形を問わず、人の需要・欲望を満たすことができる一切の利益をいう。金銭、物品、不動産、金融の利益等の経済的な利益だけでなく、異性間の情交（最判昭36・1・13刑集15巻1号113頁）や就職のあっせんの約束（大判大14・6・5刑集4巻372頁）も賄賂になりうる。

相当価格を支払って未公開株を譲り受けた場合でも、当該株式が上場時に確実に公開価格を上回ることが見込まれており、当該株式を公開価格で取得することが一般人には極めて困難であるときには、未公開株式を公開価格で取得できる利益も賄賂になる（◎最決昭63・7・18刑集42巻6号861頁〔殖産住宅事件〕〈百103、講149〉）。また、県が発注した建設受注の謝礼の趣旨の下に、受注業者の下請業者に早期売却の必要のあった土地を買い取ってもらい県知事らが代金の支払いを受けたとき、売買代金が時価相当額であったとしても当該土地の売買による換金の利益は賄賂に当たる（○最決平24・10・15刑集66巻10号990頁）。

中元・歳暮などの季節の贈答品が賄賂に当たるかについては争いがある（ 論点6 〔社交的儀礼の賄賂性〕）。

エ　行　為

本罪の行為は、「その職務に関し」、賄賂を「収受」し（収受罪）、または「要求」し（要求罪）、もしくは「約束」すること（約束罪）である。

収受とは、供与された賄賂を自己のものとする意思で**現実に取得**することをいう（下線ⓓ）。賄賂を受け取ったとしても後日返還する意思があった場合は「自己のものとする意思」がないので収受に当たらない。

要求とは、**賄賂の供与を求める意思表示**をいう（下線ⓔ）。要求したといえるためには、相手方が要求の意思表示を認識しうることが必要であるが、現実にそれが認識されたことは必要でなく（大判昭11・10・9刑集15巻1281頁）、また、認識した相手方がこの要求に応じなくても要求罪が成立する（大判昭9・11・26刑集13巻1608頁）。

約束とは、賄賂を供与し、これを収受することについて収賄者・贈賄者間に合意が成立することをいう（下線ⓕ）。

オ　主観的要件

本罪の故意が認められるためには、①賄賂性、すなわち、職務に関する不

正な利益であることの認識・認容、および②賄賂を収受・要求・約束することの認識・認容が必要である。

【事例1】において、Xは甲保健所の職員であるから「公務員」であり、現金5万円は検査日時情報の提供という「職務に関し」て受け取った「賄賂」である。したがって、甲には単純収賄罪（197条1項前段）が成立する。

(4) 罪 数

賄賂を要求し、または約束して、ついで収受したときは、包括して1個の収賄罪が成立する（大判昭10・10・23刑集14巻1052頁）。

なお、公務員が職務に関して恐喝的方法・詐欺罪的方法で贈賄者側に財物を交付させた場合に、恐喝罪・詐欺罪のほかに、収賄罪が成立するか、被恐喝・欺罔者に贈賄罪が成立するか否かが問題となる（ 論点7 〔恐喝・詐欺罪と賄賂罪の関係〕）。

(5) 没収・追徴

> 197条の5　犯人又は情を知った第三者が収受した賄賂は、没収する。その全部又は一部を没収することができないときは、その価額を追徴する。

ア 趣 旨

没収とは、犯罪に関係のある特定の物の所有権を所有者から強制的に奪い国庫に帰属させる刑罰である。追徴とは、本来没収できるはずの物が没収不能となった場合にその没収すべき物の価額に相当する金額を国庫に納付すべきことを命ずる処分である。没収・追徴に関する一般的規定は、刑法総則（19条・19条の2）に置かれているが、そこでは裁判官の裁量によって行う任意的没収・追徴である（総論28講1(2)エb参照）。

ところが、賄賂罪には、一般法である刑法19条・19条の2の特別法として、必ず没収・追徴を行わなければならない必要的没収・追徴に関する規定が置かれている。これは、賄賂という不正の利益は保持させないという法の趣旨を徹底したものである。

イ 必要的没収

没収できるのは「犯人又は情を知った第三者が収受した賄賂」である。「犯人」とは、賄賂を収受した公務員のほか共犯者も含まれる。「情を知った第三者」とは、賄賂を収受した公務員およびその共犯者以外の者で賄賂であることを知った者をいう。第三者供賄罪において、情を知りながら収受した

人・法人がこれに当たる。

収受されなかった賄賂は、特別法である197条の5によって没収すること
はできないが、一般法である19条1項1号により犯罪組成物件として任意的
に没収することは可能である。

ウ　必要的追徴

追徴は、没収すべきものにつき「その全部又は一部を没収することができ
ないとき」「その価額」についてなされる。

「没収することができないとき」の第1は、没収しようとしても賄賂の性
質上没収することができない場合である。例えば、饗応の際に直ちに費消さ
れる酒食、芸妓の接待、ゴルフや旅行の接待などである。第2には、本来な
らば没収できる賄賂が、費消・毀損・滅失、第三者への所有権移転等の理由
により没収することができなくなった場合である。

価額追徴の算定時期は、賄賂が収受された当時の価格による（**収受時説**）
とされている（○最大判昭43・9・25刑集22巻9号871頁〈講152、プ541〉）。

2　収賄罪の諸類型

これまで、収賄罪の**基本類型**である**単純収賄罪**について説明をしてきた。
しかし、刑法は、収賄罪として、単純収賄罪（197条1項前段）のほか、受
託収賄罪（197条1項後段）、事前収賄罪（197条2項）、第三者供賄罪（197
条の2）、加重収賄罪（197条の3第1項・第2項）、事後収賄罪（197条の3
第3項）、あっせん収賄罪（197条の4）の7種類を規定している。具体的事
案を処理するにはこれらの規定を縦横に駆使できなければならない。しか
し、収賄罪の規定は極めて複雑であるので、あらかじめその相互関係を整理
しておこう。

収賄罪の諸規定は、基本類型である単純収賄罪に要件を加重した加重類
型、基本類型に修正を加えた修正類型に分類することが可能である。

（1）　加重類型

ア　受託収賄罪

197条1項後段　公務員が、その職務に関し、賄賂を収受し、又はその要求若し
くは約束をした場合において、ⓐ請託をⓑ受けたときは、7年以下の懲役に処
する。

前述のように、単純収賄罪は、公務員がその職務に関し賄賂を収受・要

求・約束したときに成立する（5年以下の懲役）。この単純収賄罪に「請託
を受けた」という事実が加わった場合に成立するのが、法定刑が加重された
受託収賄罪である（7年以下の懲役）。

「請託」とは、公務員に対し一定の職務行為を行うこと、または行わない
ことを依頼することであり（下線ⓐ）、依頼の内容が正当な職務行為であっ
てもかまわない（最判昭27・7・22刑集6巻7号927頁）。請託があることに
よって、特定の職務と賄賂との対価関係がより一層明確になり、法益侵害の
程度が高まることから単純収賄罪よりも重く処罰される。請託を「受けた」
とは、公務員が相手方の依頼を承諾することである（下線ⓑ）。依頼の対象
である職務行為は、具体的に特定されていることが必要であり、「何かと世
話になった謝礼と併せて将来も好意ある取扱を受けたい趣旨」で賄賂が供与
されても、請託があったとはいえない（最判昭30・3・17刑集9巻3号477
頁）。

イ　加重収賄罪

> **197条の3第1項**　公務員が前2条の罪を犯し、よってⓐ不正な行為をし、又は
> 相当の行為をしなかったときは、1年以上の有期懲役に処する。
>
> **2項**　公務員が、ⓑその職務上不正な行為をしたこと又は相当の行為をしなかっ
> たことに関し、賄賂を収受し、若しくはその要求若しくは約束をし、又は第三
> 者にこれを供与させ、若しくはその供与の要求若しくは約束をしたときも、前
> 項と同様とする。

単純収賄罪に、「不正な行為をし」、または「相当の行為をしなかった」と
いう事実（下線ⓐⓑ）が加わった場合に成立するのが、法定刑が加重された
加重収賄罪である（1年以上20年以下〔12条〕の懲役）。現に不正な職務行
為がなされることにより公務の公正さが現実に害されたといえることが重く
処罰される根拠である。法を枉げるという意味で**枉法収賄罪**とも呼ばれる。

加重収賄罪は、単純収賄罪の加重類型だけでなく、受託収賄罪、（後述す
る）事前収賄罪、第三者供賄罪に「不正行為」がプラスされた場合にも成立
する。

1項は収賄行為の後に不正な職務行為が行われた場合（**収賄後枉法罪**）、
2項は不正な職務行為がなされた後に収賄行為が行われた場合（**枉法後収賄
罪**）を規定している。

(2) 修正類型

基本類型である単純収賄罪の要件を修正した類型としては、①主体を修正したものとして事前収賄罪、事後収賄罪、②受取者を修正したものとして第三者供賄罪、③対価性の対象行為を修正したものとしてあっせん収賄罪がある。

ア　事前収賄罪

> **197条2項** ⓐ公務員になろうとする者が、その担当すべき職務に関し、ⓑ請託を受けて、賄賂を収受し、又はその要求若しくは約束をしたときは、ⓒ公務員となった場合において、5年以下の懲役に処する。

単純収賄罪は「公務員」が賄賂を収受等する場合に成立するが、その主体を「公務員になろうとする者」に修正したのが事前収賄罪である。公務員になろうとする者とは、例えば、公務員の就職内定者や議員候補者である（下線ⓐ）。

事前収賄罪は、公務員になろうとする者が、将来担当すべき職務（＝将来、相当程度の蓋然性をもって担当する可能性がある職務）に関して、請託を受けて、賄賂を収受・要求・約束することによって成立する犯罪である。「請託を受けること」が要件となっているのは、請託を受けることにより将来の職務行為との対価関係が明確になるからである（下線ⓑ）。

本罪は賄賂を収受等することにより成立するが、処罰されるのは「公務員となった場合」である（下線ⓒ）。公務員に就任して初めて職務の公正とそれに対する社会の信頼を害するおそれが生ずるからである。「公務員となった場合」は客観的処罰条件（総論3講4(3)エのコラム参照）の典型であるとされている。

イ　事後収賄罪

> **197条の3第3項** ⓐ公務員であった者が、ⓑその在職中に請託を受けてⓒ職務上不正な行為をしたこと又は相当の行為をしなかったことに関し、賄賂を収受し、又はその要求若しくは約束をしたときは、5年以下の懲役に処する。

単純収賄罪は「公務員」が賄賂を収受等する場合に成立するが、その主体を「公務員であった者」に修正したのが事後収賄罪である（下線ⓐ）。公務員が、在職中に請託を受けて不正な職務行為をしたことに関し、退職して公務員でなくなった後に賄賂を収受等した場合を処罰する規定である。退職後

なので、対価関係を明らかにするため「請託」および「不正の職務行為（枉法）」が要件とされている（下線ⓑⓒ）。本罪は、在職中の受託に基づく職務違反行為の対価としての賄賂を収受・要求・約束したのが「退職後」であることを要する。

ウ　第三者供賄罪

> **197条の2**　公務員が、その職務に関し、ⓐ請託を受けて、ⓑ第三者に賄賂を供与させ、又はその供与の要求若しくは約束をしたときは、5年以下の懲役に処する。

　単純収賄罪では賄賂を受け取るのは公務員自身であるが、賄賂の受取りの相手方を「第三者」に修正した（下線ⓑ）のが第三者供賄罪である。本罪は、公務員が賄賂を自己以外の第三者に受け取らせて賄賂罪に問われることを免れる脱法行為を防止するための規定である。賄賂が職務行為を行う公務員以外の者に供与等されるため、対価関係の明確化のために「請託」の存在が要件とされている（下線ⓐ）。なお、形式的には第三者であっても、公務員の家族に収受させるなど、実質的に見て公務員自身が収受していると評価できる場合には、本罪ではなく、受託収賄罪が成立する。

エ　あっせん収賄罪

> **197条の4**　公務員がⓐ請託を受け、ⓑ他の公務員に職務上不正な行為をさせるように、又は相当の行為をさせないようにⓒあっせんをすること又はしたことの報酬として、賄賂を収受し、又はその要求若しくは約束をしたときは、5年以下の懲役に処する。

　単純収賄罪は、公務員がその職務に関して賄賂を収受・要求・約束する行為を処罰するものである。この場合、賄賂と対価関係にあるのは「当該公務員の職務行為」である。これに対し、対価性の対象行為を「他の公務員の職務行為」についての「あっせん」に修正したのがあっせん収賄罪である。あっせん収賄罪は、他の公務員に不正な行為をさせるように、あるいは相当の行為をさせないように頼まれた（下線ⓐⓑ）公務員が、そのように働きかける「口利き」の見返りとして賄賂を収受等する犯罪である。

　「あっせん」とは、他の公務員への紹介、仲介、働きかけ、依頼などをいう（下線ⓒ）。あっせんは、不正な職務行為に対するものであることを要し、正当な職務行為をあっせんしても本罪は成立しない。あっせんは、公務員と

第20講　賄賂罪　473

しての立場で行われることが必要で、単なる私人としての行為は含まれない。

　本罪において賄賂は、当該公務員の職務行為の対価ではなく、あっせんしたことの対価である。したがって、他の公務員にあっせんするその「あっせん行為」自体が、賄賂を収受する公務員の職務行為（または職務密接関連行為）であった場合は、本罪ではなく通常の収賄罪が成立する。

罪名	主体	職務に関し	受託	不正行為	法定刑
単純収賄罪	公務員	○	×	×	1月〜5年
受託収賄罪	公務員	○	○	×	1月〜7年
事前収賄罪	公務員になろうとする者	○	○	×	1月〜5年
第三者供賄罪	公務員	○	○	×	1月〜5年
加重収賄罪	公務員	○	×○	○	1年〜20年
事後収賄罪	公務員であった者	○	○	○	1月〜5年
あっせん収賄罪	公務員	×	○	○	1月〜5年

3　贈賄罪の基本構造

> 198条　ⓐ第197条から第197条の4までに規定する賄賂をⓑ供与し、又はそのⓒ申込み若しくはⓓ約束をした者は、3年以下の懲役又は250万円以下の罰金に処する。

(1)　趣　旨
　収賄罪は、公務員の職務行為に対する不正の報酬としての賄賂の授受等を処罰する規定であるが、贈賄罪は、これと対向関係に立つ当該収賄公務員以外の者の当該公務に対する妨害行為を処罰するものである。

　贈賄罪の法定刑が、収賄罪のそれよりも軽いのは、一般的に、収賄者に対して贈賄者が弱い立場にあるので責任が類型的に軽いことを考慮したためである。

(2)　主　体
　収賄罪（身分犯）とは異なり、主体に制限はなく、非公務員であると公務員であるとを問わない。

(3)　客　体
　本罪の客体は、197条（単純収賄罪・受託収賄罪・事前収賄罪）、197条の2（第三者供賄罪）、197条の3（加重収賄罪・事後収賄罪）、197条の4（あっせん収賄罪）の規定する「賄賂」である（下線ⓐ）。

(4) 行 為

贈賄行為は、通常、賄賂の申込み、約束、供与という順で行われる。

「申込み」とは、公務員に賄賂の収受を促すことをいう。申込みは贈賄者の一方的行為で成立するので、公務員がその申込みを拒否した場合でも本罪が成立する（下線ⓒ）。

「約束」とは、賄賂を供与し、これを収受することについての贈賄者・収賄者間の合意をいう（下線ⓓ）。合意であるから一方の行為がなければ他方の行為も成立しない、いわゆる必要的共犯（総論20講1(2)参照）の一種としての対向犯である。

「供与」とは、賄賂を収受させることをいう（下線ⓑ）。収賄側の収受と贈賄側の供与はそれぞれ対向関係にあり必要的共犯である。賄賂を供与しようとしたが受領が拒絶された場合や、受領してもそれが賄賂であると思わなかった場合は、供与にならず申込みにとどまる。

同一人に対して、賄賂を申し込み、約束し、供与した場合には包括して1個の贈賄罪が成立する。

贈賄罪は各収賄罪に対応して成立するものである。したがって、罪名は、「○○収賄罪に対応する贈賄罪」という形で表示される。例えば、請託を要件とする受託収賄罪に対応する贈賄罪では、贈賄者についても請託をしたことが要件となる。

(5) 主観的要件

故意の内容としては、各事案における収賄罪の成立に必要な構成要件の客観的要素の認識が必要である。もっとも、現実に行われた収賄罪に対応する認識がなくても、他の収賄罪の成立を基礎づける認識があれば故意は認められる。例えば、贈賄者が公務員に適法行為を委託したが、公務員が違法行為をした場合、当該公務員には加重収賄罪（197条の3）が成立するが、贈賄者には公務員が違法行為をしている点について認識がなくても受託収賄罪（197条1項後段）に対応する認識がある以上、受託収賄罪に対応する贈賄罪が成立する。

4 賄賂罪の重要問題

(1) 賄賂罪の保護法益 　論点1

賄賂罪の保護法益に関しては、「公務員の職務の公正」を保護法益とする**純粋性説**と「公務員の職務の公正とこれに対する社会一般の信頼」を保護法益とする**信頼保護説**が対立しており、後者が判例・通説の立場である。両説

第20講 賄賂罪 475

は、公務員の職務の公正を保護法益とする点では共通であるが、「職務の公正に対する社会一般の信頼」までを保護法益に含めるか否かで対立している。

この点、信頼保護説に対しては、職務の公正は保護法益たりえても、公正に対する信頼は保護法益とはなりえず、それは、人の生命が保護法益になりうるのに対し、人の生命が保護されていることに対する信頼が保護法益になりえないのと同じであるという批判がある。法益が侵害されないことに対する信頼は、法益と区別された独自の法益ではありえないというのである。また、「社会一般の信頼」は包括的で曖昧であるから、賄賂罪の処罰範囲が不当に拡大されるおそれがあるという批判もある。

しかし、国家の立法・司法・行政の適正な作用にとって公務員の職務の公正は不可欠のものであるから、本罪の保護法益は第一次的には「職務行為の公正」にあるが、職務行為が公正に行われたとしても、職務に関連して公務員が賄賂を受け取っていれば、公務に対する国民の信頼が失墜し、公務の円滑な遂行という国家作用が害され、あるいはその危険が生じるので、「社会の信頼」を（公正さとは）独立した法益として考慮する必要がある。

しかも、現行法の解釈論として純粋性説をとることには2つの困難がある。

第1に、収賄罪の基本類型である単純収賄罪（197条1項前段）は、正当な職務行為に関して賄賂が収受された場合であっても成立するが、そのことを純粋性説から説明することは困難である。なぜなら、純粋性説は「職務行為の公正」を保護法益とするので、少なくとも職務行為の公正に対する危険が存在することが収賄罪の処罰根拠となるが、正当な職務行為に対して職務行為の公正に対する危険があったと考えることには無理があるからである（危険の擬制）。むしろ、正当な職務行為に関して賄賂が収受された場合にも収賄罪が成立する理由は、職務行為の公正に対する社会一般の信頼が損なわれることに求めるのが適切であろう。

第2に、純粋性説によると過去の職務行為に対して賄賂罪が成立することを説明することは困難である。なぜなら、賄賂の授受が職務行為後に行われても、既に行われた職務行為に対して因果性を及ぼすことは不可能だからである。

【設問1】 学位論文審査事例
　国立大学教授Xは、学位請求論文の主査として大学院生Aの論文を審査し、同論文が学位論文の水準に達していたので、これを合格させた。後日、Aがその謝

礼として提供した100万円をＸは収受した。Ｘの罪責を論じなさい。

【設問１】において、純粋性説に立てば、Ａの学位論文の審査との関連で職務の公正を害する危険はなく、したがって、単純収賄罪の成立を認めることは困難である。そこで、純粋性説の中には、Ｘが後に謝礼がもらえるであろうことを期待してＡの学位論文の審査を行ったとすれば、当該職務行為の公正さが害される危険が認められるとする見解も主張されている。しかし、後に行われるべき贈与の期待によって職務行為が行われたといえない場合には収賄罪の成立は否定するしかなく、それを避けようとして収賄罪の成立を認めるとしたら危険の擬制による処罰であって妥当でない。

Ｘは、その職務上当然なすべき行為をしたのであるが、このような過去の正当な行為について恩義を感ずるＡがそれに対する謝礼を贈れば、その謝礼は職務行為に対する対価であることはむしろ当然である。そこで、判例は、Ｘに単純収賄罪が成立するとしている（大判昭10・５・29刑集14巻584頁）。この結論は、信頼保護説の立場からよりよくこれを基礎づけることが可能となる。なぜなら、Ｘが謝礼を受け取ることによって、学位論文の審査権という職務の公正に対する社会一般の信頼を裏切ることになるからである。

(2) 一般的職務権限の理論 論点２

収賄罪は「その職務に関し」賄賂が収受・要求・約束されたこと（＝職務関連性）をその成立要件としている。なぜなら、職務と対価関係にある金銭等の授受が行われたときにこそ、「職務の公正に対する社会の信頼」という法益の侵害が存在するからである。

職務の範囲は、原則として法令によって定められるが、必ずしも法令に直接の規定がなくても、法令の解釈によって合理的にその範囲を確定できれば足りる。その範囲について、判例および通説は、公務員が具体的に事務分配を受けた職務（**具体的職務権限**）でなくても、当該公務員の**一般的・抽象的な職務権限**に属するものであれば職務関連性が認められるとしている（前掲・最判昭37・５・29）。なぜなら、一般的職務権限内の範囲内の事項は、事務分担の変更の可能性ないし将来における事務分担の可能性があるから、職務の公正に対する社会一般の信頼が害されるからである。このような考え方を、**一般的職務権限の理論**という。

これまで、判例は、行政組織上の「課」ないし「局」を単位として、同一課内の分掌事務（前掲・最判昭37・５・29）のほか、同一局（地方財務局）の所管事務（最決昭32・11・21刑集11巻12号3101頁）について一般的職務権

限を認めてきた。しかし、賄賂罪の保護法益が職務の公正に対する社会一般の信頼にもあると考えるのであれば、一般的職務権限の理論が適用される範囲を一律に「課」「局」の単位で画さなければならないという理由はなく、当該公務員の職務について定められた法令の規定やその属する組織の大小を考慮して「公務員がその職務を担当しうるか」という観点から検討すべきであろう。

【設問2】警視庁事件

Xは、警視庁警部補として調布警察署地域課に勤務していたが、公正証書原本不実記載罪等の事件につき同庁多摩中央警察署長に告発状を提出した者から、告発状の検討・助言、捜査情報の提供、捜査関係者への働きかけなどの有利かつ便宜な取り計らいを受けたいとの趣旨で供与された現金50万円を受領した。Xの現金収受に職務関連性は認められるか。

【設問2】において、Xは、告発状の提出先である多摩中央警察署とは別の調布警察署に勤務しており、しかも、刑事事件の捜査を行う「刑事課」ではなく、「地域課」に所属している。そこで、現に捜査を担当しておらず、捜査担当者に対して指揮命令をすることができる立場にもなかったXには、告発状の検討と告発事件に関する助言、捜査関係者への働きかけと捜査情報の提供に関する職務権限は存在しないという見解もありうるであろう。

しかし、判例は、本問類似の事案において、所属する課が異なる場合でもなお職務権限が及ぶとし、Xに単純収賄罪（197条1項前段）の成立を認めている（◎最決平17・3・11刑集59巻2号1頁〔警視庁事件〕〈百105、講145、プ519〉）。

これは、警察官の職務の特殊性を考慮すると、警察官の犯罪捜査に関する一般的職務権限の範囲を「課」や「署」の単位で制限するのは適切ではなく、警察法64条は、警察官は「都道府県警察の管轄区域内において職権を行う」と規定しており、警視庁警察官は、都内のどの警察署に所属していても、都内において犯罪捜査に当たる権限を有しているといえることを根拠とするものである。

このような判例に対して、法令上の根拠を理由に当該事件の捜査を担当する**具体的・事実上の可能性**がない警察官に対してまで一般的職務権限の理論を適用して収賄罪を認めたことに批判的な見解も有力である。しかし、具体的・事実上の担当可能性は当該公務員が属する組織内部の諸事情を考慮しなければ判断できない。同じ法令上の権限を有する公務員であるにもかかわら

ず、外部からはわからないような内部的事情によって職務関連性の判断を異にすると考えるのは妥当でない。なぜなら、**法的な担当可能性**があれば、それに関して金品を授受等すれば職務の公正に対する社会一般の信頼が害されたと評価できるからである。このように考えても、法的な担当可能性のない場合（例えば、他府県の警察官）にまで一般的職務権限が及ぶことはないので、職務行為の範囲が無限定に拡大するわけではない。

以上より、【設問2】において、調布警察署地域課に勤務するXの一般的職務権限は、多摩中央警察署刑事課が担当する告発事件の捜査にも及ぶと解されるので、Xに職務関連性が認められる。

(3) 将来の職務と賄賂罪　論点3

公務員が将来担当すべき職務に対して賄賂の授受がなされた場合も、一般的職務権限に属する限り職務関連性が認められる。

しかし、将来当該職務を担当する蓋然性が認められない場合にも職務関連性が認められるかについては争いがある。

【設問3】市庁舎建設汚職事件

現職市長Xは、市の発注する工事に関し入札参加者の指名および入札の執行を管理する権限を有していたが、近く施行される市長選挙に立候補する決意を固めており、再選された場合には市庁舎の建設工事等につき、具体的にその職務を執行することが予定されていた。YはXの後援会の事務局長をしていたが、Xと共謀の上、電気・管工事を業とする会社の代表取締役Aから、市庁舎の建設工事につき、入札参加者の指名、入札の執行等に有利な取り計らいをされたい旨の請託を受け、その報酬として現金3000万円の供与を受けた。Xの罪責を論じなさい。

【設問3】において、Xは、請託事項たる具体的職務の執行の前に市長の任期満了により一般的職務権限を失う。請託内容を実現するには、Xが市長選において再選される必要性があるが、再選されるか否かは不確定である。このような場合にもXに受託収賄罪（197条1項後段）が成立するであろうか。

この点につき、受託収賄罪が成立するためには、賄賂と請託事項たる職務執行との対価関係が賄賂の収受等の時点で存在することが必要であるとする見解がある。なぜなら、受託収賄罪の加重根拠は、請託により賄賂と職務行為との対価関係が明白になり、職務の公正に対しより高度の危険性が認められることにあるからである。この見解によれば、賄賂の収受から請託事項である職務の執行に至る間に一般的職務権限が消失する本問の場合には、事前

第20講　賄賂罪　479

収賄罪（197条2項）が成立するにとどまることになる。

　しかし、判例は、市長が任期満了前に市長としての一般的職務権限に属する市庁舎の建設工事の入札等に関し、再選後担当すべき職務について賄賂を収受した本問と類似の事案において、受託収賄罪の成立を肯定している（◎最決昭61・6・27刑集40巻4号369頁〔市庁舎建設汚職事件〕〈百108、講146、プ529〉）。

　なぜなら、第1に、賄賂の収受等の時点で請託事項が当該公務員の一般的職務権限に属しさえすれば、一般的職務権限の消長にかかわらず、職務の公正およびそれに対する社会一般の信頼は害されるからである。第2に、反対説によると、任期の前後にまたがって一連の職務執行に関して請託を受けて賄賂を収受した場合、受託収賄罪と事前収賄罪が成立することになるが、同一の職にある者が、一連の具体的職務の執行について、「公務員」であると同時に「公務員になろうとする者」である（つまり、公務員であると同時に未だ公務員ではない者である）と解釈するのは無理があるからである。

　改選前に行われた工事について受託収賄罪が成立するのは当然であるが、改選後に行われる工事についても、将来担当する可能性があればよく、担当の高度の蓋然性までは不要であるとして受託収賄罪の成立を認めた点にこの判例の意義がある。

(4)　公務員の転職と賄賂罪　論点4

　既に終了した職務行為に対して賄賂の収受等がなされた場合であっても、過去の職務と賄賂との対価関係が認められれば、職務の公正に対する社会の信頼が害されるから収賄罪が成立する。

　それでは、公務員が転職後、転職前の職に関して賄賂を収受・要求・約束した場合に収賄罪は成立するであろうか。

　公務員の転職事例には3つの類型がある。第1の類型は、**民間企業に転職した後に前職に関して賄賂を収受等した場合**である。この場合は、もはや公務員ではないので通常の収賄罪（単純収賄罪、受託収賄罪など）は成立せず、事後収賄罪（197条の3第3項）の成否だけが問題となる。したがって、在職中に請託を受けて職務違反行為をしたときに限って事後収賄罪が成立する。

　第2の類型は、**一般的職務権限を同じくする他の公務に転職した後に前職に関して賄賂を収受等した場合**である。この場合は、転職前の「職務に関し」て賄賂を収受したといえるので通常の収賄罪が成立する。なぜなら、転職前の職務が現在の職務と一般的職務権限において同じである以上は「職務

480

に関し」といえるからである。したがって、前職中の職務行為について転職後に賄賂を収受すれば単純収賄罪（197条1項前段）、その前職中の職務行為が請託を受けてなされていた場合には受託収賄罪（197条1項後段）、その職務行為が不正行為であった場合には加重収賄罪（197条の3第2項）が成立する。

第3の類型は、**一般的職務権限を異にする他の公務に転職した後に前職に関して賄賂を収受等した場合**である。この場合については、通常の収賄罪が成立するという見解（**肯定説**）と通常の収賄罪は成立せず、事後収賄罪のみが成立しうるとする見解（**否定説**）とが対立している。

【設問4】県職員住宅供給公社出向事件
　宅建業者Yは、宅建業者への指導監督を職務とするP県建築部建築振興課宅建業係長Xに依頼し、指導監督に際して不正な便宜を図ってもらったことの謝礼として、現金50万円を供与した。ところが、その時点では、Xは従前とは一般的職務権限を異にするP県住宅供給公社に出向していた。Xの罪責を論じなさい。

否定説は次のように主張する。単純収賄罪が「公務員が……その職務に関し」と規定しているのは、「現に職務権限をもっている職務」に関して賄賂が収受された場合を指している。なぜなら、現行法が事後収賄罪を例外扱いしていることから、「職務に関し」といえるためには、現在の職務と賄賂との関連性（現在性）が必要であるからである。したがって、「その職務」とは「現在担当している（一般的職務権限内の）職務」でなければならず、一般的職務権限を異にする他の公務に転職した後に前職に関して賄賂を収受等した場合には、「現在の職務」に関するものではないため、事後収賄罪の成否のみが検討される。事後収賄罪の主体は「公務員であった者」とされているが（197条の3第3項）、他の公務に転職した後も前職との関係では「公務員であった者」に当たると解釈できるというのである。この見解によれば、**【設問4】**のXには、事後収賄罪が成立する。

過去の職務行為に関する収賄罪は事後収賄罪の限りで処罰の対象となると解するのであれば否定説が支持されるべきことになる。しかし、過去の職務行為に関する通常の収賄罪の成立を肯定する判例・通説の立場からは、その場合の収賄罪の本質は賄賂と過去の職務行為との対価関係にあると考えられ、そうであるならば一般的職務権限内の転職か、権限外の転職かの区別は重要でないことになる。そこで、**判例・通説**は、一般的職務権限を同じくする過去の職務に関して賄賂を収受した場合に収賄罪が成立するのは過去の担

第20講　賄賂罪　**481**

当職務が買収されたからあるいは将来に向かって職務の公正が害されるから
であって、その理は、一般的職務権限を異にする職場に転職した後の収賄に
もそのまま当てはまるはずであるとして**肯定説**を支持している（◎最決昭
58・3・25刑集37巻2号170頁〔兵庫県職員住宅供給公社出向事件〕〈百109、
講148、プ530〉）。

　肯定説によれば、賄賂と職務との対価関係（対価性）によって法益侵害性
が認められるので、対価性こそが収賄罪の成立要件であって、職務の現在性
は必ずしも要しない。その結果、「その職務」の文言の意味は、「現在の職
務」のように狭く解さなければならない必然性はなく、「自己の職務（当該
公務員自身の職務）」でありさえすればよいと解される。

　また、否定説に対しては、197条の3第3項は「公務員であった者」と規
定しており、現在公務員である者を「公務員であった者」とみるのは明文規
定を無視するもので妥当でなく、また、事後収賄罪しか成立しないと解する
と、請託も職務違反行為もない場合には同罪は成立しないため賄賂の収受の
時期を少し遅らせて転職後に行えば不可罰となり不合理であるとの批判が妥
当する。

　肯定説によれば、【設問4】のXには加重収賄罪（197条の3第2項）、Y
には同罪に対応する贈賄罪（198条）が成立する。

(5)　職務密接関連行為の理論　論点5

　公務員の「職務」の内容は法令により定められているが、形式的な職務概
念に当たらなくても、それと密接に関係する行為を**職務密接関連行為**とい
う。判例は、一般的な職務権限に属する行為でなくても、当該公務員の職務と
密接に関係する行為であれば職務関連性が認められるとしている（前掲・最
決昭31・7・12）。

　公務員が公務として取り扱う行為は、そのすべてが法令により明確に定め
られているわけではなく、また、そこには多くの事実的行為も含まれている
ことから、法令によって明示的に定められた職務権限に基づく行為以外のも
のも職務に含まれると解する必要がある。なぜなら、このような職務密接関
連行為であっても、それに対し賄賂の収受がなされた場合は、職務の公正と
それに対する社会一般の信頼が害されるからである。

　なお、「職務に関し」という法の文言は、賄賂と職務行為との対価関係を
意味するものと解すべきである。したがって、職務密接関連行為は、職務外
の行為ではなく、職務行為に含まれると解すべきである。

　職務密接関連行為には2つの類型がある。第1は、**公務員の本来の職務行**

為から派生する行為であり、具体的には、本来の職務行為と関連して慣行的に担当する職務行為や本来の職務行為の前段階的・準備的行為がこれに当たる。前者の例として、村役場の書記が村長の補佐として担当していた外国人登録事務（前掲・最決昭31・7・12）、後者の例として、市議会議員の会派内において市議会議長の候補を選定する行為（○最決昭60・6・11刑集39巻5号219頁〔大館市議会事件〕〈プ523〉）がある。これらは、公務員が常態的に行っている公務性を帯びる行為であるから職務行為性を認めうる。

　第2の類型は、**自己の職務に基づく事実上の影響力を利用して行う行為**である。例えば、県会議員が他の議員を勧誘して議案に賛成させる行為（○大判大2・12・9刑録19輯1393頁）、県立医科大学の教授であると同時に同大学付属病院の診療科部長である者が教育指導している医師を外部の病院に派遣する行為（◎最決平18・1・23刑集60巻1号67頁〔奈良県立医大病院事件〕〈プ527〉）、北海道開発庁長官が自己が直接の指揮監督権限をもたない下部組織である北海道開発局の港湾部長に対し港湾工事の入札に関し特定業者に特別の便宜を図るよう働きかける行為（最決平22・9・7刑集64巻6号865頁）、歯科大学設置の認可申請を審査する審議会の委員が、認可申請をしていた関係者に対し申請内容の適否を審査基準に従ってあらかじめ判定し、中間的審査結果をその正式通知前に知らせた行為（◎最決昭59・5・30刑集38巻7号2682頁〔大学設置審事件〕〈百106、講143、プ521〉）、東京芸術大学の教授が、指導中の学生のバイオリン買替えの相談に応じて、特定の楽器店の保有するバイオリンを購入するよう助言する行為（○東京地判昭60・4・8判時1171号16頁〔芸大バイオリン事件〕〈プ524〉）などがこの類型に当たる。

　他方、農林大臣が復興金融金庫の融資を受けようとする者に県の食糧事務所長を紹介する行為（○最判昭32・3・28刑集11巻3号1136頁〔復興金融金庫事件〕〈プ526〉）や工場誘致の事務担当者が希望に添う土地が見つからなかった者に別の私有地をあっせんする行為（最判昭51・2・19刑集30巻1号47頁）には職務密接関連性が否定される。

(6)　社交的儀礼の賄賂性　論点6

　賄賂とは、公務員の職務行為の対価として授受等される不正の利益をいい、財物に限らず、また有形・無形を問わず、人の需要・欲望を満たすに足りる一切の利益を含むとされる。それでは、中元・歳暮のような社交上の儀礼的贈答にすぎない場合は「賄賂」といえるのであろうか。

　この点に関する判例には2つの流れがある。第1の流れは、社交上の儀礼

と認められる程度の贈物であっても、公務員の職務に関連して収受された以上収賄罪が成立するというものである（大判昭4・12・4刑集8巻609頁）。これが判例の主流といってよいであろう。第2の流れは、社交上の儀礼の範囲内であれば収賄罪は成立しないというものである（大判昭5・7・29刑集9巻598頁）。学説においても、同様に、公務員の職務行為との対価関係が認められる以上収賄罪が成立するという見解（一律肯定説）と、対価関係だけでなく、贈与の程度が社交儀礼の範囲を超えた場合には収賄罪が成立するが、社交儀礼の範囲内として是認される場合には賄賂罪は成立しないとする見解（個別化説）が対立している。

　両説の対立点は、職務との対価関係が認められれば収賄罪の成立を直ちに肯定するか、対価関係が認められても社交上の儀礼として是認される範囲内かどうかを検討して収賄罪の成否を決めるかという点にある。

　もっとも、職務行為との対価関係の有無の判断を形式的に行うのではなく、贈与の種類、程度、時期、人的関係、その他の事情を考慮に入れて実質的に行うのであれば、社交上の儀礼の範囲内として是認できるかの点も対価関係の有無の中で考慮されることになり、両説の間で事案の解決にあたって結論上の差異はほとんどなくなる。そして、社交儀礼の範囲内として是認される場合は賄賂罪を否定すべきであるとする見解が支配的である。そうだとすると、対価関係の有無を実質的に判断し、社交儀礼の範囲内として是認される場合には、職務との対価関係が否定されると解するのが妥当であろう。

> **【設問5】国立大学付属中学校事件**
> 　国立大学付属中学校教員であるXは、新規に担任となった生徒Aの母親Bから、その生徒の学習等につき好意ある指導を受けたいとして、額面5000円の贈答用小切手の供与を受けた。なお、Bはかねてから子女の教員に対しては季節の贈答や学年初めの挨拶を慣行としていた。Xの罪責を論じなさい。

　【設問5】において、Xが贈答用小切手を授受したことについて受託収賄罪が成立するか否かが問題となる。その際に問題となるのが、Xの職務と賄賂との対価関係である。そして、対価関係の有無は、贈与の種類、程度、時期、人的関係、その他の事情を考慮して慎重に判断されなければならない。本問の場合、贈与の目的物は小切手であり金額は5000円であってさほど高額ではない。また、贈与の時期は学級担任になった直後であり、Xが学級担任の地位についたことから父兄から慣行的社交儀礼として行われたものと考えられ、儀礼的な挨拶の程度を超えて、教育指導について他の生徒に対するよ

り以上の特段の配慮、便益を期待する意図があったと疑わせる特段の事情も
ない。そうだとすると、「学級担任の教諭として行うべき教育指導の職務行
為そのものに関する対価的給付であると断ずるには……なお合理的な疑が存
するものといわなければならない」のであって（◎最判昭50・4・24判時
774号119頁〔国立大学付属中学校事件〕〈百104、講142、プ532〉）、職務行為
との対価関係が否定され、「賄賂」には当たらないと解すべきであろう。

(7) 恐喝・詐欺罪と賄賂罪の関係 論点7

　公務員が職務に関して他人を恐喝・欺罔して財物を交付させた場合、当該
公務員に恐喝罪（249条1項）ないし詐欺罪（246条1項）が成立するのはい
うまでもないが、それに加えて収賄罪（197条以下）も成立するのか、また、
財物を交付した者は、単に恐喝や詐欺の被害者として不可罰なのか、それと
も贈賄罪（198条）が成立するのかが問題となる。なぜなら、恐喝罪や詐欺
罪における財物の交付は被害者の瑕疵ある意思に基づいて行われるものであ
るが（第7講1(3)）、収賄、贈賄罪は完全な自由意思に基づく交付を前提
にするのではないかという疑問があるからである。

　この問題につき、判例・通説は、当該公務員に職務執行の意思がない場合
とある場合に分けて考察する。

ア 職務執行の意思がない場合（第1類型）

　公務員において、その職務を執行する意思がなく、ただ職務の執行に名を
借りて相手方から財物を喝取・詐取する意図に出たものと認められるとき
は、職務執行の対価として財物の交付を受けたとは言えないので収賄罪
（197条以下）は成立しない（大判昭2・12・8刑集6巻512頁）。

【設問6】検挙意思のない警察官
　警察官Xは、風俗営業等の規制及び業務の適正化等に関する法律違反の罪を犯
したAに対し、検挙の意思がないのにそれを恐れるAに金員を交付させる目的で
検挙する態度を示した。これに畏怖したAは、寛大な措置を期待して現金5万円
をXに渡した。Xの罪責を論じなさい。

　【設問6】において、Xは、警察官としての職務を執行する意思はなく、
ただ職務の執行に名を借りてAから金員を喝取したにすぎないので、恐喝罪
だけが成立し、収賄罪は成立しない。なぜなら、Xには職務執行の対価とし
て財物の交付を受ける意思がないので「職務に関して賄賂を収受した」とは
いえないからである。

第20講　賄賂罪　485

イ　職務執行の意思がある場合（第2類型）

これに対し、公務員において、その職務を執行する意思があり、職務の執行に関連して相手方から財物を喝取・詐取する意図に出たものと認められるときは、職務執行の対価として財物の交付を受けたといえるので賄賂罪が成立する（○最決昭39・12・8刑集18巻10号952頁〈プ539〉）。

【設問7】税額査定の意思のある税務職員

　税務署職員Xは、納税義務者Aの税額を査定する際、査定をことさら厳しくする態度を示したので、心配したAが現金5万円を差し出し、Xはこれを受領して基準より低い査定を行った。Xの罪責を論じなさい。

【設問7】において、Xは、税務署職員として職務を執行する意思があり、職務執行の対価として財物交付を受ける意思の下、5万円をAから喝取したので恐喝罪のほか収賄罪が成立し、両者は観念的競合となる。なぜなら、賄賂罪の成立には賄賂の授受等が任意になされたことが必要であるが、Aには不完全ながらも金員を交付するか否かの自由があり、瑕疵があってもなお任意性を認めることができるからである。

したがって、Xには加重収賄罪（197条の3第1項）、Aには（加重収賄罪に対応する）贈賄罪（198条）が成立する（前掲・最決昭39・12・8）。これに対し、Xに恐喝罪と加重収賄罪の観念的競合は認めるとしても、Aは恐喝の被害者であるから贈賄罪の成立を肯定するのは妥当でないという批判もある。しかし、Aは恐喝の被害者ではあるが、財物交付についてある程度の任意性が残されている状況の中であえて職務の公正を害する行為に出た以上、贈賄罪の成立を否定するのは妥当でなく、恐喝の被害者という事情は量刑の上で考慮すればよい。

詐欺的な方法で賄賂を供与させた場合も、恐喝的方法による場合と同様に考えればよい。被害者の任意性を認める余地は広いので贈賄罪の成立は一層認めやすくなるであろう。

第21講　公務の執行を妨害する罪

◆学習のポイント◆
1　公務執行妨害罪は、公務員ではなく公務を保護法益とする罪であり、そのことが公務執行妨害罪の各要件（職務執行の範囲、暴行・脅迫など）の解釈に影響している。その点を意識することが必要である。
2　公務執行妨害罪においては、職務執行の意義（職務の範囲、職務執行の範囲、職務の適法性）や暴行・脅迫の意義が特に重要となる。なお、職務の適法性については錯誤の点も問題となるので、この機会に刑法総論の錯誤論もあわせて学習してほしい。
3　公務執行妨害罪は、業務妨害罪とも関連しているので、特に公務と業務の関係、行為態様、職務の要保護性などの点に着目して、公務執行妨害罪と業務妨害罪を対比させながら学習するとよい。

1　総　説

　公務の執行を妨害する罪は、公務員による公務の円滑な執行を妨害する罪である。具体的には、①公務執行妨害罪（95条1項）、②職務強要罪・辞職強要罪（同条2項）、③封印等破棄罪（96条）、④強制執行妨害目的財産損壊等罪（96条の2）、⑤強制執行行為妨害等罪（96条の3）、⑥強制執行関係売却妨害罪（96条の4）、⑦加重封印等破棄等罪（96条の5）、⑧公契約関係競売等妨害罪（96条の6第1項）、⑨談合罪（96条の6第2項）が規定されている。

2　公務執行妨害罪の基本構造

95条1項　ⓐ公務員がⓑ職務を執行するに当たり、ⓒこれに対して暴行又は脅迫を加えた者は、3年以下の懲役若しくは禁錮又は50万円以下の罰金に処する。

487

⑴ 意 義

公務の執行を妨害する罪のうち、公務の作用を一般的に保護しているのが、95条1項の公務執行妨害罪である。本罪は、公務員自体を保護するものではなく、公務を保護するものである。本罪の保護法益は、**公務すなわち国または地方公共団体の作用**である（最判昭28・10・2刑集7巻10号1883頁）。

⑵ 成立要件

【事例1】デモ事例

　Xらは、無許可で道路上を集団でデモ行進していたため、警察官Aから、道交法違反であると注意を受けた。これに対し、Xは、「ポリ公、邪魔だ」等と怒鳴りながら、持っていたプラカードでAを殴打した。

ア 客 体

客体は、**公務員**である（下線ⓐ）。

公務員の意義については、7条1項に定義規定が置かれている。7条1項によると、公務員とは、「国又は地方公共団体の職員その他法令により公務に従事する議員、委員その他の職員」をいう。この定義の中核となっているのは、**「法令により公務に従事する職員」**という部分である。「議員」、「委員」は、「職員」の例示にすぎないし、「国又は地方公共団体の職員」も、「法令により公務に従事する職員」の例示である。

「法令」とは、法律、命令、条例を指す。判例（最判昭25・2・28刑集4巻2号268頁）は、その規定が単に行政内部の組織作用を定めたにすぎない訓令・内規も「法令」に当たるとしている。法令に「より」とは、その資格が法令に根拠を有することをいう。

「公務」とは、国または地方公共団体の事務をいう。必ずしも権力的事務であることを要せず、鉄道事業などの非権力的ないし私的事業でもよい。

> ＊　特別法によって「公務に従事する職員」とみなされ、刑法との関係においては公務員として扱われる場合がある。これを「みなし公務員」または「準公務員」という。日本銀行の役職員（日本銀行法30条）、営団・金庫・公庫等の職員（旧経済関係罰則ノ整備ニ関スル法律1条）、準起訴手続における指定弁護士（刑訴法268条3項）などが、その例である。
>
> ＊＊　判例は、一定の公的な目的で設立された公法人（公共組合、公団、公庫など）の事務も「公務」に含めており、例えば、水利組合の事務を公務とした裁判例がある。しかし、多くの公法人の職員については、これを公務員とみなす旨の規定が置かれていることから、そのような規定がない場

合にまで公務員として扱う必要はないとする見解が、学説上は多数を占めている。

「職員」とは、法令上の根拠に基づき国または地方公共団体の機関として公務に従事する者をいう。「議員」とは、国または地方公共団体の意思決定機関である合議体の構成員をいい、衆・参両議院の議員、地方公共団体の議会の議員などを指す。「委員」とは、法令に基づき任命、選挙、嘱託によって一定の公務を委任された非常勤の者をいい、各種審議会委員、教育委員、農業委員などがこれに当たる。また、「国の職員」は国家公務員、「地方公共団体の職員」は地方公務員のことである。外国の公務員は含まれない。

＊　判例は、「職員」というためには精神的・知能的な労働に属する事務を担当する者であることを要し、単純な機械的・肉体的労働に従事するにすぎない者は「職員」に含まれないとしている。これに対し、学説上は、公の作用の適正かつ円滑な運用という見地からは単純な機械的労働であっても保護の必要があるとして、国または公共団体の機関として公務を担当する者である以上は、その事務の内容が単純な機械的・肉体的労働であるか否かを問わず、「職員」に当たるとする見解が有力である。

　　なお、大審院の判例（大判大8・4・2刑録25輯375頁）は、郵便集配人について、単に機械的・肉体的労務に従事する者であるから公務員でないとしていたが、最高裁（最判昭35・3・1刑集14巻3号209頁）は、郵便集配人の担当事務の性質は単に郵便物の取集め、配達という単純な肉体的・機械的の労働にとどまらず、民事訴訟法、郵便法、郵便取扱規程等の諸規定に基づく精神的労務に属する事務をも合わせ担当しているとして、単純な機械的・肉体的の労働に従事する者ではないとしている。

イ　行　為

行為は、**公務員が職務を執行するにあたり、これに対して暴行または脅迫を加える**ことである。

a　「職務を執行するに当たり」

本罪の行為は、公務員が「**職務を執行するに当たり**」という状況にあるときになされる必要がある（下線ⓑ）。本罪は、公務員自体を保護するものではなく、公務を保護するものであるから、本罪が成立するためには、暴行・脅迫が公務員に向けられただけでは足りず、公務員の職務執行の際になされる必要があるのである。

ここでいう「職務」は、権力的公務かどうかを問わず、「**ひろく公務員が取り扱う各種各様の事務のすべてが含まれる**」というのが、判例の立場である（最判昭53・6・29刑集32巻4号816頁〔長田電報局事件〕〈プ483〉、最決

第21講　公務の執行を妨害する罪　489

昭59・5・8刑集38巻7号2621頁〈プ481〉）。ただし、学説上は、現業的・私企業的な公務は「職務」に含まれないとする反対説も存在する（**論点1**〔職務の範囲〕）。

「職務を執行するに当たり」とは、**職務を執行する際**にという意味である。この点について、判例は、職務の執行は抽象的・包括的に捉えられるべきではなく、具体的・個別的に特定されていることを要するとしているが、その判断は必ずしも容易ではない。この点は後で詳しく検討する（**論点2**〔職務執行の範囲〕）。

さらに、**職務の執行は適法であること**が必要である（**職務の適法性**）。95条1項は、単に「職務」とするにすぎず、「適法な職務」と規定しているわけではない。しかし、違法な職務の執行は保護に値するとはいえないであろう。もし違法な公務員の行為を保護するとすれば、公務員の身分や地位を保護する結果となって、本罪の趣旨に反することになる。そこで、判例（大判大7・5・14刑録24輯605頁）・通説は、職務の適法性の要件を要求している。

学説上は、職務の適法性の要件を違法要素とする見解も存在するが、通説は、これを構成要件要素と位置づけている。違法な職務を行う公務員に暴行・脅迫を加えても、類型的に違法・有責な行為とはいいがたいため、構成要件該当性自体を否定すべきだからである。職務の適法性の要件は、法文上明示されていないので、「**書かれざる構成要件要素**」と呼ばれている。適法性の要件を欠く公務員の行為は、公務員職権濫用罪（193条）を構成しうるだけでなく、正当防衛の対象にもなりうる。

職務が適法であるといえるためには、①職務の執行が当該公務員の**抽象的職務権限**に属すること、②当該公務員がその職務行為を行う**具体的職務権限**を有すること、③その職務の執行を有効にする法律上の**手続または方式の重要部分**を履践していること、という3つの要件を満たす必要があるとされている。その内容については、後で詳しく検討する（**論点3**〔職務の適法性〕）。

【事例1】において、警察官Aの職務は適法なものであり、Xの行為はAの職務の執行中になされているから、「職務を執行するに当たり」の要件を満たしている。

　b　暴行・脅迫

本罪の行為は、暴行または脅迫である（下線◎）。「暴行」とは、有形力の不法な行使をいい、「脅迫」とは、恐怖心を起こさせる目的で他人に害悪を

告知する行為をいう。暴行・脅迫は、公務員による職務の執行を妨害するに足りる程度のものであることを要し、かつそれで十分である。

　本罪の暴行は、暴行罪（208条）の暴行と違って、直接に公務員の身体に対して加えられる必要はない。職務執行を妨害するに足りる程度の暴行といえる限り、間接的に公務員に向けられた暴行（これを**間接暴行**という）で足りる（2講1(1)アコラム参照）。本罪は、公務員の身体の安全ではなく、公務員による職務の執行を保護法益とする罪だからである。

　したがって、**有形力が直接的には物に対して加えられる**場合であっても、その結果、間接的に公務員の身体に物理的な影響を与え、職務執行を妨害するに足りる程度の暴行といえれば、本罪の暴行に当たる。裁判例において暴行に当たるとされたものとしては、旧専売局事務官に対し洋傘を構えて突きかかるような気勢を示した上、押収されてトラックに積み込まれた密造タバコを道路上に投げ捨てた事例（最判昭26・3・20刑集5巻5号794頁）、公務員が差し押えて自動車に積み込んだ密造酒入りの容器を鉈で破壊し、内容物を流失させた事例（最判昭33・10・14刑集12巻14号3264頁）、覚せい剤取締法違反の現行犯逮捕の現場において、司法巡査に証拠物として差し押えられた覚せい剤注射液入りアンプルを足で踏みつけて破壊した事例（最決昭34・8・27刑集13巻10号2769頁〈プ493〉）などがある。

　また、公務員の指揮に従いその手足となって公務員の職務の執行に密接不可分な関係において関与する**補助者に加えられる暴行**も、間接暴行に当たる。○最判昭41・3・24刑集20巻3号129頁〈百118、プ492〉は、家屋明渡しの執行を委任された執行吏（公務員）が労務者（非公務員）6名を指揮して強制執行に着手したところ、その家屋に住む被告人が労務者の頭部等を殴打し、さらに包丁を持ち出して「殺すぞ」といって脅迫した事案につき、被告人の行為を本罪の暴行に当たるとした。

　ただし、間接的にではあっても公務員の身体に物理的な影響を与えるものでなければならないから、間接暴行が認められるのは、少なくとも公務員の面前で行われ、公務員がその暴行を感知しえたことが必要となろう。例えば、パトカーを破壊しても、近くに警察官が全くいなければ、本罪の暴行とはいえない。

　【事例1】のXはプラカードでAを殴っているから、その行為は、Aの職務の執行を妨害するに足りる程度の暴行といえる。

ウ　故　意

本罪の故意は、行為の客体が公務員であること、およびその職務執行に際して暴行・脅迫を加えることの認識・認容である。【事例１】のＸには、そのような認識・認容があったと考えられる。

前述したように、職務の適法性が要件とされているため、本罪の故意としても、当該公務員の職務が適法であることの認識が必要となる。公務員の職務執行の適法性は、規範的構成要件要素であるから、本罪の故意については、いわゆる意味の認識として、当該の行為が公務員の職務行為として行われているという程度の素人的認識を必要とする（総論７講２(3)）。ただし、職務の適法性の点に錯誤があったときの取扱いについては、争いがある（**論点４**〔適法性の錯誤〕）。

（3）既　遂

本罪は、公務執行「妨害」罪という罪名がつけられているが、公務員が職務を執行するにあたりこれに対して**暴行・脅迫を加えたときに直ちに既遂に達する**のであり、現実に職務執行妨害の結果が発生したことは必要でない（○最判昭33・9・30刑集12巻13号3151頁〔湊川公園事件〕〈百115、講128〉）。その意味で、本罪は抽象的危険犯である。

判例は、このような立場から、１回の瞬間的な投石行為があった事例（前掲・最判昭33・9・30）や、パンフレットを丸めて職員の顔面に２、３回突きつけ、１回は顎に接触させた事例（最判平元・3・9刑集43巻3号95頁）のように、職務執行が妨害される現実的危険性のない場合にも本罪の成立を認めている。ただ、あまりに軽微な暴行は、職務執行を妨害するに足りる程度の暴行といえないであろう。

（4）罪　数

本罪の保護法益は公務であるから、本罪の罪数も、暴行・脅迫を加えられた公務員の数ではなく、妨害の対象となった公務の数によって決定される（最大判昭26・5・16刑集5巻6号1157頁）。

本罪の手段となった暴行・脅迫は、本罪に吸収され、別に暴行罪や脅迫罪を構成しない。暴行・脅迫が殺人罪、傷害罪、逮捕・監禁罪、強盗罪、騒乱罪などを構成するときは、本罪との観念的競合となる。

3 公務執行妨害罪の重要問題

(1) 職務の範囲 論点1

> **【設問1】市立中学校教員への暴行**
> 　Ａ市立Ｂ中学校の教員Ｃが教室において数学の授業をしていたところ、Ｃに恨みを抱いていたＢ中学校の卒業生Ｘが教室を訪れ、Ｃを殴打したため、授業が一時中断された。Ｘの罪責を論じなさい。

　公務執行妨害罪の「職務」には、公務員の行う職務のすべてが含まれるのであろうか。学説においては、公務執行妨害罪の「職務」は業務妨害罪（233条後段・234条）の対象とならない権力的公務ないし非現業的公務に限られると解する見解も、有力である。この見解は、一般に公務のうち強制力を行使する権力的公務以外の公務は業務妨害罪の対象になると解されている（6講2(2)参照）ことを前提に、権力的公務ないし非現業的公務については公務執行妨害罪のみが成立し、それ以外の公務（私企業的・現業的な公務）については業務妨害罪のみが成立するというように、公務を、業務妨害罪の対象となるものと公務執行妨害罪の対象となるものとのどちらか一方に振り分けるのである（公務区分説）。この見解によると、【設問1】のＸが妨害したのは、中学校の数学の授業という非権力的な公務であるから、公務執行妨害罪の成立は認められず、威力業務妨害罪のみが成立する。

　これに対し、判例は、「職務」は、権力的公務かどうかを問わず、「**ひろく公務員が取り扱う各種各様の事務のすべてが含まれる**」と解している（限定積極説。前掲・最判昭53・6・29、前掲・最決昭59・5・8）。公務執行妨害罪が保護しているのは公務員の職務行為の円滑な実施であり、非権力的公務ないし現業的公務も公務である以上、これを公務執行妨害罪の対象から除外する理由はないこと、公務は公共の福祉に奉仕するものとしてより厚く保護されるべきであることから、学説においても、判例の立場を支持する見解が多数説となりつつある。これによると、【設問1】では公務執行妨害罪・威力業務妨害罪がともに成立することになる。

(2) 職務執行の範囲 論点2

> **【設問2】休憩宣言後の暴行──熊本県議会事件**
> 　Ｘら20名は、Ａ県議会の委員会に陳情、抗議に赴いた。その際、委員長のＢが回答文を朗読して休憩を宣言し、委員会室出口に向かおうとしたので、Ｘは、審

議打切りに抗議してＢを殴打した。Ｘの罪責を論じなさい。

　本罪の暴行・脅迫は、公務員が「職務を執行するに当たり」つまり職務を執行する際に行われる必要がある。例えば、休日の公務員や通勤途中の公務員に暴行・脅迫を加えても、「職務を執行するに当たり」暴行・脅迫が加えられたとはいえないから、公務執行妨害罪は成立しない。それでは、職場において休憩中の公務員や職務の準備中または待機中の公務員に暴行・脅迫を加えた場合は、どうだろうか。

　最判昭45・12・22刑集24巻13号1812頁〔東灘駅事件〕〈プ482〉は、「**職務の執行というのは、漫然と抽象的・包括的に捉えられるべきものではなく、具体的・個別的に特定されていることを要する**」のであり、「具体的・個別的に特定された職務の執行を開始してからこれを終了するまでの時間的範囲およびまさに当該職務の執行を開始しようとしている場合のように当該職務の執行と時間的に接着しこれと切り離し得ない一体的関係にあるとみることができる範囲内の職務行為」に限定されるとし、点呼を終えて数十ｍ離れた場所へ事務引継ぎに赴く途中の駅助役に暴行を加えた事例について、上記の基準に当たらないとして、公務執行妨害罪の成立を否定した。この基準によると、「職務を執行するに当たり」といえるのは、職務そのものを執行している場合やその直前の職務に着手しようとしている場合に限られ、職務の現場への移動中や待機中・休憩中、職務執行の終了直後などは「職務を執行するに当たり」に含まれないことになろう（当直勤務の際、休憩中の警察官について否定した裁判例として、大阪高判昭53・12・15高刑集31巻3号333頁）。その意味で、この判例は、「職務を執行するに当たり」の要件をかなり厳格に捉えるものといえる。

　しかし、その後の判例は、前掲・最判昭45・12・22の示した一般論は維持しつつも、実際にはその基準をより柔軟に適用する傾向にある。前掲・最判昭53・6・29は、**統括的・管理的職務**においては、職務の執行が一時中断ないし停止されているかのような外観を呈していたとしても、**ある程度継続した一連の職務として把握**することが相当な場合もありうるとして、電報局の局長と次長が被告人の行動に対応するために書類作成の作業を中断した際に暴行を加えた事案につき、「職務ヲ執行スルニ当リ」といえるとしている。

　また、◎最決平元・3・10刑集43巻3号188頁〔熊本県議会事件〕〈百114、講125、プ484〉は、【設問2】と同様の事案において、委員長は委員会の議事を整理し秩序を保持する職責を有するとした上で、「休憩宣言により職務

の執行を終えたものではなく、休憩宣言後も、前記職責に基づき、委員会の
秩序を保持し、右紛議に対処するための職務を現に執行していた」として、
公務執行妨害罪の成立を認めた。これは、「休憩宣言後には職務執行は終了
したが、職務執行終了後も一定の場合には保護される」としたものではな
い。むしろ、委員長の職務が統括的なものであることを踏まえ、当時は議事
をめぐる紛議が生じていたため、休憩宣言後も委員会の秩序保持という職務
そのものが継続しており、実質的に見れば、まさに職務執行中であったとし
たものであろう。

(3) 職務の適法性 論点3
ア 適法性の要件

【設問3】県議会採決阻止事例
　県議会のXの質疑中に反対会派から質疑の打切りと一括採決の緊急動議が提出
された。議長Aは、討論を一切省略し、動議を賛成多数で可決したものとして採
決を図ろうとしたので、Xはこれを阻止するためAに暴行を加えた。Xの罪責を
論じなさい。

　前述したように（本講2(2)イ）、職務の執行は適法であることを要する
（職務の適法性。「書かれざる構成要件要素」）。職務の執行が適法であるとい
えるためには、①職務の執行が当該公務員の抽象的職務権限に属すること、
②当該公務員がその職務行為を行う具体的職務権限を有すること、③その職
務の執行を有効にする法律上の手続または方式の重要部分を履践しているこ
と、という3つの要件を満たす必要がある。

　第1の要件である**抽象的職務権限**とは、当該公務員に法律上付与されてい
る抽象的・一般的な意味での職務の範囲のことである。その範囲を越える行
為は、そもそも職務の執行とはいえないから、抽象的職務権限は、「適法性」
の要件というより、その前提となる「職務」に当たるかという問題である。
例えば、警察官が入場料金の支払示談あっせんを行うことは抽象的職務権限
に属さない（大判大4・10・6刑録21輯1441頁）。

　第2の要件である**具体的職務権限**とは、当該公務員の具体的な職務行為が
法律上の要件を具備していることである。抽象的職務権限があっても、法律
上の要件を具備していなければ、適法な職務とはいえない。例えば、警察官
には、法令上、被疑者を逮捕する抽象的職務権限が与えられているが、警察
官が刑訴法212条の要件を欠く現行犯逮捕をした場合は、具体的職務権限の
要件を満たさないことになる。

第21講　公務の執行を妨害する罪　495

第3の要件である**手続または方式の重要部分の履践**は、当該職務が保護に値するかどうか（**要保護性**）という問題である。具体的職務権限があっても、法律上重要な手続・方式を踏んでいない限り、適法な職務行為とはいえない。もっとも、何らかの手続・方式の違背があれば常に適法性の要件を欠くというのは、現実的ではないであろう。問題は、どのような手続・方式の違背があれば適法性の要件を欠くのかである。この点については、任意規定や訓示規定に違反した場合に限って適法とする見解も存在する。しかし、むしろ、公務の保護と国民の人権保障との調和をどのように図るかが重要なのであるから、**職務行為の相手方の権利を保護するための重要な手続・方式の違反があったか、それとも、軽微な手続・方式の違背にすぎなかったか**という観点から、保護に値する職務といえるかどうかを判断すべきであろう。

　判例も、このような見解に立っているといってよい。例えば、最判昭27・3・28刑集6巻3号546頁〈プ486〉は、収税官吏が所得税の検査の際に検査章を携帯していなかった事案で、検査章の携帯を義務づける所得税法施行規則の規定は単なる訓示規定ではなく、相手方が検査章の呈示を求めたのに収税官吏がこれを携帯、呈示しなければ、相手方はその検査を拒む正当の理由があるが、収税官吏の検査権は検査章の携帯によって初めて賦与されるものでないから、相手方が何ら検査章の呈示を求めていないのに収税官吏がたまたまこれを携帯していなかったといって直ちに収税官吏の検査行為をその権限外の行為であると解すべきではないとしている。また、◎最大判昭42・5・24刑集21巻4号505頁〔佐賀県議会事件〕〈百112、講126、プ487〉では、**【設問3】**と類似の事案において、討論を省略して採決を図ろうとした議長の措置が違法かどうかが問題となったが、同判決は、「かりに当該措置が会議規則に違反するものである等法令上の適法要件を完全には満していなかったとしても、……当該措置は、刑法上には少なくとも、本件暴行等による妨害から保護されるに値いする……職務の執行に当る」と判示して、公務執行妨害罪の成立を肯定した。

　また、警察官の職務執行に関する裁判例としては、次のようなものがある。逮捕状を緊急執行する際には、刑訴法201条2項・73条3項により被疑事実の要旨と逮捕状が発せられている旨を告げることが求められているにもかかわらず、単に逮捕状が発せられていることを告げただけで、被疑事実の要旨を告げずに逮捕しようとした事例（大阪高判昭32・7・22高刑集10巻6号521頁、東京高判昭34・4・30高刑集12巻5号486頁〈プ488〉）、緊急逮捕（刑訴法210条）の際に被疑事実などの理由や逮捕する旨を告げなかった事例

（大阪地判平 3・3・7 判タ771号278頁）、職務質問のため、手首を持って無理やり連行するなどした事例（大分地判昭44・10・24刑月 1 巻10号1023頁）などにおいて、職務の適法性が否定されている。これに対し、職務の適法性が肯定された事例としては、逮捕状を緊急執行する際に罪名と逮捕状が発せられていることを告げただけだったが、単に罪名を告げれば被逮捕者が被疑事実の内容を了知しうる状況にあった事例（大阪高判昭36・12・11下刑集 3 巻11=12号1010頁）、職務質問のために自動車の窓から手を差し入れ、エンジンキーを回転してスイッチを切った事例（最決昭53・9・22刑集32巻 6 号1774頁）などがある。

イ　適法性の判断基準

【設問 4 】職務質問事例
　警察官Aは、住宅街をパトロールしていたところ、路上において挙動不審のXを発見したため、Xに対し、「話を聞きたい」と声をかけた。しかし、Xが明確な返事をしなかったので、Aは、Xの腕を背後にねじ上げ、無理やり10mほど離れた人通りの少ない路地までXを連行しようとした。そこで、Xは、Aを殴って逃走した。Aは、自己の行為が適法な行為であると思っていた。Xの罪責を論じなさい。

　職務執行の適法性をどのような基準で判断すべきかについては、争いがある。特に問題となるのは、適法性の要件のうち具体的職務権限や手続・方式の重要部分の履践をどのように判断するかである。学説は、公務員が適法と信じたかどうかを基準とする**主観説**、一般人の立場から適法に見えたかどうかを基準とする**折衷説**、裁判所が法令の要件に従い客観的に判断すべきであるとする**客観説**に分かれている。

　主観説によると、【設問 4 】では、警察官Aが自己の職務行為を適法であると信じている以上、職務の適法性の要件を満たす。そして、Xは、Aが職務を執行するにあたりAに暴行を加えているから、Xには公務執行妨害罪が成立することになる。しかし、公務員の行為が明らかに法令に違反していても、公務員が自己の行為を適法であると信じていれば適法性の要件を満たすというのでは、公務員の個人的な判断に従うことを国民に強いる結果となり、妥当でない。

　また、【設問 4 】において、警察官が挙動不審の者を連行するというAの行為は、一般人からは適法な職務行為に見えるであろうから、折衷説によっても、職務の適法性の要件を満たし、公務執行妨害罪の成立は肯定されると

思われる。しかし、折衷説のいう一般人の認識という基準は必ずしも明確ではない。さらに、公務員の行う行為は一般人の立場からは適法に見える場合が多いであろうから、折衷説によると、職務の適法性が否定されることはほとんどないという批判が向けられている。

前述したように、適法性の要件が要求される趣旨は、公務の保護と国民の人権保障との調和を図るところにあり、そうした観点からすると、客観的に法令の要件を満たしていない公務員の行為は、国民の利益を侵害してまで保護に値するものとはいえないであろう。そこで、通説は、客観説を支持している。また、判例としても、古くは主観説（大判昭7・3・24刑集11巻296頁〈プ485〉）や折衷説（前掲・大判大7・5・14）に立ったと見られる判例が存在するものの、現在の判例（◎最決昭41・4・14判時449号64頁〈百113、講127、プ489〉）は、客観説に立っているといってよい。客観説によると、**裁判所が法令の要件に従い客観的に職務執行の適法性を判断する**こととなり、**【設問4】**のAの行為は法令上違法であるといわざるをえないから、適法性の要件を満たさず、Xにおける公務執行妨害罪は否定される。

【設問5】誤認逮捕事例

　警察官Aは、窃盗事件の被疑者であるXの自宅を訪れ、Xに対する逮捕状をXに示すとともに罪名と被疑事実の内容を告げるなど、法律の要件・方式に従ってXを逮捕しようとした。しかし、Xは、その窃盗事件に全く身に覚えがなかったため、Aを殴って逃走した。その後、Xは無実であることが判明した。Xの罪責を論じなさい。

職務執行の適法性の判断基準については、さらに検討すべき問題がある。それは、職務執行の適法性はどの時点を基準に判断するのかという問題である。この点については、事後的・客観的な立場から裁判の時点を基準として判断すべきであるとする**裁判時標準説（純客観説）**と、職務行為が行われた時点を基準とすべきであるとする**行為時標準説**が対立している。前記の主観説と折衷説は、行為時に公務員がどのような認識をもっていたのか、行為時に一般人から公務員の行為がどのように見えたかを問題とするから、必然的に行為時標準説に至る。他方、客観説は、裁判時標準説に立つ見解と行為時標準説を支持する見解とに分かれる。

裁判時標準説と行為時標準説とで結論が異なるのは、**【設問5】**のような**誤認逮捕**の事例である。Xは、窃盗事件の被疑者として逮捕状が発付されたが、後になって無実であることが明らかになった。仮にXが公務執行妨害罪

で起訴されたとして、その裁判の時点で見れば、AによるXの逮捕は誤りであったことになる。裁判時標準説は、その裁判の時点を基準にして職務行為の適法性を判断し、【設問5】のAによる逮捕は適法性を欠き、Xに公務執行妨害罪は成立しないと主張する。無実のXに反抗しないことを期待するのも困難であるという実質的な考慮が、裁判時標準説の基礎にあるといってよい。

　しかし、Aの逮捕は、刑訴法等の法令の要件と方式に沿ってなされており、Xの実行行為の時点で判断すれば、刑訴法上適法な職務の執行であり、保護に値するといえる。裁判時標準説によるときには、刑訴法上適法な職務行為でもこれを妨害することが許されるということになり、職務の執行が十分に保護されないおそれがある。そこで、通説・判例（前掲・最決昭41・4・14）は、**職務行為が行われた時点を基準として職務執行の適法性を判断する**行為時標準説に立っている。これによると、【設問5】では、Xに公務執行妨害罪が成立することになる。

(4)　適法性の錯誤 論点4

【設問6】適法性の誤信1
　警察官Aが窃盗事件の被疑者であるXを逮捕しようとした際、逮捕状を示したのに、Xは、それを見ていなかったため、「逮捕状がないからAの逮捕は違法である」と思い、Aを殴って逃走した。Xの罪責を論じなさい。

【設問7】適法性の誤信2
　警察官Bは、Y店の商品を万引きしようとしているところを発見したため、Yを現行犯逮捕しようとした。しかし、Yは、「逮捕状がなければ逮捕は一切許されないはずだからBの逮捕は違法である」と思い、Bを殴って逃走した。Yの罪責を論じなさい。

　【設問6】の警察官Aの逮捕は、法令の定める要件・方式に則したものであるから、適法である。したがって、Xは、Aの適法な職務の執行にあたり暴行を加えており、その行為は公務執行妨害罪の客観的要件をすべて満たす。しかし、Xは、Aの逮捕を違法であると思っており、職務の適法性の認識を欠くため、故意が阻却されないかが問題となる。

　【設問7】も、同様である。警察官Bは、Yが現に窃盗を行っているところを逮捕しようとしているのであるから、Bの現行犯逮捕は適法である。したがって、Yは、Bの適法な職務の執行にあたり暴行を加えたのであり、その行為は公務執行妨害罪の客観的要件をすべて満たしている。しかし、Y

は、Bの逮捕を違法であると思っており、職務の適法性の認識を欠くことから、故意が阻却されないかが問題となるのである。

このように、行為者が公務員の職務執行を違法と誤信して暴行・脅迫を加えた場合の取扱いについて、学説は、事実の錯誤として故意を阻却すると解する事実の錯誤説、違法性の錯誤であるから故意を阻却しないと解する違法性の錯誤説、事実の錯誤と違法性の錯誤の2つの場合があるとする二分説に分かれる。

前述したように（本講2(2)イ）、適法性の要件は構成要件要素であるから、その認識を欠くときには、常に構成要件的故意が阻却されるというのが、事実の錯誤説である。これによると、【設問6】と【設問7】は、いずれも適法性の認識がないので、構成要件的故意を阻却し、不可罰となる。しかし、事実の錯誤説においては、軽率に職務の適法性がないと誤信した場合にまで故意が阻却されることになってしまうという問題点がある。

一方、違法性の錯誤説は、【設問6】と【設問7】はいずれも違法性の錯誤にすぎないから、故意は肯定されるとし、上述した事実の錯誤説の問題点を回避している。しかし、適法性の要件は構成要件要素であるから、その認識を欠いても常に故意を阻却しないとするのは、無理がある。

むしろ、二分説のいうように、適法性の誤信にも2つの場合があるというべきであろう。**職務の適法性を基礎づける事実の認識自体を欠く場合と、そのような事実の認識はあるが、その事実に対する評価を誤っている場合**である（総論7講2(2)）。前者の場合は、事実の認識がないので、事実の錯誤として故意を阻却するのに対し、後者の場合は、事実の認識はあるが、評価を誤っているので、違法性の錯誤として故意を阻却しない。【設問6】では、Xは、Aが逮捕状を示したという事実自体を認識していないのであるから、事実の錯誤として故意を阻却する。他方、【設問7】では、Yは、自分が現に窃盗を行っている際にBが逮捕しようとしたという事実を認識しており、ただそれに対する評価を見誤ったにすぎないから、違法性の錯誤として故意は阻却されず、せいぜい違法性の意識の可能性がないときに責任が阻却されるにとどまる。

4 職務強要罪・辞職強要罪

> 95条2項　ⓐ公務員に、ⓑある処分をさせ、若しくはさせないため、又はその職を辞させるために、ⓒ暴行又は脅迫を加えた者も、前項と同様とする。

500

(1) 意　義

本罪は、公務員に暴行・脅迫を加えて一定の作為や不作為を強要する罪であり、その点で、強要罪（223条）の特別類型であるといえる。ただ、公務執行妨害罪が、現に執行されている職務を保護するための規定であったのに対し、本罪は、**将来の職務の執行**を保護するものであり、その意味では、本罪は、公務執行妨害罪を補完するという機能も有している。

(2) 行　為

行為は、**公務員に暴行または脅迫を加えること**である（下線ⓐⓒ）。暴行・脅迫の内容は、公務執行妨害罪の場合と同じである。次に述べる所定の目的をもって公務員に暴行・脅迫を加えた以上、その目的を実現したか否かを問わず、本罪は成立する。本罪には、未遂処罰規定はない。

(3) 目　的

本罪が成立するためには、①「ある処分をさせ」るため、②ある処分を「させないため」、③「その職を辞させるため」という3つの目的のいずれかを有していることが必要である（下線ⓑ）。①および②の目的の場合を**職務強要罪**、③の目的の場合を**辞職強要罪**という。

「処分」とは、広く公務員が職務上なしうる行為をいう（大判明43・1・31刑録16輯88頁）。学説上は、公務執行妨害罪との均衡上、本罪も公務員の職務の円滑かつ公正な執行を保護する罪と解すべきであるから、少なくとも抽象的職務権限下にある処分に限るべきであるとする見解も有力であるが、判例は、本罪は広くその職務上の地位の安全を保護しようとするものであるから、職務権限外の事項であっても当該公務員の職務に関係のある処分であれば足りるとしている（最判昭28・1・22刑集7巻1号8頁）。

「ある処分をさせ」るためとは、一定の職務を強要する目的をいう。違法な処分を強要する場合だけでなく、適法な処分を行わせる場合も、本罪の成立が認められる（最判昭25・3・28刑集4巻3号425頁）。その場合も、公務員に正当な手続によらずに処分を行わせた以上は、公務員の正当な職務上の自由を侵害したといえるからである。

「させないため」とは、公務員に一定の不作為の処分を強要する目的をいう。公務員の違法な処分をさせない目的であるときは、公務員の違法な処分を事前に防止することになるから、本罪の目的には当たらない。

「職を辞させるため」とは、当該公務員をして自ら退職させる目的をいう。公務の執行を妨害する手段として辞職させようとする目的であるか否かは問わない。

(4) 罪　数

本罪の手段として行われた暴行罪（208条）や脅迫罪（222条）は、本罪に吸収される。強要罪に該当するときも、同様に本罪に吸収される。

5 封印等破棄罪

> 96条 ⓐ公務員が施した封印若しくは差押えの表示を損壊し、又はその他の方法により⑥その封印若しくは差押えの表示に係る命令若しくは処分をⓒ無効にした者は、3年以下の懲役若しくは250万円以下の罰金に処し、又はこれを併科する。

(1) 意 義

悪質な資産隠しや占有屋等の手口により強制執行を妨害する事案が後を絶たず、刑事法の面からもこれに対処することが必要となったことから、2011（平成23）年に刑法の一部が改正され、強制執行妨害関係の罰則（96〜96条の6）について、構成要件の拡充、法定刑の引上げ、加重処罰規定の新設が行われた。

2011年の刑法改正前の96条は、封印・差押えの表示を損壊その他の方法で無効にする行為のみを処罰の対象としており、本罪の成立には行為時に適法・有効な封印・差押えの表示が存在することが必要とされていた（最判昭29・11・9刑集8巻11号1742頁、最決昭62・9・30刑集41巻6号297頁〈百116、講129〉参照）。しかし、封印・差押えの表示が除去された後に、命令・処分の効力を失わせる行為が行われた場合も、当罰性があることから、2011年の刑法改正により、本罪の客体は、「封印若しくは差押えの表示」から「封印若しくは差押えの表示に係る命令若しくは処分」に改められ、封印・差押えの表示が消失した後も含め封印・差押えの表示にかかる命令・処分を無効にする行為は広く処罰の対象とされるようになった。また、それとともに、法定刑も引き上げられた。本罪の保護法益は、**封印・差押えの表示によって実現される強制執行の適正かつ円滑な実施**である。

●コラム● 占有屋

不動産が競売に付された際に、不動産を不法に占拠したり、短期賃貸借等を理由に占拠したりする者を占有屋と呼んでいる。その際、暴力団がその不動産に関与していることを誇示するケースも多い。そのような占拠者がいると、一般の人はトラブルを恐れて入札に参加しなくなり、その結果、不動産に買い手がつかない、あるいは安い価格でしか売れないことになる。そこで、占有屋は、高額の立退料を要求するなどして利益を得るのである。そうした占有屋による被害を防止することが、強制執行妨害関係の罰則の大きな目的である。

---

(2) 客 体

前述したように、客体は、**公務員の施した封印または差押えの表示にかかる命令または処分**である（下線⑥）。

ア　命令・処分の意義

「命令」とは、裁判所による命令のことである。裁判所が発する動産仮差押命令などがこれに当たる。「処分」とは、執行官その他の公務員による差押えの処分をいう。

イ　封印・差押えの表示

「封印」とは、物の任意の処分を禁止するために、開披禁止の意思を表示して、公務員が職務上動産・不動産に施した封緘その他の物的施設・設備をいう。必ずしも公務員の印章が用いられていることを要せず、その物を任意に処分することを禁止する意思が表示されていれば足りる（大判大6・2・6刑録23輯35頁）。「差押え」とは、公務員がその職務上保全すべき物を自己の占有に移す強制処分をいい、例えば、民事執行法による差押え（民事執行法143条以下）、仮差押え、執行官保管の仮処分（民事保全法20条以下）、国税徴収法による差押え（国税徴収法47条以下）、刑訴法に基づく証拠となるべき物の差押え（刑訴法107条以下）などがこれに当たる。「差押えの表示」とは、公務員が、職務上自己の保管に移すべき物に対し占有を取得する強制処分をするにあたり、占有取得を明示するために施す封印以外の表示をいう。譲渡禁止の仮処分や通行妨害禁止の仮処分は、単に債務者に対して一定の不作為を命ずる仮処分にすぎないから、この処分の表示は「差押えの表示」に含まれない（大判大11・5・6刑集1巻261頁）。

ウ　適法性の要件

本罪も公務執行妨害罪の一種であるから、封印・差押えの表示は適法であることが必要である。公務員の職務行為といえない違法または無効な封印・差押えの表示は、本罪の客体とはならない。

(3)　行　為

行為は、封印または差押えの表示を損壊し、またはその他の方法で、表示に係る命令または処分を無効にすることである（下線ⓑⓒ）。「損壊」とは、封印または差押えの表示を物理的に毀損、破壊または除去して、その事実上の効力を減却することをいう。例えば、犯則物件として差し押えられ、封印を施された密造酒在中の桶から密造酒を漏出させる行為（大判明44・7・10刑録17輯1409頁）、仮処分によって執行官が土地を占有し、立入禁止の表示札を立てたのを無視して耕作する行為（大判昭7・2・18刑集11巻42頁）などである。「その他の方法により無効にした」とは、封印・差押えの表示自体を物理的方法で無効とせず、その実質的な効果を減失し、または減殺することをいう。

(4)　故　意

本罪の故意は、上記(2)、(3)に該当する事実の認識・認容である。

適法な封印・差押えの表示を違法なものと誤信した場合の取扱いについ

ては、公務執行妨害罪で述べた二分説により解決すべきであろう。すなわち、封印・差押えの表示の適法性を基礎づける事実の認識自体を欠く場合には、事実の錯誤として故意は阻却され、他方、そのような事実の認識はあるが、その事実に対する評価を誤っている場合は、違法性の錯誤として故意は阻却されず、せいぜい違法性の意識の可能性がないときに責任が阻却されるにすぎない。判例としては、被告人が仲裁人から債権者に債務を弁済したと聞いて、差押えは効力がなくなったと誤信して封印・差押えの表示を損壊した事案につき、故意を阻却するとしたもの（大決大15・2・22刑集5巻97頁）、市収税吏員の国税徴収法に基づく滞納処分の差押えに際して、差押調書中に重要な事項の記載を欠いているから当該差押えおよび封印は法律上無効であると誤信した事案につき、故意を阻却しないとしたもの（最判昭32・10・3刑集11巻10号2413頁）がある。

(5) 罪 数

差押えのため封印をした財物を窃取すれば、本罪と窃盗罪（235条）との観念的競合となる（大判明44・12・19刑録17輯2223頁）。横領罪（252条）の場合も、同様である（最決昭36・12・26刑集15巻12号2046頁）。収税官吏から差押処分を受け、封印を施された容器から封印を破って帳簿類を取り出し焼却した場合は、封印破棄罪と公用文書毀棄罪（258条）との併合罪となる（最決昭28・7・24刑集7巻7号1638頁）。

6 強制執行妨害目的財産損壊等罪

> 96条の2 ⓐ強制執行を妨害する目的で、次の各号のいずれかに該当する行為をした者は、3年以下の懲役若しくは250万円以下の罰金に処し、又はこれを併科する。ⓑ情を知って、第3号に規定する譲渡又は権利の設定の相手方となった者も、同様とする。
> 一 ⓒ強制執行を受け、若しくは受けるべき財産を隠匿し、損壊し、若しくはその譲渡を仮装し、又は債務の負担を仮装する行為
> 二 ⓓ強制執行を受け、又は受けるべき財産について、その現状を改変して、価格を減損し、又は強制執行の費用を増大させる行為
> 三 ⓔ金銭執行を受けるべき財産について、無償その他の不利益な条件で、譲渡をし、又は権利の設定をする行為

(1) 意 義

本罪の旧規定は、強制執行を免れる目的で、財物を隠匿し、損壊し、もしくは仮装譲渡し、または仮装の債務を負担する行為を処罰していたが、2011年の刑法改正により、強制執行の進行を阻害する行為のうち、主として物に向けられた行為について強制執行妨害罪の構成要件が拡充されるとともに、法定刑が引き上げられた。

本罪の旧規定については、①国家の作用としての強制執行の適正な運用と、②私人の利益としての債権者の債権保護のいずれを第一次的な保護法益とするかをめぐり争いがあり、従来の判例（最判昭35・6・24刑集14巻8号1103頁〈百117、講130〉）・通説は、強制執行も究極的には債権を実行する手段であることから、②の点を重視してきた。しかし、もともと本罪は「公務の執行を妨害する罪」の章に置かれ、強制執行制度という国家の作用を保護するための規定であると考えられることに加え、2011年の刑法改正により本罪の目的が「強制執行を免れる目的」から「強制執行を妨害する目的」に改められたことや、立法当局者は、債権者の債権の実現とは無関係である国税徴収法の滞納処分も本罪の強制執行に含まれるとの見解に立っていることなどから、現行法上、本罪の保護法益は、**国家の作用としての強制執行の適正な運用**であると解される。

(2) 主 体

　旧規定は本罪の目的を「強制執行を免れる目的」としていたため、本罪の主体は、強制執行を免れる者、すなわち債務者、物の所有者、占有者など客観的に強制執行を受けるおそれのある者に限られるとする見解が、学説上有力であった。しかし、前述したように、現行法の規定は、本罪の目的を「強制執行を妨害する目的」としていることから、**本罪の主体は債務者等に限定されない**と解される。なお、判例は、改正前から、本罪の主体は必ずしも債務者に限らないとしていた（大判昭18・5・8刑集22巻130頁）。

(3) 目 的

　本罪は目的犯であり、本罪の行為は、**強制執行を妨害する目的**で行われることを要する（下線ⓐ）。

　「強制執行を妨害する目的」とは、一時的であれ、強制執行の進行に支障を生じさせる目的をいう。「強制執行」には、民事執行法による強制執行、民事保全法による保全執行（仮差押えや仮処分）、それらに準ずる手続のほか、国税徴収法による滞納処分も含まれる。

　単に行為者が強制執行を妨害する目的を主観的に有しているだけでなく、客観的にその目的が実現される可能性があること、すなわち、現実に強制執行が行われるおそれのある客観的な状態にあることが必要である（前掲・最判昭35・6・24）。その典型は、判決、支払命令、執行調書など権利を表示する格式文書（これを執行名義という）があり、それによって債権の存在することがわかる場合である。

　それでは、執行名義が存在しない場合にも、「現実に強制執行が行われるおそれのある客観的な状態」にあるといえるだろうか。学説上は、強制執行の基本となる債権の存在まで認定する必要はなく、行為当時に債権が存在する可能性があれば足りるとする見解も有力である。現に権利関係に争

いが生じている場合に行われる保全執行（仮差押えや仮処分）も強制執行に含まれることや、強制執行の適正な進行を保護する必要があることなどが、その根拠とされている。しかし、判例は、「何らの執行名義も存在せず単に債権者がその債権の履行請求の訴訟を提起したというだけの事実をもっては足らず、……刑事訴訟の審理過程において、その基本たる債権の存在が肯定されなければならない」とする（前掲・最判昭35・6・24）。また、本当に債務は存在していないが、他人から債務の履行請求の訴訟を提起されたため、敗訴することを恐れて、強制執行を免れる目的で当該財産を仮装譲渡した場合は、その基本となる債権自体が存在しないので、本罪を構成しない。

(4) 行 為

本罪の行為としては、1号から3号に3つの類型が規定されている。強制執行を妨害する目的をもってそれらの行為をすれば直ちに本罪は成立し、強制執行の全部または一部が行われたか、または強制執行を実際に免れたかは問わない。その点で、本罪は抽象的危険犯である。

ア 1号の行為

1号の行為は、**強制執行を妨害する目的で、強制執行を受け、もしくは受けるべき財産を隠匿し、損壊し、もしくはその譲渡を仮装し、または債務の負担を仮装すること**である（下線◎）。

「財産」は、動産、不動産のほか債権も含む。「隠匿」とは、財産の発見を不能または著しく困難にすることである。持ち去るなどの物理的方法による場合のほか、自己の所有物を他人の所有物と偽るなど、所有関係を不明にする場合を含む（最決昭39・3・31刑集18巻3号115頁）。「損壊」とは、財産を破壊し、またはその価値を減少、滅失させることをいう。「仮装譲渡」とは、本当は譲渡する意思がないのに相手方と通謀して表面だけ譲渡したように見せかけ、有償または無償で財産の所有名義を変更することである。「債務の負担を仮装」するとは、存在しない債務を負担したように装うことをいう。例えば、仮装の債権者と通謀して、強制執行の際にその仮装の債権者に配当要求をさせ、これを承諾することによって正当な債権者への配当を少なくする場合が、これに当たる。

仮装譲渡および仮装債務負担においては、その相手方が存在することから、その相手方に本罪の共犯が成立するかが問題となる。学説は、仮装譲渡および仮装債務負担においては相手方が存在して初めて成立する必要的共犯（総論20講1⑵）であるから、相手方について処罰規定を欠く以上、債務者の依頼に応じて引き受けたような通常の態様の場合には共犯にならないとする見解と、仮装譲渡および仮装債務負担には第三者の名義を無断で借用する場合もありうるから、必要的共犯には当たらず、相手方は不可罰とはならないとする見解が主張されている。

イ　2号の行為

2号の行為は、強制執行を受け、または受けるべき財産について、その現状を改変して、価格を減損し、または強制執行の費用を増大させる行為である（下線ⓓ）。例えば、建物に無用の増改築を行ったり、廃棄物を搬入したりする場合が、これに当たる。

ウ　3号の行為

3号の行為は、金銭執行を受けるべき財産について、無償その他の不利益な条件で、譲渡をし、または権利の設定をする行為である（下線ⓔ）。「金銭執行」とは、金銭債権についての強制執行のことである。

3号は、債権者が強制執行により債権の実現を図る前に、債務者が自己の財産を第三者に無償または著しく低い価格で譲渡した結果、引き当て財産がなくなってしまうという事態に対処するものである。2号の行為は、物理的な手段によって強制執行の目的財産の価値を減少させるものであるのに対し、3号の行為は、法律行為を手段として引き当て財産に不足を生じさせるものである。また、3号の行為は、仮装ではなく真実譲渡し権利設定する点で、1号の行為と異なる。

3号の行為は、真実譲渡し権利設定するものであるから、必ず相手方が存在するが、その相手方が必要的共犯として不可罰となるものではないことを明確にするため、「情を知って、第3号に規定する譲渡又は権利の設定の相手方となった者」も、処罰の対象として掲げられた（下線ⓑ）。

7　強制執行行為妨害等罪

> 96条の3第1項　ⓐ偽計又は威力を用いて、ⓑ立入り、占有者の確認その他の強制執行の行為をⓒ妨害した者は、3年以下の懲役若しくは250万円以下の罰金に処し、又はこれを併科する。
> 2項　ⓓ強制執行の申立てをさせず又はその申立てを取り下げさせる目的で、ⓔ申立権者又はその代理人に対してⓕ暴行又は脅迫を加えた者も、前項と同様とする。

本罪は、強制執行の進行を阻害する行為のうち、執行官や債権者等の人に向けられた行為を処罰するものである。2011年の刑法一部改正において新設された。

（1）　1項の罪

ア　意　義

強制執行妨害行為のうち、執行官等の公務員に対して暴行・脅迫が向けられた場合には、公務執行妨害罪（95条1項）が成立するし、私人である債権者に対して妨害行為がなされた場合には、強要罪（223条）、信用毀損罪（233条前段）、業務妨害罪（233条後段・234条）が成立しうる。しかし、

第21講　公務の執行を妨害する罪　507

公務員に対する妨害行為が暴行・脅迫にまでは至らず、威力や偽計にとどまる場合には、公務執行妨害罪や強要罪は成立しないし、強制執行は強制力を行使する権力的公務であるから、判例の立場を前提とする限り、業務妨害罪の成立を認めることもできないし、信用毀棄罪も成立しない。そこで、そのような事例を処罰するために新設されたのが、本条1項である。

イ　成立要件

客体は、**立入り、占有者の確認その他の強制執行の行為**である（下線ⓑ）。「占有者の確認」とは、強制執行の相手方である占有者が誰であるかを識別、特定する行為をいう。「強制執行の行為」とは、強制執行の現場で行われる公務員の事実上の行為をいう。

行為は、**偽計・威力を用いて、立入り、占有者の確認その他の強制執行の行為を妨害すること**である（下線ⓐⓒ）。「偽計」とは、人の判断を誤らせるような策術をいい、例えば、建物の明渡しの執行の際に、事情を知らない者を入居させて占有関係の認定を困難にする場合などが、これに当たる。「威力」とは、人の意思を制圧するに足る勢力を加えることをいい、敷地内に危険な動物を放し飼いにする行為などが、その例である（偽計、威力の意義については、6講2(1)イ参照）。

「妨害した」とは、強制執行の円滑な進行を不可能にする、または著しく困難な状態を生じさせることをいう。「妨害した」という文言から、本罪が成立するためには、強制執行行為の妨害という結果が実際に発生することが必要である（侵害犯）とする見解が存在する（6講2(1)ウ参照）。

(2)　2項の罪

ア　意　義

強制執行の妨害方法として最も効果的なのは、債権者等に強制執行の申立てをさせない、あるいは申立てを取り下げさせることである。しかし、そのような場合でも、暴行・脅迫を手段としていなければ強要罪は成立しないし、必ずしも強制執行申立権の行使が債権者等の業務に当たるわけではないから業務妨害罪が成立するとも限らない。そこで、強制執行の申立てをさせない、あるいは申立てを取り下げさせる行為を処罰の対象とするために設けられたのが、本条2項である。

イ　成立要件

本罪は目的犯であり、**強制執行の申立てをさせず、またはその申立てを取り下げさせる目的**を有することが必要である（下線ⓓ）。

本罪の客体は、**申立権者またはその代理人**である（下線ⓔ）。「申立権者」とは、自己の名義で強制執行の申立てをする権利を有する者をいう。「その代理人」とは、申立権者の法定代理人、任意代理人のことである。

本罪の行為は、**申立権者またはその代理人に対して暴行・脅迫を加える**

ことである（下線(f)）。本罪が成立するためには、暴行・脅迫が行われれば
足り、実際に強制執行の申立てをしなかったとか、申立てを取り下げたこ
とは必要でない。

8　強制執行関係売却妨害罪

> 96条の4　ⓐ偽計又は威力を用いて、ⓑ強制執行において行われ、又は行われるべ
> き売却のⓒ公正を害すべき行為をした者は、3年以下の懲役若しくは250万円以
> 下の罰金に処し、又はこれを併科する。

(1)　意　義

本罪は、強制執行における売却の公正を阻害する行為を処罰するもので
ある。本罪も、2011年の刑法一部改正において新設されたものである。

旧96条の3は、「偽計又は威力を用いて、公の競売又は入札の公正を害す
べき行為」を処罰することとしていた。この旧規定は、①**強制執行に関す
る妨害行為**と②**公共工事の入札等に関する妨害行為**とを含んでいたが、刑
法改正により、①は本条、②は96条の6により処罰されることとなった。
したがって、本罪の保護法益は、**強制執行における売却の公正**である。

ただし、第1に、旧96条の3にいう「競売又は入札の公正を害すべき行
為」とは、競売開始決定後のものに限ると解されてきたため、本条は、強
制執行における売却の公正を阻害する行為が競売開始決定前になされた場
合も処罰の対象とすべく、「強制執行において……行われるべき売却」と規
定した。第2に、財産の換価手続としては入札や競り売り以外の手続もあ
り（民事執行法64条）、それも保護する必要があることから、その趣旨を明
確にするため、旧規定の「競売又は入札」という文言を「売却」に改めた。

(2)　成立要件

ア　客　体

客体は、**強制執行における売却**である（下線ⓑ）。その中心は、競り売り
（競売）と入札である。競り売りとは、売主が2人以上の者に口頭で買受条
件の申込みを促し、最高額の申込みをした者に承諾を与え売買契約を成立
させることをいう。入札とは、競争契約について、2人以上の参加者のう
ち最も有利な申込みをしたものを相手方として契約するため、文書により
その申込みの意思表示をさせることをいう。

競り売りや入札以外の売却の態様としては、特別売却（民事執行規則51
条）がある。特別売却は、競り売りや入札を補充する制度であり、競り売
りや入札を実施したが適法な買受けの申出がなかったときに再度売却を実
施するものである。

イ 行 為

行為は、偽計または威力を用いて、**強制執行において行われ、または行われるべき売却の公正を害すべき行為である**（下線ⓐⓒ）。「偽計」とは、人の判断を誤らせる術策を用いることをいう。最決平10・7・14刑集52巻5号343頁〈百119、講131、プ495〉は、競売開始決定後に、当該不動産に短期賃貸借契約が締結されていた旨の内容虚偽の契約書を裁判所に提出した行為を偽計としている。「威力」とは、人の自由意思を抑圧するような力を加えることをいう。最決平10・11・4刑集52巻8号542頁〈プ496〉は、入札終了後に落札者に対して不動産の取得を断念するよう要求した行為を威力に当たるとしている。

前述したように、本条は、「強制執行において……行われるべき売却」と規定しており、競売開始決定前の妨害行為にも適用がある。「公正を害すべき行為」とは、強制執行における売却に不当な影響を及ぼす行為をいう。

なお、旧96条の3第2項では規定されていた「談合」が本条では明記されていないが、談合も、偽計により強制執行における売却の公正を害すべき行為であり、本条の処罰対象となる。談合とは、競売・入札の競争に加わる者が通謀して、特定の者を競落者、落札者とするために、一定の価格以下または以上に入札または付け値しないことを協定することをいう。

本罪は、抽象的危険犯であり、強制執行における売却の公正を害すべき行為が行われれば直ちに既遂に達する。それゆえ、行為の結果、売却の公正が害されたという結果の発生は必要でない。

9 加重封印等破棄等罪

> **96条の5** ⓐ報酬を得、又は得させる目的で、ⓑ人の債務に関して、ⓒ第96条から前条までの罪を犯した者は、5年以下の懲役若しくは500万円以下の罰金に処し、又はこれを併科する。

(1) 意 義

本罪は、96条から96条の4までの罪の加重類型である。

占有屋等による強制執行妨害は、利益の取得を目的として反復継続して行われることが多い。そこで、96条から96条の4までの罪が報酬目的で人の債務に関して行われた場合を加重処罰するために、2011年の刑法一部改正により本罪が新設されたのである。

(2) 成立要件

本罪は、96条から96条の4までの罪のいずれかに該当する行為が行われることを前提とする（下線ⓒ）。

その上で、「**報酬を得、又は得させる目的**」を有することが必要である

（下線ⓐ）。したがって、本罪は目的犯である。「報酬を得」る目的とは、自ら利益を取得する目的のことであり、「得させる目的」とは、第三者に利益を取得させる目的をいう。

　また、本罪が成立するためには、「人の債務に関して」96条から96条の4までの罪が行われることを要する（下線ⓑ）。「人の債務に関して」とは、他人に対する強制執行が行われる際に、その強制執行に介入するという意味である。したがって、債務者自身による行為は含まない。

10　公契約関係競売等妨害罪

> 96条の6第1項　ⓐ偽計又は威力を用いて、ⓑ公の競売又は入札で契約を締結するためのもののⓒ公正を害すべき行為をした者は、3年以下の懲役若しくは250万円以下の罰金に処し、又はこれを併科する。

（1）意　義

　前述したように、旧96条の3は、①強制執行に関する妨害行為と②公共工事の入札等に関する妨害行為とを含んでおり、2011年の刑法改正によって、①は96条の4、②は本条により処罰されることとなった。本罪の保護法益は、国またはこれに準ずる団体の実施する公共工事等の契約締結の公正である。

（2）成立要件

ア　客　体

　客体は、公の競売または入札で契約を締結するためのものである（下線ⓑ）。

　強制執行における売却（96条の4）の場合と異なり、公共工事等に関する競売や入札の場合には、競売や入札の手続の後に、落札者と国・地方公共団体等との間で改めて契約手続が行われる。このように、競売や入札は、国・地方公共団体等の契約の相手方を選定するための手続であることから、「契約を締結するための」という文言が付されている。

　「公の競売又は入札」とは、国またはこれに準ずる団体の実施する競売または入札を指す。「競売」とは、売主が2人以上の者に口頭で買受条件の申込みを促し、最高額の申込みをした者に承諾を与え売買契約を成立させることをいう。具体的には、国税徴収法による公売（国税徴収法94条）、会計法における競り売り（会計法29条の3）、地方自治法による競争入札（地方自治法234条）などである。「入札」とは、競争契約について、2人以上の参加者のうち最も有利な申込みをしたものを相手方として契約するため、文書によりその申込みの意思表示をさせることをいう。これらの競売・入札は適法に行われることを要する。

第21講　公務の執行を妨害する罪　511

イ　行　為

　行為は、偽計または威力を用いて、公の競売・入札を妨害する行為である（下線ⓐⓒ）。「偽計」とは、人の判断を誤らせる術策を用いることをいい、入札の際に入札者に入札予定額を知らせる行為などがその例である。「威力」とは、人の自由意思を抑圧するような力を加えることをいう。

　「公正を害すべき行為」とは、公の競売・入札に不当な影響を及ぼす行為をいう。談合も公正を害すべき行為であるが、談合は、2項において処罰の対象とされているので、本罪の行為からは除外される。

　本罪は、公の競売・入札の公正を害すべき行為が行われれば直ちに既遂に達する（抽象的危険犯）。それゆえ、実際に入札の公正が害されたという結果の発生は必要ではない。

11　談合罪

> **96条の6第2項**　ⓐ公正な価格を害し又は不正な利益を得る目的で、ⓑ談合した者も、前項と同様とする。

(1)　意　義

　本罪は、1941（昭和16）年の刑法改正によって新設されたものである。本罪は、旧96条の3第2項に規定されていたが、2011年の刑法改正によって96条の6第2項に規定されることとなった。

　本来、競売・入札は、公正かつ自由な競争の下に行われるべきである。しかし、実際には、競売・入札参加者が通謀し、特定の者を競落者・落札者とするために他の参加者は一定の価格以下または以上に値を付けないように協定を結ぶことが、しばしば行われる。これを談合という。談合の目的は、入札価格を引き上げたり、競落者・落札者以外の参加者に談合金と呼ばれる代償を支払ったりすることによって関係者に利益をもたらすことや、業者間において受注調整を行う（例えば、今回は業者Aが工事を受注し、次回は業者Bが工事を受注する）ことによって特定の業者に利益が偏らないようにしたりすることにある。談合によって、競売の場合は競落価格が本来より低く設定され、入札の場合は落札価格が本来より高くつり上げられるため、競売物件の権利者や工事の発注者は経済的損失を被る。そのため、談合は、処罰の対象とする必要がある。

　もっとも、もし競売・入札が完全に自由競争によって行われると、競売者・入札者が採算を度外視して高い価格で競落したり低い価格で落札したりすることが繰り返され、業者の倒産や工事の中止などを引き起こす危険がある。また、自由競争の結果、工事の入札において無理な低価格で落札されると、落札した業者が手抜き工事を行う危険もある。こうした実情を

踏まえて、談合の中には取引上是認されるべきものもあるとの指摘もなされている。そこで、本罪は、すべての談合を処罰の対象とするのではなく、「公正な価格を害し又は不正な利益を得る目的」をもってなされた談合のみを処罰することとしている。

本罪の保護法益は、競売・入札の公正である。

(2) 成立要件

ア 目 的

本罪は目的犯であり、**公正な価格を害しまたは不正な利益を得る目的**を有することが必要である（下線ⓐ）。

「公正な価格」の意義については、当該工事等に関し最も有利な条件を有する者がその者の実費に適正な利潤を加算した価格をいうとする見解も主張されているが、判例（最決昭28・12・10刑集 7 巻12号2418頁）は、競売・入札において公正な自由競争によって形成されたであろう落札価格をいうとしている。

「公正な価格を害」する目的とは、公正な価格を引き下げ、または引き上げる目的をいう。「不正な利益を得る目的」とは、談合によって得る金銭その他の経済的利益を得る目的をいう。競落者・落札者以外の者が談合金を得る目的や、落札者から下請けの形態により利益の分配を受ける目的が、その例である。

イ 行 為

行為は、談合である（下線ⓑ）。「談合」とは、競売・入札の競争に加わる者が通謀して、特定の者を競落者、落札者とするために、一定の価格以下または以上に入札または付け値しないことについての協定をいう。

談合は複数の者による通謀を必要とするから、本罪は必要的共犯（総論20講 1 (2)参照）である。ただし、競売・入札の参加者以外の者も主体となりうる。また、競売・入札の参加者全員が談合に加わる必要はなく、入札・競売の公正を害する危険性を有する限り、一部の参加者によって行われた場合も、談合に当たる。

自由取引による談合に限られるから、偽計や威力の手段を用いて談合が行われた場合は、本罪ではなく、1 項の公契約関係競売等妨害罪を構成する。

所定の目的をもって談合したときに、本罪は直ちに既遂に達する。競売者・入札者が現実に談合の内容どおりに行動することは必要でない。

第21講　公務の執行を妨害する罪　513

第22講　犯人蔵匿罪・証拠隠滅罪

◆学習のポイント◆

1　刑事司法作用に対する罪の中では、本講で扱う犯人蔵匿等罪と証拠
　隠滅等罪、23講4で扱う偽証罪が重要である。この3つの罪は、理論
　的に相互に関連し合っているだけでなく、共通の論点も存在するの
　で、相互の関係を意識しながら学習するとよい。
2　刑事司法作用に対する罪は、刑事手続と密接に関係しているので、
　この機会に刑訴法もあわせて学習してほしい。

1　総　説

　犯罪が発生すると、その後、捜査、起訴、公判、刑の執行といった手続が
とられる。こうした一連の手続を刑事司法作用と呼んでいる。犯人蔵匿およ
び証拠隠滅の罪は、**国の刑事司法作用**を保護法益とする犯罪である。具体的
には、①犯人蔵匿等罪（103条）、②証拠隠滅等罪（104条）、③証人威迫罪
（105条の2）が定められている。

　犯人蔵匿等罪は、犯人等の発見や身柄の確保を妨げる罪であり、証拠隠滅
等罪は、刑事裁判における適正な証拠の利用を妨げる罪である。例えば、被
疑者として警察から追われている友人を自宅に匿ったり（犯人蔵匿罪）、友
人が殺人に使用した凶器を廃棄したり（証拠隠滅罪）するなど、犯人蔵匿等
罪や証拠隠滅等罪は、犯人を庇護するために行われることが多い。しかし、
刑事司法作用を侵害するものであれば、必ずしも犯人の利益のために行われ
ることを要しない。例えば、友人を陥れるために友人名義の文書をねつ造
し、あたかも友人が偽造文書を使って詐欺を行ったように見せかけるという
ように、他人に嫌疑をかけさせる場合にも、刑事司法作用を妨害するおそれ
がある以上、これらの罪は成立しうる。

　これらの罪は**抽象的危険犯**であると解されている。その成立には、現に刑
事司法作用が害されたり、その危険が具体的に生じたりする必要はなく、刑
事司法作用の円滑な運用を妨げるような性質の行為が行われれば足りる。

514

2　犯人蔵匿等罪の基本構造

> **103条**　ⓐ罰金以上の刑に当たる罪を犯した者又は拘禁中に逃走した者をⓑ蔵匿し、又は隠避させた者は、3年以下の懲役又は30万円以下の罰金に処する。

(1)　成立要件

【事例1】窃盗犯人の蔵匿
　Xは、窃盗を犯した友人Aと会った際、Aが窃盗事件の被疑者として警察に逮捕されそうになったところを逃走してきたと聞き、逮捕から逃れさせるためにAを自宅に匿った。

ア　客　体

　客体は、**罰金以上の刑に当たる罪を犯した者または拘禁中に逃走した者**である（下線ⓐ）。「罰金以上の刑に当たる罪」とは、法定刑が罰金以上の刑を含む罪をいう。したがって、法定刑として拘留または科料だけが規定されている軽微な罪は含まれないが、それは侮辱罪（231条）や軽犯罪法違反の罪などに限られている。

　「罪を犯した者」は、真犯人に限られるかについては争いがあるが、判例は、真犯人である必要はなく、犯罪の嫌疑を受けて捜査または訴追されている者も含まれるとしている（**論点1**〔「罪を犯した者」の意義〕）。公訴時効の完成、親告罪における告訴権の消滅、刑の廃止等によって訴追や処罰の可能性がなくなったときには、真犯人であっても、本罪の客体に含まれない。そうした者を蔵匿し隠避させても、刑事司法作用が侵害される危険は全くないからである。これに対し、親告罪において告訴がなされていないにすぎない者や不起訴処分を受けたにすぎない者は、まだ処罰の可能性が残っているから、本罪の客体に含まれる。

　また、死者も本罪の客体に当たる場合がある。酒気帯び運転により川に転落した運転手の身代わりとして、同乗者である被告人が「自分が運転していた」と虚偽の事実を警察官に述べたが、その時点で運転手は死亡していたという事案で、札幌高判平17・8・18判時1923号160頁〈百126、講134、プ498〉は、犯人が死亡していたとしても、誰が犯人であるかが捜査機関において判明していない段階で自ら犯人である旨虚偽の事実を申告した場合は、犯人の発見を妨げる行為として刑事司法作用を妨害し、「隠避」に当たり、

死者も「罪を犯した者」に含まれるとして、犯人隠避罪の成立を認めた。

「拘禁中に逃走した者」とは、法令により拘禁されている間に逃走した者をいう（法令により拘禁された者の意義については、23講3(4)参照）。自ら逃走した者（97条・98条の主体）だけでなく、奪取された者（99条の客体）も含まれる。

【事例1】のＡは窃盗罪（235条）を犯した者であり、窃盗罪の法定刑は罰金以上の刑を含んでいるから、Ａは103条にいう「罰金以上の刑に当たる罪を犯した者」に該当する。

イ　行　為

行為は、**蔵匿し、または隠避させる**ことである（下線ⓑ）。「蔵匿」とは、官憲による発見・逮捕を免れるための隠匿場所を提供して匿うことをいう。「隠避」とは、蔵匿以外の方法により官憲による発見・逮捕を免れさせる一切の行為をいう（大判昭5・9・18刑集9巻668頁〈プ499〉）。

判例上、隠避に当たるとされているのは、犯人に逃走するよう勧告する行為（大判明44・4・25刑録17輯659頁）、逃走すべき地域を指示する行為（大判明35・5・19刑録8輯5巻147頁）、逃走資金を調達する行為（大判大12・2・15刑集2巻65頁）、犯人の留守宅の状況や捜査の形勢を知らせる行為（前掲・大判昭5・9・18）、身代わり犯人を立てる行為（最決昭35・7・18刑集14巻9号1189頁）、捜査機関に対し、犯人が現場にいなかったと虚偽の供述をする行為（和歌山地判昭36・8・21下刑集3巻7＝8号783頁〈プ501〉）などである。身代わり犯人を立てる事例の多くは、まだ捜査機関に身柄を拘束されていない犯人の身代わりとなるというものであるが、既に身柄を拘束されている犯人の身代わりとなる場合も犯人隠避罪の成立が認められている（**論点2**〔既に逮捕・勾留されている犯人の身代わり〕）。また、逮捕の義務ある警察官があえて逮捕を怠って逃走を許すというような不作為も、隠避に当たる（大判大6・9・27刑録23輯1027頁）。

【事例1】において、ＸがＡを自宅に匿った行為は「蔵匿」に当たる。

ウ　故　意

本罪の故意は、客体である被蔵匿者が罰金以上の刑に当たる罪を犯した者または拘禁中逃走した者であることを認識し、かつ、その蔵匿・隠避を認識・認容することである。

したがって、単に拘留または科料に当たる罪を犯した者であると信じ、あるいは、拘禁中の逃走者でないと信じて蔵匿し、隠避させたときは、故意が否定される。しかし、被蔵匿者の犯した罪の法定刑に罰金以上の刑が含まれ

ていることを明確に認識している必要まではないであろう。かつては、これを必要とする見解が多数であったが、そのような認識は素人的判断を超える（総論7講2(3)参照）。殺人犯人であるとか、何らかの重大な罪を犯した者であるといった程度の認識があれば、意味の認識があり、故意を認めてよいであろう（最決昭29・9・30刑集8巻9号1575頁〈プ502〉）。

　前述したように、「罪を犯した者」の意義について、判例は、真犯人である必要はなく、犯罪の嫌疑を受けて捜査または訴追されている者も含まれるとしているから、これを前提とすると、本罪の故意も、被蔵匿者が真犯人であることの認識は必要でなく、犯罪の嫌疑を受けて捜査または訴追されている者であることの認識があれば足りることになる。

　【事例1】のXは、少なくともAが窃盗事件の被疑者であることを知りながら自宅にAを匿っており、明らかに故意が認められる。

(2)　既　遂

　本罪は**抽象的危険犯**であるから、官憲による発見・逮捕を困難にするような性質の行為を行えば、それだけで既遂に達する（**論点2**〔既に逮捕・勾留されている犯人の身代わり〕）。したがって、捜査機関が被蔵匿者の所在を知っている場合や、最終的に被蔵匿者が逮捕された場合にも、蔵匿・隠避行為があれば、本罪を構成する。ただし、「隠避させた」というためには、被蔵匿者が官憲の発見・逮捕を一応免れる状態に達したことを要するから、例えば、犯人等に逃避するよう勧告したが、その者がこれに応じなかったときは、本罪は成立しないと解されている。

(3)　罪　数

　同一人を蔵匿し、かつ隠避させたときは、犯人蔵匿等罪の包括一罪である。例えば、共犯者であるAとBを同時に自宅に匿うというように、同一事件についての共犯者数名を1個の行為で蔵匿し、隠避させたときは、A・Bといった犯人ごとに犯人蔵匿等罪一罪が成立し、それらは観念的競合となる（最判昭35・3・17刑集14巻3号351頁）。

3　犯人蔵匿等罪の重要問題

(1)　「罪を犯した者」の意義　論点1

【設問1】無実の逃亡者の隠避
　Xは、友人Aから、強盗事件の被疑者として警察に追われていると聞かされた。Xは、事件当時、Aと一緒にいたことから、Aの無実を確信し、逃走資金を

第22講　犯人蔵匿罪・証拠隠滅罪　　517

渡して逃走場所を指示した。その後、Aは無実であることが判明した。Xの罪責を論じなさい。

　【設問1】のように、無実の罪で警察から追われている者を匿っても、犯人蔵匿罪として処罰されるのだろうか。そこで問題となるのは、刑法103条にいう「罪を犯した者」の意義である。

　「罪を犯した者」の意義に関しては、単に犯罪の嫌疑をかけられているだけでは足りず、真犯人に限られるとする見解も、有力である。その根拠は、①刑法103条が「罪を犯した可能性のある者」ではなく「罪を犯した者」と断定形で規定していること、②真犯人でない者を匿ったり逃がしたりする行為は違法性や期待可能性の程度が低いことなどにある。この見解によると、【設問1】において、Aは強盗事件の真犯人ではないから、本罪の客体には当たらず、Xに犯人隠避罪は成立しない。

　しかし、この見解によると、被蔵匿者が真犯人であることが立証されない限り、本罪の成否も判断できないということになり、不都合が生ずる。また、たとえ真犯人でなくても、捜査の対象となっている者を匿ったり逃がしたりすれば捜査が妨害され、刑事司法作用の円滑な運用が侵害される。したがって、刑事司法作用の保護という本罪の立法目的を達成するためには、犯罪の嫌疑によって捜査中の者を匿ったり逃がしたりする行為も処罰する必要がある。そこで、判例（○最判昭24・8・9刑集3巻9号1440頁〈百120、講132、プ497〉）は、「罪を犯した者」は真犯人に限られず、犯罪の嫌疑によって捜査中の者も含むとしている。

　なお、中間的な見解として、「罪を犯した者」は真犯人であると強く疑われている者をいうとする見解も存在するが、強く疑われているかどうかという基準は不明確であるとの批判が強く、支持者は多くない。

(2)　既に逮捕・勾留されている犯人の身代わり 論点2

【設問2】逮捕・勾留中の組長の身代わり事件
　暴力団員Xは、組長Aが殺人事件の被疑者として逮捕・勾留されたことから、その身代わり犯人として警察署に出頭し、自己が犯人である旨の虚偽の供述をしたが、結局、Aは釈放されなかった。Xの罪責を論じなさい。

　まだ捜査機関に身柄を拘束されていない犯人の身代わり犯人として出頭する場合に犯人隠避罪が成立することには、ほぼ異論がない。身代わり犯人を

立てることによって、真犯人が捜査機関によって逮捕されずにすむため、犯人の発見・逮捕を免れさせたといえるからである。それでは、【設問2】のように、既に身柄を拘束されている犯人の身代わりとなる場合も犯人隠避罪が成立するのだろうか。この点が争われた判例として、◎最決平元・5・1刑集43巻5号405頁〈百125、講133、プ500〉がある。

ア　本罪の客体

第1に問題となるのは、逮捕・勾留中の犯人も犯人隠避罪の客体に含まれるかである。この点について、学説は肯定説と否定説に分かれている。前掲・最決平元・5・1の第1審である福岡地小倉支判昭61・8・5判時1253号143頁は、刑法103条の立法趣旨が身柄の確保に向けられた刑事司法作用の保護にあることを理由に、否定説に立った。犯人隠避罪の保護法益を刑事司法作用全般と広く捉えるのではなく、犯人の身柄の確保に限定すると、既に犯人が逮捕・勾留されている以上もはや身柄の確保という法益を侵害することはできないから、逮捕・勾留中の犯人は犯人隠避罪の客体から除かれるとするのである。これに対し、その控訴審である福岡高判昭63・1・28判時1264号139頁は、刑法103条の目的は犯人の特定作用など広く司法に関する国権の作用を妨害する行為を処罰するところにあるとの前提から、肯定説を支持した。既に逮捕・勾留されている者の身代わりとして出頭した場合も、真犯人は誰かを特定する捜査を妨害することになるというのであろう。

このように見ると、肯定説と否定説の対立点は、犯人隠避罪の保護法益をどう理解するかにあるようにも思える。しかし、逮捕・勾留中の犯人の身代わりとして出頭した結果、犯人が釈放されれば、身柄の確保という法益は侵害されるのであるから、仮に犯人隠避罪の保護法益を身柄の確保に限定したとしても、逮捕・勾留中の犯人は同罪の客体に含まれることになろう。そうだとすると、逮捕・勾留中の犯人の身代わり自首をする行為における犯人隠避罪の成否を判断するにあたって、犯人隠避罪の保護法益を身柄の確保に限定するかどうかは、必ずしも決定的な問題ではないということになる。

イ　隠避の意義

むしろ、問題の核心は、第2の点にある。それは、既に逮捕・勾留されている犯人を「隠避させた」というためには、身代わり自首によって犯人が釈放される必要があるのかという問題である。この点は、犯人隠避罪を危険犯と捉えるか侵害犯とするかという点と関連している。仮に犯人隠避罪が侵害犯であるとすると、身代わり自首により犯人の身柄の拘束が解かれる必要があるということになる。前掲・福岡地小倉支判昭61・8・5は、「隠避させ

た」というためには逮捕・勾留中の犯人を実際に釈放させる必要があるとする。このような見解に立つと、本問では、Ｙの身代わり自首によってＸが釈放されることはなかったのであるから、犯人隠避罪の成立は否定される。

　しかし、一般に、犯人隠避罪は抽象的危険犯であると解されている。これを前提とすると、犯人の特定作用または身柄の確保が侵害される抽象的危険が発生すれば足り、逮捕・勾留されていた犯人が釈放される必要はないということになる。前掲・福岡高判昭63・1・28も、「隠避させた」というために犯人を実際に釈放させる必要はないとの見解に立っている。

　前掲・最決平元・5・1は、【設問2】と同様の事案において、「『罪ヲ犯シタル者』には、犯人として逮捕勾留されている者も含まれ、かかる者をして現になされている身柄の拘束を免れさせるような性質の行為も……『隠避』に当たる」と判示し、犯人隠避罪の成立を肯定した。同決定があえて「身柄の拘束」という文言を用いていることからすると、同決定は、仮に犯人隠避罪の保護法益を身柄の確保に限定したとしても逮捕・勾留中の者を本罪の客体に含めることは可能であるとの見解に立っているといえる。その上で、同決定は、「ような性質の行為」と述べていることから、犯人隠避罪は抽象的危険犯であるとの理解を前提とし、逮捕・勾留中の犯人の身代わりとして出頭すればそれだけで身柄の確保という法益が侵害される抽象的危険は生じたといえるから、犯人隠避罪の成立を認めてよいとしたものと解される（○最決平29・3・27刑集71巻3号449頁も同様の判断を示している）。

(3)　犯人による蔵匿隠避 論点3

【設問3】自己蔵匿
　　指名手配中のＸは、自分の別荘に身を隠した。Ｘの罪責を論じなさい。
【設問4】犯人による蔵匿の教唆
　　指名手配中のＹは、友人Ｚに事情を話し、しばらく自分を匿ってくれるよう頼んだ。Ｚは承諾し、ＹをＺ宅に匿った。ＹとＺの罪責を論じなさい。

　犯人自身は、犯人蔵匿等罪の主体から除外されている。したがって、【設問3】のように、犯人自身が自らを匿う自己蔵匿や自己隠避は処罰されない。その理由は、犯人がそのような行為をすることは無理もないという**期待可能性の欠如**にあるとされている。

　それでは、【設問4】のように、犯人が第三者に自己の蔵匿を教唆した場合はどうだろうか。【設問4】のＺはＹを自宅に匿っているから、Ｚに犯人

蔵匿罪が成立することは明らかである。したがって、Zに自分を匿ってくれるよう依頼したYの行為は、形式的には犯人蔵匿罪の教唆犯に当たる。しかし、Yは捜査機関から身を隠しているのであるから、Yの行為は、実質的に見れば、【設問3】のXの行為のような自己蔵匿と異ならない。【設問3】のXと【設問4】のYとで違うのは、第三者を介しているかどうかという点にあるにすぎない。そこで、Yに犯人蔵匿罪の教唆犯の成立（後掲コラム参照）を認めてよいかが問題となるのである。

　この点については、肯定説と否定説が対立している。否定説は、①犯人自身が犯人隠避罪の主体から除外されているのは期待可能性がないからであり、他人を利用する場合も期待可能性が認められないことに変わりがない、②犯人が正犯として行為する場合に不可罰なのであれば、より軽い関与形式である教唆を行った場合は、なおさら不可罰であるという。

　これに対し、肯定説は、①犯人自身の蔵匿隠避は刑訴法における被告人の防御の自由の範囲内に属するが、**他人を教唆してまで蔵匿隠避の目的を遂げようとするのは防衛権の濫用である**、②犯人自身が官憲からの発見逮捕を免れる行為は期待可能性がないとしても、他人に罪を行わせることによって発見逮捕を免れる場合にまで期待可能性がないとはいえない、③他人を利用する場合は、犯人が単独で行う場合に比べて法益侵害の危険性が高まる、と主張する。判例も、主として①の点を指摘し、一貫して肯定説を採用している（○最決昭40・2・26刑集19巻1号59頁〈プ503〉、○最決昭60・7・3判時1173号151頁〈講135〉）。

●コラム●　共同正犯の成立可能性

　犯人が他人に自己の蔵匿や証拠隠滅を依頼した場合について、実務は、一貫して犯人蔵匿罪や証拠隠滅罪の共同正犯ではなく教唆犯として処理してきた。裁判例の中には、犯人が他人に自己の蔵匿や証拠隠滅を依頼した場合には共同正犯の成立する余地はないとするもの（東京高判昭52・12・22刑月9巻11＝12号857頁、京都家決平6・2・8家月46巻12号82頁、大阪高判平7・5・18高刑速平成7年129頁）が存在し、これを支持する学説も多い。その基礎には、犯人は犯人蔵匿等罪や証拠隠滅等罪の主体から除外されているため共同正犯になりえないという理解がある（総論24講1(3)）。

　もっとも、犯人が他人に自己の蔵匿や証拠隠滅を依頼する場合の多くは、犯人が自己の利益のためにする意思を有するとともに、客観的にも重要な役割を果たしている。そこ

で、学説においては、犯人に共同正犯の成立する余地を認める見解も主張されている。この見解は、犯人がそれらの罪の主体から除かれているとしても、刑法65条1項により犯人を共同正犯とすることは可能であるとする（ただし、答案上この点にまで言及する必要はないであろう）。

4 証拠隠滅等罪の基本構造

104条　ⓐ他人の刑事事件に関する証拠をⓑ隠滅し、ⓒ偽造し、若しくは変造し、又はⓓ偽造若しくは変造の証拠を使用した者は、3年以下の懲役又は30万円以下の罰金に処する。

(1) 成立要件

【事例2】凶器の廃棄
　Xは、友人Aが殺人事件の犯人として捜査機関から嫌疑がかけられているのを知り、Aを助けるため、Aが殺人に使用した包丁を近くの川に廃棄した。

ア 客体

客体は、**他人の刑事事件に関する証拠**である（下線ⓐ）。

「他人の」刑事事件に関する証拠であることが必要であるから、自己の刑事事件の証拠を隠滅しても本罪は成立しない。ただし、共犯者に関する証拠が「他人の」刑事事件に関する証拠に当たるかについては争いがある（**論点3**〔他人の証拠と自己の証拠〕）。

証拠は、「刑事事件に関する」ものでなければならない。民事事件などの証拠は含まない。刑事事件には、起訴後の被告事件だけでなく、捜査中の事件や捜査開始前の刑事事件も含まれる。刑事司法作用を保護するためには、将来刑事被告事件となりうるものに関する証拠も確保する必要があるからである。

「証拠」は、犯罪の成否に関するものだけでなく、情状に関するものも含まれる。証拠物、証拠書類などの物的証拠はもちろん、被害者、証人、参考人などの人的証拠も証拠である。被害者の身体の状況（傷害など）や参考人の供述の内容は、犯罪の成否や刑の量定を判断するにあたって重要な資料となるからである。したがって、捜査段階において参考人を監禁するなどして捜査機関への出頭を妨害すれば、本罪が成立する（○最決昭36・8・17刑集15巻7号1293頁〈プ507〉）。

【事例2】において、Aが殺人に使用した包丁は、「他人の刑事事件に関する証拠」に当たる。

イ 行 為

行為は、①証拠を隠滅すること（下線ⓑ）、②偽造・変造すること（下線ⓒ）、または、③偽造・変造の証拠を使用すること（下線ⓓ）である。

「隠滅」とは、証拠の顕出を妨げまたはその証拠としての価値を減失・減少させる行為のすべてをいう。証拠物を物理的に損壊する行為や隠匿する行為（大判明43・3・25刑録16輯470頁〈プ506〉）のほか、証人・参考人となるべき者や共犯者を逃避させ、隠匿する行為（前掲・最決昭36・8・17）も、隠滅に当たる。

「偽造」とは、存在しない証拠を新たに作成することをいう。犯罪事実に関係のない既存の物件を利用して、犯罪事実に関係あるもののように作出する行為も、偽造である。「変造」とは、真実の証拠に加工してその証拠としての効果に変更を加えることをいう。文書偽造罪（18講参照）と違って、作成権限の有無は問わないから、作成名義人が内容虚偽の文書を作成しても、偽造となる。参考人による虚偽の供述や、内容虚偽の供述調書を作成させる行為が偽造に当たるかについては、争いがある（**論点1**〔参考人の虚偽供述〕）。

「使用」とは、偽造・変造の証拠を真正のものとして提出することをいう。裁判所だけでなく、捜査機関に提出する場合も、使用に当たる。

【事例2】において、XはAの刑事事件に関する証拠である包丁を廃棄しており、これは「隠滅」に当たる。

ウ 故 意

本罪の故意は、上記アとイの事実を認識・認容することである。【事例2】のXは、包丁がAの殺人事件に使用されたものであること、それを廃棄することを認識・認容していたと考えられるから、故意は認められる。

(2) 罪 数

証拠隠滅等の行為が、同時に他の犯罪に該当する場合には、本罪との観念的競合となる。例えば、他人の刑事被告事件に関する証拠を隠滅する目的で他人所有の証拠物を損壊すれば、本罪と器物損壊罪（261条）との観念的競合となる。参考人が捜査機関に出頭するのを妨害する目的でその参考人を逮捕・監禁し、または殺害したときは、それぞれ本罪と逮捕・監禁罪（220条）との観念的競合、本罪と殺人罪（199条）との観念的競合となる。

第22講　犯人蔵匿罪・証拠隠滅罪　523

5 証拠隠滅等罪の重要問題

(1) 参考人の虚偽供述 論点1

ア 内容虚偽の供述書

> **【設問5】内容虚偽の供述書**
> Xは、友人Aの強盗事件の目撃者として、「犯人はAでない」との虚偽の上申書を作成し、警察に提出した。Xの罪責を論じなさい。

事件の目撃者や被害者等が目撃した内容等を「上申書」や「被害届」という形で自ら書面に記し、それを捜査機関や裁判所に提出することがある。そのような書面を供述書という。**【設問5】**のように、**供述書に虚偽の事実を記載した場合には、証拠偽造罪が成立する**。上申書は、Aの強盗事件の証拠であるから「他人の刑事事件に関する証拠」であり、これに虚偽の事実を記載する行為は、凶器のナイフに他人の指紋を付着させる行為などと同じく、存在しない証拠を新たに作成するものであるから「偽造」に当たる。このように、Xの行為は証拠偽造罪の成立要件を満たしているのである。

イ 参考人の虚偽供述

> **【設問6】参考人の虚偽供述**
> Xは、友人Aの強盗事件の目撃者として警察に供述を求められた際、「犯人はAでない」との虚偽の供述をした。Xの罪責を論じなさい。

それでは、**【設問6】**のように、参考人等が捜査機関による取調べにおいて虚偽の供述をした場合に、証拠偽造罪は成立するだろうか。供述は、刑訴法上は証拠である。また、参考人が虚偽の供述をする行為は、供述書に虚偽の事実を記載する行為と実質的に変わらないともいえる。両者は、その方法が異なるにすぎず、いずれも虚偽の事実を捜査機関に伝えるという点では同じであるからである。そこで、参考人等が虚偽の供述をした場合に証拠偽造罪の成立を肯定する見解も存在する。この見解によると、**【設問6】**のXには証拠偽造罪が成立する。

しかし、**虚偽の供述は証拠偽造罪を構成しないとする見解が一般的である**（大判昭9・8・4刑集13巻1059頁、最決昭28・10・19刑集7巻10号1945頁〈プ512〉）。その根拠は、①一般に証拠には、取調べの対象となる物理的な存在である「証拠方法」と、証拠方法から認識された無形の内容である「証拠

資料」があり、単なる証拠資料は保護に値しないから、104条の「証拠」は
証拠方法に限られること、②偽証罪（169条）は、宣誓した証人による虚偽
の陳述を処罰の対象としている（23講4(2)ア参照）が、それは、証人による
虚偽の陳述以外の虚偽の供述を不問に付す趣旨と考えられることなどであ
る。これによると、【設問6】のXに証拠偽造罪は成立しない。

ウ　内容虚偽の供述調書の作成

> **【設問7】内容虚偽の供述調書の作成**
> 　Xは、友人Aの強盗事件の目撃者として警察に供述を求められた際、「犯人は
> Aでない」との虚偽の供述をするとともに、警察官がその供述の内容を録取した
> 供述調書に署名捺印した。Xの罪責を論じなさい。

　参考人が捜査機関の取調べにおいて供述した場合、捜査官は、通常、供述
の内容を録取した供述調書という書面を作成する。それでは、【設問7】の
ように、参考人が虚偽の供述をした結果、内容虚偽の供述調書を作成させた
点について証拠偽造罪は成立しないのであろうか。

　この点については、肯定説と否定説が対立している。肯定説は、参考人に
よる虚偽の供述自体は不可罰であるが、その内容が録取された供述調書が作
成されるに至ったときは証拠偽造罪の成立が認められるとする。①供述調書
は、物理的な存在である証拠方法であるから、刑法104条の「証拠」に含ま
れること、②供述の内容を書面化した供述調書は供述そのものより信用性が
高いことを理由に、内容虚偽の供述調書を作成させる行為は、内容虚偽の供
述書を自ら作成する行為と同じく証拠偽造罪を構成するというのである。こ
れによると、【設問7】のXには証拠偽造罪が成立する。

　これに対し、否定説は、参考人による虚偽供述が証拠偽造罪を構成しない
以上、虚偽供述の結果として内容虚偽の供述調書が作成されるに至った場合
も同様に証拠偽造罪は成立しないと主張する。実際上、参考人が虚偽の供述
をすれば供述調書が作成されるのが通常であるから、もし内容虚偽の供述調
書を作成させた行為について証拠偽造罪の成立を認めると、虚偽の供述その
ものを処罰の対象とすることとほとんど変わらなくなってしまうからであ
る。判例も、否定説に立っていると考えられる（◎最決平28・3・31刑集70
巻3号58頁、○千葉地判平7・6・2判時1535号144頁〈百122、講138、プ
508〉）。これによると、【設問7】において、証拠偽造罪の成立は否定され
る。

第22講　犯人蔵匿罪・証拠隠滅罪　525

なお、前掲・最決平28・3・31は、捜査官と参考人が相談しながら虚偽の供述内容を創作し、それを供述調書の形式にした事案について、供述調書という形式をとっているものの、実質的には捜査官と参考人が共同して虚偽の内容が記載された証拠を新たに作り出したといえるとして、証拠偽造罪の成立を認めた。

(2) 犯人による証拠隠滅 論点2
ア 犯人による証拠隠滅教唆

【設問8】犯人による証拠隠滅教唆
　A社の経理部長であるXは、長年、その地位を利用してA社の金員を私的に流用していたが、業務上横領の嫌疑により警察が捜査することになったため、友人のYに事情を話し、A社の帳簿を隠してくれるよう依頼した。Yは、これを承諾し、帳簿を自宅に隠した。XとYの罪責を論じなさい。

　刑法104条は、本罪の客体を「他人の刑事事件に関する証拠」としているから、自己の刑事事件の証拠を隠滅等しても本罪は成立しない。犯人が自己の刑事事件の証拠を隠滅するのは、人間の心情から見てやむをえないことであり、**期待可能性がないからである。**
　それでは、犯人が第三者に自己の刑事事件に関する証拠の隠滅を依頼した場合に、証拠隠滅等教唆罪は成立するだろうか。【設問8】のYの行為は証拠隠滅罪に当たる。問題は、これを依頼したXに証拠隠滅教唆罪が成立するかである。
　この点については、犯人による犯人蔵匿教唆（3(3)）の場合と同様の議論が展開されている。すなわち、否定説は、自己の刑事事件に関する証拠の隠滅の場合と同様に期待可能性がないから、【設問8】のXは不可罰であるとする。これに対し、肯定説は、他人を教唆までする場合は期待可能性がないとはいえないとして、【設問8】のXには証拠隠滅教唆罪が成立すると主張する。判例（最決昭40・9・16刑集19巻6号679頁〈プ509〉）は、犯人による犯人蔵匿教唆の場合と同様に、この場合にも**肯定説**に立ち、証拠隠滅等教唆罪の成立を認めている。

イ 犯人に対する証拠隠滅教唆

> 【設問9】犯人に対する証拠隠滅教唆
> Xは、友人Yから、Yが窃盗事件の被疑者として警察の捜査の対象となっていると聞き、Yに対し、窃盗の際に使用したドライバー等を捨てるよう助言した。Yは、Xの助言に従い、その道具を廃棄した。XとYの罪責を論じなさい。

それでは、【設問9】のように、他人が犯人を教唆して、犯人の刑事事件に関する証拠の隠滅等を行わせた場合はどうか。Yが窃盗に使用した道具を廃棄した行為は、自己の刑事事件に関する証拠を隠滅するものにすぎず、不可罰である。そこで、Yに証拠を隠滅するよう助言したXも不可罰となるのかが問題となる。

この点については、証拠隠滅等教唆罪の成立を肯定する見解も存在する。犯人に証拠隠滅等罪が成立しない理由は期待可能性という責任の欠如にあるにすぎず、犯人の行為にも法益侵害性はあるから、その法益侵害行為に関与したことを根拠に教唆犯の成立を認めることは可能であるというのである。これによると、【設問9】のXには証拠隠滅教唆罪が成立する。

しかし、多数説は、この場合に証拠隠滅等教唆罪の成立を否定している。通説である共犯従属性説（総論20講3）からすると、共犯が成立するためには、構成要件に該当する違法な正犯行為の存在が必要であるが、犯人が証拠隠滅等をする行為は構成要件に該当しないから、これに関与した他人にも共犯は成立しないのである。【設問9】では、犯人であるYが道具を廃棄した行為は証拠隠滅罪の構成要件に該当しないから、Xの証拠隠滅教唆罪の成立も否定される。

(3) 他人の証拠と自己の証拠　論点3

> 【設問10】共犯者の証拠の隠滅1
> XとYが共謀の上、共同してAを刺殺したところ、警察は、Yを殺人の被疑者として逮捕し、取調べを開始した。Yは、「自分が1人でAを殺害した」と供述していたため、Xは、自分が逮捕されることはないだろうと思ったが、Yを助けるため、凶器の包丁を川に廃棄した。Xの罪責を論じなさい。

【設問11】共犯者の証拠の隠滅2
 ZとWが共謀の上、共同してBを刺殺したところ、警察は、Wを殺人の被疑者として逮捕し、取調べを開始した。Zは、Wが自白すると自分も逮捕されると思い、凶器の包丁を川に廃棄した。Zの罪責を論じなさい。

　本罪の客体は、「他人の」刑事事件に関する証拠であるから、専ら自己の刑事事件に関する証拠は、本罪の客体に当たらない。それでは、**他人の刑事事件に関する証拠であると同時に自己の刑事事件に関する証拠でもある場合**は、本罪の客体に当たるのであろうか。この点が特に問題となるのが、共犯者の証拠である。**【設問10】**の包丁は、Xにとって共犯者のYの証拠であると同時にX自身の証拠でもある。同様に、**【設問11】**の包丁も、Zにとって共犯者のWの証拠であると同時にZ自身の証拠でもある。そこで、包丁はXやZにとって「他人の」刑事事件に関する証拠といえるのかが問題となる。

　学説は、①他人の刑事事件に関する証拠に当たるとして、本罪の成立を肯定する見解、②自己の刑事事件に関する証拠であるとして、本罪の成立を否定する見解、③専ら他人のためにする意思で証拠を隠滅した場合は他人の刑事事件であるから本罪は成立するが、そうでない場合は自己の刑事事件であるから本罪は成立しないとする見解が対立している。

　判例は、当初、③の見解を採用していた（大判大8・3・31刑録25輯403頁〈プ505〉）が、その後、②の見解に立ったと見られる裁判例（大判昭7・12・10刑集11巻1817頁）が現れた。ただ、この問題に関する最高裁判例は見当たらず、戦後の下級審判例には、③の見解に依拠したもの（広島高判昭30・6・4高刑集8巻4号585頁）が、いくつか存在する。

　①の見解に対しては、共犯者の証拠であると同時に自己の証拠でもある以上、完全に他人の刑事事件に関する証拠であるとは言い切れないとの批判が強く、①の見解の支持者はそれほど多くない。

　学説上は、②の見解と③の見解が有力である。そもそも自己の刑事事件に関する証拠の隠滅が不可罰とされているのは、期待可能性がないからである。そこで、③の見解は、期待可能性の有無を判断するためには行為者の主観に着目する必要があるとして、専ら共犯者の利益のために証拠を隠滅した場合には、期待可能性がないわけではないから本罪の成立を認めてもよいが、そうでない場合は、自己の証拠を隠滅する行為として期待可能性がないため本罪の成立は否定されると主張する。これによると、**【設問10】**のXは、専ら共犯者であるYの利益のために証拠を隠滅しているから、証拠隠滅罪が

成立するが、【設問11】のＺは、自己の利益も図って証拠を隠滅しているから、証拠隠滅罪は成立しない。

　これに対し、②の見解は、③の見解のように、行為者の主観を区別基準とするのは不明確であると批判する。その上で、②の見解は、たとえ共犯者の証拠であっても、同時に自己の証拠でもあるから、それを隠滅する行為には類型的に期待可能性がないとして、本罪の成立を否定する。これによると、【設問10】と【設問11】のいずれにおいても証拠隠滅罪は成立しない。

【設問12】共犯者の蔵匿
　暴力団の組長Ｘと組員ＹはＡ殺害を共謀し、ＹがＡを刺殺した。Ｙが逮捕されるかもしれないと聞いたＸは、Ｙが逮捕されると自分も逮捕されるおそれがあると思い、Ｙを逮捕から免れさせるため、自分の別荘に身を隠すようＹに指示し、Ｙを逃走させた。Ｘの罪責を論じなさい。

　これに関連して、**共犯者を蔵匿し隠避させる行為の取扱い**が問題となる。
　前述したように、人も証拠となりうる。そして、共犯者の供述内容は犯罪の成否や刑の量定の判断にあたって重要な資料となるから、共犯者も証拠である。そこで、【設問12】のＸが共犯者であるＹを逃走させた行為については、証拠隠滅罪の成否が問題となるが、上記の②および③の見解からすると、Ｘは自己の利益のためにＹを逃走させているので、期待可能性がなく、証拠隠滅罪の成立は否定されることになる。
　一方、Ｘは、殺人事件の犯人であるＹを匿っていることから、犯人蔵匿罪の成否も問題となる。学説の中には、証拠隠滅等罪と犯人蔵匿等罪は、保護法益も法定刑も同一であるから、証拠隠滅等罪について期待可能性がない以上、犯人蔵匿等罪についても期待可能性がないとして、犯人蔵匿罪の成立を否定する見解も有力である。しかし、下級審判例には、犯人蔵匿罪の成立を肯定したもの（○旭川地判昭57・9・29判時1070号157頁〈百124、講136、プ504〉）が存在する。すなわち、証拠隠滅等罪は、他人の刑事事件に関する証拠の完全な利用を妨げる罪であるのに対し、犯人蔵匿等罪は、犯人を庇護して刑事事件の捜査、審判、刑の執行を直接阻害する罪であり、両者は法益保護の具体的な態様を異にするとの理解に立った上で、共犯者の蔵匿隠避は刑事事件の捜査、審判、刑の執行を直接阻害するものであり、防禦として放任される範囲を逸脱するとしている。

第22講　犯人蔵匿罪・証拠隠滅罪　　529

6　親族による犯罪に関する特例

> 105条　ⓐ前2条の罪については、ⓑ犯人又は逃走した者の親族がⓒこれらの者の
> 利益のために犯したときは、その刑を免除することができる。

【事例3】子の隠避
　Xは、息子Aが詐欺事件の被疑者として警察に追われているのを知り、Aが逮
捕されないようにするため、Aに逃走資金を渡し、逃走場所を指示した。

(1)　意　義
　本条は、親族の利益のために犯人蔵匿や証拠隠滅を行った場合について、
刑の任意的免除を定めたものである。親族間の犯人蔵匿や証拠隠滅は、自然
の人情、情愛に基づくものであり、期待可能性に乏しいという**責任減少**を考
慮した規定である。
　1947（昭和22）年の改正前は、「之ヲ罰セス」としていたが、親族による
犯人蔵匿や証拠隠滅を一律に不可罰とするのは親族間の情愛を重視しすぎる
ものであるとの理由により、刑の任意的免除に変更された。犯罪論の体系に
即していうと、犯罪としては犯人蔵匿等罪や証拠隠滅等罪が成立するが、裁
判所の裁量により刑が免除されることがあるということになる。

(2)　成立要件
　本条が適用される者は、犯人または逃走者の親族である（下線ⓑ）。「犯人
又は逃走した者」の意義は、犯人蔵匿罪の「罰金以上の刑に当たる罪を犯し
た者又は拘禁中に逃走した者」と同様である（2(1)ア参照）。「親族」の範囲
は、民法によって定められる（民法725条）。
　本条が適用されるためには、「前2条の罪」すなわち犯人蔵匿等罪または
証拠隠滅等罪を（下線ⓐ）犯人または逃走者の「利益のために」行う（下線
ⓒ）必要がある。「利益のために」とは、刑事訴追、有罪判決、刑の執行ま
たは拘禁を免れさせる目的をいう。したがって、犯人や逃走者の不利益のた
めにしたときは、本条の適用はない。
　判例（前掲・大判昭7・12・10）は、犯人の利益のために犯人蔵匿や証拠
隠滅を犯しても、同時にそれが第三者の利益のためでもあったときは、本条
の適用を否定している。ただ、学説上は、第三者の利益を図ったとしても、
親族である犯人の利益のために行った以上、期待可能性が乏しいから、本条
の適用を認めるべきであるとする見解が有力である。

(3) 共犯関係

親族と他の者が共犯関係にある場合には、本条の適用の可否が問題となる。問題となる場面としては、①親族と第三者が共犯関係にある場合、②親族と犯人・逃走者が共犯関係にある場合がある。

ア　親族と第三者との共犯関係

> **【設問13】親族による犯人蔵匿教唆**
> 　Xは、息子Aが詐欺事件の被疑者として警察に追われているのを知り、Aの友人Yに事情を話し、「Aを匿ってくれ」と依頼した。Yは、これを承諾し、Aを自宅に匿った。XとYの罪責を論じなさい。

第1は、親族と第三者が共犯関係にある場合である。このうち、まず問題となるのは、**親族が他人に犯人蔵匿や証拠隠滅を教唆した場合**である。**【設問13】**においてYには犯人蔵匿罪、Xにはその教唆犯がそれぞれ成立する。問題は、犯人の親族であるXに本条が適用されるかである。仮にXが直接Aを蔵匿していたとすると、当然、Xには本条が適用される。しかし、Xは、自らは蔵匿を実行せず、Yを教唆して蔵匿を行わせていることから、それでも本条を適用することは可能かが問題となるのである。

学説は、肯定説と否定説に分かれている。肯定説は、親族が正犯として犯人蔵匿や証拠隠滅を実行した場合と同じく、共犯として関与した場合にも期待可能性の減少が認められるという点を根拠としている。肯定説によると、**【設問13】**のXは本条により刑が免除されうる。

しかし、判例は、否定説に立っている。大判昭8・10・18刑集12巻1820頁は、1947年の改正前の本条について、親族が他人を教唆して犯人隠避を行わせるのは庇護の濫用であるとして、本条の適用を否定している。否定説によると、**【設問13】**のXには本条による刑の免除の余地はない。

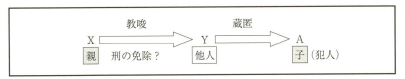

> **【設問14】親族に対する犯人隠避教唆**
> 　Xは、友人Aが詐欺事件の被疑者として警察に追われているのを知り、Aの父親Yに事情を話し、「Aに逃走資金を渡したらどうか」と提案した。Yは、これを受け入れ、Aに逃走資金を渡した。XとYの罪責を論じなさい。

次に問題となるのは、逆に、**他人が親族に犯人蔵匿や証拠隠滅を教唆した場合**である。【設問14】において、Yには犯人隠避罪が、Xにはその教唆犯がそれぞれ成立し、犯人Aの親族であるYは本条により刑が免除されうる。それでは、Yに犯人隠避を教唆したXにも本条が適用されるのだろうか。
　この場合には、他人であるXに対する本条の適用は一般に否定されている。各共犯者の責任の有無や程度は個別的に判断されるという責任の個別性の原則（総論26講4参照）からすると、期待可能性の減少という事情は親族以外の者には及ばないからである。

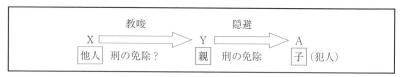

イ　親族と犯人・逃走者との共犯関係

> 【設問15】犯人による親族に対する犯人隠避教唆
> 　詐欺事件の被疑者として警察に追われていたXは、父親Yに事情を話し、「逃走資金をくれ」と依頼した。Yは、これを承諾し、Xに逃走資金を渡した。XとYの罪責を論じなさい。

　第2は、親族と犯人・逃走者が共犯関係にある場合である。このうち、**犯人・逃走者が親族に犯人蔵匿や証拠隠滅を教唆した場合**はどのように取り扱われるのであろうか。【設問15】において、Yには犯人隠避罪が成立するが、Yは犯人Xの親族であるから、本条により刑が免除されうる。ただ、Yに犯人隠避を教唆したXが犯人自身であることから、その取扱いが問題となる。
　学説上は、①犯人にはそもそも教唆犯は成立しないとする説と、②教唆犯は成立するが、刑が免除されうるとする説が対立している。前述したように（3(3)、5(2)ア）、犯人が他人に犯人蔵匿や証拠隠滅を教唆しても期待可能性がないから教唆犯は成立しないとする見解が主張されているが、この見解からは当然に①説が支持されることになる。これに対し、犯人が他人に犯人蔵匿や証拠隠滅を教唆した場合に教唆犯の成立を肯定する見解は、通常、②説に立っている。教唆犯の成立自体は否定できないが、親族が刑を免除されうるのに準じて、犯人・逃走者自身も刑を免除されうると主張するのである。

> **【設問16】親族による犯人に対する証拠隠滅教唆**
> 　Xは、息子のYが詐欺事件の被疑者として警察に追われていることを知り、詐欺に使用した偽造文書を廃棄するようYに指示した。Yは、それに従い、偽造文書を廃棄した。Xの罪責を論じなさい。

　逆に、**親族が犯人・逃走者に犯人蔵匿や証拠隠滅を教唆した場合**はどうか。**【設問16】**のYは犯人であるから、自己の証拠を隠滅しても不可罰である。問題は、Yに証拠隠滅を教唆したXの取扱いである。

　他人が犯人に証拠隠滅を教唆した場合に証拠隠滅等教唆罪の成立を肯定する見解（5(2)イ）は、**【設問16】**のXにも犯人隠避教唆罪の成立を認める。ただし、Xは犯人の親族であるから、本条により刑が免除されうる。

　しかし、多数説は、Xにおける証拠隠滅教唆罪の成立を否定している。Yの行為が構成要件に該当しない以上、共犯従属性の観点から、Yに証拠隠滅を教唆したXについても教唆犯の成立が否定されるというのである。

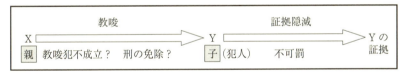

7　証人等威迫罪

> 105条の2　ⓐ自己若しくは他人の刑事事件の捜査若しくは審判に必要な知識を有すると認められる者又はその親族に対し、ⓑ当該事件に関して、正当な理由がないのに面会を強請し、又は強談威迫の行為をした者は、2年以下の懲役又は30万円以下の罰金に処する。

(1)　意　義

　本罪は、刑事事件の被害者や証人などが犯人側から威圧を加えられる（いわゆる「お礼参り」）のを恐れて正しい供述や証言ができなくなる事態を防ぐため、1958（昭和33）年に新設されたものである。したがって、本罪の保護法益は、国の刑事司法作用の円滑な運用ではあるが、副次的に、**刑事被告事件の証人、参考人またはその親族らの私生活の平穏**も含む。

(2) 成立要件

ア　客　体

客体は、自己もしくは他人の刑事事件の捜査もしくは審判に必要な知識を有すると認められる者またはその親族である（下線ⓐ）。

「刑事事件」は、被疑事件、被告事件のほか、将来刑事事件になりうるものも含む。他人の刑事事件ばかりでなく、自己の刑事事件でもよい。「捜査若しくは審判に必要な知識を有すると認められる者」とは、犯罪の成否、量刑の資料となるべき情状など犯人または証拠の発見に役立つ知識を現に有するか、具体的事情から判断してそのような知識を有すると認められる者をいう。具体的には、刑事事件の被害者、証人、参考人などを指す。「親族」の範囲は、民法の規定によって決まる（民法725条）。

イ　行　為

行為は、当該事件に関し、正当な理由がないのに面会を強請し、または強談威迫の行為をすることである（下線ⓑ）。

「当該事件に関して」とは、自己または他人の刑事事件に関連してという意味である。「正当な理由がないのに」という要件は、弁護人の正当な調査活動などを排除する趣旨である。

「面会を強請し」とは、相手方の意に反して面会を強要することをいう。「強談」とは、言語をもって自己の要求に応ずるように迫ることであり、「威迫」とは、言語・動作をもって気勢を示し、不安・困惑の念を生じさせることである。面会の強請、強談・威迫の方法として書信・電話等による間接のものも含むかについては、①書信・電話等でも不安の念を抱くことはありうるとして、それらの方法も含むとする見解と、②書信・電話等の間接的行為によって相手方が被る不安困惑の程度は通常比較的軽微であるから、それらの方法は含まないとする見解が対立する。判例（最決平19・11・13刑集61巻8号743頁〈講139〉）は、①の見解に立っている。

本罪は抽象的危険犯であるから、面会の強請等の行為がなされれば既遂に達する。

ウ　故　意

本罪の故意は、上記ア、イの事実を認識・認容していることである。

(3) 罪　数

面会の強請が、同時に相手方に対する脅迫罪（222条）または強要罪（223条）に当たるときは、本罪との観念的競合となる。証人として虚偽の証言をするよう求めて強談・威迫の行為をしたときは、偽証罪（169条）の教唆犯との観念的競合となる。面会を強請した後、強談・威迫の行為をしたときは、本罪の包括一罪となる。

第23講　その他の国家的法益に対する罪

◆学習のポイント◆
　本講においては、偽証罪における虚偽の陳述の意義と犯人自身による
偽証教唆の問題が特に重要である。
　それ以外は、成立要件等を簡単に確認しておけばよい。

1　国家の存立に対する罪

(1)　総　説

　国家の存立に対する罪として、刑法は、内乱に関する罪と外患に関する
罪を規定している。内乱に関する罪は、国家の統治機構や統治権に対する
国家の内部からの侵害を処罰するためのものであり、内乱罪（77条）、内乱
予備・陰謀罪（78条）、内乱等幇助罪（79条）に分かれる。これに対して、
外患に関する罪は、国家の統治機構や統治権に対する国家の外部からの侵
害を処罰するためのものであり、外患誘致罪（81条）、外患援助罪（82条）、
外患予備・陰謀罪（88条）に分かれる。

　なお、内乱に関する罪は愛国心等に基づく政治犯としての性格を有する
ため、法定刑として規定されている自由刑は懲役ではなく禁錮であり、こ
れは、行為者に一定の敬意を払って労役を義務づけないことにしたもので
あると考えられている（この点、騒乱罪〔106条〕が政治犯でなく懲役と禁
錮が選択刑となっているのと異なっている）。これに対して、外患援助罪
は、死刑以外は懲役が規定されているが、これは、この罪が「祖国に対す
る裏切り」であって、卑劣な行為であるからであると説明されている。

(2)　内乱に関する罪

ア　内乱罪

77条1項　ⓐ国の統治機構を破壊し、又はⓑその領土において国権を排除して権力
　を行使し、その他憲法の定める統治の基本秩序を壊乱することを目的としてⓒ暴
　動をした者は、内乱の罪とし、次の区別に従って処断する。
　一　首謀者は、死刑又は無期禁錮に処する。
　二　謀議に参与し、又は群衆を指揮した者は無期又は3年以上の禁錮に処し、そ
　　の他諸般の職務に従事した者は1年以上10年以下の禁錮に処する。

535

三　付和随行し、その他単に暴動に参加した者は、3年以下の禁錮に処する。

未遂（77条2項）　前項の罪の未遂は、罰する。ただし、同項第3号に規定する者については、この限りでない。

a　保護法益

本罪は、憲法の定める国家の統治機構の存立ないしその統治権を保護法益としている。

b　目的犯

本罪は、「国の統治機構を破壊し、又はその領土において国権を排除して権力を行使し、その他憲法の定める統治の基本秩序を壊乱すること」を目的とする目的犯である。「国の統治機構を破壊し」とは、憲法の定める代表民主制度や議院内閣制度等の統治の基本制度を廃止することをいう（下線ⓐ）。「その領土において国権を排除して権力を行使し」とは、日本国の一部に独立国を作りわが国の領土主権を排除することをいう（下線ⓑ）。この2つは、いずれも、憲法が定める統治の基本制度を破壊することの例示である。したがって、個別の内閣を倒す目的があるだけで、内閣制度そのものを破壊する目的がない場合には本罪は成立しない（大判昭10・10・24刑集14巻1267頁）。

c　行　為

行為は、暴動であり、多数人による集団的な暴行・脅迫のことをいう（下線ⓒ）。それは、物に対する有形力（物理力）の行使を含む（2講1(1)アのコラム）。暴行・脅迫の程度については、一地方の平穏を害する程度のものであることを要するとする見解と、国家の基本組織に動揺を与える程度のものであることを要するとする見解が対立している。前者が通説である。

d　必要的共犯

本罪の暴動は、上記の目的でなされるものであり、ある程度組織化された集団により行われるものでなくてはならない。本罪は、必要的共犯の一種である集団犯（同一方向に向けられた行為を集団で行う必要がある犯罪）の典型である（総論20講1(2)参照）。そこで、集団の外部の者が本罪に関与した場合に、刑法総則の共犯規定（60条以下）の適用があるか否かが問題となる。学説には、適用肯定説と適用否定説の対立があるが、内乱の予備・陰謀罪（78条）、内乱等幇助罪（79条）、内乱の教唆・せん動罪（破壊活動防止法38条・41条）が処罰されることから、総則共犯規定の出番は実際にはほとんどないと考えられている。

e　処罰の態様

処罰は、集団内部における役割によって区別されている。①首謀者は死刑または無期禁錮（77条1項1号）、②謀議に参与しまたは群衆を指揮した者は無期または3年以上の禁錮（同2号前半）、③その他諸般の職務に従事

した者は1年以上10年以下の禁錮（同2号後半）、④付和随行しその他単に暴動に参加した者は3年以下の禁錮（同3号）に処せられる。

f 未　遂

本罪は未遂が処罰される。集団行動としての暴動を開始したが、（通説によれば）一地方の平穏を害するに至らなかったときが未遂である。ただし、付和随行し、その他単に暴動に参加した者については未遂が処罰されない。

g 罪　数

暴動の際に行われた殺人、傷害、放火等は、内乱罪における暴動の中に吸収され、別罪を構成しない（前掲・大判昭10・10・24）。

イ　内乱予備・陰謀罪、内乱等幇助罪

> **78条**　内乱の⒜予備又は⒝陰謀をした者は、1年以上10年以下の禁錮に処する。
>
> **79条**　兵器、資金若しくは食糧を供給し、又は⒞その他の行為により、前2条の罪を幇助した者は、7年以下の禁錮に処する。
>
> **80条**　前2条の罪を犯した者であっても、暴動に至る前に自首したときは、その刑を免除する。

内乱の「予備」とは、内乱罪を実行する目的でその準備をすることをいう（下線⒜）。例えば、武器・弾薬の調達や参加者の勧誘などである。また、内乱の「陰謀」とは、2人以上の者が内乱罪の実行を具体的に計画して合意することをいう（下線⒝）。

兵器、資金もしくは食糧を供給しまたはその他の行為により、内乱罪、内乱未遂罪、内乱予備・陰謀罪を幇助した者は、7年以下の禁錮に処せられる。これは、内乱等を幇助する行為を独立に正犯として処罰するものである。「その他の行為」とは、例えば陰謀のための場所を提供することなどである（下線⒞）。

刑法は、内乱を未然に防ぐという政策的理由から、内乱予備・陰謀罪と内乱等幇助罪を犯した者が暴動に至る前に自首したときは、その刑を免除するとしている（80条）。

(3)　外患に関する罪

外患とは、一般に、国の外部からの圧迫や攻撃を受けるおそれをいう。外患に関する罪とは、国家の存立に対する国の外部からの侵害を処罰するものである。

ア　外患誘致罪

> **81条**　⒜外国と⒝通謀して日本国に対し⒞武力を行使させた者は、死刑に処する。

未遂（87条）　第81条及び第82条の罪の未遂は、罰する。

予備（88条）　第81条又は第82条の罪の予備又は陰謀をした者は、1年以上10年以下の懲役に

処する。

法定刑が死刑のみである犯罪は、本罪だけである。「外国」とは、外国の政府、軍隊、外交使節等の国家機関をいい、私人としての外国人や外国の私的な団体は含まれない（下線ⓐ）。「通謀」とは、意思を疎通し、了解が成立することをいう（下線ⓑ）。「武力を行使させる」とは、軍事力の行使により日本国を攻撃させることをいい、必ずしも国際法上の戦争に限られない（下線ⓒ）。

本罪は未遂が処罰される（87条）。さらに、予備・陰謀も処罰される（88条）。

イ　外患援助罪

> **82条**　日本国に対して外国から武力の行使があったときに、これに加担して、そのⓐ軍務に服し、その他これにⓑ軍事上の利益を与えた者は、死刑又は無期若しくは2年以上の懲役に処する。

未遂（87条）　第81条及び第82条の罪の未遂は、罰する。
予備（88条）　第81条又は第82条の罪の予備又は陰謀をした者は、1年以上10年以下の懲役に処する。

本罪は、「日本国に対して外国から武力の行使があったとき」という行為状況の下でこれに加担する行為を処罰するものである。「軍務に服し」とは、軍事上の行動をとるということであり（下線ⓐ）、非戦闘員の行為を含む。「軍事上の利益を与えた」とは、武器・弾薬の供給や情報の提供などの行為をいう（下線ⓑ）。

本罪は未遂が処罰される（87条）。さらに、予備・陰謀も処罰される（88条）。

2　国交に関する罪

(1)　総　説

国交に関する罪として、刑法は、外国国章損壊罪（92条）、私戦予備・陰謀罪（93条）、中立命令違反罪（94条）を規定している。これらの罪の保護法益は、国際法秩序によって保護されるべき外国の利益であるとする見解と、日本の外交上の利益であるとする見解とが対立しているが、近年では、後者が有力になっている。

(2)　国交に関する罪

ア　外国国章損壊等罪

> **92条1項**　外国に対して侮辱を加える目的で、その国の国旗その他のⓐ国章をⓑ損壊し、ⓒ除去し、又はⓓ汚損した者は、2年以下の懲役又は20万円以下の罰金に処する。

a　客　体

客体は、外国の国章である。外国には、わが国が未だ承認せず、外交関係が存在しない国も含まれるが、国際連合などの超国家的組織は含まれない。「国章」とは、その国の権威を象徴する物件をいい、国旗のほか、軍旗や大使館の徽章などがこれに当たる（下線ⓐ）。

b　行　為

行為は、外国国章の損壊、除去、汚損である。「損壊」とは、物理的損壊を意味する（下線ⓑ）。「除去」とは、場所的に移転することのほか、他の物体で隠蔽する行為（最決昭40・4・16刑集19巻3号143頁）も含まれる（下線ⓒ）。「汚損」とは、ペンキや汚物を付着させることにより汚し不潔にすることをいう（下線ⓓ）。

c　罪　数

他人所有の国章を損壊等した場合に、本罪と器物損壊罪（261条）との関係が問題になり、本罪が成立する場合には法条競合として本罪のみが成立するという見解と、両罪を観念的競合とみる見解が対立している。本罪が当然に器物損壊に当たるのに、より低い法定刑を定めているのは、国章の財産的価値自体は一般的に低いものだからである。そうであるにもかかわらず、観念的競合を認めるとすれば、常に器物損壊罪の法定刑が優先されることになって、本罪がより低い法定刑を定めた意味がなくなることから、法条競合として本罪のみが成立するという見解が有力である。

d　親告罪

本罪は、親告罪であり、外国政府の請求がなければ公訴を提起することができない（92条2項）。

イ　私戦予備・陰謀罪

> **93条**　ⓐ外国に対してⓑ私的に戦闘行為をする目的で、その予備又は陰謀をした者は、3月以上5年以下の禁錮に処する。ただし、自首した者は、その刑を免除する。

ここでいう「外国」とは、外国の一地方や特定の外国人の集団ではなく、国家としての外国である（下線ⓐ）。したがって、外国において外国人を殺傷したり、略奪行為を行う場合は含まれない。「私的な戦闘行為（私戦）」とは、わが国の国家意思によらない組織的な武力行為（武力による攻撃・防御）をいう（下線ⓑ）。

本罪は、予備・陰謀を処罰するのみであり、私的な戦闘行為自体は処罰されていない。それは、殺人罪（199条）や放火罪（108条以下）等によって処罰されることになる。

本罪では、私戦を未然に防ぐという政策的な理由から、自首による刑の

免除が認められている（93条但書）。

ウ　中立命令違反罪

> **94条**　外国が交戦している際に、ⓐ局外中立に関する命令に違反した者は、3年以
> 下の禁錮又は50万円以下の罰金に処する。

　本罪は、外国が交戦しているという行為状況の下で、わが国の中立の立
場に反して交戦国の一方当事者の利益を図る行為を処罰するものである。
「局外中立に関する命令」とは、外国が戦争している際に、わが国がいずれ
にも加担しないことを宣言し、国民に対しても、どちらにも利益を与えて
はならない旨を指示して発する命令のことをいう（下線ⓐ）。何が禁止対象
となるかは具体的な局外中立命令によって初めて決定される。

3　逃走の罪

（1）総　説

　逃走の罪の保護法益は、国家の拘禁作用である。その拘禁は適法である
ことを必要とする。保護の対象となる拘禁作用は、刑事司法手続における
ものを主とするが、その範囲は犯罪によって異なる。逃走の罪は、自ら逃
走する罪（97条・98条）と他人を逃走させる罪（99条・100条・101条）と
に分かれている。

（2）単純逃走罪

> **97条**　ⓐ裁判の執行により拘禁されたⓑ既決又はⓒ未決の者がⓓ逃走したときは、
> 1年以下の懲役に処する。

未遂（102条）　この章の罪の未遂は、罰する。

ア　主　体

　主体は、「裁判の執行により拘禁された既決又は未決の者」である（身分
犯）。被拘禁者が自ら逃走する行為は期待可能性が低いということが考慮さ
れて、逃走罪はその主体を限定し法定刑も軽くなっている。「裁判の執行に
より拘禁された」という文言は、逮捕された者を除く趣旨を明確にするため
に入れられたものであり（下線ⓐ）、例えば警察官に現行犯逮捕されて警察
署に連行される途中に逃走した者は本罪の主体にならない。「既決の者」と
は、確定判決によって刑事施設に拘禁されている者のことをいう（下線ⓑ）。
懲役・禁錮・拘留に処せられ拘禁されている者、死刑の言渡しを受け執行に
至るまでの間拘置されている者、罰金や科料を完納することができないため
換刑処分として労役場に留置されている者がこれに当たる。「未決の者」と

540

は、勾留状によって刑事施設または警察留置場に拘禁されている被告人または被疑者のことをいう（下線ⓒ）。

> **【事例 1】護送中の逃走**
> 　Xは、殺人事件の被告人であり、刑事施設に収容されていたが、公判のため裁判所に護送される途中に護送車両から逃走した。

　なお、刑事施設に一旦収容された以上は、移送や出廷のため護送中の自動車内に居た場合でも拘禁された者である。したがって、【事例 1】のXは、護送車両から逃走したのであって刑事施設から逃走したわけではないが、Xには単純逃走罪が成立する。

イ　行　為

　行為は、「逃走すること」であり、拘禁から離脱すること、すなわち看守者の実力的支配を脱することである（下線ⓓ）。

ウ　未遂・既遂

　本罪は未遂が処罰される。例えば、監房からは脱出したが、刑務所構内からは脱出しない場合は未遂になる（広島高判昭25・10・27判特14号128頁）。これに対して、刑事施設等の外へ脱出するなどして、看守者の実力的支配を脱した時点で既遂になる。

> **【事例 2】看守者の実力的支配からの一時的な離脱**
> 　Xは、確定判決によって刑務所に収容されている者であるが、刑務官の隙をついて刑務所の敷地外に脱出し、刑務官の追跡を振り切って民家の庭に隠れたものの、しばらくして刑務官に発見され拘束された。

　裁判所の便所から逃走後、直ちに発見・追跡され、まもなく逮捕された事案（福岡高判昭29・1・12高刑集 7 巻 1 号 1 頁）のように、たとえ施設の外部へ脱出しても、看守者から引き続き現に追跡を受け、未だ看守者の実力的支配内から離脱していなければ単純逃走罪は既遂にならない。しかし、**看守者が完全に犯人を見失うなど一時的ではあっても一旦完全に看守者の実力的支配から離脱すれば既遂になる**。【事例 2】のXは、刑務官の追跡を振り切って民家の庭に隠れており、一時的でも看守者の実力的支配から離脱したと認められる。したがって、Xには単純逃走罪の既遂が成立する。判例として、拘留中の留置場から脱出し、警察署構内より街頭に逃げ出して一旦姿をくらましましたが、緊急手配により約30分後に逮捕された事案では、本罪の既遂

の成立が認められている（東京高判昭29・7・26東高刑時報5巻7号295頁）。

　本罪は状態犯であり、看守者の追跡を免れ、実力的支配を脱したら既遂になり、そこで犯罪は終了するので、例えば、刑事施設から逃走し看守者の追跡を免れた友人を匿（かくま）った場合は、逃走援助罪ではなく犯人隠避罪（103条）になる。

（3）　加重逃走罪

> 98条　前条に規定する者又は⒜勾引状の⒝執行を受けた者が拘禁場若しくは⒞拘束のための器具を⒟損壊し、暴行若しくは脅迫をし、又は2人以上⒠通謀して、逃走したときは、3月以上5年以下の懲役に処する。

未遂（102条）　この章の罪の未遂は、罰する。

ア　主　体

　主体は、97条に規定する者と勾引状の執行を受けた者である（身分犯）。後者は、一定の場所に引致するために発せられる勾引状の執行を受けた被告人、身体検査の対象者、証人などである。「勾引状」とは、広く一定の場所に拘禁することを許す令状をいい、勾留状や逮捕状などのことである（下線⒜）。「執行を受けた者」とは、引致中を含み、引致されたことや留置されたことを要しない（下線⒝）。このほか、逮捕状によって逮捕された被疑者、収容状や勾留状の執行を受け収容前の者もこれに含まれるが、現行犯逮捕や緊急逮捕の被疑者は除かれる。

イ　行　為

　行為は、①拘禁場もしくは拘束のための器具を損壊、②暴行もしくは脅迫、③2人以上通謀することを手段として逃走することである。

　①について、「拘束のための器具」とは手錠や捕縄などをいう（下線⒞）。「損壊」とは、物理的に壊す場合に限られる（下線⒟）。したがって、護送中の者が手錠および捕縄を損壊することなく単に外して逃走した場合は加重逃走罪ではなく単純逃走罪になる（広島高判昭31・12・25高刑集9巻12号1336頁）。

　②について、暴行・脅迫は、看守者またはその協力者に対してなされる場合に限られる。

　③について、「通謀」とは、本罪の主体2人以上が共に逃走することを内容とする意思連絡をすることをいう（下線⒠）。本罪の主体以外の者、例え

ば面会に来た友人と通謀した場合は含まれない。多数人が同時に逃走することにより逃走が成功する危険が高まることが本罪の手段とされた理由であるので、通謀者が実際に共に逃走することを要する。

ウ 未 遂

本罪も未遂が処罰される。**イ**に挙げた①の類型について、拘禁場の房壁に脱出可能な穴を開けることができず、逃走できなかった事案で、逃走の手段としての損壊が開始されれば、逃走行為自体を行わなくても未遂が成立するとされている（最判昭54・12・25刑集33巻7号1105頁）。②の類型の場合、逃走を目的とした暴行・脅迫が開始されたときに未遂が成立する（東京高判昭54・4・24判時942号143頁）。③の類型の場合、通謀した2人以上の者が現実に逃走未遂の段階に至ったことが必要である（佐賀地判昭35・6・27下刑集2巻5＝6号938頁）。通謀して1人だけ逃走した場合は、逃走者には単純逃走罪（97条）が、逃走しなかった者には逃走援助罪（100条）が成立する。

(4) 被拘禁者奪取罪

> **99条** ⓐ法令により拘禁された者をⓑ奪取した者は、3月以上5年以下の懲役に処する。

未遂（102条） この章の罪の未遂は、罰する。

ア 客 体

本罪の客体は、「法令により拘禁された者」であり、形式的に解釈すれば法令の根拠に基づき身体を拘束されている者すべてを含むことになるが、逃走の罪は主として刑事司法手続における拘禁作用を保護法益としていることから、その拘束が、拘禁することを主目的とし、刑事司法作用に準じるような場合に限定されるべきであると考えられている（下線ⓐ）。97条・98条の裁判の執行により拘禁された既決・未決の者、勾引状またはこれに準じる令状の執行を受けた者のほか、現行犯逮捕や緊急逮捕により逮捕・留置された者、逃亡犯罪人引渡法により拘禁された者（同法5条）などが含まれる。これに対して、精神保健及び精神障害者福祉に関する法律による措置入院中の者（同法29条）、少年法の保護処分として児童自立支援施設へ送致された者（同法24条1項2号）、警察官職務執行法により保護された者（同法3条）などは含まれない。問題となるのは少年法により少年院や少年鑑別所に収容された者であり、学説は肯定説と否定説に分かれているが、裁判例は、肯定説の立場に立って本罪の客体に含まれるとしている（福岡高宮崎支判昭30・6・24裁特2巻12号628頁）。

イ　行　為

　行為は、「奪取」であり、被拘禁者を自己または第三者の実力的支配下に移すことであるとする見解と被拘禁者を拘禁者の支配から離脱させる一切の行為であるとする見解が対立しているが、通説は前者である（下線ⓑ）。被拘禁者を拘禁者の支配から単に解放しただけの場合、前者の説からは逃走援助罪（100条）であって本罪ではないことになり、後者の説からは本罪が成立することになる。

(5)　逃走援助罪

> 100条1項　ⓐ法令により拘禁された者を逃走させる目的で、ⓑ器具を提供し、その他逃走を容易にすべき行為をした者は、3年以下の懲役に処する。
> 2項　前項の目的で、暴行又は脅迫をした者は、3月以上5年以下の懲役に処する。

未遂（102条）　この章の罪の未遂は、罰する。

ア　意　義

　本罪は、逃走の援助（教唆・幇助）行為を逃走罪の成否とは独立して処罰の対象にするものである。被拘禁者が自ら逃走する行為は期待可能性が低いということが考慮されて、逃走罪はその主体を限定し法定刑も軽くなっているが、これを援助する者にはそのような考慮は必要でないから、逃走の援助行為を逃走罪の教唆・幇助として扱うのは適当でないという趣旨で本条が設けられたのである。したがって、被拘禁者に逃走罪が成立しなくても本罪は成立するし、被拘禁者に逃走罪が成立してもその援助行為は逃走罪の教唆・幇助ではなく本罪が成立するのである。なお、本罪の成立には「逃走させる目的」が必要である（目的犯）。

イ　客　体

　本罪の客体は、「法令により拘禁された者」であり、これは単純逃走罪・加重逃走罪の主体より広く、逃走者に逃走罪が成立しない場合でも本罪は成立する（下線ⓐ）。

ウ　行　為

　行為は、「器具を提供し、その他逃走を容易にすべき行為」をすること（1項）と暴行・脅迫（2項）である。前者は脱出用の器具を提供することのほかに、例えば、脱出経路や警備状況を逃走者に告知することなどである（下線ⓑ）。

　現実に逃走させたことは必要でなく、逃走の危険を有する行為が行われたことで足りる。また、援助行為が逃走に現実に役立ったということも必要でない。例えば、面会に行ったときに逃走者に依頼されて逃走用の開錠用具をこっそり差し入れたが、逃走者がそれを使用せずに逃走した場合も、

逃走の危険を有する行為が行われたといえるから本罪が成立する。

なお、逃走させる目的で暴行・脅迫が行われた場合には、刑が加重される。暴行・脅迫は必ずしも看守者等に対して行われるものに限定されない。

エ　未　遂

本罪は未遂を罰することになっているが、逃走を容易にすべき行為、逃走させる目的で暴行・脅迫をした時点で既遂に達するのであるから、事実上ほとんど考えられないといわれている。

(6)　看守者等による逃走させる罪

> **101条**　法令により拘禁された者を@看守し又は護送する者がその拘禁された者を
> ⓑ逃走させたときは、1年以上10年以下の懲役に処する。

> 未遂（102条）　この章の罪の未遂は、罰する。

客体は、法令により拘禁された者である。

主体は、看守者・護送者である（身分犯）。本罪の主体は法令上の根拠に基づき看守・護送の任務を行う者をいい（下線@）、公務員である必要はないというのが通説である。看守者・護送者の身分は、逃走させる行為の時点であればよく、実際に被拘禁者が逃走した時点において身分を有していなくてもよい（大判大2・5・22刑録19輯626頁）。

行為は、被拘禁者を「逃走させること」であり、被拘禁者の逃走を惹起し、または逃走を容易にする一切の行為であるとする見解と、被拘禁者を解放するか、被拘禁者の逃走を黙認する行為に限るとする見解が対立しているが、通説は前者である（下線ⓑ）。

4　偽証の罪

(1)　総　説

偽証の罪は、法律により宣誓した証人、鑑定人、通訳人または翻訳人が虚偽の陳述、鑑定、通訳または翻訳をする罪である。現行法は、この罪を公共の信用を害する偽造罪の一種として位置づけているが、現在の通説は、虚偽の陳述等によって、裁判などの国の審判作用の適正を侵害する危険を生ぜしめる罪として、国家的法益に対する罪と位置づけている。現在の通説によれば、保護法益は国の審判作用の適正な運用である。

(2)　偽証罪の基本構造

> **169条**　@法律により宣誓した証人がⓑ虚偽の陳述をしたときは、3月以上10年以下の懲役に処する。

第23講　その他の国家的法益に対する罪　　545

ア 主 体

本罪の主体は、法律により宣誓した証人（下線ⓐ）に限られる（身分犯）。法律により宣誓した証人による証言は証拠としての信憑性が高いので、そのような場合にのみ偽証罪の処罰は限定されるのである。

「法律により宣誓した」とは、宣誓する根拠が法律または法律の委任に基づく命令などの下位法規に定められていることをいう。例えば、民事訴訟法201条や刑訴法154条などの法律上の根拠のほか、国家公務員法16条に基づく人事院規則13－1「不利益処分についての不服申立て」54条のような命令上の根拠がこれに当たる。

宣誓は尋問前に行うのが原則であるが（民事訴訟規則112条1項本文）、尋問後の場合もある（民事訴訟規則112条1項但書）。判例・通説は、尋問後に宣誓がなされる場合でも偽証罪は成立しうるとしている（大判明45・7・23刑録18輯1100頁）。宣誓は自己の陳述の真実性を担保するものであり、宣誓によって陳述の証明力が強まるのであるから、国の審判作用の適正な運用に対する危険は事前宣誓の場合と事後宣誓の場合で異なることはないからである。これに対して、文理上宣誓が陳述に先行すべきであり事後宣誓は本罪に当たらないという見解も有力である。

宣誓は、適法になされなければならないから、宣誓をさせることができない者に誤って宣誓をさせた場合（刑訴法155条など）には、本罪は成立しない（最大判昭27・11・5刑集6巻10号1159頁）。これに対して、医師や弁護士のように職業上の秘密を守ることに違反する罪を犯してしまうおそれがある場合などには証言拒絶権（例えば、刑訴法146条・147条・149条、民事訴訟法196条・197条）が認められているが、証言拒絶権を有する者が、それを行使せずに宣誓した上で偽証した場合には、本罪が成立する（○最決昭28・10・19刑集7巻10号1945頁〈プ512〉）。

刑事事件の被告人は、憲法38条の黙秘権の保障との関係で、証人適格が認められていない（刑訴法311条）。したがって被告人自身が偽証罪に問われることはない。しかし、共犯者または共同被告人を手続を分離した上で他の共犯者の証人とすることは認められており、この場合、証言拒絶権を行使せずに宣誓した上で偽証すれば、その内容が自己の犯罪事実に関する場合であっても本罪が成立する（大判明44・2・21刑録17輯157頁）。

主体は、証人でなければならないから、例えば、民事訴訟の原告など当事者は、宣誓の上虚偽の陳述をしても本罪に当たらない。

イ 行 為

行為は、「虚偽の陳述」であり（下線ⓑ）、判例によれば、**証人の記憶に反する供述**のことをいう（**論点1**〔虚偽の陳述の意義〕）。したがって、記憶に反したことを宣誓の上陳述した場合は、それがたまたま客観的真実に合致していたとしても本罪が成立しうる。

【事例3】裁判結果への影響の要否
　Xは、立木の売買をめぐるAとの民事訴訟において、その売買が仮装取引であることを知りながら宣誓の上これを真実の売買であると証言した。当時の法制においては、Xの証言によって、Aの立木に関する権利は影響を受けなかった。

本罪は、審判作用の適正さを害する抽象的危険犯である。具体的に公正な裁判または懲戒の作用が害されたことは必要でない。したがって、虚偽の陳述が裁判の結果に影響をもたらしたか否かは本罪の成否に影響しない。例えば、虚偽の陳述を行ったがそれが証拠として採用されなくても、本罪が成立する。判例においても、**【事例3】**のような事案で、Xに偽証罪の成立が認められている（大判明43・10・21刑録16輯1714頁〈プ511〉）。

証人が、宣誓の上、わかっていることを意図的に証言せず黙秘しているにすぎない場合は、偽証罪にはならず、証言拒否罪（刑訴法161条）が成立しうるにすぎない。

本罪の既遂時期は、事前宣誓の場合には尋問手続における陳述全体が終了したときであり、事後宣誓の場合には宣誓終了時である。

ウ 共犯関係

被告人が、自己の刑事事件に関して他人に偽証するよう頼んで他人が偽証した場合、判例によれば、偽証教唆罪が成立する（**論点2**〔犯人自身による偽証教唆〕）。

(3) 偽証罪の重要問題
ア 虚偽の陳述の意義　**論点1**

【事例4】偽証事例1
　傷害事件を目撃したXは、自己の記憶では犯人はAだと思っていたが、Aが親しい友人であったためAをかばうつもりで、法廷では「犯人はBだ」と証言した。後の審理で、犯人はBだということがわかった。

【事例5】偽証事例2
　傷害事件を目撃したXは、自己の記憶では犯人はAだと思っていたが、日頃から真面目でおとなしいAがそのようなことをするはずがなく、きっとAとよく似

たBが犯人に違いないと思い直した。そこで、法廷では「犯人はBだ」と証言した。後の審理で、犯人はAだということがわかった。

【事例6】偽証事例3
　傷害事件を目撃したXは、自己の記憶では犯人はAだと思っていたが、日頃から真面目でおとなしいAがそのようなことをするはずがなく、きっとAとよく似たBが犯人に違いないと思い直した。しかし、その頃Aと喧嘩していたXは、法廷において「犯人はAだ」と証言した。後の審理で、犯人はBだということがわかった。

　偽証罪の実行行為は、虚偽の陳述をすることであるが、虚偽とは何かについて、主観説と客観説の対立がある。主観説は、証人の主観的な記憶を基準にして、（陳述内容が客観的真実に合致しているか否かにかかわらず）証人の記憶に反することが虚偽であるとする。なぜなら、証人には、自己が過去において体験した事実を記憶どおりに述べる義務があるし、証人が記憶に反する陳述をすれば国の審判作用を誤らせる抽象的危険を常にもっているからである。この説においては、偽証罪の故意は自己の記憶に反することを陳述しているという認識である。この説からは、証人が自己の記憶どおりに陳述したときは偽証罪にならないが、自己の記憶と異なる陳述をしたときは、それがたまたま客観的真実と合致していても（つまり、**【事例4】**のような場合にも）偽証罪が成立することになる。なお、この説によれば、偽証行為は、記憶に反するという内心状態を表現する形で行われるものであり（表現犯）、そこにおける内心状態は主観的違法要素であるということになる。

　これに対して、客観説は、陳述内容が客観的真実に合致しているかどうかを基準にして、客観的真実に反することが虚偽であるとする。なぜなら、いかに記憶に反したことを述べたとしても、客観的真実に合致している限り、審判の適正を誤らせるおそれがないからである。この説においては、偽証罪の故意は客観的真実に反することを陳述しているという認識である。この説からは、証人が自己の記憶と異なる陳述をしたとしても、それがたまたま客観的真実と合致していたならば偽証罪が成立しないことになる。ただし、客観説からしても、虚偽かどうかは事件全体との関係だけでなく個々の陳述自体との関係でも判断されるのであり、例えば目撃していない事実を目撃したと証言するような場合は虚偽の陳述に当たるとされている。

　【事例4】のXには、主観説からは、自己の記憶に反する証言であるので虚偽の陳述に当たり偽証罪が成立するが、客観説からは、陳述内容が客観的真実に合致していた以上虚偽の陳述には当たらず、偽証罪が成立しないこと

になる。

【事例5】のXには、主観説からは、自己の記憶に反する証言であるので虚偽の陳述に当たり、そのことを認識しているので偽証罪の故意も認められ、偽証罪が成立する。他方、客観説からは、陳述内容が客観的に虚偽であったので虚偽の陳述には当たるが、真実を述べていると認識している以上偽証罪の故意が認められず、偽証罪が成立しないことになる。

【事例6】のXには、主観説からは、自己の記憶どおりの証言であるので虚偽の陳述に当たらず偽証罪は成立しない。これに対して、客観説からは、陳述内容が客観的に虚偽であったので虚偽の陳述に当たり、虚偽を述べていると認識している以上偽証罪の故意もあり、偽証罪が成立することになる。

判例は、一貫して主観説の立場に立っており、証言内容がたまたま真実に合致していたとしても、記憶に反した陳述をした場合には偽証罪が成立するとしている（◎大判大3・4・29刑録20輯654頁〈百123、講140、プ510〉、東京高判昭34・6・29判タ93号50頁など）。

イ　犯人自身による偽証教唆　論点2

【設問1】犯人自身による偽証教唆事件
　公職選挙法違反（買収）事件の被告人であったXは、当該事件の証人Yに対して「買収の事実はなかったと証言してくれ」と頼み、Yは公判廷において宣誓の上虚偽の証言をした。Xの罪責を論じなさい。

【設問1】において、Yには偽証罪が成立するが、これを教唆したXに偽証罪の教唆犯が成立するか否かが問題になる。この点、否定説は、偽証教唆の場合も被告人には類型的に期待可能性が欠如すること、偽証教唆が自己の刑事事件に関する証拠隠滅行為であり、それはもともと不可罰なものであるということを理由とする。これに対して、肯定説は、自己の偽証行為を思いとどまることは期待不可能であるとしても他人に偽証させることを思いとどまることは期待可能であること、黙秘権に関する憲法38条1項の趣旨は被告人に対して自己に不利益な供述を拒否する権限を与えたにとどまり虚偽の陳述をすることまでを許したわけではないこと、偽証罪は虚偽の陳述の対象について（証拠隠滅罪とは異なり）特に「他人の事件」に限定しておらず、被告人が偽証罪の主体になりえないのは黙秘権との関係における政策判断によって被告人が証人適格を認められていないからにすぎないのであって（刑訴法311条）、本条の主体から明文で除外されているわけではないことを理由と

している。

判例は、肯定説の立場に立っており、【設問1】のような事案においてＸに偽証教唆罪の成立を認めている（前掲・最決昭28・10・19）。

(4) 自白による刑の減免

> 170条　前条の罪を犯した者が、その証言をした事件について、その裁判が確定する前又は懲戒処分が行われる前にⓐ自白したときは、その刑を減軽し、又は免除することができる。

本条は、偽証に基づく誤った裁判や懲戒処分を防止するための政策的規定である。同様の規定は、虚偽鑑定罪（171条）にも置かれている。

「自白」とは、偽証した事実を認めることをいう（下線ⓐ）。自ら積極的に自首する場合のほかに、尋問に応じて告白する場合でもよい。自白の相手方は、裁判所、捜査機関、懲戒権者に限られ、一般私人に対してなされることでは足りない。また、自首とは異なるので、偽証の事実が裁判所等に既に判明している場合であってもよい。

本条は、正犯者のほかに教唆者にも適用されうる（大決昭5・2・4刑集9巻32頁）。ただし、偽証した正犯が自白したからといって、自白していない偽証教唆者に本条の適用はない（大判昭4・8・26刑集8巻416頁）。

(5) 虚偽鑑定等罪

> 171条　ⓐ法律により宣誓した鑑定人、通訳人又は翻訳人が虚偽の鑑定、通訳又は翻訳をしたときは、前2条の例による。

本罪の主体は、法律により宣誓した鑑定人、通訳人または翻訳人である（身分犯）。「法律により宣誓した」とは、民事訴訟法216条・201条、刑訴法166条・178条などの法令上の根拠がある場合に限られる（下線ⓐ）。虚偽の鑑定等の意義については、偽証罪における虚偽の陳述と同様の見解の対立があるが、判例は主観説をとっている（大判明42・12・16刑録15輯1795頁）。鑑定等が書面でなされるときは書面の提出により、口頭でなされるときは陳述が全体として終了したとき、本罪は既遂となる。

5　虚偽告訴の罪

(1) 総　説

虚偽告訴の罪は、人に誤った刑事処分または懲戒処分を受けさせる目的で、虚偽の告訴等の申告をする罪である。

(2) 保護法益

保護法益については、①国家の適正な刑事司法作用および懲戒作用とする見解、②虚偽告訴される個人の利益または自由とする見解、③主として国家の作用であるが副次的には個人の利益も保護されているとする見解が対立している。通説は③説であり、判例も同様の立場に立っている（大判大元・12・20刑録18輯1566頁）。「同意を得た他人に対する虚偽申告」について、②説からは不可罰となるのに対し、①説からは可罰性が肯定されることになる。③説からも国家の適正な刑事司法作用という個人の処分権が及ばない部分が残るので可罰的となる（前掲・大判大元・12・20）。

(3) 虚偽告訴等罪

> 172条 ⓐ人に⑥刑事又は懲戒の処分を受けさせる目的で、ⓒ虚偽の⑥告訴、告発ⓔその他の申告をした者は、3月以上10年以下の懲役に処する。

ア 行 為

行為は、人に刑事処分または懲戒処分を受けさせる目的で「虚偽の告訴、告発その他の申告をすること」である。

【事例7】客観的真実に合致していた告訴

Xは、ある窃盗事件の被害者であるが、その事件の犯人がBであると思っていたにもかかわらず、Aに刑事処分を受けさせる目的で警察に対して「犯人はAである」と申告し、処罰を求めた。ところが、その事件の真犯人は、BではなくAであった。

「虚偽」とは、客観的真実に反することをいう（下線ⓒ、最決昭33・7・31刑集12巻12号2805頁）。偽証罪の場合とは異なり、申告内容が客観的真実に合致している限り、国の審判作用および個人の利益や自由を不法に侵害することはないからである。したがって、虚偽だと思って申告しても、客観的に真実だったのであれば本罪は成立しない。【事例7】では、Xに虚偽告訴罪は成立しない。

申告事実は、刑事または懲戒処分の成否に影響を及ぼすようなものであることを要し、単に状況を誇張したにすぎないような場合には本罪は成立しない（大判大13・7・29刑集3巻721頁）。また、捜査機関や懲戒権者等の職権発動を促すに足りる程度の具体的なものであることが必要である（大判大4・3・9刑録21輯273頁）。

第23講　その他の国家的法益に対する罪　551

「告訴、告発」とは、犯罪の被害者その他の者による、犯罪事実を申告し犯人の処罰を求める意思表示のことをいう（下線ⓓ、刑訴法230条以下・239条以下）。「その他の申告」とは、刑事処分を求める請求（例えば外国国章損壊罪〔92条1項〕における外国政府の請求）や懲戒処分を求める申立てなどである（下線ⓔ）。通説は、申告とは自発的な行為をいうので、捜査機関の取調べに対して虚偽の陳述をした場合は含まれないとしている。これらの申告は、捜査機関、懲戒権者または懲戒権の発動を促しうる機関（これを相当官署という）に対してなされることが必要である。

イ　故　意

本罪の故意は、申告内容が虚偽であるという認識である。客観的に虚偽であっても、主観的に真実だと思って申告したのであれば、本罪の故意が欠けるため本罪は成立しない。申告内容が虚偽であることについて、どの程度の認識が必要かについては争いがある。正当な権利行使を萎縮させないために確定的認識を要するとの見解も主張されているが、判例は、未必的な認識で足りるとしている（最判昭28・1・23刑集7巻1号46頁）。未必的認識説は、故意の一般理論として未必の故意を本罪において排除する理由がないということと、正当な告訴・告発であれば刑法35条によって正当化されるのであるから確定的認識に限定する必要はないということをその理由としている。

ウ　目　的

本罪は、故意のほかに「人に刑事又は懲戒の処分を受けさせる目的」を必要とする目的犯である。したがって、例えば財布を盗まれたと警察に狂言の届け出をしただけで、この目的がない場合には本罪は成立しない。

【事例8】自己に対する虚偽告訴

　Xは、留置場の飲食にありつこうとして、最近話題の殺人事件が未解決であることを利用し、実際には犯人でないにもかかわらず、自分が殺人犯であると警察に自首した。

「人」とは他人のことをいう（下線ⓐ）。したがって、「自己に対する虚偽告訴」は、本罪に当たらない。【事例8】のXには、本罪は成立しない。また、ここでいう人は、実在することを要するのであり、「架空の人に対する虚偽告訴」は、架空の人に対する誤った処分ということはありえないので、本罪に当たらない。これに対して、責任無能力者など処罰される適格を有していない者はここでいう人に当たる（大判大6・6・28刑録23輯773頁）。こ

の場合には、責任無能力者が裁判に巻き込まれ、また、国の審判作用を誤ら
せるおそれがあるからである。

「刑事の処分」とは、刑事裁判において言い渡される有罪判決のほか、少
年に対する保護処分（少年法24条）、売春婦に対する補導処分のことをいい、
「懲戒の処分」とは、公法上の監督関係に基づいて、職務規律維持のために
科される制裁のことをいう（下線ⓑ）。

目的の内容について、本罪の成立範囲を限定することを狙いとして、結果
発生の意欲を要するとの見解が主張されている。しかし、この見解による
と、捜査の開始のみを意図した場合（大判昭8・2・14刑集12巻114頁）に
本罪が成立しないことになり妥当でない。そこで、判例は、結果発生の未必
的認識で足りるとしている（大判大6・2・8刑録23輯41頁）。

エ 既 遂

本罪の既遂時期は、虚偽の申告が相当官署に到達した時点である。郵便の
場合、単に発送されただけでは足りないが、到達して閲覧しうる状態に置か
れれば足り、それが現に閲覧され内容が知られたこと（大判大3・11・3刑
録20輯2001頁）、公訴が提起されたこと（大判大5・11・30刑録22輯1837頁）
は必要ではない。

⑷ 自白による刑の減免

173条　前条の罪を犯した者が、その申告をした事件について、その裁判が確定す
る前又は懲戒処分が行われる前に自白したときは、その刑を減軽し、又は免除す
ることができる。

本条は、誤った刑事処分または懲戒処分を防ぐために設けられた政策的
規定である。

6　職権濫用の罪

⑴ 総 説

汚職の罪は、職権濫用罪と賄賂罪からなるが、これらは国家作用を担当す
る公務員により犯される犯罪であり、国家作用を内部から侵害する罪であ
る。賄賂罪の場合は具体的な被害者が存在しないが、職権濫用罪は、公務員
がその職権を濫用することにより、具体的に国民の権利や自由を侵害する罪
である。職権濫用の罪として、刑法典は、公務員職権濫用罪（193条）、特別
公務員職権濫用罪（194条）、特別公務員暴行陵虐罪（195条）、特別公務員職
権濫用等致死傷罪（196条）を規定している。

第23講　その他の国家的法益に対する罪　553

法定刑は1947（昭和22）年の刑法改正で大幅に引き上げられた。これは、日本国憲法で、公務員が国民全体の奉仕者として位置づけられたことによる。

保護法益は、公務執行の適正とこれに対する国民の信頼という国家的法益だけでなく、被害者となる国民の権利や自由という個人的法益でもある。

(2) 公務員職権濫用罪

> 193条　公務員がその�職権を⒝濫用して、人に義務のないことを行わせ、又は権利の行使を妨害したときは、2年以下の懲役又は禁錮に処する。

ア　主　体

主体は、公務員に限られる（身分犯）。

イ　行　為

行為は「職権の濫用」である。

「職権」とは、判例によれば、当該公務員の有する一般的職務権限のうち、職権行使の相手方に対し法律上、事実上の負担ないし不利益を生ぜしめるに足りる特別の職務権限のことをいう（下線⒜）。また、一般的職務権限は、判例によれば、明文の根拠規定を必要とせず、法制度を総合的、実質的に観察して認められるものであればよいのであり、また、必ずしも法律上の強制力を伴うことも要しない。判例として、判事補Xが、刑務所長Aに対して、司法研究その他職務上の参考に資するための調査・研究という正当な目的でないにもかかわらず、そうであるかのように仮装して日本共産党委員長であったBの身分帳簿の閲覧等を求めた事案において、最高裁は、「必ずしも法律上の強制力を伴うものであることを要せず、それが濫用された場合、職権行使の相手方をして事実上義務なきことを行わせ又は行うべき権利を妨害するに足りる権限であれば、これに含まれる」として、公務員職権濫用罪の成立を認めている（最決昭57・1・28刑集36巻1号1頁〔身分帳事件〕〈プ514〉）。また、（通信傍受法の成立以前に）警察官Xが警備情報を得るために職務として組織的に共産党幹部A宅の電話を違法に盗聴した事案において、最高裁は、一般論として、公務員の一般的職務権限のすべてではなく、「職権行使の相手方に対し法律上、事実上の負担ないし不利益を生ぜしめるに足りる特別の職務権限」だけが職権であると定義しながらも、本件では、Xは盗聴行為全般を通じて終始何人にも警察官による行為ではないことを装う行動をとっていたことから警察官に認められている職権の濫用があったとはみ

ることはできないとして、公務員職権濫用罪の成立を否定している（○最決平元・3・14刑集43巻3号283頁〔盗聴事件〕〈百111、講141、プ517〉）。

「濫用」とは、公務員が、その一般的職務権限に属する事項につき、職権の行使に仮託して実質的、具体的に違法、不当な行為をすることをいう（下線ⓑ）。これには、私的行為であるにもかかわらず職務行為であるかのように仮装してなされる場合（職務仮装型）と、職務行為の要件が充足されていないにもかかわらず行われる場合（職務遂行型）の2つがある。職務仮装型は、上述した身分帳事件のような場合であり、職務遂行型は、盗聴事件のような場合である。

ウ 結 果

本罪の結果は、「人に義務のないことを行わせ、又は権利の行使を妨害」することである。本罪に未遂犯処罰規定はないから結果が発生したときにのみ成立する。したがって、職権を濫用して相手方を呼び出したが相手方が応じなかった場合や、盗聴器を設置したが盗聴できなかった場合には本罪は成立しない。通説によれば、本罪の成立には強要罪（223条）とは異なって相手方の意思の自由を制圧することは不要であるから、盗聴によるプライバシー侵害のように、被害者に権利を侵害されていることの認識がなくてもその権利が侵害されれば本罪における結果の発生が認められる。

(3) 特別公務員職権濫用罪

> **194条** ⓐ裁判、検察若しくは警察の職務を行う者又はⓑこれらの職務を補助する者がその職権を濫用して、人を逮捕し、又は監禁したときは、6月以上10年以下の懲役又は禁錮に処する。

本罪は、特定の公務員を主体とした身分犯であり、逮捕・監禁罪の加重類型である。刑の加重根拠は、本条所定の公務員は、その職務上、人の自由や権利を侵害する職権を与えられており、その濫用により容易に権利侵害を引き起こしうるということ、および、その公務の執行の適正に対する国民の信頼をも同時に侵害する点に求められている。

「裁判、検察若しくは警察の職務を行う者」とは、裁判官、検察官、司法警察員のことをいう（下線ⓐ）。「これらの職務を補助する者」とは、裁判所書記官、廷吏、検察事務官、司法巡査など職務上補助者としての地位にある者のことをいう（下線ⓑ）。単なる事実上の補助者を含まないから、警察署長の委嘱を受けた少年補導員は警察の職務を補助する者には当たらない（最決平6・3・29刑集48巻3号1頁）。

行為は、「逮捕、又は監禁」である。

第23講　その他の国家的法益に対する罪　555

(4)　特別公務員暴行陵虐罪

> 195条1項　裁判、検察若しくは警察の職務を行う者又はこれらの職務を補助する
> 　者が、その職務を行うに当たり、ⓐ被告人、被疑者その他の者に対してⓑ暴行又
> 　はⓒ陵辱若しくは加虐の行為をしたときは、7年以下の懲役又は禁錮に処する。
> 2項　ⓓ法令により拘禁された者を看守し又は護送する者がその拘禁された者に対
> 　して暴行又は陵辱若しくは加虐の行為をしたときも、前項と同様とする。

　本罪は、194条と同様の主体や看守者等が、その職務行為を行う際に行う
違法行為を処罰する身分犯の規定である。暴行・陵虐行為は公務員の一般
的職務権限に属さないので、本罪は職権濫用罪ではなく、職権行使に際し、
自己の地位を利用して行う違法行為を処罰の対象にしているのである。特
別公務員暴行罪は、暴行罪（208条）の加重類型である。
　1項の客体は、「被告人、被疑者その他の者」であるが（下線ⓐ）、その
他の者には証人や参考人などが含まれる。2項の客体は「法令により拘禁
された者」である（下線ⓓ）。
　行為は、「暴行又は陵辱若しくは加虐の行為」である。「暴行」とは暴行
罪における暴行（不法な有形力の行使）のことをいう（下線ⓑ）。「陵辱若
しくは加虐の行為」とは、侮辱的言動を弄する、食事をさせない、用便に
行かせない、わいせつな行為を行う等の手段により、肉体的・精神的に苦
痛を与えることをいう（下線ⓒ）。
　留置場の看守が被留置者の承諾を得て姦淫した場合、被留置者の承諾が
ある以上本罪を成立させるべきではないとする見解も有力であるが、裁判
例の中には「陵辱若しくは加虐の行為」に当たるとして本罪の成立を認め
たものもある（東京高判平15・1・29判時1835号157頁）。
　罪数について、強制わいせつ罪や強制性交等罪が成立する場合には、本
罪との観念的競合になる。

(5)　特別公務員職権濫用等致死傷罪

> 196条　前2条の罪を犯し、よって人を死傷させた者は、傷害の罪と比較して、重
> 　い刑により処断する。

　本罪は、特別公務員職権濫用罪と特別公務員暴行陵虐罪の結果的加重犯
である。近時の判例として、警察官が銃砲刀剣類所持等取締法違反等の犯
人を逮捕し、自己を防御するため拳銃を発砲して死亡させた事案で、犯人
の所持していたナイフが小型であり、抵抗の仕方も警察官の接近を阻もう
とする程度であったので、拳銃の発砲行為は警察官職務執行法7条の基準
に当たらない違法なものであるとして、本罪の成立を認めたものがある
（最決平11・2・17刑集53巻2号64頁）。

556

●事項索引●

【あ 行】

あっせん収賄罪	473
新たな暴行・脅迫	167
暗証番号	178
安否を憂慮する者	64
遺棄	22,460
遺棄罪	19
──の罪質	21
──の保護法益	21
遺棄致死傷罪	25
意思活動（行動）の自由	51
意思決定の自由	46
意思説（観念説）	398
意思対立	90
委託者説	141
委託物横領罪	278
移置	22
一部露出説	7
1 項恐喝罪	268
1 項詐欺罪	234
1 項犯罪と 2 項犯罪の関係	185
一般的職務権限	467,477
一般に人を畏怖させるに足る程度	48
移転罪	120
移転性のある利益	173
居直り強盗	197
囲繞地	85
違法状態維持説	341
違法論のアプローチ	106
威力	111
淫行勧誘罪	456
印章	448
インターネットによる名誉毀損	107
隠避	516
運搬	346
営利目的	62
延焼罪	387
枉法収賄罪	471
往来	
──の危険	432

──の妨害	431
往来危険罪	432
往来危険による汽車転覆等罪	434
往来妨害罪・同致死傷罪	431
横領	281
横領後の横領	307
置き去り	22

【か 行】

外国通貨偽造罪・同行使等罪	440
外部的名誉	98
加害目的	63
拡張手段説	218
過失運転致死傷罪	44
過失往来危険罪	435
過失建造物等浸害罪	430
過失論のアプローチ	106
加重収賄罪	471
ガス漏出等罪・同致死傷罪	389
肩書・資格の冒用	421
可能的自由	53
監禁	54
監護権	58
監護者性交等罪	79
監護者わいせつ罪	79
鑑札	405
間接暴行	491
間接無形偽造	415
間接領得罪	120
管理可能性説	123
毀棄	354,355
毀棄罪	120
偽計	111
危険運転致死傷罪	27
記号	449
汽車転覆等罪・同致死傷罪	433
偽証	545
キセル乗車	259
偽造	396,439,443
偽造公文書行使等罪	407
偽造私文書等行使罪	409

事項索引　557

偽造通貨等収得罪	441	具体的職務権限	466,477
偽造有価証券行使等罪	445	国の財産的利益の詐取	252
偽装心中	14	クレジットカードの不正使用	256
帰属説	417	計算	337
機能的一体性	378	刑法独立性説	130
器物損壊罪	357	激発物破裂罪・過失激発物破裂罪	389
偽名の使用	420	結合犯説	201
欺罔行為	235,238	権限逸脱	335
欺罔による監禁	56	権限濫用	335
客体の同一性	348	現住建造物等浸害罪	429
救助の引受け	25	現住建造物等放火罪	366
救命可能性	26	現住性・現在性	367
境界損壊罪	359	建造物	357,366
恐喝	270	——の1個性	368,375
恐喝・詐欺罪と賄賂罪の関係	485	建造物等以外放火罪	371
凶器準備集合罪	37	建造物等損壊罪・同致死傷罪	356
凶器の意義	40	限定積極説	114
強制性交等罪	74	現場回帰型	194
強制わいせつ罪	71	現場滞留型	194
脅迫概念の相対性	50	権利・義務に関する	
脅迫罪	45	——公正証書の原本	405
脅迫による傷害	221	—— 文書	408
共犯と身分	200	権利行使と恐喝罪	273
業務	42,110	権利者排除意思	127,144
業務上横領罪	310	——の有無	146
業務上過失致死傷罪	41	権利の行使の妨害	52
業務妨害罪	110	公印偽造罪・同不正使用等罪	450
強要	51	公記号偽造罪・同不正使用等罪	450
強要罪	50	公共危険犯	362,425
供用	447,451	公共の安全	363
虚偽・不実	406	公共の危険	371,372,381
虚偽記入	444	——の認識	385
虚偽公文書作成罪の間接正犯	415	公共の信用	391,438
虚偽公文書作成等罪	404	公共の利害に関する事実	100
虚偽告訴	550	後見人による横領	309
虚偽作成	400	行使	401
虚偽診断書等作成罪	409	——の目的	404,408
虚偽の陳述	547	強取	159
虚偽の風説の流布	111	公正証書原本不実記載等罪	405
御璽偽造罪・同不正使用等罪	449	公然	453
挙動による欺罔行為	239	公然性	103
禁制品	123,131,350	公然陳列	455
金銭の一時流用	300	公然わいせつ罪	453
金銭の他人性	291	強盗	

558　事項索引

——と事後強盗の区別……………197
——の機会………………213, 218
強盗・強制性交等殺人……………230
強盗・強制性交等致傷……………229
強盗・強制性交等罪…………226, 227
強盗・強制性交等致死罪………226, 227
強盗罪（1項強盗罪）……………157
——における暴行・脅迫…………161
強盗殺人罪…………………………211
強盗傷人罪…………………………211
強盗致死罪…………………………211
強盗致傷罪…………………………211
強盗予備罪…………………………208
強盗利得罪（2項強盗罪）………172
交付行為……………………………239
交付罪………………………………120
公文書………………………………403
公文書偽造等罪……………………402
公務員………………………………488
——の転職と賄賂罪………………480
公務員職権濫用罪…………………554
公務区分説…………………………114
公務執行妨害罪……………………487
公務の業務性………………………113
効用侵害説…………………………354
公用文書……………………………355
公用文書等毀棄罪…………………355
誤信の相当性の判断基準…………107
誤認逮捕……………………………498
コピーの文書性……………………412
誤振込み……………………………289
個別財産に対する罪………………119
昏酔強盗罪…………………………205
コンピュータ・ウイルス…………450

【さ　行】

財産的損害…………………………245
財産上の利益の具体性……………176
財物罪………………………………118
財物取得後の暴行・脅迫…………165
錯誤論のアプローチ………………106
作成…………………………………451
作成権限の濫用・逸脱……………444
作成者…………………………397, 416

殺人罪…………………………………9
三角詐欺……………………………241
参考人の虚偽供述…………………524
私印偽造罪・同不正使用等罪……450
指揮者………………………………427
自救行為……………………………131
事後強盗
——と共犯…………………………199
——の予備罪………………………203
事後強盗罪…………………………186
事後収賄罪…………………………472
自殺の不処罰根拠……………………12
自殺追込み……………………………15
自殺関与……………………………10
自殺関与罪の処罰根拠………………12
自殺教唆……………………………11
自殺幇助……………………………11
事実証明（名誉毀損罪）…………100
事実証明に関する文書（私文書偽造罪）…408
事実説………………………………398
事実的支配…………………………124
死者の占有…………………………141
死傷結果の原因行為………………216
事前収賄罪…………………………472
死体損壊等罪………………………460
失火罪………………………………388
実力的支配…………………………541
自動車運転死傷行為処罰法…………44
支払用カード………………………447
支払用カード電磁的記録不正作出準備罪…448
支払用カード電磁的記録不正作出等罪……446
私文書………………………………407
私文書偽造等罪……………………407
死亡……………………………………8
事務処理者…………………………321
社交的儀礼の賄賂性………………483
自由……………………………………45
住居…………………………………84
——の平穏…………………………83
住居権………………………………83
住居侵入罪…………………………83
重婚罪………………………………456
収受…………………………………468
修正機会説…………………………218

事項索引　559

修正占有説‥‥‥‥‥‥‥‥‥‥‥130	私用文書等毀棄罪‥‥‥‥‥‥‥‥356
修正本権説‥‥‥‥‥‥‥‥‥‥‥130	将来の職務と賄賂罪‥‥‥‥‥‥‥479
重大な錯誤説‥‥‥‥‥‥‥‥‥‥ 14	省略文書‥‥‥‥‥‥‥‥‥‥‥‥394
集団犯‥‥‥‥‥‥‥‥‥‥‥‥‥427	嘱託殺人‥‥‥‥‥‥‥‥‥‥‥‥ 11
収得後知情行使等罪‥‥‥‥‥‥441	職務
重要事項性‥‥‥‥‥‥‥‥‥‥‥250	——関連性‥‥‥‥‥‥‥‥‥‥466
収賄罪‥‥‥‥‥‥‥‥‥‥‥‥‥464	——執行の範囲‥‥‥‥‥‥‥‥493
主観的違法要素‥‥‥‥‥‥‥‥‥ 73	——の適法性‥‥‥‥‥‥‥‥‥495
受託者説‥‥‥‥‥‥‥‥‥‥‥‥140	——密接関連行為‥‥‥‥‥467,482
受託収賄罪‥‥‥‥‥‥‥‥‥‥‥470	所持‥‥‥‥‥‥‥‥‥‥‥‥‥‥448
手段説‥‥‥‥‥‥‥‥‥‥‥‥‥216	——・保管‥‥‥‥‥‥‥‥‥‥456
出生‥‥‥‥‥‥‥‥‥‥‥‥‥‥ 7	職権濫用‥‥‥‥‥‥‥‥‥‥‥‥553
出水危険罪‥‥‥‥‥‥‥‥‥‥‥430	処分行為‥‥‥‥‥‥‥‥‥‥‥‥239
取得‥‥‥‥‥‥‥‥‥‥‥‥‥‥452	——の要否‥‥‥‥‥‥‥‥‥‥179
取得説‥‥‥‥‥‥‥‥‥‥‥‥‥128	署名‥‥‥‥‥‥‥‥‥‥‥‥‥‥449
首謀者‥‥‥‥‥‥‥‥‥‥‥‥‥427	所有権留保‥‥‥‥‥‥‥‥‥‥‥293
準強制性交等罪‥‥‥‥‥‥‥‥‥ 76	信号無視運転致死傷罪‥‥‥‥‥‥ 27
準強制わいせつ罪‥‥‥‥‥‥‥‥ 76	真実性
準詐欺罪‥‥‥‥‥‥‥‥‥‥‥‥262	——の誤信‥‥‥‥‥‥‥‥‥‥104
純粋性説‥‥‥‥‥‥‥‥‥465,475	——の証明‥‥‥‥‥‥‥‥‥‥102
使用横領‥‥‥‥‥‥‥‥‥‥‥‥299	信書隠匿罪‥‥‥‥‥‥‥‥‥‥‥358
傷害‥‥‥‥‥‥‥‥‥‥‥‥‥‥ 31	親族関係
傷害罪‥‥‥‥‥‥‥‥‥‥‥‥‥ 30	——の錯誤‥‥‥‥‥‥‥‥‥‥154
——の故意‥‥‥‥‥‥‥‥‥‥ 32	——の範囲‥‥‥‥‥‥‥‥‥‥154
傷害致死罪‥‥‥‥‥‥‥‥‥‥‥ 33	親族相盗例‥‥‥‥‥‥‥‥153,309
消火妨害罪‥‥‥‥‥‥‥‥‥‥‥389	親族等の間の犯罪に関する特例（盗品等に関
消極説‥‥‥‥‥‥‥‥‥‥‥‥‥113	する罪）‥‥‥‥‥‥‥‥‥‥‥352
消極的利得‥‥‥‥‥‥‥‥‥‥‥119	親族による犯罪に関する特例（犯人蔵匿罪・
上下・主従関係‥‥‥‥‥‥‥‥‥140	証拠隠滅罪）‥‥‥‥‥‥‥‥‥530
承継的共同正犯‥‥‥‥‥‥‥‥‥202	人体‥‥‥‥‥‥‥‥‥‥‥‥‥‥123
承継的共犯‥‥‥‥‥‥‥‥‥‥‥ 36	侵入‥‥‥‥‥‥‥‥‥‥‥‥‥‥ 86
証拠‥‥‥‥‥‥‥‥‥‥‥‥‥‥522	信用毀損罪‥‥‥‥‥‥‥‥‥‥‥109
証拠隠滅等罪‥‥‥‥‥‥‥‥‥‥522	信頼保護説‥‥‥‥‥‥‥‥‥465,475
常習性‥‥‥‥‥‥‥‥‥‥‥‥‥457	水道汚染罪‥‥‥‥‥‥‥‥‥‥‥436
常習賭博罪‥‥‥‥‥‥‥‥‥‥‥457	水道損壊罪・同閉塞罪‥‥‥‥‥‥437
詔書偽造等罪‥‥‥‥‥‥‥‥‥‥402	水道毒物等混入罪・同致死罪‥‥‥437
浄水汚染罪‥‥‥‥‥‥‥‥‥‥‥436	水防妨害罪‥‥‥‥‥‥‥‥‥‥‥429
浄水汚染等致死傷罪‥‥‥‥‥‥‥437	水利妨害罪‥‥‥‥‥‥‥‥‥‥‥430
浄水毒物等混入罪‥‥‥‥‥‥‥‥436	生育可能性‥‥‥‥‥‥‥‥‥‥‥ 17
使用窃盗の不可罰性‥‥‥‥‥‥‥145	性交等‥‥‥‥‥‥‥‥‥‥‥‥‥ 75
焼損‥‥‥‥‥‥‥‥‥‥‥‥365,373	正常な回復‥‥‥‥‥‥‥‥‥‥‥352
承諾殺人‥‥‥‥‥‥‥‥‥‥‥‥ 11	請託‥‥‥‥‥‥‥‥‥‥‥‥‥‥471
譲渡担保‥‥‥‥‥‥‥‥‥‥‥‥294	性的
私用文書‥‥‥‥‥‥‥‥‥‥‥‥356	——意図‥‥‥‥‥‥‥‥‥‥‥ 73

560　事項索引

——自由………………………………70	直接領得罪…………………………120
生命・身体に対する罪…………………6	追求権………………………………341
生理機能………………………………30	追求権説……………………………341
説教等妨害罪…………………………459	追徴…………………………………469
積極的利得……………………………119	通貨偽造罪・同行使等罪……………439
窃取……………………………………126	通貨偽造等準備罪……………………441
窃盗罪…………………………………121	通称の使用…………………………419
——と毀棄罪の区別…………………147	提供…………………………………451
——の保護法益………………………122	適法性の錯誤…………………………499
窃盗の機会……………………189, 192	電子計算機使用詐欺罪………………263
全体財産に対する罪…………………119	電磁的記録………405, 410, 446, 454
全部横領………………………………309	——に係る記録媒体…………………454
全部露出説………………………………8	電磁的記録不正作出罪………………410
占有………………………………124, 279	伝播可能性……………………………103
——の意思……………………………124	同意殺人罪………………………………10
——の有無……………………………136	同時傷害の特例…………………………35
——の帰属……………………………139	盗取罪…………………………………120
——の事実……………………………124	逃走追跡型……………………………193
占有移転罪の保護法益………………129	逃走の罪………………………………540
占有説…………………………………130	盗品性の認識…………………………347
占有先行型……………………………152	盗品等関与罪…………………………340
占有非先行型…………………………151	盗品等
占有屋…………………………………502	——の処分代金の着服………………296
占有離脱物横領罪（遺失物等横領罪）……312	——の領得……………………………296
臓器移植法………………………………9	図画…………………………………454
蔵匿……………………………………516	特別義務説………………………………41
騒乱罪…………………………………426	特別公務員暴行陵虐罪………………556
贈賄罪…………………………………474	独立燃焼説……………………………373
訴訟詐欺………………………………255	賭博…………………………………457
率先助勢者……………………………427	賭博罪…………………………………457
損壊………………………354, 357, 460	賭博場開張等図利罪…………………458
	富くじ発売等罪………………………458
【た 行】	図利・加害目的………………………326
第三者供賄罪…………………………473	**【な 行】**
胎児性致死傷……………………………17	内容虚偽の供述調書…………………525
逮捕……………………………………53	内乱罪…………………………………535
逮捕・監禁罪……………………………52	2項恐喝罪……………………………271
代理・代表名義の冒用………………422	2項強盗罪……………………………172
多衆……………………………………426	2項詐欺罪……………………………235
多衆不解散罪…………………………428	二重抵当………………………………323
堕胎罪……………………………………15	二重売買………………………………302
他人性…………………………………291	240条
中間説…………………………………130	——における「負傷」の意義………221
直接性の要件…………………………244	

事項索引　561

──の法的性格……………………214
二分説…………………………………141

【は　行】

排他的支配………………………………24
背任罪
　　──と横領罪の関係……………332
　　──と共犯……………………330
反抗抑圧の要否……………………170
犯罪の虚偽予告……………………115
犯人蔵匿等罪………………………515
犯人による
　　──偽証教唆……………………549
　　──証拠隠滅……………………526
　　──蔵匿隠避……………………520
頒布…………………………………455
反復継続性……………………………42
非移転罪……………………………120
被拐取者の自由………………………58
ひき逃げ………………………………24
非現住建造物等浸害罪……………429
非現住建造物等放火罪……………370
ひったくり行為と強盗罪…………163
必要的共犯……………………456,536
人
　　──の始期………………………7
　　──の終期………………………8
　　──の身体の完全性…………31
　　──の場所的移動（身体活動）の自由……53
秘密…………………………………95
秘密漏示罪……………………………96
封緘物………………………………140
不作為による詐欺…………………238
侮辱罪………………………………107
不正作出……………………411,447
不正作出電磁的記録供用罪………411
不正指令電磁的記録作成等罪……451
不正指令電磁的記録取得等罪……452
不正電磁的記録カード所持罪……448
不退去罪……………………………93
物理的一体性………………………377
物理的損壊説………………………354
不動産………………………………123
　　──の占有………………………283

不動産侵奪罪………………………150
不燃性・難燃性建造物の1個性………379
部分横領……………………………309
不法原因給付物
　　──と横領罪……………………294
　　──物と詐欺罪…………………262
　　──と盗品関与罪………………349
不法な有形力（物理力）の行使………28
不法な利益…………………………175
不法領得の意思………126,144,297
不保護………………………………22
振り込め詐欺・恐喝………………288
付和随行者…………………………427
文書……………………………393,454
文書偽造……………………………391
文書の不正取得……………………253
墳墓発掘罪…………………………460
墳墓発掘死体損壊等罪……………460
変死者密葬罪………………………461
変造……………………399,439,443
法益関係的錯誤説……………………14
放火…………………………………365
放火罪………………………………364
暴行…………………………………28
　　──によらない傷害……………32
暴行・脅迫…………………………158
　　──後の領得意思………………166
暴行罪………………………………28
法律上の支配………………………279
保管……………………………346,452
保護責任の発生根拠…………………23
補助公務員の作成権限……………413
母体保護法……………………………16
没収…………………………………469
本権説………………………………130
本犯…………………………………340
本犯助長性…………………………342

【ま　行】

身代わり……………………………518
未成年者拐取罪………………………58
密接関連性説………………………217
身の代金目的拐取罪…………………63
身分犯説……………………………200

民法従属性説……………………130
無意識的処分行為………………242
無形偽造…………………………400
無限定積極説……………………113
無主物……………………………123
無償譲受け………………………346
無銭飲食…………………………244
名義………………………………337
名義人…………………………397,419
　　——の承諾…………………417
酩酊運転致死傷罪…………………27
名誉…………………………………97
名誉毀損罪…………………………97
免状………………………………405
目的の公益性……………………101
専ら本人のためにする意思……301

【や　行】

約束………………………………468
誘拐…………………………………58
有価証券…………………………442
有価証券偽造罪・同虚偽記入罪……442
有形偽造…………………………396
有償処分のあっせん……………346
有償譲受け………………………346
有体性説…………………………122

有体物……………………………122
譲渡し・貸渡し…………………447
輸入………………………………447
要求………………………………468
要扶助者……………………………19
要保護性…………………………496
預金による金銭の占有…………285
予備の中止………………………209

【ら　行】

利益移転の現実性………………179
利益罪（利得罪）………………119
略取…………………………………58
利用処分意思………………127,144,147
　　——の有無…………………148
領得罪……………………………120
旅券………………………………406
礼拝所不敬罪……………………459

【わ　行】

わいせつ…………………………453
わいせつ等に随伴する死傷………81
わいせつ物頒布等罪……………454
賄賂罪……………………………464
　　——の保護法益……………475

事項索引　563

●判例索引●

【明　治】

大判明35・5・19刑録8輯5巻147頁……516
大判明36・5・21刑録9輯874頁…………123
大判明36・6・1刑録9輯930頁…………234
大判明38・5・19刑録11輯12巻552頁……262
大判明41・9・4刑録14輯755頁…………440
大判明42・3・16刑録15輯261頁…………442
大判明42・4・16刑録15輯452頁…………354
大判明42・6・10刑録15輯738頁…………423
大判明42・12・16刑録15輯1795頁………550
大判明42・12・17刑録15輯1843頁………467
大判明43・1・31刑録16輯88頁…………501
大判明43・3・25刑録16輯470頁…………523
大判明43・4・28刑録16輯760頁………… 12
大判明43・5・13刑録16輯860頁…………394
大判明43・6・17刑録16輯1210頁………179
大判明43・6・30刑録16輯1314頁………440
大判明43・9・30刑録16輯1572頁………393
大判明43・10・21刑録16輯1714頁………547
大判明43・10・27刑録16輯1764頁……215,216
大判明43・11・15刑録16輯1937頁……47,50
大判明43・11・17刑録16輯2010頁………453
大判明43・12・2刑録16輯2129頁………313
大判明44・2・21刑録17輯157頁………546
大判明44・2・27刑録17輯197頁………354
大判明44・3・31刑録17輯482頁………445
大判明44・4・13刑録17輯557頁…………109
大判明44・4・17刑録17輯587頁…………281
大判明44・4・24刑録17輯655頁……383,384
大判明44・4・25刑録17輯659頁…………516
大判明44・4・27刑録17輯687頁…………406
大判明44・7・6刑録17輯1388頁………460
大判明44・7・10刑録17輯1409頁………503
大判明44・9・5刑録17輯1520頁………… 49
大判明44・10・13刑録17輯1698頁………320
大判明44・10・13刑録17輯1713頁………408
大判明44・11・9刑録17輯1843頁………399
大判明44・11・10刑録17輯1868頁………433
大判明44・11・14刑録17輯1981頁………255
大判明44・11・16刑録17輯1984頁………429

大判明44・12・8刑録17輯2183頁………… 15
大判明44・12・19刑録17輯2223頁………504
大判明45・2・29刑録18輯231頁…………399
大判明45・4・26刑録18輯536頁…………141
大判明45・6・20刑録18輯896頁………… 31
大判明45・7・4刑録18輯1009頁………444
大判明45・7・16刑録18輯1083頁………… 20
大判明45・7・23刑録18輯1100頁………546

【大　正】

大判大元・9・6刑録18輯1211頁………159
大判大元・10・8刑録18輯1231頁………286
大判大元・12・20刑録18輯1566頁………551
大判大2・1・23刑録19輯28頁…………441
大判大2・3・25刑録19輯374頁…………348
大判大2・5・22刑録19輯626頁…………545
大判大2・6・12刑録19輯705頁…………444
大判大2・11・19刑録19輯1253頁………457
大判大2・12・9刑録19輯1393頁………483
大判大2・12・16刑録19輯1440頁………299
大連判大2・12・23刑録19輯1502頁………276
大判大3・4・29刑録20輯654頁…………549
大連判大3・5・18刑録20輯932頁………458
大判大3・6・9刑録20輯1147頁………378
大判大3・6・20刑録20輯1300頁………366
大判大3・6・20刑録20輯1313頁………320
大判大3・10・6刑録20輯1810頁………401
大判大3・10・16刑録20輯1867頁………328
大判大3・11・3刑録20輯2001頁………553
大判大3・11・4刑録20輯2008頁………449
大判大3・11・28刑録20輯2277頁………445
大判大3・12・1刑録20輯2303頁………… 49
大判大3・12・17刑録20輯2426頁………444
大判大4・2・10刑録21輯90頁………… 25
大判大4・3・9刑録21輯273頁…………551
大判大4・4・29刑録21輯438頁…………348
大判大4・5・21刑録21輯663頁……127,149
大判大4・5・21刑録21輯670頁……21,22
大判大4・5・24刑録21輯661頁……213,221
大判大4・6・2刑録21輯721頁…………345
大判大4・6・24刑録21輯886頁……123,460

大判大 4 ・10 ・ 6 刑録21輯1441頁………495
大判大 4 ・10 ・20新聞1052号27頁………404
大判大 4 ・10 ・28刑録21輯1745頁………253
大判大 5 ・ 2 ・12刑録22輯134頁…………24
大判大 5 ・ 5 ・ 1 刑録22輯672頁………137
大判大 5 ・11 ・30刑録22輯1837頁………553
大判大 5 ・12 ・13刑録22輯1822頁………99
大判大 6 ・ 2 ・ 6 刑録23輯35頁…………503
大判大 6 ・ 2 ・ 8 刑録23輯41頁…………553
大判大 6 ・ 5 ・19刑録23輯487頁………455
大判大 6 ・ 6 ・28刑録23輯773頁………552
大判大 6 ・ 9 ・27刑録23輯1027頁………516
大判大 6 ・10 ・15刑録23輯1113頁………313
大判大 6 ・10 ・23刑録23輯1165頁………408
大判大 6 ・11 ・24刑録23輯1302頁………460
大判大 7 ・ 2 ・ 6 刑録24輯32頁………140
大判大 7 ・ 5 ・14刑録24輯605頁…490,498
大判大 7 ・ 8 ・20刑録24輯1203頁………72
大判大 7 ・ 9 ・25刑録24輯1219頁………134
大判大 7 ・11 ・19刑録24輯1365頁………141
大判大 7 ・11 ・25刑録24輯1425頁………434
大判大 7 ・12 ・ 6 刑録24輯1506頁……83,91
大判大 8 ・ 2 ・27刑録25輯261頁………16
大判大 8 ・ 3 ・31刑録25輯403頁………528
大判大 8 ・ 4 ・ 2 刑録25輯375頁………489
大判大 8 ・ 4 ・ 4 刑録25輯382頁………125
大判大 8 ・ 5 ・26刑録25輯694頁………50
大判大 8 ・ 6 ・ 6 刑録25輯754頁………406
大判大 8 ・ 6 ・30刑録25輯820頁………52
大判大 8 ・ 8 ・30刑録25輯963頁………24
大判大 8 ・11 ・19刑録25輯1133頁………348
大判大 8 ・12 ・13刑録25輯1367頁…………7
大判大 8 ・12 ・23刑録25輯1491頁………406
大判大 9 ・12 ・24刑録26輯938頁………408
大判大 9 ・12 ・24刑録26輯1437頁………461
大判大10 ・10 ・24刑録27輯643頁………110
大判大11 ・ 2 ・28刑集 1 巻82頁………349
大判大11 ・ 5 ・ 1 刑集 1 巻252頁………401
大判大11 ・ 6 ・ 6 刑集 1 巻261頁………503
大連判大11・10・20刑集 1 巻558頁………444
大判大11 ・11 ・28刑集 1 巻705頁………16
大判大11 ・12 ・ 6 刑集 1 巻736頁………444
大連判大11・12・22刑集 1 巻815頁………215
大判大12 ・ 2 ・15刑集 2 巻65頁………516

大判大12 ・ 3 ・15刑集 2 巻210頁………433
大判大12 ・ 4 ・ 9 刑集 2 巻330頁………128
大判大12 ・ 6 ・ 9 刑集 2 巻508頁………122
大判大12 ・ 7 ・ 3 刑集 2 巻624頁………128
大判大12 ・ 7 ・14刑集 2 巻650頁………253
大判大12 ・11 ・ 9 刑集 2 巻778頁………140
大判大12 ・12 ・ 1 刑集 2 巻895頁………282
大判大13 ・ 2 ・ 9 刑集 3 巻95頁………457
大判大13 ・ 3 ・28新聞2247号22頁………142
大判大13 ・ 4 ・28新聞2263号17頁………17
大判大13 ・ 6 ・19刑集 3 巻502頁……59,61
大判大13 ・10 ・23刑集 3 巻711頁………432
大判大14 ・ 6 ・ 5 刑集 4 巻372頁………468
大判大14 ・10 ・10刑集 4 巻599頁………408
大決15 ・ 2 ・22刑集 5 巻97頁………504
大判大15 ・ 3 ・24刑集 5 巻117頁……52,98
大判大15 ・ 9 ・28刑集 5 巻387頁………24
大判大15 ・11 ・ 2 刑集 5 巻491頁………125

【昭 和】

大判昭 2 ・ 3 ・15刑集 6 巻89頁………288
大判昭 2 ・ 3 ・28刑集 6 巻118頁………34
大判昭 2 ・ 7 ・ 8 法律学説判例評論全集17巻
　　刑法104頁………………………400
大判昭 2 ・10 ・18刑集 6 巻386頁………434
大判昭 2 ・11 ・28刑集 6 巻472頁………435
大判昭 2 ・12 ・ 8 刑集 6 巻512頁………485
大判昭 3 ・10 ・ 9 刑集 7 巻683頁………394
大決昭 3 ・12 ・21刑集 7 巻772頁………248
大判昭 4 ・ 2 ・19刑集 8 巻84頁………442
大判昭 4 ・ 8 ・26刑集 8 巻416頁………550
大判昭 4 ・10 ・15刑集 8 巻485頁………442
大判昭 4 ・12 ・ 4 刑集 8 巻609頁………484
大決昭 5 ・ 2 ・ 4 刑集 9 巻32頁………550
大判昭 5 ・ 5 ・17刑集 9 巻303頁………273
大判昭 5 ・ 7 ・29刑集 9 巻598頁………484
大判昭 5 ・ 9 ・18刑集 9 巻668頁………516
大判昭 5 ・12 ・13刑集 9 巻899頁………94
大判昭 6 ・ 5 ・ 8 刑集10巻205頁………179
大判昭 6 ・ 7 ・ 2 刑集10巻303頁………386
大判昭 6 ・ 7 ・ 8 刑集10巻319頁………212
大判昭 6 ・10 ・29刑集10巻511頁………213
大判昭 6 ・12 ・17刑集10巻789頁………299
大判昭 7 ・ 2 ・18刑集11巻42頁………503

判例索引　565

大判昭7・2・29刑集11巻141頁…………54
大判昭7・3・24刑集11巻296頁………498
大判昭7・4・11刑集11巻337頁………430
大判昭7・4・21刑集11巻407頁………86
大判昭7・7・20刑集11巻1104頁………52
大判昭7・10・10刑集11巻1519頁………112
大判昭7・10・31刑集11巻1541頁………322
大判昭7・11・24刑集11巻1720頁………441
大判昭7・12・10刑集11巻1817頁……528,530
大判昭8・2・14刑集12巻114頁………553
大判昭8・4・15刑集12巻427頁………30
大判昭8・6・5刑集12巻736頁………436
大判昭8・6・29刑集12巻1269頁………229
大判昭8・9・6刑集12巻1593頁………31
大判昭8・10・18刑集12巻1820頁………531
大判昭8・10・19刑集12巻1828頁……281,282
大判昭9・6・13刑集13巻747頁………460
大判昭9・7・19刑集13巻983頁………337,339
大判昭9・8・4刑集13巻1059頁………524
大判昭9・8・27刑集13巻1086頁………14
大判昭9・10・19刑集13巻1473頁………127
大判昭9・11・26刑集13巻1608頁………468
大判昭9・12・22刑集13巻1789頁……149,354
大判昭10・2・7刑集14巻76頁………16
大判昭10・3・25刑集14巻325頁………282
大判昭10・5・13刑集14巻514頁………230
大判昭10・5・29刑集14巻584頁………477
大判昭10・7・3刑集14巻745頁………337
大判昭10・10・23刑集14巻1052頁………469
大判昭10・10・24刑集14巻1267頁……536,537
大判昭11・2・14刑集15巻113頁………415
大判昭11・2・21刑集15巻136頁………467
大判昭11・10・9刑集15巻1281頁………468
大判昭12・3・17刑集16巻365頁………109
大判昭13・2・28刑集17巻141頁………99
大判大13・7・29刑集3巻721頁………551
大判昭13・9・1刑集17巻648頁………297
大判昭13・12・3刑集17巻889頁………466
大判昭13・12・23刑集17巻980頁………10
大判昭15・8・22刑集19巻540頁………432
大判昭18・5・8刑集22巻130頁………505
大判昭19・11・24刑集23巻252頁………169
最判昭22・12・17刑集1巻94頁………438
最判昭23・3・9刑集2巻3号140頁

………………………………219,220
最判昭23・4・8刑集2巻4号307頁………336
最判昭23・5・20刑集2巻5号489頁………89
最判昭23・6・5刑集2巻7号641頁………295
最判昭23・6・8裁判集刑2号329頁………389
最大判昭23・6・9刑集2巻7号653頁……246
最判昭23・6・12刑集2巻7号676頁………211
最判昭23・11・2刑集2巻12号1443頁……365
最判昭23・11・9刑集2巻12号1504頁……350
最判昭23・11・18刑集2巻12号1614頁

………………………………159,171
最判昭23・12・24刑集2巻14号1883頁……160
最判昭24・1・11刑集3巻1号1頁………164
最判昭24・2・8刑集3巻2号75頁………161
最判昭24・2・8刑集3巻2号83頁………273
最判昭24・2・15刑集3巻2号164頁………166
最判昭24・3・8刑集3巻3号276頁

………………………………298,300
最判昭24・3・24刑集3巻3号376頁………223
最判昭24・4・14刑集3巻4号541頁………395
最判昭24・5・28刑集3巻6号873頁

………………………………217,219
最判昭24・7・9刑集3巻8号1188頁……191
最大判昭24・7・22刑集3巻8号1363頁…89
最判昭24・7・30刑集3巻8号1418頁……348
最判昭24・8・9刑集3巻9号1440頁………518
最判昭24・8・18裁判集刑13号307頁………229
最判昭24・10・20刑集3巻10号1660頁………345
大阪高判昭24・12・5判特4号3頁………148
東京高判昭24・12・10高刑集2巻3号292頁

………………………………189
最判昭24・12・20刑集3巻12号2036頁……54
最判昭24・12・24刑集3巻12号2114頁……169
最判昭24・12・24刑集3巻12号2088頁……208
最判昭25・2・24刑集4巻2号255頁……237
最判昭25・2・28刑集4巻2号268頁……488
最判昭25・3・28刑集4巻3号425頁……501
東京高判昭25・6・10高刑集3巻2号222頁

………………………………29
広島高松江支判昭25・7・3高刑集3巻2号
247頁………………………47
最判昭25・7・4刑集4巻7号1168頁……262
最判昭25・8・29刑集4巻9号1585頁……124
最大判昭25・9・27刑集4巻9号1783頁…86

広島高判昭25・10・27判特14号128頁……541
名古屋高判昭25・11・14高刑集 3 巻 4 号748頁
　　……………………………………………128
最大判昭25・11・22刑集 4 巻11号2380頁…456
最判昭25・12・ 5 刑集 4 巻12号2475頁……262
最判昭25・12・14刑集 4 巻12号2548頁……366
福岡高判昭25・12・21高刑集 3 巻 4 号672頁
　　……………………………………………42
最判昭26・ 3 ・20刑集 5 巻 5 号794頁……491
最判昭26・ 5 ・10刑集 5 巻 6 号1026頁……453
最判昭26・ 5 ・11刑集 5 巻 6 号1102頁……395
最大判昭26・ 5 ・16刑集 5 巻 6 号1157頁…492
最判昭26・ 5 ・25刑集 5 巻 6 号1186頁……292
最判昭26・ 7 ・13刑集 5 巻 8 号1437頁
　　………………………………………127,144
最判昭26・ 7 ・18刑集 5 巻 8 号1491頁……115
最決昭26・ 8 ・ 9 刑集 5 巻 9 号1730頁……214
最判昭26・ 9 ・20刑集 5 巻10号1937頁…34,36
大阪高判昭26・10・26高刑集 4 巻 9 号1173頁
　　……………………………………………53
最判昭26・12・14刑集 5 巻13号2518頁……245
最決昭27・ 2 ・21刑集 6 巻 2 号275頁………14
最判昭27・ 3 ・28刑集 6 巻 3 号546頁……496
最判昭27・ 6 ・ 6 刑集 6 巻 6 号795頁………32
東京高判昭27・ 6 ・26判特34号86頁……193
東京高判昭27・ 7 ・ 3 高刑集 5 巻 7 号1134頁
　　……………………………………………110
最決昭27・ 7 ・10刑集 6 巻 7 号876頁……352
最判昭27・ 7 ・22刑集 6 巻 7 号927頁……471
最判昭27・ 7 ・25刑集 6 巻 7 号941頁………47
最判昭27・ 9 ・19刑集 6 巻 8 号1083頁……201
最大判昭27・11・ 5 刑集 6 巻10号1159頁…546
札幌高判昭27・11・20高刑集 5 巻11号2018頁
　　……………………………………………262
最判昭27・12・25刑集 6 巻12号1387頁
　　………………………………253,406,415
最判昭28・ 1 ・22刑集 7 巻 1 号 8 頁……501
最判昭28・ 1 ・23刑集 7 巻 1 号46頁……552
最判昭28・ 1 ・30刑集 7 巻 1 号128頁……112
福岡高判昭28・ 2 ・ 9 高刑集 6 巻 1 号108頁
　　……………………………………………43
最判昭28・ 5 ・ 8 刑集 7 巻 5 号965頁……318
最決昭28・ 5 ・14刑集 7 巻 5 号1042頁……85
最決昭28・ 5 ・25刑集 7 巻 5 号1128頁……440

最大判昭28・ 6 ・17刑集 7 巻 6 号1289頁…55
最決昭28・ 7 ・24刑集 7 巻 7 号1638頁……504
最判昭28・10・ 2 刑集 7 巻10号1883頁……488
最決昭28・10・19刑集 7 巻10号1945頁
　　………………………………524,546,550
最判昭28・10・27刑集 7 巻10号1971頁……466
最判昭28・11・27刑集 7 巻11号2344頁……50
最決昭28・12・10刑集 7 巻12号2418頁……513
最判昭28・12・25刑集 7 巻13号2721頁……302
福岡高判昭29・ 1 ・12高刑集 7 巻 1 号 1 頁
　　……………………………………………541
最大判昭29・ 1 ・20刑集 8 巻 1 号41頁
　　………………………………………208,209
名古屋高判昭29・ 2 ・25判特33号72頁……304
最判昭29・ 6 ・ 8 刑集 8 巻 6 号846頁………48
広島高判昭29・ 6 ・30高刑集 7 巻 6 号944頁
　　……………………………………………15
東京高判昭29・ 7 ・26東高刑時報 5 巻 7 号
　　295頁………………………………………542
最判昭29・ 8 ・20刑集 8 巻 8 号1277頁……28
最決昭29・ 9 ・30刑集 8 巻 9 号1575頁……517
名古屋高判昭29・10・28高刑集 7 巻11号
　　1655頁……………………………………206
最判昭29・11・ 9 刑集 8 巻11号1742頁……502
最判昭30・ 1 ・11刑集 9 巻 1 号25頁………449
広島高判昭30・ 2 ・ 5 裁特 2 巻 4 号60頁…101
最判昭30・ 3 ・17刑集 9 巻 3 号477頁……471
最判昭30・ 4 ・ 8 刑集 9 巻 4 号827頁
　　………………………………182,243,252
広島高判昭30・ 6 ・ 4 高刑集 8 巻 4 号585頁
　　……………………………………………528
最大判昭30・ 6 ・22刑集 9 巻 8 号1189頁
　　………………………………432,434,435
福岡高宮崎支判昭30・ 6 ・24裁特 2 巻12号
　　628頁………………………………………543
東京高判昭30・ 6 ・27東高刑時報 6 巻 7 号
　　211頁………………………………………101
最決昭30・ 7 ・ 7 刑集 9 巻 9 号1856頁
　　………………………………………243,244
東京高判昭30・ 8 ・30判タ53号55頁………110
最判昭30・10・14刑集 9 巻11号2173頁……276
広島高岡山支判昭30・11・15裁特 2 巻22号
　　1173頁……………………………………385
名古屋高判昭30・12・13判時69号26頁……262

判例索引　567

最判昭30・12・26刑集 9 巻14号3053頁……284

最決昭31・1・19刑集10巻 1 号67頁………140

最決昭31・3・6 刑集10巻 3 号282頁……400

最決昭31・3・6 裁判集刑112号601頁……453

福岡高判昭31・4・14裁特 3 巻 8 号409頁

……………………………………61

最判昭31・5・24刑集10巻 5 号734頁……311

最判昭31・6・26刑集10巻 6 号874頁

……………………………305, 308

最決昭31・7・12刑集10巻 7 号1058頁

……………………………467, 482, 483

高松高判昭31・8・7 裁特 3 巻16号799頁

……………………………386

最決昭31・8・22刑集10巻 8 号1237頁…87, 93

最決昭31・8・22刑集10巻 8 号1260頁……146

最判昭31・10・25刑集10巻10号1455頁……82

最判昭31・12・7 刑集10巻12号1592頁……324

大阪高判昭31・12・11高刑集 9 巻12号1263頁

……………………………151

広島高判昭31・12・25高刑集 9 巻12号1336頁

……………………………542

東京高判昭32・1・22判時103号28頁………73

最大判昭32・3・13刑集11巻 3 号997頁

……………………………452, 453

最判昭32・3・28刑集11巻 3 号1136頁……483

最判昭32・4・4 刑集11巻 4 号1327頁……86

最決昭32・4・25刑集11巻 4 号1427頁……141

最決昭32・5・22刑集11巻 5 号1526頁……453

最判昭32・7・18刑集11巻 7 号1861頁……220

大阪高判昭32・7・22高刑集10巻 6 号521頁

……………………………496

最判昭32・7・25刑集11巻 7 号2037頁……442

最決昭32・8・1 刑集11巻 8 号2065頁……215

大阪高判昭32・9・13判時135号32頁………49

最判昭32・9・13刑集11巻 9 号2263頁

……………………………179, 180

最判昭32・10・3 刑集11巻10号2413頁……504

最判昭32・10・4 刑集11巻10号2464頁……415

最判昭32・11・8 刑集11巻12号3061頁……137

最判昭32・11・19刑集11巻12号3073頁……312

最決昭32・11・21刑集11巻12号3101頁……477

最決昭32・12・19刑集11巻13号3316頁……285

仙台高判昭33・3・13高刑集11巻 4 号137頁

……………………………36

最決昭33・3・19刑集12巻 4 号636頁………57

最判昭33・4・17刑集12巻 6 号977頁……223

最判昭33・4・17刑集12巻 6 号1079頁……148

最判昭33・4・18刑集12巻 6 号1090頁……42

東京高判昭33・7・7 裁特 5 巻 8 号313頁

……………………………244

東京高判昭33・7・15東高刑時報 9 巻 7 号

201頁……………………………405

最判昭33・7・31刑集12巻12号2805頁……551

最判昭33・9・5 刑集12巻13号2844頁……455

最判昭33・9・16刑集12巻13号3031頁……408

最判昭33・9・30刑集12巻13号3151頁……492

最判昭33・9・30刑集12巻13号3180頁……468

最判昭33・10・10刑集12巻14号3246頁……339

最判昭33・10・14刑集12巻14号3264頁……491

最判昭33・11・21刑集12巻15号3519頁……14

広島高判昭33・12・24判時176号34頁……78

最判昭34・2・13刑集13巻 2 号101頁……339

最判昭34・2・19刑集13巻 2 号161頁……460

最決昭34・2・19刑集13巻 2 号186頁……104

東京高判昭34・4・30高刑集12巻 5 号486頁

……………………………496

最判昭34・5・7 刑集13巻 5 号641頁

……………………98, 100, 104, 105

福島地判昭34・5・20下刑集 1 巻 5 号1269頁

……………………………14

東京高判昭34・6・29判夕93号50頁………549

最判昭34・6・30刑集13巻 6 号985頁……439

最決昭34・7・3 刑集13巻 7 号1088頁……55

最判昭34・7・24刑集13巻 8 号1163頁

……………………………22, 24, 25

最決昭34・8・27刑集13巻10号2769頁……491

最判昭34・8・28刑集13巻10号2906頁……134

神戸地判昭34・9・25下刑集 1 巻 9 号2069頁

……………………………183

最決昭34・9・28刑集13巻11号2993頁

……………………………246, 247

最決昭35・1・11刑集14巻 1 号 1 頁……406

最決昭35・1・12刑集14巻 1 号 9 頁……400

東京高判昭35・2・22東高刑時報11巻 2 号

43頁……………………………260

最判昭35・3・1 刑集14巻 3 号209頁……489

最判昭35・3・17刑集14巻 3 号351頁……517

最判昭35・3・18刑集14巻 4 号416頁……48

東京高判昭35・3・22判タ103号38頁 ……… 43
最判昭35・4・26刑集14巻6号748頁
　　　　　　　　　　　　　　　　……122, 134
最判昭35・6・24刑集14巻8号1103頁
　　　　　　　　　　　　　　　　……505, 506
佐賀地判昭35・6・27下刑集2巻5＝6号
　　938頁 …………………………………543
最決昭35・7・18刑集14巻9号1189頁……516
最判昭35・8・30刑集14巻10号1418頁……175
最決昭35・9・9刑集14巻11号1457頁……148
最判昭35・12・8刑集14巻13号1818頁
　　　　　　　　　　　　　　　　……427, 428
最判昭36・1・10刑集15巻1号1頁………431
最判昭36・1・13刑集15巻1号113頁 ……468
東京地判昭36・3・30判時264号35頁 ……36
名古屋地判昭36・5・29裁時332号5頁 ……21
最決昭36・8・17刑集15巻7号1293頁
　　　　　　　　　　　　　　　　……522, 523
和歌山地判昭36・8・21下刑集3巻7＝8号
　　783頁 …………………………………516
最判昭36・9・8刑集15巻8号1309頁……436
最判昭36・10・10刑集15巻9号1580頁……297
最判昭36・10・13刑集15巻9号1586頁……98
名古屋高判昭36・11・8判タ127号58頁……456
最判昭36・12・1刑集15巻11号1807頁……432
大阪高判昭36・12・11下刑集3巻11＝12号
　　1010頁………………………………497
最決昭36・12・26刑集15巻12号2046頁……504
最判昭37・5・29刑集16巻5号528頁
　　　　　　　　　　　　　　　　……467, 477
最決昭37・6・26裁判集刑143号201頁……148
福岡高判昭37・8・22高刑集15巻5号405頁
　　　　　　　　　　　　　　　　………151
浦和地判昭37・9・24下刑集4巻9＝10号
　　879頁 …………………………………313
最決昭37・11・21刑集16巻11号1570頁……62
東京地判昭37・11・29判タ140号117頁……248
東京地判昭37・12・3判時323号33頁 ……143
福岡高宮崎支判昭38・3・29判タ145号199頁
　　　　　　　　　　　　　　　　………43
最決昭38・4・18刑集17巻3号248頁……54
最決昭38・7・9刑集17巻6号608頁……322
高松地丸亀支判昭38・9・16下刑集5巻
　　9＝10号867頁 …………………………253

新潟地相川支判昭39・1・10下刑集6巻
　　1＝2号25頁 …………………………151
東京高判昭39・1・27判時373号47頁 ……38
最決昭39・1・28刑集18巻1号31頁……30, 33
最判昭39・3・31刑集18巻3号115頁 ……506
名古屋高判昭39・4・27判時399号22頁 ……386
東京高判昭39・6・8高刑集17巻5号446頁
　　　　　　　　　　　　　　　　………143
最決昭39・12・8刑集18巻10号952頁……486
最決昭40・2・26刑集19巻1号59頁……521
最決昭40・3・9刑集19巻2号69頁……127
最決昭40・4・16刑集19巻3号143頁……539
最決昭40・5・27刑集19巻4号396頁……339
東京地判昭40・8・31判タ181号194頁……372
最決昭40・9・16刑集19巻6号679頁……526
名古屋高判昭41・3・10判時443号58頁……454
最判昭41・3・24刑集20巻3号129頁……491
最判昭41・4・8刑集20巻4号207頁
　　　　　　　　　　　　　　　　……126, 142, 143
最決昭41・4・14判時449号64頁……498, 499
最決昭41・6・10刑集20巻5号374頁……357
大阪高判昭41・8・9高刑集19巻5号535頁
　　　　　　　　　　　　　　　　………152
最大判昭41・11・30刑集20巻9号1076頁…115
最決昭42・3・30刑集21巻2号447頁……401
最大判昭42・5・24刑集21巻4号505頁……496
東京高判昭42・10・17高刑集20巻5号707頁
　　　　　　　　　　　　　　　　………404
最決昭42・11・2刑集21巻9号1179頁……153
新潟地判昭42・12・5下刑集9巻12号1548頁
　　　　　　　　　　　　　　　　………201
最決昭42・12・21判時506号59頁 …………58
最決昭43・1・18刑集22巻1号7頁………102
尼崎簡判昭43・2・29判時523号90頁……91
大阪高判昭43・3・4判タ221号224頁……124
岡山地判昭43・4・30下刑集10巻4号416頁
　　　　　　　　　　　　　　　　………52
岡山地判昭43・5・6判時524号89頁…62, 77
福岡高宮崎支判昭43・6・14下刑集10巻6号592頁
　　　　　　　　　　　　　　　　………143
最決昭43・6・25刑集22巻6号490頁……445
最決昭43・6・28刑集22巻6号569頁……359
最大判昭43・9・25刑集22巻9号871頁…470
岡山地判昭43・10・8判時546号98頁………24

判例索引　569

最決昭43・11・7判時541号83頁 ……………20
最決昭43・12・11刑集22巻13号1469頁……272
最大判昭44・6・18刑集23巻7号950頁…401
最大判昭44・6・25刑集23巻7号975頁
　　　　　　　　　……………100,103,105,106
大阪高判昭44・8・7判時572号96頁……260
東京地判昭44・9・1判タ239号227頁……90
最大判昭44・10・15刑集23巻10号1239頁…453
大分地判昭44・10・24刑月1巻10号1023頁
　　　　　　　　　………………………497
熊本地判昭44・10・28刑月1巻10号1031頁
　　　　　　　　　………………………370
福岡高判昭44・12・18判時584号110頁……273
最判昭45・1・29刑集24巻1号1頁……73,74
最判昭45・3・26刑集24巻3号55頁………256
東京高判昭45・4・6判タ255号235頁……124
東京高判昭45・5・11判タ252号231頁……24
広島高判昭45・5・28判タ255号275頁……128
札幌高判昭45・7・14判時625号114頁……36
最決昭45・7・28刑集24巻7号585頁………76
東京高判昭45・8・11判タ259号305頁……434
岡山地判昭45・9・1判時627号104頁……165
最判昭45・9・4刑集24巻10号1319頁……423
京都地判昭45・10・12判時614号104頁……56
最大判昭45・10・21民集24巻11号1560頁
　　　　　　　　　………………………295,349
最決昭45・12・3刑集24巻13号1707頁
　　　　　　　　　………………………37,38-40
最判昭45・12・22刑集24巻13号1812頁……494
最決昭45・12・22刑集24巻13号1882頁……165
東京地判昭46・3・19判時648号49頁……40
最判昭46・4・22刑集25巻3号530頁……433
仙台高判昭46・6・21高刑集24巻2号418頁
　　　　　　　　　………………………149
最決昭46・9・22刑集25巻6号769頁………81
福岡高判昭46・10・11判時655号98頁……30
大阪高判昭46・11・26判時665号102頁……300
最判昭47・3・14刑集26巻2号187頁……40
福岡高判昭47・11・22判タ289号292頁
　　　　　　　　　………………………304,305
最決昭48・2・8刑集27巻1号1頁……39
最決昭48・2・28刑集27巻1号68頁……458
東京地判昭48・3・9判タ298号349頁……24
東京高判昭48・8・7高刑集26巻3号322頁

　　　　　　　　　………………………111
東京高判昭48・11・20判タ304号267頁……307
広島地判昭49・4・3判タ316号289頁……365
東京高判昭49・5・10東高刑時報25巻5号
　　37頁………………………………………207
東京高判昭49・10・22東高刑時報25巻10号
　　90頁………………………………………375
最判昭50・4・24判時774号119頁…………485
最決昭50・6・12刑集29巻6号365頁……351
広島地判昭50・6・24刑月7巻6号692頁
　　　　　　　　　………………………150
東京地判昭50・12・26刑月7巻11=12号984頁
　　　　　　　　　………………………112
最判昭51・2・19刑集30巻1号47頁……483
最判昭51・3・4刑集30巻2号79頁……83,86
最決昭51・4・1刑集30巻3号425頁……253
最判昭51・4・30刑集30巻3号453頁……412
最判昭51・5・6刑集30巻4号591頁……414
広島高判昭51・9・21判時847号106頁……57
札幌簡判昭51・12・6判時848号128頁……124
東京高判昭52・2・28高刑集30巻1号108頁
　　　　　　　　　………………………402
最決昭52・3・25刑集31巻2号96頁……135
最判昭52・5・6刑集31巻3号544頁……38,39
松江地判昭52・9・20判時877号111頁……389
大分地判昭52・9・26判時879号161頁
　　　　　　　　　………………………183,198
最判昭52・12・22刑集31巻7号1176頁……456
東京高判昭52・12・22刑月9巻11=12号857頁
　　　　　　　　　………………………521
東京高判昭53・2・8高刑集31巻1号1頁
　　　　　　　　　………………………401
東京高判昭53・3・20東高刑時報29巻3号
　　46頁………………………………………386
東京高判昭53・3・22刑月10巻3号217頁
　　　　　　　　　………………………440
福岡高判昭53・4・24判時905号123頁……284
最判昭53・6・29刑集32巻4号816頁
　　　　　　　　　………………493,489,494
最決昭53・9・4刑集32巻6号1077頁……427
最決昭53・9；22刑集32巻6号1774頁……497
東京高判昭53・12・12判時918号133頁……403
大阪高判昭53・12・15高刑集31巻3号333頁
　　　　　　　　　………………………494

横浜地判昭54・1・16判時925号134頁……389
熊本地判昭54・3・22判時931号6頁………18
東京高判昭54・4・24判時942号143頁……543
最決昭54・5・30刑集33巻4号324頁……413
大阪地判昭54・6・21判時948号128頁……221
最決昭54・6・26刑集33巻4号364頁………68
東京地判昭54・8・10判時943号122頁……32
大阪地判昭54・8・15判タ399号154頁……418
最決昭54・10・26刑集33巻6号665頁……458
最判昭54・11・19刑集33巻7号710頁……203
最判昭54・12・25刑集33巻7号1105頁……543
最決昭55・7・15判時972号129頁…………294
大阪高判昭55・7・29判時992号131頁……294
東京高判昭55・10・7判時1006号109頁……58
最決昭55・10・30刑集34巻5号357頁……147
最判昭55・11・28刑集34巻6号433頁……453
最決昭55・12・9刑集34巻7号513頁……434
最決昭55・12・22刑集34巻7号747頁……443
東京高判昭56・1・27刑月13巻1=2号50頁
　　　………………………………………79
最決昭56・2・20刑集35巻1号15頁………313
神戸地判昭56・3・27判時1012号35頁……316
最決昭56・4・8刑集35巻3号57頁………418
最判昭56・4・16刑集35巻3号84頁………101
福井地判昭56・8・31判時1022号144頁…261
福岡高判昭56・9・21判タ464号178頁……257
東京地判昭56・11・6判時1043号151頁…408
最決昭56・12・22刑集35巻9号953頁……420
最決昭57・1・28刑集36巻1号1頁………554
最判昭57・6・24刑集36巻5号646頁……355
東京高判昭57・8・10刑月14巻7=8号603頁
　　　………………………………………43
福岡高判昭57・9・6判時1059号17頁………18
旭川地判昭57・9・29判時1070号157頁…529
大阪地判昭57・10・20判時1077号159頁…214
最決昭57・11・29刑集36巻11号988頁………66
最決昭58・2・25刑集37巻1号1頁………413
最決昭58・3・25刑集37巻2号170頁……482
仙台地判昭58・3・28判時1086号160頁…380
最判昭58・4・8刑集37巻3号215頁……83,88
東京高判昭58・4・27判時1084号138頁…104
最決昭58・5・24刑集37巻4号437頁
　　　………………………317,318,334
東京地判昭58・6・10判時1084号37頁……101

東京高判昭58・6・20判時1105号153頁…380
最判昭58・6・23刑集37巻5号555頁……39
横浜地判昭58・7・20判時1108号138頁
　　　………………………365,368,369
最決昭58・9・27刑集37巻7号1078頁…64,66
最判昭58・11・1刑集37巻9号1341頁……108
最判昭58・11・22刑集37巻9号1507頁……38
最判昭58・11・24刑集37巻9号1538頁……394
最判昭59・2・17刑集38巻3号336頁
　　　………………………………397,420
最決昭59・3・23刑集38巻5号2030頁……112
最決昭59・4・12刑集38巻6号2107頁……431
最決昭59・4・27刑集38巻6号2584頁……111
最決昭59・5・8刑集38巻7号2621頁
　　　………………………115,489,493
最決昭59・5・30刑集38巻7号2682頁……483
東京地判昭59・6・22判時1131号156頁…375
東京高判昭59・7・18判時1128号32頁…102
東京高判昭59・11・19判タ544号251頁…257
大阪高判昭59・11・28高刑集37巻3号438頁
　　　………………………………………181
最決昭59・12・21刑集38巻12号3071頁
　　　………………………………426,427
大阪高判昭60・2・6高刑集38巻1号50頁
　　　………………………………………223
東京地判昭60・2・13判時1146号23頁……300
東京地判昭60・3・6判時1147号162頁…320
東京地判昭60・3・19判時1172号155頁…201
最判昭60・3・28刑集39巻2号75頁………386
東京地判昭60・4・8判時1171号16頁…483
最決昭60・6・11刑集39巻5号219頁……483
新潟地判昭60・7・2判時1160号167頁…143
最決昭60・7・3判時1173号151頁………521
最決昭60・10・21刑集39巻6号362頁
　　　………………………………42,388
東京高判昭60・12・10判時1201号148頁…20
横浜地判昭61・2・18判時1200号161頁…111
最決昭61・6・27刑集40巻4号369頁……480
最決昭61・7・18刑集40巻5号438頁……357
福岡地小倉支判昭61・8・5判時1253号143頁
　　　………………………………………519
大阪高判昭61・10・7判時1217号143頁…169
最決昭61・11・18刑集40巻7号523頁
　　　………………………………183,184

大阪高判昭61・12・16判時1232号160頁……46
福岡地判昭62・2・9判時1233号157頁……190
最決昭62・3・12刑集41巻2号140頁
　　……………………………………110,115
最決昭62・3・24刑集41巻2号173頁……65
最決昭62・4・10刑集41巻3号221頁……125
広島高松江支判昭62・6・18高刑集40巻1号
　　71頁……………………………………75
大阪高判昭62・7・10判時1261号132頁……37
大阪高判昭62・7・17判時1253号141頁……201
最決昭62・9・30刑集41巻6号297頁……502
東京地判昭62・10・6判時1259号137頁……149
最決昭63・1・19刑集42巻1号1頁……16,24
福岡高判昭63・1・28判時1264号139頁
　　……………………………………519,520
最決昭63・2・29刑集42巻2号314頁……18
最決昭63・7・18刑集42巻6号861頁……468
東京地判昭63・10・26判タ690号245頁……20
最決昭63・11・21刑集42巻9号1251頁
　　……………………………………327,330
大阪地判昭63・12・22判タ707号267頁……146

【平　成】

東京高判平元・2・20判タ697号269頁……389
東京高判平元・2・27高刑集42巻1号87頁
　　……………………………………………177
大阪高判平元・3・3判タ712号248頁……168
最判平元・3・9刑集43巻3号95頁……492
最決平元・3・10刑集43巻3号188頁……494
最決平元・3・14刑集43巻3号283頁……555
福岡高宮崎支判平元・3・24高刑集42巻2号
　　103頁………………………………15
甲府地判平元・3・31判時1311号160頁
　　……………………………………410,411
最決平元・5・1刑集43巻5号405頁
　　……………………………………519,520
最決平元・7・7刑集43巻7号607頁
　　……………………………………134,274,
最決平元・7・7判時1326号157頁……365,367
最決平元・7・14刑集43巻7号641頁
　　……………………………………376,377,378
東京地判平元・10・31判時1363号158頁
　　……………………………………76,229
最決平元・12・15刑集43巻13号879頁……24,26

東京高判平2・2・20判時1342号157頁……408
東京地判平2・5・15判タ734号246頁……369
浦和地判平2・11・22判時1374号141頁……385
最決平3・2・28刑集45巻2号77頁……406
大阪地判平3・3・7判タ771号278頁……497
東京高判平3・4・1判時1400号128頁……138
最決平3・4・5刑集45巻4号171頁……443
東京地八王子支判平3・8・28判タ768号
　　249頁………………………………245
神戸地判平3・9・19判タ797号269頁……355
大阪地判平4・3・25判タ829号260頁……101
東京地判平4・6・19判タ806号227頁……65
大阪地判平4・9・22判タ828号281頁……171
東京高判平4・10・28判タ823号252頁……128
最決平4・11・27刑集46巻8号623頁……112
東京高判平5・2・1判時1476号163頁……90
東京高判平5・4・5判タ828号275頁……418
東京高判平5・6・29高刑集46巻2号189頁
　　……………………………………265
最決平5・10・5刑集47巻8号7頁……422
名古屋地判平6・1・18判タ858号272頁……32
京都家決平6・2・8家月46巻12号82頁…521
最決平6・3・29刑集48巻3号1頁……555
仙台高判平6・3・31判時1513号175頁……90
最決平6・7・19刑集48巻5号190頁……154
最決平6・11・29刑集48巻7号453頁
　　……………………………………408,418
東京地判平7・2・13判時1529号158頁…267
最大判平7・2・22刑集49巻2号1頁……465
大阪高判平7・5・18高刑速平成7年129頁
　　……………………………………521
千葉地判平7・6・2判時1535号144頁…525
札幌高判平7・6・29判時1551号142頁…170
東京高判平7・9・26判時1560号145頁…50
高松高判平8・1・25判時1571号148頁…46
最決平8・2・6刑集50巻2号129頁……317
最判平8・4・26民集50巻5号1267頁
　　……………………………………290,291
広島高岡山支判平8・5・22判時1572号150頁
　　……………………………………413
大阪地判平8・7・8判タ960号293頁
　　……………………………………399,402
京都地判平9・5・9判時1613号157頁…411
大阪地判平9・8・20判タ995号286頁……37

大阪地判平 9・10・3 判タ980号285頁……116
最決平 9・10・21刑集51巻 9 号755頁……368
岡山地判平 9・12・15判時1641号158頁
　　　　　　　　　　　　　　　　……454, 455
東京地判平10・6・5 判タ1008号277頁……143
最決平10・7・14刑集52巻 5 号343頁……510
大阪高判平10・7・16判時1647号156頁……12
東京地判平10・8・19判時1653号154頁
　　　　　　　　　　　　　　　　……408, 418
最決平10・11・4 刑集52巻 8 号542頁……510
最決平10・11・25刑集52巻 8 号570頁
　　　　　　　　　　　　　　　　……328, 329
神戸地判平11・2・1 判時1671号161頁……43
最決平11・2・17刑集53巻 2 号64頁……556
東京高判平11・9・1 東高刑時報50巻 1 〜12
　　　号81頁……………………………55
東京高判平11・9・27東高刑時報50巻 1 〜12
　　　号93頁……………………………79
最決平11・12・9 刑集53巻 9 号1117頁
　　　　　　　　　　　　　　……151, 153
最決平11・12・20刑集53巻 9 号1495頁
　　　　　　　　　　　　　　……408, 421
最決平12・3・27刑集54巻 3 号402頁……254
東京高判平12・5・15判時1741号157頁……149
大阪高判平12・8・24判時1736号130頁……245
福岡高判平12・9・21判時1731号131頁……116
最判平12・12・15刑集54巻 9 号923頁
　　　　　　　　　　　　　　……151, 152
最決平12・12・15刑集54巻 9 号1049頁……153
富山地判平13・4・19判タ1081号291頁……32
最決平13・7・16刑集55巻 5 号317頁
　　　　　　　　　　　　　　　……454, 455
最判平13・7・19刑集55巻 5 号371頁……252
最決平13・11・5 刑集55巻 6 号546頁……302
福岡地判平14・1・17判タ1097号305頁……378
最判平14・2・8 刑集56巻 2 号71頁……238
最判平14・2・14刑集56巻 2 号86頁…193, 194
広島地判平14・3・20判タ1116号297頁……322
最決平14・7・1 刑集56巻 6 号265頁……352
最決平14・9・30刑集56巻 7 号395頁……111
最決平14・10・21刑集56巻 8 号670頁……254
甲府地判平14・12・11LEX/DB28085212…56
東京高判平15・1・29判時1835号157頁……556
最決平15・2・18刑集57巻 2 号161頁……331

最判平15・3・11刑集57巻 3 号293頁……109
最決平15・3・12刑集57巻 3 号322頁……290
最決平15・3・18刑集57巻 3 号356頁……322
最判平15・4・14刑集57巻 4 号445頁……384
最大判平15・4・23刑集57巻 4 号467頁…308
最決平15・6・2 刑集57巻 6 号749頁……432
鹿児島地判平15・9・2 LEX/DB28095497
　　　　　　　　　　　　　　　　　……19
最決平15・10・6 刑集57巻 9 号987頁……422
札幌地判平15・11・27判タ1159号292頁……26
最決平15・12・9 刑集57巻11号1088頁……245
最決平16・1・20刑集58巻 1 号 1 頁……15
最決平16・2・9 刑集58巻 2 号89頁……259
大阪高判平16・2・19判時1878号155頁…190
千葉地判平16・5・25判タ1188号347頁…365
最決平16・7・7 刑集58巻 5 号309頁
　　　　　　　　　　　　　　……246, 247
最決平16・8・25刑集58巻 6 号515頁……139
最判平16・9・10刑集58巻 6 号524頁……331
最決平16・11・30刑集58巻 8 号1005頁……149
東京高判平16・12・1 判時1920号154頁……30
最判平16・12・10刑集58巻 9 号1047頁……195
最決平17・3・11刑集59巻 2 号 1 頁……478
最決平17・3・29刑集59巻 2 号54頁……32
神戸地判平17・4・26判時1904号152頁…178
東京高判平17・8・16高刑集58巻 3 号38頁
　　　　　　　　　　　　　　　　……196
札幌高判平17・8・18判時1923号160頁…515
神戸地判平17・9・16LEX/DB25410659…72
最決平17・10・7 刑集59巻 8 号779頁
　　　　　　　　　　　　　　……328, 331
最決平17・12・6 刑集59巻10号1901頁……61
最決平18・1・17刑集60巻 1 号29頁……357
最決平18・1・23刑集60巻 1 号67頁……483
最決平18・2・14刑集60巻 2 号165頁……266
京都地判平18・2・21判タ1229号344頁…77
最決平18・8・21判タ1227号184頁……254
最決平18・8・30刑集60巻 6 号479頁……154
最判平18・10・12判時1950号173頁……62
最決平19・3・20刑集61巻 2 号66頁…357, 366
最決平19・4・13刑集61巻 3 号340頁……126
東京高判平19・4・19高刑速平成19年199頁
　　　　　　　　　　　　　　　　……385
最決平19・7・2 刑集61巻 5 号379頁

判例索引　573

　　　　　　　　　　　　　……………………90，112
最決平19・7・17刑集61巻5号521頁
　　　　　　　　　　　……………249，251，254
東京高判平19・9・26判タ1268号345頁……75
最決平19・11・13刑集61巻8号743頁……534
最決平20・1・22刑集62巻1号1頁………82
最決平20・2・18刑集62巻2号37頁………310
東京高判平20・3・19判タ1274号342頁……169
最判平20・4・11刑集62巻5号1217頁……85
最決平20・5・19刑集62巻6号1623頁……331
東京高判平21・3・12判タ1304号302頁……115
最決平21・3・26刑集63巻3号291頁……281
大阪高判平21・5・13LEX/DB25451122…87
最決平21・7・13刑集63巻6号590頁……86
最決平21・11・9刑集63巻9号1117頁……316
東京高判平21・11・16判時2103号158頁……178
最判平21・11・30刑集63巻9号1765頁
　　　　　　　　　　　………………85，92，93
東京高判平21・12・22判タ1333号282頁……128
最決平22・3・15刑集64巻2号1頁………107
最決平22・3・17刑集64巻2号111頁……237
東京高判平22・4・20判タ1371号251頁……128
最決平22・7・29刑集64巻5号829頁
　　　　　　　　　　　　……………249，250
東京地判平22・9・6判時2112号139頁……399

最決平22・9・7刑集64巻6号865頁……483
東京高判平23・1・25判時2161号143頁……220
最判平23・7・7刑集65巻5号619頁……112
最決平24・1・30刑集66巻1号36頁………32
最決平24・2・13刑集66巻4号405頁……97
東京地判平24・6・25判タ1384号363頁……261
最決平24・10・9刑集66巻10号981頁……310
最決平24・10・15刑集66巻10号990頁……468
最決平24・11・6刑集66巻11号1281頁
　　　　　　　　　　　　　……………37，202
札幌高判平25・7・11高刑速平25号253頁
　　　　　　　　　　　　　……………………34
最判平26・3・28刑集68巻3号582頁……239
最決平26・3・28刑集68巻3号646頁……251
最決平26・4・7刑集68巻4号715頁……250
福岡高宮崎支判平26・10・28高検速報平成26
　号170頁 ……………………………………370
最決平26・11・25刑集68巻9号1053頁……455
東京地判平27・7・1 LEX/DB25541030
　　　　　　　　　　　……………………370
東京高判平27・12・15東高刑事報66巻1〜12
　号121頁 ……………………………………370
最決平28・3・24刑集70巻3号1頁……35，36
最決平28・3・31刑集70巻3号58頁…525，526
最大判平29・11・29裁判所 Web……………74

574　判例索引

◆執筆者

大塚裕史（おおつか・ひろし）

1950年生まれ。明治大学専門職大学院法務研究科教授、神戸大学名誉教授。主著に、『刑法総論の思考方法（第4版）』（早稲田経営出版、2012年）、『刑法各論の思考方法（第3版）』（早稲田経営出版、2010年）、『ロースクール演習刑法（第2版）』（法学書院、2013年）。
執筆：「はしがき」、第7講〜第10講、第20講

十河太朗（そごう・たろう）

1965年生まれ。同志社大学大学院司法研究科教授。主著に、『身分犯の共犯』（成文堂、2009年）。
執筆：第11講〜第14講、第21講〜第22講

塩谷　毅（しおたに・たけし）

1969年生まれ。岡山大学法学部教授。主著に、『被害者の承諾と自己答責性』（法律文化社、2004年）。
執筆：序論、第1講〜第6講、第23講

豊田兼彦（とよた・かねひこ）

1972年生まれ。大阪大学大学院法学研究科教授。主著に、『共犯の処罰根拠と客観的帰属』（成文堂、2009年）。
執筆：「本書の使い方」、第15講〜第19講

基本刑法Ⅱ——各論［第2版］

2014年10月25日　第1版第1刷発行
2018年 4 月10日　第2版第1刷発行
2021年 1 月15日　第2版第4刷発行

著　者——大塚裕史・十河太朗・塩谷 毅 ・豊田兼彦
発行所——株式会社　日本評論社
　　　　　東京都豊島区南大塚 3-12-4
　　　　　電話 03-3987-8621（販売）， -8631（編集）
　　　　　振替 00100-3-16
印刷所——精文堂印刷株式会社
製本所——株式会社難波製本

© H.Ohtsuka, T.Sogo, T.Shiotani, K.Toyota 2018
装丁／桂川 　潤　 Printed in Japan
ISBN 978-4-535-52240-4

JCOPY ＜（社）出版者著作権管理機構 委託出版物＞
本書の無断複写は著作権法上での例外を除き禁じられています。複写される場合は、
そのつど事前に、（社）出版者著作権管理機構（電話 03-5244-5088、FAX03-5244-
5089、e-meil: info@jcopy.or.jp）の許諾を得てください。また、本書を代行業者等の
第三者に依頼してスキャニング等の行為によりデジタル化することは、個人の家庭内
の利用であっても、一切認められておりません。

基本刑法Ⅰ 総論［第3版］

大塚裕史・十河太朗・塩谷 毅・豊田兼彦［著］

基礎から予備・司法試験まで。法改正・新判例を踏まえ、さらに明快にバージョンアップ。「正当防衛」「実行の着手」「共犯」は全面改訂。　　　◆**本体3,800円＋税**

基本憲法Ⅰ 基本的人権

木下智史・伊藤 建［著］

判例の示す「規範」とは何か。どう事例に当てはめるのか。各権利・自由につき、意義、内容、判断枠組み、具体的問題、演習問題という構成で明快に解説。　◆**本体3,000円＋税**

基本行政法［第3版］

中原茂樹［著］

初学者がつまずきやすい基本知識から、個別法と事案への当てはめまで、法の全体像とともに確実に理解できる。楽しくて深い解釈方法入門。　　　　◆**3,400円＋税**

基本刑事訴訟法Ⅰ 手続理解編

吉開多一・緑 大輔・設楽あづさ・國井恒志［著］

法曹三者と研究者によるテキスト。4つの「基本事例」と具体的な「設問」、豊富な図表・書式・法廷場面のセリフ再現等で、訴訟実務のイメージが明確につかめる。◆**3,000円＋税**

事例研究 刑事法

Ⅰ刑法［第2版］ Ⅱ刑事訴訟法［第2版］

井田 良・田口守一・植村立郎・河村 博［編著］

理論とあてはめをしっかり学べる、最高峰の演習書。新しい判例等を踏まえ、自習でも法科大学院でもさらに使い易くバージョンアップ。　　　　◆**本体各3,000円＋税**

新・判例ハンドブック 刑法総論／刑法各論

高橋則夫・十河太朗［編］

論争点、事実、裁判所の見解、解説、すべてを1頁に。判例学習に必要な知識と情報を凝縮した判例集。　　　　◆**［総論］本体1,600円＋税 ［各論］本体1,500円＋税**

新基本法コンメンタール 刑法［第2版］ 別冊法学セミナー

浅田和茂・井田 良［編］　　　平成29年の法改正に対応

2017年通常国会で成立した性犯罪規定の改正までを反映。第1版以降の判例・学説の動きをフォローし、自動車運転死傷行為処罰法についても解説。◆**本体4,900円＋税**

日本評論社
https://www.nippyo.co.jp/